DUTCH
ENGLISH

DICTIONARY • WOORDENBOEK

ENGELS
NEDERLANDS

Berlitz Dictionaries

Dansk	Engelsk, Fransk, Italiensk, Spansk, Tysk
Deutsch	Dänisch, Englisch, Finnisch, Französisch, Italienisch, Niederländisch, Norwegisch, Portugiesisch, Schwedisch, Spanisch
English	Danish, Dutch, Finnish, French, German, Italian, Norwegian, Portuguese, Spanish, Swedish
Español	Alemán, Danés, Finlandés, Francés, Holandés, Inglés, Noruego, Sueco
Français	Allemand, Anglais, Danois, Espagnol, Finnois, Italien, Néerlandais, Norvégien, Portugais, Suédois
Italiano	Danese, Finlandese, Francese, Inglese, Norvegese, Olandese, Svedese, Tedesco
Nederlands	Duits, Engels, Frans, Italiaans, Portugees, Spaans
Norsk	Engelsk, Fransk, Italiensk, Spansk, Tysk
Português	Alemão, Francês, Holandês, Inglês, Sueco
Suomi	Englanti, Espanja, Italia, Ranska, Ruotsi, Saksa
Svenska	Engelska, Finska, Franska, Italienska, Portugisiska, Spanska, Tyska

DUTCH ENGLISH

DICTIONARY · WOORDENBOEK

ENGELS NEDERLANDS

with mini grammar section
met mini-grammatica

2nd revised edition 1994
Library of Congress Catalog Card Number: 78-78084

1st printing 1994
Printed in Switzerland

Inhoud

Contents

Voorwoord

Bij het selecteren van de 12 500 woordbegrippen in beide talen voor dit woordenboek stond de redactie in de allereerste plaats de behoeften van de reiziger voor ogen. Dit boekje zal van grote waarde blijken te zijn voor de vele reizigers, toeristen en zakenmensen die het waarderen zich verzekerd te weten van een klein en praktisch woordenboek. Het biedt hen – evenals aan beginners en gevorderden – de benodigde woordenschat, alsook sleutelwoorden en uitdrukkingen voor dagelijks gebruik.

Zoals onze succesvolle taal- en reisgidsen, zijn deze woordenboekjes – tot stand gekomen met behulp van een computer data bank – speciaal ontworpen om in jaszak of handtas gestoken te worden.

Behalve wat u normaliter in woordenboeken vindt, biedt Berlitz nog de volgende extra's:

- een transcriptie van elk grondwoord in het internationale fonetische alfabet (IPA), hetgeen het uitspreken van woorden waarvan de spelling moeilijk lijkt vergemakkelijkt

- een unieke, praktische woordenlijst van culinaire begrippen om het lezen van een menu in een buitenlands restaurant te vereenvoudigen en de mysteries te ontrafelen van bijzondere gerechten

- nuttige informatie over tijdsaanduiding, getallen, de vervoeging van onregelmatige werkwoorden, veel gebruikte afkortingen en een lijst van veel voorkomende uitdrukkingen.

Hoewel geen enkel woordenboek van dit formaat kan pretenderen volledig te zijn, verwachten wij toch dat de gebruiker van dit boek zich goed uitgerust zal voelen om buitenlandse reizen met vertrouwen te ondernemen. Wij zouden het evenwel op prijs stellen opmerkingen, kritiek of suggesties te ontvangen, die mogelijkerwijs kunnen helpen bij het voorbereiden van toekomstige uitgaven.

Preface

In selecting the 12.500 word-concepts in each language for this dictionary, the editors have had the traveller's needs foremost in mind. This book will prove invaluable to all the millions of travellers, tourists and business people who appreciate the reassurance a small and practical dictionary can provide. It offers them—as it does beginners and students—all the basic vocabulary they are going to encounter and to have to use, giving the key words and expressions to allow them to cope in everyday situations.

Like our successful phrase books and travel guides, these dictionaries—created with the help of a computer data bank—are designed to slip into pocket or purse, and thus have a role as handy companions at all times.

Besides just about everything you normally find in dictionaries, there are these Berlitz bonuses:

- imitated pronunciation next to each foreign-word entry, making it easy to read and enunciate words whose spelling may look forbidding

- a unique, practical glossary to simplify reading a foreign restaurant menu and to take the mystery out of complicated dishes and indecipherable names on bills of fare

- useful information on how to tell the time and how to count, on conjugating irregular verbs, commonly seen abbreviations and converting to the metric system, in addition to basic phrases.

While no dictionary of this size can pretend to completeness, we expect the user of this book will feel well armed to affront foreign travel with confidence. We should, however, be very pleased to receive comments, criticism and suggestions that you think may be of help in preparing future editions.

dutch-english

---

nederlands-engels

Afkortingen

adj	bijvoeglijk naamwoord	*p*	verleden tijd
adv	bijwoord	*pl*	meervoud
Am	Amerikaans	*plAm*	meervoud (Amerikaans)
art	lidwoord	*pp*	voltooid deelwoord
c	gemeenslachtig	*pr*	tegenwoordige tijd
conj	voegwoord	*pref*	voorvoegsel
n	zelfstandig naamwoord	*prep*	voorzetsel
nAm	zelfstandig naamwoord	*pron*	voornaamwoord
	(Amerikaans)	*v*	werkwoord
nt	onzijdig	*vAm*	werkwoord
num	telwoord		(Amerikaans)

Inleiding

Het woordenboek is zodanig opgezet, dat het zoveel mogelijk beant-
woordt aan de eisen van de praktijk. Onnodige taalkundige aanduidin-
gen zijn achterwege gelaten. De volgorde van de woorden is strikt
alfabetisch, ook als het samengestelde woorden of woorden met een
koppelteken betreft. Als enige uitzondering op deze regel zijn enkele
idiomatische uitdrukkingen opgenomen als een afzonderlijk artikel,
waarbij het meest toonaangevende woord van de uitdrukking bepalend
is voor de alfabetische rangschikking. Wanneer bij een grondwoord nog
daarvan afgeleide samenstellingen of uitdrukkingen zijn gegeven, staan
ook deze weer in alfabetische volgorde.

Achter elk grondwoord vindt u een fonetische transcriptie (zie de Gids
voor de uitspraak) en vervolgens, wanneer van toepassing, de woordsoort. Wanneer bij hetzelfde grondwoord meerdere woordsoorten behoren, zijn de vertalingen telkens naar de woordsoort gegroepeerd.

Het meervoud van zelfstandige naamwoorden is altijd opgenomen,
wanneer dat onregelmatig is; tevens is het meervoud gegeven van
bepaalde woorden waarover de gebruiker in twijfel zou kunnen verke-
ren.

Wanneer in onregelmatige meervoudsvormen of in afgeleide samenstellingen en uitdrukkingen het teken ~ wordt gebruikt, duidt dit een
herhaling aan van het grondwoord als geheel.

In onregelmatige meervoudsvormen van samengestelde woorden
wordt alleen het gedeelte, dat verandert, voluit geschreven en het onver-
anderde deel aangegeven door een liggend streepje (-).

Een sterretje (*) voor een werkwoord geeft aan, dat dit werkwoord
onregelmatig is. Voor nadere bijzonderheden kunt u de lijst van onregelmatige werkwoorden raadplegen.

Dit woordenboek is gebaseerd op de Britse spelling. Alle woorden en
woordbetekenissen die overwegend Amerikaans zijn, zijn als zodanig
aangegeven (zie lijst van gebezigde afkortingen).

Uitspraak

Elk trefwoord in dit deel van het woordenboek wordt gevolgd door een transcriptie in het internationale fonetische alfabet (IPA). In dit alfabet vertegenwoordigt elk teken altijd dezelfde klank. Letters die hieronder niet beschreven zijn worden min of meer op dezelfde wijze uitgesproken als in het Nederlands.

Medeklinkers

b   nooit scherp zoals in heb

d   nooit scherp zoals in raad

ð   als de z in zee, maar lispend uitgesproken

g   als een zachte k, zoals in het Franse garçon

ŋ   als de ng in bang

r   plaats de tong eerst als voor de ʒ (zie beneden), open dan de mond enigszins en beweeg de tong daarbij naar beneden

ʃ   als de sj in sjofel

θ   als de s in samen, maar lispend uitgesproken

v   als de w in waar

w   een korte, zwakke oe-klank

ʒ   als de g in etage

N.B. De lettergroep sj moet worden uitgesproken als een s gevolgd door een j-klank, maar *niet* als in sjofel.

Klinkers

ɑː   als de aa in maat

æ   een klank tussen de a in als en de e in best

ʌ   min of meer als de a in als

e   als in best

ɛ   als de e in best, maar met de tong wat lager

ə   als de e in achter

ɔ   min of meer als de o in pot

u   als de oe in goed, maar korter

1) Een dubbele punt (:) geeft aan dat de voorafgaande klinker lang is.

2) Enkele aan het Frans ontleende Engelse woorden bevatten neusklanken, die aangegeven worden d.m.v. een tilde boven de klinker (b. v. ã). Deze worden door de neus en de mond tegelijkertijd uitgesproken.

Tweeklanken

Een tweeklank bestaat uit twee klinkers, waarvan er één sterk is (beklemtoond) en de andere zwak (niet beklemtoond) en die samen als één klinker worden uitgesproken, zoals **ei** in het Nederlands. In het Engels is de tweede klinker altijd zwak. Een tweeklank kan soms gevolgd worden door een [ə]. In dergelijke gevallen heeft de tweede klinker van de tweeklank de neiging zeer zwak te worden.

Klemtoon

Het teken (') geeft aan dat de klemtoon op de volgende lettergreep valt. Als in een woord meer dan één lettergreep wordt beklemtoond, wordt het teken (ˌ) geplaatst vóór de lettergreep, waarop de bijklemtoon valt.

Amerikaanse uitspraak

Onze transcriptie geeft de gebruikelijke Engelse uitspraak aan. De Amerikaanse uitspraak verschilt in enkele opzichten van het Britse Engels en kent daarbij nog belangrijke regionale verschillen. Hier volgen enkele van de meest opvallende afwijkingen:

1) In tegenstelling tot in het Britse Engels wordt de **r** ook uitgesproken voor een medeklinker en aan het einde van een woord.

2) In vele woorden (b. v. *ask*, *castle*, *laugh* enz.) wordt [ɑ:] uitgesproken als [æ:].

3) De [ɔ]-klank wordt in het Amerikaans uitgesproken als [ɑ], vaak ook als [ɔ:].

4) In woorden als *duty*, *tune*, *new* enz. valt in het Amerikaans de [j]-klank voor de [u:] vaak weg.

5) Bovendien wordt bij een aantal woorden in het Amerikaans de klemtoon anders gelegd.

A

a [ei,ə] *art* (an) een *art*

abbey ['æbi] *n* abdij *c*

abbreviation [ə,briːviˈeiʃən] *n* afkorting *c*

aberration [,æbəˈreiʃən] *n* afwijking *c*

ability [əˈbiləti] *n* bekwaamheid *c*; vermogen *nt*

able ['eibəl] *adj* in staat; capabel, bekwaam; *be ~ to in staat *zijn om; *kunnen

abnormal [æbˈnɔːməl] *adj* abnormaal

aboard [əˈbɔːd] *adv* aan boord

abolish [əˈbɔliʃ] *v* afschaffen

abortion [əˈbɔːʃən] *n* abortus *c*

about [əˈbaut] *prep* over; betreffende, omtrent; om; *adv* omstreeks, ongeveer; omheen

above [əˈbʌv] *prep* boven; *adv* boven

abroad [əˈbrɔːd] *adv* naar het buitenland, in het buitenland

abscess ['æbses] *n* abces *nt*

absence ['æbsəns] *n* afwezigheid *c*

absent ['æbsənt] *adj* afwezig

absolutely ['æbsəluːtli] *adv* absoluut

abstain from [əbˈstein] zich *onthouden van

abstract ['æbstrækt] *adj* abstract

absurd [əbˈsəːd] *adj* absurd, ongerijmd

abundance [əˈbʌndəns] *n* overvloed *c*

abundant [əˈbʌndənt] *adj* overvloedig

abuse [əˈbjuːs] *n* misbruik *nt*

abyss [əˈbis] *n* afgrond *c*

academy [əˈkædəmi] *n* academie *c*

accelerate [əkˈseləreit] *v* versnellen

accelerator [əkˈseləreitə] *n* gaspedaal *nt*

accent ['æksənt] *n* accent *nt*; nadruk *c*

accept [əkˈsept] *v* aanvaarden, *aannemen; accepteren

access ['ækses] *n* toegang *c*

accessary [əkˈsesəri] *n* medeplichtige *c*

accessible [əkˈsesəbəl] *adj* toegankelijk

accessories [əkˈsesəriz] *pl* toebehoren *pl*, accessoires *pl*

accident ['æksidənt] *n* ongeluk *nt*, ongeval *nt*

accidental [,æksiˈdentəl] *adj* toevallig

accommodate [əˈkɔmədeit] *v* *onderbrengen

accommodation [ə,kɔməˈdeiʃən] *n* accommodatie *c*, logies *nt*, onderdak *nt*

accompany [əˈkʌmpəni] *v* vergezellen; begeleiden

accomplish [əˈkʌmpliʃ] *v* *volbrengen; bereiken

in accordance with [in əˈkɔːdəns wið] ingevolge

according to [əˈkɔːdiŋ tuː] volgens; overeenkomstig

account [əˈkaunt] *n* rekening *c*; ver-

slag *nt*; ~ **for** verantwoorden; **on** ~
of vanwege

accountable [ə'kauntəbəl] *adj* verklaarbaar

accurate ['ækjurət] *adj* nauwkeurig

accuse [ə'kju:z] *v* beschuldigen; aanklagen

accused [ə'kju:zd] *n* verdachte *c*

accustom [ə'kʌstəm] *v* wennen; **accustomed** gewoon, gewend

ache [eik] *v* pijn *doen; *n* pijn *c*

achieve [ə'tʃi:v] *v* bereiken; presteren

achievement [ə'tʃi:vmənt] *n* prestatie
c

acid ['æsid] *n* zuur *nt*

acknowledge [ək'nɔlidʒ] *v* erkennen;
*toegeven; bevestigen

acne ['ækni] *n* acne *c*

acorn ['eikɔ:n] *n* eikel *c*

acquaintance [ə'kweintəns] *n* bekende
c, kennis *c*

acquire [ə'kwaiə] *v* *verwerven

acquisition [,ækwi'ziʃən] *n* acquisitie *c*

acquittal [ə'kwitəl] *n* vrijspraak *c*

across [ə'krɔs] *prep* over; aan de andere kant van; *adv* aan de overkant

act [ækt] *n* daad *c*; bedrijf *nt*, akte *c*;
nummer *nt*; *v* *optreden, handе-
len; zich *gedragen; toneelspelen

action ['ækʃən] *n* actie *c*, handeling *c*

active ['æktiv] *adj* actief; bedrijvig

activity [æk'tivəti] *n* activiteit *c*

actor ['æktə] *n* acteur *c*, toneelspeler *c*

actress ['æktris] *n* actrice *c*, toneelspeelster *c*

actual ['æktʃuəl] *adj* eigenlijk, werkelijk

actually ['æktʃuəli] *adv* feitelijk

acute [ə'kju:t] *adj* acuut

adapt [ə'dæpt] *v* aanpassen

adaptor [ə'dæptə] *n* verbindingsstuk
nt

add [æd] *v* optellen; toevoegen

addition [ə'diʃən] *n* optelling *c*; toe-

voeging *c*

additional [ə'diʃənəl] *adj* extra; bijkomend; bijkomstig

address [ə'dres] *n* adres *nt*; *v* adresseren; *aanspreken

addressee [,ædre'si:] *n* geadresseerde
c

adequate ['ædikwət] *adj* toereikend;
adequaat, passend

adjective ['ædʒiktiv] *n* bijvoeglijk
naamwoord

adjourn [ə'dʒə:n] *v* uitstellen

adjust [ə'dʒʌst] *v* afstellen; aanpassen

administer [əd'ministə] *v* toedienen

administration [əd,mini'streiʃən] *n* administratie *c*; beheer *nt*

administrative [əd'ministrətiv] *adj* administratief; bestuurlijk; ~ **law** bestuursrecht *nt*

admiral ['ædmərəl] *n* admiraal *c*

admiration [,ædmə'reiʃən] *n* bewondering *c*

admire [əd'maiə] *v* bewonderen

admission [əd'miʃən] *n* toegang *c*;
toelating *c*

admit [əd'mit] *v* *toelaten; *toegeven,
bekennen

admittance [əd'mitəns] *n* toegang *c*;
no ~ verboden toegang

adopt [ə'dɔpt] *v* adopteren; *aannemen

adult ['ædʌlt] *n* volwassene *c*; *adj* volwassen

advance [əd'vɑ:ns] *n* vooruitgang *c*;
voorschot *c*; *v* *vooruitgaan;
*voorschieten; **in** ~ vooruit, van tevoren

advanced [əd'vɑ:nst] *adj* gevorderd

advantage [əd'vɑ:ntidʒ] *n* voordeel *c*

advantageous [,ædvən'teidʒəs] *adj*
voordelig

adventure [əd'ventʃə] *n* avontuur *nt*

adverb ['ædvə:b] *n* bijwoord *nt*

advertisement [əd'və:tismənt] *n* advertentie c; annonce c

advertising ['ædvətaiziŋ] n reclame c

advice [əd'vais] n advies nt, raad c

advise [əd'vaiz] v adviseren, *aanraden

advocate ['ædvəkət] n voorstander c

aerial ['ɛəriəl] n antenne c

aeroplane ['ɛərəplein] n vliegtuig nt

affair [ə'fɛə] n aangelegenheid c; verhouding c, affaire c

affect [ə'fekt] v beïnvloeden; *betreffen

affected [ə'fektid] adj geaffecteerd

affection [ə'fekʃən] n aandoening c; genegenheid c

affectionate [ə'fekʃənit] adj lief, aanhankelijk

affiliated [ə'filieitid] adj aangesloten

affirmative [ə'fə:mətiv] adj bevestigend

affliction [ə'flikʃən] n leed nt

afford [ə'fɔ:d] v zich veroorloven

afraid [ə'freid] adj angstig, bang; *be ~ bang *zijn

Africa ['æfrikə] Afrika

African ['æfrikən] adj Afrikaans; n Afrikaan c

after ['ɑ:ftə] prep na; achter; conj nadat

afternoon [,ɑ:ftə'nu:n] n middag c, namiddag c; this ~ vanmiddag

afterwards ['ɑ:ftəwədz] adv later; nadien, naderhand

again [ə'gen] adv weer; opnieuw; ~ and again telkens

against [ə'genst] prep tegen

age [eidʒ] n leeftijd c; ouderdom c; of ~ meerderjarig; under ~ minderjarig

aged ['eidʒid] adj bejaard; oud

agency ['eidʒənsi] n agentschap nt; bureau nt; vertegenwoordiging c

agenda [ə'dʒendə] n agenda c

agent ['eidʒənt] n vertegenwoordiger

c, agent c

aggressive [ə'gresiv] adj agressief

ago [ə'gou] adv geleden

agrarian [ə'grɛəriən] adj agrarisch, landbouw-

agree [ə'gri:] v het eens *zijn; toestemmen; *overeenkomen

agreeable [ə'gri:əbəl] adj aangenaam

agreement [ə'gri:mənt] n contract nt; akkoord nt, overeenkomst c

agriculture ['ægrikʌltʃə] n landbouw c

ahead [ə'hed] adv vooruit; ~ of voor; *go ~ *doorgaan; straight ~ rechtuit

aid [eid] n hulp c; v *bijstaan, *helpen

AIDS [eidz] n AIDS

ailment ['eilmənt] n kwaal c; ziekte c

aim [eim] n doel nt; ~ at richten op, mikken op; beogen, nastreven

air [ɛə] n lucht c; v luchten

air-conditioning ['ɛəkən,diʃəniŋ] n luchtverversing c; **air-conditioned** adj air conditioned

aircraft ['ɛəkrɑ:ft] n (pl ~) vliegtuig nt; toestel nt

airfield ['ɛəfi:ld] n vliegveld nt

air-filter ['ɛə,filtə] n luchtfilter nt

airline ['ɛəlain] n luchtvaartmaatschappij c

airmail ['ɛəmeil] n luchtpost c

airplane ['ɛəplein] nAm vliegtuig nt

airport ['ɛəpɔ:t] n luchthaven c

air-sickness ['ɛə,siknəs] n luchtziekte c

airtight ['ɛətait] adj luchtdicht

airy ['ɛəri] adj luchtig

aisle [ail] n zijbeuk c; gangpad nt

alarm [ə'lɑ:m] n alarm nt; v alarmeren

alarm-clock [ə'lɑ:mklɔk] n wekker c

album ['ælbəm] n album nt

alcohol ['ælkəhɔl] n alcohol c

alcoholic [,ælkə'hɔlik] adj alcoholisch

ale [eil] n bier nt

algebra ['ældʒibrə] *n* algebra *c*
Algeria [æl'dʒɪərɪə] Algerije
Algerian [æl'dʒɪərɪən] *adj* Algerijns; *n* Algerijn *c*
alien ['eilɪən] *n* buitenlander *c*; vreemdeling *c*; *adj* buitenlands
alike [ə'laik] *adj* eender, gelijk
alimony ['æliməni] *n* alimentatie *c*
alive [ə'laiv] *adj* in leven, levend
all [ɔ:l] *adj* al; ~ **in** alles inbegrepen; ~ **right!** goed!; **at** ~ helemaal
allergic [ə'lədʒik] *adj* allergisch
allergy ['ælədʒi] *n* allergie *c*
alley ['æli] *n* steeg *c*
alliance [ə'laiəns] *n* bondgenootschap *nt*
allot [ə'lɔt] *v* *toewijzen
allow [ə'lau] *v* veroorloven, *toestaan; ~ **to** *laten; *be allowed *mogen; *be allowed to *mogen
allowance [ə'lauəns] *n* toelage *c*
all-round [ˌɔ:l'raund] *adj* veelzijdig
almanac ['ɔ:lmənæk] *n* almanak *c*
almond ['ɑ:mənd] *n* amandel *c*
almost ['ɔ:lmoust] *adv* bijna; haast
alone [ə'loun] *adv* alleen
along [ə'lɔŋ] *prep* langs
aloud [ə'laud] *adv* hardop
alphabet ['ælfəbet] *n* alfabet *nt*
already [ɔ:l'redi] *adv* reeds, al
also ['ɔ:lsou] *adv* ook; tevens, eveneens
altar ['ɔ:ltə] *n* altaar *nt*
alter ['ɔ:ltə] *v* wijzigen, veranderen
alteration [ˌɔ:ltə'reiʃən] *n* wijziging *c*, verandering *c*
alternate [ɔ:l'tə:nət] *adj* afwisselend
alternative [ɔ:l'tə:nətiv] *n* alternatief *nt*
although [ɔ:l'ðou] *conj* ofschoon, hoewel
altitude ['æltitju:d] *n* hoogte *c*
alto ['æltou] *n* (pl ~s) alt *c*
altogether [ˌɔ:ltə'geðə] *adv* helemaal;

in totaal
always ['ɔ:lweiz] *adv* altijd
am [æm] *v* (pr be)
amaze [ə'meiz] *v* verwonderen, verbazen
amazement [ə'meizmənt] *n* verbazing *c*
ambassador [æm'bæsədə] *n* ambassadeur *c*
amber ['æmbə] *n* barnsteen *nt*
ambiguous [æm'bigjuəs] *adj* dubbelzinnig; onduidelijk
ambitious [æm'biʃəs] *adj* ambitieus; eerzuchtig
ambulance ['æmbjuləns] *n* ziekenauto *c*, ambulance *c*
ambush ['æmbuʃ] *n* hinderlaag *c*
America [ə'merikə] Amerika
American [ə'merikən] *adj* Amerikaans; *n* Amerikaan *c*
amethyst ['æmiθist] *n* amethist *c*
amid [ə'mid] *prep* onder; tussen, midden in, te midden van
ammonia [ə'mounɪə] *n* ammonia *c*
amnesty ['æmnisti] *n* amnestie *c*
among [ə'mʌŋ] *prep* te midden van; tussen, onder; ~ **other things** onder andere
amount [ə'maunt] *n* hoeveelheid *c*; som *c*, bedrag *nt*; ~ **to** *bedragen
amuse [ə'mju:z] *v* amuseren, vermaken
amusement [ə'mju:zmənt] *n* amusement *nt*, vermaak *nt*
amusing [ə'mju:zɪŋ] *adj* amusant
anaemia [ə'ni:mɪə] *n* bloedarmoede *c*
anaesthesia [ˌænis'θi:zɪə] *n* verdoving *c*
anaesthetic [ˌænis'θetik] *n* pijnstillend middel
analyse ['ænəlaiz] *v* ontleden, analyseren
analysis [ə'næləsis] *n* (pl -ses) analyse *c*

analyst ['ænəlist] *n* analist *c*; analyticus *c*

anarchy ['ænəki] *n* anarchie *c*

anatomy [ə'nætəmi] *n* anatomie *c*

ancestor ['ænsestə] *n* voorvader *c*

anchor ['æŋkə] *n* anker *nt*

anchovy ['æntʃəvi] *n* ansjovis *c*

ancient ['einʃənt] *adj* oud; ouderwets, verouderd; oeroud

and [ænd, ənd] *conj* en

angel ['eindʒəl] *n* engel *c*

anger ['æŋgə] *n* toorn *c*, boosheid *c*; woede *c*

angle ['æŋgəl] *v* hengelen; *n* hoek *c*

angry ['æŋgri] *adj* kwaad

animal ['æniməl] *n* dier *nt*

ankle ['æŋkəl] *n* enkel *c*

annex[1] ['æneks] *n* bijgebouw *nt*; bijlage *c*

annex[2] [ə'neks] *v* annexeren

anniversary [,æni'və:səri] *n* verjaardag *c*

announce [ə'nauns] *v* bekendmaken, aankondigen

announcement [ə'naunsmənt] *n* aankondiging *c*, bekendmaking *c*

annoy [ə'nɔi] *v* irriteren, ergeren

annoyance [ə'nɔiəns] *n* ergernis *c*

annoying [ə'nɔiiŋ] *adj* vervelend, hinderlijk

annual ['ænjuəl] *adj* jaarlijks; *n* jaarboek *nt*

per annum [pər 'ænəm] jaarlijks

anonymous [ə'nɔniməs] *adj* anoniem

another [ə'nʌðə] *adj* nog een; een ander

answer ['ɑ:nsə] *v* antwoorden; beantwoorden; *n* antwoord *nt*

ant [ænt] *n* mier *c*

anthology [æn'θɔlədʒi] *n* bloemlezing *c*

antibiotic [,æntibai'ɔtik] *n* antibioticum *nt*

anticipate [æn'tisipeit] *v* verwachten,

*voorzien; *voorkomen

antifreeze ['æntifri:z] *n* antivries *c*

antipathy [æn'tipəθi] *n* afkeer *c*

antique [æn'ti:k] *adj* antiek; *n* antiquiteit *c*; ~ **dealer** antiquair *c*

antiquity [æn'tikwəti] *n* Oudheid *c*; **antiquities** *pl* oudheden *pl*

antiseptic [,ænti'septik] *n* antiseptisch middel

antlers ['æntləz] *pl* gewei *nt*

anxiety [æŋ'zaiəti] *n* bezorgdheid *c*

anxious ['æŋkʃəs] *adj* verlangend; bezorgd

any ['eni] *adj* enig

anybody ['enibɔdi] *pron* wie dan ook

anyhow ['enihau] *adv* hoe dan ook

anyone ['eniwʌn] *pron* iedereen

anything ['eniθiŋ] *pron* wat dan ook

anyway ['eniwei] *adv* in elk geval

anywhere ['eniwɛə] *adv* waar dan ook; overal

apart [ə'pɑ:t] *adv* apart, afzonderlijk; ~ **from** afgezien van

apartment [ə'pɑ:tmənt] *nAm* appartement *nt*, flat *c*; etage *c*; ~ **house** *Am* flatgebouw *nt*

aperitif [ə'perətiv] *n* aperitief *nt/c*

apologize [ə'pɔlədʒaiz] *v* zich verontschuldigen

apology [ə'pɔlədʒi] *n* excuus *nt*, verontschuldiging *c*

apparatus [,æpə'reitəs] *n* apparaat *nt*, toestel *nt*

apparent [ə'pærənt] *adj* schijnbaar; duidelijk

apparently [ə'pærəntli] *adv* blijkbaar; klaarblijkelijk

apparition [,æpə'riʃən] *n* verschijning *c*

appeal [ə'pi:l] *n* beroep *nt*

appear [ə'piə] *v* *lijken, *schijnen; *blijken; *verschijnen; *optreden

appearance [ə'piərəns] *n* voorkomen *nt*; aanblik *c*; optreden *nt*

appendicitis [ə‚pendi'saitis] *n* blindedarmontsteking *c*

appendix [ə'pendiks] *n* (pl -dices, -dixes) blindedarm *c*

appetite ['æpətait] *n* trek *c*, eetlust *c*

appetizer ['æpətaizə] *n* borrelhapje *nt*

appetizing ['æpətaiziŋ] *adj* smakelijk

applause [ə'plɔ:z] *n* applaus *nt*

apple ['æpəl] *n* appel *c*

appliance [ə'plaiəns] *n* toestel *nt*, apparaat *nt*

application [‚æpli'keiʃən] *n* toepassing *c*; aanvraag *c*; sollicitatie *c*

apply [ə'plai] *v* toepassen; gebruiken; solliciteren; *gelden

appoint [ə'pɔint] *v* aanstellen, benoemen

appointment [ə'pɔintmənt] *n* afspraak *c*; benoeming *c*

appreciate [ə'pri:ʃieit] *v* schatten; waarderen, op prijs stellen

appreciation [ə‚pri:ʃi'eiʃən] *n* schatting *c*; waardering *c*

approach [ə'prouʧ] *v* naderen; *n* aanpak *c*; toegang *c*

appropriate [ə'proupriət] *adj* juist, geschikt, passend

approval [ə'pru:vəl] *n* goedkeuring *c*; instemming *c*; **on ~** op zicht

approve [ə'pru:v] *v* goedkeuren; **~ of** instemmen met

approximate [ə'prɔksimət] *adj* bij benadering

approximately [ə'prɔksimətli] *adv* circa, ongeveer

apricot ['eiprikɔt] *n* abrikoos *c*

April ['eiprəl] april

apron ['eiprən] *n* schort *c*

Arab ['ærəb] *adj* Arabisch; *n* Arabier *c*

arbitrary ['a:bitrəri] *adj* willekeurig

arcade [a:'keid] *n* zuilengang *c*, galerij *c*

arch [a:ʧ] *n* boog *c*; gewelf *nt*

archaeologist [‚a:ki'ɔlədʒist] *n* archeoloog *c*

archaeology [‚a:ki'ɔlədʒi] *n* oudheidkunde *c*, archeologie *c*

archbishop [‚a:ʧ'biʃəp] *n* aartsbisschop *c*

arched [a:ʧt] *adj* boogvormig

architect ['a:kitekt] *n* architect *c*

architecture ['a:kitekʧə] *n* bouwkunde *c*, architectuur *c*

archives ['a:kaivz] *pl* archief *nt*

are [a:] *v* (pr be)

area ['eəriə] *n* streek *c*; gebied *nt*; oppervlakte *c*; **~ code** netnummer *nt*

Argentina [‚a:dʒən'ti:nə] Argentinië

Argentinian [‚a:dʒən'tiniən] *adj* Argentijns; *n* Argentijn *c*

argue ['a:gju:] *v* argumenteren, debatteren, discussiëren; redetwisten

argument ['a:gjumənt] *n* argument *nt*; discussie *c*; woordenwisseling *c*

arid ['ærid] *adj* dor

*****arise** [ə'raiz] *v* *oprijzen, *ontstaan

arithmetic [ə'riθmətik] *n* rekenkunde *c*

arm [a:m] *n* arm *c*; wapen *nt*; leuning *c*; *v* bewapenen

armchair ['a:mʧeə] *n* fauteuil *c*, leunstoel *c*

armed [a:md] *adj* gewapend; **~ forces** strijdkrachten *pl*

armour ['a:mə] *n* harnas *nt*

army ['a:mi] *n* leger *nt*

aroma [ə'roumə] *n* aroma *nt*

around [ə'raund] *prep* om, rond; *adv* rondom

arrange [ə'reindʒ] *v* rangschikken, ordenen; regelen

arrangement [ə'reindʒmənt] *n* regeling *c*

arrest [ə'rest] *v* arresteren; *n* aanhouding *c*, arrestatie *c*

arrival [ə'raivəl] *n* aankomst *c*; komst *c*

arrive [ə'raiv] *v* *aankomen

arrow ['ærou] *n* pijl *c*

art [a:t] *n* kunst *c*; vaardigheid *c*; ~ **collection** kunstverzameling *c*; ~ **exhibition** kunsttentoonstelling *c*; ~ **gallery** kunstgalerij *c*; ~ **history** kunstgeschiedenis *c*; **arts and crafts** kunstnijverheid *c*; ~ **school** kunstacademie *c*

artery ['a:təri] *n* slagader *c*

artichoke ['a:titʃouk] *n* artisjok *c*

article ['a:tikəl] *n* artikel *nt*; lidwoord *nt*

artifice ['a:tifis] *n* list *c*

artificial [,a:ti'fiʃəl] *adj* kunstmatig

artist ['a:tist] *n* kunstenaar *c*; kunstenares *c*

artistic [a:'tistik] *adj* artistiek, kunstzinnig

as [æz] *conj* als, zoals; even; aangezien, omdat; ~ **from** vanaf; met ingang van; ~ **if** alsof

asbestos [æz'bestɔs] *n* asbest *nt*

ascend [ə'send] *v* omhoog *gaan; *opstijgen; *beklimmen

ascent [ə'sent] *n* stijging *c*; beklimming *c*

ascertain [,æsə'tein] *v* constateren; zich vergewissen van, zich vergewissen van

ash [æʃ] *n* as *c*

ashamed [ə'feimd] *adj* beschaamd; *be ~ zich schamen

ashore [ə'ʃɔː] *adv* aan land

ashtray ['æʃtrei] *n* asbak *c*

Asia ['eiʃə] Azië

Asian ['eiʃən] *adj* Aziatisch; *n* Aziaat *c*

aside [ə'said] *adv* opzij, terzijde

ask [a:sk] *v* *vragen; *verzoeken; uitnodigen

asleep [ə'sli:p] *adj* in slaap

asparagus [ə'spærəgəs] *n* asperge *c*

aspect ['æspekt] *n* aspect *nt*

asphalt ['æsfælt] *n* asfalt *nt*

aspire [ə'spaiə] *v* streven

aspirin ['æspərin] *n* aspirine *c*

ass [æs] *n* ezel *c*

assassination [ə,sæsi'neiʃən] *n* moord *c*

assault [ə'sɔːlt] *v* *aanvallen; aanranden

assemble [ə'sembəl] *v* *bijeenbrengen; in elkaar zetten, monteren

assembly [ə'sembli] *n* vergadering *c*, bijeenkomst *c*

assignment [ə'sainmənt] *n* opdracht *c*

assign to [ə'sain] *opdragen aan; *toeschrijven aan

assist [ə'sist] *v* *bijstaan, *helpen; ~ **at** bijwonen

assistance [ə'sistəns] *n* hulp *c*; steun *c*, bijstand *c*

assistant [ə'sistənt] *n* assistent *c*

associate [ə'souʃiət] *n* partner *c*, vennoot *c*; bondgenoot *c*; lid *nt*; *v* associëren; ~ **with** *omgaan met

association [ə,sousi'eiʃən] *n* genootschap *nt*, vereniging *c*

assort [ə'sɔːt] *v* sorteren

assortment [ə'sɔːtmənt] *n* assortiment *nt*, sortering *c*

assume [ə'sjuːm] *v* *aannemen, veronderstellen

assure [ə'ʃuə] *v* verzekeren

asthma ['æsmə] *n* astma *nt*

astonish [ə'stɔniʃ] *v* verbazen

astonishing [ə'stɔniʃiŋ] *adj* verbazend

astonishment [ə'stɔniʃmənt] *n* verbazing *c*

astronomy [ə'strɔnəmi] *n* sterrenkunde *c*

asylum [ə'sailəm] *n* asiel *nt*; gesticht *nt*, tehuis *nt*

at [æt] *prep* in, bij, op; naar

ate [et] *v* (p eat)

atheist ['eiθiist] *n* atheïst *c*

athlete ['æθliːt] *n* atleet *c*

athletics [æθ'letiks] *pl* atletiek *c*

Atlantic [ət'læntik] Atlantische Oceaan

atmosphere ['ætməsfiə] n atmosfeer c; sfeer c, stemming c

atom ['ætəm] n atoom nt

atomic [ə'tɔmik] adj atomisch; atoom-

atomizer ['ætəmaizə] n sproeier c; spuitbus c, verstuiver c

attach [ə'tætʃ] v hechten, vastmaken; aanhechten; bijvoegen; **attached to** gehecht aan

attack [ə'tæk] v *aanvallen; n aanval c

attain [ə'tein] v bereiken

attainable [ə'teinəbəl] adj haalbaar; bereikbaar

attempt [ə'tempt] v proberen, trachten; beproeven; n poging c

attend [ə'tend] v bijwonen; ~ **on** bedienen; ~ **to** passen op, zich *bezighouden met; letten op, aandacht besteden aan

attendance [ə'tendəns] n opkomst c

attendant [ə'tendənt] n oppasser c

attention [ə'tenʃən] n aandacht c; *pay ~ opletten

attentive [ə'tentiv] adj oplettend

attic ['ætik] n zolder c

attitude ['ætitjuːd] n houding c

attorney [ə'təːni] n advocaat c

attract [ə'trækt] v *aantrekken

attraction [ə'trækʃən] n attractie c; aantrekking c, bekoring c

attractive [ə'træktiv] adj aantrekkelijk

auburn ['ɔːbən] adj kastanjebruin

auction ['ɔːkʃən] n veiling c

audible ['ɔːdibəl] adj hoorbaar

audience ['ɔːdiəns] n publiek nt

auditor ['ɔːditə] n toehoorder c

auditorium [,ɔːdi'tɔːriəm] n aula c

August ['ɔːgəst] augustus

aunt [ɑːnt] n tante c

Australia [ɔ'streiliə] Australië

Australian [ɔ'streiliən] adj Australisch; n Australiër c

Austria ['ɔstriə] Oostenrijk

Austrian ['ɔstriən] adj Oostenrijks; n Oostenrijker c

authentic [ɔ:'θentik] adj authentiek; echt

author ['ɔːθə] n auteur c, schrijver c

authoritarian [ɔː,θɔri'teəriən] adj autoritair

authority [ɔː'θɔrəti] n gezag nt; macht c; **authorities** pl autoriteiten pl, overheid c

authorization [,ɔːθərai'zeiʃən] n machtiging c; toestemming c

automatic [,ɔːtə'mætik] adj automatisch; ~ **teller** geldautomaat

automation [,ɔːtə'meiʃən] n automatisering c

automobile ['ɔːtəməbiːl] n auto c; ~ **club** automobielclub c

autonomous [ɔː'tɔnəməs] adj autonoom

autopsy ['ɔːtɔpsi] n autopsie c

autumn ['ɔːtəm] n najaar nt, herfst c

available [ə'veiləbəl] adj verkrijgbaar, voorhanden, beschikbaar

avalanche ['ævəlɑːnʃ] n lawine c

avaricious [,ævə'riʃəs] adj gierig

avenue ['ævənjuː] n laan c

average ['ævəridʒ] adj gemiddeld; n gemiddelde nt; **on the ~** gemiddeld

averse [ə'vəːs] adj afkerig

aversion [ə'vəːʃən] n tegenzin c

avert [ə'vəːt] v afwenden

avoid [ə'vɔid] v *vermijden; *ontwijken

await [ə'weit] v wachten op, afwachten

awake [ə'weik] adj wakker

awake [ə'weik] v *wekken

award [ə'wɔːd] n prijs c; v toekennen

aware [ə'weə] adj bewust

away [ə'wei] adv weg; *go ~ *weggaan

awful ['ɔːfəl] adj afschuwelijk, ver-

schrikkelijk
awkward ['ɔ:kwəd] *adj* pijnlijk; onhandig
awning ['ɔ:niŋ] *n* zonnescherm *nt*
axe [æks] *n* bijl *c*
axle ['æksəl] *n* as *c*

B

baby ['beibi] *n* baby *c*; ~ **carriage** *Am* kinderwagen *c*
babysitter ['beibi,sitə] *n* babysitter *c*
bachelor ['bætʃələ] *n* vrijgezel *c*
back [bæk] *n* rug *c*; *adv* terug; *go ~ *teruggaan
backache ['bækeik] *n* rugpijn *c*
backbone ['bækboun] *n* ruggegraat *c*
background ['bækgraund] *n* achtergrond *c*; vorming *c*
backwards ['bækwədz] *adv* achteruit
bacon ['beikən] *n* spek *nt*
bacterium [bæk'ti:riəm] *n* (pl -ria) bacterie *c*
bad [bæd] *adj* slecht; ernstig, erg; stout
bag [bæg] *n* zak *c*; tas *c*, handtas *c*; koffer *c*
baggage ['bægidʒ] *n* bagage *c*; ~ **deposit office** *Am* bagagedepot *nt*; **hand** ~ *Am* handbagage *c*
bail [beil] *n* borgsom *c*
bailiff ['beilif] *n* deurwaarder *c*
bait [beit] *n* aas *nt*
bake [beik] *v* *bakken
baker ['beikə] *n* bakker *c*
bakery ['beikəri] *n* bakkerij *c*
balance ['bæləns] *n* evenwicht *nt*; balans *c*; saldo *c*
balcony ['bælkəni] *n* balkon *nt*
bald [bɔ:ld] *adj* kaal
ball [bɔ:l] *n* bal *c*; bal *nt*
ballet ['bælei] *n* ballet *nt*

balloon [bə'lu:n] *n* ballon *c*
ballpoint-pen ['bɔ:lpɔintpen] *n* ballpoint *c*
ballroom ['bɔ:lru:m] *n* danszaal *c*
bamboo [bæm'bu:] *n* (pl ~s) bamboe *nt*
banana [bə'nɑ:nə] *n* banaan *c*
band [bænd] *n* orkest *nt*; band *c*
bandage ['bændidʒ] *n* verband *nt*
bandit ['bændit] *n* bandiet *c*
bangle ['bæŋgəl] *n* armband *c*
banisters ['bænistəz] *pl* trapleuning *c*
bank [bæŋk] *n* oever *c*; bank *c*; *v* deponeren; ~ **account** bankrekening *c*
banknote ['bæŋknout] *n* bankbiljet *nt*
bank-rate ['bæŋkreit] *n* disconto *nt*
bankrupt ['bæŋkrʌpt] *adj* failliet, bankroet
banner ['bænə] *n* vaandel *nt*
banquet ['bæŋkwit] *n* banket *nt*
banqueting-hall ['bæŋkwitiŋhɔ:l] *n* banketzaal *c*
baptism ['bæptizəm] *n* doopsel *nt*, doop *c*
baptize [bæp'taiz] *v* dopen
bar [bɑ:] *n* bar *c*; stang *c*; tralie *c*
barber ['bɑ:bə] *n* kapper *c*
bare [bɛə] *adj* naakt, bloot; kaal
barely ['bɛəli] *adv* nauwelijks
bargain ['bɑ:gin] *n* koopje *nt*; *v* *afdingen
baritone ['bæritoun] *n* bariton *c*
bark [bɑ:k] *n* bast *c*; *v* blaffen
barley ['bɑ:li] *n* gerst *c*
barmaid ['bɑ:meid] *n* barjuffrouw *c*
barman ['bɑ:mən] *n* (pl -men) barman *c*
barn [bɑ:n] *n* schuur *c*
barometer [bə'rɔmitə] *n* barometer *c*
baroque [bə'rɔk] *adj* barok
barracks ['bærəks] *pl* kazerne *c*
barrel ['bærəl] *n* ton *c*, vat *nt*
barrier ['bæriə] *n* barrière *c*; slagboom

c

barrister ['bæristə] n advocaat c

bartender ['ba:,tendə] n barman c

base [beis] n basis c; grondslag c; v baseren

baseball ['beisbɔ:l] n honkbal nt

basement ['beismənt] n souterrain nt

basic ['beisik] adj fundamenteel

basilica [bə'zilikə] n basiliek c

basin ['beisən] n kom c, bekken nt

basis ['beisis] n (pl bases) grondslag c, basis c

basket ['ba:skit] n mand c

bass¹ [beis] n bas c

bass² [bæs] n (pl ~) baars c

bastard ['ba:stəd] n bastaard c; schoft c

batch [bætʃ] n partij c

bath [ba:θ] n bad nt; ~ **salts** badzout nt; ~ **towel** badhanddoek c

bathe [beið] v baden, een bad *nemen

bathing-cap ['beiðiŋkæp] n badmuts c

bathing-suit ['beiðiŋsu:t] n badpak nt; zwembroek c

bathing-trunks ['beiðiŋtrʌŋks] n zwembroek c

bathrobe ['ba:θroub] n badjas c

bathroom ['ba:θru:m] n badkamer c; toilet nt

batter ['bætə] n beslag nt

battery ['bætəri] n batterij c; accu c

battle ['bætəl] n slag c; strijd c, gevecht nt; v *vechten

bay [bei] n baai c; v blaffen

*__be__ [bi:] v *zijn

beach [bi:tʃ] n strand nt; **nudist** ~ naaktstrand nt

bead [bi:d] n kraal c; **beads** pl kralensnoer c; rozenkrans c

beak [bi:k] n snavel c; bek c

beam [bi:m] n straal c; balk c

bean [bi:n] n boon c

bear [beə] n beer c

*__bear__ [beə] v *dragen; dulden; *ver-

dragen

beard [biəd] n baard c

bearer ['beərə] n drager c

beast [bi:st] n beest nt; ~ **of prey** roofdier nt

*__beat__ [bi:t] v *slaan; *verslaan

beautiful ['bju:tifəl] adj mooi

beauty ['bju:ti] n schoonheid c; ~ **parlour** schoonheidssalon c; ~ **salon** schoonheidssalon c; ~ **treatment** schoonheidsbehandeling c

beaver ['bi:və] n bever c

because [bi'kɔz] conj omdat; aangezien; ~ **of** vanwege, wegens

*__become__ [bi'kʌm] v *worden; goed *staan

bed [bed] n bed nt; ~ **and board** vol pension, kost en inwoning; ~ **and breakfast** logies en ontbijt

bedding ['bediŋ] n beddegoed nt

bedroom ['bedru:m] n slaapkamer c

bee [bi:] n bij c

beech [bi:tʃ] n beuk c

beef [bi:f] n rundvlees nt

beehive ['bi:haiv] n bijenkorf c

been [bi:n] v (pp be)

beer [biə] n bier nt; pils nt

beet [bi:t] n biet c

beetle ['bi:təl] n kever c

beetroot ['bi:tru:t] n beetwortel c

before [bi'fɔ:] prep voor; conj voordat; adv van tevoren; eerder, tevoren

beg [beg] v bedelen; smeken; *vragen

beggar ['begə] n bedelaar c

*__begin__ [bi'gin] v *beginnen; *aanvangen

beginner [bi'ginə] n beginneling c

beginning [bi'giniŋ] n begin nt; aanvang c

on behalf of [ɔn bi'ha:f ɔv] namens, in naam van; ten behoeve van

behave [bi'heiv] v zich *gedragen

behaviour [bi'heivjə] n gedrag nt

behind [bi'haind] *prep* achter; *adv* achteraan

beige [beiʒ] *adj* beige

being [bi:iŋ] *n* wezen *nt*

Belgian ['beldʒən] *adj* Belgisch; *n* Belg *c*

Belgium ['beldʒəm] België

belief [bi'li:f] *n* geloof *nt*

believe [bi'li:v] *v* geloven

bell [bel] *n* klok *c*; bel *c*

bellboy ['belbɔi] *n* piccolo *c*

belly ['beli] *n* buik *c*

belong [bi'lɔŋ] *v* toebehoren

belongings [bi'lɔŋiŋz] *pl* bezittingen *pl*

beloved [bi'lʌvd] *adj* bemind

below [bi'lou] *prep* onder; beneden; *adv* onderaan, beneden

belt [belt] *n* riem *c*; **garter ~** *Am* jarretelgordel *c*

bench [bentʃ] *n* bank *c*

bend [bend] *n* bocht *c*; kromming *c*

*bend [bend] *v* *buigen; **~ down** zich bukken

beneath [bi'ni:θ] *prep* onder; *adv* beneden

benefit ['benifit] *n* winst *c*, baat *c*; voordeel *nt*; *v* profiteren

bent [bent] *adj* (pp bend) krom

beret ['berei] *n* baret *c*

berry ['beri] *n* bes *c*

berth [bə:θ] *n* couchette *c*; kooi *c*

beside [bi'said] *prep* naast

besides [bi'saidz] *adv* bovendien; trouwens; *prep* behalve

best [best] *adj* best

bet [bet] *n* weddenschap *c*; inzet *c*

*bet [bet] *v* wedden

betray [bi'trei] *v* *verraden

better ['betə] *adj* beter

between [bi'twi:n] *prep* tussen

beverage ['bevəridʒ] *n* drank *c*

beware [bi'weə] *v* zich hoeden, oppassen

bewitch [bi'witʃ] *v* beheksen, betoveren

beyond [bi'jɔnd] *prep* verder dan; voorbij; behalve; *adv* verder

bible ['baibəl] *n* bijbel *c*

bicycle ['baisikəl] *n* fiets *c*; rijwiel *nt*

big [big] *adj* groot; omvangrijk; dik; gewichtig

bile [bail] *n* gal *c*

bilingual [bai'liŋgwəl] *adj* tweetalig

bill [bil] *n* rekening *c*; nota *c*; *v* factureren

billiards ['biljədz] *pl* biljart *nt*

*bind [baind] *v* *binden

binoculars [bi'nɔkjələz] *pl* verrekijker *c*; toneelkijker *c*

biology [bai'ɔlədʒi] *n* biologie *c*

birch [bə:tʃ] *n* berk *c*

bird [bə:d] *n* vogel *c*

Biro ['bairou] *n* ballpoint *c*

birth [bə:θ] *n* geboorte *c*

birthday ['bə:θdei] *n* verjaardag *c*

biscuit ['biskit] *n* koekje *nt*

bishop ['biʃəp] *n* bisschop *c*

bit [bit] *n* stukje *nt*; beetje *nt*

bitch [bitʃ] *n* teef *c*

bite [bait] *n* hap *c*; beet *c*; steek *c*

*bite [bait] *v* *bijten

bitter ['bitə] *adj* bitter

black [blæk] *adj* zwart; **~ market** zwarte markt

blackberry ['blækbəri] *n* braam *c*

blackbird ['blækbə:d] *n* merel *c*

blackboard ['blækbɔ:d] *n* schoolbord *nt*

black-currant [,blæk'kʌrənt] *n* zwarte bes

blackmail ['blækmeil] *n* chantage *c*; *v* chanteren

blacksmith ['blæksmiθ] *n* smid *c*

bladder ['blædə] *n* blaas *c*

blade [bleid] *n* lemmet *nt*; **~ of grass** grasspriet *c*

blame [bleim] *n* schuld *c*; verwijt *nt*; *v* de schuld *geven aan, beschuldigen

blank [blæŋk] *adj* blanco

blanket ['blæŋkit] *n* deken *c*

blast [blɑːst] *n* explosie *c*

blazer ['bleizə] *n* sportjasje *nt*, blazer *c*

bleach [bliːtʃ] *v* bleken

bleak [bliːk] *adj* guur

*bleed [bliːd] *v* bloeden; *uitzuigen

bless [bles] *v* zegenen

blessing ['blesiŋ] *n* zegen *c*

blind [blaind] *n* rolgordijn *nt*, jaloezie *c*; *adj* blind; *v* verblinden

blister ['blistə] *n* blaar *c*, blaas *c*

blizzard ['blizəd] *n* sneeuwstorm *c*

block [blɔk] *v* versperren, blokkeren; *n* blok *nt*; ~ **of flats** flatgebouw *nt*

blonde [blɔnd] *n* blondine *c*

blood [blʌd] *n* bloed *nt*; ~ **pressure** bloeddruk *c*

blood-poisoning ['blʌd,pɔizəniŋ] *n* bloedvergiftiging *c*

blood-vessel ['blʌd,vesəl] *n* bloedvat *nt*

blot [blɔt] *n* vlek *c*; smet *c*; **blotting paper** vloeipapier *nt*

blouse [blauz] *n* blouse *c*

blow [blou] *n* klap *c*, slag *c*; windvlaag *c*

*blow [blou] *v* *blazen; *waaien

blow-out ['blouaut] *n* bandepech *c*

blue [bluː] *adj* blauw; neerslachtig

blunt [blʌnt] *adj* bot; stomp

blush [blʌʃ] *v* blozen

board [bɔːd] *n* plank *c*; bord *nt*; pension *nt*; bestuur *nt*; ~ **and lodging** vol pension, kost en inwoning

boarder ['bɔːdə] *n* kostganger *c*

boarding-house ['bɔːdiŋhaus] *n* pension *nt*

boarding-school ['bɔːdiŋskuːl] *n* internaat *nt*

boast [boust] *v* opscheppen

boat [bout] *n* schip *nt*, boot *c*

body ['bɔdi] *n* lichaam *nt*; lijf *nt*

bodyguard ['bɔdigaːd] *n* lijfwacht *c*

bog [bɔg] *n* moeras *nt*

boil [bɔil] *v* koken; *n* steenpuist *c*

bold [bould] *adj* stoutmoedig; vrijpostig, brutaal

Bolivia [bə'liviə] Bolivië

Bolivian [bə'liviən] *adj* Boliviaans; *n* Boliviaan *c*

bolt [boult] *n* grendel *c*; bout *c*

bomb [bɔm] *n* bom *c*; *v* bombarderen

bond [bɔnd] *n* obligatie *c*

bone [boun] *n* been *nt*, bot *nt*; graat *c*; *v* uitbenen

bonnet ['bɔnit] *n* motorkap *c*

book [buk] *n* boek *nt*; *v* reserveren, boeken; *inschrijven

booking ['bukiŋ] *n* reservering *c*, bespreking *c*

bookseller ['buk,selə] *n* boekhandelaar *c*

bookstand ['bukstænd] *n* boekenstalletje *nt*

bookstore ['bukstɔː] *n* boekwinkel *c*, boekhandel *c*

boot [buːt] *n* laars *c*; bagageruimte *c*

booth [buːð] *n* kraam *c*; hokje *nt*

border ['bɔːdə] *n* grens *c*; rand *c*

bore¹ [bɔː] *v* vervelen; boren; *n* zeurpiet *c*

bore² [bɔː] *v* (p bear)

boring ['bɔːriŋ] *adj* vervelend, saai

born [bɔːn] *adj* geboren

borrow ['bɔrou] *v* lenen; ontlenen

bosom ['buzəm] *n* borst *c*

boss [bɔs] *n* chef *c*, baas *c*

botany ['bɔtəni] *n* plantkunde *c*

both [bouθ] *adj* beide; **both ... and** zowel ... als

bother ['bɔðə] *v* vervelen, hinderen; moeite *doen; *n* last *c*

bottle ['bɔtəl] *n* fles *c*; ~ **opener** flesopener *c*; **hot-water** ~ warmwaterkruik *c*

bottleneck ['bɔtəlnek] *n* flessehals *c*

bottom ['bɔtəm] n bodem c; achterwerk nt, zitvlak nt; adj onderst

bough [bau] n tak c

bought [bɔːt] v (p, pp buy)

boulder ['bouldə] n rotsblok nt

bound [baund] n grens c; *be ~ to
*moeten; ~ for op weg naar

boundary ['baundəri] n grens c; landsgrens c

bouquet [bu'kei] n boeket nt

bourgeois ['buəʒwaː] adj burgerlijk

boutique [bu'tiːk] n boutique c

bow¹ [bau] v *buigen

bow² [bou] n boog c; ~ tie vlinderdasje nt, strikje nt

bowels [bauəlz] pl darmen, ingewanden pl

bowl [boul] n schaal c

bowling ['boulin] n bowling c, kegelspel nt; ~ alley kegelbaan c

box¹ [bɔks] v boksen; **boxing match**
bokswedstrijd c

box² [bɔks] n doos c

box-office ['bɔks,ɔfis] n plaatskaartenbureau nt, kassa c

boy [bɔi] n jongen c; joch nt, knaap
c; bediende c; ~ scout padvinder
c

bra [braː] n beha c, bustehouder c

bracelet ['breislit] n armband c

braces ['breisiz] pl bretels pl

brain [brein] n hersenen pl; verstand
nt

brain-wave ['breinweiv] n inval c

brake [breik] n rem c; ~ drum remtrommel c; ~ lights remlichten pl

branch [braːntʃ] n tak c; filiaal nt

brand [brænd] n merk nt; brandmerk
nt

brand-new [,brænd'njuː] adj splinternieuw

brass [braːs] n messing nt; koper nt,
geelkoper nt; ~ band n fanfarekorps nt

brassiere ['bræziə] n bustehouder c,
beha c

brassware ['braːswɛə] n koperwerk nt

brave [breiv] adj moedig, dapper;
flink

Brazil [brə'zil] Brazilië

Brazilian [brə'ziljən] adj Braziliaans; n
Braziliaan c

breach [briːtʃ] n bres c

bread [bred] n brood nt; **wholemeal**
~ volkorenbrood nt

breadth [bredθ] n breedte c

break [breik] n breuk c; pauze c

***break** [breik] v *breken; ~ down
stuk *gaan; ontleden

breakdown ['breikdaun] n panne c,
motorpech c

breakfast ['brekfəst] n ontbijt nt

bream [briːm] n (pl ~) brasem c

breast [brest] n borst c

breaststroke ['breststrouk] n schoolslag c

breath [breθ] n adem c; lucht c

breathe [briːð] v ademen

breathing ['briːðin] n ademhaling c

breed [briːd] n ras nt; soort c/nt

***breed** [briːd] v fokken

breeze [briːz] n bries c

brew [bruː] v brouwen

brewery ['bruːəri] n brouwerij c

bribe [braib] v *omkopen

bribery ['braibəri] n omkoping c

brick [brik] n steen c, baksteen c

bricklayer ['brikleiə] n metselaar c

bride [braid] n bruid c

bridegroom ['braidgruːm] n bruidegom
c

bridge [bridʒ] n brug c; bridge nt

brief [briːf] adj kort; beknopt

briefcase ['briːfkeis] n aktentas c

briefs [briːfs] pl slip c, onderbroek c

bright [brait] adj helder; blinkend;
snugger, pienter

brill [bril] n griet c

brilliant ['briljənt] *adj* schitterend; briljant

brim [brim] *n* rand *c*

*****bring** [briŋ] *v* *brengen; *meebrengen; ~ **back** *terugbrengen; ~ **up** opvoeden, *grootbrengen; ter sprake *brengen

brisk [brisk] *adj* levendig

Britain ['britən] Engeland

British ['britiʃ] *adj* Brits; Engels

Briton ['britən] *n* Brit *c*; Engelsman *c*

broad [brɔ:d] *adj* breed; ruim, wijd; globaal

broadcast ['brɔ:dkɑ:st] *n* uitzending *c*

*****broadcast** ['brɔ:dkɑ:st] *v* *uitzenden

brochure ['brouʃuə] *n* brochure *c*

broke[1] [brouk] *v* (p break)

broke[2] [brouk] *adj* platzak

broken ['broukən] *adj* (pp break) stuk, kapot

broker ['broukə] *n* makelaar *c*

bronchitis [brɔŋ'kaitis] *n* bronchitis *c*

bronze [brɔnz] *n* brons *nt*; *adj* bronzen

brooch [broutʃ] *n* broche *c*

brook [bruk] *n* beek *c*

broom [bru:m] *n* bezem *c*

brothel ['brɔθəl] *n* bordeel *nt*

brother ['brʌðə] *n* broer *c*; broeder *c*

brother-in-law ['brʌðərinlɔ:] *n* (pl brothers-) zwager *c*

brought [brɔ:t] *v* (p, pp bring)

brown [braun] *adj* bruin

bruise [bru:z] *n* blauwe plek, kneuzing *c*; *v* kneuzen

brunette [bru:'net] *n* brunette *c*

brush [brʌʃ] *n* borstel *c*; kwast *c*; *v* poetsen, borstelen

brutal ['bru:təl] *adj* beestachtig

bubble ['bʌbəl] *n* bel *c*

bucket ['bʌkit] *n* emmer *c*

buckle ['bʌkəl] *n* gesp *c*

bud [bʌd] *n* knop *c*

budget ['bʌdʒit] *n* begroting *c*, budget *nt*

buffet ['bufei] *n* buffet *nt*

bug [bʌg] *n* wandluis *c*; kever *c*; *nAm* insekt *nt*

*****build** [bild] *v* bouwen

building ['bildiŋ] *n* gebouw *nt*

bulb [bʌlb] *n* bol *c*; bloembol *c*; **light ~** gloeilamp *c*

Bulgaria [bʌl'geəriə] Bulgarije

Bulgarian [bʌl'geəriən] *adj* Bulgaars; *n* Bulgaar *c*

bulk [bʌlk] *n* omvang *c*; massa *c*; meerderheid *c*

bulky ['bʌlki] *adj* lijvig, omvangrijk

bull [bul] *n* stier *c*

bullet ['bulit] *n* kogel *c*

bullfight ['bulfait] *n* stierengevecht *nt*

bullring ['bulriŋ] *n* arena *c*

bump [bʌmp] *v* *stoten; botsen; bonzen; *n* stoot *c*, bons *c*

bumper ['bʌmpə] *n* bumper *c*

bumpy ['bʌmpi] *adj* hobbelig

bun [bʌn] *n* broodje *nt*

bunch [bʌntʃ] *n* bos *c*; groep *c*

bundle ['bʌndəl] *n* bundel *c*; *v* *samenbinden, bundelen

bunk [bʌŋk] *n* kooi *c*

buoy [bɔi] *n* boei *c*

burden ['bə:dən] *n* last *c*

bureau ['bjuərou] *n* (pl ~x, ~s) bureau *nt*, schrijftafel *c*; *nAm* commode *c*

bureaucracy [bjuə'rɔkrəsi] *n* bureaucratie *c*

burglar ['bə:glə] *n* inbreker *c*

burgle ['bə:gəl] *v* *inbreken

burial ['beriəl] *n* teraardebestelling *c*, begrafenis *c*

burn [bə:n] *n* brandwond *c*

*****burn** [bə:n] *v* branden; verbranden; aanbranden

*****burst** [bə:st] *v* *barsten; *breken

bury ['beri] *v* *begraven; *bedelven

bus [bʌs] *n* bus *c*

bush [buʃ] *n* struik *c*

business ['biznəs] n zaken pl, handel c; bedrijf nt, zaak c; werk nt; aangelegenheid c; ~ **hours** openingstijden pl, kantooruren pl; ~ **trip** zakenreis c; **on** ~ voor zaken
business-like ['biznislaik] adj zakelijk
businessman ['biznəsmən] n (pl -men) zakenman c
bust [bʌst] n buste c
bustle ['bʌsəl] n drukte c
busy ['bizi] adj bezig; druk
but [bʌt] conj maar; doch; prep behalve
butcher ['butʃə] n slager c
butter ['bʌtə] n boter c
butterfly ['bʌtəflai] n vlinder c; ~ **stroke** vlinderslag c
buttock ['bʌtək] n bil c
button ['bʌtən] n knoop c; v knopen
buttonhole ['bʌtənhoul] n knoopsgat nt
*buy [bai] v *kopen; aanschaffen
buyer ['baiə] n koper c
by [bai] prep door; met, per; bij
by-pass ['baipɑːs] n ringweg c; v passeren

C

cab [kæb] n taxi c
cabaret ['kæbərei] n cabaret nt; nachtclub c
cabbage ['kæbidʒ] n kool c
cab-driver ['kæb,draivə] n taxichauffeur c
cabin ['kæbin] n cabine c; hut c; kleedhokje nt; kajuit c
cabinet ['kæbinət] n kabinet nt
cable ['keibəl] n kabel c; telegram nt; v telegraferen
cadre ['kɑːdə] n kader nt
café ['kæfei] n café nt

cafeteria [,kæfə'tiəriə] n cafetaria c
caffeine ['kæfiːn] n coffeïne c
cage [keidʒ] n kooi c
cake [keik] n cake c; gebak nt, taart c, koek c
calamity [kə'læməti] n onheil nt, ramp c
calcium ['kælsiəm] n calcium nt
calculate ['kælkjuleit] v uitrekenen, berekenen
calculation [,kælkju'leiʃən] n berekening c
calculator ['kælkju,leitə] n rekenmachine c
calendar ['kæləndə] n kalender c
calf [kɑːf] n (pl calves) kalf nt; kuit c; ~ **skin** kalfsleer nt
call [kɔːl] v *roepen; noemen; opbellen; n roep c; visite c, bezoek nt; telefoontje nt; ***be called** *heten; ~ **names** *uitschelden; ~ **on** *bezoeken; ~ **up** Am opbellen
callus ['kæləs] n eelt nt
calm [kɑːm] adj rustig, kalm; ~ **down** kalmeren; bedaren
calorie ['kæləri] n calorie c
came [keim] v (p come)
camel ['kæməl] n kameel c
cameo ['kæmiou] n (pl ~s) camee c
camera ['kæmərə] n fototoestel nt; filmcamera c; ~ **shop** fotowinkel c
camp [kæmp] n kamp nt; v kamperen
campaign [kæm'pein] n campagne c
camp-bed [,kæmp'bed] n veldbed nt, stretcher c
camper ['kæmpə] n kampeerder c
camping ['kæmpiŋ] n camping c; ~ **site** camping c, kampeerterrein nt
camshaft ['kæmʃɑːft] n nokkenas c
can [kæn] n blik nt; ~ **opener** blikopener c
*can [kæn] v *kunnen
Canada ['kænədə] Canada
Canadian [kə'neidiən] adj Canadees;

n Canadees *c*

canal [kə'næl] *n* kanaal *nt*; gracht *c*, singel *c*

canary [kə'neəri] *n* kanarie *c*

cancel ['kænsəl] *v* annuleren; *afzeggen

cancellation [,kænsə'leiʃən] *n* annulering *c*

cancer ['kænsə] *n* kanker *c*

candelabrum [,kændə'la:brəm] *n* (pl -bra) kandelaber *c*

candidate ['kændidət] *n* kandidaat *c*, gegadigde *c*

candle ['kændəl] *n* kaars *c*

candy ['kændi] *nAm* snoepje *nt*; snoep *nt*, snoepgoed *nt*; ~ **store** *Am* snoepwinkel *c*

cane [kein] *n* riet *nt*; stok *c*

canister ['kænistə] *n* trommel *c*, bus *c*

canoe [kə'nu:] *n* kano *c*

canteen [kæn'ti:n] *n* kantine *c*

canvas ['kænvəs] *n* tentdoek *nt*

cap [kæp] *n* pet *c*, muts *c*

capable ['keipəbəl] *adj* kundig, bekwaam

capacity [kə'pæsəti] *n* capaciteit *c*; vermogen *nt*; bekwaamheid *c*

cape [keip] *n* cape *c*; kaap *c*

capital ['kæpitəl] *n* hoofdstad *c*; kapitaal *nt*; *adj* belangrijk, hoofd-; ~ **letter** hoofdletter *c*

capitalism ['kæpitəlizəm] *n* kapitalisme *nt*

capitulation [kə,pitju'leiʃən] *n* capitulatie *c*

capsule ['kæpsju:l] *n* capsule *c*

captain ['kæptin] *n* kapitein *c*; gezagvoerder *c*

capture ['kæptʃə] *v* gevangen *nemen, *vangen; *innemen; *n* vangst *c*; inneming *c*

car [ka:] *n* auto *c*; ~ **hire** autoverhuur *c*; ~ **park** parkeerplaats *c*; ~ **rental** *Am* autoverhuur *c*

carafe [kə'ræf] *n* karaf *c*

caramel ['kærəməl] *n* karamel *c*

carat ['kærət] *n* karaat *nt*

caravan ['kærəvæn] *n* caravan *c*; woonwagen *c*

carburettor [,ka:bju'retə] *n* carburateur *c*

card [ka:d] *n* kaart *c*; briefkaart *c*

cardboard ['ka:dbɔ:d] *n* karton *nt*; *adj* kartonnen

cardigan ['ka:digən] *n* vest *nt*

cardinal ['ka:dinəl] *n* kardinaal *c*; *adj* kardinaal, hoofd-

care [keə] *n* verzorging *c*; zorg *c*; ~ **about** zich bekommeren om; ~ **for** *houden van; *take ~ **of** zorgen voor, verzorgen

career [kə'riə] *n* loopbaan *c*, carrière *c*

carefree ['keəfri:] *adj* onbezorgd

careful ['keəfəl] *adj* voorzichtig; zorgvuldig, nauwkeurig

careless ['keələs] *adj* achteloos, slordig

caretaker ['keə,teikə] *n* concierge *c*

cargo ['ka:gou] *n* (pl ~es) lading *c*, vracht *c*

carnival ['ka:nivəl] *n* carnaval *nt*

carp [ka:p] *n* (pl ~) karper *c*

carpenter ['ka:pintə] *n* timmerman *c*

carpet ['ka:pit] *n* vloerkleed *nt*, tapijt *nt*

carriage ['kæridʒ] *n* wagon *c*; koets *c*, rijtuig *nt*

carriageway ['kæridʒwei] *n* rijbaan *c*

carrot ['kærət] *n* peen *c*, wortel *c*

carry ['kæri] *v* *dragen; voeren; ~ **on** voortzetten; *doorgaan; ~ **out** uitvoeren

carry-cot ['kærikɔt] *n* reiswieg *c*

cart [ka:t] *n* kar *c*, wagen *c*

cartilage ['ka:tilidʒ] *n* kraakbeen *nt*

carton ['ka:tən] *n* kartonnen doos; slof *c*

cartoon [ka:'tu:n] *n* tekenfilm *c*

cartridge ['ka:tridʒ] *n* patroon *c*

carve [kɑ:v] v *snijden; kerven,
*houtsnijden

carving ['kɑ:viŋ] n houtsnijwerk nt

case [keis] n geval nt; zaak c; koffer
c; etui nt; **attaché** ~ aktentas c;
in ~ indien; **in** ~ **of** in geval van

cash [kæʃ] n contanten pl, contant
geld; v verzilveren, incasseren, innen; ~ **dispenser** geldautomaat

cashier [kæ'ʃiə] n kassier c; caissière
c

cashmere ['kæʃmiə] n kasjmier nt

casino [kə'si:nou] n (pl ~s) casino nt

cask [kɑ:sk] n ton c, vat nt

cast [kɑ:st] n worp c

*cast [kɑ:st] v gooien, *werpen; **cast
iron** gietijzer nt

castle ['kɑ:səl] n slot nt, kasteel c

casual ['kæʒuəl] adj ongedwongen;
terloops, toevallig

casualty ['kæʒuəlti] n slachtoffer nt

cat [kæt] n kat c

catacomb ['kætəkoum] n catacombe c

catalogue ['kætələg] n catalogus c

catarrh [kə'tɑ:] n catarre c

catastrophe [kə'tæstrəfi] n catastrofe c

*catch [kætʃ] v *vangen; *grijpen;
betrappen; *nemen, halen

category ['kætigəri] n categorie c

cathedral [kə'θi:drəl] n dom c, kathedraal c

catholic ['kæθəlik] adj katholiek

cattle ['kætəl] pl vee nt

caught [kɔ:t] v (p, pp catch)

cauliflower ['kɔliflauə] n bloemkool c

cause [kɔ:z] v veroorzaken; aanrichten; n oorzaak c; beweegreden c,
aanleiding c; zaak c; ~ **to** *doen

causeway ['kɔ:zwei] n straatweg c

caution ['kɔ:ʃən] n voorzichtigheid c;
v waarschuwen

cautious ['kɔ:ʃəs] adj bedachtzaam

cave [keiv] n grot c; spelonk c

cavern ['kævən] n hol nt

caviar ['kævia:] n kaviaar c

cavity ['kævəti] n holte c

cease [si:s] v *ophouden

ceiling ['si:liŋ] n plafond c

celebrate ['selibreit] v vieren

celebration [ˌseli'breiʃən] n viering c

celebrity [si'lebrəti] n roem c

celery ['seləri] n selderij c

celibacy ['selibəsi] n celibaat c

cell [sel] n cel c

cellar ['selə] n kelder c

cellophane ['seləfein] n cellofaan nt

cement [si'ment] n cement nt

cemetery ['semitri] n begraafplaats c,
kerkhof nt

censorship ['sensəʃip] n censuur c

centigrade ['sentigreid] adj celsius

centimetre ['sentimi:tə] n centimeter c

central ['sentrəl] adj centraal; ~ **heating** centrale verwarming; ~ **station**
centraal station

centralize ['sentrəlaiz] v centraliseren

centre ['sentə] n centrum nt; middelpunt nt

century ['sentʃəri] n eeuw c

ceramics [si'ræmiks] pl aardewerk nt,
ceramiek c

ceremony ['serəməni] n ceremonie c

certain ['sə:tən] adj zeker; bepaald

certificate [sə'tifikət] n certificaat nt;
attest nt, akte c, diploma nt, getuigschrift nt

chain [tʃein] n keten c, ketting c

chair [tʃeə] n stoel c; zetel c

chairman ['tʃeəmən] n (pl -men) voorzitter c

chalet ['ʃælei] n chalet nt

chalk [tʃɔ:k] n krijt nt

challenge ['tʃælandʒ] v uitdagen; n
uitdaging c

chamber ['tʃeimbə] n kamer c

chambermaid ['tʃeimbəmeid] n kamermeisje nt

champagne [ʃæm'pein] n champagne

c

champion ['tʃæmpjən] n kampioen c;
voorvechter c

chance [tʃɑ:ns] n toeval nt; kans c,
gelegenheid c; risico nt; gok c; **by
~** toevallig

change [tʃeindʒ] v wijzigen, veranderen; wisselen; zich verkleden; overstappen; n wijziging c, verandering
c; wisselgeld nt, kleingeld nt

channel ['tʃænəl] n kanaal nt; **English
Channel** het Kanaal

chaos ['keiɔs] n chaos c

chaotic [kei'ɔtik] adj chaotisch

chap [tʃæp] n vent c

chapel ['tʃæpəl] n kerk c, kapel c

chaplain ['tʃæplin] n kapelaan c

character ['kærəktə] n karakter nt

characteristic [,kærəktə'ristik] adj kenmerkend, karakteristiek; n kenmerk
nt; karaktertrek c

characterize ['kærəktəraiz] v kenmerken

charcoal ['tʃɑ:koul] n houtskool c

charge [tʃɑ:dʒ] v berekenen; belasten; aanklagen; *laden; n prijs c;
belasting c, lading c, last c; aanklacht c; **~ plate** Am credit card;
free of ~ kosteloos; **in ~ of** belast
met; *take **~ of** op zich *nemen

charity ['tʃærəti] n liefdadigheid c

charm [tʃɑ:m] n bekoring c, charme
c; amulet c

charming ['tʃɑ:miŋ] adj charmant

chart [tʃɑ:t] n tabel c; grafiek c; zeekaart c; **conversion ~** omrekentabel c

chase [tʃeis] v *najagen; *verdrijven,
*verjagen; n jacht c

chasm ['kæzəm] n kloof c

chassis ['ʃæsi] n (pl ~) chassis nt

chaste [tʃeist] adj kuis

chat [tʃæt] v kletsen, babbelen; n
babbeltje nt, praatje nt, geklets nt

chatterbox ['tʃætəbɔks] n babbelkous
c

chauffeur ['ʃoufə] n chauffeur c

cheap [tʃi:p] adj goedkoop; voordelig

cheat [tʃi:t] v *bedriegen; oplichten

check [tʃek] v controleren, *nakijken;
n ruit c; nAm rekening c; cheque
c; **check!** schaak!; **~ in** zich *inschrijven

check-book ['tʃekbuk] nAm chequeboekje nt

checkerboard ['tʃekəbɔ:d] nAm
schaakbord n

checkers ['tʃekəz] plAm damspel nt

checkroom ['tʃekru:m] nAm garderobe c

check-up ['tʃekʌp] n onderzoek nt

cheek [tʃi:k] n wang c

cheek-bone ['tʃi:kboun] n jukbeen nt

cheer [tʃiə] v juichen; **~ up** opvrolijken

cheerful ['tʃiəfəl] adj opgewekt, vrolijk

cheese [tʃi:z] n kaas c

chef [ʃef] n chef-kok c

chemical ['kemikəl] adj scheikundig,
chemisch

chemist ['kemist] n apotheker c;
chemist's apotheek c; drogisterij c

chemistry ['kemistri] n scheikunde c,
chemie c

cheque [tʃek] n cheque c

cheque-book ['tʃekbuk] n chequeboekje nt

chequered ['tʃekəd] adj geruit, geblokt

cherry ['tʃeri] n kers c

chess [tʃes] n schaakspel nt

chest [tʃest] n borst c; borstkas c;
kist c; **~ of drawers** ladenkast c

chestnut ['tʃesnʌt] n kastanje c

chew [tʃu:] v kauwen

chewing-gum ['tʃu:iŋgʌm] n kauwgom
c/nt

chicken ['tʃikin] n kip c; kuiken nt

chickenpox ['tʃikinpɔks] n waterpokken *pl*

chief [tʃi:f] *n* chef *c*; *adj* hoofd-, voornaamst

chieftain ['tʃi:ftən] *n* opperhoofd *nt*

child [tʃaild] *n* (pl children) kind *nt*

childbirth ['tʃaildbə:θ] *n* bevalling *c*

childhood ['tʃaildhud] *n* jeugd *c*

Chile ['tʃili] Chili

Chilean ['tʃilien] *adj* Chileens; *n* Chileen *c*

chill [tʃil] *n* rilling *c*

chilly ['tʃili] *adj* kil

chimes [tʃaimz] *pl* carillon *nt*

chimney ['tʃimni] *n* schoorsteen *c*

chin [tʃin] *n* kin *c*

China ['tʃainə] China

china ['tʃainə] *n* porselein *nt*

Chinese [tʃai'ni:z] *adj* Chinees; *n* Chinees *c*

chink [tʃiŋk] *n* kier *c*

chip [tʃip] *n* schilfer *c*; fiche *c*; *v* *afsnijden, *afbreken; **chips** frites *pl*

chiropodist [ki'rɔpədist] *n* pedicure *c*

chisel ['tʃizəl] *n* beitel *c*

chives [tʃaivz] *pl* bieslook *nt*

chlorine ['klɔ:ri:n] *n* chloor *nt*

chock-full [tʃɔk'ful] *adj* afgeladen, stampvol

chocolate ['tʃɔklət] *n* chocola *c*; bonbon *c*; chocolademelk *c*

choice [tʃɔis] *n* keuze *c*; keus *c*

choir [kwaiə] *n* koor *nt*

choke [tʃouk] *v* stikken; wurgen; *n* choke *c*

*choose [tʃu:z] *v* *kiezen

chop [tʃɔp] *n* kotelet *c*, karbonade *c*; *v* hakken

Christ [kraist] Christus

christen ['krisən] *v* dopen

christening ['krisəniŋ] *n* doop *c*

Christian ['kristʃən] *adj* christelijk; *n* christen *c*; ~ **name** voornaam *c*

Christmas ['krisməs] Kerstmis

chromium ['kroumiəm] *n* chroom *nt*

chronic ['krɔnik] *adj* chronisch

chronological [,krɔnə'lɔdʒikəl] *adj* chronologisch

chuckle ['tʃʌkəl] *v* grinniken

chunk [tʃʌŋk] *n* stuk *nt*

church [tʃə:tʃ] *n* kerk *c*

churchyard ['tʃə:tʃja:d] *n* kerkhof *nt*

cigar [si'ga:] *n* sigaar *c*; ~ **shop** sigarenwinkel *c*

cigarette [,sigə'ret] *n* sigaret *c*; ~ **tobacco** shag *c*

cigarette-case [,sigə'retkeis] *n* sigarettenkoker *c*

cigarette-holder [,sigə'ret,houldə] *n* sigarettepijpje *nt*

cigarette-lighter [,sigə'ret,laitə] *n* aansteker *c*

cinema ['sinəmə] *n* bioscoop *c*

cinnamon ['sinəmən] *n* kaneel *c*

circle ['sə:kəl] *n* cirkel *c*; kring *c*; balkon *nt*; *v* omringen, *omgeven

circulation [,sə:kju'leiʃən] *n* circulatie *c*; bloedsomloop *c*; omloop *c*

circumstance ['sə:kəmstæns] *n* omstandigheid *c*

circus ['sə:kəs] *n* circus *nt*

citizen ['sitizən] *n* burger *c*

citizenship ['sitizənʃip] *n* staatsburgerschap *nt*

city ['siti] *n* stad *c*

civic ['sivik] *adj* burger-

civil ['sivəl] *adj* civiel; beleefd; ~ **law** burgerlijk recht; ~ **servant** ambtenaar *c*

civilian [si'viljən] *adj* burger-; *n* burger *c*

civilization [,sivəlai'zeiʃən] *n* beschaving *c*

civilized ['sivəlaizd] *adj* beschaafd

claim [kleim] *v* vorderen, opeisen; beweren; *n* eis *c*, aanspraak *c*

clamp [klæmp] *n* klem *c*; klemschroef *c*

clap [klæp] *v* applaudisseren, klappen

clarify ['klærifai] v ophelderen, verduidelijken

class [kla:s] n rang c, klasse c; klas c

classical ['klæsikəl] adj klassiek

classify ['klæsifai] v indelen

class-mate ['kla:smeit] n klasgenoot c

classroom ['kla:sru:m] n leslokaal nt

clause [klɔ:z] n clausule c

claw [klɔ:] n klauw c

clay [klei] n klei c

clean [kli:n] adj zuiver, schoon; v schoonmaken, reinigen

cleaning ['kli:niŋ] n schoonmaak c, reiniging c; ~ **fluid** reinigingsmiddel nt

clear [kliə] adj helder; duidelijk; v opruimen

clearing ['kliəriŋ] n open plaats

cleft [kleft] n kloof c

clergyman ['klə:dʒimən] n (pl -men) dominee c, predikant c; geestelijke c

clerk [kla:k] n kantoorbediende c, beambte c; klerk c; secretaris c

clever ['klevə] adj intelligent; slim, pienter, knap

client ['klaiənt] n klant c; cliënt c

cliff [klif] n rots c, klip c

climate ['klaimit] n klimaat nt

climb [klaim] v *klimmen; *stijgen; n stijging c

clinic ['klinik] n kliniek c

cloak [klouk] n mantel c

cloakroom ['kloukru:m] n garderobe c

clock [klɔk] n klok c; **at ... o'clock** om ... uur

cloister ['klɔistə] n klooster nt

close¹ [klouz] v *sluiten; **closed** adj toe, dicht, gesloten

close² [klous] adj nabij

closet ['klɔzit] n kast c; nAm kleerkast c

cloth [klɔθ] n stof c; doek c

clothes [klouðz] pl kleding c, kleren pl

clothes-brush ['klouðzbrʌʃ] n kleerborstel c

clothing ['klouðiŋ] n kleding c

cloud [klaud] n wolk c; **clouds** bewolking c

cloud-burst ['klaudbə:st] n wolkbreuk c

cloudy ['klaudi] adj betrokken, bewolkt

clover ['klouvə] n klaver c

clown [klaun] n clown c

club [klʌb] n club c; sociëteit c, vereniging c; knots c, knuppel c

clumsy ['klʌmzi] adj onhandig

clutch [klʌtʃ] n koppeling c; greep c

coach [koutʃ] n bus c; rijtuig nt; koets c; trainer c

coachwork ['koutʃwə:k] n carrosserie c

coagulate [kou'ægjuleit] v stollen

coal [koul] n kolen pl

coarse [kɔ:s] adj grof

coast [koust] n kust c

coat [kout] n mantel c, jas c

coat-hanger ['kout,hæŋə] n kleerhanger c

cobweb ['kɔbweb] n spinneweb nt

cocaine [kou'kein] n cocaïne c

cock [kɔk] n haan c

cocktail ['kɔkteil] n cocktail c

coconut ['koukənʌt] n kokosnoot c

cod [kɔd] n (pl ~) kabeljauw c

code [koud] n code c

coffee ['kɔfi] n koffie c

cognac ['kɔnjæk] n cognac c

coherence [kou'hiərəns] n samenhang c

coin [kɔin] n munt c; geldstuk nt, muntstuk nt

coincide [,kouin'said] v *samenvallen

cold [kould] adj koud; n kou c; verkoudheid c; **catch a** ~ kou vatten

collapse [kə'læps] v *bezwijken, instorten

collar ['kɔlə] n halsband c; boord nt/c, kraag c; ~ **stud** boordeknoopje nt

collarbone ['kɔləboun] n sleutelbeen nt

colleague ['kɔli:g] n collega c

collect [kə'lekt] v verzamelen; ophalen, afhalen; collecteren

collection [kə'lekʃən] n collectie c, verzameling c; lichting c

collective [kə'lektiv] adj collectief

collector [kə'lektə] n verzamelaar c; collectant c

college ['kɔlidʒ] n instelling voor hoger onderwijs; school c

collide [kə'laid] v botsen

collision [kə'liʒən] n aanrijding c, botsing c; aanvaring c

Colombia [kə'lɔmbiə] Colombia

Colombian [kə'lɔmbiən] adj Colombiaans; n Colombiaan c

colonel ['kə:nəl] n kolonel c

colony ['kɔləni] n kolonie c

colour ['kʌlə] n kleur c; v kleuren; ~ **film** kleurenfilm c

colourant ['kʌlərənt] n kleurstof c

colour-blind ['kʌləblaind] adj kleurenblind

coloured ['kʌləd] adj gekleurd

colourful ['kʌləfəl] adj bont, kleurrijk

column ['kɔləm] n pilaar c, zuil c; kolom c; rubriek c; kolonne c

coma ['koumə] n coma nt

comb [koum] v kammen; n kam c

combat ['kɔmbæt] n strijd c, gevecht nt; v *bestrijden, *vechten

combination [,kɔmbi'neiʃən] n combinatie c

combine [kəm'bain] v combineren; *samenbrengen

* **come** [kʌm] v *komen; ~ **across** *tegenkomen; *vinden

comedian [kə'mi:diən] n toneelspeler c; komiek c

comedy ['kɔmədi] n blijspel nt, komedie c; **musical** ~ musical c

comfort ['kʌmfət] n gemak nt, komfort nt, gerief nt; troost c; v troosten

comfortable ['kʌmfətəbəl] adj geriefelijk, comfortabel

comic ['kɔmik] adj komisch

comics ['kɔmiks] pl stripverhaal nt

coming ['kʌmiŋ] n komst c

comma ['kɔmə] n komma c

command [kə'mɑ:nd] v *bevelen; n bevel nt

commander [kə'mɑ:ndə] n bevelhebber c

commemoration [kə,memə'reiʃən] n herdenking c

commence [kə'mens] v *beginnen

comment ['kɔment] n commentaar nt; v aanmerken

commerce ['kɔmə:s] n handel c

commercial [kə'mə:ʃəl] adj handels-, commercieel; n reclamespot c; ~ **law** handelsrecht nt

commission [kə'miʃən] n commissie c

commit [kə'mit] v toevertrouwen; plegen, *begaan

committee [kə'miti] n commissie c, comité nt

common ['kɔmən] adj gemeenschappelijk; gebruikelijk, gewoon; ordinair

commune ['kɔmju:n] n commune c

communicate [kə'mju:nikeit] v meedelen, mededelen

communication [kə,mju:ni'keiʃən] n communicatie c; mededeling c

communiqué [kə'mju:nikei] n communiqué nt

communism ['kɔmjunizəm] n communisme nt

communist ['kɔmjunist] n communist c

community [kə'mju:nəti] n samenleving c, gemeenschap c

commuter [kə'mju:tə] *n* forens *c*

compact ['kɔmpækt] *adj* compact

compact disc ['kɔmpækt disk] *n* compact disk *c*; ~ **player** compact disk speler

companion [kəm'pænjən] *n* metgezel *c*

company ['kʌmpəni] *n* gezelschap *nt*; maatschappij *c*; firma *c*

comparative [kəm'pærətiv] *adj* relatief

compare [kəm'pɛə] *v* *vergelijken

comparison [kəm'pærisən] *n* vergelijking *c*

compartment [kəm'pɑ:tmənt] *n* coupé *c*

compass ['kʌmpəs] *n* kompas *nt*

compel [kəm'pel] *v* *dwingen

compensate ['kɔmpənseit] *v* compenseren

compensation [,kɔmpən'seifən] *n* compensatie *c*; schadevergoeding *c*

compete [kəm'pi:t] *v* wedijveren

competition [,kɔmpə'tifən] *n* wedstrijd *c*; concurrentie *c*

competitor [kəm'petitər] *n* concurrent *c*

compile [kəm'pail] *v* samenstellen

complain [kəm'plein] *v* klagen

complaint [kəm'pleint] *n* klacht *c*

complete [kəm'pli:t] *adj* compleet, volledig; *v* voltooien

completely [kəm'pli:tli] *adv* helemaal, volkomen, geheel

complex ['kɔmpleks] *adj* ingewikkeld

complexion [kəm'plekfən] *n* teint *c*

complicated ['kɔmplikeitid] *adj* gecompliceerd, ingewikkeld

compliment ['kɔmplimənt] *n* compliment *nt*; *v* gelukwensen, feliciteren

compose [kəm'pouz] *v* samenstellen

composer [kəm'pouzə] *n* componist *c*

composition [,kɔmpə'zifən] *n* compositie *c*; samenstelling *c*

comprehensive [,kɔmpri'hensiv] *adj* uitgebreid

comprise [kəm'praiz] *v* omvatten

compromise ['kɔmprəmaiz] *n* compromis *nt*

compulsory [kəm'pʌlsəri] *adj* verplicht

computer [kəm'pjutə] *n* computer

comrade ['kɔmreid] *n* kameraad *c*

conceal [kən'si:l] *v* *verbergen

conceited [kən'si:tid] *adj* verwaand

conceive [kən'si:v] *v* opvatten

concentrate ['kɔnsəntreit] *v* concentreren

concentration [,kɔnsən'treifən] *n* concentratie *c*

conception [kən'sepfən] *n* begrip *nt*; conceptie *c*

concern [kən'sə:n] *v* *aangaan, *betreffen; *n* zorg *c*; aangelegenheid *c*; bedrijf *nt*, onderneming *c*

concerned [kən'sə:nd] *adj* bezorgd; betrokken

concerning [kən'sə:niŋ] *prep* omtrent, betreffende

concert ['kɔnsət] *n* concert *nt*; ~ **hall** concertzaal *c*

concession [kən'sefən] *n* concessie *c*

concise [kən'sais] *adj* beknopt, summier

conclusion [kəŋ'klu:ʒən] *n* gevolgtrekking *c*, conclusie *c*

concrete ['kɔŋkri:t] *adj* concreet; *n* beton *nt*

concurrence [kəŋ'kʌrəns] *n* samenloop *c*

concussion [kəŋ'kʌfən] *n* hersenschudding *c*

condition [kən'difən] *n* voorwaarde *c*; toestand *c*; omstandigheid *c*

conditional [kən'difənəl] *adj* voorwaardelijk

conditioner [kən'difənə] *n* conditioner

condom ['kɔndəm] *n* condoom *nt*

conduct[1] ['kɔndʌkt] *n* gedrag *nt*

conduct[2] [kən'dʌkt] *v* leiden; begeleiden; dirigeren

conductor [kən'dʌktə] *n* conducteur *c*; dirigent *c*

confectioner [kən'fekʃənə] *n* banketbakker *c*

conference ['kɔnfərəns] *n* conferentie *c*

confess [kən'fes] *v* bekennen; biechten; *belijden

confession [kən'feʃən] *n* bekentenis *c*; biecht *c*

confidence ['kɔnfidəns] *n* vertrouwen *nt*

confident ['kɔnfidənt] *adj* gerust

confidential [,kɔnfi'denʃəl] *adj* vertrouwelijk

confirm [kən'fəːm] *v* bevestigen

confirmation [,kɔnfə'meiʃən] *n* bevestiging *c*

confiscate ['kɔnfiskeit] *v* vorderen, beslag leggen op

conflict ['kɔnflikt] *n* conflict *nt*

confuse [kən'fjuːz] *v* verwarren

confusion [kən'fjuːʒən] *n* verwarring *c*

congratulate [kən'grætʃuleit] *v* feliciteren, gelukwensen

congratulation [kən,grætʃu'leiʃən] *n* felicitatie *c*, gelukwens *c*

congregation [,kɔngri'geiʃən] *n* gemeente *c*; orde *c*, congregatie *c*

congress ['kɔngres] *n* congres *nt*; bijeenkomst *c*

connect [kə'nekt] *v* *verbinden; *aansluiten

connection [kə'nekʃən] *n* relatie *c*; verband *nt*; aansluiting *c*, verbinding *c*

connoisseur [,kɔnə'səː] *n* kenner *c*

connotation [,kɔnə'teiʃən] *n* bijbetekenis *c*

conquer ['kɔnkə] *v* veroveren; *overwinnen

conqueror ['kɔnkərə] *n* veroveraar *c*

conquest ['kɔnkwest] *n* verovering *c*

conscience ['kɔnʃəns] *n* geweten *nt*

conscious ['kɔnʃəs] *adj* bewust

consciousness ['kɔnʃəsnəs] *n* bewustzijn *nt*

conscript ['kɔnskript] *n* dienstplichtige *c*

consent [kən'sent] *v* toestemmen; instemmen; *n* instemming *c*, toestemming *c*

consequence ['kɔnsikwəns] *n* consequentie *c*, gevolg *nt*

consequently ['kɔnsikwəntli] *adv* bijgevolg

conservative [kən'səːvətiv] *adj* behoudend, conservatief

consider [kən'sidə] *v* beschouwen; *overwegen; menen, *vinden

considerable [kən'sidərəbəl] *adj* aanzienlijk; flink, aanmerkelijk

considerate [kən'sidərət] *adj* attent

consideration [kən,sidə'reiʃən] *n* overweging *c*; consideratie *c*, aandacht *c*

considering [kən'sidəriŋ] *prep* gezien

consignment [kən'sainmənt] *n* zending *c*

consist of [kən'sist] *bestaan uit

conspire [kən'spaiə] *v* *samenzweren

constant ['kɔnstənt] *adj* aanhoudend

constipation [,kɔnsti'peiʃən] *n* obstipatie *c*, constipatie *c*

constituency [kən'stitʃuənsi] *n* kiesdistrict *nt*

constitution [,kɔnsti'tjuːʃən] *n* grondwet *c*

construct [kən'strʌkt] *v* bouwen; opbouwen, construeren

construction [kən'strʌkʃən] *n* constructie *c*; opbouw *c*; gebouw *nt*, bouw *c*

consul ['kɔnsəl] *n* consul *c*

consulate ['kɔnsjulət] *n* consulaat *nt*

consult [kən'sʌlt] *v* raadplegen

consultation [,kɔnsəl'teiʃən] *n* raadpleging *c*; consult *nt*; ~ **hours** *n* spreekuur *nt*

consumer [kən'sju:mə] *n* verbruiker *c*, consument *c*

contact ['kɔntækt] *n* contact *nt*; aanraking *c*; *v* zich in verbinding stellen met; ~ **lenses** contactlenzen *pl*

contagious [kən'teidʒəs] *adj* aanstekelijk, besmettelijk

contain [kən'tein] *v* bevatten; *inhouden

container [kən'teinə] *n* reservoir *nt*; container *c*

contemporary [kən'tempərəri] *adj* eigentijds; toenmalig; hedendaags; *n* tijdgenoot *c*

contempt [kən'tempt] *n* verachting *c*, minachting *c*

content [kən'tent] *adj* tevreden

contents ['kɔntents] *pl* inhoud *c*

contest ['kɔntest] *n* strijd *c*; wedstrijd *c*

continent ['kɔntinənt] *n* continent *nt*, werelddeel *nt*; vasteland *nt*

continental [,kɔnti'nentəl] *adj* continentaal

continual [kən'tinjuəl] *adj* voortdurend; **continually** *adv* steeds

continue [kən'tinju:] *v* voortzetten, vervolgen; *voortgaan, *doorgaan

continuous [kən'tinjuəs] *adj* voortdurend, doorlopend, onafgebroken

contour ['kɔntuə] *n* omtrek *c*

contraceptive [,kɔntrə'septiv] *n* voorbehoedmiddel *nt*

contract[1] ['kɔntrækt] *n* contract *nt*

contract[2] [kən'trækt] *v* *oplopen

contractor [kən'træktə] *n* aannemer *c*

contradict [,kɔntrə'dikt] *v* *tegenspreken

contradictory [,kɔntrə'diktəri] *adj* tegenstrijdig

contrary ['kɔntrəri] *n* tegendeel *nt*; *adj* tegengesteld; **on the** ~ integen-

deel

contrast ['kɔntrɑ:st] *n* contrast *nt*; verschil *nt*, tegenstelling *c*

contribution [,kɔntri'bju:ʃən] *n* bijdrage *c*

control [kən'troul] *n* controle *c*; *v* controleren

controversial [,kɔntrə'və:ʃəl] *adj* controversieel, omstreden

convenience [kən'vi:njəns] *n* gemak *nt*

convenient [kən'vi:njənt] *adj* gerieflijk; geschikt, passend, gemakkelijk

convent ['kɔnvənt] *n* klooster *nt*

conversation [,kɔnvə'seiʃən] *n* conversatie *c*, gesprek *nt*

convert [kən'və:t] *v* bekeren; omrekenen

convict[1] [kən'vikt] *v* schuldig *bevinden

convict[2] ['kɔnvikt] *n* veroordeelde *c*

conviction [kən'vikʃən] *n* overtuiging *c*; veroordeling *c*

convince [kən'vins] *v* overtuigen

convulsion [kən'vʌlʃən] *n* kramp *c*

cook [kuk] *n* kok *c*; *v* koken; bereiden, klaarmaken

cookbook ['kukbuk] *nAm* kookboek *nt*

cooker ['kukə] *n* fornuis *nt*; **gas** ~ gasfornuis *nt*

cookery-book ['kukəribuk] *n* kookboek *nt*

cookie ['kuki] *nAm* biscuit *nt*

cool [ku:l] *adj* koel; **cooling system** koelsysteem *nt*

co-operation [kou,ɔpə'reiʃən] *n* samenwerking *c*; medewerking *c*

co-operative [kou'ɔpərətiv] *adj* coöperatief; gewillig, bereidwillig; *n* coöperatie *c*

co-ordinate [kou'ɔ:dineit] *v* coördineren

co-ordination [kou,ɔ:di'neiʃən] *n* coördinatie *c*

copper ['kɔpə] n roodkoper nt, koper nt

copy ['kɔpi] n kopie c; afschrift nt; exemplaar nt; v kopiëren; namaken; **carbon** ~ doorslag c

coral ['kɔrəl] n koraal c

cord [kɔ:d] n koord nt; snoer nt

cordial ['kɔ:diəl] adj hartelijk

corduroy ['kɔ:dərɔi] n ribfluweel nt

core [kɔ:] n kern c; klokhuis nt

cork [kɔ:k] n kurk c; stop c

corkscrew ['kɔ:kskru:] n kurketrekker c

corn [kɔ:n] n korrel c; graan nt, koren nt; eksteroog nt, likdoorn c; ~ **on the cob** maïskolf c

corner ['kɔ:nə] n hoek c

cornfield ['kɔ:nfi:ld] n korenveld c

corpse [kɔ:ps] n lijk nt

corpulent ['kɔ:pjulənt] adj corpulent; gezet, dik

correct [kə'rekt] adj goed, correct, juist; v corrigeren, verbeteren

correction [kə'rekʃən] n correctie c; verbetering c

correctness [kə'rektnəs] n juistheid c

correspond [,kɔri'spɔnd] v corresponderen; *overeenkomen

correspondence [,kɔri'spɔndəns] n briefwisseling c, correspondentie c

correspondent [,kɔri'spɔndənt] n correspondent c

corridor ['kɔridɔ:] n gang c

corrupt [kə'rʌpt] adj corrupt; v *omkopen

corruption [kə'rʌpʃən] n omkoping c

corset ['kɔ:sit] n korset nt

cosmetics [kɔz'metiks] pl kosmetica pl, schoonheidsmiddelen pl

cost [kɔst] n kosten pl; prijs c

***cost** [kɔst] v kosten

cosy ['kouzi] adj knus, gezellig

cot [kɔt] nAm stretcher c

cottage ['kɔtidʒ] n buitenhuis nt

cotton ['kɔtən] n katoen nt/c; katoenen

cotton-wool ['kɔtənwul] n watten pl

couch [kautʃ] n divan c

cough [kɔf] n hoest c; v hoesten

could [kud] v (p can)

council ['kaunsəl] n raad c

councillor ['kaunsələ] n raadslid nt

counsel ['kaunsəl] n raad c

counsellor ['kaunsələ] n raadsman c

count [kaunt] v tellen; optellen; meetellen; achten; n graaf c

counter ['kauntə] n toonbank c; balie c

counterfeit ['kauntəfi:t] v vervalsen

counterfoil ['kauntəfɔil] n controlestrook c

counterpane ['kauntəpein] n sprei c

countess ['kauntis] n gravin c

country ['kʌntri] n land nt; platteland nt; streek c; ~ **house** landhuis nt

countryman ['kʌntrimən] n (pl -men) landgenoot c

countryside ['kʌntrisaid] n platteland nt

county ['kaunti] n graafschap nt

couple ['kʌpəl] n paar nt

coupon ['ku:pɔn] n coupon c, bon c

courage ['kʌridʒ] n dapperheid c, moed c

courageous [kə'reidʒəs] adj dapper, moedig

course [kɔ:s] n koers c; gang c; loop c; cursus c; **intensive** ~ spoedcursus c; **of** ~ uiteraard, natuurlijk

court [kɔ:t] n rechtbank c; hof nt

courteous ['kə:tiəs] adj hoffelijk

cousin ['kʌzən] n nicht c, neef c

cover ['kʌvə] v bedekken; n schuilplaats c, beschutting c; deksel nt; omslag c/nt

cow [kau] n koe c

coward ['kauəd] n lafaard c

cowardly ['kauədli] adj laf

cow-hide ['kauhaid] n koeiehuid c
crab [kræb] n krab c
crack [kræk] n gekraak nt; barst c; v kraken; *breken, barsten
cracker ['krækə] nAm koekje nt
cradle ['kreidəl] n wieg c; bakermat c
cramp [kræmp] n kramp c
crane [krein] n hijskraan c
crankcase ['kræŋkkeis] n carter c
crankshaft ['kræŋkʃɑːft] n krukas c
crash [kræʃ] n botsing c; v botsen; neerstorten; ~ **barrier** vangrail c
crate [kreit] n krat nt
crater ['kreitə] n krater c
crawl [krɔːl] v *kruipen; n crawl c
craze [kreiz] n rage c
crazy ['kreizi] adj gek; dwaas, krankzinnig
creak [kriːk] v kraken
cream [kriːm] n crème c; room c; adj roomkleurig
creamy ['kriːmi] adj romig
crease [kriːs] v kreuken; n vouw c; plooi c
create [kriˈeit] v *scheppen; creëren
creature ['kriːtʃə] n schepsel nt; wezen nt
credible ['kredibəl] adj geloofwaardig
credit ['kredit] n krediet nt; v crediteren; ~ **card** credit card
creditor ['kreditə] n schuldeiser c
credulous ['kredjuləs] adj goedgelovig
creek [kriːk] n inham c, kreek c
***creep** [kriːp] v *kruipen
creepy ['kriːpi] adj eng, griezelig
cremate [kriˈmeit] v cremeren
cremation [kriˈmeiʃən] n crematie c
crew [kruː] n bemanning c
cricket ['krikit] n cricket nt; krekel c
crime [kraim] n misdaad c
criminal ['kriminəl] n delinquent c, misdadiger c; adj crimineel, misdadig; ~ **law** strafrecht nt
criminality [ˌkrimiˈnæləti] n criminali-

teit c
crimson ['krimzən] adj vuurrood
crippled ['kripəld] adj kreupel
crisis ['kraisis] n (pl crises) crisis c
crisp [krisp] adj croquant, knappend
critic ['kritik] n criticus c
critical ['kritikəl] adj kritisch; kritiek, hachelijk, zorgwekkend
criticism ['kritisizəm] n kritiek c
criticize ['kritisaiz] v bekritiseren
crochet ['krouʃei] v haken
crockery ['krɔkəri] n aardewerk nt, vaatwerk nt
crocodile ['krɔkədail] n krokodil c
crooked ['krukid] adj verdraaid, krom; oneerlijk
crop [krɔp] n oogst c
cross [krɔs] v *oversteken; adj kwaad, boos; n kruis nt
cross-eyed ['krɔsaid] adj scheel
crossing ['krɔsiŋ] n overtocht c; kruising c; oversteekplaats c; overweg c
crossroads ['krɔsroudz] n kruispunt nt
crosswalk ['krɔswɔːk] nAm zebrapad nt
crow [krou] n kraai c
crowbar ['kroubɑː] n breekijzer nt
crowd [kraud] n massa c, menigte c
crowded ['kraudid] adj druk; overvol
crown [kraun] n kroon c; v kronen; bekronen
crucifix ['kruːsifiks] n kruisbeeld nt
crucifixion [ˌkruːsiˈfikʃən] n kruisiging c
crucify ['kruːsifai] v kruisigen
cruel [kruəl] adj wreed
cruise [kruːz] n boottocht c, cruise c
crumb [krʌm] n kruimel c
crusade [kruːˈseid] n kruistocht c
crust [krʌst] n korst c
crutch [krʌtʃ] n kruk c
cry [krai] v huilen; schreeuwen; *roepen; n kreet c, schreeuw c; roep c

crystal ['kristəl] n kristal nt; adj kristallen

Cuba ['kju:bə] Cuba

Cuban ['kju:bən] adj Cubaans; n Cubaan c

cube [kju:b] n kubus c; blokje nt

cuckoo ['kuku:] n koekoek c

cucumber ['kju:kəmbə] n komkommer c

cuddle ['kʌdəl] v knuffelen

cudgel ['kʌdʒəl] n knuppel c

cuff [kʌf] n manchet c

cuff-links ['kʌfliŋks] pl manchetknopen pl

cul-de-sac ['kʌldəsæk] n doodlopende weg

cultivate ['kʌltiveit] v bebouwen; verbouwen, kweken

culture ['kʌltʃə] n cultuur c; beschaving c

cultured ['kʌltʃəd] adj beschaafd

cunning ['kʌniŋ] adj sluw

cup [kʌp] n kopje nt; beker c

cupboard ['kʌbəd] n kast c

curb [kə:b] n trottoirband c; v beteugelen

cure [kjuə] v *genezen; n kuur c; genezing c

curio ['kjuəriou] n (pl ~s) rariteit c

curiosity [,kjuəri'ɔsəti] n nieuwsgierigheid c

curious ['kjuəriəs] adj benieuwd, nieuwsgierig; raar

curl [kə:l] v krullen; n krul c

curler ['kə:lə] n krulspeld c

curling-tongs ['kə:liŋtɔŋz] pl krultang c

curly ['kə:li] adj krullend

currant ['kʌrənt] n krent c; bes c

currency ['kʌrənsi] n valuta c; **foreign ~** buitenlands geld

current ['kʌrənt] n stroming c; stroom c; adj gangbaar, huidig; **alternating ~** wisselstroom c; **direct ~** gelijkstroom c

curry ['kʌri] n kerrie c

curse [kə:s] v vloeken; vervloeken; n vloek c

curtain ['kə:tən] n gordijn nt; doek nt

curve [kə:v] n kromming c; bocht c

curved [kə:vd] adj krom, gebogen

cushion ['kuʃən] n kussen nt

custodian [kʌ'stoudiən] n suppoost c

custody ['kʌstədi] n hechtenis c; hoede c; voogdij c

custom ['kʌstəm] n gewoonte c; gebruik nt

customary ['kʌstəməri] adj gebruikelijk, gewoon, gewoonlijk

customer ['kʌstəmə] n klant c; cliënt c

Customs ['kʌstəmz] pl douane c; **~ duty** accijns c; **~ officer** douanebeambte c

cut [kʌt] n snee c; snijwond c

***cut** [kʌt] v *snijden; knippen; verlagen; **~ off** *afsnijden; afknippen; *afsluiten; **~ class** mengen

cutlery ['kʌtləri] n bestek nt

cutlet ['kʌtlət] n karbonade c

cycle ['saikəl] n fiets c; rijwiel nt; kringloop c, cyclus c

cyclist ['saiklist] n fietser c; wielrijder c

cylinder ['silində] n cilinder c; **~ head** cilinderkop c

cynical ['sinikəl] adj cynisch

cystitis [si'staitis] n blaasontsteking c

Czech [tʃek] adj Tsjechisch; n Tsjech c

D

dad [dæd] n vader c

daddy ['dædi] n papa c

daffodil ['dæfədil] *n* narcis *c*

daily ['deili] *adj* dagelijks; *n* dagblad *nt*

dairy ['dɛəri] *n* zuivelwinkel *c*

dam [dæm] *n* dam *c*; dijk *c*

damage ['dæmidʒ] *n* schade *c*; *v* beschadigen

damp [dæmp] *adj* vochtig; nat; *n* vocht *nt*; *v* bevochtigen

dance [dɑːns] *v* dansen; *n* dans *c*

dandelion ['dændilaiən] *n* paardebloem *c*

dandruff ['dændrəf] *n* roos *c*

Dane [dein] *n* Deen *c*

danger ['deindʒə] *n* gevaar *nt*

dangerous ['deindʒərəs] *adj* gevaarlijk

Danish ['deiniʃ] *adj* Deens

dare [dɛə] *v* wagen, durven; uitdagen

daring ['dɛəriŋ] *adj* gedurfd

dark [dɑːk] *adj* duister, donker; *n* duisternis *c*

darling ['dɑːliŋ] *n* schat *c*, lieveling *c*

darn [dɑːn] *v* stoppen

dash [dæʃ] *v* snellen; *n* gedachtenstreepje *nt*

dashboard ['dæʃbɔːd] *n* dashboard *nt*

data ['deitə] *pl* gegeven *nt*

date¹ [deit] *n* datum *c*; afspraak *c*; *v* dateren; **out of** ~ ouderwets

date² [deit] *n* dadel *c*

daughter ['dɔːtə] *n* dochter *c*

dawn [dɔːn] *n* ochtendschemering *c*; dageraad *c*

day [dei] *n* dag *c*; **by** ~ overdag; ~ **trip** excursie *c*; **per** ~ per dag; **the** ~ **before yesterday** eergisteren

daybreak ['deibreik] *n* dageraad *c*

daylight ['deilait] *n* daglicht *nt*

dead [ded] *adj* dood; gestorven

deaf [def] *adj* doof

deal [diːl] *n* transactie *c*, affaire *c*

*deal** [diːl] *v* uitdelen; ~ **with** *v* te maken *hebben met; zaken *doen met

dealer ['diːlə] *n* koopman *c*, handelaar *c*

dear [diə] *adj* lief; duur; dierbaar

death [deθ] *n* dood *c*; ~ **penalty** doodstraf *c*

debate [di'beit] *n* debat *nt*

debit ['debit] *n* debet *nt*

debt [det] *n* schuld *c*

decaffeinated [di:'kæfineitid] *adj* coffeïnevrij

deceit [di'siːt] *n* bedrog *nt*

deceive [di'siːv] *v* *bedriegen

December [di'sembə] december

decency ['diːsənsi] *n* fatsoen *nt*

decent ['diːsənt] *adj* fatsoenlijk

decide [di'said] *v* beslissen, *besluiten

decision [di'siʒən] *n* beslissing *c*, besluit *nt*

deck [dek] *n* dek *nt*; ~ **cabin** dekhut *c*; ~ **chair** ligstoel *c*

declaration [,deklə'reiʃən] *n* verklaring *c*; aangifte *c*

declare [di'klɛə] *v* verklaren; *opgeven; *aangeven

decoration [,dekə'reiʃən] *n* versiering *c*

decrease [di:'kriːs] *v* verminderen; *afnemen; *n* vermindering *c*

dedicate ['dedikeit] *v* toewijden

deduce [di'djuːs] *v* afleiden

deduct [di'dʌkt] *v* *aftrekken

deed [diːd] *n* handeling *c*, daad *c*

deep [diːp] *adj* diep

deep-freeze [,diːp'friːz] *n* diepvrieskast *c*

deer [diə] *n* (pl ~) hert *nt*

defeat [di'fiːt] *v* *verslaan; *n* nederlaag *c*

defective [di'fektiv] *adj* gebrekkig, defect

defence [di'fens] *n* verdediging *c*; defensie *c*

defend [di'fend] *v* verdedigen

deficiency [di'fiʃənsi] *n* gebrek *nt*

deficit ['defisit] *n* tekort *nt*

define [di'fain] v *omschrijven, bepalen, definiëren

definite ['definit] adj bepaald; vastomlijnd

definition [,defi'niʃən] n bepaling c, definitie c

deformed [di'fɔ:md] adj misvormd, mismaakt

degree [di'gri:] n graad c; titel c

delay [di'lei] v vertragen; uitstellen; n oponthoud nt, vertraging; uitstel nt

delegate ['deligət] n gedelegeerde c

delegation [,deli'geiʃən] n delegatie c, afvaardiging c

deliberate¹ [di'libəreit] v beraadslagen, overleggen

deliberate² [di'libərət] adj opzettelijk

deliberation [di,libə'reiʃən] n beraad nt, overleg nt

delicacy ['delikəsi] n lekkernij c

delicate ['delikət] adj fijn; teder; delikaat

delicatessen [,delikə'tesən] n delicatessen pl; delicatessenwinkel c

delicious [di'liʃəs] adj lekker, heerlijk

delight [di'lait] n genot nt, verrukking c; v in verrukking *brengen; **delighted** opgetogen

delightful [di'laitfəl] adj heerlijk, verrukkelijk

deliver [di'livə] v afleveren, bezorgen; verlossen

delivery [di'livəri] n levering c, bezorging c; bevalling c; verlossing c; ~ van bestelauto c

demand [di'ma:nd] v vereisen, eisen; n eis c; navraag c

democracy [di'mɔkrəsi] n democratie c

democratic [,demə'krætik] adj democratisch

demolish [di'mɔliʃ] v slopen

demolition [,demə'liʃən] n afbraak c

demonstrate ['demənstreit] v aantonen; demonstreren, betogen

demonstration [,demən'streiʃən] n demonstratie c; betoging c

den [den] n hol nt

Denmark ['denma:k] Denemarken

denomination [di,nɔmi'neiʃən] n benaming c

dense [dens] adj dicht

dent [dent] n deuk c

dentist ['dentist] n tandarts c

denture ['dentʃə] n kunstgebit nt

deny [di'nai] v ontkennen; *onthouden, weigeren, *ontzeggen

deodorant [di:'oudərənt] n deodorant c

depart [di'pa:t] v *heengaan, *vertrekken; *overlijden

department [di'pa:tmənt] n departement nt, afdeling c; ~ store warenhuis nt

departure [di'pa:tʃə] n vertrek nt

dependant [di'pendənt] adj afhankelijk

depend on [di'pend] *afhangen van

deposit [di'pɔzit] n storting c; statiegeld nt; bezinksel nt, afzetting c; v storten

depository [di'pɔzitəri] n bergplaats c

depot ['depou] n opslagplaats c; nAm station nt

depress [di'pres] v deprimeren

depressed [di'prest] adj neerslachtig

depressing [di'presin] adj triest

depression [di'preʃən] n neerslachtigheid c; depressie c; teruggang c

deprive of [di'praiv] *ontnemen

depth [depθ] n diepte c

deputy ['depjuti] n afgevaardigde c; plaatsvervanger c

descend [di'send] v dalen

descendant [di'sendənt] n afstammeling c

descent [di'sent] n afdaling c

describe [di'skraib] v *beschrijven

description [di'skripʃən] n beschrijving

c; signalement *nt*

desert[1] ['dezət] *n* woestijn *c*; *adj* woest, verlaten

desert[2] [di'zə:t] *v* deserteren; *verlaten

deserve [di'zə:v] *v* verdienen

design [di'zain] *v* *ontwerpen; *n* ontwerp *nt*; doel *nt*

designate ['dezigneit] *v* *aanwijzen

desirable [di'zaiərəbəl] *adj* begeerlijk, wenselijk

desire [di'zaiə] *n* wens *c*; zin *c*, begeerte *c*; *v* begeren, verlangen, wensen

desk [desk] *n* bureau *nt*; lessenaar *c*; schoolbank *c*

despair [di'spɛə] *n* wanhoop *c*; *v* wanhopen

despatch [di'spætʃ] *v* *verzenden

desperate ['despərət] *adj* wanhopig

despise [di'spaiz] *v* verachten

despite [di'spait] *prep* ondanks

dessert [di'zə:t] *n* dessert *nt*

destination [,desti'neiʃən] *n* bestemming *c*

destine ['destin] *v* bestemmen

destiny ['destini] *n* noodlot *nt*, lot *nt*

destroy [di'strɔi] *v* vernielen, vernietigen

destruction [di'strʌkʃən] *n* vernietiging *c*; ondergang *c*

detach [di'tætʃ] *v* losmaken

detail ['di:teil] *n* bijzonderheid *c*, detail *nt*

detailed ['di:teild] *adj* uitvoerig, gedetailleerd

detect [di'tekt] *v* ontdekken

detective [di'tektiv] *n* detective *c*; ~ story detectiveroman *c*

detergent [di'tə:dʒənt] *n* wasmiddel *nt*

determine [di'tə:min] *v* vaststellen, bepalen

determined [di'tə:mind] *adj* vastbesloten

detour ['di:tuə] *n* omweg *c*; omleiding *c*

devaluation [,di:vælju'eiʃən] *n* devaluatie *c*

devalue [,di:'vælju:] *v* devalueren

develop [di'veləp] *v* ontwikkelen

development [di'veləpmənt] *n* ontwikkeling *c*

deviate ['di:vieit] *v* *afwijken

devil ['devəl] *n* duivel *c*

devise [di'vaiz] *v* beramen

devote [di'vout] *v* wijden

dew [dju:] *n* dauw *c*

diabetes [,daiə'bi:ti:z] *n* diabetes *c*, suikerziekte *c*

diabetic [,daiə'betik] *n* suikerzieke *c*, diabeticus *c*

diagnose [,daiəg'nouz] *v* een diagnose stellen; constateren

diagnosis [,daiəg'nousis] *n* (pl -ses) diagnose *c*

diagonal [dai'ægənəl] *n* diagonaal *c*; *adj* diagonaal

diagram ['daiəgræm] *n* schema *nt*; figuur *c*, grafiek *c*

dialect ['daiəlekt] *n* dialect *nt*

diamond ['daiəmənd] *n* diamant *c*

diaper ['daiəpə] *nAm* luier *c*

diaphragm ['daiəfræm] *n* tussenschot *nt*

diarrhoea [daiə'riə] *n* diarree *c*

diary ['daiəri] *n* agenda *c*; dagboek *nt*

dictaphone ['diktəfoun] *n* dictafoon *c*

dictate [dik'teit] *v* dicteren

dictation [dik'teiʃən] *n* dictaat *nt*; dictee *nt*

dictator [dik'teitə] *n* dictator *c*

dictionary ['dikʃənəri] *n* woordenboek *nt*

did [did] *v* (p do)

die [dai] *v* *sterven; *overlijden

diesel ['di:zəl] *n* diesel *c*

diet ['daiət] *n* dieet *nt*

differ ['difə] *v* verschillen

difference ['difərəns] n verschil nt; onderscheid nt

different ['difərənt] adj verschillend; ander

difficult ['difikəlt] adj moeilijk; lastig

difficulty ['difikəlti] n moeilijkheid c; moeite c

*__dig__ [dig] v *graven; *delven

digest [di'dʒest] v verteren

digestible [di'dʒestəbəl] adj verteerbaar

digestion [di'dʒestʃən] n spijsvertering c

digit ['didʒit] n cijfer nt

digital [didʒitəl] adj digitaal

dignified ['dignifaid] adj waardig

dike [daik] n dijk c; dam c

dilapidated [di'læpideitid] adj bouwvallig

diligence ['dilidʒəns] n vlijt c, ijver c

diligent ['dilidʒənt] adj vlijtig, ijverig

dilute [dai'lju:t] v aanlengen, verdunnen

dim [dim] adj dof, mat; donker, zwak

dine [dain] v warm *eten

dinghy ['diŋgi] n bootje nt

dining-car ['daininka:] n restauratiewagen c

dining-room ['daininru:m] n eetkamer c; eetzaal c

dinner ['dinə] n warme maaltijd; avondeten nt, middageten nt

dinner-jacket ['dinə,dʒækit] n smoking c

dinner-service ['dinə,sə:vis] n eetservies nt

diphtheria [dif'θiəriə] n difterie c

diploma [di'ploumə] n diploma nt

diplomat ['dipləmæt] n diplomaat c

direct [di'rekt] adj rechtstreeks, direct; v richten; *wijzen; leiden; regisseren

direction [di'rekʃən] n richting c; instructie c; regie c; bestuur nt; di-

rectional signal Am richtingaanwijzer c; **directions for use** gebruiksaanwijzing c

directive [di'rektiv] n richtlijn c

director [di'rektə] n directeur c; regisseur c

dirt [də:t] n vuil nt

dirty ['də:ti] adj smerig, vies, vuil

disabled [di'seibəld] adj gehandicapt, invalide

disadvantage [,disəd'va:ntidʒ] n nadeel nt

disagree [,disə'gri:] v het oneens *zijn, van mening verschillen

disagreeable [,disə'gri:əbəl] adj onaangenaam

disappear [,disə'piə] v *verdwijnen

disappoint [,disə'point] v teleurstellen; *__be disappointing__ *tegenvallen

disappointment [,disə'pointmənt] n teleurstelling c

disapprove [,disə'pru:v] v afkeuren

disaster [di'za:stə] n ramp c; catastrofe c, onheil nt

disastrous [di'za:strəs] adj rampzalig

disc [disk] n schijf c; grammofoonplaat c; **slipped ~** hernia c

discard [dis'ka:d] v afdanken

discharge [dis'tʃa:dʒ] v lossen, *uitladen; ~ **of** *ontheffen van

discipline ['disiplin] n discipline c

discolour [di'skʌlə] v verkleuren

disconnect [,diskə'nekt] v ontkoppelen; uitschakelen

discontented [,diskən'tentid] adj ontevreden

discontinue [,diskən'tinju:] v *opheffen, staken

discount ['diskaunt] n korting c, reductie c

discover [di'skʌvə] v ontdekken

discovery [di'skʌvəri] n ontdekking c

discuss [di'skʌs] v *bespreken; discussiëren

discussion [di'skʌʃən] *n* discussie *c*; gesprek *nt*, bespreking *c*, debat *nt*

disease [di'zi:z] *n* ziekte *c*

disembark [ˌdisim'ba:k] *v* van boord *gaan, ontschepen

disgrace [dis'greis] *n* schande *c*

disguise [dis'gaiz] *v* zich vermommen; *n* vermomming *c*

disgusting [dis'gʌstiŋ] *adj* misselijk, walgelijk

dish [diʃ] *n* bord *nt*; schotel *c*, schaal *c*; gerecht *nt*

dishonest [di'sɔnist] *adj* oneerlijk

disinfect [ˌdisin'fekt] *v* ontsmetten

disinfectant [ˌdisin'fektənt] *n* ontsmettingsmiddel *nt*

dislike [di'slaik] *v* een hekel *hebben aan, niet *houden van; *n* afkeer *c*, hekel *c*, antipathie *c*

dislocated ['disləkeitid] *adj* ontwricht

dismiss [dis'mis] *v* *wegzenden; *ontslaan

disorder [di'sɔ:də] *n* wanorde *c*

dispatch [di'spætʃ] *v* versturen, *verzenden

display [di'splei] *v* vertonen; tonen; *n* tentoonstelling *c*, expositie *c*

displease [di'spli:z] *v* ontstemmen, mishagen

disposable [di'spouzəbəl] *adj* wegwerp-

disposal [di'spouzəl] *n* beschikking *c*

dispose of [di'spouz] beschikken over

dispute [di'spju:t] *n* onenigheid *c*; ruzie *c*, geschil *nt*; *v* twisten, betwisten

dissatisfied [di'sætisfaid] *adj* ontevreden

dissolve [di'zɔlv] *v* oplossen; *ontbinden

dissuade from [di'sweid] *afraden

distance ['distəns] *n* afstand *c*; ~ **in kilometres** kilometertal *nt*

distant ['distənt] *adj* ver

distinct [di'stiŋkt] *adj* duidelijk; verschillend

distinction [di'stiŋkʃən] *n* onderscheid *nt*, verschil *nt*

distinguish [di'stiŋgwiʃ] *v* onderscheid maken, *onderscheiden

distinguished [di'stiŋgwiʃt] *adj* voornaam

distress [di'stres] *n* nood *c*; ~ **signal** noodsein *nt*

distribute [di'stribju:t] *v* uitdelen

distributor [di'stribjutə] *n* agent *c*; stroomverdeler *c*

district ['distrikt] *n* district *nt*; streek *c*; wijk *c*

disturb [di'stə:b] *v* storen, verstoren

disturbance [di'stə:bəns] *n* storing *c*; verwarring *c*

ditch [ditʃ] *n* greppel *c*, sloot *c*

dive [daiv] *v* *duiken

diversion [dai'və:ʃən] *n* wegomlegging *c*; afleiding *c*

divide [di'vaid] *v* delen; verdelen; *scheiden

divine [di'vain] *adj* goddelijk

division [di'viʒən] *n* deling *c*; scheiding *c*; afdeling *c*

divorce [di'vɔ:s] *n* echtscheiding *c*; *v* *scheiden

dizziness ['dizinəs] *n* duizeligheid *c*

dizzy ['dizi] *adj* duizelig

*do** [du:] *v* *doen; voldoende *zijn

dock [dɔk] *n* dok *nt*; kade *c*; *v* aanleggen

docker ['dɔkə] *n* havenarbeider *c*

doctor ['dɔktə] *n* arts *c*, dokter *c*; doctor *c*

document ['dɔkjumənt] *n* document *nt*

dog [dɔg] *n* hond *c*

dogged ['dɔgid] *adj* hardnekkig

doll [dɔl] *n* pop *c*

dome [doum] *n* koepel *c*

domestic [də'mestik] *adj* huiselijk; binnenlands; *n* bediende *c*

domicile ['dɔmisail] *n* woonplaats *c*

domination [ˌdɔmi'neiʃən] n overheersing c

dominion [də'dʌnjən] n heerschappij c

donate [dou'neit] v *schenken

donation [dou'neiʃən] n schenking c, gift c

done [dʌn] v (pp do)

donkey ['dɔŋki] n ezel c

donor ['dounə] n donateur c

door [dɔ:] n deur c; **revolving** ~ draaideur c; **sliding** ~ schuifdeur c

doorbell ['dɔ:bel] n deurbel c

door-keeper ['dɔ:ˌki:pə] n portier c

doorman ['dɔ:mən] n (pl -men) portier c

dormitory ['dɔ:mitri] n slaapzaal c

dose [dous] n dosis c

dot [dɔt] n punt c

double ['dʌbəl] adj dubbel

doubt [daut] v betwijfelen, twijfelen; n twijfel c; **without** ~ zonder twijfel

doubtful ['dautfəl] adj twijfelachtig; onzeker

dough [dou] n deeg nt

down¹ [daun] adv neer; omlaag, naar beneden, omver; adj neerslachtig; prep langs, van ... af; ~ **payment** aanbetaling c

down² [daun] n dons nt

downpour ['daunpɔ:] n stortbui c

downstairs [ˌdaun'stɛəz] adv naar beneden, beneden

downstream [ˌdaun'stri:m] adv stroomafwaarts

down-to-earth [ˌdauntu'ə:θ] adj nuchter

downwards ['daunwədz] adv neer, naar beneden

dozen ['dʌzən] n (pl ~, ~s) dozijn nt

draft [drɑ:ft] n wissel c

drag [dræg] v slepen

dragon ['drægən] n draak c

drain [drein] v drooggleggen; afwateren; n afvoer c

drama ['drɑ:mə] n drama nt; treurspel nt; toneel nt

dramatic [drə'mætik] adj dramatisch

dramatist ['dræmətist] n toneelschrijver c

drank [dræŋk] v (p drink)

draper ['dreipə] n manufacturier c

drapery ['dreipəri] n stoffen

draught [drɑ:ft] n tocht c; **draughts** damspel nt

draught-board ['drɑ:ftbɔ:d] n dambord nt

draw [drɔ:] n trekking c

*draw [drɔ:] v tekenen; *trekken; *opnemen; ~ **up** opstellen

drawbridge ['drɔ:bridʒ] n ophaalbrug c

drawer ['drɔ:ə] n la c, lade c; **drawers** onderbroek c

drawing ['drɔ:iŋ] n tekening c

drawing-pin ['drɔ:iŋpin] n punaise c

drawing-room ['drɔ:iŋru:m] n salon c

dread [dred] v vrezen; n vrees c

dreadful ['dredfəl] adj vreselijk, ontzettend

dream [dri:m] n droom c

*dream [dri:m] v dromen

dress [dres] v aankleden; zich kleden, zich aankleden; *verbinden; n japon c, jurk c

dressing-gown ['dresiŋgaun] n kamerjas c

dressing-room ['dresiŋru:m] n kleedkamer c

dressing-table ['dresiŋˌteibəl] n toilettafel c

dressmaker ['dresˌmeikə] n naaister c

drill [dril] v boren; trainen; n boor c

drink [driŋk] n borrel c, drank c

*drink [driŋk] v *drinken

drinking-water ['driŋkiŋˌwɔ:tə] n drinkwater nt

drip-dry [ˌdrip'drai] adj zelfstrijkend,

no-iron

drive [draiv] *n* rijweg *c*; autorit *c*

*drive [draiv] *v* *rijden; besturen

driver ['draivə] *n* chauffeur *c*

drizzle ['drizəl] *n* motregen *c*

drop [drɔp] *v* *laten vallen; *n* druppel *c*

drought [draut] *n* droogte *c*

drown [draun] *v* *verdrinken; ***be drowned** *verdrinken

drug [drʌg] *n* verdovend middel; geneesmiddel *nt*

drugstore ['drʌgstɔ:] *nAm* drogisterij *c*, apotheek *c*; warenhuis *nt*

drum [drʌm] *n* trommel *c*

drunk [drʌŋk] *adj* (pp drink) dronken

dry [drai] *adj* droog; *v* drogen; afdrogen

dry-clean [,drai'kli:n] *v* chemisch reinigen

dry-cleaner's [,drai'kli:nəz] *n* stomerij *c*

dryer ['draiə] *n* centrifuge *c*

duchess [dʌtʃis] *n* hertogin *c*

duck [dʌk] *n* eend *c*

due [dju:] *adj* verwacht; verschuldigd; vervallen

dues [dju:z] *pl* schulden *pl*

dug [dʌg] *v* (p, pp dig)

duke [dju:k] *n* hertog *c*

dull [dʌl] *adj* vervelend, saai; flets, mat; bot

dumb [dʌm] *adj* stom; suf, dom

dune [dju:n] *n* duin *nt*

dung [dʌŋ] *n* mest *c*

dunghill ['dʌŋhil] *n* mesthoop *c*

duration [dju'reiʃən] *n* duur *c*

during ['djuəriŋ] *prep* gedurende, tijdens

dusk [dʌsk] *n* avondschemering *c*

dust [dʌst] *n* stof *nt*

dustbin ['dʌstbin] *n* vuilnisbak *c*

dusty ['dʌsti] *adj* stoffig

Dutch [dʌtʃ] *adj* Nederlands, Hollands

Dutchman ['dʌtʃmən] *n* (pl -men) Nederlander *c*, Hollander *c*

dutiable ['dju:tiəbəl] *adj* belastbaar

duty ['dju:ti] *n* plicht *c*; taak *c*; invoerrecht *nt*; **Customs ~** accijns *c*

duty-free [,dju:ti'fri:] *adj* belastingvrij

dwarf [dwɔ:f] *n* dwerg *c*

dye [dai] *v* verven; *n* verf *c*

dynamo ['dainəmou] *n* (pl ~s) dynamo *c*

dysentery ['disəntri] *n* dysenterie *c*

E

each [i:tʃ] *adj* elk, ieder; **~ other** elkaar

eager ['i:gə] *adj* verlangend, ongeduldig

eagle ['i:gəl] *n* arend *c*

ear [iə] *n* oor *nt*

earache ['iəreik] *n* oorpijn *c*

ear-drum ['iədrʌm] *n* trommelvlies *nt*

earl [ə:l] *n* graaf *c*

early ['ə:li] *adj* vroeg

earn [ə:n] *v* verdienen

earnest ['ə:nist] *n* ernst *c*

earnings ['ə:niŋz] *pl* inkomsten *pl*, verdiensten *pl*

earring ['iəriŋ] *n* oorbel *c*

earth [ə:θ] *n* aarde *c*; grond *c*

earthenware ['ə:θənwɛə] *n* aardewerk *nt*

earthquake ['ə:θkweik] *n* aardbeving *c*

ease [i:z] *n* ongedwongenheid *c*, gemak *nt*

east [i:st] *n* oost *c*, oosten *nt*

Easter ['i:stə] Pasen

easterly ['i:stəli] *adj* oostelijk

eastern ['i:stən] *adj* oost-, oostelijk

easy ['i:zi] *adj* gemakkelijk; geriefelijk; **~ chair** leunstoel *c*

easy-going ['i:zi,gouiŋ] *adj* ontspannen

* **eat** [i:t] *v* *eten

eavesdrop ['i:vzdrɔp] *v* afluisteren

ebony ['ebəni] *n* ebbehout *nt*

eccentric [ik'sentrik] *adj* excentriek

echo ['ekou] *n* (pl ~es) weerklank *c*, echo *c*

eclipse [i'klips] *n* verduistering *c*

economic [,i:kə'nɔmik] *adj* economisch

economical [,i:kə'nɔmikəl] *adj* spaarzaam, zuinig

economist [i'kɔnəmist] *n* econoom *c*

economize [i'kɔnəmaiz] *v* sparen

economy [i'kɔnəmi] *n* economie *c*

ecstasy ['ekstəzi] *n* extase *c*

Ecuador ['ekwədɔ:] Ecuador

Ecuadorian [,ekwə'dɔ:riən] *n* Ecuadoriaan *c*

eczema ['eksimə] *n* eczeem *nt*

edge [edʒ] *n* kant *c*, rand *c*

edible ['edibəl] *adj* eetbaar

edition [i'diʃən] *n* editie *c*, uitgave *c*; **morning** ~ ochtendeditie *c*

editor ['editə] *n* redakteur *c*

educate ['edʒukeit] *v* opleiden, opvoeden

education [,edʒu'keiʃən] *n* onderwijs *nt*; opvoeding *c*

eel [i:l] *n* aal *c*, paling *c*

effect [i'fekt] *n* gevolg *nt*, effect *nt*; *v* *teweegbrengen; **in** ~ feitelijk

effective [i'fektiv] *adj* doeltreffend, effectief

efficient [i'fiʃənt] *adj* efficiënt, doelmatig

effort ['efət] *n* inspanning *c*; poging *c*

egg [eg] *n* ei *nt*

egg-cup ['egkʌp] *n* eierdopje *nt*

eggplant ['egplɑ:nt] *n* aubergine *c*

egg-yolk ['egjouk] *n* eierdooier *c*

egoistic [,egou'istik] *adj* zelfzuchtig

Egypt ['i:dʒipt] Egypte

Egyptian [i'dʒipʃən] *adj* Egyptisch; *n* Egyptenaar *c*

eiderdown ['aidədaun] *n* donzen dekbed

eight [eit] *num* acht

eighteen [,ei'ti:n] *num* achttien

eighteenth [,ei'ti:nθ] *num* achttiende

eighth [eitθ] *num* achtste

eighty ['eiti] *num* tachtig

either ['aiðə] *pron* een van beide; **either ... or** hetzij ... hetzij, of ... of

elaborate [i'læbəreit] *v* uitwerken

elastic [i'læstik] *adj* elastisch; rekbaar; elastiek *nt*

elasticity [,elæ'stisəti] *n* rek *c*

elbow ['elbou] *n* elleboog *c*

elder ['eldə] *adj* ouder

elderly ['eldəli] *adj* bejaard

eldest ['eldist] *adj* oudst

elect [i'lekt] *v* *kiezen, *verkiezen

election [i'lekʃən] *n* verkiezing *c*

electric [i'lektrik] *adj* elektrisch; ~ **razor** scheerapparaat *nt*; ~ **cord** snoer *nt*

electrician [,ilek'triʃən] *n* elektricien *c*

electricity [,ilek'trisəti] *n* elektriciteit *c*

electronic [ilek'trɔnik] *adj* elektronisch; ~ **game** elektronisch spel

elegance ['eligəns] *n* elegantie *c*

elegant ['eligənt] *adj* elegant

element ['elimənt] *n* bestanddeel *nt*, element *nt*

elephant ['elifənt] *n* olifant *c*

elevator ['eliveitə] *nAm* lift *c*

eleven [i'levən] *num* elf

eleventh [i'levənθ] *num* elfde

elf [elf] *n* (pl elves) elf *c*

eliminate [i'limineit] *v* elimineren

elm [elm] *n* iep *c*

else [els] *adv* anders

elsewhere [,el'sweə] *adv* elders

emancipation [i,mænsi'peiʃən] *n* emancipatie *c*

embankment [im'bæŋkmənt] *n* kade *c*

embargo [em'bɑ:gou] *n* (pl ~es) embargo *nt*

embark [im'ba:k] v inschepen; instappen

embarkation [,emba:'keiʃən] n inscheping c

embarrass [im'bærəs] v in verwarring brengen; in verlegenheid *brengen; hinderen; **embarrassed** verlegen, gegeneerd; **embarrassing** pijnlijk

embassy ['embəsi] n ambassade c

emblem ['embləm] n embleem nt

embrace [im'breis] v omhelzen; n omhelzing c

embroider [im'brɔidə] v borduren

embroidery [im'brɔidəri] n borduurwerk nt

emerald ['emərəld] n smaragd nt

emergency [i'mə:dʒənsi] n spoedgeval nt, noodgeval nt; noodtoestand c; ~ **exit** nooduitgang c

emigrant ['emigrənt] n emigrant c

emigrate ['emigreit] v emigreren

emigration [,emi'greiʃən] n emigratie c

emotion [i'mouʃən] n ontroering c, emotie c

emperor ['empərə] n keizer c

emphasize ['emfəsaiz] v benadrukken

empire ['empaiə] n keizerrijk nt, rijk nt

employ [im'plɔi] v tewerkstellen; gebruiken

employee [,emplɔi'i:] n werknemer c, employé c

employer [im'plɔiə] n werkgever c

employment [im'plɔimənt] n tewerkstelling c, werk nt; ~ **exchange** arbeidsbureau nt

empress ['empris] n keizerin c

empty ['empti] adj leeg; v ledigen

enable [i'neibəl] v in staat stellen

enamel [i'næməl] n email nt

enamelled [i'næməld] adj geëmailleerd

enchanting [in'tʃɑ:ntiŋ] adj prachtig, betoverend

encircle [in'sə:kəl] v omcirkelen, omringen; *insluiten

enclose [iŋ'klouz] v *bijsluiten, *insluiten

enclosure [iŋ'klouʒə] n bijlage c

encounter [iŋ'kauntə] v ontmoeten; n ontmoeting c

encourage [iŋ'kʌridʒ] v aanmoedigen

encyclopaedia [en,saiklə'pi:diə] n encyclopedie c

end [end] n einde nt; slot nt; v beëindigen; *aflopen

ending ['endiŋ] n einde nt

endless ['endləs] adj oneindig

endorse [in'dɔ:s] v aftekenen, endosseren

endure [in'djuə] v *verdragen

enemy ['enəmi] n vijand c

energetic [,enə'dʒetik] adj energiek

energy ['enədʒi] n energie c; kracht c

engage [iŋ'geidʒ] v in dienst *nemen; *bespreken; zich *verbinden; **engaged** verloofd; bezig, bezet

engagement [iŋ'geidʒmənt] n verloving c; verplichting c; afspraak c; ~ **ring** verlovingsring c

engine ['endʒin] n machine c, motor c; locomotief c

engineer [,endʒi'niə] n ingenieur c

England ['iŋglənd] Engeland

English ['iŋgliʃ] adj Engels

Englishman ['iŋgliʃmən] n (pl -men) Engelsman c

engrave [iŋ'greiv] v graveren

engraver [iŋ'greivə] n graveur c

engraving [iŋ'greiviŋ] n prent c; gravure c

enigma [i'nigmə] n raadsel nt

enjoy [in'dʒɔi] v *genieten van

enjoyable [in'dʒɔiəbəl] adj fijn, prettig, leuk; lekker

enjoyment [in'dʒɔimənt] n genot nt

enlarge [in'lɑ:dʒ] v vergroten; uitbreiden

enlargement [in'lɑ:dʒmənt] n vergroting c

enormous [i'nɔːməs] adj reusachtig, enorm

enough [i'nʌf] adv genoeg; adj voldoende

enquire [iŋ'kwaiə] v informeren; *onderzoeken

enquiry [iŋ'kwaiəri] n informatie c; onderzoek nt; enquête c

enter ['entə] v *betreden, *binnengaan; *inschrijven

enterprise ['entəpraiz] n onderneming c

entertain [,entə'tein] v vermaken, *onderhouden; *ontvangen

entertainer [,entə'teinə] n conferencier c

entertaining [,entə'teiniŋ] adj vermakelijk, amusant

entertainment [,entə'teinmənt] n vermaak nt, amusement nt

enthusiasm [in'θjuːziæzəm] n enthousiasme nt

enthusiastic [in,θjuːzi'æstik] adj enthousiast

entire [in'taiə] adj heel, geheel

entirely [in'taiəli] adv helemaal

entrance ['entrəns] n ingang c; toegang c; binnenkomst c

entrance-fee ['entrənsfiː] n entree c

entry ['entri] n ingang c, entree c; toegang c; post c; **no ~** verboden toegang

envelope ['envəloup] n envelop c

envious ['enviəs] adj afgunstig, jaloers

environment [in'vaiərənmənt] n milieu nt; omgeving c

envoy ['envɔi] n gezant c

envy ['envi] n afgunst c; v benijden

epic ['epik] n epos nt; adj episch

epidemic [,epi'demik] n epidemie c

epilepsy ['epilepsi] n epilepsie c

epilogue ['epilɔg] n epiloog c

episode ['episoud] n episode c

equal ['iːkwəl] adj gelijk; v evenaren

equality [i'kwɔləti] n gelijkheid c

equalize ['iːkwəlaiz] v gelijk maken

equally ['iːkwəli] adv even

equator [i'kweitə] n evenaar c

equip [i'kwip] v uitrusten

equipment [i'kwipmənt] n uitrusting c

equivalent [i'kwivələnt] adj equivalent, gelijkwaardig

eraser [i'reizə] n gom c/nt

erect [i'rekt] v opbouwen, oprichten; adj overeind, rechtopstaand

err [əː] v zich vergissen; dwalen

errand ['erənd] n boodschap c

error ['erə] n fout c, vergissing c

escalator ['eskəleitə] n roltrap c

escape [i'skeip] v ontsnappen; vluchten, ontvluchten, *ontgaan; n ontsnapping c

escort¹ ['eskɔːt] n escorte nt

escort² [i'skɔːt] v escorteren

especially [i'spefəli] adv voornamelijk, vooral

esplanade [,esplə'neid] n promenade c

essay ['esei] n essay nt; verhandeling c, opstel nt

essence ['esəns] n essentie c; kern c, wezen nt

essential [i'senfəl] adj onontbeerlijk; wezenlijk, essentieel

essentially [i'senfəli] adv vooral

establish [i'stæblif] v vestigen; vaststellen

estate [i'steit] n landgoed nt

esteem [i'stiːm] n respect nt, achting c; v achten

estimate¹ ['estimeit] v taxeren, schatten

estimate² ['estimət] n schatting c

estuary ['estfuəri] n riviermonding c

etcetera [et'setərə] enzovoort

etching ['etfiŋ] n ets c

eternal [i'təːnəl] adj eeuwig

eternity [i'təːnəti] n eeuwigheid c

ether ['i:θə] *n* ether *c*
Ethiopia [iθi'oupiə] Ethiopië
Ethiopian [iθi'oupiən] *adj* Ethiopisch;
n Ethiopiër *c*
Europe ['juərəp] Europa
European [juərə'pi:ən] *adj* Europees;
n Europeaan *c*
European Union [juərə'pi:ən 'ju:njən]
Europese Unie
evacuate [i'vækjueit] *v* evacueren
evaluate [i'væljueit] *v* schatten
evaporate [i'væpəreit] *v* verdampen
even ['i:vən] *adj* effen, plat, gelijk;
constant; even; *adv* zelfs
evening ['i:vniŋ] *n* avond *c*; ~ **dress**
avondkleding *c*
event [i'vent] *n* gebeurtenis *c*; geval
nt
eventual [i'ventʃuəl] *adj* eventueel;
uiteindelijk
ever ['evə] *adv* ooit; altijd
every ['evri] *adj* ieder, elk
everybody ['evri,bɔdi] *pron* iedereen
everyday ['evridei] *adj* alledaags
everyone ['evriwʌn] *pron* ieder, iedereen
everything ['evriθiŋ] *pron* alles
everywhere ['evriweə] *adv* overal
evidence ['evidəns] *n* bewijs *nt*
evident ['evidənt] *adj* duidelijk
evil ['i:vəl] *n* kwaad *nt*; *adj* slecht
evolution [,i:və'lu:ʃən] *n* evolutie *c*
exact [ig'zækt] *adj* nauwkeurig, precies
exactly [ig'zæktli] *adv* precies
exaggerate [ig'zædʒəreit] *v* *overdrijven
examination [ig,zæmi'neiʃən] *n* examen
nt; onderzoek *nt*; verhoor *nt*
examine [ig'zæmin] *v* *onderzoeken
example [ig'zɑ:mpəl] *n* voorbeeld *nt*;
for ~ bijvoorbeeld
exceed [ik'si:d] *v* *overschrijden;
*overtreffen
excel [ik'sel] *v* *uitblinken

excellent ['eksələnt] *adj* voortreffelijk,
uitstekend
except [ik'sept] *prep* uitgezonderd, behalve
exception [ik'sepʃən] *n* uitzondering *c*
exceptional [ik'sepʃənəl] *adj* buitengewoon, uitzonderlijk
excerpt ['eksə:pt] *n* passage *c*
excess [ik'ses] *n* exces *nt*
excessive [ik'sesiv] *adj* buitensporig
exchange [iks'tʃeindʒ] *v* uitwisselen,
wisselen, ruilen; *n* ruil *c*; beurs *c*;
~ **office** wisselkantoor *nt*; ~ **rate**
koers *c*
excite [ik'sait] *v* *opwinden
excitement [ik'saitmənt] *n* drukte *c*,
opwinding *c*
exciting [ik'saitiŋ] *adj* spannend
exclaim [ik'skleim] *v* *uitroepen
exclamation [,eksklə'meiʃən] *n* uitroep
c
exclude [ik'sklu:d] *v* *uitsluiten
exclusive [ik'sklu:siv] *adj* exclusief
exclusively [ik'sklu:sivli] *adv* uitsluitend
excursion [ik'skə:ʃən] *n* uitstapje *nt*,
excursie *c*
excuse[1] [ik'skju:s] *n* excuus *nt*
excuse[2] [ik'skju:z] *v* verontschuldigen,
excuseren
execute ['eksikju:t] *v* uitvoeren
execution [,eksi'kju:ʃən] *n* terechtstelling *c*
executioner [,eksi'kju:ʃənə] *n* beul *c*
executive [ig'zekjutiv] *adj* uitvoerend;
n uitvoerende macht; directeur *c*
exempt [ig'zempt] *v* *ontheffen, vrijstellen; *adj* vrijgesteld
exemption [ig'zempʃən] *n* vrijstelling *c*
exercise ['eksəsaiz] *n* oefening *c*; thema *nt*; *v* oefenen; uitoefenen
exhale [eks'heil] *v* uitademen
exhaust [ig'zɔ:st] *n* uitlaatpijp *c*, uitlaat *c*; *v* uitputten; ~ **gases** uit-

exhibit 53 **extraordinary**

laatgassen *pl*
exhibit [ig'zibit] *v* tentoonstellen; vertonen
exhibition [ˌeksi'biʃən] *n* expositie *c*, tentoonstelling *c*
exile ['eksail] *n* ballingschap *c*; balling *c*
exist [ig'zist] *v* *bestaan
existence [ig'zistəns] *n* bestaan *nt*
exit ['eksit] *n* uitgang *c*; uitrit *c*
exotic [ig'zɔtik] *adj* exotisch
expand [ik'spænd] *v* uitbreiden; uitspreiden; ontplooien
expect [ik'spekt] *v* verwachten
expectation [ˌekspek'teiʃən] *n* verwachting *c*
expedition [ˌekspə'diʃən] *n* verzending *c*; expeditie *c*
expel [ik'spel] *v* *uitwijzen
expenditure [ik'spenditʃə] *n* kosten *pl*, uitgave *c*
expense [ik'spens] *n* uitgave *c*; **expenses** *pl* onkosten *pl*
expensive [ik'spensiv] *adj* prijzig, duur; kostbaar
experience [ik'spiəriəns] *n* ervaring *c*; *v* *ervaren, *ondervinden, beleven; **experienced** ervaren
experiment [ik'sperimənt] *n* proef *c*, experiment *nt*; *v* experimenteren
expert ['ekspɔːt] *n* deskundige *c*, vakman *c*, expert *c*; *adj* deskundig
expire [ik'spaiə] *v* *vervallen, *aflopen, *verstrijken; uitademen; **expired** vervallen
expiry [ik'spaiəri] *n* vervaldag *c*, afloop *c*
explain [ik'splein] *v* verklaren, uitleggen
explanation [ˌeksplə'neiʃən] *n* toelichting *c*, uitleg *c*, verklaring *c*
explicit [ik'splisit] *adj* uitdrukkelijk, expliciet
explode [ik'sploud] *v* ontploffen

exploit [ik'sploit] *v* uitbuiten, exploiteren
explore [ik'splɔː] *v* verkennen, *onderzoeken
explosion [ik'splouʒən] *n* explosie *c*
explosive [ik'splousiv] *adj* explosief; *n* springstof *c*
export[1] [ik'spɔːt] *v* uitvoeren, exporteren
export[2] ['ekspɔːt] *n* export *c*
exportation [ˌekspɔː'teiʃən] *n* uitvoer *c*
exports ['ekspɔːts] *pl* export *c*
exposition [ˌekspə'ziʃən] *n* tentoonstelling *c*
exposure [ik'spouʒə] *n* blootstelling *c*; belichting *c*; ~ **meter** belichtingsmeter *c*
express [ik'spres] *v* uitdrukken; betuigen, uiten; *adj* expresse-; uitdrukkelijk; ~ **train** sneltrein *c*
expression [ik'spreʃən] *n* uitdrukking *c*; uiting *c*
exquisite [ik'skwizit] *adj* voortreffelijk
extend [ik'stend] *v* verlengen; uitbreiden; verlenen
extension [ik'stenʃən] *n* verlenging *c*; uitbreiding *c*; toestel *nt*; ~ **cord** verlengsnoer *nt*
extensive [ik'stensiv] *adj* omvangrijk; veelomvattend, uitgebreid
extent [ik'stent] *n* omvang *c*
exterior [ek'stiəriə] *adj* uiterlijk; *n* buitenkant *c*
external [ek'stə:nəl] *adj* uiterlijk
extinguish [ik'stiŋwiʃ] *v* blussen, doven
extort [ik'stɔːt] *v* *afdwingen
extortion [ik'stɔːʃən] *n* afpersing *c*
extra ['ekstrə] *adj* extra
extract[1] [ik'strækt] *v* *uittrekken, *trekken
extract[2] ['ekstrækt] *n* fragment *nt*
extradite ['ekstrədait] *v* uitleveren
extraordinary [ik'strɔːdənri] *adj* bui-

tengewoon

extravagant [ik'strævəgənt] *adj* overdreven, extravagant

extreme [ik'stri:m] *adj* extreem; hoogst, uiterst; *n* uiterste *nt*

exuberant [ig'zju:bərənt] *adj* uitbundig

eye [ai] *n* oog *nt*

eyebrow ['aibrau] *n* wenkbrauw *c*

eyelash ['ailæʃ] *n* wimper *c*

eyelid ['ailid] *n* ooglid *nt*

eye-pencil ['ai,pensəl] *n* wenkbrauwstift *c*

eye-shadow ['ai,ʃædou] *n* ogenschaduw *c*

eye-witness ['ai,witnəs] *n* ooggetuige *c*

F

fable ['feibəl] *n* fabel *c*

fabric ['fæbrik] *n* stof *c*; structuur *c*

façade [fə'sa:d] *n* gevel *c*

face [feis] *n* gezicht *nt*; *v* het hoofd *bieden aan; ~ massage gezichtsmassage *c*; facing tegenover

face-cream ['feiskri:m] *n* gezichtscrème *c*

face-pack ['feispæk] *n* schoonheidsmasker *nt*

face-powder ['feis,paudə] *n* gezichtspoeder *nt/c*

facility [fə'siləti] *n* faciliteit *c*

fact [fækt] *n* feit *nt*; **in ~** in feite

factor ['fæktə] *n* factor *c*

factory ['fæktəri] *n* fabriek *c*

factual ['fæktʃuəl] *adj* feitelijk

faculty ['fækəlti] *n* vermogen *nt*; gave *c*, talent *nt*, bekwaamheid *c*; faculteit *c*

fad [fæd] *n* gril *c*

fade [feid] *v* verkleuren, *verschieten

faience [fai'ā:s] *n* aardewerk *nt*, faience *c*

fail [feil] *v* falen; tekort *schieten; *ontbreken; *nalaten; zakken; **without ~** beslist

failure ['feiljə] *n* mislukking *c*; fiasco *nt*

faint [feint] *v* *flauwvallen; *adj* zwak, vaag, flauw

fair [fɛə] *n* kermis *c*; beurs *c*; *adj* billijk, eerlijk; blond; mooi

fairly ['fɛəli] *adv* vrij, nogal, tamelijk

fairy ['fɛəri] *n* fee *c*

fairytale ['fɛəriteil] *n* sprookje *nt*

faith [feiθ] *n* geloof *nt*; vertrouwen *nt*

faithful ['feiθful] *adj* trouw

fake [feik] *n* vervalsing *c*

fall [fɔ:l] *n* val *c*; *nAm* herfst *c*

***fall** [fɔ:l] *v* *vallen

false [fɔ:ls] *adj* vals; verkeerd, onwaar, onecht; **~ teeth** kunstgebit *nt*

falter ['fɔ:ltə] *v* wankelen; stamelen

fame [feim] *n* faam *c*, roem *c*; reputatie *c*

familiar [fə'miljə] *adj* vertrouwd; familiaar

family ['fæməli] *n* gezin *nt*; familie *c*; **~ name** achternaam *c*

famous ['feiməs] *adj* beroemd

fan [fæn] *n* ventilator *c*; waaier *c*; fan *c*; **~ belt** ventilatorriem *c*

fanatical [fə'nætikəl] *adj* fanatiek

fancy ['fænsi] *v* lusten, zin *hebben in; zich verbeelden, zich voorstellen; *n* gril *c*; fantasie *c*

fantastic [fæn'tæstik] *adj* fantastisch

fantasy ['fæntəzi] *n* fantasie *c*

far [fa:] *adj* ver; *adv* veel; **by ~** verreweg; **so ~** tot nu toe

far-away ['fa:rəwei] *adj* ver

farce [fa:s] *n* klucht *c*, farce *c*

fare [fɛə] *n* reiskosten *pl*, tarief *nt*; kost *c*, voedsel *nt*

farm [fa:m] *n* boerderij *c*

farmer ['fa:mə] *n* boer *c*; **farmer's**

wife boerin c

farmhouse ['fɑ:mhaus] n boerderij c

far-off ['fɑ:rɔf] adj afgelegen

fascinate ['fæsineit] v boeien

fascism ['fæʃizəm] n fascisme nt

fascist ['fæʃist] adj fascistisch; n fascist c

fashion ['fæʃən] n mode c; manier c

fashionable ['fæʃənəbəl] adj modieus

fast [fɑ:st] adj vlug, snel; vast

fasten ['fɑ:sən] v vastmaken, bevestigen; *sluiten

fastener ['fɑ:sənə] n sluiting c

fat [fæt] adj vet, dik; n vet nt

fatal ['feitəl] adj fataal, dodelijk, noodlottig

fate [feit] n lot nt, noodlot nt

father ['fɑ:ðə] n vader c; pater c

father-in-law ['fɑ:ðərinlɔ:] n (pl fathers-) schoonvader c

fatherland ['fɑ:ðələnd] n vaderland nt

fatness ['fætnəs] n dikte c

fatty ['fæti] adj vettig

faucet ['fɔ:sit] nAm kraan c

fault [fɔ:lt] n schuld c; fout c, defect nt, gebrek nt

faultless ['fɔ:ltləs] adj foutloos; feilloos

faulty ['fɔ:lti] adj gebrekkig, defect

favour ['feivə] n gunst c; v begunstigen, bevoorrechten

favourable ['feivərəbəl] adj gunstig

favourite ['feivərit] n lieveling c, favoriet c; adj lievelings-

fawn [fɔ:n] adj lichtbruin; n reekalf nt

fax [fæks] n fax c; send a ~ een fax versturen

fear [fiə] n vrees c, angst c; v vrezen

feasible ['fi:zəbəl] adj uitvoerbaar

feast [fi:st] n feest nt

feat [fi:t] n prestatie c

feather ['feðə] n veer c

feature ['fi:tʃə] n kenmerk nt; gelaats-

trek c

February ['februəri] februari

federal ['fedərəl] adj federaal

federation [,fedə'reiʃən] n federatie c; bond c

fee [fi:] n honorarium nt

feeble ['fi:bəl] adj zwak

*feed [fi:d] v voeden; fed up with beu

*feel [fi:l] v voelen; betasten; ~ like zin *hebben in

feeling ['fi:liŋ] n gevoel nt

fell [fel] v (p fall)

fellow ['felou] n kerel c

felt¹ [felt] n vilt nt

felt² [felt] v (p, pp feel)

female ['fi:meil] adj vrouwelijk

feminine ['feminin] adj vrouwelijk

fence [fens] n omheining c; hek nt; v schermen

fender ['fendə] n bumper c

ferment [fə:'ment] v gisten

ferry-boat ['feribout] n veerboot c

fertile ['fə:tail] adj vruchtbaar

festival ['festivəl] n festival nt

festive ['festiv] adj feestelijk

fetch [fetʃ] v halen; afhalen

feudal ['fju:dəl] adj feodaal

fever ['fi:və] n koorts c

feverish ['fi:vəriʃ] adj koortsig

few [fju:] adj weinig

fiancé [fi'ɑ̃:sei] n verloofde c

fiancée [fi'ɑ̃:sei] n verloofde c

fibre ['faibə] n vezel c

fiction ['fikʃən] n fictie c, verzinsel nt

field [fi:ld] n akker c, veld nt; gebied nt; ~ glasses veldkijker c

fierce [fiəs] adj wild; woest, fel

fifteen [,fif'ti:n] num vijftien

fifteenth [,fif'ti:nθ] num vijftiende

fifth [fifθ] num vijfde

fifty ['fifti] num vijftig

fig [fig] n vijg c

fight [fait] n strijd c, gevecht nt

*fight [fait] v *strijden, *vechten

figure ['figə] n gestalte c, figuur c; cijfer nt

file [fail] n vijl c; dossier nt; rij c

Filipino [,fili'pi:nou] n Filippijn c

fill [fil] v vullen; ~ **in** invullen; **filling station** benzinestation nt; ~ **out** Am invullen; ~ **up** opvullen

filling ['filiŋ] n vulling c

film [film] n film c; v filmen

filter ['filtə] n filter nt

filthy ['filθi] adj smerig, vuil

final ['fainəl] adj laatst

finance [fai'næns] v financieren

finances [fai'nænsiz] pl financiën pl

financial [fai'nænʃəl] adj financieel

finch [fintʃ] n vink c

*find [faind] v *vinden

fine [fain] n boete c; adj fijn; mooi; uitstekend, prachtig; ~ **arts** schone kunsten

finger ['fiŋgə] n vinger c; **little** ~ pink c

fingerprint ['fiŋgəprint] n vingerafdruk c

finish ['finiʃ] v afmaken, beëindigen; eindigen; n einde nt; eindstreep c; **finished** af; op

Finland ['finlənd] Finland

Finn [fin] n Fin c

Finnish ['finiʃ] adj Fins

fire [faiə] n vuur nt; brand c; v *schieten; *ontslaan

fire-alarm ['faiərə,lɑ:m] n brandalarm nt

fire-brigade ['faiəbri,geid] n brandweer c

fire-escape ['faiəri,skeip] n brandtrap c

fire-extinguisher ['faiəri,stiŋgwiʃə] n brandblusapparaat nt

fireplace ['faiəpleis] n haard c

fireproof ['faiəpru:f] adj brandvrij; vuurvast

firm [fə:m] adj vast; stevig; n firma c

first [fə:st] num eerst; **at** ~ eerst; aanvankelijk; ~ **name** voornaam c

first-aid [,fə:st'eid] n eerste hulp; ~ **kit** verbandkist c; ~ **post** eerste hulppost

first-class [,fə:st'klɑ:s] adj eersteklas

first-rate [,fə:st'reit] adj eersterangs, prima

fir-tree ['fə:tri:] n denneboom c, den c

fish¹ [fiʃ] n (pl ~, ~es) vis c; ~ **shop** viswinkel c

fish² [fiʃ] v vissen; hengelen; **fishing gear** vistuig nt; **fishing hook** vishaak c; **fishing industry** visserij c; **fishing licence** visakte c; **fishing line** vislijn c; **fishing net** visnet nt; **fishing rod** hengel c; **fishing tackle** vistuig nt

fishbone ['fiʃboun] n graat c, visgraat c

fisherman ['fiʃəmən] n (pl -men) visser c

fist [fist] n vuist c

fit [fit] adj geschikt; n aanval c; v passen; **fitting room** paskamer c

five [faiv] num vijf

fix [fiks] v repareren

fixed [fikst] adj vast

fizz [fiz] n prik c

fjord [fjɔ:d] n fjord c

flag [flæg] n vlag c

flame [fleim] n vlam c

flamingo [flə'miŋgou] n (pl ~s, ~es) flamingo c

flannel ['flænəl] n flanel nt

flash [flæʃ] n flits c

flash-bulb ['flæʃbʌlb] n flitslampje nt

flash-light ['flæʃlait] n zaklantaarn c

flask [flɑ:sk] n flacon c; **thermos** ~ thermosfles c

flat [flæt] adj vlak, plat; n flat c; ~ **tyre** lekke band

flavour ['fleivə] n smaak c; v kruiden

fleet [fli:t] n vloot c

flesh [fleʃ] *n* vlees *nt*

flew [flu:] *v* (p fly)

flex [fleks] *n* snoer *nt*

flexible ['fleksibəl] *adj* buigbaar; soepel

flight [flait] *n* vlucht *c*; **charter ~** chartervlucht *c*

flint [flint] *n* vuursteen *c*

float [flout] *v* *drijven; *n* vlotter *c*

flock [flɔk] *n* kudde *c*

flood [flʌd] *n* overstroming *c*; vloed *c*

floor [flɔ:] *n* vloer *c*; etage *c*, verdieping *c*; **~ show** floor-show *c*

florist ['flɔrist] *n* bloemist *c*

flour [flauə] *n* bloem *c*, meel *nt*

flow [flou] *v* vloeien, stromen

flower [flauə] *n* bloem *c*

flowerbed ['flauəbed] *n* bloemperk *nt*

flower-shop ['flauəʃɔp] *n* bloemenwinkel *c*

flown [floun] *v* (pp fly)

flu [flu:] *n* griep *c*

fluent ['flu:ənt] *adj* vloeiend

fluid ['flu:id] *adj* vloeibaar; *n* vloeistof *c*

flute [flu:t] *n* fluit *c*

fly [flai] *n* vlieg *c*; gulp *c*

***fly** [flai] *v* *vliegen

foam [foum] *n* schuim *nt*; *v* schuimen

foam-rubber ['foum,rʌbə] *n* schuimrubber *c*

focus ['foukəs] *n* brandpunt *nt*

fog [fɔg] *n* mist *c*

foggy ['fɔgi] *adj* mistig

foglamp ['fɔglæmp] *n* mistlamp *c*

fold [fould] *v* *vouwen; *opvouwen; *n* vouw *c*

folk [fouk] *n* volk *nt*; **~ song** volkslied *nt*

folk-dance ['foukdɑ:ns] *n* volksdans *c*

folklore ['fouklɔ:] *n* folklore *c*

follow ['fɔlou] *v* volgen; **following** *adj* eerstvolgend, volgend

***be fond of** [bi: fɔnd ɔv] *houden van

food [fu:d] *n* voedsel *nt*; eten *nt*, kost *c*; **~ poisoning** voedselvergiftiging *c*

foodstuffs ['fu:dstʌfs] *pl* levensmiddelen *pl*

fool [fu:l] *n* gek *c*, dwaas *c*; *v* foppen

foolish ['fu:liʃ] *adj* mal, dwaas

foot [fut] *n* (pl feet) voet *c*; **~ powder** voetpoeder *nt/c*; **on ~** te voet

football ['futbɔ:l] *n* voetbal *c*; **~ match** voetbalwedstrijd *c*

foot-brake ['futbreik] *n* voetrem *c*

footpath ['futpɑ:θ] *n* voetpad *nt*

footwear ['futweə] *n* schoeisel *nt*

for [fɔ:, fə] *prep* voor; gedurende; naar; vanwege, wegens, uit; *conj* want

***forbid** [fə'bid] *v* *verbieden

force [fɔ:s] *v* noodzaken, *dwingen; forceren; *n* macht *c*, kracht *c*; geweld *nt*; **by ~** noodgedwongen; **driving ~** drijfkracht *c*

ford [fɔ:d] *n* doorwaadbare plaats

forecast ['fɔ:kɑ:st] *n* voorspelling *c*; *v* voorspellen

foreground ['fɔ:graund] *n* voorgrond *c*

forehead ['fɔred] *n* voorhoofd *nt*

foreign ['fɔrin] *adj* buitenlands; vreemd

foreigner ['fɔrinə] *n* buitenlander *c*; vreemdeling *c*

foreman ['fɔ:mən] *n* (pl -men) voorman *c*

foremost ['fɔ:moust] *adj* hoogst

foresail ['fɔ:seil] *n* fok *c*

forest ['fɔrist] *n* woud *nt*, bos *nt*

forester ['fɔristə] *n* boswachter *c*

forge [fɔ:dʒ] *v* vervalsen

***forget** [fə'get] *v* *vergeten

forgetful [fə'getfəl] *adj* vergeetachtig

***forgive** [fə'giv] *v* *vergeven

fork [fɔ:k] *n* vork *c*; tweesprong *c*; *v* zich splitsen

form [fɔ:m] *n* vorm *c*; formulier *nt*;

klas *c*; *v* vormen

formal ['fɔ:məl] *adj* formeel

formality [fɔ:'mæləti] *n* formaliteit *c*

former ['fɔ:mə] *adj* voormalig; vroeger; **formerly** voorheen, vroeger

formula ['fɔ:mjulə] *n* (pl ~e, ~s) formule *c*

fort [fɔ:t] *n* fort *nt*

fortnight ['fɔ:tnait] *n* veertien dagen

fortress ['fɔ:tris] *n* vesting *c*

fortunate ['fɔ:tʃənət] *adj* gelukkig

fortune ['fɔ:tʃu:n] *n* fortuin *nt*; lot *nt*, geluk *nt*

forty ['fɔ:ti] *num* veertig

forward ['fɔ:wəd] *adv* vooruit, voorwaarts; *v* *nazenden

foster-parents ['fɔstə,pɛərənts] *pl* pleegouders *pl*

fought [fɔ:t] *v* (p, pp fight)

foul [faul] *adj* smerig; gemeen

found[1] [faund] *v* (p, pp find)

found[2] [faund] *v* oprichten, stichten

foundation [faun'deiʃən] *n* stichting *c*; ~ **cream** basiscrème *c*

fountain ['fauntin] *n* fontein *c*; bron *c*

fountain-pen ['fauntinpen] *n* vulpen *c*

four [fɔ:] *num* vier

fourteen [,fɔ:'ti:n] *num* veertien

fourteenth [,fɔ:'ti:nθ] *num* veertiende

fourth [fɔ:θ] *num* vierde

fowl [faul] *n* (pl ~s, ~) gevogelte *nt*

fox [fɔks] *n* vos *c*

foyer ['fɔiei] *n* foyer *c*

fraction ['frækʃən] *n* fractie *c*

fracture ['fræktʃə] *v* *breken; *n* breuk *c*

fragile ['frædʒail] *adj* breekbaar; broos

fragment ['frægmənt] *n* fragment *nt*; stuk *nt*

frame [freim] *n* lijst *c*; montuur *nt*

France [frɑ:ns] Frankrijk

franchise ['fræntʃaiz] *n* kiesrecht *nt*

fraternity [frə'tə:nəti] *n* broederschap *c*

fraud [frɔ:d] *n* fraude *c*, bedrog *nt*

fray [frei] *v* rafelen

free [fri:] *adj* vrij; gratis; ~ **of charge** gratis; ~ **ticket** vrijkaart *c*

freedom ['fri:dəm] *n* vrijheid *c*

*freeze [fri:z] *v* *vriezen; *bevriezen

freezing ['fri:ziŋ] *adj* ijskoud

freezing-point ['fri:ziŋpɔint] *n* vriespunt *nt*

freight [freit] *n* lading *c*, vracht *c*

freight-train ['freittrein] *nAm* goederentrein *c*

French [frentʃ] *adj* Frans

Frenchman ['frentʃmən] *n* (pl -men) Fransman *c*

frequency ['fri:kwənsi] *n* frequentie *c*

frequent ['fri:kwənt] *adj* veelvuldig, frequent; **frequently** dikwijls

fresh [freʃ] *adj* vers, fris; ~ **water** zoet water

friction ['frikʃən] *n* wrijving *c*

Friday ['fraidi] vrijdag *c*

fridge [fridʒ] *n* koelkast *c*, ijskast *c*

friend [frend] *n* vriend *c*; vriendin *c*

friendly ['frendli] *adj* vriendelijk; amicaal, vriendschappelijk

friendship ['frendʃip] *n* vriendschap *c*

fright [frait] *n* angst *c*, schrik *c*

frighten ['fraitən] *v* *doen schrikken

frightened ['fraitənd] *adj* bang; *be ~ *schrikken

frightful ['fraitfəl] *adj* verschrikkelijk, vreselijk

fringe [frindʒ] *n* franje *c*

frock [frɔk] *n* jurk *c*

frog [frɔg] *n* kikker *c*

from [frɔm] *prep* van; uit; vanaf

front [frʌnt] *n* voorkant *c*; **in ~ of** voor

frontier ['frʌntiə] *n* grens *c*

frost [frɔst] *n* vorst *c*

froth [frɔθ] *n* schuim *nt*

frozen ['frouzən] *adj* bevroren; ~ **food** diepvries produkten

fruit [fru:t] n fruit nt; vrucht c

fry [frai] v *bakken; *braden

frying-pan ['fraiiŋpæn] n koekepan c

fuel ['fju:əl] n brandstof c; benzine c; ~ **pump** Am benzinepomp c

full [ful] adj vol; ~ **board** vol pension; ~ **stop** punt c; ~ **up** vol

fun [fʌn] n plezier nt, pret c; lol c

function ['fʌŋkʃən] n functie c

fund [fʌnd] n fonds nt

fundamental [,fʌndə'mentəl] adj fundamenteel

funeral ['fju:nərəl] n begrafenis c

funnel ['fʌnəl] n trechter c

funny ['fʌni] adj leuk, grappig; zonderling

fur [fə:] n pels c; ~ **coat** bontjas c; **furs** bont c

furious ['fjuəriəs] adj razend, woedend

furnace ['fə:nis] n oven c

furnish ['fə:niʃ] v leveren, verschaffen; inrichten, meubileren; ~ **with** *voorzien van

furniture ['fə:nitʃə] n meubilair nt

furrier ['fʌriə] n bontwerker c

further ['fə:ðə] adj verder; nader

furthermore ['fə:ðəmɔ:] adv bovendien

furthest ['fə:ðist] adj verst

fuse [fju:z] n zekering c; lont c

fuss [fʌs] n drukte c; ophef c, herrie c

future ['fju:tʃə] n toekomst c; adj toekomstig

G

gable ['geibəl] n geveltop c

gadget ['gædʒit] n technisch snufje c

gaiety ['geiəti] n vrolijkheid c, pret c

gain [gein] v *winnen; n winst c

gait [geit] n gang c, loop c

gale [geil] n storm c

gall [gɔ:l] n gal c; ~ **bladder** galblaas c

gallery ['gæləri] n galerij c

gallop ['gæləp] n galop c

gallows ['gæləuz] pl galg c

gallstone ['gɔ:lstoun] n galsteen c

game [geim] n spel nt; wild nt; ~ **reserve** wildpark nt

gang [gæŋ] n bende c; ploeg c

gangway ['gæŋwei] n loopplank c

gaol [dʒeil] n gevangenis c

gap [gæp] n bres c

garage ['gæra:ʒ] n garage c; v stallen

garbage ['ga:bidʒ] n vuilnis nt, afval nt

garden ['ga:dən] n tuin c; **public** ~ plantsoen nt; **zoological gardens** dierentuin c

gardener ['ga:dənə] n tuinman c

gargle ['ga:gəl] v gorgelen

garlic ['ga:lik] n knoflook nt/c

gas [gæs] n gas nt; nAm benzine c; ~ **cooker** gasstel nt; ~ **pump** Am benzinepomp c; ~ **station** Am benzinestation nt; ~ **stove** gaskachel c

gasoline ['gæsəli:n] nAm benzine c

gastric ['gæstrik] adj maag-; ~ **ulcer** maagzweer c

gasworks ['gæswə:ks] n gasfabriek c

gate [geit] n poort c; hek nt

gather ['gæðə] v verzamelen; *bijeenkomen; oogsten

gauge [geidʒ] n meter c

gauze [gɔ:z] n gaas nt

gave [geiv] v (p give)

gay [gei] adj vrolijk; bont

gaze [geiz] v staren

gear [giə] n versnelling c; uitrusting c; **change** ~ schakelen; ~ **lever** versnellingspook c

gear-box ['giəbɔks] n versnellingsbak c

gem [dʒem] n juweel nt, edelsteen c; kleinood nt

gender ['dʒendə] n geslacht nt

general ['dʒenərəl] adj algemeen; n generaal c; ~ **practitioner** huisarts c; **in** ~ in het algemeen

generate ['dʒenəreit] v verwekken

generation [,dʒenə'reiʃən] n generatie c

generator ['dʒenəreitər] n generator c

generosity [,dʒenə'rɔsəti] n edelmoedigheid c

generous ['dʒenərəs] adj gul, royaal

genital ['dʒenitəl] adj geslachtelijk

genius ['dʒi:niəs] n genie nt

gentle ['dʒentəl] adj zacht; teer, licht; voorzichtig

gentleman ['dʒentəlmən] n (pl -men) heer c

genuine ['dʒenjuin] adj echt

geography [dʒi'ɔgrəfi] n aardrijkskunde c

geology [dʒi'ɔlədʒi] n geologie c

geometry [dʒi'ɔmətri] n meetkunde c

germ [dʒə:m] n bacil c; kiem c

German ['dʒə:mən] adj Duits; n Duitser c

Germany ['dʒə:məni] Duitsland

gesticulate [dʒi'stikjuleit] v gebaren

*get [get] v *krijgen; halen; *worden; ~ **back** *teruggaan; ~ **off** uitstappen; ~ **on** instappen; vorderen; ~ **up** *opstaan

ghost [goust] n spook nt; geest c

giant ['dʒaiənt] n reus c

giddiness ['gidinəs] n duizeligheid c

giddy ['gidi] adj duizelig

gift [gift] n geschenk nt, cadeau nt; gave c

gifted ['giftid] adj begaafd

gigantic [dʒai'gæntik] adj reusachtig

giggle ['gigəl] v giechelen

gill [gil] n kieuw c

gilt [gilt] adj verguld

ginger ['dʒindʒə] n gember c

gipsy ['dʒipsi] n zigeuner c

girdle ['gə:dəl] n step-in c

girl [gə:l] n meisje nt; ~ **guide** padvindster c

*give [giv] v *geven; *aangeven; ~ **away** verklappen; ~ **in** *toegeven; ~ **up** *opgeven

glacier ['glæsiə] n gletsjer c

glad [glæd] adj verheugd, blij; **gladly** graag, gaarne

gladness ['glædnəs] n vreugde c

glamorous ['glæmərəs] adj betoverend, fascinerend

glamour ['glæmə] n charme c

glance [glɑ:ns] n blik c; v een blik *werpen

gland [glænd] n klier c

glare [gleə] n scherp licht; schittering c

glaring ['gleəriŋ] adj verblindend

glass [glɑ:s] n glas nt; glazen; **glasses** bril c; **magnifying** ~ vergrootglas nt

glaze [gleiz] v emailleren

glen [glen] n bergkloof c

glide [glaid] v *glijden

glider ['glaidə] n zweefvliegtuig nt

glimpse [glimps] n blik c; glimp c; v even *zien

global ['gloubəl] adj wereldomvattend

globe [gloub] n wereldbol c, aardbol c

gloom [glu:m] n duister nt

gloomy ['glu:mi] adj somber

glorious ['glɔ:riəs] adj prachtig

glory ['glɔ:ri] n glorie c, roem c; eer c, lof c

gloss [glɔs] n glans c

glossy ['glɔsi] adj glanzend

glove [glʌv] n handschoen c

glow [glou] v gloeien; n gloed c

glue [glu:] n lijm c

*go [gou] v *gaan; *lopen; *worden; ~ **ahead** *doorgaan; ~ **away** *weggaan; ~ **back** *teruggaan; ~ **home** naar huis *gaan; ~ **in** *binnengaan;

~ **on** *doorgaan; ~ **out** *uitgaan;
~ **through** meemaken, doormaken
goal [goul] *n* doel *nt*; doelpunt *nt*
goalkeeper ['goul,ki:pə] *n* doelman *c*
goat [gout] *n* bok *c*, geit *c*
god [gɔd] *n* god *c*
goddess ['gɔdis] *n* godin *c*
godfather ['gɔd,fa:ðə] *n* peetvader *c*
goggles ['gɔglz] *pl* duikbril *c*
gold [gould] *n* goud *nt*; ~ **leaf** blad-goud *nt*
golden ['gouldən] *adj* gouden
goldmine ['gouldmain] *n* goudmijn *c*
goldsmith ['gouldsmiθ] *n* goudsmid *c*
golf [gɔlf] *n* golf *nt*
golf-club ['gɔlfklʌb] *n* golfclub *c*
golf-course ['gɔlfkɔ:s] *n* golfbaan *c*
golf-links ['gɔlfliŋks] *n* golfbaan *c*
gondola ['gɔndələ] *n* gondel *c*
gone [gɔn] *adv* (pp go) weg
good [gud] *adj* goed; lekker; zoet, braaf
good-bye! [,gud'bai] dag!
good-humoured [,gud'hju:məd] *adj* opgeruimd
good-looking [,gud'lukiŋ] *adj* knap
good-natured [,gud'neitʃəd] *adj* goed-hartig
goods [gudz] *pl* waren *pl*, goederen *pl*; ~ **train** goederentrein *c*
good-tempered [,gud'tempəd] *adj* goedgestemd
goodwill [,gud'wil] *n* welwillendheid *c*
goose [gu:s] *n* (pl geese) gans *c*
gooseberry ['guzbəri] *n* kruisbes *c*
goose-flesh ['gu:sfleʃ] *n* kippevel *nt*
gorge [gɔ:dʒ] *n* ravijn *nt*
gorgeous ['gɔ:dʒəs] *adj* prachtig
gospel ['gɔspəl] *n* evangelie *nt*
gossip ['gɔsip] *n* geroddel *nt*; *v* roddelen
got [gɔt] *v* (p, pp get)
gourmet ['guəmei] *n* fijnproever *c*
gout [gaut] *n* jicht *c*

govern ['gʌvən] *v* regeren
governess ['gʌvənis] *n* gouvernante *c*
government ['gʌvənmənt] *n* bewind *nt*, regering *c*
governor ['gʌvənə] *n* gouverneur *c*
gown [gaun] *n* japon *c*
grab [græb] *n* greep *c*; roof *c*
grace [greis] *n* gratie *c*; genade *c*
graceful ['greisfəl] *adj* bevallig
grade [greid] *n* graad *c*; *v* rangschikken
gradient ['greidiənt] *n* helling *c*
gradual ['grædʒuəl] *adj* geleidelijk; **gradually** *adv* langzamerhand
graduate ['grædʒueit] *v* een diploma behalen
grain [grein] *n* korrel *c*, graan *nt*, koren *nt*
gram [græm] *n* gram *nt*
grammar ['græmə] *n* grammatica *c*
grammatical [grə'mætikəl] *adj* grammaticaal
grand [grænd] *adj* groots
granddad ['grændæd] *n* opa *c*
granddaughter ['græn,dɔ:tə] *n* kleindochter *c*
grandfather ['græn,fa:ðə] *n* grootvader *c*; opa *c*
grandmother ['græn,mʌðə] *n* grootmoeder *c*; oma *c*
grandparents ['græn,pɛərənts] *pl* grootouders *pl*
grandson ['grænsʌn] *n* kleinzoon *c*
granite ['grænit] *n* graniet *nt*
grant [gra:nt] *v* gunnen, verlenen; inwilligen; *n* toelage *c*, beurs *c*
grapefruit ['greipfru:t] *n* pompelmoes *c*
grapes [greips] *pl* druiven *pl*
graph [græf] *n* grafiek *c*
graphic ['græfik] *adj* grafisch
grasp [gra:sp] *v* *grijpen; *n* greep *c*
grass [gra:s] *n* gras *nt*

grasshopper ['grɑ:s,hɔpə] n sprink-haan c

grate [greit] n rooster nt; v raspen

grateful ['greitfəl] adj erkentelijk, dankbaar

grater ['greitə] n rasp c

gratis ['grætis] adj gratis

gratitude ['grætitju:d] n dankbaarheid c

gratuity [grə'tju:əti] n fooi c

grave [greiv] n graf nt; adj ernstig

gravel ['grævəl] n kiezel c, grind nt

gravestone ['greivstoun] n grafsteen c

graveyard ['greivjɑ:d] n kerkhof nt

gravity ['grævəti] n zwaartekracht c; ernst c

gravy ['greivi] n jus c

graze [greiz] v grazen; n schaafwond c

grease [gri:s] n vet nt; v smeren

greasy ['gri:si] adj vet, vettig

great [greit] adj groot; **Great Britain** Groot-Brittannië

Greece [gri:s] Griekenland

greed [gri:d] n hebzucht c

greedy ['gri:di] adj hebzuchtig; gulzig

Greek [gri:k] adj Grieks; n Griek c

green [gri:n] adj groen; ~ **card** groene kaart

greengrocer ['gri:n,grousə] n groente-boer c

greenhouse ['gri:nhaus] n broeikas c, kas c

greens [gri:nz] pl groente c

greet [gri:t] v groeten

greeting ['gri:tiŋ] n groet c

grey [grei] adj grijs; grauw

greyhound ['greihaund] n hazewind c

grief [gri:f] n verdriet nt; bedroefd-heid c, smart c

grieve [gri:v] v treuren

grill [gril] n grill c; v roosteren

grill-room ['grilru:m] n grillroom c

grin [grin] v grijnzen; n grijns c

***grind** [graind] v *malen; fijnmalen

grip [grip] v *grijpen; n houvast nt, greep c; nAm handkoffertje nt

grit [grit] n gruis nt

groan [groun] v kreunen

grocer ['grousə] n kruidenier c; **gro-cer's** kruidenierswinkel c

groceries ['grousəriz] pl kruideniers-waren pl

groin [grɔin] n lies c

groove [gru:v] n groef c

gross¹ [grous] n (pl ~) gros nt

gross² [grous] adj grof; bruto

grotto ['grɔtou] n (pl ~es, ~s) grot c

ground¹ [graund] n bodem c, grond c; ~ **floor** begane grond; **grounds** ter-rein nt

ground² [graund] v (p, pp grind)

group [gru:p] n groep c

grouse [graus] n (pl ~) korhoen nt

grove [grouv] n bosje nt

***grow** [grou] v groeien; kweken; *worden

growl [graul] v grommen

grown-up ['grounʌp] adj volwassen; n volwassene c

growth [grouθ] n groei c; gezwel nt

grudge [grʌdʒ] v misgunnen

grumble ['grʌmbəl] v mopperen

guarantee [,gærən'ti:] n garantie c; waarborg c; v garanderen

guarantor [,gærən'tɔ:] n borg c

guard [gɑ:d] n bewaker c; v bewaken

guardian ['gɑ:diən] n voogd c

guess [ges] v *raden; *denken, gis-sen; n gissing c

guest [gest] n logé c, gast c

guest-house ['gesthaus] n pension nt

guest-room ['gestru:m] n logeerkamer c

guide [gaid] n gids c; v leiden

guidebook ['gaidbuk] n gids c

guide-dog ['gaiddɔg] n geleidehond c

guilt [gilt] n schuld c

guilty ['gilti] *adj* schuldig
guinea-pig ['ginipig] *n* cavia *c*
guitar [gi'tɑ:] *n* gitaar *c*
gulf [gʌlf] *n* golf *c*
gull [gʌl] *n* meeuw *c*
gum [gʌm] *n* tandvlees *nt*; gom *c*; lijm *c*
gun [gʌn] *n* geweer *nt*, revolver *c*; kanon *nt*
gunpowder ['gʌn,paudə] *n* kruit *nt*
gust [gʌst] *n* windstoot *c*
gusty ['gʌsti] *adj* winderig
gut [gʌt] *n* darm *c*; **guts** lef *c*
gutter ['gʌtə] *n* goot *c*
guy [gai] *n* vent *c*
gymnasium [dʒim'neiziəm] *n* (pl ~s, -sia) gymnastiekzaal *c*
gymnast ['dʒimnæst] *n* gymnast *c*
gymnastics [dʒim'næstiks] *pl* gymnastiek *c*
gynaecologist [,gainə'kɔlədʒist] *n* gynaecoloog *c*, vrouwenarts *c*

H

haberdashery ['hæbədæʃəri] *n* garen- en bandwinkel
habit ['hæbit] *n* gewoonte *c*
habitable ['hæbitəbəl] *adj* bewoonbaar
habitual [hə'bitʃuəl] *adj* gewoon
had [hæd] *v* (p, pp have)
haddock ['hædək] *n* (pl ~) schelvis *c*
haemorrhage ['heməridʒ] *n* bloeding *c*
haemorrhoids ['hemərɔidz] *pl* aambeien *pl*
hail [heil] *n* hagel *c*
hair [heə] *n* haar *nt*; ~ **cream** haarcrème *c*; ~ **gel** haargel *c*; ~ **piece** haarstukje *nt*; ~ **tonic** haartonic *c*
hairbrush ['heəbrʌʃ] *n* haarborstel *c*
hair-do ['heədu:] *n* kapsel *nt*, coiffure *c*

hairdresser ['heə,dresə] *n* kapper *c*
hair-dryer ['heədraiə] *n* haardroger *c*
hair-grip ['heəgrip] *n* haarspeld *c*
hair-net ['heənet] *n* haarnetje *nt*
hair-oil ['heərɔil] *n* haarolie *c*
hairpin ['heəpin] *n* haarspeld *c*
hair-spray ['heəsprei] *n* haarlak *c*
hairy ['heəri] *adj* harig
half¹ [hɑ:f] *adj* half
half² [hɑ:f] *n* (pl halves) helft *c*
half-time [,hɑ:f'taim] *n* rust *c*
halfway [,hɑ:f'wei] *adv* halverwege
halibut ['hælibət] *n* (pl ~) heilbot *c*
hall [hɔ:l] *n* hal *c*; zaal *c*
halt [hɔ:lt] *v* stoppen
halve [hɑ:v] *v* halveren
ham [hæm] *n* ham *c*
hamlet ['hæmlət] *n* gehucht *c*
hammer ['hæmə] *n* hamer *c*
hammock ['hæmək] *n* hangmat *c*
hamper ['hæmpə] *n* mand *c*
hand [hænd] *n* hand *c*; *v* *aangeven; ~ **cream** handcrème *c*
handbag ['hændbæg] *n* handtas *c*
handbook ['hændbuk] *n* handboek *c*
hand-brake ['hændbreik] *n* handrem *c*
handcuffs ['hændkʌfs] *pl* handboeien *pl*
handful ['hændful] *n* handvol *c*
handicraft ['hændikrɑ:ft] *n* handenarbeid *c*; handwerk *nt*
handkerchief ['hæŋkətʃif] *n* zakdoek *c*
handle ['hændəl] *n* steel *c*, handvat *nt*; *v* hanteren; behandelen
hand-made [,hænd'meid] *adj* met de hand gemaakt
handshake ['hændʃeik] *n* handdruk *c*
handsome ['hænsəm] *adj* knap
handwork ['hændwə:k] *n* handwerk *nt*
handwriting ['hænd,raitiŋ] *n* handschrift *nt*
handy ['hændi] *adj* handig
*hang [hæŋ] *v* *ophangen; *hangen
hanger ['hæŋə] *n* kleerhanger *c*

hangover ['hæŋ,ouvə] n kater c

happen ['hæpən] v *voorkomen, gebeuren

happening ['hæpəniŋ] n gebeurtenis c

happiness ['hæpinəs] n geluk nt

happy ['hæpi] adj blij, gelukkig

harbour ['ha:bə] n haven c

hard [ha:d] adj hard; moeilijk; **hardly** nauwelijks

hardware ['ha:dwɛə] n ijzerwaren pl; ~ **store** handel in ijzerwaren

hare [hɛə] n haas c

harm [ha:m] n schade c; kwaad nt; v schaden

harmful ['ha:mfəl] adj nadelig, schadelijk

harmless ['ha:mləs] adj onschadelijk

harmony ['ha:məni] n harmonie c

harp [ha:p] n harp c

harpsichord ['ha:psikɔ:d] n clavecimbel c

harsh [ha:ʃ] adj ruw; streng; wreed

harvest ['ha:vist] n oogst c

has [hæz] v (pr have)

haste [heist] n spoed c, haast c

hasten ['heisən] v zich haasten

hasty ['heisti] adj haastig

hat [hæt] n hoed c; ~ **rack** kapstok c

hatch [hætʃ] n luik nt

hate [heit] v een hekel *hebben aan; haten; n haat c

hatred ['heitrid] n haat c

haughty ['hɔ:ti] adj hooghartig

haul [hɔ:l] v slepen

have [hæv] v *hebben; *laten; ~ **to** *moeten

haversack ['hævəsæk] n broodzak c

hawk [hɔ:k] n havik c; valk c

hay [hei] n hooi nt; ~ **fever** hooikoorts c

hazard ['hæzəd] n risico nt

haze [heiz] n nevel c; waas nt

hazelnut ['heizəlnʌt] n hazelnoot c

hazy ['heizi] adj heiig; wazig

he [hi:] pron hij

head [hed] n hoofd nt; kop c; v leiden; ~ **of state** staatshoofd nt; ~ **teacher** schoolhoofd nt, hoofdonderwijzer c

headache ['hedeik] n hoofdpijn c

heading ['hediŋ] n titel c

headlamp ['hedlæmp] n koplamp c

headland ['hedlənd] n landtong c

headlight ['hedlait] n koplamp c

headline ['hedlain] n kop c

headmaster [,hed'ma:stə] n schoolhoofd nt; rector c, directeur c

headquarters [,hed'kwɔ:təz] pl hoofdkwartier nt

head-strong ['hedstrɔŋ] adj koppig

head-waiter [,hed'weitə] n maître d'hôtel

heal [hi:l] v *genezen

health [helθ] n gezondheid c; ~ **centre** consultatiebureau nt; ~ **certificate** gezondheidsattest nt

healthy ['helθi] adj gezond

heap [hi:p] n stapel c, hoop c

hear [hiə] v horen

hearing ['hiəriŋ] n gehoor nt

heart [ha:t] n hart nt; kern c; **by ~** uit het hoofd; ~ **attack** hartaanval c

heartburn ['ha:tbə:n] n maagzuur nt

hearth [ha:θ] n haard c

heartless ['ha:tləs] adj harteloos

hearty ['ha:ti] adj hartelijk

heat [hi:t] n warmte c, hitte c; v verwarmen; **heating pad** elektrisch kussen

heater ['hi:tə] n kachel c; **immersion ~** dompelaar c

heath [hi:θ] n heide c

heathen ['hi:ðən] n heiden c; heidens

heather ['heðə] n heide c

heating ['hi:tiŋ] n verwarming c

heaven ['hevən] n hemel c

heavy ['hevi] adj zwaar

Hebrew ['hi:bru:] n Hebreeuws nt
hedge [hedʒ] n heg c
hedgehog ['hedʒhɔg] n egel c
heel [hi:l] n hiel c; hak c
height [hait] n hoogte c; toppunt nt, hoogtepunt nt
hell [hel] n hel c
hello! [he'lou] hallo!; dag!
helm [helm] n roer nt
helmet ['helmit] n helm c
helmsman ['helmzmən] n stuurman c
help [help] v *helpen; n hulp c
helper ['helpə] n helper c
helpful ['helpfəl] adj hulpvaardig
helping ['helpiŋ] n portie c
hem [hem] n zoom c
hemp [hemp] n hennep c
hen [hen] n hen c; kip c
henceforth [,hens'fɔ:θ] adv voortaan
her [hə:] pron haar
herb [hə:b] n kruid nt
herd [hə:d] n kudde c
here [hiə] adv hier; ~ you are alstublieft
hereditary [hi'reditəri] adj erfelijk
hernia ['hə:niə] n breuk c
hero ['hiərou] n (pl ~es) held c
heron ['herən] n reiger c
herring ['heriŋ] n (pl ~, ~s) haring c
herself [hə:'self] pron zich; zelf
hesitate ['heziteit] v aarzelen
heterosexual [,hetərə'sekʃuəl] adj heteroseksueel
hiccup ['hikʌp] n hik c
hide [haid] n huid c
***hide** [haid] v *verbergen; verstoppen
hideous ['hidiəs] adj afschuwelijk
hierarchy ['haiərɑ:ki] n hiërarchie c
high [hai] adj hoog
highway ['haiwei] n hoofdweg c; nAm autoweg c
hijack ['haidʒæk] v kapen
hijacker ['haidʒækə] n kaper c
hike [haik] v *trekken

hill [hil] n heuvel c
hillock ['hilək] n lage heuvel nt
hillside ['hilsaid] n helling c
hilltop ['hiltɔp] n heuveltop c
hilly ['hili] adj heuvelachtig
him [him] pron hem
himself [him'self] pron zich; zelf
hinder ['hində] v hinderen
hinge [hindʒ] n scharnier nt
hip [hip] n heup c
hire [haiə] v huren; for ~ te huur
hire-purchase [,haiə'pə:tʃəs] n huurkoop c
his [hiz] adj zijn
historian [hi'stɔ:riən] n geschiedkundige c
historic [hi'stɔrik] adj historisch
historical [hi'stɔrikəl] adj geschiedkundig
history ['histəri] n geschiedenis c
hit [hit] n hit c
***hit** [hit] v *slaan; raken; *treffen
hitchhike ['hitʃhaik] v liften
hitchhiker ['hitʃhaikə] n lifter c
hoarse [hɔ:s] adj schor, hees
hobby ['hɔbi] n liefhebberij c, hobby c
hobby-horse ['hɔbihɔ:s] n stokpaardje nt
hockey ['hɔki] n hockey nt
hoist [hɔist] v *hijsen
hold [hould] n ruim nt
***hold** [hould] v *vasthouden, *houden; bewaren; ~ on zich *vasthouden; ~ up ondersteunen
hold-up ['houldʌp] n overval c
hole [houl] n kuil c, gat nt
holiday ['hɔlədi] n vakantie c; feestdag c; ~ camp vakantiekamp nt; ~ resort vakantieoord nt; on ~ met vakantie
Holland ['hɔlənd] Holland
hollow ['hɔlou] adj hol
holy ['houli] adj heilig
homage ['hɔmidʒ] n hulde c

home [houm] *n* thuis *nt*; tehuis *nt*, huis *nt*; *adv* thuis, naar huis; **at ~** thuis

home-made [‚houm'meid] *adj* eigengemaakt

homesickness ['houm‚siknəs] *n* heimwee *nt*

homosexual [‚houmə'sek∫uəl] *adj* homoseksueel

honest ['ɔnist] *adj* eerlijk; oprecht

honesty ['ɔnisti] *n* eerlijkheid *c*

honey ['hʌni] *n* honing *c*

honeymoon ['hʌnimu:n] *n* huwelijksreis *c*, wittebroodsweken *pl*

honk [hʌŋk] *vAm* claxonneren

honour ['ɔnə] *n* eer *c*; *v* eren, huldigen

honourable ['ɔnərəbəl] *adj* eervol, eerzaam; rechtschapen

hood [hud] *n* kap *c*; *nAm* motorkap *c*

hoof [hu:f] *n* hoef *c*

hook [huk] *n* haak *c*

hoot [hu:t] *v* claxonneren

hooter ['hu:tə] *n* claxon *c*

hoover ['hu:və] *v* stofzuigen

hop¹ [hɔp] *v* huppelen; *n* sprong *c*

hop² [hɔp] *n* hop *c*

hope [houp] *n* hoop *c*; *v* hopen

hopeful ['houpfəl] *adj* hoopvol

hopeless ['houpləs] *adj* hopeloos

horizon [hə'raizən] *n* kim *c*, horizon *c*

horizontal [‚hɔri'zɔntəl] *adj* horizontaal

horn [hɔ:n] *n* hoorn *c*; claxon *c*

horrible ['hɔribəl] *adj* vreselijk; verschrikkelijk, gruwelijk, afschuwelijk

horror ['hɔrə] *n* afgrijzen *nt*, afschuw *c*

hors-d'œuvre [ɔ:'də:vr] *n* hors d'œuvre *c*, voorgerecht *nt*

horse [hɔ:s] *n* paard *nt*

horseman ['hɔ:smən] *n* (pl -men) ruiter *c*

horsepower ['hɔ:s‚pauə] *n* paardekracht *c*

horserace ['hɔ:sreis] *n* harddraverij *c*

horseradish ['hɔ:s‚rædi∫] *n* mierikswortel *c*

horseshoe ['hɔ:s∫u:] *n* hoefijzer *nt*

horticulture ['hɔ:tikʌlt∫ə] *n* tuinbouw *c*

hosiery ['houʒəri] *n* tricotgoederen *pl*

hospitable ['hɔspitəbəl] *adj* gastvrij

hospital ['hɔspitəl] *n* hospitaal *nt*, ziekenhuis *nt*

hospitality [‚hɔspi'tæləti] *n* gastvrijheid *c*

host [houst] *n* gastheer *c*

hostage ['hɔstidʒ] *n* gijzelaar *c*

hostel ['hɔstəl] *n* herberg *c*

hostess ['houstis] *n* gastvrouw *c*

hostile ['hɔstail] *adj* vijandig

hot [hɔt] *adj* warm, heet

hotel [hou'tel] *n* hotel *nt*

hot-tempered [‚hɔt'tempəd] *adj* driftig

hour [auə] *n* uur *nt*

hourly ['auəli] *adj* uur-

house [haus] *n* huis *nt*; woning *c*; pand *nt*; **~ agent** makelaar *c*; **~ block** *Am* huizenblok *nt*; **public ~** kroeg *c*

houseboat ['hausbout] *n* woonboot *c*

household ['haushould] *n* huishouden *nt*

housekeeper ['haus‚ki:pə] *n* huishoudster *c*

housekeeping ['haus‚ki:piŋ] *n* huishouden *nt*

housemaid ['hausmeid] *n* meid *c*

housewife ['hauswaif] *n* huisvrouw *c*

housework ['hauswə:k] *n* huishouden *nt*

how [hau] *adv* hoe; wat; **~ many** hoeveel; **~ much** hoeveel

however [hau'evə] *conj* evenwel, echter

hug [hʌg] *v* omhelzen; *n* omhelzing *c*

huge [hju:dʒ] *adj* geweldig, enorm, reusachtig

hum [hʌm] v neuriën
human ['hju:mən] adj menselijk; ~ being menselijk wezen
humanity [hju'mænəti] n mensheid c
humble ['hʌmbəl] adj nederig
humid ['hju:mid] adj vochtig
humidity [hju'midəti] n vochtigheid c
humorous ['hju:mərəs] adj grappig, geestig, humoristisch
humour ['hju:mə] n humor c
hundred ['hʌndrəd] n honderd
Hungarian [hʌŋ'gɛəriən] adj Hongaars; n Hongaar c
Hungary ['hʌŋgəri] Hongarije
hunger ['hʌŋgə] n honger c
hungry ['hʌŋgri] adj hongerig
hunt [hʌnt] v jagen; n jacht c; ~ for *zoeken
hunter ['hʌntə] n jager c
hurricane ['hʌrikən] n orkaan c; ~ lamp stormlamp c
hurry ['hʌri] v *opschieten, zich haasten; n haast c; in a ~ haastig
*hurt [hə:t] v pijn *doen, bezeren; kwetsen
hurtful ['hə:tfəl] adj schadelijk
husband ['hʌzbənd] n echtgenoot c, man c
hut [hʌt] n hut c
hydrogen ['haidrədʒən] n waterstof c
hygiene ['haidʒi:n] n hygiëne c
hygienic [hai'dʒi:nik] adj hygiënisch
hymn [him] n gezang nt
hyphen ['haifən] n koppelteken nt
hypocrisy [hi'pɔkrəsi] n huichelarij c
hypocrite ['hipəkrit] n huichelaar c
hypocritical [,hipə'kritikəl] adj huichelachtig, hypocriet, schijnheilig
hysterical [hi'sterikəl] adj hysterisch

I

I [ai] pron ik
ice [ais] n ijs nt
ice-bag ['aisbæg] n koeltas c
ice-cream ['aiskri:m] n ijs nt, ijsje nt
Iceland ['aislənd] IJsland
Icelander ['aisləndə] n IJslander c
Icelandic [ais'lændik] adj IJslands
icon ['aikɔn] n ikoon c
idea [ai'diə] n idee nt/c; inval c, gedachte c; denkbeeld nt, begrip nt
ideal [ai'diəl] adj ideaal; n ideaal nt
identical [ai'dentikəl] adj identiek
identification [ai,dentifi'keifən] n identificatie c
identify [ai'dentifai] v identificeren
identity [ai'dentəti] n identiteit c; ~ card identiteitskaart c
idiom ['idiəm] n idioom nt
idiomatic [,idiə'mætik] adj idiomatisch
idiot ['idiət] n idioot c
idiotic [,idi'ɔtik] adj idioot
idle ['aidəl] adj werkeloos; lui; ijdel
idol ['aidəl] n afgod c; idool nt
if [if] conj als; indien
ignition [ig'nifən] n ontsteking c; ~ coil ontsteking c
ignorant ['ignərənt] adj onwetend
ignore [ig'nɔ:] v negeren
ill [il] adj ziek; slecht; kwaad
illegal [i'li:gəl] adj illegaal, onwettig
illegible [i'ledʒəbəl] adj onleesbaar
illiterate [i'litərət] n analfabeet c
illness ['ilnəs] n ziekte c
illuminate [i'lu:mineit] v verlichten
illumination [i,lu:mi'neifən] n verlichting c
illusion [i'lu:ʒən] n illusie c; droombeeld nt
illustrate ['iləstreit] v illustreren
illustration [,ilə'streifən] n illustratie c
image ['imidʒ] n beeld nt

imaginary [i'mædʒinəri] *adj* denkbeeldig

imagination [i,mædʒi'neiʃən] *n* verbeelding *c*

imagine [i'mædʒin] *v* zich voorstellen; zich verbeelden; zich *indenken

imitate ['imiteit] *v* nabootsen, imiteren

imitation [,imi'teiʃən] *n* namaak *c*, imitatie *c*

immediate [i'mi:djət] *adj* onmiddellijk

immediately [i'mi:djətli] *adv* meteen, dadelijk, onmiddellijk

immense [i'mens] *adj* oneindig, reusachtig, onmetelijk

immigrant ['imigrənt] *n* immigrant *c*

immigrate ['imigreit] *v* immigreren

immigration [,imi'greiʃən] *n* immigratie *c*

immodest [i'mɔdist] *adj* onbescheiden

immunity [i'mju:nəti] *n* immuniteit *c*

immunize ['imjunaiz] *v* immuun maken

impartial [im'pɑ:ʃəl] *adj* onpartijdig

impassable [im'pɑ:səbəl] *adj* onbegaanbaar

impatient [im'peiʃənt] *adj* ongeduldig

impede [im'pi:d] *v* belemmeren

impediment [im'pedimənt] *n* beletsel *nt*

imperfect [im'pə:fikt] *adj* onvolmaakt

imperial [im'piəriəl] *adj* keizerlijk; rijks-

impersonal [im'pə:sənəl] *adj* onpersoonlijk

impertinence [im'pə:tinəns] *n* onbeschaamdheid *c*

impertinent [im'pə:tinənt] *adj* brutaal, onbeschoft, onbeschaamd

implement¹ ['implimənt] *n* werktuig *nt*, gereedschap *nt*

implement² ['impliment] *v* uitvoeren

imply [im'plai] *v* impliceren; *inhouden

impolite [,impə'lait] *adj* onbeleefd

import¹ [im'pɔ:t] *v* invoeren, importeren

import² ['impɔ:t] *n* import *c*, invoer *c*; ~ duty invoerrecht *nt*

importance [im'pɔ:təns] *n* belang *nt*

important [im'pɔ:tənt] *adj* gewichtig, belangrijk

importer [im'pɔ:tə] *n* importeur *c*

imposing [im'pouziŋ] *adj* indrukwekkend

impossible [im'pɔsəbəl] *adj* onmogelijk

impotence ['impətəns] *n* impotentie *c*

impotent ['impətənt] *adj* impotent

impound [im'paund] *v* beslag leggen op

impress [im'pres] *v* imponeren, indruk maken op

impression [im'preʃən] *n* indruk *c*

impressive [im'presiv] *adj* indrukwekkend

imprison [im'prizən] *v* gevangen zetten

imprisonment [im'prizənmənt] *n* gevangenschap *c*

improbable [im'prɔbəbəl] *adj* onwaarschijnlijk

improper [im'prɔpə] *adj* ongepast

improve [im'pru:v] *v* verbeteren

improvement [im'pru:vmənt] *n* verbetering *c*

improvise ['imprəvaiz] *v* improviseren

impudent ['impjudənt] *adj* onbeschaamd

impulse ['impʌls] *n* impuls *c*; prikkel *c*

impulsive [im'pʌlsiv] *adj* impulsief

in [in] *prep* in; over, op; *adv* binnen

inaccessible [i,næk'sesəbəl] *adj* ontoegankelijk

inaccurate [i'nækjurət] *adj* onnauwkeurig

inadequate [i'nædikwət] *adj* onvoldoende

incapable [iŋ'keipəbəl] *adj* onbekwaam

incense ['insens] *n* wierook *c*

incident ['insidənt] *n* incident *nt*

incidental [,insi'dentəl] *adj* toevallig

incite [in'sait] *v* aansporen

inclination [,iŋkli'neiʃən] *n* neiging *c*

incline [iŋ'klain] *n* helling *c*

inclined [iŋ'klaind] *adj* genegen, geneigd; **be ~ to* *v* neigen

include [iŋ'klu:d] *v* bevatten, *insluiten; **included** inbegrepen

inclusive [iŋ'klu:siv] *adj* inclusief

income ['iŋkəm] *n* inkomen *nt*

income-tax ['iŋkəmtæks] *n* inkomstenbelasting *c*

incompetent [iŋ'kɔmpətənt] *adj* onbekwaam

incomplete [,iŋkəm'pli:t] *adj* onvolledig, incompleet

inconceivable [,iŋkən'si:vəbəl] *adj* ondenkbaar

inconspicuous [,iŋkən'spikjuəs] *adj* onopvallend

inconvenience [,iŋkən'vi:njəns] *n* ongemak *nt*, ongerief *nt*

inconvenient [,iŋkən'vi:njənt] *adj* ongelegen; lastig

incorrect [,iŋkə'rekt] *adj* onnauwkeurig, onjuist

increase¹ [iŋ'kri:s] *v* vermeerderen; *oplopen, *toenemen

increase² ['iŋkri:s] *n* toename *c*; verhoging *c*

incredible [iŋ'kredəbəl] *adj* ongelofelijk

incurable [iŋ'kjuərəbəl] *adj* ongeneeslijk

indecent [in'di:sənt] *adj* onfatsoenlijk

indeed [in'di:d] *adv* inderdaad

indefinite [in'definit] *adj* onbepaald

indemnity [in'demnəti] *n* schadeloosstelling *c*, schadevergoeding *c*

independence [,indi'pendəns] *n* onafhankelijkheid *c*

independent [,indi'pendənt] *adj* onafhankelijk; zelfstandig

index ['indeks] *n* register *nt*, index *c*; ~ **finger** wijsvinger *c*

India ['indiə] India

Indian ['indiən] *adj* Indisch; Indiaans; *n* Indiër *c*; Indiaan *c*

indicate ['indikeit] *v* *aangeven, aanduiden

indication [,indi'keiʃən] *n* teken *nt*, aanwijzing *c*

indicator ['indikeitə] *n* richtingaanwijzer *c*

indifferent [in'difərənt] *adj* onverschillig

indigestion [,indi'dʒestʃən] *n* indigestie *c*

indignation [,indig'neiʃən] *n* verontwaardiging *c*

indirect [,indi'rekt] *adj* indirect

individual [,indi'vidʒuəl] *adj* afzonderlijk, individueel; *n* enkeling *c*, individu *nt*

Indonesia [,ində'ni:ziə] Indonesië

Indonesian [,ində'ni:ziən] *adj* Indonesisch; *n* Indonesiër *c*

indoor ['indɔ:] *adj* binnen

indoors [,in'dɔ:z] *adv* binnen

indulge [in'dʌldʒ] *v* *toegeven

industrial [in'dʌstriəl] *adj* industrieel; ~ **area** industriegebied *nt*

industrious [in'dʌstriəs] *adj* vlijtig

industry ['indəstri] *n* industrie *c*

inedible [i'nedibəl] *adj* oneetbaar

inefficient [,ini'fiʃənt] *adj* ondoeltreffend

inevitable [i'nevitəbəl] *adj* onvermijdelijk

inexpensive [,inik'spensiv] *adj* goedkoop

inexperienced [,inik'spiəriənst] *adj* onervaren

infant ['infənt] *n* zuigeling *c*

infantry ['infəntri] *n* infanterie *c*

infect [in'fekt] *v* besmetten, *aansteken

infection [in'fekʃən] n infectie c
infectious [in'fekʃəs] adj besmettelijk
infer [in'fə:] v afleiden
inferior [in'fiəriə] adj inferieur, minderwaardig; lager
infinite ['infinət] adj oneindig
infinitive [in'finitiv] n onbepaalde wijs
infirmary [in'fə:məri] n ziekenzaal c
inflammable [in'flæməbəl] adj ontvlambaar
inflammation [,inflə'meiʃən] n ontsteking c
inflatable [in'fleitəbəl] adj opblaasbaar
inflate [in'fleit] v *opblazen
inflation [in'fleiʃən] n inflatie c
influence ['influəns] n invloed c; v
beïnvloeden
influential [,influ'enʃəl] adj invloedrijk
influenza [,influ'enzə] n griep c
inform [in'fɔ:m] v informeren; inlichten, mededelen
informal [in'fɔ:məl] adj informeel
information [,infə'meiʃən] n informatie
c; inlichting c, mededeling c; ~
bureau inlichtingenkantoor nt
infra-red [,infrə'red] adj infrarood
infrequent [in'fri:kwənt] adj zeldzaam
ingredient [in'gri:diənt] n ingrediënt
nt, bestanddeel nt
inhabit [in'hæbit] v bewonen
inhabitable [in'hæbitəbəl] adj bewoonbaar
inhabitant [in'hæbitənt] n inwoner c;
bewoner c
inhale [in'heil] v inademen
inherit [in'herit] v erven
inheritance [in'heritəns] n erfenis c
initial [i'niʃəl] adj begin-, eerst; n
voorletter c; v paraferen
initiative [i'niʃətiv] n initiatief nt
inject [in'dʒekt] v *inspuiten
injection [in'dʒekʃən] n injectie c
injure ['indʒə] v verwonden, kwetsen;
krenken

injured ['indʒəd] adj gewond
injury ['indʒəri] n verwonding c; letsel
nt, blessure c
injustice [in'dʒʌstis] n onrecht nt
ink [iŋk] n inkt c
inlet ['inlet] n inham c
inn [in] n herberg c
inner ['inə] adj inwendig; ~ tube binnenband c
inn-keeper ['in,ki:pə] n herbergier c
innocence ['inəsəns] n onschuld c
innocent ['inəsənt] adj onschuldig
inoculate [i'nɔkjuleit] v inenten
inoculation [i,nɔkju'leiʃən] n inenting c
inquire [iŋ'kwaiə] v *navragen, informatie *inwinnen
inquiry [iŋ'kwaiəri] n vraag c, navraag
c; onderzoek nt; ~ office informatiebureau nt
inquisitive [iŋ'kwizətiv] adj nieuwsgierig
insane [in'sein] adj krankzinnig
inscription [in'skripʃən] n inscriptie c
insect ['insekt] n insekt nt; ~ repellent insektenwerend middel
insecticide [in'sektisaid] n insekticide
c
insensitive [in'sensətiv] adj ongevoelig
insert [in'sə:t] v invoegen
inside [,in'said] n binnenkant c; adj
binnenst; adv binnen; van binnen;
prep in, binnen; ~ out binnenste
buiten; **insides** ingewanden pl
insight ['insait] n inzicht nt
insignificant [,insig'nifikənt] adj onbelangrijk; onbeduidend, nietsbetekenend; nietig
insist [in'sist] v *aandringen; *aanhouden, *volhouden
insolence ['insələns] n onbeschaamdheid c
insolent ['insələnt] adj brutaal, onbeschaamd
insomnia [in'sɔmniə] n slapeloosheid c

inspect [in'spekt] v inspecteren

inspection [in'spekʃən] n inspectie c; controle c

inspector [in'spektə] n inspecteur c

inspire [in'spaiə] v bezielen

install [in'stɔ:l] v installeren

installation [,instə'leiʃən] n installatie c

instalment [in'stɔ:lmənt] n afbetaling c

instance ['instəns] n voorbeeld nt; geval nt; for ~ bijvoorbeeld

instant ['instənt] n ogenblik nt

instantly ['instəntli] adv ogenblikkelijk, onmiddellijk, meteen

instead of [in'sted ɔv] in plaats van

instinct ['instiŋkt] n instinct nt

institute ['institju:t] n instituut nt; instelling c; v instellen

institution [,insti'tju:ʃən] n inrichting c, instelling c

instruct [in'strʌkt] v onderrichten

instruction [in'strʌkʃən] n onderwijs nt

instructive [in'strʌktiv] adj leerzaam

instructor [in'strʌktə] n leraar c

instrument ['instrumənt] n instrument nt; musical ~ muziekinstrument nt

insufficient ['insə'fiʃənt] adj onvoldoende

insulate ['insjuleit] v isoleren

insulation [,insju'leiʃən] n isolatie c

insulator ['insjuleitə] n isolator c

insult[1] [in'sʌlt] v beledigen

insult[2] ['insʌlt] n belediging c

insurance [in'ʃuərəns] n assurantie c, verzekering c; ~ policy verzekeringspolis c

insure [in'ʃuə] v verzekeren

intact [in'tækt] adj intact

intellect ['intəlekt] n intellect nt

intellectual [,intə'lektʃuəl] adj intellectueel

intelligence [in'telidʒəns] n intelligentie c

intelligent [in'telidʒənt] adj intelligent

intend [in'tend] v van plan *zijn, bedoelen

intense [in'tens] adj intens; hevig

intention [in'tenʃən] n bedoeling c

intentional [in'tenʃənəl] adj opzettelijk

intercourse ['intəkɔ:s] n omgang c

interest ['intrəst] n interesse c, belangstelling c; belang nt; rente c; v interesseren; interested geïnteresseerd, belangstellend

interesting ['intrəstiŋ] adj interessant

interfere [,intə'fiə] v tussenbeide *komen; ~ with zich bemoeien met

interference [,intə'fiərəns] n inmenging c

interim ['intərim] n tussentijd c

interior [in'tiəriə] n binnenkant c

interlude ['intəlu:d] n intermezzo nt

intermediary [,intə'mi:djəri] n tussenpersoon c

intermission [,intə'miʃən] n pauze c

internal [in'tə:nəl] adj intern, inwendig

international [,intə'næʃənəl] adj internationaal

interpret [in'tə:prit] v tolken; vertolken

interpreter [in'tə:pritə] n tolk c

interrogate [in'terəgeit] v *ondervragen

interrogation [in,terə'geiʃən] n verhoor nt

interrogative [,intə'rɔgətiv] adj vragend

interrupt [,intə'rʌpt] v *onderbreken

interruption [,intə'rʌpʃən] n onderbreking c

intersection [,intə'sekʃən] n kruispunt nt

interval ['intəvəl] n pauze c; tussenpoos c

intervene [,intə'vi:n] v *ingrijpen

interview ['intəvju:] *n* interview *nt*, vraaggesprek *nt*

intestine [in'testin] *n* darm *c*; **intestines** ingewanden *pl*

intimate ['intimət] *adj* intiem

into ['intu] *prep* in

intolerable [in'tɔlərəbəl] *adj* onuitstaanbaar

intoxicated [in'tɔksikeitid] *adj* dronken

intrigue [in'tri:g] *n* komplot *nt*

introduce [,intrə'dju:s] *v* introduceren, voorstellen; inleiden; invoeren

introduction [,intrə'dʌkʃən] *n* inleiding *c*

invade [in'veid] *v* *binnenvallen

invalid[1] ['invəli:d] *n* invalide *c*; *adj* invalide

invalid[2] [in'vælid] *adj* ongeldig

invasion [in'veiʒən] *n* inval *c*, invasie *c*

invent [in'vent] *v* *uitvinden; *verzinnen

invention [in'venʃən] *n* uitvinding *c*

inventive [in'ventiv] *adj* vindingrijk

inventor [in'ventə] *n* uitvinder *c*

inventory ['invəntri] *n* inventaris *c*

invert [in'və:t] *v* omdraaien

invest [in'vest] *v* investeren; beleggen

investigate [in'vestigeit] *v* *onderzoeken

investigation [in,vesti'geiʃən] *n* onderzoek *nt*

investment [in'vestmənt] *n* investering *c*; belegging *c*, geldbelegging *c*

investor [in'vestə] *n* investeerder *c*

invisible [in'vizəbəl] *adj* onzichtbaar

invitation [,invi'teiʃən] *n* uitnodiging *c*

invite [in'vait] *v* inviteren, uitnodigen

invoice ['invɔis] *n* factuur *c*

involve [in'vɔlv] *v* impliceren; **involved** betrokken

inwards ['inwədz] *adv* naar binnen

iodine ['aiədi:n] *n* jodium *nt*

Iran [i'rɑ:n] Iran

Iranian [i'reiniən] *adj* Iraans; *n* Iraniër *c*

Iraq [i'rɑ:k] Irak

Iraqi [i'rɑ:ki] *adj* Iraaks; *n* Irakees *c*

irascible [i'ræsibəl] *adj* driftig

Ireland ['aiələnd] Ierland

Irish ['aiəriʃ] *adj* Iers

Irishman ['aiəriʃmən] *n* (pl -men) Ier *c*

iron ['aiən] *n* ijzer *nt*; strijkijzer *nt*; ijzeren; *v* *strijken

ironical [ai'rɔnikəl] *adj* ironisch

ironworks ['aiənwə:ks] *n* hoogovens *pl*

irony ['aiərəni] *n* ironie *c*

irregular [i'regjulə] *adj* onregelmatig

irreparable [i'repərəbəl] *adj* onherstelbaar

irrevocable [i'revəkəbəl] *adj* onherroepelijk

irritable ['iritəbəl] *adj* prikkelbaar

irritate ['iriteit] *v* prikkelen, irriteren

is [iz] *v* (pr be)

island ['ailənd] *n* eiland *nt*

isolate ['aisəleit] *v* isoleren

isolation [,aisə'leiʃən] *n* isolement *nt*; isolatie *c*

Israel ['izreil] Israël

Israeli [iz'reili] *adj* Israëlisch; *n* Israëliër *c*

issue ['iʃu:] *v* *uitgeven; *n* uitgifte *c*, oplage *c*, uitgave *c*; kwestie *c*, punt *nt*; uitkomst *c*, resultaat *nt*, gevolg *nt*, slot *nt*, einde *nt*; uitgang *c*

isthmus ['isməs] *n* landengte *c*

it [it] *pron* het

Italian [i'tæljən] *adj* Italiaans; *n* Italiaan *c*

italics [i'tæliks] *pl* cursiefschrift *nt*

Italy ['itəli] Italië

itch [itʃ] *n* jeuk *c*; kriebel *c*; *v* jeuken

item ['aitəm] *n* artikel *nt*; punt *nt*

itinerant [ai'tinərənt] *adj* rondreizend

itinerary [ai'tinərəri] *n* reisplan *nt*, reisroute *c*

ivory ['aivəri] *n* ivoor *nt*

ivy ['aivi] *n* klimop *c*

J

jack [dʒæk] n krik c

jacket ['dʒækit] n jasje nt, colbert c, vest nt; omslag c/nt

jade [dʒeid] n jade nt/c

jail [dʒeil] n gevangenis c

jailer ['dʒeilə] n cipier c

jam [dʒæm] n jam c; verkeersopstopping c

janitor ['dʒænitə] n concierge c

January ['dʒænjuəri] januari

Japan [dʒə'pæn] Japan

Japanese [,dʒæpə'ni:z] adj Japans; n Japanner c

jar [dʒɑ:] n pot c

jaundice ['dʒɔ:ndis] n geelzucht c

jaw [dʒɔ:] n kaak c

jealous ['dʒeləs] adj jaloers

jealousy ['dʒeləsi] n jaloezie c

jeans [dʒi:nz] pl spijkerbroek c

jelly ['dʒeli] n gelei c

jelly-fish ['dʒelifiʃ] n kwal c

jersey ['dʒə:zi] n jersey c; trui c

jet [dʒet] n straal c; straalvliegtuig nt

jetty ['dʒeti] n pier c

Jew [dʒu:] n jood c

jewel ['dʒu:əl] n juweel nt

jeweller ['dʒu:ələ] n juwelier c

jewellery ['dʒu:əlri] n juwelen; bijouterie c

Jewish ['dʒu:iʃ] adj joods

job [dʒɔb] n karwei nt; betrekking c, baan c

jockey ['dʒɔki] n jockey c

join [dʒɔin] v *verbinden; zich voegen bij, zich *aansluiten bij; samenvoegen, verenigen

joint [dʒɔint] n gewricht nt; las c; adj verenigd, gezamenlijk

jointly ['dʒɔintli] adv gezamenlijk

joke [dʒouk] n mop c, grap c

jolly ['dʒɔli] adj leuk

Jordan ['dʒɔ:dən] Jordanië

Jordanian [dʒɔ:'deiniən] adj Jordaans; n Jordaniër c

journal ['dʒə:nəl] n tijdschrift nt

journalism ['dʒə:nəlizəm] n journalistiek c

journalist ['dʒə:nəlist] n journalist c

journey ['dʒə:ni] n reis c

joy [dʒɔi] n genot nt, vreugde c

joyful ['dʒɔifəl] adj blij, vrolijk

jubilee ['dʒu:bili:] n jubileum nt

judge [dʒʌdʒ] n rechter c; v oordelen; beoordelen

judgment ['dʒʌdʒmənt] n oordeel nt; beoordeling c

jug [dʒʌg] n kan c

juggle ['dʒʌgəl] v jongleren, geoochelen

juice [dʒu:s] n sap nt

juicy ['dʒu:si] adj sappig

July [dʒu'lai] juli

jump [dʒʌmp] v *springen; n sprong c

jumper ['dʒʌmpə] n jumper c

junction ['dʒʌŋkʃən] n kruising c; knooppunt nt

June [dʒu:n] juni

jungle ['dʒʌŋgəl] n oerwoud nt, jungle c

junior ['dʒu:njə] adj jonger

junk [dʒʌŋk] n rommel c

jury ['dʒuəri] n jury c

just [dʒʌst] adj terecht, rechtvaardig; juist; adv pas; precies; alleen, slechts

justice ['dʒʌstis] n recht nt; gerechtigheid c, rechtvaardigheid c

juvenile ['dʒu:vənail] adj jeugdig

K

kangaroo [ˌkæŋgəˈruː] *n* kangoeroe *c*
keel [kiːl] *n* kiel *c*
keen [kiːn] *adj* enthousiast; scherp
***keep** [kiːp] *v* *houden; bewaren;
*blijven; ~ **away from** niet *betreden; ~ **off** *afblijven; ~ **on** *doorgaan met; ~ **quiet** *zwijgen; ~ **up**
*volhouden; ~ **up with** *bijhouden
keg [keg] *n* vaatje *nt*
kennel [ˈkenəl] *n* hondehok *nt*; kennel
c
Kenya [ˈkenjə] Kenya
kerosene [ˈkerəsiːn] *n* petroleum *c*
kettle [ˈketəl] *n* ketel *c*
key [kiː] *n* sleutel *c*
keyhole [ˈkiːhoul] *n* sleutelgat *nt*
khaki [ˈkɑːki] *n* kaki *nt*
kick [kik] *v* trappen, schoppen; *n* trap
c, schop *c*
kick-off [ˌkiˈkɔf] *n* aftrap *c*
kid [kid] *n* kind *nt*; geiteleer *nt*; *v*
*beetnemen
kidney [ˈkidni] *n* nier *c*
kill [kil] *v* *ombrengen, doden
kilogram [ˈkiləgræm] *n* kilo *nt*
kilometre [ˈkiləˌmiːtə] *n* kilometer *c*
kind [kaind] *adj* aardig, vriendelijk;
goed; *n* soort *c/nt*
kindergarten [ˈkindəˌgɑːtən] *n* kleuterschool *c*
king [kiŋ] *n* koning *c*
kingdom [ˈkiŋdəm] *n* koninkrijk *nt*;
rijk *nt*
kiosk [ˈkiːɔsk] *n* kiosk *c*
kiss [kis] *n* zoen *c*, kus *c*; *v* kussen
kit [kit] *n* uitrusting *c*
kitchen [ˈkitʃin] *n* keuken *c*; ~ **garden** moestuin *c*
knapsack [ˈnæpsæk] *n* knapzak *c*
knave [neiv] *n* boer *c*

knee [niː] *n* knie *c*
kneecap [ˈniːkæp] *n* knieschijf *c*
***kneel** [niːl] *v* knielen
knew [njuː] *v* (p know)
knickers [ˈnikəz] *pl* onderbroek *c*
knife [naif] *n* (pl knives) mes *nt*
knight [nait] *n* ridder *c*
***knit** [nit] *v* breien
knob [nɔb] *n* knop *c*
knock [nɔk] *v* kloppen; *n* klop *c*; ~
against *stoten tegen; ~ **down**
*neerslaan
knot [nɔt] *n* knoop *c*; *v* knopen
***know** [nou] *v* *weten, kennen
knowledge [ˈnɔlidʒ] *n* kennis *c*
knuckle [ˈnʌkəl] *n* knokkel *c*

L

label [ˈleibəl] *n* etiket *nt*; *v* etiketteren
laboratory [ləˈbɔrətəri] *n* laboratorium
nt
labour [ˈleibə] *n* werk *nt*, arbeid *c*;
weeën *pl*; *v* zwoegen; **labor permit**
Am werkvergunning *c*
labourer [ˈleibərə] *n* arbeider *c*
labour-saving [ˈleibəˌseiviŋ] *adj* arbeidbesparend
labyrinth [ˈlæbərinθ] *n* doolhof *nt*
lace [leis] *n* kant *c*; veter *c*
lack [læk] *n* gemis *nt*, gebrek *nt*; *v*
missen
lacquer [ˈlækə] *n* lak *c*
lad [læd] *n* jongen *c*, joch *nt*
ladder [ˈlædə] *n* ladder *c*
lady [ˈleidi] *n* dame *c*; **ladies' room**
damestoilet *nt*
lagoon [ləˈguːn] *n* lagune *c*
lake [leik] *n* meer *nt*
lamb [læm] *n* lam *nt*; lamsvlees *nt*
lame [leim] *adj* lam, mank, kreupel
lamentable [ˈlæməntəbəl] *adj* erbarme-

lijk

lamp [læmp] *n* lamp *c*

lamp-post ['læmppoust] *n* lantaarnpaal *c*

lampshade ['læmpʃeid] *n* lampekap *c*

land [lænd] *n* land *nt*; *v* landen; aan land *gaan

landlady ['lænd,leidi] *n* hospita *c*

landlord ['lændlɔ:d] *n* huisbaas *c*; hospes *c*

landmark ['lændmɑ:k] *n* baken *nt*; mijlpaal *c*

landscape ['lændskeip] *n* landschap *nt*

lane [lein] *n* steeg *c*, pad *nt*; rijstrook *c*

language ['læŋgwidʒ] *n* taal *c*; ~ **laboratory** talenpracticum *nt*

lantern ['læntən] *n* lantaarn *c*

lapel [lə'pel] *n* revers *c*

larder ['lɑ:də] *n* provisiekast *c*

large [lɑ:dʒ] *adj* groot; ruim

lark [lɑ:k] *n* leeuwerik *c*

laryngitis [,lærin'dʒaitis] *n* keelontsteking *c*

last [lɑ:st] *adj* laatst; vorig; *v* duren; **at** ~ eindelijk; tenslotte, uiteindelijk

lasting ['lɑ:stiŋ] *adj* blijvend, duurzaam

latchkey ['lætʃki:] *n* huissleutel *c*

late [leit] *adj* laat; te laat

lately ['leitli] *adv* de laatste tijd, onlangs, laatst

lather ['lɑ:ðə] *n* schuim *nt*

Latin America ['lætin ə'merikə] Latijns-Amerika

Latin-American [,lætinə'merikən] *adj* Latijns-Amerikaans

latitude ['lætitju:d] *n* breedtegraad *c*

laugh [lɑ:f] *v* *lachen; *n* lach *c*

laughter ['lɑ:ftə] *n* gelach *nt*

launch [lɔ:ntʃ] *v* inzetten; lanceren; *n* motorschip *nt*

launching ['lɔ:ntʃiŋ] *n* tewaterlating *c*

launderette [,lɔ:ndə'ret] *n* wasserette *c*

laundry ['lɔ:ndri] *n* wasserij *c*; was *c*

lavatory ['lævətəri] *n* toilet *nt*

lavish ['læviʃ] *adj* kwistig

law [lɔ:] *n* wet *c*; recht *nt*; ~ **court** gerecht *nt*

lawful ['lɔ:fəl] *adj* wettig

lawn [lɔ:n] *n* grasveld *nt*, gazon *nt*

lawsuit ['lɔ:su:t] *n* proces *nt*, geding *nt*

lawyer ['lɔ:jə] *n* advocaat *c*; jurist *c*

laxative ['læksətiv] *n* laxeermiddel *nt*

*lay [lei] *v* plaatsen, zetten, leggen; ~ **bricks** metselen

layer [leiə] *n* laag *c*

layman ['leimən] *n* leek *c*

lazy ['leizi] *adj* lui

lead¹ [li:d] *n* voorsprong *c*; leiding *c*; riem *c*

lead² [led] *n* lood *nt*

*lead [li:d] *v* leiden

leader ['li:də] *n* aanvoerder *c*, leider *c*

leadership ['li:dəʃip] *n* leiderschap *nt*

leading ['li:diŋ] *adj* vooraanstaand, voornaamst

leaf [li:f] *n* (pl leaves) blad *nt*

league [li:g] *n* bond *c*

leak [li:k] *v* lekken; *n* lek *nt*

leaky ['li:ki] *adj* lek

lean [li:n] *adj* mager

*lean [li:n] *v* leunen

leap [li:p] *n* sprong *c*

*leap [li:p] *v* *springen

leap-year ['li:pjiə] *n* schrikkeljaar *nt*

*learn [lə:n] *v* leren

learner ['lə:nə] *n* beginneling *c*, beginner *c*

lease [li:s] *n* huurcontract *nt*; pacht *c*; *v* verpachten, verhuren; huren

leash [li:ʃ] *n* lijn *c*

least [li:st] *adj* geringst, minst; kleinst; **at** ~ minstens; tenminste

leather ['leðə] *n* leer *nt*; lederen, leren

leave [li:v] *n* verlof *nt*

*leave [li:v] v *vertrekken, *verlaten; *laten; ~ **behind** *achterlaten; ~ **out** *weglaten

Lebanese [,lebə'ni:z] adj Libanees; n Libanees c

Lebanon ['lebənən] Libanon

lecture ['lektʃə] n college nt, lezing c

left¹ [left] adj links

left² [left] v (p, pp leave)

left-hand ['lefthænd] adj links

left-handed [,left'hændid] adj linkshandig

leg [leg] n poot c, been nt

legacy ['legəsi] n erfenis c

legal ['li:gəl] adj wettig, wettelijk; juridisch

legalization [,li:gəlai'zeiʃən] n legalisatie c

legation [li'geiʃən] n legatie c

legible ['ledʒibəl] adj leesbaar

legitimate [li'dʒitimət] adj wettig

leisure ['leʒə] n vrije tijd; gemak nt

lemon ['lemən] n citroen c

lemonade [,lemə'neid] n limonade c

*lend [lend] v lenen, uitlenen

length [leŋθ] n lengte c

lengthen ['leŋθən] v verlengen

lengthways ['leŋθweiz] adv in de lengte

lens [lenz] n lens c; **telephoto** ~ telelens c; **zoom** ~ zoomlens c

leprosy ['leprəsi] n lepra c

less [les] adv minder

lessen ['lesən] v verminderen

lesson ['lesən] n les c

*let [let] v *laten; verhuren; ~ **down** teleurstellen

letter ['letə] n brief c; letter c; ~ **of credit** kredietbrief c; ~ **of recommendation** aanbevelingsbrief c

letter-box ['letəbɔks] n brievenbus c

lettuce ['letis] n sla c

level ['levəl] adj egaal; plat, vlak, effen, gelijk; n peil nt, niveau nt; waterpas c; v egaliseren, nivelleren; ~ **crossing** overweg c

lever ['li:və] n hefboom c, hendel c

Levis ['li:vaiz] pl jeans pl

liability [,laiə'biləti] n aansprakelijkheid c

liable ['laiəbəl] adj aansprakelijk; ~ **to** onderhevig aan

liberal ['libərəl] adj liberaal; mild, royaal, vrijgevig

liberation [,libə'reiʃən] n bevrijding c

Liberia [lai'biəriə] Liberia

Liberian [lai'biəriən] adj Liberiaans; n Liberiaan c

liberty ['libəti] n vrijheid c

library ['laibrəri] n bibliotheek c

licence ['laisəns] n licentie c; vergunning c; **driving** ~ rijbewijs nt; ~ **number** Am kenteken nt; ~ **plate** Am nummerbord nt

license ['laisəns] v een vergunning verlenen

lick [lik] v likken

lid [lid] n deksel nt

lie [lai] v *liegen; n leugen c

*lie [lai] v *liggen; ~ **down** *gaan liggen

life [laif] n (pl lives) leven nt; ~ **insurance** levensverzekering c

lifebelt ['laifbelt] n reddingsgordel c

lifetime ['laiftaim] n leven nt

lift [lift] v optillen; n lift c

light [lait] n licht nt; adj licht; ~ **bulb** peer c

*light [lait] v *aansteken

lighter ['laitə] n aansteker c

lighthouse ['laithaus] n vuurtoren c

lighting ['laitiŋ] n verlichting c

lightning ['laitniŋ] n bliksem c

like [laik] v *houden van; *mogen, lusten; adj gelijk; conj zoals; prep als

likely ['laikli] adj waarschijnlijk

like-minded [,laik'maindid] adj gelijkgezind

likewise ['laikwaiz] *adv* evenzo, eveneens

lily ['lili] *n* lelie *c*

limb [lim] *n* ledemaat *c*

lime [laim] *n* kalk *c*; linde *c*; limoen *c*

limetree ['laimtri:] *n* linde *c*

limit ['limit] *n* limiet *c*; *v* beperken

limp [limp] *v* hinken; *adj* slap

line [lain] *n* regel *c*; streep *c*; snoer *nt*; lijn *c*; rij *c*; **stand in** ~ *Am* in de rij *staan

linen ['linin] *n* linnen *nt*; linnengoed *nt*

liner ['lainə] *n* lijnboot *c*

lingerie ['lõʒəri:] *n* lingerie *c*

lining ['lainiŋ] *n* voering *c*

link [liŋk] *v* *verbinden; *n* verbinding *c*; schakel *c*

lion ['laiən] *n* leeuw *c*

lip [lip] *n* lip *c*

lipsalve ['lipsɑ:v] *n* lippenboter *c*

lipstick ['lipstik] *n* lippenstift *c*

liqueur [li'kjuə] *n* likeur *c*

liquid ['likwid] *adj* vloeibaar; *n* vloeistof *c*

liquor ['likə] *n* sterke drank

liquorice ['likəris] *n* drop *c*

list [list] *n* lijst *c*; *v* noteren

listen ['lisən] *v* aanhoren, luisteren

listener ['lisnə] *n* luisteraar *c*

literary ['litrəri] *adj* letterkundig, literair

literature ['litrətʃə] *n* literatuur *c*

litre ['li:tə] *n* liter *c*

litter ['litə] *n* afval *nt*; rommel *c*; nest *nt*

little ['litəl] *adj* klein; weinig

live[1] [liv] *v* leven; wonen

live[2] [laiv] *adj* levend

livelihood ['laivlihud] *n* kost *c*

lively ['laivli] *adj* levendig

liver ['livə] *n* lever *c*

living-room ['liviŋru:m] *n* huiskamer *c*, woonkamer *c*

load [loud] *n* lading *c*; last *c*; *v* *laden

loaf [louf] *n* (pl loaves) brood *nt*

loan [loun] *n* lening *c*

lobby ['lɔbi] *n* hal *c*; foyer *c*

lobster ['lɔbstə] *n* kreeft *c*

local ['loukəl] *adj* lokaal, plaatselijk; ~ **call** lokaal gesprek; ~ **train** stoptrein *c*

locality [lou'kæləti] *n* plaats *c*

locate [lou'keit] *v* plaatsen

location [lou'keiʃən] *n* ligging *c*

lock [lɔk] *v* op slot *doen; *n* slot *nt*; sluis *c*; ~ **up** *opsluiten

locomotive [,loukə'moutiv] *n* locomotief *c*

lodge [lɔdʒ] *v* herbergen; *n* jachthuis *nt*

lodger ['lɔdʒə] *n* kamerbewoner *c*

lodgings ['lɔdʒiŋz] *pl* logies *nt*

log [lɔg] *n* houtblok *nt*

logic ['lɔdʒik] *n* logica *c*

logical ['lɔdʒikəl] *adj* logisch

lonely ['lounli] *adj* eenzaam

long [lɔŋ] *adj* lang; langdurig; ~ **for** verlangen naar; **no longer** niet meer

longing ['lɔŋiŋ] *n* verlangen *nt*

longitude ['lɔndʒitju:d] *n* lengtegraad *c*

look [luk] *v* *kijken; *lijken, er uit *zien; *n* kijkje *nt*, blik *c*; uiterlijk *nt*, voorkomen *nt*; ~ **after** verzorgen, zorgen voor, passen op; ~ **at** *aankijken, *kijken naar; ~ **for** *zoeken; ~ **out** *uitkijken, oppassen; ~ **up** *opzoeken

looking-glass ['lukiŋglɑ:s] *n* spiegel *c*

loop [lu:p] *n* lus *c*

loose [lu:s] *adj* los

loosen ['lu:sən] *v* losmaken

lord [lɔ:d] *n* lord *c*

lorry ['lɔri] *n* vrachtwagen *c*

***lose** [lu:z] *v* kwijtraken, *verliezen

loss [lɔs] *n* verlies *nt*

lost [lɔst] *adj* verdwaald; weg; **~ and found** gevonden voorwerpen; **~ property office** bureau voor gevonden voorwerpen

lot [lɔt] *n* lot *nt*; hoop *c*, boel *c*

lotion ['louʃən] *n* lotion *c*; **aftershave ~** after shave

lottery ['lɔtəri] *n* loterij *c*

loud [laud] *adj* hard, luid

loud-speaker [,laud'spi:kə] *n* luidspreker *c*

lounge [laundʒ] *n* salon *c*

louse [laus] *n* (pl lice) luis *c*

love [lʌv] *v* *houden van, *liefhebben; *n* liefde *c*; **in ~** verliefd

lovely ['lʌvli] *adj* heerlijk, prachtig, mooi

lover ['lʌvə] *n* minnaar *c*

love-story ['lʌv,stɔ:ri] *n* liefdesgeschiedenis *c*

low [lou] *adj* laag; diep; neerslachtig; **~ tide** eb *c*

lower ['louə] *v* *neerlaten; verlagen; *strijken; *adj* onderst, lager

lowlands ['louləndz] *pl* laagland *nt*

loyal ['lɔiəl] *adj* loyaal

lubricate ['lu:brikeit] *v* oliën, smeren

lubrication [,lu:bri'keiʃən] *n* smering *c*; **~ oil** smeerolie *c*; **~ system** smeersysteem *nt*

luck [lʌk] *n* geluk *nt*; toeval *nt*; **bad ~** pech *c*

lucky charm amulet *c*

ludicrous ['lu:dikrəs] *adj* belachelijk, bespottelijk

luggage ['lʌgidʒ] *n* bagage *c*; **hand ~** handbagage *c*; **left ~ office** bagagedepot *nt*; **~ rack** bagagerek *nt*, bagagenet *nt*; **~ van** bagagewagen *c*

lukewarm ['lu:kwɔ:m] *adj* lauw

lumbago [lʌm'beigou] *n* spit *nt*

luminous ['lu:minəs] *adj* lichtgevend

lump [lʌmp] *n* brok *nt*, klont *c*, stuk *nt*; bult *c*; **~ of sugar** suikerklontje *nt*; **~ sum** ronde som

lumpy ['lʌmpi] *adj* klonterig

lunacy ['lu:nəsi] *n* krankzinnigheid *c*

lunatic ['lu:nətik] *adj* krankzinnig; *n* krankzinnige *c*

lunch [lʌntʃ] *n* lunch *c*, middageten *nt*

luncheon ['lʌntʃən] *n* middageten *nt*

lung [lʌŋ] *n* long *c*

lust [lʌst] *n* wellust *c*

luxurious [lʌg'ʒuəriəs] *adj* luxueus

luxury ['lʌkʃəri] *n* luxe *c*

M

machine [mə'ʃi:n] *n* apparaat *nt*, machine *c*

machinery [mə'ʃi:nəri] *n* machinerie *c*; mechanisme *nt*

mackerel ['mækrəl] *n* (pl ~) makreel *c*

mackintosh ['mækintɔʃ] *n* regenjas *c*

mad [mæd] *adj* krankzinnig, waanzinnig, gek; kwaad

madam ['mædəm] *n* mevrouw

madness ['mædnəs] *n* waanzin *c*

magazine [,mægə'zi:n] *n* blad *nt*

magic ['mædʒik] *n* toverkunst *c*, magie *c*; *adj* tover-

magician [mə'dʒiʃən] *n* goochelaar *c*

magistrate ['mædʒistreit] *n* magistraat *c*

magnetic [mæg'netik] *adj* magnetisch

magneto [mæg'ni:tou] *n* (pl ~s) magneet *c*

magnificent [mæg'nifisənt] *adj* prachtig; groots, luisterrijk

magpie ['mægpai] *n* ekster *c*

maid [meid] *n* meid *c*

maiden name ['meidən neim] meisjesnaam *c*

mail [meil] *n* post *c*; *v* posten; **~ order** *Am* postwissel *c*

mailbox ['meilbɔks] *nAm* brievenbus *c*

main [mein] *adj* hoofd-, voornaamst; grootst; ~ **deck** bovendek *nt*; ~ **line** hoofdlijn *c*; ~ **road** hoofdweg *c*; ~ **street** hoofdstraat *c*

mainland ['meinlənd] *n* vasteland *nt*

mainly ['meinli] *adv* hoofdzakelijk

mains [meinz] *pl* hoofdleiding *c*

maintain [mein'tein] *v* handhaven

maintenance ['meintənəns] *n* onderhoud *c*

maize [meiz] *n* maïs *c*

major ['meidʒə] *adj* groter; grootst; *n* majoor *c*

majority [mə'dʒɔrəti] *n* meerderheid *c*

***make** [meik] *v* maken; verdienen; halen; ~ **do with** zich *behelpen met; ~ **good** vergoeden; ~ **up** opstellen

make-up ['meikʌp] *n* make-up *c*

malaria [mə'leəriə] *n* malaria *c*

Malay [mə'lei] *n* Maleis *nt*

Malaysia [mə'leiziə] Maleisië

Malaysian [mə'leiziən] *adj* Maleisisch

male [meil] *adj* mannelijk

malicious [mə'liʃəs] *adj* boosaardig

malignant [mə'lignənt] *adj* kwaadaardig

mallet ['mælit] *n* houten hamer

malnutrition [,mælnju'triʃən] *n* ondervoeding *c*

mammal ['mæməl] *n* zoogdier *nt*

mammoth ['mæməθ] *n* mammoet *c*

man [mæn] *n* (pl men) man *c*; mens *c*; **men's room** herentoilet *nt*

manage ['mænidʒ] *v* beheren; slagen

manageable ['mænidʒəbəl] *adj* hanteerbaar

management ['mænidʒmənt] *n* directie *c*; beheer *nt*

manager ['mænidʒə] *n* chef *c*, directeur *c*

mandarin ['mændərin] *n* mandarijn *c*

mandate ['mændeit] *n* mandaat *nt*

manger ['meindʒə] *n* kribbe *c*

manicure ['mænikjuə] *n* manicure *c*; *v* manicuren

mankind [mæn'kaind] *n* mensheid *c*

mannequin ['mænəkin] *n* mannequin *c*

manner ['mænə] *n* wijze *c*, manier *c*; **manners** *pl* manieren

man-of-war [,mænəv'wɔ:] *n* oorlogsschip *nt*

manor-house ['mænəhaus] *n* herenhuis *nt*

mansion ['mænʃən] *n* herenhuis *nt*

manual ['mænjuəl] *adj* hand-

manufacture [,mænju'fæktʃə] *v* vervaardigen, fabriceren

manufacturer [,mænju'fæktʃərə] *n* fabrikant *c*

manure [mə'njuə] *n* mest *c*

manuscript ['mænjuskript] *n* manuscript *nt*

many ['meni] *adj* veel

map [mæp] *n* kaart *c*; landkaart *c*; plattegrond *c*

maple ['meipəl] *n* esdoorn *c*

marble ['ma:bəl] *n* marmer *nt*; knikker *c*

March [ma:tʃ] maart

march [ma:tʃ] *v* marcheren; *n* mars *c*

mare [meə] *n* merrie *c*

margarine [,ma:dʒə'ri:n] *n* margarine *c*

margin ['ma:dʒin] *n* kantlijn *c*, marge *c*

maritime ['mæritaim] *adj* maritiem

mark [ma:k] *v* aankruisen; merken; kenmerken; *n* merkteken *nt*; cijfer *nt*; schietschijf *c*

market ['ma:kit] *n* markt *c*

market-place ['ma:kitpleis] *n* marktplein *nt*

marmalade ['ma:məleid] *n* marmelade *c*

marriage ['mæridʒ] *n* huwelijk *nt*

marrow ['mærou] n merg nt

marry ['mæri] v huwen, trouwen;
married couple echtpaar nt

marsh [mɑ:ʃ] n moeras nt

marshy ['mɑ:ʃi] adj moerassig

martyr ['mɑ:tə] n martelaar c

marvel ['mɑ:vəl] n wonder nt; v zich
verbazen

marvellous ['mɑ:vələs] adj prachtig

mascara [mæ'skɑ:rə] n mascara c

masculine ['mæskjulin] adj mannelijk

mash [mæʃ] v fijnstampen

mask [mɑ:sk] n masker nt

Mass [mæs] n mis c

mass [mæs] n massa c; ~ production
massaproduktie c

massage ['mæsɑ:ʒ] n massage c; v
masseren

masseur [mæ'sə:] n masseur c

massive ['mæsiv] adj massief

mast [mɑ:st] n mast c

master ['mɑ:stə] n meester c; baas c;
leraar c, onderwijzer c; v beheersen

masterpiece ['mɑ:stəpi:s] n meesterwerk nt

mat [mæt] n mat c; adj mat, dof

match [mætʃ] n lucifer c; wedstrijd c;
v passen bij

match-box ['mætʃbɔks] n lucifersdoosje nt

material [mə'tiəriəl] n materiaal nt;
stof c; adj stoffelijk, materieel

mathematical [,mæθə'mætikəl] adj
wiskundig

mathematics [,mæθə'mætiks] n wiskunde c

matrimonial [,mætri'mouniəl] adj echtelijk

matrimony ['mætriməni] n echt c

matter ['mætə] n stof c, materie c;
aangelegenheid c, kwestie c, zaak c;
v van belang *zijn; as a ~ of fact
feitelijk, eigenlijk

matter-of-fact [,mætərəv'fækt] adj

nuchter

mattress ['mætrəs] n matras c

mature [mə'tjuə] adj rijp

maturity [mə'tjuərəti] n rijpheid c

mausoleum [,mɔ:sə'li:əm] n mausoleum nt

mauve [mouv] adj lichtpaars

May [mei] mei

*may [mei] v *kunnen; *mogen

maybe ['meibi:] adv misschien

mayor [meə] n burgemeester c

maze [meiz] n doolhof nt

me [mi:] pron me

meadow ['medou] n wei c

meal [mi:l] n maaltijd c, maal nt

mean [mi:n] adj gemeen; n gemiddelde nt

*mean [mi:n] v betekenen; bedoelen;
menen

meaning ['mi:niŋ] n betekenis c

meaningless ['mi:niŋləs] adj nietszeggend

means [mi:nz] n middel nt; by no ~
zeker niet, geenszins

in the meantime [in ðə 'mi:ntaim] inmiddels, ondertussen

meanwhile ['mi:nwail] adv intussen,
ondertussen

measles ['mi:zəlz] n mazelen pl

measure ['meʒə] v *meten; n maat c;
maatregel c

meat [mi:t] n vlees nt

mechanic [mi'kænik] n monteur c

mechanical [mi'kænikəl] adj mechanisch

mechanism ['mekənizəm] n mechanisme nt

medal ['medəl] n medaille c

mediaeval [,medi'i:vəl] adj middeleeuws

mediate ['mi:dieit] v bemiddelen

mediator ['mi:dieitə] n bemiddelaar c

medical ['medikəl] adj geneeskundig,
medisch

medicine ['medsin] *n* geneesmiddel *nt*; geneeskunde *c*

meditate ['mediteit] *v* mediteren

Mediterranean [,meditə'reiniən] Middellandse Zee

medium ['mi:diəm] *adj* middelmatig, gemiddeld, midden-

* **meet** [mi:t] *v* ontmoeten; *tegenkomen

meeting ['mi:tiŋ] *n* vergadering *c*, bijeenkomst *c*; ontmoeting *c*

meeting-place ['mi:tiŋpleis] *n* trefpunt *nt*

melancholy ['melənkəli] *n* weemoed *c*

mellow ['melou] *adj* zacht

melodrama ['melə,drɑ:mə] *n* melodrama *nt*

melody ['melədi] *n* melodie *c*

melon ['melən] *n* meloen *c*

melt [melt] *v* *smelten

member ['membə] *n* lid *nt*; **Member of Parliament** kamerlid *nt*

membership ['membəʃip] *n* lidmaatschap *nt*

memo ['memou] *n* (pl ~s) memorandum *nt*

memorable ['memərəbəl] *adj* gedenkwaardig

memorial [mə'mɔ:riəl] *n* gedenkteken *nt*

memorize ['meməraiz] *v* uit het hoofd leren

memory ['meməri] *n* geheugen *nt*; herinnering *c*; nagedachtenis *c*

mend [mend] *v* herstellen, repareren

menstruation [,menstru'eiʃən] *n* menstruatie *c*

mental ['mentəl] *adj* geestelijk

mention ['menʃən] *v* noemen, vermelden; *n* melding *c*, vermelding *c*

menu ['menju:] *n* spijskaart *c*, menukaart *c*

merchandise ['mə:tʃəndaiz] *n* handelswaar *c*, koopwaar *c*

merchant ['mə:tʃənt] *n* handelaar *c*, koopman *c*

merciful ['mə:sifəl] *adj* barmhartig

mercury ['mə:kjuri] *n* kwik *nt*

mercy ['mə:si] *n* genade *c*, clementie *c*

mere [miə] *adj* louter

merely ['miəli] *adv* slechts

merger ['mə:dʒə] *n* fusie *c*

merit ['merit] *v* verdienen; *n* verdienste *c*

mermaid ['mə:meid] *n* zeemeermin *c*

merry ['meri] *adj* vrolijk

merry-go-round ['merigou,raund] *n* draaimolen *c*

mesh [meʃ] *n* maas *c*

mess [mes] *n* rommel *c*, warboel *c*; ~ up *bederven

message ['mesidʒ] *n* boodschap *c*, bericht *nt*

messenger ['mesindʒə] *n* bode *c*

metal ['metəl] *n* metaal *nt*; metalen

meter ['mi:tə] *n* meter *c*

method ['meθəd] *n* aanpak *c*, methode *c*; orde *c*

methodical [mə'θɔdikəl] *adj* methodisch

methylated spirits ['meθəleitid 'spirits] brandspiritus *c*

metre ['mi:tə] *n* meter *c*

metric ['metrik] *adj* metrisch

Mexican ['meksikən] *adj* Mexicaans; *n* Mexicaan *c*

Mexico ['meksikou] Mexico

mezzanine ['mezəni:n] *n* entresol *c*

microphone ['maikrəfoun] *n* microfoon *c*

midday ['middei] *n* middag *c*

middle ['midəl] *n* midden *nt*; *adj* middelst; **Middle Ages** middeleeuwen *pl*; **middle-class** *adj* burgerlijk

midnight ['midnait] *n* middernacht *c*

midst [midst] *n* midden *nt*

midsummer ['mid,sʌmə] *n* midzomer *c*

midwife ['midwaif] *n* (pl -wives) vroedvrouw *c*

might [mait] *n* macht *c*

*might [mait] *v* *kunnen

mighty [maiti] *adj* machtig

migraine ['migrein] *n* migraine *c*

mild [maild] *adj* zacht

mildew ['mildju] *n* schimmel *c*

mile [mail] *n* mijl *c*

mileage ['mailidʒ] *n* afstand in mijlen

milepost ['mailpoust] *n* wegwijzer *c*

milestone ['mailstoun] *n* mijlpaal *c*

milieu ['mi:ljɔ:] *n* milieu *nt*

military ['militəri] *adj* militair; ~ **force** krijgsmacht *c*

milk [milk] *n* melk *c*

milkman ['milkmən] *n* (pl -men) melk-boer *c*

milk-shake ['milkʃeik] *n* milk shake *c*

mill [mil] *n* molen *c*; fabriek *c*

miller ['milə] *n* molenaar *c*

milliner ['milinə] *n* modiste *c*

million ['miljən] *n* miljoen *nt*

millionaire [,miljə'neə] *n* miljonair *c*

mince [mins] *v* fijnhakken

mind [maind] *n* geest *c*; *v* bezwaar *hebben tegen; letten op, *geven om

mine [main] *n* mijn *c*

miner ['mainə] *n* mijnwerker *c*

mineral ['minərəl] *n* delfstof *c*, mineraal *nt*; ~ **water** mineraalwater *nt*

miniature ['minjətʃə] *n* miniatuur *c*

minimum ['miniməm] *n* minimum *nt*

mining ['mainiŋ] *n* mijnbouw *c*

minister ['ministə] *n* minister *c*; predikant *c*; **Prime Minister** premier *c*

ministry ['ministri] *n* ministerie *nt*

mink [miŋk] *n* nerts *c*

minor ['mainə] *adj* klein, gering, kleiner; ondergeschikt; *n* minderjarige *c*

minority [mai'nɔrəti] *n* minderheid *c*

mint [mint] *n* munt *c*

minus ['mainəs] *prep* min

minute¹ ['minit] *n* minuut *c*; **minutes** notulen *pl*

minute² [mai'nju:t] *adj* minuscuul

miracle ['mirəkəl] *n* wonder *nt*

miraculous [mi'rækjuləs] *adj* wonderbaarlijk

mirror ['mirə] *n* spiegel *c*

misbehave [,misbi'heiv] *v* zich *misdragen

miscarriage [mis'kæridʒ] *n* miskraam *c*

miscellaneous [,misə'leiniəs] *adj* gemengd

mischief ['mistʃif] *n* kattekwaad *nt*; onheil *nt*, schade *c*, kwaad *nt*

mischievous ['mistʃivəs] *adj* ondeugend

miserable ['mizərəbəl] *adj* beroerd, ellendig

misery ['mizəri] *n* narigheid *c*, ellende *c*; nood *c*

misfortune [mis'fɔ:tʃən] *n* tegenslag *c*, ongeluk *nt*

*mislay [mis'lei] *v* kwijtraken

misplaced [mis'pleist] *adj* misplaatst

mispronounce [,misprə'nauns] *v* verkeerd *uitspreken

miss¹ [mis] mejuffrouw, juffrouw *c*

miss² [mis] *v* missen

missing ['misiŋ] *adj* ontbrekend; ~ **person** vermiste *c*

mist [mist] *n* nevel *c*, mist *c*

mistake [mi'steik] *n* abuis *nt*, vergissing *c*, fout *c*

*mistake [mi'steik] *v* verwarren

mistaken [mi'steikən] *adj* fout; *be ~ zich vergissen

mister ['mistə] *n* meneer, mijnheer

mistress ['mistrəs] *n* vrouw des huizes; meesteres *c*; maîtresse *c*

mistrust [mis'trʌst] *v* wantrouwen

misty ['misti] *adj* mistig

*misunderstand [,misʌndə'stænd] *v* *misverstaan

misunderstanding [,misʌndə'stændiŋ] n misverstand nt

misuse [mis'ju:s] n misbruik nt

mittens ['mitənz] pl wanten pl

mix [miks] v mengen; ~ **with** *omgaan met

mixed [mikst] adj gemêleerd, gemengd

mixer ['miksə] n mixer c

mixture ['mikstʃə] n mengsel nt

moan [moun] v kreunen

moat [mout] n gracht c

mobile ['moubail] adj beweeglijk, mobiel

mock [mɔk] v bespotten

mockery ['mɔkəri] n spot c

model ['mɔdəl] n model nt; mannequin c; v modelleren, boetseren

moderate ['mɔdərət] adj gematigd, matig; middelmatig

modern ['mɔdən] adj modern

modest ['mɔdist] adj discreet, bescheiden

modesty ['mɔdisti] n bescheidenheid c

modify ['mɔdifai] v wijzigen

mohair ['mouhɛə] n mohair nt

moist [mɔist] adj nat, vochtig

moisten ['mɔisən] v bevochtigen

moisture ['mɔistʃə] n vochtigheid c; **moisturizing cream** vochtinbrengende crème

molar ['moulə] n kies c

moment ['moumənt] n moment nt, ogenblik nt

momentary ['mouməntəri] adj kortstondig

monarch ['mɔnək] n vorst c

monarchy ['mɔnəki] n monarchie c

monastery ['mɔnəstri] n klooster nt

Monday ['mʌndi] maandag c

monetary ['mʌnitəri] adj monetair; ~ **unit** munteenheid c

money ['mʌni] n geld nt; ~ **exchange** wisselkantoor nt; ~ **order** overschrijving c

monk [mʌŋk] n monnik c

monkey ['mʌŋki] n aap c

monologue ['mɔnolɔg] n monoloog c

monopoly [mə'nɔpəli] n monopolie c

monotonous [mə'nɔtənəs] adj eentonig

month [mʌnθ] n maand c

monthly ['mʌnθli] adj maandelijks; ~ **magazine** maandblad nt

monument ['mɔnjumənt] n gedenkteken nt, monument nt

mood [mu:d] n humeur nt, stemming c

moon [mu:n] n maan c

moonlight ['mu:nlait] n maanlicht nt

moor [muə] n heide c, veen nt

moose [mu:s] n (pl ~, ~s) eland c

moped ['mouped] n bromfiets c

moral ['mɔrəl] n moraal c; adj zedelijk, moreel; **morals** zeden pl

morality [mə'ræləti] n moraliteit c

more [mɔ:] adj meer; **once** ~ nogmaals

moreover [mɔ:'rouvə] adv voorts, bovendien

morning ['mɔ:niŋ] n ochtend c, morgen c; ~ **paper** ochtendblad nt; **this** ~ vanmorgen

Moroccan [mə'rɔkən] adj Marokkaans; n Marokkaan c

Morocco [mə'rɔkou] Marokko

morphia ['mɔ:fiə] n morfine c

morphine ['mɔ:fi:n] n morfine c

morsel ['mɔ:səl] n brok nt

mortal ['mɔ:təl] adj dodelijk, sterfelijk

mortgage ['mɔ:gidʒ] n hypotheek c

mosaic [mə'zeiik] n mozaïek nt

mosque [mɔsk] n moskee c

mosquito [mə'ski:tou] n (pl ~es) mug c; muskiet c

mosquito-net [mə'ski:tounet] n muskietennet nt

moss [mɔs] n mos nt

most [moust] adj meest; **at** ~ hoogstens, hooguit; ~ **of all** vooral

mostly ['moustli] *adv* meestal

motel [mou'tel] *n* motel *nt*

moth [moθ] *n* mot *c*

mother ['mʌðə] *n* moeder *c*; ~ **tongue** moedertaal *c*

mother-in-law ['mʌðərinlɔ:] *n* (pl mothers-) schoonmoeder *c*

mother-of-pearl [,mʌðərəv'pə:l] *n* paarlemoer *c*

motion ['mouʃən] *n* beweging *c*; motie *c*

motive ['moutiv] *n* motief *nt*

motor ['moutə] *n* motor *c*; *v* *autorijden; ~ **body** *Am* carrosserie *c*; **starter** ~ startmotor *c*

motorbike ['moutəbaik] *nAm* brommer *c*

motor-boat ['moutəbout] *n* motorboot *c*

motor-car ['moutəka:] *n* auto *c*

motor-cycle ['moutə,saikəl] *n* motorfiets *c*

motoring ['moutəriŋ] *n* automobilisme *nt*

motorist ['moutərist] *n* automobilist *c*

motorway ['moutəwei] *n* snelweg *c*

motto ['mɔtou] *n* (pl ~es, ~s) devies *nt*

mouldy ['mouldi] *adj* beschimmeld

mound [maund] *n* heuvel *c*

mount [maunt] *v* *bestijgen; *n* berg *c*

mountain ['mauntin] *n* berg *c*; ~ **pass** bergpas *c*; ~ **range** bergketen *c*

mountaineering [,maunti'niəriŋ] *n* bergsport *c*

mountainous ['mauntinəs] *adj* bergachtig

mourning ['mɔ:niŋ] *n* rouw *c*

mouse [maus] *n* (pl mice) muis *c*

moustache [mə'sta:ʃ] *n* snor *c*

mouth [mauθ] *n* mond *c*; muil *c*, bek *c*; monding *c*

mouthwash ['mauθwɔʃ] *n* mondspoeling *c*

movable ['mu:vəbəl] *adj* roerend

move [mu:v] *v* *bewegen; verplaatsen; verhuizen; ontroeren; *n* zet *c*, stap *c*; verhuizing *c*

movement ['mu:vmənt] *n* beweging *c*

movie ['mu:vi] *n* film *c*; **movies** *Am* bioscoop *c*; ~ **theater** *Am* bioscoop *c*

much [mʌtʃ] *adj* veel; **as** ~ evenveel; evenzeer

muck [mʌk] *n* drek *c*

mud [mʌd] *n* modder *c*

muddle ['mʌdəl] *n* wirwar *c*, warboel *c*; *v* verknoeien

muddy ['mʌdi] *adj* modderig

mud-guard ['mʌdga:d] *n* spatbord *nt*

muffler ['mʌflə] *nAm* knalpot *c*

mug [mʌg] *n* beker *c*, kroes *c*

mulberry ['mʌlbəri] *n* moerbei *c*

mule [mju:l] *n* muildier *nt*, muilezel *c*

mullet ['mʌlit] *n* mul *c*

multiplication [,mʌltipli'keiʃən] *n* vermenigvuldiging *c*

multiply ['mʌltiplai] *v* vermenigvuldigen

mumps [mʌmps] *n* bof *c*

municipal [mju:'nisipəl] *adj* gemeentelijk

municipality [mju:,nisi'pæləti] *n* gemeentebestuur *nt*

murder ['mə:də] *n* moord *c*; *v* vermoorden

murderer ['mə:dərə] *n* moordenaar *c*

muscle ['mʌsəl] *n* spier *c*

muscular ['mʌskjulə] *adj* gespierd

museum [mju:'zi:əm] *n* museum *nt*

mushroom ['mʌʃru:m] *n* champignon *c*; paddestoel *c*

music ['mju:zik] *n* muziek *c*; ~ **academy** conservatorium *nt*

musical ['mju:zikəl] *adj* muzikaal; *n* musical *c*

music-hall ['mju:zikhɔ:l] *n* variététheater *nt*

musician [mju:'ziʃən] n musicus c
muslin ['mʌzlin] n mousseline c
mussel ['mʌsəl] n mossel c
*must [mʌst] v *moeten
mustard ['mʌstəd] n mosterd c
mute [mju:t] adj stom
mutiny ['mju:tini] n muiterij c
mutton ['mʌtən] n schapevlees nt
mutual ['mju:tʃuəl] adj onderling, wederzijds
my [mai] adj mijn
myself [mai'self] pron me; zelf
mysterious [mi'stiəriəs] adj mysterieus, geheimzinnig
mystery ['mistəri] n raadsel nt, mysterie nt
myth [miθ] n mythe c

N

nail [neil] n nagel c; spijker c
nailbrush ['neilbrʌʃ] n nagelborstel c
nail-file ['neilfail] n nagelvijl c
nail-polish ['neil,pɔliʃ] n nagellak c
nail-scissors ['neil,sizəz] pl nagelschaar c
naïve [naː'iːv] adj naïef
naked ['neikid] adj bloot, naakt; kaal
name [neim] n naam c; v noemen; in the ~ of namens
namely ['neimli] adv namelijk
nap [næp] n dutje nt
napkin ['næpkin] n servet nt
nappy ['næpi] n luier c
narcosis [naː'kousis] n (pl -ses) narcose c
narcotic [naː'kɔtik] n narcoticum nt
narrow ['nærou] adj eng, smal, nauw
narrow-minded [,nærou'maindid] adj bekrompen
nasty ['naːsti] adj naar, akelig
nation ['neiʃən] n natie c; volk nt

national ['næʃənəl] adj nationaal; volks-; staats-; ~ anthem volkslied nt; ~ dress nationale klederdracht; ~ park natuurreservaat nt
nationality [,næʃə'næləti] n nationaliteit c
nationalize ['næʃənəlaiz] v nationaliseren
native ['neitiv] n inboorling c; adj inheems; ~ country vaderland nt, geboorteland nt; ~ language moedertaal c
natural ['nætʃərəl] adj natuurlijk; aangeboren
naturally ['nætʃərəli] adv natuurlijk, uiteraard
nature ['neitʃə] n natuur c; aard c
naughty ['nɔːti] adj ondeugend, stout
nausea ['nɔːsiə] n misselijkheid c
naval ['neivəl] adj marine-
navel ['neivəl] n navel c
navigable ['nævigəbəl] adj bevaarbaar
navigate ['nævigeit] v *varen; sturen
navigation [,nævi'geiʃən] n navigatie c; scheepvaart c
navy ['neivi] n marine c
near [niə] prep bij; adj nabij, dichtbij
nearby ['niəbai] adj nabijzijnd
nearly ['niəli] adv haast, bijna
neat [niːt] adj keurig, net; puur
necessary ['nesəsəri] adj nodig, noodzakelijk
necessity [nə'sesəti] n noodzaak c
neck [nek] n hals c; nape of the ~ nek c
necklace ['nekləs] n halsketting c
necktie ['nektai] n das c
need [niːd] v hoeven, behoeven, nodig *hebben; n nood c, behoefte c; noodzaak c; ~ to *moeten
needle ['niːdəl] n naald c
needlework ['niːdəlwəːk] n handwerk nt
negative ['negətiv] adj ontkennend,

negatief; *n* negatief *nt*

neglect [ni'glekt] *v* verwaarlozen; *n* verwaarlozing *c*

neglectful [ni'glektfəl] *adj* nalatig

negligee ['negliʒei] *n* negligé *nt*

negotiate [ni'gouʃieit] *v* onderhandelen

negotiation [ni,gouʃi'eiʃən] *n* onderhandeling *c*

Negro ['ni:grou] *n* (pl ~es) neger *c*

neighbour ['neibə] *n* buur *c*, buurman *c*

neighbourhood ['neibəhud] *n* buurt *c*

neighbouring ['neibəriŋ] *adj* aangrenzend, naburig

neither ['naiðə] *pron* geen van beide; **neither ... nor** noch ... noch

neon ['ni:ɔn] *n* neon *nt*

nephew ['nefju:] *n* neef *c*

nerve [nə:v] *n* zenuw *c*; durf *c*

nervous ['nə:vəs] *adj* nerveus, zenuwachtig

nest [nest] *n* nest *nt*

net [net] *n* net *nt*; *adj* netto

the Netherlands ['neðələndz] Nederland

network ['netwə:k] *n* netwerk *nt*

neuralgia [njuə'rældʒə] *n* zenuwpijn *c*

neurosis [njuə'rousis] *n* neurose *c*

neuter ['nju:tə] *adj* onzijdig

neutral ['nju:trəl] *adj* neutraal

never ['nevə] *adv* nimmer, nooit

nevertheless [,nevəðə'les] *adv* niettemin

new [nju:] *adj* nieuw; **New Year** nieuwjaar

news [nju:z] *n* nieuwsberichten *pl*, nieuws *nt*; journaal *nt*

newsagent ['nju:,zeidʒənt] *n* krantenverkoper *c*

newspaper ['nju:z,peipə] *n* krant *c*

newsreel ['nju:zri:l] *n* filmjournaal *nt*

newsstand ['nju:zstænd] *n* krantenkiosk *c*

New Zealand [nju:'zi:lənd] Nieuw-Zeeland

next [nekst] *adj* volgend; ~ **to** naast

nice [nais] *adj* aardig, mooi, prettig; lekker; sympathiek

nickel ['nikəl] *n* nikkel *nt*

nickname ['nikneim] *n* bijnaam *c*

nicotine ['nikəti:n] *n* nicotine *c*

niece [ni:s] *n* nicht *c*

Nigeria [nai'dʒiəriə] Nigeria

Nigerian [nai'dʒiəriən] *adj* Nigeriaans; *n* Nigeriaan *c*

night [nait] *n* nacht *c*; avond *c*; **by** ~ 's nachts; ~ **flight** nachtvlucht *c*; ~ **rate** nachttarief *nt*; ~ **train** nachttrein *c*

nightclub ['naitklʌb] *n* nachtclub *c*

night-cream ['naitkri:m] *n* nachtcrème *c*

nightdress ['naitdres] *n* nachtjapon *c*

nightingale ['naitiŋgeil] *n* nachtegaal *c*

nightly ['naitli] *adj* nachtelijk

nil [nil] niets

nine [nain] *num* negen

nineteen [,nain'ti:n] *num* negentien

nineteenth [,nain'ti:nθ] *num* negentiende

ninety ['nainti] *num* negentig

ninth [nainθ] *num* negende

nitrogen ['naitrədʒən] *n* stikstof *c*

no [nou] neen, nee; *adj* geen; ~ **one** niemand

nobility [nou'biləti] *n* adel *c*

noble ['noubəl] *adj* adellijk; edel

nobody ['noubɔdi] *pron* niemand

nod [nɔd] *n* knik *c*; *v* knikken

noise [nɔiz] *n* geluid *nt*; herrie *c*, rumoer *nt*, lawaai *nt*

noisy ['nɔizi] *adj* lawaaierig; gehorig

nominal ['nɔminəl] *adj* nominaal

nominate ['nɔmineit] *v* benoemen

nomination [,nɔmi'neiʃən] *n* nominatie *c*; benoeming *c*

none [nʌn] *pron* geen

nonsense ['nɔnsəns] n onzin c

noon [nu:n] n middag c

normal ['nɔ:məl] adj gewoon, normaal

north [nɔ:θ] n noorden nt; noord c; adj noordelijk; **North Pole** noordpool c

north-east [,nɔ:θ'i:st] n noordoosten nt

northerly ['nɔ:ðəli] adj noordelijk

northern ['nɔ:ðən] adj noordelijk

north-west [,nɔ:θ'west] n noordwesten nt

Norway ['nɔ:wei] Noorwegen

Norwegian [nɔ:'wi:dʒən] adj Noors; n Noor c

nose [nouz] n neus c

nosebleed ['nouzbli:d] n neusbloeding c

nostril ['nɔstril] n neusgat nt

not [nɔt] adv niet

notary ['noutəri] n notaris c

note [nout] n aantekening c, notitie c; noot c; toon c; v noteren; opmerken, constateren

notebook ['noutbuk] n notitieboek nt

noted ['noutid] adj befaamd

notepaper ['nout,peipə] n schrijfpapier nt, briefpapier nt

nothing ['nʌθiŋ] n niks, niets

notice ['noutis] v bemerken, merken, opmerken; *zien; n aankondiging c, bericht nt; notitie c, aandacht c

noticeable ['noutisəbəl] adj merkbaar; opmerkelijk

notify ['noutifai] v mededelen; waarschuwen

notion ['nouʃən] n begrip nt, notie c

notorious [nou'tɔ:riəs] adj berucht

nougat ['nu:ga:] n noga c

nought [nɔ:t] n nul c

noun [naun] n zelfstandig naamwoord nt

nourishing ['nʌriʃiŋ] adj voedzaam

novel ['nɔvəl] n roman c

novelist ['nɔvəlist] n romanschrijver c

November [nou'vembə] november

now [nau] adv nu; thans; ~ **and then** nu en dan

nowadays ['nauədeiz] adv tegenwoordig

nowhere ['nouwεə] adv nergens

nozzle ['nɔzəl] n tuit c

nuance [nju:'ã:s] n nuance c

nuclear ['nju:kliə] adj kern-, nucleair; ~ **energy** kernenergie c

nucleus ['nju:kliəs] n kern c

nude [nju:d] adj naakt; n naakt nt

nuisance ['nju:səns] n last c

numb [nʌm] adj gevoelloos; verstijfd

number ['nʌmbə] n nummer nt; cijfer nt, getal nt; aantal nt

numeral ['nju:mərəl] n telwoord nt

numerous ['nju:mərəs] adj talrijk

nun [nʌn] n non c

nunnery ['nʌnəri] n nonnenklooster nt

nurse [nə:s] n zuster c, verpleegster c; kinderjuffrouw c; v verplegen; zogen

nursery ['nə:səri] n kinderkamer c; crèche c; boomkwekerij c

nut [nʌt] n noot c; moer c

nutcrackers ['nʌt,krækəz] pl notekraker c

nutmeg ['nʌtmeg] n nootmuskaat c

nutritious [nju:'triʃəs] adj voedzaam

nutshell ['nʌtʃel] n notedop c

nylon ['nailən] n nylon nt

O

oak [ouk] n eik c

oar [ɔ:] n roeiriem c

oasis [ou'eisis] n (pl oases) oase c

oath [ouθ] n eed c

oats [outs] pl haver c

obedience [ə'bi:diəns] n gehoorzaamheid c

obedient [ə'biːdiənt] *adj* gehoorzaam
obey [ə'bei] *v* gehoorzamen
object[1] ['ɔbdʒikt] *n* object *nt*; voorwerp *nt*; doel *nt*
object[2] [əb'dʒekt] *v* *tegenwerpen; ~ **to** bezwaar *hebben tegen
objection [əb'dʒekʃən] *n* bezwaar *nt*, tegenwerping *c*
objective [əb'dʒektiv] *adj* objectief; *n* doel *nt*
obligatory [ə'bligətəri] *adj* verplicht
oblige [ə'blaidʒ] *v* verplichten; ***be obliged to** verplicht *zijn om; *moeten
obliging [ə'blaidʒiŋ] *adj* voorkomend
oblong ['ɔblɔŋ] *adj* langwerpig; *n* rechthoek *c*
obscene [əb'siːn] *adj* obsceen
obscure [əb'skjuə] *adj* obscuur, duister
observation [,ɔbzə'veiʃən] *n* observatie *c*, waarneming *c*
observatory [əb'zəːvətri] *n* observatorium *nt*
observe [əb'zəːv] *v* observeren, *waarnemen
obsession [əb'seʃən] *n* obsessie *c*
obstacle ['ɔbstəkəl] *n* hindernis *c*
obstinate ['ɔbstinət] *adj* koppig; hardnekkig
obtain [əb'tein] *v* behalen, *verkrijgen
obtainable [əb'teinəbəl] *adj* verkrijgbaar
obvious ['ɔbviəs] *adj* duidelijk
occasion [ə'keiʒən] *n* gelegenheid *c*; aanleiding *c*
occasionally [ə'keiʒənəli] *adv* af en toe, nu en dan
occupant ['ɔkjupənt] *n* bewoner *c*
occupation [,ɔkju'peiʃən] *n* werk *nt*; bezetting *c*
occupy ['ɔkjupai] *v* *innemen, bezetten; **occupied** *adj* bezet
occur [ə'kəː] *v* gebeuren, *voorkomen, zich *voordoen

occurrence [ə'kʌrəns] *n* gebeurtenis *c*
ocean ['ouʃən] *n* oceaan *c*
October [ɔk'toubə] oktober
octopus ['ɔktəpəs] *n* octopus *c*
oculist ['ɔkjulist] *n* oogarts *c*
odd [ɔd] *adj* raar, vreemd; oneven
odour ['oudə] *n* geur *c*
of [ɔv, əv] *prep* van
off [ɔf] *adv* af; weg; *prep* van
offence [ə'fens] *n* overtreding *c*; belediging *c*, aanstoot *c*
offend [ə'fend] *v* krenken, beledigen; *overtreden
offensive [ə'fensiv] *adj* offensief; beledigend, aanstootgevend; *n* offensief *nt*
offer ['ɔfə] *v* *aanbieden; *bieden; *n* aanbieding *c*, aanbod *nt*
office ['ɔfis] *n* bureau *nt*, kantoor *nt*; ambt *nt*; ~ **hours** kantooruren *pl*
officer ['ɔfisə] *n* officier *c*
official [ə'fiʃəl] *adj* officieel
off-licence ['ɔf,laisəns] *n* slijterij *c*
often ['ɔfən] *adv* vaak, dikwijls
oil [ɔil] *n* olie *c*; **fuel** ~ stookolie *c*; ~ **filter** oliefilter *nt*; ~ **pressure** oliedruk *c*
oil-painting [,ɔil'peintiŋ] *n* olieverfschilderij *nt*
oil-refinery ['ɔilri,fainəri] *n* olieraffinaderij *c*
oil-well ['ɔilwel] *n* oliebron *c*
oily ['ɔili] *adj* olieachtig
ointment ['ɔintmənt] *n* zalf *c*
okay! [,ou'kei] in orde!
old [ould] *adj* oud; ~ **age** ouderdom *c*
old-fashioned [,ould'fæʃənd] *adj* ouderwets
olive ['ɔliv] *n* olijf *c*; ~ **oil** olijfolie *c*
omelette ['ɔmlət] *n* omelet *nt*
ominous ['ɔminəs] *adj* onheilspellend
omit [ə'mit] *v* *weglaten
omnipotent [ɔm'nipətənt] *adj* almachtig

on [ɔn] *prep* op; aan

once [wʌns] *adv* eenmaal, eens; **at ~ meteen**, dadelijk; **~ more** nog eens

oncoming [ˈɔn,kʌmiŋ] *adj* tegemoetkomend, naderend

one [wʌn] *num* een; *pron* men

oneself [wʌnˈself] *pron* zelf

onion [ˈʌnjən] *n* ui *c*

only [ˈounli] *adj* enig; *adv* slechts, alleen, maar; *conj* maar

onwards [ˈɔnwədz] *adv* voorwaarts

onyx [ˈɔniks] *n* onyx *nt*

opal [ˈoupəl] *n* opaal *c*

open [ˈoupən] *v* openen; *adj* open; openhartig

opening [ˈoupəniŋ] *n* opening *c*

opera [ˈɔpərə] *n* opera *c*; **~ house** opera *c*

operate [ˈɔpəreit] *v* opereren, werken

operation [,ɔpəˈreiʃən] *n* werking *c*; operatie *c*

operator [ˈɔpəreitə] *n* telefoniste *c*

operetta [,ɔpəˈretə] *n* operette *c*

opinion [əˈpinjən] *n* opinie *c*, mening *c*

opponent [əˈpounənt] *n* tegenstander *c*

opportunity [,ɔpəˈtju:nəti] *n* gelegenheid *c*, kans *c*

oppose [əˈpouz] *v* zich verzetten

opposite [ˈɔpəzit] *prep* tegenover; *adj* tegengesteld

opposition [,ɔpəˈziʃən] *n* oppositie *c*

oppress [əˈpres] *v* beklemmen, verdrukken

optician [ɔpˈtiʃən] *n* opticien *c*

optimism [ˈɔptimizəm] *n* optimisme *nt*

optimist [ˈɔptimist] *n* optimist *c*

optimistic [,ɔptiˈmistik] *adj* optimistisch

optional [ˈɔpʃənəl] *adj* facultatief

or [ɔ:] *conj* of

orange [ˈɔrindʒ] *n* sinaasappel *c*; *adj* oranje

orchard [ˈɔ:tʃəd] *n* boomgaard *c*

orchestra [ˈɔ:kistrə] *n* orkest *nt*; **~ seat** *Am* stalles *pl*

order [ˈɔ:də] *v* *bevelen; bestellen; *n* volgorde *c*, orde *c*; opdracht *c*, bevel *nt*; bestelling *c*; **in ~** in orde; **in ~ to** om te; **made to ~** op maat gemaakt; **out of ~** buiten werking; **postal ~** postwissel *c*

order-form [ˈɔ:dəfɔ:m] *n* bestelformulier *nt*

ordinary [ˈɔ:dənri] *adj* alledaags, gewoon

ore [ɔ:] *n* erts *nt*

organ [ˈɔ:gən] *n* orgaan *nt*; orgel *nt*

organic [ɔ:ˈgænik] *adj* organisch

organization [,ɔ:gənaiˈzeiʃən] *n* organisatie *c*

organize [ˈɔ:gənaiz] *v* organiseren

Orient [ˈɔ:riənt] *n* Oosten *nt*

oriental [,ɔ:riˈentəl] *adj* oosters

orientate [ˈɔ:riənteit] *v* zich oriënteren

origin [ˈɔridʒin] *n* origine *c*, oorsprong *c*; afstamming *c*, herkomst *c*

original [əˈridʒinəl] *adj* oorspronkelijk, origineel

originally [əˈridʒinəli] *adv* aanvankelijk

orlon [ˈɔ:lɔn] *n* orlon *nt*

ornament [ˈɔ:nəmənt] *n* versiersel *nt*

ornamental [,ɔ:nəˈmentəl] *adj* ornamenteel

orphan [ˈɔ:fən] *n* wees *c*

orthodox [ˈɔ:θədɔks] *adj* orthodox

ostrich [ˈɔstritʃ] *n* struisvogel *c*

other [ˈʌðə] *adj* ander

otherwise [ˈʌðəwaiz] *conj* anders

*ought to [ɔ:t] *moeten

our [auə] *adj* ons

ourselves [auəˈselvz] *pron* ons; zelf

out [aut] *adv* buiten, uit; **~ of** buiten, uit

outbreak [ˈautbreik] *n* uitbarsting *c*

outcome [ˈautkʌm] *n* resultaat *nt*

*outdo [,autˈdu:] *v* *overtreffen

outdoors [,aut'dɔ:z] *adv* buiten
outfit ['autfit] *n* uitrusting *c*
outline ['autlain] *n* omtrek *c*; *v* schetsen
outlook ['autluk] *n* verwachting *c*; zienswijze *c*
output ['autput] *n* produktie *c*
outrage ['autreidʒ] *n* gewelddaad *c*
outside [,aut'said] *adv* buiten; *prep* buiten; *n* uiterlijk *nt*, buitenkant *c*
outsize ['autsaiz] *n* extra grote maat
outskirts ['autskə:ts] *pl* buitenwijk *c*
outstanding [,aut'stændiŋ] *adj* eminent, vooraanstaand
outward ['autwəd] *adj* uiterlijk
outwards ['autwədz] *adv* naar buiten
oval ['ouvəl] *adj* ovaal
oven ['ʌvən] *n* oven *c*; **microwave** ~ mikrogolf oven
over ['ouvə] *prep* boven, over; meer dan; *adv* over; omver; *adj* voorbij; ~ **there** ginds
overall ['ouvərɔ:l] *adj* totaal
overalls ['ouvərɔ:lz] *pl* overall *c*
overcast ['ouvəkɑ:st] *adj* betrokken
overcoat ['ouvəkout] *n* overjas *c*
***overcome** [,ouvə'kʌm] *v* *overwinnen
overdue [,ouvə'dju:] *adj* te laat; achterstallig
overgrown [,ouvə'groun] *adj* begroeid
overhaul [,ouvə'hɔ:l] *v* reviseren
overlook [,ouvə'luk] *v* over het hoofd *zien
overnight [,ouvə'nait] *adv* 's nachts
overseas [,ouvə'si:z] *adj* overzees
oversight [,ouvə'sait] *n* vergissing *c*
***oversleep** [,ouvə'sli:p] *v* zich *verslapen
overstrung [,ouvə'strʌŋ] *adj* overspannen
***overtake** [,ouvə'teik] *v* inhalen; **no overtaking** inhalen verboden
over-tired [,ouvə'taiəd] *adj* oververmoeid

overture ['ouvətʃə] *n* ouverture *c*
overweight ['ouvəweit] *n* bagageoverschot *nt*
overwhelm [,ouvə'welm] *v* onthutsen, overweldigen
overwork [,ouvə'wə:k] *v* zich overwerken
owe [ou] *v* verschuldigd *zijn, schuldig *zijn; te danken *hebben aan; **owing to** vanwege, ten gevolge van
owl [aul] *n* uil *c*
own [oun] *v* *bezitten; *adj* eigen
owner ['ounə] *n* bezitter *c*, eigenaar *c*
ox [ɔks] *n* (pl oxen) os *c*
oxygen ['ɔksidʒən] *n* zuurstof *c*
oyster ['ɔistə] *n* oester *c*

P

pace [peis] *n* gang *c*; schrede *c*, stap *c*; tempo *nt*
Pacific Ocean [pə'sifik 'ouʃən] Stille Oceaan
pacifism ['pæsifizəm] *n* pacifisme *nt*
pacifist ['pæsifist] *n* pacifist *c*; pacifistisch
pack [pæk] *v* inpakken; ~ **up** inpakken
package ['pækidʒ] *n* pak *nt*
packet ['pækit] *n* pakje *nt*
packing ['pækiŋ] *n* verpakking *c*
pad [pæd] *n* kussentje *nt*; blocnote *c*
paddle ['pædəl] *n* peddel *c*
padlock ['pædlɔk] *n* hangslot *nt*
pagan ['peigən] *adj* heidens; *n* heiden *c*
page [peidʒ] *n* pagina *c*, bladzijde *c*
page-boy ['peidʒbɔi] *n* piccolo *c*
pail [peil] *n* emmer *c*
pain [pein] *n* pijn *c*; **pains** moeite *c*
painful ['peinfəl] *adj* pijnlijk
painless ['peinləs] *adj* pijnloos

paint [peint] n verf c; v schilderen;
verven

paint-box ['peintbɔks] n verfdoos c

paint-brush ['peintbrʌʃ] n penseel nt

painter ['peintə] n schilder c

painting ['peintiŋ] n schilderij nt

pair [pɛə] n paar nt

Pakistan [,pɑ:ki'stɑ:n] Pakistan

Pakistani [,pɑ:ki'stɑ:ni] adj Pakistaans; n Pakistaan c

palace ['pæləs] n paleis nt

pale [peil] adj bleek; licht

palm [pɑ:m] n palm c; handpalm c

palpable ['pælpəbəl] adj tastbaar

palpitation [,pælpi'teiʃən] n hartklopping c

pan [pæn] n pan c

pane [pein] n ruit c

panel ['pænəl] n paneel nt

panelling ['pænəliŋ] n lambrizering c

panic ['pænik] n paniek c

pant [pænt] v hijgen

panties ['pæntiz] pl onderbroek c, slip
c

pants [pænts] pl onderbroek c; plAm
broek c

pant-suit ['pæntsu:t] n broekpak nt

panty-hose ['pæntihouz] n panty c

paper ['peipə] n papier nt; krant c;
papieren; **carbon ~** carbonpapier
nt; **~ bag** papieren zak; **~ napkin**
papieren servet; **typing ~** schrijfmachinepapier nt; **wrapping ~**
pakpapier nt

paperback ['peipəbæk] n pocketboek
nt

paper-knife ['peipənaif] n briefopener
c

parade [pə'reid] n parade c, optocht c

paraffin ['pærəfin] n petroleum c

paragraph ['pærəgrɑ:f] n alinea c, paragraaf c

parakeet ['pærəki:t] n parkiet c

paralise ['pærəlaiz] v verlammen

parallel ['pærəlel] adj evenwijdig, parallel; n parallel c

parcel ['pɑ:səl] n pakket nt, pakje nt

pardon ['pɑ:dən] n vergiffenis c; gratie c

parents ['pɛərənts] pl ouders pl

parents-in-law ['pɛərəntsinlɔ:] pl
schoonouders pl

parish ['pæriʃ] n parochie c

park [pɑ:k] n park nt; v parkeren; **no
parking** verboden te parkeren;
parking fee parkeertarief nt; **parking light** stadslicht nt; **parking lot**
Am parkeerplaats c; **parking meter**
parkeermeter c; **parking zone** parkeerzone c

parliament ['pɑ:ləmənt] n parlement
nt

parliamentary [,pɑ:lə'mentəri] adj parlementair

parrot ['pærət] n papegaai c

parsley ['pɑ:sli] n peterselie c

parson ['pɑ:sən] n dominee c

parsonage ['pɑ:sənidʒ] n pastorie c

part [pɑ:t] n gedeelte nt, deel nt; stuk
nt; v *scheiden; **spare ~** onderdeel
nt

partial ['pɑ:ʃəl] adj gedeeltelijk; partijdig

participant [pɑ:'tisipənt] n deelnemer
c

participate [pɑ:'tisipeit] v *deelnemen

particular [pə'tikjulə] adj bijzonder,
speciaal; kieskeurig; **in ~** in het bijzonder

parting ['pɑ:tiŋ] n afscheid nt; scheiding c

partition [pɑ:'tiʃən] n tussenschot nt

partly ['pɑ:tli] adv deels, gedeeltelijk

partner ['pɑ:tnə] n partner c; compagnon c

partridge ['pɑ:tridʒ] n patrijs c

party ['pɑ:ti] n partij c; fuif c, feestje
nt; groep c

pass [pɑːs] *v* *voorbijgaan, passeren; *aangeven; slagen; *vAm* inhalen; **no passing** *Am* inhalen verboden; ~ **by** passeren; ~ **through** *gaan door

passage ['pæsidʒ] *n* doorgang *c*; overtocht *c*; passage *c*; doorreis *c*

passenger ['pæsəndʒə] *n* passagier *c*; ~ **car** *Am* wagon *c*; ~ **train** personentrein *c*

passer-by [,pɑːsə'bai] *n* voorbijganger *c*

passion ['pæʃən] *n* hartstocht *c*, passie *c*; drift *c*

passionate ['pæʃənət] *adj* hartstochtelijk

passive ['pæsiv] *adj* passief

passport ['pɑːspɔːt] *n* paspoort *nt*; ~ **control** paspoortcontrole *c*; ~ **photograph** pasfoto *c*

password ['pɑːswəːd] *n* wachtwoord *nt*

past [pɑːst] *n* verleden *nt*; *adj* vorig, afgelopen, voorbij; *prep* langs, voorbij

paste [peist] *n* pasta *c*; *v* plakken

pastry ['peistri] *n* gebak *nt*; ~ **shop** banketbakkerij *c*

pasture ['pɑːstʃə] *n* weiland *nt*

patch [pætʃ] *v* verstellen

patent ['peitənt] *n* patent *nt*, octrooi *nt*

path [pɑːθ] *n* pad *nt*

patience ['peiʃəns] *n* geduld *nt*

patient ['peiʃənt] *adj* geduldig; *n* patiënt *c*

patriot ['peitriət] *n* patriot *c*

patrol [pə'troul] *n* patrouille *c*; *v* patrouilleren; surveilleren

pattern ['pætən] *n* motief *nt*, patroon *nt*

pause [pɔːz] *n* pauze *c*; *v* pauzeren

pave [peiv] *v* plaveien, bestraten

pavement ['peivmənt] *n* trottoir *nt*; plaveisel *nt*

pavilion [pə'viljən] *n* paviljoen *nt*

paw [pɔː] *n* poot *c*

pawn [pɔːn] *v* verpanden; *n* pion *c*

pawnbroker ['pɔːn,broukə] *n* pandjesbaas *c*

pay [pei] *n* salaris *nt*, loon *nt*

***pay** [pei] *v* betalen; lonen; ~ **attention to** letten op; **paying** rendabel; ~ **off** aflossen; ~ **on account** afbetalen

pay-desk ['peidesk] *n* kassa *c*

payee [pei'iː] *n* begunstigde *c*

payment ['peimənt] *n* betaling *c*

pea [piː] *n* erwt *c*

peace [piːs] *n* vrede *c*

peaceful ['piːsfəl] *adj* vreedzaam

peach [piːtʃ] *n* perzik *c*

peacock ['piːkɔk] *n* pauw *c*

peak [piːk] *n* top *c*; spits *c*; ~ **hour** spitsuur *nt*; ~ **season** hoogseizoen *nt*

peanut ['piːnʌt] *n* pinda *c*

pear [peə] *n* peer *c*

pearl [pəːl] *n* parel *c*

peasant ['pezənt] *n* boer *c*

pebble ['pebəl] *n* kiezel *c*

peculiar [pi'kjuːljə] *adj* eigenaardig; speciaal, bijzonder

peculiarity [pi,kjuːli'ærəti] *n* eigenaardigheid *c*

pedal ['pedəl] *n* pedaal *nt/c*

pedestrian [pi'destriən] *n* voetganger *c*; **no pedestrians** verboden voor voetgangers; ~ **crossing** zebrapad *nt*

pedicure ['pedikjuə] *n* pedicure *c*

peel [piːl] *v* schillen *c*; *n* schil *c*

peep [piːp] *v* gluren

peg [peg] *n* klerenhaak *c*

pelican ['pelikən] *n* pelikaan *c*

pelvis ['pelvis] *n* bekken *nt*

pen [pen] *n* pen *c*

penalty ['penəlti] *n* boete *c*; straf *c*; ~

kick strafschop c

pencil ['pensəl] n potlood nt

pencil-sharpener ['pensəl,ʃɑ:pnə] n punteslijper c

penetrate ['penitreit] v *doordringen

penguin ['peŋgwin] n pinguin c

penicillin [,peni'silin] n penicilline c

peninsula [pə'ninsjulə] n schiereiland nt

penknife ['pennaif] n (pl -knives) zakmes nt

pension¹ ['pɑ̃:siɔ̃:] n pension nt

pension² ['penʃən] n pensioen nt

people ['pi:pəl] pl mensen; n volk nt

pepper ['pepə] n peper c

peppermint ['pepəmint] n pepermunt c

perceive [pə'si:v] v bemerken

percent [pə'sent] n procent nt

percentage [pə'sentidʒ] n percentage nt

perceptible [pə'septibəl] adj merkbaar

perception [pə'sepʃən] n gewaarwording c

perch [pə:tʃ] (pl ~) baars c

percolator ['pə:kəleitə] n percolator c

perfect ['pə:fikt] adj volkomen, volmaakt

perfection [pə'fekʃən] n perfectie c, volmaaktheid c

perform [pə'fɔ:m] v uitvoeren, verrichten

performance [pə'fɔ:məns] n voorstelling c

perfume ['pə:fju:m] n parfum nt

perhaps [pə'hæps] adv misschien; wellicht

peril ['peril] n gevaar nt

perilous ['periləs] adj gevaarlijk

period ['piəriəd] n tijdperk nt, periode c; punt c

periodical [,piəri'ɔdikəl] n tijdschrift nt; adj periodiek

perish ['periʃ] v *omkomen

perishable ['periʃəbəl] adj aan bederf onderhevig

perjury ['pə:dʒəri] n meineed c

permanent ['pə:mənənt] adj blijvend, permanent, duurzaam; bestendig, vast; ~ **press** plooihoudend; ~ **wave** permanent c

permission [pə'miʃən] n toestemming c, permissie c; verlof nt, vergunning c

permit¹ [pə'mit] v *toestaan, veroorloven

permit² ['pə:mit] n vergunning c

peroxide [pə'rɔksaid] n waterstofperoxyde nt

perpendicular [,pə:pən'dikjulə] adj loodrecht

Persia ['pə:ʃə] Perzië

Persian ['pə:ʃən] adj Perzisch; n Pers c

person ['pə:sən] n persoon c; per ~ per persoon

personal ['pə:sənəl] adj persoonlijk

personality [,pə:sə'næləti] n persoonlijkheid c

personnel [,pə:sə'nel] n personeel nt

perspective [pə'spektiv] n perspectief nt

perspiration [,pə:spə'reiʃən] n transpiratie c, zweet nt

perspire [pə'spaiə] v transpireren, zweten

persuade [pə'sweid] v overreden, overhalen; overtuigen

persuasion [pə'sweiʒən] n overtuiging c

pessimism ['pesimizəm] n pessimisme nt

pessimist ['pesimist] n pessimist c

pessimistic [,pesi'mistik] adj pessimistisch

pet [pet] n huisdier nt; lieveling c

petal ['petəl] n bloemblad nt

petition [pi'tiʃən] n petitie c

petrol ['petrəl] *n* benzine *c*; **unleaded ~** loodvrije benzine *c*; **~ pump** benzinepomp *c*; **~ station** benzinestation *nt*; **~ tank** benzinetank *c*

petroleum [pi'trouliəm] *n* petroleum *c*

petty ['peti] *adj* klein, nietig, onbeduidend; **~ cash** kleingeld *nt*

pewter ['pju:tə] *n* tin *nt*

phantom ['fæntəm] *n* spook *nt*

pharmacology [,fɑ:mə'kɔlədʒi] *n* farmacologie *c*

pharmacy ['fɑ:məsi] *n* apotheek *c*; drogisterij *c*

phase [feiz] *n* fase *c*

pheasant ['fezənt] *n* fazant *c*

Philippine ['filipain] *adj* Filippijns

Philippines ['filipi:nz] *pl* Filippijnen *pl*

philosopher [fi'lɔsəfə] *n* wijsgeer *c*, filosoof *c*

philosophy [fi'lɔsəfi] *n* wijsbegeerte *c*, filosofie *c*

phone [foun] *n* telefoon *c*; *v* opbellen, telefoneren

phonetic [fə'netik] *adj* fonetisch

photo ['foutou] *n* (pl ~s) foto *c*

photocopy ['foutəkɔpi] *n* fotocopie *c*

photograph ['foutəgrɑ:f] *n* foto *c*; *v* fotograferen

photographer [fə'tɔgrəfə] *n* fotograaf *c*

photography [fə'tɔgrəfi] *n* fotografie *c*

phrase [freiz] *n* uitdrukking *c*

phrase-book ['freizbuk] *n* taalgids *c*

physical ['fizikəl] *adj* fysiek

physician [fi'zifən] *n* dokter *c*

physicist ['fizisist] *n* natuurkundige *c*

physics ['fiziks] *n* fysica *c*, natuurkunde *c*

physiology [,fizi'ɔlədʒi] *n* fysiologie *c*

pianist ['pi:ənist] *n* pianist *c*

piano [pi'ænou] *n* piano *c*; **grand ~** vleugel *c*

pick [pik] *v* plukken; *kiezen; *n* keus *c*; **~ up** oprapen; ophalen; **pick-up**

van bestelauto *c*

pick-axe ['pikæks] *n* houweel *nt*

pickles ['pikəlz] *pl* zoetzuur *nt*, pickles *pl*

picnic ['piknik] *n* picknick *c*; *v* picknicken

picture ['piktfə] *n* schilderij *nt*; plaat *c*, prent *c*; beeld *nt*, afbeelding *c*; **~ postcard** ansichtkaart *c*, prentbriefkaart *c*; **pictures** bioscoop *c*

picturesque [,piktfə'resk] *adj* pittoresk, schilderachtig

piece [pi:s] *n* stuk *nt*

pier [piə] *n* pier *c*

pierce [piəs] *v* doorboren

pig [pig] *n* varken *nt*; zwijn *nt*

pigeon ['pidʒən] *n* duif *c*

pig-headed [,pig'hedid] *adj* eigenwijs

piglet ['piglət] *n* big *c*

pigskin ['pigskin] *n* varkensleer *nt*

pike [paik] *n* (pl ~) snoek *c*

pile [pail] *n* stapel *c*; *v* opstapelen; **piles** *pl* aambeien *pl*

pilgrim ['pilgrim] *n* pelgrim *c*

pilgrimage ['pilgrimidʒ] *n* bedevaart *c*

pill [pil] *n* pil *c*

pillar ['pilə] *n* zuil *c*, pilaar *c*

pillar-box ['piləbɔks] *n* brievenbus *c*

pillow ['pilou] *n* kussen *nt*, hoofdkussen *nt*

pillow-case ['piloukeis] *n* kussensloop *c/nt*

pilot ['pailət] *n* piloot *c*; loods *c*

pimple ['pimpəl] *n* puistje *nt*

pin [pin] *n* speld *c*; *v* vastspelden; **bobby ~** *Am* haarspeld *c*

pincers ['pinsəz] *pl* nijptang *c*

pinch [pintf] *v* *knijpen

pineapple ['pai,næpəl] *n* ananas *c*

ping-pong ['piŋpɔŋ] *n* tafeltennis *nt*

pink [piŋk] *adj* roze

pioneer [,paiə'niə] *n* pionier *c*

pious ['paiəs] *adj* vroom

pip [pip] *n* pit *c*

pipe [paip] *n* pijp *c*; leiding *c*; ~ **cleaner** pijpestoker *c*; ~ **tobacco** pijptabak *c*

pirate ['paiərət] *n* piraat *c*

pistol ['pistəl] *n* pistool *nt*

piston ['pistən] *n* zuiger *c*; ~ **ring** zuigerring *c*

piston-rod ['pistənrɔd] *n* zuigerstang *c*

pit [pit] *n* kuil *c*; groeve *c*

pitcher ['pitʃə] *n* kruik *c*

pity ['piti] *n* medelijden *nt*; *v* medelijden *hebben met, beklagen; **what a pity!** jammer!

placard ['plækɑːd] *n* aanplakbiljet *nt*

place [pleis] *n* plaats *c*; *v* zetten, plaatsen; ~ **of birth** geboorteplaats *c*; *take* ~ *plaatshebben

plague [pleig] *n* plaag *c*

plaice [pleis] (pl ~) schol *c*

plain [plein] *adj* duidelijk; gewoon, eenvoudig; *n* vlakte *c*

plan [plæn] *n* plan *nt*; plattegrond *c*; *v* plannen

plane [plein] *adj* vlak; *n* vliegtuig *nt*; ~ **crash** vliegramp *c*

planet ['plænit] *n* planeet *c*

planetarium [,plæni'tɛəriəm] *n* planetarium *nt*

plank [plæŋk] *n* plank *c*

plant [plɑːnt] *n* plant *c*; bedrijf *nt*; *v* planten

plantation [plæn'teiʃən] *n* plantage *c*

plaster ['plɑːstə] *n* pleister *nt*, gips *nt*; pleister *c*

plastic ['plæstik] *adj* plastic; *n* plastic *nt*

plate [pleit] *n* bord *nt*; plaat *c*

plateau ['plætou] *n* (pl ~x, ~s) hoogvlakte *c*

platform ['plætfɔːm] *n* perron *nt*; ~ **ticket** perronkaartje *nt*

platinum ['plætinəm] *n* platina *nt*

play [plei] *v* spelen; bespelen; *n* spel *nt*; toneelstuk *nt*; **one-act** ~ een-

akter *c*; ~ **truant** spijbelen

player [pleiə] *n* speler *c*

playground ['pleigraund] *n* speelplaats *c*

playing-card ['pleiiŋkɑːd] *n* speelkaart *c*

playwright ['pleirait] *n* toneelschrijver *c*

plea [pliː] *n* pleidooi *nt*

plead [pliːd] *v* pleiten

pleasant ['plezənt] *adj* prettig, aardig, aangenaam

please [pliːz] alstublieft; *v* *bevallen; **pleased** ingenomen; **pleasing** aangenaam

pleasure ['pleʒə] *n* genoegen *nt*, pret *c*, plezier *nt*

plentiful ['plentifəl] *adj* overvloedig

plenty ['plenti] *n* overvloed *c*; heleboel *c*

pliers [plaiəz] *pl* tang *c*

plimsolls ['plimsəlz] *pl* gymschoenen *pl*

plot [plɔt] *n* samenzwering *c*, komplot *nt*; handeling *c*; perceel *nt*

plough [plau] *n* ploeg *c*; *v* ploegen

plucky ['plʌki] *adj* flink

plug [plʌg] *n* stekker *c*; ~ **in** inschakelen

plum [plʌm] *n* pruim *c*

plumber ['plʌmə] *n* loodgieter *c*

plump [plʌmp] *adj* mollig

plural ['pluərəl] *n* meervoud *nt*

plus [plʌs] *prep* plus

pneumatic [njuː'mætik] *adj* pneumatisch

pneumonia [njuː'mouniə] *n* longontsteking *c*

poach [poutʃ] *v* stropen

pocket ['pɔkit] *n* zak *c*

pocket-book ['pɔkitbuk] *n* portefeuille *c*

pocket-comb ['pɔkitkoum] *n* zakkam *c*

pocket-knife ['pɔkitnaif] *n* (pl -knives)

zakmes *nt*

pocket-watch ['pɔkitwɔtʃ] *n* zakhorloge *nt*

poem ['pouim] *n* gedicht *nt*

poet ['pouit] *n* dichter *c*

poetry ['pouitri] *n* dichtkunst *c*

point [pɔint] *n* punt *nt*; punt *c*; *v* *wijzen; ~ **of view** standpunt *nt*; ~ **out** *aanwijzen

pointed ['pɔintid] *adj* spits

poison ['pɔizən] *n* vergif *nt*; *v* vergiftigen

poisonous ['pɔizənəs] *adj* giftig

Poland ['poulənd] Polen

Pole [poul] *n* Pool *c*

pole [poul] *n* paal *c*

police [pə'li:s] *pl* politie *c*

policeman [pə'li:smən] *n* (pl -men) agent *c*, politieagent *c*

police-station [pə'li:s,steiʃən] *n* politiebureau *nt*

policy ['pɔlisi] *n* beleid *nt*, politiek *c*; polis *c*

polio ['pouliou] *n* polio *c*, kinderverlamming *c*

Polish ['pouliʃ] *adj* Pools

polish ['pɔliʃ] *v* poetsen

polite [pə'lait] *adj* beleefd

political [pə'litikəl] *adj* politiek

politician [,pɔli'tiʃən] *n* politicus *c*

politics ['pɔlitiks] *n* politiek *c*

pollution [pə'lu:ʃən] *n* vervuiling *c*, verontreiniging *c*

pond [pɔnd] *n* vijver *c*

pony ['pouni] *n* pony *c*

poor [puə] *adj* arm; armoedig; slecht

pope [poup] *n* paus *c*

poplin ['pɔplin] *n* popeline *nt/c*

pop music [pɔp 'mju:zik] popmuziek *c*

poppy ['pɔpi] *n* klaproos *c*; papaver *c*

popular ['pɔpjulə] *adj* populair; volks-

population [,pɔpju'leiʃən] *n* bevolking *c*

populous ['pɔpjuləs] *adj* dichtbevolkt

porcelain ['pɔ:səlin] *n* porselein *nt*

porcupine ['pɔ:kjupain] *n* stekelvarken *nt*

pork [pɔ:k] *n* varkensvlees *nt*

port [pɔ:t] *n* haven *c*; bakboord *nt*

portable ['pɔ:təbəl] *adj* draagbaar

porter ['pɔ:tə] *n* kruier *c*; portier *c*

porthole ['pɔ:thoul] *n* patrijspoort *c*

portion ['pɔ:ʃən] *n* portie *c*

portrait ['pɔ:trit] *n* portret *nt*

Portugal ['pɔ:tjugəl] Portugal

Portuguese [,pɔ:tju'gi:z] *adj* Portugees; *n* Portugees *c*

position [pə'ziʃən] *n* positie *c*; houding *c*; betrekking *c*

positive ['pɔzətiv] *adj* positief; *n* positief *nt*

possess [pə'zes] *v* *bezitten; **possessed** *adj* bezeten

possession [pə'zeʃən] *n* bezit *nt*; **possessions** eigendom *nt*

possibility [,pɔsə'biləti] *n* mogelijkheid *c*

possible ['pɔsəbəl] *adj* mogelijk; eventueel

post [poust] *n* paal *c*; betrekking *c*; post *c*; *v* posten; **post-office** postkantoor *nt*

postage ['poustidʒ] *n* frankering *c*; ~ **paid** franko; ~ **stamp** postzegel *c*

postcard ['poustkɑ:d] *n* briefkaart *c*; ansichtkaart *c*

poster ['poustə] *n* affiche *nt*, poster *c*

poste restante [poust re'stɑ̃:t] poste restante

postman ['poustmən] *n* (pl -men) postbode *c*

post-paid [,poust'peid] *adj* franko

postpone [pə'spoun] *v* uitstellen

pot [pɔt] *n* pot *c*

potato [pə'teitou] *n* (pl ~es) aardappel *c*

pottery ['pɔtəri] *n* aardewerk *nt*

pouch [pautʃ] *n* buidel *c*

poulterer ['poultərə] n poelier c

poultry ['poultri] n gevogelte nt

pound [paund] n pond nt

pour [pɔ:] v *inschenken, *schenken, *gieten

poverty ['pɔvəti] n armoede c

powder ['paudə] n poeder nt/c; ~ compact poederdoos c; talc ~ talkpoeder nt/c

powder-puff ['paudəpʌf] n poederdons c

powder-room ['paudəru:m] n damestoilet nt

power [pauə] n kracht c; energie c; macht c; mogendheid c

powerful ['pauəfəl] adj machtig; sterk

powerless ['pauələs] adj machteloos

power-station ['pauə,steiʃən] n elektriciteitscentrale c

practical ['præktikəl] adj praktisch

practically ['præktikli] adv vrijwel

practice ['præktis] n praktijk c

practise ['præktis] v beoefenen; oefenen

praise [preiz] v *prijzen; n lof c

pram [præm] n kinderwagen c

prawn [prɔ:n] n garnaal c, steurgarnaal c

pray [prei] v *bidden

prayer [prɛə] n gebed nt

preach [pri:tʃ] v preken

precarious [pri'kɛəriəs] adj hachelijk

precaution [pri'kɔ:ʃən] n voorzorg c; voorzorgsmaatregel c

precede [pri'si:d] v *voorafgaan

preceding [pri'si:diŋ] adj voorgaand

precious ['preʃəs] adj kostbaar; dierbaar

precipice ['presipis] n afgrond c

precipitation [pri,sipi'teiʃən] n neerslag c

precise [pri'sais] adj precies, exact, nauwkeurig; secuur

predecessor ['pri:disesə] n voorganger c

predict [pri'dikt] v voorspellen

prefer [pri'fə:] v de voorkeur *geven aan, liever *hebben

preferable ['prefərəbəl] adj te verkiezen, verkieselijker, de voorkeur verdienend

preference ['prefərəns] n voorkeur c

prefix ['pri:fiks] n voorvoegsel nt

pregnant ['pregnənt] adj in verwachting, zwanger

prejudice ['predʒədis] n vooroordeel nt

preliminary [pri'liminəri] adj inleidend; voorlopig

premature ['premətʃuə] adj voorbarig

premier ['premiə] n premier c

premises ['premisiz] pl pand nt

premium ['pri:miəm] n premie c

prepaid [,pri:'peid] adj vooruitbetaald

preparation [,prepə'reiʃən] n voorbereiding c

prepare [pri'pɛə] v voorbereiden; klaarmaken

prepared [pri'pɛəd] adj bereid

preposition [,prepə'ziʃən] n voorzetsel nt

prescribe [pri'skraib] v *voorschrijven

prescription [pri'skripʃən] n recept nt

presence ['prezəns] n aanwezigheid c; tegenwoordigheid c

present¹ ['prezənt] n geschenk nt, cadeau nt; heden nt; adj tegenwoordig; aanwezig

present² [pri'zent] v voorstellen; *aanbieden

presently ['prezəntli] adv meteen, dadelijk

preservation [,prezə'veiʃən] n bewaring c

preserve [pri'zə:v] v bewaren; inmaken

president ['prezidənt] n president c; voorzitter c

press [pres] n pers c; v indrukken,

drukken; persen; ~ **conference** persconferentie *c*

pressing ['presiŋ] *adj* urgent, dringend

pressure ['preʃə] *n* druk *c*; spanning *c*; **atmospheric** ~ luchtdruk *c*

pressure-cooker ['preʃə,kukə] *n* snelkookpan *c*

prestige [pre'sti:ʒ] *n* prestige *nt*

presumable [pri'zju:məbəl] *adj* vermoedelijk

presumptuous [pri'zʌmpʃəs] *adj* overmoedig; arrogant

pretence [pri'tens] *n* voorwendsel *nt*

pretend [pri'tend] *v* *doen alsof, voorwenden

pretext ['pri:tekst] *n* voorwendsel *nt*

pretty ['priti] *adj* mooi, knap; *adv* vrij, tamelijk, nogal

prevent [pri'vent] *v* beletten, verhinderen; *voorkomen

preventive [pri'ventiv] *adj* preventief

previous ['pri:viəs] *adj* verleden, vroeger, voorgaand

pre-war [,pri:'wɔ:] *adj* vooroorlogs

price [prais] *v* prijzen; ~ **list** prijslijst *c*

priceless ['praisləs] *adj* onschatbaar

price-list ['prais,list] *n* prijs *c*

prick [prik] *v* prikken

pride [praid] *n* trots *c*

priest [pri:st] *n* priester *c*

primary ['praiməri] *adj* primair; eerst, hoofd-; elementair

prince [prins] *n* prins *c*

princess [prin'ses] *n* prinses *c*

principal ['prinsəpəl] *adj* voornaamst; *n* rector *c*, directeur *c*

principle ['prinsəpəl] *n* beginsel *nt*, principe *nt*

print [print] *v* drukken; *n* afdruk *c*; prent *c*; **printed matter** drukwerk *nt*

prior [praiə] *adj* vroeger

priority [prai'ɔrəti] *n* prioriteit *c*, voor-

rang *c*

prison ['prizən] *n* gevangenis *c*

prisoner ['prizənə] *n* gedetineerde *c*, gevangene *c*; ~ **of war** krijgsgevangene *c*

privacy ['praivəsi] *n* privacy *c*, privéleven *nt*

private ['praivit] *adj* particulier, privé; persoonlijk

privilege ['privilidʒ] *n* voorrecht *nt*

prize [praiz] *n* prijs *c*; beloning *c*

probable ['prɔbəbəl] *adj* vermoedelijk, waarschijnlijk

probably ['prɔbəbli] *adv* waarschijnlijk

problem ['prɔbləm] *n* probleem *nt*; vraagstuk *nt*

procedure [prə'si:dʒə] *n* procedure *c*

proceed [prə'si:d] *v* *voortgaan; te werk *gaan

process ['prouses] *n* proces *nt*, procédé *nt*

procession [prə'seʃən] *n* processie *c*, stoet *c*

proclaim [prə'kleim] *v* afkondigen

produce[1] [prə'dju:s] *v* produceren

produce[2] ['prɔdju:s] *n* opbrengst *c*, produkt *nt*

producer [prə'dju:sə] *n* producent *c*

product ['prɔdʌkt] *n* produkt *nt*

production [prə'dʌkʃən] *n* produktie *c*

profession [prə'feʃən] *n* vak *nt*, beroep *nt*

professional [prə'feʃənəl] *adj* beroeps-

professor [prə'fesə] *n* hoogleraar *c*, professor *c*

profit ['prɔfit] *n* voordeel *nt*, winst *c*; baat *c*; *v* profiteren

profitable ['prɔfitəbəl] *adj* winstgevend

profound [prə'faund] *adj* diepzinnig

programme ['prougræm] *n* programma *nt*

progress[1] ['prougres] *n* vooruitgang *c*

progress[2] [prə'gres] *v* vorderen

progressive [prə'gresiv] *adj* vooruit-

strevend, progressief; toenemend
prohibit [prə'hibit] v *verbieden
prohibition [,proui'biʃən] n verbod nt
prohibitive [prə'hibitiv] adj onoverkomelijk
project ['prɔdʒekt] n plan nt, project nt
promenade [,prɔmə'na:d] n promenade c
promise ['prɔmis] n belofte c; v beloven
promote [prə'mout] v bevorderen
promotion [prə'mouʃən] n promotie c
prompt [prɔmpt] adj onmiddellijk, prompt
pronoun ['prounaun] n voornaamwoord nt
pronounce [prə'nauns] v *uitspreken
pronunciation [,prənʌnsi'eiʃən] n uitspraak c
proof [pru:f] n bewijs nt
propaganda [,prɔpə'gændə] n propaganda c
propel [prə'pel] v *aandrijven
propeller [prə'pelə] n schroef c, propeller c
proper ['prɔpə] adj juist; behoorlijk, passend, geschikt, gepast
property ['prɔpəti] n bezit nt, eigendom nt; eigenschap c
prophet ['prɔfit] n profeet c
proportion [prə'pɔ:ʃən] n proportie c
proportional [prə'pɔ:ʃənəl] adj evenredig
proposal [prə'pouzəl] n voorstel nt
propose [prə'pouz] v voorstellen
proposition [,prɔpə'ziʃən] n voorstel nt
proprietor [prə'praiətə] n eigenaar c
prospect ['prɔspekt] n vooruitzicht nt
prospectus [prə'spektəs] n prospectus c
prosperity [prɔ'sperəti] n voorspoed c, welvaart c
prosperous ['prɔspərəs] adj welvarend

prostitute ['prɔstitju:t] n prostituée c
protect [prə'tekt] v beschermen
protection [prə'tekʃən] n bescherming c
protein ['prouti:n] n eiwit nt
protest¹ ['proutest] n protest nt
protest² [prə'test] v protesteren
Protestant ['prɔtistənt] adj protestants
proud [praud] adj trots; hoogmoedig
prove [pru:v] v aantonen, *bewijzen; *blijken
proverb ['prɔvə:b] n spreekwoord nt
provide [prə'vaid] v leveren, verschaffen; **provided that** mits
province ['prɔvins] n provincie c; gewest nt
provincial [prə'vinʃəl] adj provinciaal
provisional [prə'viʒənəl] adj voorlopig
provisions [prə'viʒənz] pl voorraad c
prune [pru:n] n pruim c
psychiatrist [sai'kaiətrist] n psychiater c
psychic ['saikik] adj psychisch
psychoanalyst [,saikou'ænəlist] n analyticus c
psychological [,saikə'lɔdʒikəl] adj psychologisch
psychologist [sai'kɔlədʒist] n psycholoog c
psychology [sai'kɔlədʒi] n psychologie c
pub [pʌb] n café nt; kroeg c
public ['pʌblik] adj publiek, openbaar; algemeen; n publiek nt; ~ **garden** plantsoen nt; ~ **house** café nt
publication [,pʌbli'keiʃən] n publikatie c
publicity [pʌ'blisəti] n reclame c
publish ['pʌbliʃ] v publiceren, *uitgeven
publisher ['pʌbliʃə] n uitgever c
puddle ['pʌdəl] n plas c
pull [pul] v *trekken; ~ **out** *vertrekken; ~ **up** stoppen

pulley ['puli] *n* (pl ~s) katrol *c*
Pullman ['pulmən] *n* slaaprijtuig *nt*
pullover ['pu‚louvə] *n* pullover *c*
pulpit ['pulpit] *n* kansel *c*, preekstoel *c*
pulse [pʌls] *n* polsslag *c*, pols *c*
pump [pʌmp] *n* pomp *c*; *v* pompen
punch [pʌntʃ] *v* stompen; *n* vuistslag *c*
punctual ['pʌŋktʃuəl] *adj* stipt, punctueel
puncture ['pʌŋktʃə] *n* lekke band, bandepech *c*
punctured ['pʌŋktʃəd] *adj* lek
punish ['pʌniʃ] *v* straffen
punishment ['pʌniʃmənt] *n* straf *c*
pupil ['pju:pəl] *n* leerling *c*
puppet-show ['pʌpitʃou] *n* poppenkast *c*
purchase ['pə:tʃəs] *v* *kopen; *n* aankoop *c*, koop *c*; ~ **price** koopprijs *c*; ~ **tax** omzetbelasting *c*
purchaser ['pə:tʃəsə] *n* koper *c*
pure [pjuə] *adj* rein, zuiver
purple ['pə:pəl] *adj* paars
purpose ['pə:pəs] *n* bedoeling *c*, doel *nt*; **on** ~ opzettelijk
purse [pə:s] *n* beurs *c*, portemonnee *c*
pursue [pə'sju:] *v* vervolgen; nastreven
pus [pʌs] *n* etter *c*
push [puʃ] *n* zet *c*, duw *c*; *v* duwen; *schuiven; *dringen
push-button ['puʃ‚bʌtən] *n* drukknop *c*
***put** [put] *v* plaatsen, leggen, zetten; stoppen; stellen; ~ **away** *opbergen; ~ **off** opschorten; ~ **on** *aantrekken; ~ **out** *uitdoen
puzzle ['pʌzəl] *n* puzzel *c*; raadsel *nt*; *v* in verwarring *brengen; **jigsaw** ~ legpuzzel *c*
puzzling ['pʌzliŋ] *adj* onbegrijpelijk
pyjamas [pə'dʒa:məz] *pl* pyjama *c*

Q

quack [kwæk] *n* kwakzalver *c*, charlatan *c*
quail [kweil] *n* (pl ~, ~s) kwartel *c*
quaint [kweint] *adj* raar; ouderwets
qualification [‚kwɔlifi'keiʃən] *n* bevoegdheid *c*; voorbehoud *nt*, restriktie *c*
qualified ['kwɔlifaid] *adj* gediplomeerd; bevoegd
qualify ['kwɔlifai] *v* geschikt *zijn
quality ['kwɔləti] *n* kwaliteit *c*; eigenschap *c*
quantity ['kwɔntəti] *n* hoeveelheid *c*; aantal *nt*
quarantine ['kwɔrənti:n] *n* quarantaine *c*
quarrel ['kwɔrəl] *v* twisten, ruzie maken; *n* twist *c*, ruzie *c*
quarry ['kwɔri] *n* steengroeve *c*
quarter ['kwɔ:tə] *n* kwart *nt*; kwartaal *nt*; wijk *c*; ~ **of an hour** kwartier *nt*
quarterly ['kwɔ:təli] *adj* driemaandelijks
quay [ki:] *n* kade *c*
queen [kwi:n] *n* koningin *c*
queer [kwiə] *adj* zonderling, raar; vreemd
query ['kwiəri] *n* vraag *c*; *v* *navragen; betwijfelen
question ['kwestʃən] *n* vraag *c*; kwestie *c*, vraagstuk *nt*; *v* *ondervragen; in twijfel *trekken; ~ **mark** vraagteken *nt*
queue [kju:] *n* rij *c*; *v* in de rij *staan
quick [kwik] *adj* vlug
quick-tempered [‚kwik'tempəd] *adj* driftig
quiet ['kwaiət] *adj* stil, kalm, bedaard, rustig; *n* stilte *c*, rust *c*

quilt [kwilt] n sprei c

quinine [kwi'ni:n] n kinine c

quit [kwit] v *ophouden met, *uitscheiden

quite [kwait] adv helemaal; tamelijk,
vrij, nogal; zeer, heel

quiz [kwiz] n (pl ~zes) quiz c

quota ['kwoutə] n quota c

quotation [kwou'teifən] n citaat nt; ~
marks aanhalingstekens pl

quote [kwout] v citeren, aanhalen

R

rabbit ['ræbit] n konijn nt

rabies ['reibiz] n hondsdolheid c

race [reis] n wedloop c, race c; ras nt

race-course ['reiskɔ:s] n renbaan c

race-horse ['reishɔ:s] n renpaard nt

race-track ['reistræk] n renbaan c

racial ['reifəl] adj rassen-

racket ['rækit] n kabaal nt

racquet ['rækit] n racket nt

radiator ['reidieitə] n radiator c

radical ['rædikəl] adj radicaal

radio ['reidiou] n radio c

radish ['rædif] n radijs c

radius ['reidiəs] n (pl radii) straal c

raft [rɑ:ft] n vlot nt

rag [ræg] n vod nt

rage [reidʒ] n razernij c, woede c; v
razen, woeden

raid [reid] n inval c

rail [reil] n leuning c, reling c

railing ['reiliŋ] n hek nt

railroad ['reilroud] nAm spoorbaan c,
spoorweg c

railway ['reilwei] n spoorbaan c, spoorbaan c

rain [rein] n regen c; v regenen

rainbow ['reinbou] n regenboog c

raincoat ['reinkout] n regenjas c

rainproof ['reinpru:f] adj waterdicht

rainy ['reini] adj regenachtig

raise [reiz] v optillen; verhogen;
*grootbrengen, verbouwen, fokken;
*heffen; nAm loonsverhoging c,
opslag c

raisin ['reizən] n rozijn c

rake [reik] n hark c

rally ['ræli] n bijeenkomst c

ramp [ræmp] n glooiing c

ramshackle ['ræm,fækəl] adj gammel

rancid ['rænsid] adj ranzig

rang [ræŋ] v (p ring)

range [reindʒ] n bereik nt

range-finder ['reindʒ,faində] n afstandsmeter c

rank [ræŋk] n rang c; rij c

ransom ['rænsəm] n losgeld nt

rape [reip] v verkrachten

rapid ['ræpid] adj vlug, snel

rapids ['ræpidz] pl stroomversnelling c

rare [rɛə] adj zeldzaam

rarely ['rɛəli] adv zelden

rascal ['rɑ:skəl] n schelm c, deugniet c

rash [ræf] n uitslag c, huiduitslag c;
adj overhaast, onbezonnen

raspberry ['rɑ:zbəri] n framboos c

rat [ræt] n rat c

rate [reit] n prijs c, tarief nt; snelheid
c; **at any** ~ hoe dan ook, in elk geval; ~ **of exchange** wisselkoers c

rather ['rɑ:ðə] adv vrij, tamelijk, nogal; liever, eerder

ration ['ræfən] n rantsoen nt

rattan [ræ'tæn] n rotan c

raven ['reivən] n raaf c

raw [rɔ:] adj rauw; ~ **material** grondstof c

ray [rei] n straal c

rayon ['reion] n kunstzijde c

razor ['reizə] n scheerapparaat nt

razor-blade ['reizəbleid] n scheermesje
nt

reach [ri:tf] v bereiken; n bereik nt

reaction [ri'ækʃən] n reactie c

*read [ri:d] v *lezen

reading-lamp ['ri:diŋlæmp] n leeslamp c

reading-room ['ri:diŋru:m] n leeszaal c

ready ['redi] adj gereed, klaar

ready-made [,redi'meid] adj confectie-

real [riəl] adj echt

reality [ri'æləti] n werkelijkheid c

realizable ['riəlaizəbəl] adj haalbaar

realize ['riəlaiz] v beseffen; tot stand *brengen, verwezenlijken

really ['riəli] adv echt, werkelijk; eigenlijk

rear [riə] n achterkant c; v *groot-brengen

rear-light [riə'lait] n achterlicht nt

reason ['ri:zən] n oorzaak c, reden c; verstand nt, rede c; v redeneren

reasonable ['ri:zənəbəl] adj redelijk; billijk

reassure [,ri:ə'ʃuə] v geruststellen

rebate ['ri:beit] n korting c, reductie c

rebellion [ri'beljən] n opstand c, op-roer nt

recall [ri'kɔ:l] v zich herinneren; *te-rugroepen; *herroepen

receipt [ri'si:t] n kwitantie c, reçu nt; ontvangst c

receive [ri'si:v] v *krijgen, *ontvangen

receiver [ri'si:və] n telefoonhoorn c

recent ['ri:sənt] adj recent

recently ['ri:səntli] adv kort geleden, onlangs

reception [ri'sepʃən] n ontvangst c; onthaal nt; ~ **office** receptie c

receptionist [ri'sepʃənist] n receptioni-ste c

recession [ri'seʃən] n teruggang c

recipe ['resipi] n recept nt

recital [ri'saitəl] n recital nt

reckon ['rekən] v rekenen; beschou-wen; *denken

recognition [,rekəg'niʃən] n erkenning c

recognize ['rekəgnaiz] v herkennen; erkennen

recollect [,rekə'lekt] v zich herinneren

recommence [,ri:kə'mens] v hervatten

recommend [,rekə'mend] v *aanprij-zen, *aanbevelen; *aanraden

recommendation [,rekəmen'deiʃən] n aanbeveling c

reconciliation [,rekənsili'eiʃən] n ver-zoening c

record¹ ['rekɔ:d] n grammofoonplaat c; record nt; register nt

record² [ri'kɔ:d] v aantekenen

recorder [ri'kɔ:də] n bandrecorder c

recording [ri'kɔ:diŋ] n opname c

record-player ['rekɔ:d,pleiə] n platen-speler c, pick-up c

recover [ri'kʌvə] v *terugvinden; zich herstellen, *genezen

recovery [ri'kʌvəri] n genezing c, her-stel nt

recreation [,rekri'eiʃən] n recreatie c, ontspanning c; ~ **centre** recreatie-centrum nt; ~ **ground** speelterrein nt

recruit [ri'kru:t] n rekruut c

rectangle ['rektæŋgəl] n rechthoek c

rectangular [rek'tæŋgjulə] adj recht-hoekig

rectory ['rektəri] n pastorie c

rectum ['rektəm] n endeldarm c

recyclable [,ri:'saikləbəl] adj recycleer-bar

recycle [,ri:'saikəl] v recycleren

red [red] adj rood

redeem [ri'di:m] v verlossen

reduce [ri'dju:s] v reduceren, vermin-deren, verlagen

reduction [ri'dʌkʃən] n korting c, re-ductie c

redundant [ri'dʌndənt] adj overbodig

reed [ri:d] n riet nt

reef [ri:f] n rif nt

reference ['refrəns] n referentie c, verwijzing c; betrekking c; **with ~ to** met betrekking tot

refer to [ri'fə:] *verwijzen naar

refill ['ri:fil] n vulling c

refinery [ri'fainəri] n raffinaderij c

reflect [ri'flekt] v weerkaatsen

reflection [ri'flekʃən] n weerkaatsing c; spiegelbeeld nt

reflector [ri'flektə] n reflector c

reformation [,refə'meiʃən] n reformatie c

refresh [ri'freʃ] v verfrissen

refreshment [ri'freʃmənt] n verfrissing c

refrigerator [ri'fridʒəreitə] n koelkast c, ijskast c

refund¹ [ri'fʌnd] v terugbetalen

refund² ['ri:fʌnd] n terugbetaling c

refusal [ri'fju:zəl] n weigering c

refuse¹ [ri'fju:z] v weigeren

refuse² ['refju:s] n afval nt

regard [ri'gɑ:d] v beschouwen; *bekijken; n respect nt; **as regards** betreffende, aangaande, wat betreft

regarding [ri'gɑ:diŋ] prep met betrekking tot, betreffende; ten aanzien van

regatta [ri'gætə] n regatta c

régime [rei'ʒi:m] n regime nt

region ['ri:dʒən] n streek c; gebied nt

regional ['ri:dʒənəl] adj plaatselijk

register ['redʒistə] v zich *inschrijven; aantekenen; **registered letter** aangetekende brief

registration [,redʒi'streiʃən] n registratie c; ~ **form** inschrijvingsformulier nt; ~ **number** kenteken nt; ~ **plate** nummerbord nt

regret [ri'gret] v betreuren; n spijt c

regular ['regjulə] adj geregeld, regelmatig; gewoon, normaal

regulate ['regjuleit] v regelen

regulation [,regju'leiʃən] n reglement

nt, voorschrift nt; regeling c

rehabilitation [,ri:hə,bili'teiʃən] n revalidatie c

rehearsal [ri'hə:səl] n repetitie c

rehearse [ri'hə:s] v repeteren

reign [rein] n regering c; v regeren

reimburse [,ri:im'bə:s] v terugbetalen, vergoeden

reindeer ['reindiə] n (pl ~) rendier nt

reject [ri'dʒekt] v *afwijzen, *verwerpen; afkeuren

relate [ri'leit] v vertellen

related [ri'leitid] adj verwant

relation [ri'leiʃən] n relatie c, verband nt; verwante c

relative ['relətiv] n familielid nt; adj betrekkelijk, relatief

relax [ri'læks] v zich ontspannen

relaxation [,rilæk'seiʃən] n ontspanning c

reliable [ri'laiəbəl] adj betrouwbaar

relic ['relik] n relikwie c

relief [ri'li:f] n verademing c, verlichting c; steun c; reliëf nt

relieve [ri'li:v] v verlichten; aflossen

religion [ri'lidʒən] n godsdienst c

religious [ri'lidʒəs] adj godsdienstig

rely on [ri'lai] vertrouwen op

remain [ri'mein] v *blijven; *overblijven

remainder [ri'meində] n restant nt, rest c

remaining [ri'meiniŋ] adj overig, overblijvend

remark [ri'mɑ:k] n opmerking c; v opmerken

remarkable [ri'mɑ:kəbəl] adj opmerkelijk

remedy ['remədi] n geneesmiddel nt; middel nt

remember [ri'membə] v zich herinneren; *onthouden

remembrance [ri'membrəns] n aandenken nt, herinnering c

remind [ri'maind] v herinneren
remit [ri'mit] v overmaken
remittance [ri'mitəns] n storting c
remnant ['remnənt] n overblijfsel nt, restant nt, rest c
remote [ri'mout] adj afgelegen, ver
removal [ri'mu:vəl] n verwijdering c
remove [ri'mu:v] v verwijderen
remunerate [ri'mju:nəreit] v vergoeden
remuneration [ri,mju:nə'reiʃən] n vergoeding c
renew [ri'nju:] v vernieuwen; verlengen
rent [rent] v huren; n huur c
repair [ri'peə] v herstellen, repareren; n herstel nt
reparation [,repə'reiʃən] n reparatie c
***repay** [ri'pei] v terugbetalen
repayment [ri'peimənt] n terugbetaling c
repeat [ri'pi:t] v herhalen
repellent [ri'pelənt] adj weerzinwekkend, afstotelijk
repentance [ri'pentəns] n berouw nt
repertory ['repətəri] n repertoire nt
repetition [,repə'tiʃən] n herhaling c
replace [ri'pleis] v *vervangen
reply [ri'plai] v antwoorden; n antwoord nt; **in ~** als antwoord
report [ri'pɔ:t] v rapporteren; melden; zich aanmelden; n verslag nt, rapport nt
reporter [ri'pɔ:tə] n verslaggever c
represent [,repri'zent] v vertegenwoordigen; voorstellen
representation [,reprizen'teiʃən] n vertegenwoordiging c
representative [,repri'zentətiv] adj representatief
reprimand ['reprima:nd] v berispen
reproach [ri'proutʃ] n verwijt nt; v *verwijten
reproduce [,ri:prə'dju:s] v reproduceren

reproduction [,ri:prə'dʌkʃən] n reproductie c
reptile ['reptail] n reptiel nt
republic [ri'pʌblik] n republiek c
republican [ri'pʌblikən] adj republikeins
repulsive [ri'pʌlsiv] adj weerzinwekkend
reputation [,repju'teiʃən] n reputatie c; naam c
request [ri'kwest] n verzoek nt; v *verzoeken
require [ri'kwaiə] v vereisen
requirement [ri'kwaiəmənt] n vereiste c
requisite ['rekwizit] adj vereist
rescue ['reskju:] v redden; n redding c
research [ri'sə:tʃ] n onderzoek nt
resemblance [ri'zembləns] n gelijkenis c
resemble [ri'zembəl] v *lijken op
resent [ri'zent] v kwalijk *nemen
reservation [,rezə'veiʃən] n reservering c
reserve [ri'zə:v] v reserveren; *bespreken; n reserve c
reserved [ri'zə:vd] adj gereserveerd
reservoir ['rezəvwa:] n reservoir nt
reside [ri'zaid] v wonen
residence ['rezidəns] n woonplaats c; **~ permit** verblijfsvergunning c
resident ['rezidənt] n inwoner c; adj woonachtig; intern
resign [ri'zain] v ontslag *nemen
resignation [,rezig'neiʃən] n ontslagneming c
resin ['rezin] n hars nt/c
resist [ri'zist] v zich verzetten
resistance [ri'zistəns] n verzet nt
resolute ['rezəlu:t] adj resoluut, vastberaden
respect [ri'spekt] n respect nt; ontzag nt, achting c, eerbied c; v respecteren

respectable [ri'spektəbəl] adj eerzaam, respectabel

respectful [ri'spektfəl] adj eerbiedig

respective [ri'spektiv] adj respectievelijk

respiration [,respə'reiʃən] n ademhaling c

respite ['respait] n uitstel nt

responsibility [ri,sponsə'biləti] n verantwoordelijkheid c; aansprakelijkheid c

responsible [ri'sponsəbəl] adj verantwoordelijk; aansprakelijk

rest [rest] n rust c; rest c; v uitrusten, rusten

restaurant ['restərɔ:] n restaurant nt

restful ['restfəl] adj rustig

rest-home ['resthoum] n rusthuis nt

restless ['restləs] adj onrustig; ongedurig

restrain [ri'strein] v *inhouden, *weerhouden

restriction [ri'strikʃən] n beperking c

result [ri'zʌlt] n resultaat nt; gevolg nt; uitslag c; v resulteren

resume [ri'zju:m] v hervatten

résumé ['rezjumei] n samenvatting c

retail ['ri:teil] v in het klein *verkopen; ~ trade kleinhandel c, detailhandel c

retailer ['ri:teilə] n detaillist c, kleinhandelaar c; wederverkoper c

retina ['retinə] n netvlies nt

retired [ri'taiəd] adj gepensioneerd

return [ri'tə:n] v *terugkomen, terugkeren; n terugkeer c; ~ flight retourvlucht c; ~ journey terugreis c

reunite [,ri:ju:'nait] v herenigen

reveal [ri'vi:l] v openbaren, onthullen

revelation [,revə'leiʃən] n onthulling c

revenge [ri'vendʒ] n wraak c

revenue ['revənju:] n inkomen nt

reverse [ri'və:s] n tegendeel nt; keerzijde c; omkeer c, tegenslag c; adj omgekeerd; v *achteruitrijden

review [ri'vju:] n bespreking c; tijdschrift nt

revise [ri'vaiz] v *herzien

revision [ri'viʒən] n herziening c

revival [ri'vaivəl] n herstel nt

revolt [ri'voult] v in opstand *komen; n opstand c, oproer nt

revolting [ri'voultiŋ] adj walgelijk, stuitend, weerzinwekkend

revolution [,revə'lu:ʃən] n revolutie c; omwenteling c

revolutionary [,revə'lu:ʃənəri] adj revolutionair

revolver [ri'vɔlvə] n revolver c

revue [ri'vju:] n revue c

reward [ri'wɔ:d] n beloning c; v belonen

rheumatism ['ru:mətizəm] n reumatiek c

rhinoceros [rai'nɔsərəs] n (pl ~, ~es) neushoorn c

rhubarb ['ru:ba:b] n rabarber c

rhyme [raim] n rijm nt

rhythm ['riðəm] n ritme nt

rib [rib] n rib c

ribbon ['ribən] n lint nt

rice [rais] n rijst c

rich [ritʃ] adj rijk

riches ['ritʃiz] pl rijkdom c

riddle ['ridəl] n raadsel nt

ride [raid] n rit c

*ride [raid] v *rijden; *paardrijden

rider ['raidə] n ruiter c

ridge [ridʒ] n bergrug c

ridicule ['ridikju:l] v bespotten

ridiculous [ri'dikjuləs] adj bespottelijk, belachelijk

riding ['raidiŋ] n paardesport c

riding-school ['raidiŋsku:l] n manege c

rifle ['raifəl] v geweer nt

right [rait] n recht nt; adj goed, juist; recht; rechts; billijk, rechtvaardig; all right! in orde!; * be ~ gelijk *hebben; ~ **of way** voorrang c

righteous ['raitʃəs] adj rechtvaardig

right-hand ['raithænd] adj rechter, rechts

rightly ['raitli] adv terecht

rim [rim] n velg c; rand c

ring [riŋ] n ring c; kring c; piste c

*****ring** [riŋ] v bellen; ~ **up** opbellen

rinse [rins] v spoelen; n spoeling c

riot ['raiət] n rel c

rip [rip] v scheuren

ripe [raip] adj rijp

rise [raiz] n opslag c, verhoging c; stijging c; opkomst c

*****rise** [raiz] v *opstaan; *opgaan; *stijgen

rising ['raiziŋ] n opstand c

risk [risk] n risico nt; gevaar nt; v wagen

risky ['riski] adj gewaagd, riskant

rival ['raivəl] n rivaal c; concurrent c; v rivaliseren

rivalry ['raivəlri] n rivaliteit c; concurrentie c

river ['rivə] n rivier c; ~ **bank** oever c

riverside ['rivəsaid] n rivieroever c

roach [routʃ] n (pl ~) blankvoren c

road [roud] n straat c, weg c; ~ **fork** n tweesprong c; ~ **map** wegenkaart c; ~ **system** wegennet nt; ~ **up** werk in uitvoering

roadhouse ['roudhaus] n wegrestaurant nt

roadside ['roudsaid] n wegkant c; ~ **restaurant** wegrestaurant nt

roadway ['roudwei] nAm rijbaan c

roam [roum] v *zwerven

roar [rɔ:] v loeien, brullen; n gebrul nt, geraas nt

roast [roust] v *braden, roosteren

rob [rɔb] v beroven

robber ['rɔbə] n dief c

robbery ['rɔbəri] n roof c, diefstal c, beroving c

robe [roub] n jurk c; gewaad nt

robin ['rɔbin] n roodborstje nt

robust [rou'bʌst] adj fors

rock [rɔk] n rots c; v schommelen

rocket ['rɔkit] n raket c

rock-'n-roll [,rɔkən'roul] n rock en roll c

rocky ['rɔki] adj rotsachtig

rod [rɔd] n stang c, roede c

roe [rou] n kuit c, viskuit c

roll [roul] v rollen; n rol c; broodje nt

Roman Catholic ['roumən 'kæθəlik] rooms-katholiek

romance [rə'mæns] n romance c

romantic [rə'mæntik] adj romantisch

roof [ru:f] n dak nt; **thatched ~** strodak nt

room [ru:m] n vertrek nt, kamer c; ruimte c, plaats c; ~ **and board** kost en inwoning; ~ **service** bediening op de kamer; ~ **temperature** kamertemperatuur c

roomy ['ru:mi] adj ruim

root [ru:t] n wortel c

rope [roup] n touw nt

rosary ['rouzəri] n rozenkrans c

rose [rouz] n roos c; adj roze

rotten ['rɔtən] adj rot

rouge [ru:ʒ] n rouge c/nt

rough [rʌf] adj ruw

roulette [ru:'let] n roulette c

round [raund] adj rond; prep rondom, om; n ronde c; ~ **trip** Am retour

roundabout ['raundəbaut] n rotonde c

rounded ['raundid] adj afgerond

route [ru:t] n route c

routine [ru:'ti:n] n routine c

row[1] [rou] n rij c; v roeien

row[2] [rau] n ruzie c

rowdy ['raudi] adj baldadig

rowing-boat ['rouiŋbout] n roeiboot c

royal ['rɔiəl] adj koninklijk

rub [rʌb] v *wrijven

rubber ['rʌbə] n rubber nt; vlakgom

c/nt; ~ **band** elastiek nt

rubbish ['rʌbiʃ] n afval nt; geklets nt, onzin c; **talk** ~ kletsen

rubbish-bin ['rʌbiʃbin] n vuilnisbak c

ruby ['ru:bi] n robijn c

rucksack ['rʌksæk] n rugzak c

rudder ['rʌdə] n roer nt

rude [ru:d] adj grof

rug [rʌg] n kleedje nt

ruin ['ru:in] v ruïneren; n ondergang c; **ruins** ruïne c

ruination [,ru:i'neiʃən] n ondergang c

rule [ru:l] n regel c; bewind nt, bestuur nt, heerschappij c; v heersen, regeren; **as a** ~ gewoonlijk, in de regel

ruler ['ru:lə] n vorst c, heerser c; liniaal c

Rumania [ru:'meiniə] Roemenië

Rumanian [ru:'meiniən] adj Roemeens; n Roemeen c

rumour ['ru:mə] n gerucht nt

*****run** [rʌn] v rennen; ~ **into** *tegenkomen

runaway ['rʌnəwei] n ontsnapte gevangene

rung [rʌŋ] v (pp ring)

runway ['rʌnwei] n startbaan c

rural ['ruərəl] adj plattelands-

ruse [ru:z] n list c

rush [rʌʃ] v zich haasten; n bies c

rush-hour ['rʌʃauə] n spitsuur nt

Russia ['rʌʃə] Rusland

Russian ['rʌʃən] adj Russisch; n Rus c

rust [rʌst] n roest nt

rustic ['rʌstik] adj rustiek

rusty ['rʌsti] adj roestig

S

saccharin ['sækərin] n sacharine c

sack [sæk] n zak c

sacred ['seikrid] adj heilig

sacrifice ['sækrifais] n offer nt; v opofferen

sacrilege ['sækrilidʒ] n heiligschennis c

sad [sæd] adj bedroefd; verdrietig, droevig, treurig

saddle ['sædəl] n zadel nt

sadness ['sædnəs] n bedroefdheid c

safe [seif] adj veilig; n brandkast c, kluis c

safety ['seifti] n veiligheid c

safety-belt ['seiftibelt] n veiligheidsgordel c

safety-pin ['seiftipin] n veiligheidsspeld c

safety-razor ['seifti,reizə] n scheerapparaat nt

sail [seil] v *bevaren, *varen; n zeil nt

sailing-boat ['seiliŋbout] n zeilboot c

sailor ['seilə] n matroos c

saint [seint] n heilige c

salad ['sæləd] n sla c

salad-oil ['sælədɔil] n slaolie c

salary ['sæləri] n loon nt, salaris nt

sale [seil] n verkoop c; **clearance** ~ opruiming c; **for** ~ te koop; **sales** uitverkoop c; **sales tax** omzetbelasting c

saleable ['seiləbəl] adj verkoopbaar

salesgirl ['seilzgə:l] n verkoopster c

salesman ['seilzmən] n (pl -men) verkoper c

salmon ['sæmən] n (pl ~) zalm c

salon ['sælɔ̃:] n salon c

saloon [sə'lu:n] n bar c

salt [sɔ:lt] n zout nt

salt-cellar ['sɔ:lt,selə] n zoutvaatje nt

salty ['sɔ:lti] adj zout

salute [sə'lu:t] v groeten
salve [sɑ:v] n zalf c
same [seim] adj zelfde
sample ['sɑ:mpəl] n monster nt
sanatorium [ˌsænə'tɔ:riəm] n (pl ~s, -ria) sanatorium nt
sand [sænd] n zand nt
sandal ['sændəl] n sandaal c
sandpaper ['sænd,peipə] n schuurpapier nt
sandwich ['sænwidʒ] n boterham c
sandy ['sændi] adj zanderig
sanitary ['sænitəri] adj sanitair; ~ towel maandverband nt
sapphire ['sæfaiə] n saffier nt
sardine [sɑ:'di:n] n sardine c
satchel ['sætʃəl] n schooltas c
satellite ['sætəlait] n satelliet c
satin ['sætin] n satijn nt
satisfaction [ˌsætis'fækʃən] n bevrediging c, voldoening c
satisfy ['sætisfai] v bevredigen; satisfied voldaan, tevreden
Saturday ['sætədi] zaterdag c
sauce [sɔ:s] n saus c
saucepan ['sɔ:spən] n steelpan c
saucer ['sɔ:sə] n schoteltje nt
Saudi Arabia [ˌsaudiə'reibiə] Saoedi-Arabië
Saudi Arabian [ˌsaudiə'reibiən] adj Saoedi-Arabisch
sauna ['sɔ:nə] n sauna c
sausage ['sɔsidʒ] n worst c
savage ['sævidʒ] adj wild
save [seiv] v redden; sparen
savings ['seivinʒ] pl spaargeld nt; ~ bank spaarbank c
saviour ['seivjə] n redder c
savoury ['seivəri] adj smakelijk; pikant
saw¹ [sɔ:] v (p see)
saw² [sɔ:] n zaag c
sawdust ['sɔ:dʌst] n zaagsel nt
saw-mill ['sɔ:mil] n houtzagerij c

* say [sei] v *zeggen
scaffolding ['skæfəldiŋ] n steigers pl
scale [skeil] n schaal c; toonladder c; schub c; **scales** pl weegschaal c
scandal ['skændəl] n schandaal nt
Scandinavia [ˌskændi'neiviə] Scandinavië
Scandinavian [ˌskændi'neiviən] adj Scandinavisch; n Scandinaviër c
scapegoat ['skeipgout] n zondebok c
scar [skɑ:] n litteken nt
scarce [skeəs] adj schaars
scarcely ['skeəsli] adv nauwelijks
scarcity ['skeəsəti] n schaarste c
scare [skeə] v *doen schrikken; n schrik c
scarf [skɑ:f] n (pl ~s, scarves) das c, sjaal c
scarlet ['skɑ:lət] adj vuurrood
scary ['skeəri] adj griezelig
scatter ['skætə] v verspreiden
scene [si:n] n scène c
scenery ['si:nəri] n landschap nt
scenic ['si:nik] adj schilderachtig
scent [sent] n geur c
schedule ['ʃedju:l] n dienstregeling c, rooster nt
scheme [ski:m] n schema nt; plan nt
scholar ['skɔlə] n geleerde c; leerling c
scholarship ['skɔləʃip] n studiebeurs c
school [sku:l] n school c
schoolboy ['sku:lbɔi] n schooljongen c
schoolgirl ['sku:lgə:l] n schoolmeisje nt
schoolmaster ['sku:l,mɑ:stə] n onderwijzer c, meester c
schoolteacher ['sku:l,ti:tʃə] n onderwijzer c
science ['saiəns] n wetenschap c
scientific [ˌsaiən'tifik] adj wetenschappelijk
scientist ['saiəntist] n geleerde c
scissors ['sizəz] pl schaar c
scold [skould] v berispen; *schelden

scooter ['sku:tə] n scooter c; autoped c

score [skɔ:] n stand c; v scoren

scorn [skɔ:n] n hoon c, verachting c; v verachten

Scot [skɔt] n Schot c

Scotch [skɔtʃ] adj Schots; scotch tape plakband nt

Scotland ['skɔtlənd] Schotland

Scottish ['skɔtiʃ] adj Schots

scout [skaut] n padvinder c

scrap [skræp] n snipper c

scrap-book ['skræpbuk] n plakboek nt

scrape [skreip] v schrappen

scrap-iron ['skræpaiən] n schroot nt

scratch [skrætʃ] v krassen, krabben; n kras c, schram c

scream [skri:m] v gillen, schreeuwen; n gil c, schreeuw c

screen [skri:n] n scherm nt; beeldscherm nt

screw [skru:] n schroef c; v schroeven

screw-driver ['skru:,draivə] n schroevedraaier c

scrub [skrʌb] v schrobben; n struik c

sculptor ['skʌlptə] n beeldhouwer c

sculpture ['skʌlptʃə] n beeldhouwwerk nt

sea [si:] n zee c

sea-bird ['si:bə:d] n zeevogel c

sea-coast ['si:koust] n zeekust c

seagull ['si:gʌl] n meeuw c, zeemeeuw c

seal [si:l] n zegel nt; rob c, zeehond c

seam [si:m] n naad c

seaman ['si:mən] n (pl -men) zeeman c

seamless ['si:mləs] adj naadloos

seaport ['si:pɔ:t] n zeehaven c

search [sə:tʃ] v *zoeken; fouilleren, *doorzoeken

searchlight ['sə:tʃlait] n schijnwerper c

seascape ['si:skeip] n zeegezicht nt

sea-shell ['si:ʃel] n zeeschelp c

seashore ['si:ʃɔ:] n kust c

seasick ['si:sik] adj zeeziek

seasickness ['si:,siknəs] n zeeziekte c

seaside ['si:said] n kust c; ~ resort badplaats c

season ['si:zən] n jaargetijde nt, seizoen nt; high ~ hoogseizoen nt; low ~ naseizoen nt; off ~ buiten het seizoen

season-ticket ['si:zən,tikit] n abonnementskaart c

seat [si:t] n stoel c; plaats c, zitplaats c; zetel c

seat-belt ['si:tbelt] n veiligheidsgordel c

sea-urchin ['si:,ə:tʃin] n zeeëgel c

sea-water ['si:,wɔ:tə] n zeewater nt

second ['sekənd] num tweede; n seconde c; tel c

secondary ['sekəndəri] adj secundair, ondergeschikt; ~ school middelbare school

second-hand [,sekənd'hænd] adj tweedehands

secret ['si:krət] n geheim nt; adj geheim

secretary ['sekrətri] n secretaresse c; secretaris c

section ['sekʃən] n sectie c; afdeling c, vak nt

secure [si'kjuə] adj veilig; v bemachtigen

security [si'kjuərəti] n veiligheid c; pand nt

sedate [si'deit] adj kalm

sedative ['sedətiv] n kalmerend middel

seduce [si'dju:s] v verleiden

*see [si:] v *zien; *begrijpen, *inzien; ~ to zorgen voor

seed [si:d] n zaad nt

*seek [si:k] v *zoeken

seem [si:m] v *lijken, *schijnen

seen [si:n] v (pp see)

seesaw ['si:sɔ:] n wip c

seize [si:z] v *grijpen

seldom ['seldəm] adv zelden

select [si'lekt] v selecteren, *uitkiezen; adj select, uitgelezen

selection [si'lekʃən] n keuze c, selectie c

self-centred [,self'sentəd] adj egocentrisch

self-employed [,selfim'plɔid] adj zelfstandig

self-evident [,sel'fevidənt] adj vanzelfsprekend

self-government [,self'gʌvəmənt] n zelfbestuur nt

selfish ['selfiʃ] adj egoïstisch

selfishness ['selfiʃnəs] n egoïsme nt

self-service [,self'sə:vis] n zelfbediening c; ~ **restaurant** zelfbedieningsrestaurant nt

* sell [sel] v *verkopen

semblance ['sembləns] n schijn c

semi- ['semi] half

semicircle ['semi,sə:kəl] n halve cirkel

semi-colon [,semi'koulən] n puntkomma c

senate ['senət] n senaat c

senator ['senətə] n senator c

* send [send] v sturen, *zenden; ~ **back** terugsturen, *terugzenden; ~ **for** *laten halen; ~ **off** versturen

senile ['si:nail] adj seniel

sensation [sen'seiʃən] n sensatie c; gewaarwording c, gevoel nt

sensational [sen'seiʃənəl] adj sensationeel, opzienbarend

sense [sens] n zintuig nt; gezond verstand, rede c; zin c, betekenis c; v voelen; ~ **of honour** eergevoel nt

senseless ['sensləs] adj zinloos

sensible ['sensəbəl] adj verstandig

sensitive ['sensitiv] adj gevoelig

sentence ['sentəns] n zin c; vonnis nt; v veroordelen

sentimental [,senti'mentəl] adj sentimenteel

separate¹ ['sepəreit] v *scheiden

separate² ['sepərət] adj afzonderlijk, gescheiden

separately ['sepərətli] adv apart

September [sep'tembə] september

septic ['septik] adj septisch; * **become** ~ *ontsteken

sequel ['si:kwəl] n vervolg nt

sequence ['si:kwəns] n volgorde c; reeks c

serene [sə'ri:n] adj kalm; helder

serial ['siəriəl] n feuilleton nt

series ['siəri:z] n (pl ~) reeks c, serie c

serious ['siəriəs] adj serieus, ernstig

seriousness ['siəriəsnəs] n ernst c

sermon ['sə:mən] n preek c

serum ['siərəm] n serum nt

servant ['sə:vənt] n bediende c

serve [sə:v] v bedienen

service ['sə:vis] n dienst c; bediening c; ~ **charge** bedieningsgeld nt; ~ **station** benzinestation nt

serviette [,sə:vi'et] n servet nt

session ['seʃən] n zitting c

set [set] n stel nt, groep c

* set [set] v zetten; ~ **menu** vast menu; ~ **out** *vertrekken

setting ['setiŋ] n omgeving c; ~ **lotion** haarversteviger c

settle ['setəl] v afhandelen, regelen; ~ **down** zich vestigen

settlement ['setəlmənt] n regeling c, schikking c, overeenkomst c

seven ['sevən] num zeven

seventeen [,sevən'ti:n] num zeventien

seventeenth [,sevən'ti:nθ] num zeventiende

seventh ['sevənθ] num zevende

seventy ['sevənti] num zeventig

several ['sevərəl] adj ettelijk, verscheidene

severe [si'viə] adj hevig, streng, ernstig

sew [sou] v naaien; ~ **up** hechten

sewer ['su:ə] n riool nt

sewing-machine ['souiŋməˌʃi:n] n naaimachine c

sex [seks] n geslacht nt; sex c

sexton ['sekstən] n koster c

sexual ['sekʃuəl] adj seksueel

sexuality [ˌsekʃuˈæləti] n seksualiteit c

shade [ʃeid] n schaduw c; tint c

shadow ['ʃædou] n schaduw c

shady ['ʃeidi] adj schaduwrijk

***shake** [ʃeik] v schudden

shaky ['ʃeiki] adj gammel

***shall** [ʃæl] v *zullen; *moeten

shallow ['ʃælou] adj ondiep

shame [ʃeim] n schaamte c; schande c; shame! foei!

shampoo [ʃæmˈpu:] n shampoo c

shamrock ['ʃæmrɔk] n klaver c

shape [ʃeip] n vorm c; v vormen

share [ʃeə] v delen; n deel nt; aandeel nt

shark [ʃɑ:k] n haai c

sharp [ʃɑ:p] adj scherp

sharpen ['ʃɑ:pən] v *slijpen

shave [ʃeiv] v zich *scheren

shaver ['ʃeivə] n scheerapparaat nt

shaving-brush ['ʃeiviŋbrʌʃ] n scheerkwast c

shaving-cream ['ʃeiviŋkri:m] n scheercrème c

shaving-soap ['ʃeiviŋsoup] n scheerzeep c

shawl [ʃɔ:l] n omslagdoek c, sjaal c

she [ʃi:] pron ze

shed [ʃed] n schuur c

***shed** [ʃed] v storten; verspreiden

sheep [ʃi:p] n (pl ~) schaap nt

sheer [ʃiə] adj absoluut, puur; dun, doorzichtig

sheet [ʃi:t] n laken nt; blad nt; plaat c

shelf [ʃelf] n (pl shelves) plank c

shell [ʃel] n schelp c; dop c

shellfish ['ʃelfiʃ] n schaaldier nt

shelter ['ʃeltə] n beschutting c, schuilplaats c; v beschutten

shepherd ['ʃepəd] n herder c

***shine** [ʃain] v *schijnen; glanzen, *blinken

ship [ʃip] n schip nt; v verschepen; **shipping line** scheepvaartlijn c

shipowner ['ʃiˌpounə] n reder c

shipyard ['ʃipjɑ:d] n scheepswerf c

shirt [ʃə:t] n hemd nt, overhemd nt

shiver ['ʃivə] v bibberen, rillen; n rilling c

shivery ['ʃivəri] adj rillerig

shock [ʃɔk] n schok c; v schokken; ~ **absorber** schokbreker c

shocking ['ʃɔkiŋ] adj schokkend

shoe [ʃu:] n schoen c; **gym shoes** gymschoenen pl; ~ **polish** schoensmeer c

shoe-lace ['ʃu:leis] n schoenveter c

shoemaker ['ʃu:ˌmeikə] n schoenmaker c

shoe-shop ['ʃu:ʃɔp] n schoenwinkel c

shook [ʃuk] v (p shake)

***shoot** [ʃu:t] v *schieten

shop [ʃɔp] n winkel c; v winkelen; ~ **assistant** verkoper c; **shopping bag** boodschappentas c; **shopping centre** winkelcentrum nt

shopkeeper ['ʃɔpˌki:pə] n winkelier c

shop-window [ˌʃɔpˈwindou] n etalage c

shore [ʃɔ:] n oever c, kust c

short [ʃɔ:t] adj kort; klein; ~ **circuit** kortsluiting c

shortage ['ʃɔ:tidʒ] n tekort nt, gebrek nt

shortcoming ['ʃɔ:tˌkʌmiŋ] n tekortkoming c

shorten ['ʃɔ:tən] v verkorten

shorthand ['ʃɔ:thænd] n stenografie c

shortly ['ʃɔ:tli] adv weldra, binnenkort, spoedig

shorts [ʃɔːts] *pl* korte broek; *plAm* onderbroek *c*

short-sighted [ˌʃɔːˈsaitid] *adj* bijziend

shot [ʃɔt] *n* schot *nt*; injectie *c*; opname *c*

*****should** [ʃud] *v* *moeten

shoulder [ˈʃouldə] *n* schouder *c*

shout [ʃaut] *v* schreeuwen, *roepen; *n* schreeuw *c*

shovel [ˈʃʌvəl] *n* schop *c*

show [ʃou] *n* voorstelling *c*; tentoonstelling *c*

*****show** [ʃou] *v* tonen; *laten zien, tentoonstellen; aantonen

show-case [ˈʃoukeis] *n* vitrine *c*

shower [ˈʃauə] *n* douche *c*; bui *c*, regenbui *c*

showroom [ˈʃouruːm] *n* toonzaal *c*

shriek [ʃriːk] *v* gillen; *n* gil *c*

shrimp [ʃrimp] *n* garnaal *c*

shrine [ʃrain] *n* heiligdom *nt*, schrijn *c*

*****shrink** [ʃriŋk] *v* *krimpen

shrinkproof [ˈʃriŋkpruːf] *adj* krimpvrij

shrub [ʃrʌb] *n* struik *c*

shudder [ˈʃʌdə] *n* rilling *c*

shuffle [ˈʃʌfəl] *v* schudden

*****shut** [ʃʌt] *v* *sluiten; **shut** dicht, gesloten; ~ **in** *insluiten

shutter [ˈʃʌtə] *n* luik *nt*, blind *nt*

shy [ʃai] *adj* schuw, verlegen

shyness [ˈʃainəs] *n* verlegenheid *c*

Siam [saiˈæm] Siam

Siamese [ˌsaiəˈmiːz] *adj* Siamees; *n* Siamees *c*

sick [sik] *adj* ziek; misselijk

sickness [ˈsiknəs] *n* ziekte *c*; misselijkheid *c*

side [said] *n* kant *c*, zijde *c*; partij *c*; **one-sided** *adj* eenzijdig

sideburns [ˈsaidbəːnz] *pl* bakkebaarden *pl*

sidelight [ˈsaidlait] *n* zijlicht *nt*

side-street [ˈsaidstriːt] *n* zijstraat *c*

sidewalk [ˈsaidwɔːk] *nAm* stoep *c*, trottoir *nt*

sideways [ˈsaidweiz] *adv* opzij

siege [siːdʒ] *n* belegering *c*

sieve [siv] *n* zeef *c*; *v* zeven

sift [sift] *v* zeven

sight [sait] *n* zicht *nt*; gezicht *nt*, aanblik *c*; bezienswaardigheid *c*

sign [sain] *n* teken *nt*; gebaar *nt*, wenk *c*; *v* ondertekenen, tekenen

signal [ˈsignəl] *n* signaal *nt*; sein *nt*, teken *nt*; *v* seinen

signature [ˈsignətʃə] *n* handtekening

significant [sigˈnifikənt] *adj* veelbetekenend

signpost [ˈsainpoust] *n* wegwijzer *c*

silence [ˈsailəns] *n* stilte *c*; *v* tot zwijgen *brengen

silencer [ˈsailənsə] *n* knalpot *c*

silent [ˈsailənt] *adj* zwijgend, stil; *be ~ *zwijgen

silk [silk] *n* zijde *c*

silken [ˈsilkən] *adj* zijden

silly [ˈsili] *adj* mal, dwaas

silver [ˈsilvə] *n* zilver *nt*; zilveren

silversmith [ˈsilvəsmiθ] *n* zilversmid *c*

silverware [ˈsilvəwɛə] *n* zilverwerk *nt*

similar [ˈsimilə] *adj* dergelijk, overeenkomstig

similarity [ˌsimiˈlærəti] *n* gelijkenis *c*

simple [ˈsimpəl] *adj* simpel, eenvoudig; gewoon

simply [ˈsimpli] *adv* eenvoudig, gewoonweg

simulate [ˈsimjuleit] *v* huichelen

simultaneous [ˌsiməlˈteiniəs] *adj* gelijktijdig; **simultaneously** *adv* tegelijkertijd

sin [sin] *n* zonde *c*

since [sins] *prep* sedert; *adv* sindsdien; *conj* sinds; aangezien

sincere [sinˈsiə] *adj* oprecht

sinew [ˈsinjuː] *n* pees *c*

*****sing** [siŋ] *v* *zingen

singer [ˈsiŋə] *n* zanger *c*; zangeres *c*

single ['siŋgəl] *adj* enkel; ongetrouwd

singular ['siŋgjulə] *n* enkelvoud *nt*; *adj* eigenaardig

sinister ['sinistə] *adj* onheilspellend

sink [siŋk] *n* gootsteen *c*

*sink [siŋk] *v* *zinken

sip [sip] *n* slokje *nt*

siphon ['saifən] *n* sifon *c*

sir [sə:] meneer

siren ['saiərən] *n* sirene *c*

sister ['sistə] *n* zuster *c*, zus *c*

sister-in-law ['sistərinlɔ:] *n* (pl sisters-) schoonzuster *c*

*sit [sit] *v* *zitten; ~ down *gaan zitten

site [sait] *n* plaats *c*; ligging *c*

sitting-room ['sitiŋru:m] *n* zitkamer *c*

situated ['sitʃueitid] *adj* gelegen

situation [,sitʃu'eiʃən] *n* situatie *c*; ligging *c*

six [siks] *num* zes

sixteen [,siks'ti:n] *num* zestien

sixteenth [,siks'ti:nθ] *num* zestiende

sixth [siksθ] *num* zesde

sixty ['siksti] *num* zestig

size [saiz] *n* grootte *c*, maat *c*; afmeting *c*, omvang *c*; formaat *nt*

skate [skeit] *v* schaatsen; *n* schaats *c*

skating-rink ['skeitiŋriŋk] *n* kunstijsbaan *c*, ijsbaan *c*

skeleton ['skelitən] *n* skelet *nt*, geraamte *nt*

sketch [sketʃ] *n* tekening *c*, schets *c*; *v* tekenen, schetsen

sketch-book ['sketʃbuk] *n* schetsboek *nt*

ski[1] [ski:] *v* skiën

ski[2] [ski:] *n* (pl ~, ~s) ski *c*; ~ boots skischoenen *pl*; ~ pants skibroek *c*; ~ poles *Am* skistokken *pl*; ~ sticks skistokken *pl*

skid [skid] *v* slippen

skier ['ski:ə] *n* skiër *c*

skilful ['skilfəl] *adj* bekwaam, behen-

dig, vaardig

ski-lift ['ski:lift] *n* skilift *c*

skill [skil] *n* vaardigheid *c*

skilled [skild] *adj* vaardig, vakkundig

skin [skin] *n* vel *nt*, huid *c*; schil *c*; ~ cream huidcrème *c*

skip [skip] *v* huppelen; *overslaan

skirt [skə:t] *n* rok *c*

skull [skʌl] *n* schedel *c*

sky [skai] *n* hemel *c*; lucht *c*

skyscraper ['skai,skreipə] *n* wolkenkrabber *c*

slack [slæk] *adj* traag

slacks [slæks] *pl* broek *c*

slam [slæm] *v* *dichtslaan

slander ['slɑ:ndə] *n* laster *c*

slant [slɑ:nt] *v* hellen

slanting ['slɑ:ntiŋ] *adj* schuin, hellend, scheef

slap [slæp] *v* *slaan; *n* klap *c*

slate [sleit] *n* lei *nt*

slave [sleiv] *n* slaaf *c*

sledge [sledʒ] *n* slee *c*, slede *c*

sleep [sli:p] *n* slaap *c*

*sleep [sli:p] *v* *slapen

sleeping-bag ['sli:piŋbæg] *n* slaapzak *c*

sleeping-car ['sli:piŋkɑ:] *n* slaapwagen *c*

sleeping-pill ['sli:piŋpil] *n* slaappil *c*

sleepless ['sli:pləs] *adj* slapeloos

sleepy ['sli:pi] *adj* slaperig

sleeve [sli:v] *n* mouw *c*; hoes *c*

sleigh [slei] *n* slee *c*, ar *c*

slender ['slendə] *adj* slank

slice [slais] *n* snee *c*

slide [slaid] *n* glijbaan *c*; dia *c*

*slide [slaid] *v* *glijden

slight [slait] *adj* licht; gering

slim [slim] *adj* slank; *v* vermageren

slip [slip] *v* slippen, *uitglijden; ontglippen; *n* misstap *c*; onderrok *c*

slipper ['slipə] *n* slof *c*, pantoffel *c*

slippery ['slipəri] *adj* glibberig, glad

slogan ['slougən] *n* leus *c*, slagzin *c*

slope [sloup] *n* helling *c*; *v* glooien

sloping ['sloupiŋ] *adj* afhellend

sloppy ['slɔpi] *adj* slordig

slot [slɔt] *n* gleuf *c*

slot-machine ['slɔt,məʃi:n] *n* automaat *c*

slovenly ['slʌvənli] *adj* slordig

slow [slou] *adj* traag, langzaam; ~ **down** vertragen; afremmen

sluice [slu:s] *n* sluis *c*

slum [slʌm] *n* achterbuurt *c*

slump [slʌmp] *n* prijsdaling *c*

slush [slʌʃ] *n* sneeuwslik *nt*

sly [slai] *adj* listig

smack [smæk] *v* *slaan; *n* klap *c*

small [smɔ:l] *adj* klein; gering

smallpox ['smɔ:lpɔks] *n* pokken *pl*

smart [smɑ:t] *adj* chic; knap, pienter

smell [smel] *n* geur *c*

***smell** [smel] *v* *ruiken; *stinken

smelly ['smeli] *adj* stinkend

smile [smail] *v* glimlachen; *n* glimlach *c*

smith [smiθ] *n* smid *c*

smoke [smouk] *v* roken; *n* rook *c*; **no smoking** verboden te roken

smoker ['smoukə] *n* roker *c*; rookcoupé *c*

smoking-compartment ['smoukiŋkəm,pɑ:tmənt] *n* coupé voor rokers

smoking-room ['smoukiŋru:m] *n* rookkamer *c*

smooth [smu:ð] *adj* effen, vlak, glad; zacht

smuggle ['smʌgəl] *v* smokkelen

snack [snæk] *n* snack *c*

snack-bar ['snækbɑ:] *n* snackbar *c*

snail [sneil] *n* slak *c*

snake [sneik] *n* slang *c*

snapshot ['snæpʃɔt] *n* kiekje *nt*, momentopname *c*

sneakers ['sni:kəz] *plAm* gymschoenen *pl*

sneeze [sni:z] *v* niezen

sniper ['snaipə] *n* sluipschutter *c*

snooty ['snu:ti] *adj* verwaand

snore [snɔ:] *v* snurken

snorkel ['snɔ:kəl] *n* snorkel *c*

snout [snaut] *n* snuit *c*

snow [snou] *n* sneeuw *c*; *v* sneeuwen

snowstorm ['snoustɔ:m] *n* sneeuwstorm *c*

snowy ['snoui] *adj* besneeuwd

so [sou] *conj* dus; *adv* zo; dermate; **and ~ on** enzovoort; ~ **far** tot zover; ~ **that** zodat, opdat

soak [souk] *v* weken, doorweken

soap [soup] *n* zeep *c*; ~ **powder** zeeppoeder *nt*

sober ['soubə] *adj* nuchter; bezonnen

so-called ['sou'kɔ:ld] *adj* zogenaamd

soccer ['sɔkə] *n* voetbal *nt*; ~ **team** elftal *nt*

social ['souʃəl] *adj* maatschappelijk, sociaal

socialism ['souʃəlizəm] *n* socialisme *nt*

socialist ['souʃəlist] *adj* socialistisch; *n* socialist *c*

society [sə'saiəti] *n* maatschappij *c*; genootschap *nt*, vereniging *c*; gezelschap *nt*

sock [sɔk] *n* sok *c*

socket ['sɔkit] *n* fitting *c*

soda-water ['soudə,wɔ:tə] *n* spuitwater *nt*, sodawater *nt*

sofa ['soufə] *n* sofa *c*

soft [sɔft] *adj* zacht; ~ **drink** frisdrank *c*

soften ['sɔfən] *v* verzachten

soil [sɔil] *n* grond *c*; bodem *c*, aarde *c*

soiled [sɔild] *adj* bevuild

sold [sould] *v* (p, pp sell); ~ **out** uitverkocht

solder ['sɔldə] *v* solderen

soldering-iron ['sɔldəriŋaiən] *n* soldeerbout *c*

soldier ['souldʒə] *n* militair *c*, soldaat *c*

sole[1] [soul] *adj* enig

sole[2] [soul] *n* zool *c*; tong *c*

solely ['soulli] *adv* uitsluitend

solemn ['sɔləm] *adj* plechtig

solicitor [sə'lisitə] *n* raadsman *c*, advocaat *c*

solid ['sɔlid] *adj* stevig, solide; massief; *n* vaste stof

soluble ['sɔljubəl] *adj* oplosbaar

solution [sə'lu:ʃən] *n* oplossing *c*

solve [sɔlv] *v* oplossen

sombre ['sɔmbə] *adj* somber

some [sʌm] *adj* enige, enkele; *pron* sommige; iets; ~ **day** eens; ~ **more** nog wat; ~ **time** eens

somebody ['sʌmbədi] *pron* iemand

somehow ['sʌmhau] *adv* op de een of andere manier

someone ['sʌmwʌn] *pron* iemand

something ['sʌmθiŋ] *pron* iets

sometimes ['sʌmtaimz] *adv* soms

somewhat ['sʌmwɔt] *adv* enigszins

somewhere ['sʌmwɛə] *adv* ergens

son [sʌn] *n* zoon *c*

song [sɔŋ] *n* lied *nt*

son-in-law ['sʌninlɔ:] *n* (pl sons-) schoonzoon *c*

soon [su:n] *adv* vlug, gauw, weldra, spoedig; **as** ~ **as** zodra

sooner ['su:nə] *adv* liever

sore [sɔ:] *adj* pijnlijk, zeer; *n* zere plek; zweer *c*; ~ **throat** keelpijn *c*

sorrow ['sɔrou] *n* droefheid *c*, leed *nt*, verdriet *nt*

sorry ['sɔri] *adj* bedroefd; **sorry!** neem me niet kwalijk!, sorry!, pardon!

sort [sɔ:t] *v* sorteren, rangschikken; *n* slag *nt*, soort *c/nt*; **all sorts of** allerlei

soul [soul] *n* ziel *c*; geest *c*

sound [saund] *n* klank *c*, geluid *nt*; *v* *klinken; *adj* degelijk

soundproof ['saundpru:f] *adj* geluiddicht

soup [su:p] *n* soep *c*

soup-plate ['su:ppleit] *n* soepbord *nt*

soup-spoon ['su:pspu:n] *n* soeplepel *c*

sour [sauə] *adj* zuur

source [sɔ:s] *n* bron *c*

south [sauθ] *n* zuid *c*, zuiden *nt*; **South Pole** zuidpool *c*

South Africa [sauθ 'æfrikə] Zuid-Afrika

south-east [,sauθ'i:st] *n* zuidoosten *nt*

southerly ['sʌðəli] *adj* zuidelijk

southern ['sʌðən] *adj* zuidelijk

south-west [,sauθ'west] *n* zuidwesten *nt*

souvenir ['su:vəniə] *n* souvenir *nt*; ~ **shop** souvenirwinkel *c*

sovereign ['sɔvrin] *n* vorst *c*

Soviet ['souviət] *adj* Sovjet-

*sow [sou] *v* zaaien

spa [spɑ:] *n* geneeskrachtige bron

space [speis] *n* ruimte *c*; afstand *c*, tussenruimte *c*; *v* spatiëren

spacious ['speiʃəs] *adj* ruim

spade [speid] *n* schop *c*, spade *c*

Spain [spein] Spanje

Spaniard ['spænjəd] *n* Spanjaard *c*

Spanish ['spæniʃ] *adj* Spaans

spanking ['spæŋkiŋ] *n* pak slaag

spanner ['spænə] *n* schroefsleutel *c*; moersleutel *c*

spare [spɛə] *adj* reserve-, extra; *v* missen; ~ **part** onderdeel *nt*; ~ **room** logeerkamer *c*; ~ **time** vrije tijd; ~ **tyre** reserveband *c*; ~ **wheel** reservewiel *nt*

spark [spɑ:k] *n* vonk *c*

sparking-plug ['spɑ:kiŋplʌg] *n* bougie *c*

sparkling ['spɑ:kliŋ] *adj* fonkelend; mousserend

sparrow ['spærou] *n* mus *c*

*speak [spi:k] *v* *spreken

spear [spiə] *n* speer *c*

special ['speʃəl] *adj* bijzonder, speciaal; ~ **delivery** expresse-

specialist ['speʃəlist] n specialist c

speciality [,speʃi'æləti] n specialiteit c

specialize ['speʃəlaiz] v zich specialiseren

specially ['speʃəli] adv in het bijzonder

species ['spi:ʃi:z] n (pl ~) soort c/nt

specific [spə'sifik] adj specifiek

specimen ['spesimən] n exemplaar nt, specimen nt

speck [spek] n spat c

spectacle ['spektəkəl] n schouwspel nt; **spectacles** bril c

spectator [spek'teitə] n kijker c, toeschouwer c

speculate ['spekjuleit] v speculeren

speech [spi:tʃ] n spraak c; rede c, toespraak c; taal c

speechless ['spi:tʃləs] adj sprakeloos

speed [spi:d] n snelheid c; vaart c, spoed c; **cruising** ~ kruissnelheid c; ~ **limit** maximum snelheid, snelheidsbeperking c

* **speed** [spi:d] v hard *rijden; te hard *rijden

speeding ['spi:diŋ] n snelheidsovertreding c

speedometer [spi:'dɔmitə] n snelheidsmeter c

spell [spel] n betovering c

* **spell** [spel] v spellen

spelling ['speliŋ] n spelling c

* **spend** [spend] v *uitgeven, besteden; *doorbrengen

sphere [sfiə] n bol c; sfeer c

spice [spais] n specerij c; **spices** kruiden

spiced [spaist] adj gekruid

spicy ['spaisi] adj pikant

spider ['spaidə] n spin c; **spider's web** spinneweb nt

* **spill** [spil] v morsen

* **spin** [spin] v *spinnen; draaien

spinach ['spinidʒ] n spinazie c

spine [spain] n ruggegraat c

spinster ['spinstə] n oude vrijster

spire [spaiə] n spits c

spirit ['spirit] n geest c; bui c; **spirits** sterke drank; stemming c; ~ **stove** spiritusbrander c

spiritual ['spiritʃuəl] adj geestelijk

spit [spit] n spuug nt, speeksel nt; spit nt

* **spit** [spit] v spuwen

in spite of [in spait ɔv] ongeacht, ondanks

spiteful ['spaitfəl] adj hatelijk

splash [splæʃ] v spatten

splendid ['splendid] adj schitterend, prachtig

splendour ['splendə] n pracht c

splint [splint] n spalk c

splinter ['splintə] n splinter c

* **split** [split] v *splijten

* **spoil** [spɔil] v *bederven; verwennen

spoke[1] [spouk] v (p speak)

spoke[2] [spouk] n spaak c

sponge [spʌndʒ] n spons c

spook [spu:k] n spook nt

spool [spu:l] n spoel c

spoon [spu:n] n lepel c

sport [spɔ:t] n sport c

sports-car ['spɔ:tska:] n sportwagen c

sports-jacket ['spɔ:ts,dʒækit] n sportjasje c

sportsman ['spɔ:tsmən] n (pl -men) sportman c

sportswear ['spɔ:tsweə] n sportkleding c

spot [spɔt] n spat c, vlek c; plek c, plaats c

spotless ['spɔtləs] adj vlekkeloos

spotlight ['spɔtlait] n schijnwerper c

spotted ['spɔtid] adj gespikkeld

spout [spaut] n straal c

sprain [sprein] v verstuiken, verzwikken; n verstuiking c

* **spread** [spred] v spreiden

spring [spriŋ] *n* voorjaar *nt*, lente *c*; veer *c*; bron *c*

springtime ['spriŋtaim] *n* voorjaar *nt*

sprouts [sprauts] *pl* spruitjes *pl*

spy [spai] *n* spion *c*

squadron ['skwɔdrən] *n* eskader *nt*

square [skweə] *adj* vierkant; *n* kwadraat *nt*, vierkant *nt*; plein *nt*

squash [skwɔʃ] *n* vruchtensap *nt*

squirrel ['skwirəl] *n* eekhoorn *c*

squirt [skwə:t] *n* straal *c*

stable ['steibəl] *adj* stabiel; *n* stal *c*

stack [stæk] *n* stapel *c*

stadium ['steidiəm] *n* stadion *nt*

staff [sta:f] *n* staf *c*

stage [steidʒ] *n* toneel *nt*; fase *c*, stadium *nt*; etappe *c*

stain [stein] *v* vlekken; *n* spat *c*, vlek *c*; **stained glass** gebrandschilderd glas; ~ **remover** vlekkenwater *nt*

stainless ['steinləs] *adj* vlekkeloos; ~ **steel** roestvrij staal

staircase ['steəkeis] *n* trap *c*

stairs [steəz] *pl* trap *c*

stale [steil] *adj* oudbakken

stall [stɔ:l] *n* kraam *c*; stalles *pl*

stamina ['stæminə] *n* uithoudingsvermogen *nt*

stamp [stæmp] *n* postzegel *c*; stempel *c*; *v* frankeren; stampen; ~ **machine** postzegelautomaat *c*

stand [stænd] *n* kraam *c*; tribune *c*

*stand [stænd] *v* *staan

standard ['stændəd] *n* norm *c*, maatstaf *c*; standaard-; ~ **of living** levensstandaard *c*

stanza ['stænzə] *n* couplet *nt*

staple ['steipəl] *n* nietje *nt*

star [sta:] *n* ster *c*

starboard ['sta:bəd] *n* stuurboord *nt*

starch [sta:tʃ] *n* stijfsel *nt*; *v* *stijven

stare [steə] *v* staren

starling ['sta:liŋ] *n* spreeuw *c*

start [sta:t] *v* *beginnen; *n* begin *nt*;

starter motor startmotor *c*

starting-point ['sta:tiŋpoint] *n* uitgangspunt *nt*

state [steit] *n* staat *c*; toestand *c*; *v* verklaren

the States Verenigde Staten

statement ['steitmənt] *n* verklaring *c*

statesman ['steitsmən] *n* (pl -men) staatsman *c*

station ['steiʃən] *n* station *nt*; plaats *c*

stationary ['steiʃənəri] *adj* stilstaand

stationer's ['steiʃənəz] *n* kantoorboekhandel *c*

stationery ['steiʃənəri] *n* schrijfbehoeften *pl*

station-master ['steiʃən,ma:stə] *n* stationschef *c*

statistics [stə'tistiks] *pl* statistiek *c*

statue ['stætʃu:] *n* standbeeld *nt*

stay [stei] *v* *blijven; logeren, *verblijven; *n* verblijf *nt*

steadfast ['stedfa:st] *adj* standvastig

steady ['stedi] *adj* vast

steak [steik] *n* biefstuk *c*

*steal [sti:l] *v* *stelen

steam [sti:m] *n* stoom *c*

steamer ['sti:mə] *n* stoomboot *c*

steel [sti:l] *n* staal *nt*

steep [sti:p] *adj* steil

steeple ['sti:pəl] *n* kerktoren *c*

steering-column ['stiəriŋ,kɔləm] *n* stuurkolom *c*

steering-wheel ['stiəriŋwi:l] *n* stuurwiel *nt*

steersman ['stiəzmən] *n* (pl -men) stuurman *c*

stem [stem] *n* steel *c*

stenographer [ste'nɔgrəfə] *n* stenograaf *c*

step [step] *n* pas *c*, stap *c*; trede *c*; *v* stappen

stepchild ['steptʃaild] *n* (pl -children) stiefkind *nt*

stepfather ['step,fa:ðə] *n* stiefvader *c*

stepmother ['step,mʌðə] n stiefmoeder c

sterile ['sterail] adj steriel

sterilize ['sterilaiz] v steriliseren

steward ['stju:əd] n steward c

stewardess ['stju:ədes] n stewardess c

stick [stik] n stok c

***stick** [stik] v kleven, plakken

sticky ['stiki] adj kleverig

stiff [stif] adj stijf

still [stil] adv nog; toch; adj stil

stillness ['stilnəs] n stilte c

stimulant ['stimjulənt] n stimulerend middel

stimulate ['stimjuleit] v stimuleren

sting [stiŋ] n prik c, steek c

***sting** [stiŋ] v *steken

stingy ['stindʒi] adj gierig

***stink** [stiŋk] v *stinken

stipulate ['stipjuleit] v bepalen

stipulation [,stipju'leiʃən] n bepaling c

stir [stə:] v *bewegen; roeren

stirrup ['stirəp] n stijgbeugel c

stitch [stitʃ] n steek c; hechting c

stock [stɔk] n voorraad c; v in voorraad *hebben; ~ **exchange** effectenbeurs c, beurs c; ~ **market** effectenbeurs c; **stocks and shares** effecten

stocking ['stɔkiŋ] n kous c

stole¹ [stoul] v (p steal)

stole² [stoul] n stola c

stomach ['stʌmək] n maag c

stomach-ache ['stʌməkeik] n buikpijn c, maagpijn c

stone [stoun] n steen c; edelsteen c; pit c; stenen; **pumice** ~ puimsteen nt

stood [stud] v (p, pp stand)

stop [stɔp] v stoppen; *ophouden met, staken; n halte c; **stop!** halt!

stopper ['stɔpə] n stop c

storage ['stɔ:ridʒ] n opslag c

store [stɔ:] n voorraad c; winkel c; v *opslaan

store-house ['stɔ:haus] n magazijn nt

storey ['stɔ:ri] n etage c, verdieping c

stork [stɔ:k] n ooievaar c

storm [stɔ:m] n storm c

stormy ['stɔ:mi] adj stormachtig

story ['stɔ:ri] n verhaal nt

stout [staut] adj dik, gezet, corpulent

stove [stouv] n kachel c; fornuis nt

straight [streit] adj recht; eerlijk; adv recht; ~ **ahead** rechtdoor; ~ **away** direct, meteen; ~ **on** rechtdoor

strain [strein] n inspanning c; spanning c; v forceren; zeven

strainer ['streinə] n vergiet nt

strange [streindʒ] adj vreemd; raar

stranger ['streindʒə] n vreemdeling c; vreemde c

strangle ['stræŋgəl] v wurgen

strap [stræp] n riem c

straw [strɔ:] n stro nt

strawberry ['strɔ:bəri] n aardbei c

stream [stri:m] n beek c; stroom c; v stromen

street [stri:t] n straat c

streetcar ['stri:tka:] nAm tram c

street-organ ['stri:,tɔ:gən] n draaiorgel nt

strength [streŋθ] n sterkte c, kracht c

stress [stres] n spanning c; nadruk c; v benadrukken

stretch [stretʃ] v rekken; n stuk c

strict [strikt] adj strikt; streng

strife [straif] n strijd c

strike [straik] n staking c

***strike** [straik] v *slaan, *toeslaan; *treffen; staken; *strijken

striking ['straikiŋ] adj frappant, opmerkelijk, opvallend

string [striŋ] n touw nt; snaar c

strip [strip] n strook c

stripe [straip] n streep c

striped [straipt] adj gestreept

stroke [strouk] n beroerte c

stroll [stroul] v wandelen; n wandeling c

strong [strɔŋ] adj sterk; krachtig

stronghold ['strɔŋhould] n burcht c

structure ['strʌktʃə] n structuur c

struggle ['strʌgəl] n strijd c, worsteling c; v worstelen, *strijden

stub [stʌb] n controlestrook c

stubborn ['stʌbən] adj hardnekkig

student ['stju:dənt] n student c; studente c

study ['stʌdi] v studeren; n studie c; studeerkamer c

stuff [stʌf] n stof c; spul nt

stuffed [stʌft] adj gevuld

stuffing ['stʌfiŋ] n vulling c

stuffy ['stʌfi] adj benauwd

stumble ['stʌmbəl] v struikelen

stung [stʌŋ] v (p, pp sting)

stupid ['stju:pid] adj dom

style [stail] n stijl c

subject[1] ['sʌbdʒikt] n onderwerp nt; onderdaan c; ~ **to** onderhevig aan

subject[2] [səb'dʒekt] v *onderwerpen

submit [səb'mit] v zich *onderwerpen

subordinate [sə'bɔ:dinət] adj ondergeschikt; bijkomstig

subscriber [səb'skraibə] n abonnee c

subscription [səb'skripʃən] n abonnement nt

subsequent ['sʌbsikwənt] adj volgend

subsidy ['sʌbsidi] n subsidie c

substance ['sʌbstəns] n substantie c

substantial [səb'stænʃəl] adj stoffelijk; werkelijk; aanzienlijk

substitute ['sʌbstitju:t] v *vervangen; n vervanging c; plaatsvervanger c

subtitle ['sʌb,taitəl] n ondertitel c

subtle ['sʌtəl] adj subtiel

subtract [səb'trækt] v *aftrekken

suburb ['sʌbə:b] n buitenwijk c, voorstad c

suburban [sə'bə:bən] adj van de voorstad

subway ['sʌbwei] nAm ondergrondse c

succeed [sək'si:d] v slagen; opvolgen

success [sək'ses] n succes nt

successful [sək'sesfəl] adj succesvol

succumb [sə'kʌm] v *bezwijken

such [sʌtʃ] adj dergelijk, zulk; adv zo; ~ **as** zoals

suck [sʌk] v *zuigen

sudden ['sʌdən] adj plotseling

suddenly ['sʌdənli] adv opeens

suede [sweid] n suède nt/c

suffer ['sʌfə] v *lijden; *ondergaan

suffering ['sʌfəriŋ] n lijden nt

suffice [sə'fais] v voldoende *zijn

sufficient [sə'fiʃənt] adj voldoende, genoeg

suffrage ['sʌfridʒ] n stemrecht nt, kiesrecht nt

sugar ['ʃugə] n suiker c

suggest [sə'dʒest] v voorstellen

suggestion [sə'dʒestʃən] n voorstel nt

suicide ['su:isaid] n zelfmoord c

suit [su:t] v schikken; aanpassen; goed *staan; n kostuum nt

suitable ['su:təbəl] adj gepast, geschikt

suitcase ['su:tkeis] n koffer c

suite [swi:t] n suite c

sum [sʌm] n som c

summary ['sʌməri] n resumé nt, samenvatting c

summer ['sʌmə] n zomer c; ~ **time** zomertijd c

summit ['sʌmit] n top c

summons ['sʌmənz] n (pl ~es) dagvaarding c

sun [sʌn] n zon c

sunbathe ['sʌnbeið] v zonnebaden

sunburn ['sʌnbə:n] n zonnebrand c

Sunday ['sʌndi] zondag c

sun-glasses ['sʌn,glɑ:siz] pl zonnebril c

sunlight ['sʌnlait] n zonlicht nt

sunny ['sʌni] adj zonnig

sunrise ['sʌnraiz] n zonsopgang c

sunset ['sʌnset] n zonsondergang c

sunshade ['sʌnʃeid] n parasol c

sunshine ['sʌnʃain] n zonneschijn c

sunstroke ['sʌnstrouk] n zonnesteek c

suntan oil ['sʌntænoil] zonnebrandolie c

superb [su'pə:b] adj groots, prachtig

superficial [,su:pə'fiʃəl] adj oppervlakkig

superfluous [su'pə:fluəs] adj overbodig

superior [su'piəriə] adj beter, groter, hoger, superieur

superlative [su'pə:lətiv] adj overtreffend; n superlatief c

supermarket ['su:pə,ma:kit] n supermarkt c

superstition [,su:pə'stiʃən] n bijgeloof nt

supervise ['su:pəvaiz] v toezicht *houden op

supervision [,su:pə'viʒən] n controle c, toezicht nt

supervisor ['su:pəvaizə] n opzichter c

supper ['sʌpə] n avondeten nt

supple ['sʌpəl] adj soepel, lenig, buigzaam

supplement ['sʌplimənt] n supplement nt

supply [sə'plai] n aanvoer c, levering c; voorraad c; aanbod nt; v leveren, bezorgen

support [sə'pɔ:t] v ondersteunen, steunen; n steun c; ~ hose steunkousen pl

supporter [sə'pɔ:tə] n supporter c

suppose [sə'pouz] v *aannemen, veronderstellen; **supposing that** aangenomen dat

suppository [sə'pɔzitəri] n zetpil c

suppress [sə'pres] v onderdrukken

surcharge ['sə:tʃa:dʒ] n toeslag c

sure [ʃuə] adj zeker

surely ['ʃuəli] adv zeker

surface ['sə:fis] n oppervlakte c

surf-board ['sə:fbɔ:d] n surfplank c

surgeon ['sə:dʒən] n chirurg c; **veterinary** ~ veearts c

surgery ['sə:dʒəri] n operatie c; spreekkamer c

surname ['sə:neim] n achternaam c

surplus ['sə:pləs] n overschot nt

surprise [sə'praiz] n verrassing c; verbazing c; v verrassen; verbazen

surrender [sə'rendə] v zich *overgeven; n overgave c

surround [sə'raund] v omringen, *omgeven

surrounding [sə'raundiŋ] adj omliggend

surroundings [sə'raundiŋz] pl omgeving c

survey ['sə:vei] n overzicht nt

survival [sə'vaivəl] n overleving c

survive [sə'vaiv] v overleven

suspect¹ [sə'spekt] v *verdenken; vermoeden

suspect² ['sʌspekt] n verdachte c

suspend [sə'spend] v schorsen

suspenders [sə'spendəz] plAm bretels pl; **suspender belt** jarretelgordel c

suspension [sə'spenʃən] n vering c, ophanging c; ~ **bridge** hangbrug c

suspicion [sə'spiʃən] n verdenking c; wantrouwen nt, argwaan c

suspicious [sə'spiʃəs] adj verdacht; argwanend, achterdochtig

sustain [sə'stein] v *verdragen

Swahili [swə'hi:li] n Swahili nt

swallow ['swɔlou] v inslikken, slikken; n zwaluw c

swam [swæm] v (p swim)

swamp [swɔmp] n moeras nt

swan [swɔn] n zwaan c

swap [swɔp] v ruilen

***swear** [swɛə] v *zweren; vloeken

sweat [swet] n zweet nt; v zweten

sweater ['swetə] n sweater c

Swede [swi:d] *n* Zweed *c*

Sweden ['swi:dən] Zweden

Swedish ['swi:diʃ] *adj* Zweeds

*****sweep** [swi:p] *v* vegen

sweet [swi:t] *adj* zoet; lief; *n* snoepje *nt*; toetje *nt*; **sweets** snoep *nt*, snoepgoed *nt*

sweeten ['swi:tən] *v* zoet maken

sweetheart ['swi:thɑ:t] *n* liefje *nt*, lieveling *c*

sweetshop ['swi:tʃɔp] *n* snoepwinkel *c*

swell [swel] *adj* prachtig

*****swell** [swel] *v* *zwellen

swelling ['sweliŋ] *n* zwelling *c*

swift [swift] *adj* snel

*****swim** [swim] *v* *zwemmen

swimmer ['swimə] *n* zwemmer *c*

swimming ['swimiŋ] *n* zwemsport *c*; ~ **pool** zwembad *nt*

swimming-trunks ['swimiŋtrʌŋks] *n* zwembroek *c*

swim-suit ['swimsu:t] *n* zwempak *nt*

swindle ['swindəl] *v* oplichten; *n* zwendelarij *c*

swindler ['swindlə] *n* oplichter *c*

swing [swiŋ] *n* schommel *c*

*****swing** [swiŋ] *v* zwaaien; schommelen

Swiss [swis] *adj* Zwitsers; *n* Zwitser *c*

switch [switʃ] *n* schakelaar *c*; *v* omwisselen; ~ **off** uitschakelen; ~ **on** inschakelen

switchboard ['switʃbɔ:d] *n* schakelbord *nt*

Switzerland ['switsələnd] Zwitserland

sword [sɔ:d] *n* zwaard *nt*

swum [swʌm] *v* (pp swim)

syllable ['siləbəl] *n* lettergreep *c*

symbol ['simbəl] *n* symbool *nt*

sympathetic [,simpə'θetik] *adj* hartelijk, begrijpend

sympathy ['simpəθi] *n* sympathie *c*; medegevoel *nt*

symphony ['simfəni] *n* symfonie *c*

symptom ['simtəm] *n* symptoom *nt*

synagogue ['sinəgɔg] *n* synagoge *c*

synonym ['sinənim] *n* synoniem *nt*

synthetic [sin'θetik] *adj* synthetisch

syphon ['saifən] *n* sifon *c*

Syria ['siriə] Syrië

Syrian ['siriən] *adj* Syrisch; *n* Syriër *c*

syringe [si'rindʒ] *n* spuit *c*

syrup ['sirəp] *n* stroop *c*, siroop *c*

system ['sistəm] *n* systeem *nt*; stelsel *nt*; **decimal** ~ tientallig stelsel

systematic [,sistə'mætik] *adj* systematisch

T

table ['teibəl] *n* tafel *c*; tabel *c*; ~ **of contents** inhoudsopgave *c*; ~ **tennis** tafeltennis *nt*

table-cloth ['teibəlklɔθ] *n* tafellaken *nt*

tablespoon ['teibəlspu:n] *n* eetlepel *c*

tablet ['tæblit] *n* tablet *c*

taboo [tə'bu:] *n* taboe *nt*

tactics ['tæktiks] *pl* tactiek *c*

tag [tæg] *n* etiket *nt*

tail [teil] *n* staart *c*

tail-light ['teillait] *n* achterlicht *nt*

tailor ['teilə] *n* kleermaker *c*

tailor-made ['teiləmeid] *adj* op maat gemaakt

*****take** [teik] *v* *nemen; pakken; *brengen; *begrijpen, snappen; ~ **away** *meenemen; *afnemen, *wegnemen; ~ **off** starten; ~ **out** *wegnemen; ~ **over** *overnemen; ~ **place** *plaatshebben; ~ **up** *innemen

take-off ['teikɔf] *n* start *c*

tale [teil] *n* verhaal *nt*, vertelling *c*

talent ['tælənt] *n* aanleg *c*, talent *nt*

talented ['tæləntid] *adj* begaafd

talk [tɔ:k] *v* *spreken, praten; *n* gesprek *nt*

talkative ['tɔːkətiv] *adj* spraakzaam

tall [tɔːl] *adj* hoog; lang, groot

tame [teim] *adj* mak, tam; *v* temmen

tampon ['tæmpən] *n* tampon *c*

tangerine [,tændʒə'riːn] *n* mandarijn *c*

tangible ['tændʒibəl] *adj* tastbaar

tank [tæŋk] *n* tank *c*

tanker ['tæŋkə] *n* tankschip *nt*

tanned [tænd] *adj* gebruind

tap [tæp] *n* kraan *c*; klop *c*; *v* kloppen

tape [teip] *n* band *c*; lint *nt*; **adhesive** ~ plakband *nt*; hechtpleister *c*

tape-measure ['teip,meʒə] *n* centimeter *c*

tape-recorder ['teipri,kɔːdə] *n* bandrecorder *c*

tapestry ['tæpistri] *n* wandkleed *nt*, gobelin *c*

tar [taː] *n* teer *c/nt*

target ['taːgit] *n* doel *nt*, mikpunt *nt*

tariff ['tærif] *n* tarief *nt*

tarpaulin [taː'pɔːlin] *n* dekzeil *nt*

task [taːsk] *n* taak *c*

taste [teist] *n* smaak *c*; *v* smaken; proeven

tasteless ['teistləs] *adj* smakeloos

tasty ['teisti] *adj* lekker, smakelijk

taught [tɔːt] *v* (p, pp teach)

tavern ['tævən] *n* herberg *c*

tax [tæks] *n* belasting *c*; *v* belasten

taxation [tæk'seiʃən] *n* belasting *c*

tax-free ['tæksfriː] *adj* belastingvrij

taxi ['tæksi] *n* taxi *c*; ~ **rank** taxistandplaats *c*; ~ **stand** *Am* taxistandplaats *c*

taxi-driver ['tæksi,draivə] *n* taxichauffeur *c*

taxi-meter ['tæksi,miːtə] *n* taximeter *c*

tea [tiː] *n* thee *c*

*****teach** [tiːtʃ] *v* leren, *onderwijzen

teacher ['tiːtʃə] *n* docent *c*, leraar *c*; lerares *c*; onderwijzer *c*, meester *c*, schoolmeester *c*

teachings ['tiːtʃiŋz] *pl* leer *c*

tea-cloth ['tiːklɔθ] *n* theedoek *c*

teacup ['tiːkʌp] *n* theekopje *nt*

team [tiːm] *n* equipe *c*, ploeg *c*

teapot ['tiːpɔt] *n* theepot *c*

tear[1] [tiə] *n* traan *c*

tear[2] [tɛə] *n* scheur *c*; *tear *v* scheuren

tear-jerker ['tiə,dʒɔːkə] *n* smartlap *c*

tease [tiːz] *v* plagen

tea-set ['tiːset] *n* theeservies *nt*

tea-shop ['tiːʃɔp] *n* tearoom *c*

teaspoon ['tiːspuːn] *n* theelepel *c*

teaspoonful ['tiːspuːn,ful] *n* theelepel *c*

technical ['teknikəl] *adj* technisch

technician [tek'niʃən] *n* technicus *c*

technique [tek'niːk] *n* techniek *c*

technology [tek'nɔlədʒi] *n* technologie *c*

teenager ['tiː,neidʒə] *n* tiener *c*

teetotaller [tiː'toutələ] *n* geheelonthouder *c*

telegram ['teligræm] *n* telegram *nt*

telegraph ['teligraːf] *v* telegraferen

telepathy [ti'lepəθi] *n* telepathie *c*

telephone ['telifoun] *n* telefoon *c*; ~ **book** *Am* telefoongids *c*, telefoonboek *nt*; ~ **booth** telefooncel *c*; ~ **call** telefoongesprek *nt*; ~ **directory** telefoonboek *nt*, telefoongids *c*; ~ **operator** telefoniste *c*

television ['teliviʒən] *n* televisie *c*; ~ **set** televisietoestel *nt*; **cable** ~ kabel-tv; **satellite** ~ satelliet-tv

telex ['teleks] *n* telex *c*

*****tell** [tel] *v* *zeggen; vertellen

temper ['tempə] *n* boosheid *c*

temperature ['temprətʃə] *n* temperatuur *c*

tempest ['tempist] *n* storm *c*

temple ['tempəl] *n* tempel *c*; slaap *c*

temporary ['tempərəri] *adj* voorlopig, tijdelijk

tempt [tempt] v *aantrekken
temptation [temp'teiʃən] n verleiding c
ten [ten] num tien
tenant ['tenənt] n huurder c
tend [tend] v de neiging *hebben; verzorgen; ~ **to** neigen tot
tendency ['tendənsi] n neiging c, tendens c
tender ['tendə] adj teder, teer; mals
tendon ['tendən] n pees c
tennis ['tenis] n tennis nt; ~ **shoes** tennisschoenen pl
tennis-court ['teniskɔ:t] n tennisbaan c
tense [tens] adj gespannen
tension ['tenʃən] n spanning c
tent [tent] n tent c
tenth [tenθ] num tiende
tepid ['tepid] adj lauw
term [tə:m] n term c; periode c, termijn c; voorwaarde c
terminal ['tə:minəl] n eindpunt nt
terrace ['terəs] n terras nt
terrain [te'rein] n terrein nt
terrible ['teribəl] adj verschrikkelijk, ontzettend, vreselijk
terrific [tə'rifik] adj geweldig
terrify ['terifai] v schrik *aanjagen; **terrifying** angstwekkend
territory ['teritəri] n gebied nt
terror ['terə] n angst c
terrorism ['terərizəm] n terrorisme nt, terreur c
terrorist ['terərist] n terrorist c
terylene ['terəli:n] n terylene nt
test [test] n proef c, test c; v proberen, testen
testify ['testifai] v getuigen
text [tekst] n tekst c
textbook ['teksbuk] n leerboek nt
textile ['tekstail] n textiel c/nt
texture ['tekstʃə] n structuur c
Thai [tai] adj Thailands; n Thailander c

Thailand ['tailænd] Thailand
than [ðæn] conj dan
thank [θæŋk] v bedanken, danken; ~ **you** dank u
thankful ['θæŋkfəl] adj dankbaar
that [ðæt] adj die, dat; conj dat
thaw [θɔ:] v dooien, ontdooien; n dooi c
the [ðə,ði] art de art; **the ... the** hoe ... hoe
theatre ['θiətə] n schouwburg c, theater nt
theft [θeft] n diefstal c
their [ðeə] adj hun
them [ðem] pron hen
theme [θi:m] n thema nt, onderwerp nt
themselves [ðəm'selvz] pron zich; zelf
then [ðen] adv toen; vervolgens, dan
theology [θi'ɔlədʒi] n theologie c
theoretical [θiə'retikəl] adj theoretisch
theory ['θiəri] n theorie c
therapy ['θerəpi] n therapie c
there [ðeə] adv daar; daarheen
therefore ['ðeəfɔ:] conj daarom
thermometer [θə'mɔmitə] n thermometer c
thermostat ['θə:məstæt] n thermostaat c
these [ði:z] adj deze
thesis ['θi:sis] n (pl theses) stelling c
they [ðei] pron ze
thick [θik] adj dik; dicht
thicken ['θikən] v verdikken
thickness ['θiknəs] n dikte c
thief [θi:f] n (pl thieves) dief c
thigh [θai] n dij c
thimble ['θimbəl] n vingerhoed c
thin [θin] adj dun; mager
thing [θiŋ] n ding nt
*think [θiŋk] v *denken; *nadenken; ~ **of** *denken aan; *bedenken; ~ **over** *overdenken
thinker ['θiŋkə] n denker c

third [θəːd] *num* derde
thirst [θəːst] *n* dorst *c*
thirsty ['θəːsti] *adj* dorstig
thirteen [,θəː'tiːn] *num* dertien
thirteenth [,θəː'tiːnθ] *num* dertiende
thirtieth ['θəːtiəθ] *num* dertigste
thirty ['θəːti] *num* dertig
this [ðis] *adj* dit, deze
thistle ['θisəl] *n* distel *c*
thorn [θɔːn] *n* doorn *c*
thorough ['θʌrə] *adj* grondig, degelijk
thoroughbred ['θʌrəbred] *adj* volbloed
thoroughfare ['θʌrəfɛə] *n* hoofdweg *c*, hoofdstraat *c*
those [ðouz] *adj* die
though [ðou] *conj* hoewel, ofschoon, alhoewel; *adv* overigens
thought[1] [θɔːt] *v* (p, pp think)
thought[2] [θɔːt] *n* gedachte *c*
thoughtful ['θɔːtfəl] *adj* nadenkend; zorgzaam
thousand ['θauzənd] *num* duizend
thread [θred] *n* draad *c*; garen *nt*; *v* *rijgen
threadbare ['θredbɛə] *adj* versleten
threat [θret] *n* dreigement *nt*, bedreiging *c*
threaten ['θretən] *v* dreigen, bedreigen; **threatening** dreigend
three [θriː] *num* drie
three-quarter [,θriː'kwɔːtə] *adj* driekwart
threshold ['θreʃould] *n* drempel *c*
threw [θruː] *v* (p throw)
thrifty ['θrifti] *adj* zuinig
throat [θrout] *n* keel *c*; hals *c*
throne [θroun] *n* troon *c*
through [θruː] *prep* door
throughout [θruː'aut] *adv* overal
throw [θrou] *n* gooi *c*
***throw** [θrou] *v* *werpen, gooien
thrush [θrʌʃ] *n* lijster *c*
thumb [θʌm] *n* duim *c*
thumbtack ['θʌmtæk] *nAm* punaise *c*

thump [θʌmp] *v* stampen
thunder ['θʌndə] *n* donder *c*; *v* donderen
thunderstorm ['θʌndəstɔːm] *n* onweer *nt*
thundery ['θʌndəri] *adj* onweerachtig
Thursday ['θəːzdi] donderdag *c*
thus [ðʌs] *adv* zo
thyme [taim] *n* tijm *c*
tick [tik] *n* streepje *nt*; ~ **off** aanstrepen
ticket ['tikit] *n* kaartje *nt*; bon *c*; ~ **collector** conducteur *c*; ~ **machine** kaartenautomaat *c*
tickle ['tikəl] *v* kietelen
tide [taid] *n* getij *nt*; **high** ~ hoog water; **low** ~ laag water
tidings ['taidiŋz] *pl* nieuws *nt*
tidy ['taidi] *adj* net; ~ **up** opruimen
tie [tai] *v* knopen, *binden; *n* das *c*
tiger ['taigə] *n* tijger *c*
tight [tait] *adj* strak; nauw, krap; *adv* vast
tighten ['taitən] *v* aanhalen, *aantrekken; strakker maken; strakker *worden
tights [taits] *pl* maillot *c*
tile [tail] *n* tegel *c*; dakpan *c*
till [til] *prep* tot aan, tot; *conj* tot, totdat
timber ['timbə] *n* timmerhout *nt*
time [taim] *n* tijd *c*; maal *c*, keer *c*; **all the** ~ aldoor; **in** ~ op tijd; ~ **of arrival** aankomsttijd *c*; ~ **of departure** vertrektijd *c*
time-saving ['taim,seiviŋ] *adj* tijdbesparend
timetable ['taim,teibəl] *n* dienstregeling *c*
timid ['timid] *adj* bedeesd
timidity [ti'midəti] *n* verlegenheid *c*
tin [tin] *n* tin *nt*; bus *c*, blik *nt*; **tinned food** conserven *pl*
tinfoil ['tinfɔil] *n* zilverpapier *nt*

tin-opener ['ti,noupənə] *n* blikopener *c*

tiny ['taini] *adj* minuscuul

tip [tip] *n* punt *c*; fooi *c*

tire[1] [taiə] *n* band *c*

tire[2] [taiə] *v* vermoeien

tired [taiəd] *adj* vermoeid, moe; ~ **of** beu

tiring ['taiəriŋ] *adj* vermoeiend

tissue ['tiʃu:] *n* weefsel *nt*; papieren zakdoek

title ['taitəl] *n* titel *c*

to [tu:] *prep* tot; aan, voor, bij, naar; om te

toad [toud] *n* pad *c*

toadstool ['toudstu:l] *n* paddestoel *c*

toast [toust] *n* toast *c*

tobacco [tə'bækou] *n* (pl ~s) tabak *c*; ~ **pouch** tabakszak *c*

tobacconist [tə'bækənist] *n* sigarenwinkelier *c*; **tobacconist's** tabakswinkel *c*

today [tə'dei] *adv* vandaag

toddler ['tɔdlə] *n* peuter *c*

toe [tou] *n* teen *c*

toffee ['tɔfi] *n* toffee *c*

together [tə'geðə] *adv* bijeen, samen

toilet ['tɔilət] *n* toilet *nt*; ~ **case** toilettas *c*

toilet-paper ['tɔilət,peipə] *n* closetpapier *nt*, toiletpapier *nt*

toiletry ['tɔilətri] *n* toiletbenodigdheden *pl*

token ['toukən] *n* teken *nt*; bewijs *nt*; munt *c*

told [tould] *v* (p, pp tell)

tolerable ['tɔlərəbəl] *adj* draaglijk

toll [toul] *n* tol *c*

tomato [tə'mɑ:tou] *n* (pl ~es) tomaat *c*

tomb [tu:m] *n* graf *nt*

tombstone ['tu:mstoun] *n* grafsteen *c*

tomorrow [tə'mɔrou] *adv* morgen

ton [tʌn] *n* ton *c*

tone [toun] *n* toon *c*; klank *c*

tongs [tɔŋz] *pl* tang *c*

tongue [tʌŋ] *n* tong *c*

tonic ['tɔnik] *n* tonicum *nt*

tonight [tə'nait] *adv* vannacht, vanavond

tonsilitis [,tɔnsə'laitis] *n* amandelontsteking *c*

tonsils ['tɔnsəlz] *pl* amandelen

too [tu:] *adv* te; ook

took [tuk] *v* (p take)

tool [tu:l] *n* werktuig *nt*, gereedschap *nt*; ~ **kit** gereedschapskist *c*

toot [tu:t] *vAm* claxonneren

tooth [tu:θ] *n* (pl teeth) tand *c*

toothache ['tu:θeik] *n* tandpijn *c*

toothbrush ['tu:θbrʌʃ] *n* tandenborstel *c*

toothpaste ['tu:θpeist] *n* tandpasta *c/nt*

toothpick ['tu:θpik] *n* tandestoker *c*

toothpowder ['tu:θ,paudə] *n* tandpoeder *nt/c*

top [tɔp] *n* top *c*; bovenkant *c*; deksel *nt*; bovenst; **on** ~ **of** bovenop; ~ **side** bovenkant *c*

topcoat ['tɔpkout] *n* overjas *c*

topic ['tɔpik] *n* onderwerp *nt*

topical ['tɔpikəl] *adj* actueel

torch [tɔ:tʃ] *n* fakkel *c*; zaklantaarn *c*

torment[1] [tɔ:'ment] *v* kwellen

torment[2] ['tɔ:ment] *n* kwelling *c*

torture ['tɔ:tʃə] *n* marteling *c*; *v* martelen

toss [tɔs] *v* gooien

tot [tɔt] *n* kleuter *c*

total ['toutəl] *adj* totaal; geheel, volslagen; *n* totaal *nt*

totalitarian [,toutæli'tɛəriən] *adj* totalitair

totalizator ['toutəlaizeitə] *n* totalisator *c*

touch [tʌtʃ] *v* aanraken; *betreffen; *n* contact *nt*, aanraking *c*; tastzin *c*

touching ['tʌtʃiŋ] *adj* aandoenlijk

tough [tʌf] *adj* taai

tour [tuə] *n* rondreis *c*

tourism ['tuərizəm] *n* toerisme *nt*

tourist ['tuərist] *n* toerist *c* ; ~ **class** toeristenklasse *c* ; ~ **office** verkeersbureau *nt*

tournament ['tuənəmənt] *n* toernooi *nt*

tow [tou] *v* slepen

towards [tə'wɔ:dz] *prep* naar; jegens

towel [tauəl] *n* handdoek *c*

towelling ['tauəliŋ] *n* badstof *c*

tower [tauə] *n* toren *c*

town [taun] *n* stad *c* ; ~ **centre** stadscentrum *nt* ; ~ **hall** stadhuis *nt*

townspeople ['taunz,pi:pəl] *pl* stadsmensen *pl*

toxic ['tɔksik] *adj* vergiftig

toy [tɔi] *n* speelgoed *nt*

toyshop ['tɔiʃɔp] *n* speelgoedwinkel *c*

trace [treis] *n* spoor *nt* ; *v* opsporen

track [træk] *n* spoor *nt* ; renbaan *c*

tractor ['træktə] *n* tractor *c*

trade [treid] *n* koophandel *c*, handel *c* ; ambacht *nt*, vak *nt* ; *v* handel *drijven

trademark ['treidma:k] *n* handelsmerk *nt*

trader ['treidə] *n* handelaar *c*

tradesman ['treidzmən] *n* (pl -men) handelaar *c*

trade-union [,treid'ju:njən] *n* vakbond *c*

tradition [trə'diʃən] *n* traditie *c*

traditional [trə'diʃənəl] *adj* traditioneel

traffic ['træfik] *n* verkeer *nt* ; ~ **jam** verkeersopstopping *c* ; ~ **light** stoplicht *nt*

trafficator ['træfikeitə] *n* richtingaanwijzer *c*

tragedy ['trædʒədi] *n* tragedie *c*

tragic ['trædʒik] *adj* tragisch

trail [treil] *n* spoor *nt*, pad *nt*

trailer ['treilə] *n* aanhangwagen *c* ;

nAm kampeerwagen *c*

train [trein] *n* trein *c* ; *v* dresseren, trainen; **stopping** ~ stoptrein *c* ; **through** ~ doorgaande trein

training ['treiniŋ] *n* training *c*

trait [treit] *n* trek *c*

traitor ['treitə] *n* verrader *c*

tram [træm] *n* tram *c*

tramp [træmp] *n* landloper *c*, vagebond *c* ; *v* *rondtrekken

tranquil ['træŋkwil] *adj* rustig

tranquillizer ['træŋkwilaizə] *n* kalmerend middel

transaction [træn'zækʃən] *n* transactie *c*

transatlantic [,trænzət'læntik] *adj* transatlantisch

transfer [træns'fə:] *v* *overbrengen

transform [træns'fɔ:m] *v* veranderen

transformer [træns'fɔ:mə] *n* transformator *c*

transition [træn'siʃən] *n* overgang *c*

translate [træns'leit] *v* vertalen

translation [træns'leiʃən] *n* vertaling *c*

translator [træns'leitə] *n* vertaler *c*

transmission [trænz'miʃən] *n* uitzending *c*

transmit [trænz'mit] *v* *uitzenden

transmitter [trænz'mitə] *n* zender *c*

transparent [træn'spɛərənt] *adj* doorzichtig

transport[1] ['trænspɔ:t] *n* vervoer *nt*

transport[2] [træn'spɔ:t] *v* transporteren

transportation [,trænspɔ:'teiʃən] *n* transport *nt*

trap [træp] *n* val *c*

trash [træʃ] *n* rommel *c* ; ~ **can** *Am* vuilnisbak *c*

travel ['trævəl] *v* reizen; ~ **agency** reisbureau *nt* ; ~ **agent** reisagent *c* ; ~ **insurance** reisverzekering *c* ; **travelling expenses** reiskosten *pl*

traveller ['trævələ] *n* reiziger *c* ; **traveller's cheque** reischeque *c*

tray [trei] *n* dienblad *nt*

treason ['tri:zən] *n* verraad *nt*

treasure ['treʒə] *n* schat *c*

treasurer ['treʒərə] *n* penningmeester *c*

treasury ['treʒəri] *n* schatkist *c*

treat [tri:t] *v* behandelen

treatment ['tri:tmənt] *n* behandeling *c*

treaty ['tri:ti] *n* verdrag *nt*

tree [tri:] *n* boom *c*

tremble ['trembəl] *v* rillen, beven; trillen

tremendous [tri'mendəs] *adj* enorm

trespasser ['trespəsə] *n* indringer *c*

trial [traiəl] *n* rechtszaak *c*; proef *c*

triangle ['traiæŋgəl] *n* driehoek *c*

triangular [trai'æŋgjulə] *adj* driehoekig

tribe [traib] *n* stam *c*

tributary ['tribjutəri] *n* zijrivier *c*

tribute ['tribju:t] *n* hulde *c*

trick [trik] *n* streek *c*; foefje *nt*, kunstje *nt*

trigger ['trigə] *n* trekker *c*

trim [trim] *v* bijknippen

trip [trip] *n* uitstapje *nt*, reis *c*

triumph ['traiəmf] *n* triomf *c*; *v* zegevieren

triumphant [trai'ʌmfənt] *adj* triomfantelijk

trolley-bus ['trolibʌs] *n* trolleybus *c*

troops [tru:ps] *pl* troepen *pl*

tropical ['tropikəl] *adj* tropisch

tropics ['tropiks] *pl* tropen *pl*

trouble ['trʌbəl] *n* zorg *c*, moeite *c*, last *c*; *v* storen

troublesome ['trʌbəlsəm] *adj* lastig

trousers ['trauzəz] *pl* broek *c*

trout [traut] *n* (pl ~) forel *c*

truck [trʌk] *nAm* vrachtwagen *c*

true [tru:] *adj* waar; werkelijk, echt; getrouw, trouw

trumpet ['trʌmpit] *n* trompet *c*

trunk [trʌŋk] *n* koffer *c*; stam *c*; *nAm* kofferruimte *c*; **trunks** *pl*
gymnastiekbroek *c*

trunk-call ['trʌŋkkɔ:l] *n* interlokaal gesprek

trust [trʌst] *v* vertrouwen; *n* vertrouwen *nt*

trustworthy ['trʌst,wə:ði] *adj* betrouwbaar

truth [tru:θ] *n* waarheid *c*

truthful ['tru:θfəl] *adj* waarheidsgetrouw

try [trai] *v* proberen; trachten, pogen; *n* poging *c*; ~ **on** passen

tube [tju:b] *n* pijp *c*, buis *c*; tube *c*

tuberculosis [tju:,bə:kju'lousis] *n* tuberculose *c*

Tuesday ['tju:zdi] dinsdag *c*

tug [tʌg] *v* slepen; *n* sleepboot *c*; ruk *c*

tuition [tju:'iʃən] *n* onderwijs *nt*

tulip ['tju:lip] *n* tulp *c*

tumbler ['tʌmblə] *n* beker *c*

tumour ['tju:mə] *n* gezwel *nt*, tumor *c*

tuna ['tju:nə] *n* (pl ~, ~s) tonijn *c*

tune [tju:n] *n* wijs *c*, melodie *c*; ~ **in** afstemmen

tuneful ['tju:nfəl] *adj* melodieus

tunic ['tju:nik] *n* tuniek *c*

Tunisia [tju:'niziə] Tunesië

Tunisian [tju:'niziən] *adj* Tunesisch; *n* Tunesiër *c*

tunnel ['tʌnəl] *n* tunnel *c*

turbine ['tə:bain] *n* turbine *c*

turbojet [,tə:bou'dʒet] *n* straalvliegtuig *nt*

Turk [tə:k] *n* Turk *c*

Turkey ['tə:ki] Turkije

turkey ['tə:ki] *n* kalkoen *c*

Turkish ['tə:kiʃ] *adj* Turks; ~ **bath** Turks bad

turn [tə:n] *v* draaien, keren; omkeren, omdraaien; *n* wending *c*, draai *c*; bocht *c*; beurt *c*; ~ **back** terugkeren; ~ **down** *verwerpen; ~ **into** veranderen in; ~ **off** dichtdraaien;

~ **on** aanzetten; opendraaien; ~
over omkeren; ~ **round** omkeren;
zich omdraaien

turning ['tə:niŋ] n bocht c

turning-point ['tə:niŋpɔint] n keerpunt
nt

turnover ['tə:,nouvə] n omzet c; ~ **tax**
omzetbelasting c

turnpike ['tə:npaik] nAm tolweg c

turpentine ['tə:pəntain] n terpentijn c

turtle ['tə:təl] n schildpad c

tutor ['tju:tə] n huisonderwijzer c;
voogd c

tuxedo [tʌk'si:dou] nAm (pl ~s, ~es)
smoking c

tweed [twi:d] n tweed nt

tweezers ['twi:zəz] pl pincet c

twelfth [twelfθ] num twaalfde

twelve [twelv] num twaalf

twentieth ['twentiəθ] num twintigste

twenty ['twenti] num twintig

twice [twais] adv tweemaal

twig [twig] n twijg c

twilight ['twailait] n schemering c

twine [twain] n touw nt

twins [twinz] pl tweeling c; **twin beds**
lits-jumeaux nt

twist [twist] v *winden; draaien; n
draai c

two [tu:] num twee

two-piece [,tu:'pi:s] adj tweedelig

type [taip] v tikken, typen; n type nt

typewriter ['taipraitə] n schrijfmachine c

typewritten ['taipritən] getypt

typhoid ['taifɔid] n tyfus c

typical ['tipikəl] adj kenmerkend, typisch

typist ['taipist] n typiste c

tyrant ['taiərənt] n tiran c

tyre [taiə] n band c; ~ **pressure** bandenspanning c

U

ugly ['ʌgli] adj lelijk

ulcer ['ʌlsə] n zweer c

ultimate ['ʌltimət] adj laatst

ultraviolet [,ʌltrə'vaiələt] adj ultraviolet

umbrella [ʌm'brelə] n paraplu c

umpire ['ʌmpaiə] n scheidsrechter c

unable [ʌ'neibəl] adj onbekwaam

unacceptable [,ʌnək'septəbəl] adj onaanvaardbaar

unaccountable [,ʌnə'kauntəbəl] adj onverklaarbaar

unaccustomed [,ʌnə'kʌstəmd] adj niet
gewend

unanimous [ju:'næniməs] adj unaniem

unanswered [,ʌ'nɑ:nsəd] adj onbeantwoord

unauthorized [,ʌ'nɔ:θəraizd] adj onbevoegd

unavoidable [,ʌnə'vɔidəbəl] adj onvermijdelijk

unaware [,ʌnə'weə] adj onbewust

unbearable [ʌn'beərəbəl] adj ondraaglijk

unbreakable [,ʌn'breikəbəl] adj onbreekbaar

unbroken [,ʌn'broukən] adj heel

unbutton [,ʌn'bʌtən] v losknopen

uncertain [ʌn'sə:tən] adj onzeker

uncle ['ʌŋkəl] n oom c

unclean [,ʌn'kli:n] adj onrein

uncomfortable [ʌn'kʌmfətəbəl] adj ongemakkelijk

uncommon [ʌn'kɔmən] adj ongewoon,
zeldzaam

unconditional [,ʌnkən'diʃənəl] adj onvoorwaardelijk

unconscious [ʌn'kɔnʃəs] adj bewusteloos

uncork [,ʌn'kɔ:k] v ontkurken

uncover [ʌn'kʌvə] v blootleggen

uncultivated [,ʌn'kʌltiveitid] *adj* onbebouwd

under ['ʌndə] *prep* beneden, onder

undercurrent ['ʌndə,kʌrənt] *n* onderstroom *c*

underestimate [,ʌndə'restimeit] *v* onderschatten

underground ['ʌndəgraund] *adj* ondergronds; *n* metro *c*

underline [,ʌndə'lain] *v* onderstrepen

underneath [,ʌndə'ni:θ] *adv* beneden

underpants ['ʌndəpænts] *plAm* onderbroek *c*

undershirt ['ʌndəʃə:t] *n* hemd *nt*

undersigned ['ʌndəsaind] *n* ondergetekende *c*

*understand [,ʌndə'stænd] *v* *begrijpen

understanding [,ʌndə'stændiŋ] *n* begrip *nt*

*undertake [,ʌndə'teik] *v* *ondernemen

undertaking [,ʌndə'teikiŋ] *n* onderneming *c*

underwater ['ʌndə,wɔ:tə] *adj* onderwater-

underwear ['ʌndəwεə] *n* ondergoed *nt*

undesirable [,ʌndi'zaiərəbəl] *adj* ongewenst

*undo [,ʌn'du:] *v* losmaken

undoubtedly [ʌn'dautidli] *adv* ongetwijfeld

undress [,ʌn'dres] *v* zich uitkleden

undulating ['ʌndjuleitiŋ] *adj* golvend

unearned [,ʌ'nə:nd] *adj* onverdiend

uneasy [ʌ'ni:zi] *adj* onbehaaglijk

uneducated [,ʌ'nedjukeitid] *adj* ongeschoold

unemployed [,ʌnim'plɔid] *adj* werkeloos

unemployment [,ʌnim'plɔimənt] *n* werkeloosheid *c*

unequal [,ʌ'ni:kwəl] *adj* ongelijk

uneven [,ʌ'ni:vən] *adj* ongelijk, onef-fen

unexpected [,ʌnik'spektid] *adj* onvoorzien, onverwacht

unfair [,ʌn'fεə] *adj* oneerlijk, onbillijk

unfaithful [,ʌn'feiθfəl] *adj* ontrouw

unfamiliar [,ʌnfə'miljə] *adj* onbekend

unfasten [,ʌn'fɑ:sən] *v* losmaken

unfavourable [,ʌn'feivərəbəl] *adj* ongunstig

unfit [,ʌn'fit] *adj* ongeschikt

unfold [ʌn'fould] *v* ontvouwen

unfortunate [ʌn'fɔ:tʃənət] *adj* ongelukkig

unfortunately [ʌn'fɔ:tʃənətli] *adv* helaas, ongelukkigerwijs

unfriendly [,ʌn'frendli] *adj* onvriendelijk

unfurnished [,ʌn'fə:niʃt] *adj* ongemeubileerd

ungrateful [ʌn'greitfəl] *adj* ondankbaar

unhappy [ʌn'hæpi] *adj* ongelukkig

unhealthy [ʌn'helθi] *adj* ongezond

unhurt [,ʌn'hə:t] *adj* heelhuids

uniform ['ju:nifɔ:m] *n* uniform *nt/c*; *adj* uniform

unimportant [,ʌnim'pɔ:tənt] *adj* onbelangrijk

uninhabitable [,ʌnin'hæbitəbəl] *adj* onbewoonbaar

uninhabited [,ʌnin'hæbitid] *adj* onbewoond

unintentional [,ʌnin'tenʃənəl] *adj* onopzettelijk

union ['ju:njən] *n* vereniging *c*; verbond *nt*, unie *c*

unique [ju:'ni:k] *adj* uniek

unit ['ju:nit] *n* eenheid *c*

unite [ju:'nait] *v* verenigen

United States [ju:'naitid steits] Verenigde Staten

unity ['ju:nəti] *n* eenheid *c*

universal [,ju:ni'və:səl] *adj* algemeen, universeel

universe ['ju:nivə:s] *n* heelal *nt*

university [ju:ni'və:səti] *n* universiteit *c*

unjust [,ʌn'dʒʌst] *adj* onrechtvaardig

unkind [ʌn'kaind] *adj* onaardig, onvriendelijk

unknown [,ʌn'noun] *adj* onbekend

unlawful [,ʌn'lɔ:fəl] *adj* onwettig

unlearn [,ʌn'lə:n] *v* afleren

unless [ən'les] *conj* tenzij

unlike [,ʌn'laik] *adj* verschillend

unlikely [ʌn'laikli] *adj* onwaarschijnlijk

unlimited [ʌn'limitid] *adj* grenzeloos, onbeperkt

unload [,ʌn'loud] *v* lossen, *uitladen

unlock [,ʌn'lɔk] *v* openen

unlucky [ʌn'lʌki] *adj* ongelukkig

unnecessary [ʌn'nesəsəri] *adj* onnodig

unoccupied [,ʌ'nɔkjupaid] *adj* onbezet

unofficial [,ʌnə'fiʃəl] *adj* officieus

unpack [,ʌn'pæk] *v* uitpakken

unpleasant [ʌn'plezənt] *adj* onaangenaam, onplezierig; naar, vervelend

unpopular [,ʌn'pɔpjulə] *adj* impopulair, onbemind

unprotected [,ʌnprə'tektid] *adj* onbeschermd

unqualified [,ʌn'kwɔlifaid] *adj* onbevoegd

unreal [,ʌn'riəl] *adj* onwerkelijk

unreasonable [ʌn'ri:zənəbəl] *adj* onredelijk

unreliable [,ʌnri'laiəbəl] *adj* onbetrouwbaar

unrest [,ʌn'rest] *n* onrust *c*; rusteloosheid *c*

unsafe [,ʌn'seif] *adj* onveilig

unsatisfactory [,ʌnsætis'fæktəri] *adj* onbevredigend

unscrew [,ʌn'skru:] *v* losschroeven

unselfish [,ʌn'selfiʃ] *adj* onzelfzuchtig

unskilled [,ʌn'skild] *adj* ongeschoold

unsound [,ʌn'saund] *adj* ongezond

unstable [,ʌn'steibəl] *adj* labiel

unsteady [,ʌn'stedi] *adj* wankel, onvast; onevenwichtig

unsuccessful [,ʌnsək'sesfəl] *adj* mislukt

unsuitable [,ʌn'su:təbəl] *adj* ongepast

unsurpassed [,ʌnsə'pɑ:st] *adj* onovertroffen

untidy [ʌn'taidi] *adj* slordig

untie [,ʌn'tai] *v* losknopen

until [ən'til] *prep* tot

untrue [,ʌn'tru:] *adj* onwaar

untrustworthy [,ʌn'trʌst,wə:ði] *adj* onbetrouwbaar

unusual [ʌn'ju:ʒuəl] *adj* ongebruikelijk, ongewoon

unwell [,ʌn'wel] *adj* onwel

unwilling [,ʌn'wiliŋ] *adj* onwillig

unwise [,ʌn'waiz] *adj* onverstandig

unwrap [,ʌn'ræp] *v* uitpakken

up [ʌp] *adv* naar boven, omhoog, op

upholster [ʌp'houlstə] *v* bekleden

upkeep ['ʌpki:p] *n* onderhoud *nt*

uplands ['ʌpləndz] *pl* hoogvlakte *c*

upon [ə'pɔn] *prep* op

upper ['ʌpə] *adj* hoger, bovenst

upright ['ʌprait] *adj* rechtopstaand; *adv* overeind

upset [ʌp'set] *v* verstoren; *adj* overstuur

upside-down [,ʌpsaid'daun] *adv* ondersteboven

upstairs [,ʌp'steəz] *adv* boven; naar boven

upstream [,ʌp'stri:m] *adv* stroomopwaarts

upwards ['ʌpwədz] *adv* naar boven

urban ['ə:bən] *adj* stedelijk

urge [ə:dʒ] *v* aansporen; *n* drang *c*

urgency ['ə:dʒənsi] *n* urgentie *c*

urgent ['ə:dʒənt] *adj* dringend

urine ['juərin] *n* urine *c*

Uruguay ['juərəgwai] Uruguay

Uruguayan [juərə'gwaiən] *adj* Uruguayaans; n Uruguayaan c

us [ʌs] pron ons

usable ['ju:zəbəl] adj bruikbaar

usage ['ju:zidʒ] n gebruik nt

use[1] [ju:z] v gebruiken; *be used to gewoon *zijn; ~ up verbruiken

use[2] [ju:s] n gebruik nt; nut nt; *be of ~ baten

useful ['ju:sfəl] adj bruikbaar, nuttig

useless ['ju:sləs] adj nutteloos

user ['ju:zə] n gebruiker c

usher ['ʌʃə] n suppoost c

usherette [,ʌʃə'ret] n ouvreuse c

usual ['ju:ʒuəl] adj gebruikelijk

usually ['ju:ʒuəli] adv gewoonlijk

utensil [ju:'tensəl] n gereedschap nt, werktuig nt; gebruiksvoorwerp nt

utility [ju:'tiləti] n nut nt

utilize ['ju:tilaiz] v benutten

utmost ['ʌtmoust] adj uiterst

utter ['ʌtə] adj volslagen, totaal; v uiten

V

vacancy ['veikənsi] n vacature c

vacant ['veikənt] adj vacant

vacate [və'keit] v ontruimen

vacation [və'keiʃən] n vakantie c

vaccinate ['væksineit] v inenten

vaccination [,væksi'neiʃən] n inenting c

vacuum ['vækjuəm] n vacuüm nt; vAm stofzuigen; ~ **cleaner** stofzuiger c; ~ **flask** thermosfles c

vagrancy ['veigrənsi] n landloperij c

vague [veig] adj vaag

vain [vein] adj ijdel; vergeefs; **in** ~ vergeefs, tevergeefs

valet ['vælit] n bediende c

valid ['vælid] adj geldig

valley ['væli] n dal nt, vallei c

valuable ['væljubəl] adj waardevol, kostbaar; **valuables** pl kostbaarheden pl

value ['vælju:] n waarde c; v schatten

valve [vælv] n ventiel nt

van [væn] n bestelauto c

vanilla [və'nilə] n vanille c

vanish ['væniʃ] v *verdwijnen

vapour ['veipə] n damp c

variable ['vɛəriəbəl] adj veranderlijk

variation [,vɛəri'eiʃən] n afwisseling c; verandering c

varied ['vɛərid] adj gevarieerd

variety [və'raiəti] n verscheidenheid c; ~ **show** variétévoorstelling c; ~ **theatre** variététheater nt

various ['vɛəriəs] adj allerlei, verscheidene

varnish ['vɑ:niʃ] n lak c, vernis nt/c; v lakken

vary ['vɛəri] v variëren, afwisselen; veranderen; verschillen

vase [vɑ:z] n vaas c

vaseline ['væsəli:n] n vaseline c

vast [vɑ:st] adj onmetelijk, uitgestrekt

vault [vɔ:lt] n gewelf nt; kluis c

veal [vi:l] n kalfsvlees nt

vegetable ['vedʒətəbəl] n groente c; ~ **merchant** groenteboer c

vegetarian [,vedʒi'tɛəriən] n vegetariër c

vegetation [,vedʒi'teiʃən] n plantengroei c

vehicle ['vi:əkəl] n voertuig nt

veil [veil] n sluier c

vein [vein] n ader c; **varicose** ~ spatader c

velvet ['velvit] n fluweel nt

velveteen [,velvi'ti:n] n katoenfluweel nt

venerable ['venərəbəl] adj eerbiedwaardig

venereal disease [vi'niəriəl di'zi:z] geslachtsziekte c

Venezuela [,veni'zweilə] Venezuela

Venezuelan [,veni'zweilən] adj Venezolaans; n Venezolaan c

ventilate ['ventileit] v ventileren; luchten

ventilation [,venti'leiʃən] n ventilatie c; luchtverversing c

ventilator ['ventileitə] n ventilator c

venture ['ventʃə] v wagen

veranda [və'rændə] n veranda c

verb [və:b] n werkwoord nt

verbal ['və:bəl] adj mondeling

verdict ['və:dikt] n vonnis nt, uitspraak c

verge [və:dʒ] n rand c

verify ['verifai] v verifiëren

verse [və:s] n vers nt

version ['və:ʃən] n versie c; vertaling c

versus ['və:səs] prep contra

vertical ['və:tikəl] adj verticaal

vertigo ['və:tigou] n duizeling c

very ['veri] adv erg, zeer; adj precies, waar, werkelijk; uiterst

vessel ['vesəl] n vaartuig nt, schip nt; vat nt

vest [vest] n hemd nt; nAm vest nt

veterinary surgeon ['vetrinəri 'sə:dʒən] dierenarts c

via [vaiə] prep via

viaduct ['vaiədʌkt] n viaduct c/nt

vibrate [vai'breit] v trillen

vibration [vai'breiʃən] n vibratie c

vicinity [vi'sinəti] n nabijheid c, buurt c

vicious ['viʃəs] adj boosaardig

victim ['viktim] n slachtoffer nt; dupe c

victory ['viktəri] n overwinning c

video ['vidiou] n video c; ~ **camera** video camera; ~ **cassette** video cassette; ~ **recorder** video recorder

view [vju:] n uitzicht nt; opvatting c,

mening c; v *bekijken

view-finder ['vju:,faində] n zoeker c

vigilant ['vidʒilənt] adj waakzaam

villa ['vilə] n villa c

village ['vilidʒ] n dorp nt

villain ['vilən] n boef c

vine [vain] n wijnstok c

vinegar ['vinigə] n azijn c

vineyard ['vinjəd] n wijngaard c

vintage ['vintidʒ] n wijnoogst c

violation [vaiə'leiʃən] n schending c

violence ['vaiələns] n geweld nt

violent ['vaiələnt] adj gewelddadig; hevig, heftig

violet ['vaiələt] n viooltje nt; adj violet

violin [vaiə'lin] n viool c

virgin ['və:dʒin] n maagd c

virtue ['və:tʃu:] n deugd c

visa ['vi:zə] n visum nt

visibility [,vizə'biləti] n zicht nt

visible ['vizəbəl] adj zichtbaar

vision ['viʒən] n visie c

visit ['vizit] v *bezoeken; n visite c, bezoek nt; **visiting hours** bezoekuren pl

visiting-card ['vizitiŋka:d] n visitekaartje nt

visitor ['vizitə] n bezoeker c

vital ['vaitəl] adj essentieel

vitamin ['vitəmin] n vitamine c

vivid ['vivid] adj levendig

vocabulary [və'kæbjuləri] n vocabulaire nt, woordenschat c; woordenlijst c

vocal ['voukəl] adj vocaal

vocalist ['voukəlist] n zanger c

voice [vois] n stem c

void [void] adj nietig

volcano [vol'keinou] n (pl ~es, ~s) vulkaan c

volt [voult] n volt c

voltage ['voultidʒ] n voltage c/nt

volume ['voljum] n volume nt; deel nt

voluntary ['vɔləntəri] *adj* vrijwillig
volunteer [,vɔlən'tiə] *n* vrijwilliger *c*
vomit ['vɔmit] *v* braken, *overgeven
vote [vout] *v* stemmen; *n* stem *c*; stemming *c*
voucher ['vautʃə] *n* bon *c*, bewijs *nt*
vow [vau] *n* gelofte *c*, eed *c*; *v* *zweren
vowel ['vauəl] *n* klinker *c*
voyage ['vɔiidʒ] *n* reis *c*
vulgar ['vʌlgə] *adj* vulgair; volks-, ordinair
vulnerable ['vʌlnərəbəl] *adj* kwetsbaar
vulture ['vʌltʃə] *n* gier *c*

W

wade [weid] *v* waden
wafer ['weifə] *n* wafel *c*
waffle ['wɔfəl] *n* wafel *c*
wages ['weidʒiz] *pl* loon *nt*
waggon ['wægən] *n* wagon *c*
waist [weist] *n* taille *c*, middel *nt*
waistcoat ['weiskout] *n* vest *nt*
wait [weit] *v* wachten; ~ **on** bedienen
waiter ['weitə] *n* ober *c*, kelner *c*
waiting *n* het wachten
waiting-list ['weitiŋlist] *n* wachtlijst *c*
waiting-room ['weitiŋruːm] *n* wachtkamer *c*
waitress ['weitris] *n* serveerster *c*
***wake** [weik] *v* wekken; ~ **up** ontwaken, wakker *worden
walk [wɔːk] *v* *lopen; wandelen; *n* wandeling *c*; loop *c*; **walking** te voet
walker ['wɔːkə] *n* wandelaar *c*
walking-stick ['wɔːkiŋstik] *n* wandelstok *c*
wall [wɔːl] *n* muur *c*; wand *c*
wallet ['wɔlit] *n* portefeuille *c*
wallpaper ['wɔːl,peipə] *n* behang *nt*

walnut ['wɔːlnʌt] *n* walnoot *c*
waltz [wɔːls] *n* wals *c*
wander ['wɔndə] *v* *rondzwerven, *zwerven
want [wɔnt] *v* *willen; wensen; *n* behoefte *c*; gebrek *nt*, gemis *nt*
war [wɔː] *n* oorlog *c*
warden ['wɔːdən] *n* bewaker *c*, opzichter *c*
wardrobe ['wɔːdroub] *n* klerenkast *c*, garderobe *c*
warehouse ['wɛəhaus] *n* magazijn *nt*, pakhuis *nt*
wares [wɛəz] *pl* waren *pl*
warm [wɔːm] *adj* heet, warm; *v* verwarmen
warmth [wɔːmθ] *n* warmte *c*
warn [wɔːn] *v* waarschuwen
warning ['wɔːniŋ] *n* waarschuwing *c*
wary ['wɛəri] *adj* behoedzaam
was [wɔz] *v* (p be)
wash [wɔʃ] *v* *wassen; ~ **and wear** zelfstrijkend; ~ **up** afwassen
washable ['wɔʃəbəl] *adj* wasbaar
wash-basin ['wɔʃ,beisən] *n* wasbekken *nt*
washing ['wɔʃiŋ] *n* was *c*; wasgoed *nt*
washing-machine ['wɔʃiŋmə,ʃiːn] *n* wasmachine *c*
washing-powder ['wɔʃiŋ,paudə] *n* waspoeder *nt*
washroom ['wɔʃruːm] *nAm* toilet *nt*
wash-stand ['wɔʃstænd] *n* wastafel *c*
wasp [wɔsp] *n* wesp *c*
waste [weist] *v* verspillen; *n* verspilling *c*; *adj* braak
wasteful ['weistfəl] *adj* verkwistend
wastepaper-basket [weist'peipə,bɑː-skit] *n* prullenmand *c*
watch [wɔtʃ] *v* *kijken naar, *gadeslaan; letten op; *n* horloge *nt*; ~ **for** *uitkijken naar; ~ **out** *uitkijken
watch-maker ['wɔtʃ,meikə] *n* horloge-

maker *c*

watch-strap ['wɒtʃstræp] *n* horlogebandje *nt*

water ['wɔ:tə] *n* water *nt*; **iced** ~ ijswater *nt*; **running** ~ stromend water; ~ **pump** waterpomp *c*; ~ **ski** waterski *c*

water-colour ['wɔ:tə,kʌlə] *n* waterverf *c*; aquarel *c*

watercress ['wɔ:təkres] *n* waterkers *c*

waterfall ['wɔ:təfɔ:l] *n* waterval *c*

watermelon ['wɔ:tə,melən] *n* watermeloen *c*

waterproof ['wɔ:təpru:f] *adj* waterdicht

water-softener [,wɔ:tə,sɒfnə] *n* wasverzachter *c*

waterway ['wɔ:təwei] *n* vaarwater *nt*

watt [wɒt] *n* watt *c*

wave [weiv] *n* golf *c*; *v* zwaaien

wave-length ['weivleŋθ] *n* golflengte *c*

wavy ['weivi] *adj* golvend

wax [wæks] *n* was *c*

waxworks ['wækswə:ks] *pl* wassenbeeldenmuseum *nt*

way [wei] *n* manier *c*, wijze *c*; weg *c*; kant *c*, richting *c*; afstand *c*; **any** ~ hoe dan ook; **by the** ~ tussen twee haakjes; **one-way traffic** eenrichtingsverkeer *nt*; **out of the** ~ afgelegen; **the other** ~ **round** andersom; ~ **back** terugweg *c*; ~ **in** ingang *c*; ~ **out** uitgang *c*

wayside ['weisaid] *n* wegkant *c*

we [wi:] *pron* we

weak [wi:k] *adj* zwak; slap

weakness ['wi:knəs] *n* zwakheid *c*

wealth [welθ] *n* rijkdom *c*

wealthy ['welθi] *adj* rijk

weapon ['wepən] *n* wapen *nt*

*****wear** [weə] *v* *aanhebben, *dragen; ~ **out** *verslijten

weary ['wiəri] *adj* moe, vermoeid

weather ['weðə] *n* weer *nt*; ~ **fore**

cast weerbericht *nt*

*****weave** [wi:v] *v* *weven

weaver ['wi:və] *n* wever *c*

wedding ['wediŋ] *n* huwelijk *nt*, bruiloft *c*

wedding-ring ['wediŋriŋ] *n* trouwring *c*

wedge [wedʒ] *n* wig *c*

Wednesday ['wenzdi] woensdag *c*

weed [wi:d] *n* onkruid *nt*

week [wi:k] *n* week *c*

weekday ['wi:kdei] *n* weekdag *c*

weekly ['wi:kli] *adj* wekelijks

*****weep** [wi:p] *v* huilen

weigh [wei] *v* *wegen

weighing-machine ['weiiŋmə,ʃi:n] *n* weegschaal *c*

weight [weit] *n* gewicht *nt*

welcome ['welkəm] *adj* welkom; *n* welkom *nt*; *v* verwelkomen

weld [weld] *v* lassen

welfare ['welfeə] *n* welzijn *nt*

well[1] [wel] *adv* goed; *adj* gezond; **as** ~ ook, eveneens; **as** ~ **as** evenals; **well!** welnu!

well[2] [wel] *n* bron *c*, put *c*

well-founded [,wel'faundid] *adj* gegrond

well-known ['welnoun] *adj* bekend

well-to-do [,weltə'du:] *adj* bemiddeld

went [went] *v* (p go)

were [wə:] *v* (p b be)

west [west] *n* west *c*, westen *nt*

westerly ['westəli] *adj* westelijk

western ['westən] *adj* westers

wet [wet] *adj* nat; vochtig

whale [weil] *n* walvis *c*

wharf [wɔ:f] *n* (pl ~s, wharves) kade *c*

what [wɒt] *pron* wat; ~ **for** waarom

whatever [wɒ'tevə] *pron* wat dan ook

wheat [wi:t] *n* tarwe *c*

wheel [wi:l] *n* wiel *nt*

wheelbarrow ['wi:l,bærou] *n* kruiwagen *c*

wheelchair ['wi:ltʃɛə] n rolstoel c

when [wen] adv wanneer; conj als, toen, wanneer

whenever [we'nevə] conj wanneer ook

where [wɛə] adv waar; conj waar

wherever [wɛə'revə] conj waar ook

whether ['weðə] conj of; whether ... or of ... of

which [witʃ] pron welk; dat

whichever [wi'tʃevə] adj welk ook

while [wail] conj terwijl; n poosje nt

whilst [wailst] conj terwijl

whim [wim] n gril c, bevlieging c

whip [wip] n zweep c; v kloppen

whiskers ['wiskəz] pl bakkebaarden pl

whisper ['wispə] v fluisteren; n gefluister nt

whistle ['wisəl] v *fluiten; n fluitje nt

white [wait] adj wit; blank

whitebait ['waitbeit] n witvis c

whiting ['waitiŋ] n (pl ~) wijting c

Whitsun ['witsən] Pinksteren

who [hu:] pron wie; die

whoever [hu:'evə] pron wie ook

whole [houl] adj geheel, heel; n geheel nt

wholesale ['houlseil] n groothandel c; ~ dealer grossier c

wholesome ['houlsəm] adj gezond

wholly ['houlli] adv helemaal

whom [hu:m] pron wie

whore [hɔ:] n hoer c

whose [hu:z] pron wiens; van wie

why [wai] adv waarom

wicked ['wikid] adj slecht

wide [waid] adj wijd, breed

widen ['waidən] v verwijden

widow ['widou] n weduwe c

widower ['widouə] n weduwnaar c

width [widθ] n breedte c

wife [waif] n (pl wives) echtgenote c, vrouw c

wig [wig] n pruik c

wild [waild] adj wild; woest

will [wil] n wil c; testament nt

*will [wil] v *willen; *zullen

willing ['wiliŋ] adj bereid

willingly ['wiliŋli] adv graag

will-power ['wilpauə] n wilskracht c

*win [win] v *winnen

wind [wind] n wind c

*wind [waind] v kronkelen; *opwinden, *winden

winding ['waindiŋ] adj kronkelig

windmill ['windmil] n molen c, windmolen c

window ['windou] n raam nt

window-sill ['windousil] n vensterbank c

windscreen ['windskri:n] n voorruit c; ~ wiper ruitenwisser c

windshield ['windʃi:ld] nAm voorruit c; ~ wiper Am ruitenwisser c

windy ['windi] adj winderig

wine [wain] n wijn c

wine-cellar ['wain,selə] n wijnkelder c

wine-list ['wainlist] n wijnkaart c

wine-merchant ['wain,mə:tʃənt] n wijnkoper c

wine-waiter ['wain,weitə] n wijnkelner c

wing [wiŋ] n vleugel c

winkle ['wiŋkəl] n alikruik c

winner ['winə] n winnaar c

winning ['winiŋ] adj winnend; winnings pl winst c

winter ['wintə] n winter c; ~ sports wintersport c

wipe [waip] v vegen, afvegen

wire [waiə] n draad c; ijzerdraad nt

wireless ['waiələs] n radio c

wisdom ['wizdəm] n wijsheid c

wise [waiz] adj wijs

wish [wiʃ] v verlangen, wensen; n verlangen nt, wens c

witch [witʃ] n heks c

with [wið] prep met; bij; van

*withdraw [wið'drɔ:] v *terugtrekken

within [wi'ðin] *prep* binnen; *adv* van binnen

without [wi'ðaut] *prep* zonder

witness ['witnəs] *n* getuige *c*

wits [wits] *pl* verstand *nt*

witty ['witi] *adj* geestig

wolf [wulf] *n* (pl wolves) wolf *c*

woman ['wumən] *n* (pl women) vrouw *c*

womb [wu:m] *n* baarmoeder *c*

won [wʌn] *v* (p, pp win)

wonder ['wʌndə] *n* wonder *nt*; verwondering *c*; *v* zich *afvragen

wonderful ['wʌndəfəl] *adj* prachtig, verrukkelijk; heerlijk

wood [wud] *n* hout *nt*; bos *nt*

wood-carving ['wud,ka:viŋ] *n* houtsnijwerk *nt*

wooded ['wudid] *adj* bebost

wooden ['wudən] *adj* houten; ~ **shoe** klomp *c*

woodland ['wudlənd] *n* bebost gebied

wool [wul] *n* wol *c*; **darning** ~ stopgaren *nt*

woollen ['wulən] *adj* wollen

word [wə:d] *n* woord *nt*

wore [wɔ:] *v* (p wear)

work [wə:k] *n* werk *nt*; arbeid *c*; *v* werken; functioneren; **working day** werkdag *c*; ~ **of art** kunstwerk *nt*; ~ **permit** werkvergunning *c*

worker ['wə:kə] *n* arbeider *c*

working ['wə:kiŋ] *n* werking *c*

workman ['wə:kmən] *n* (pl -men) arbeider *c*

works [wə:ks] *pl* fabriek *c*

workshop ['wə:kʃɔp] *n* werkplaats *c*

world [wə:ld] *n* wereld *c*; ~ **war** wereldoorlog *c*

world-famous [,wə:ld'feiməs] *adj* wereldberoemd

world-wide ['wə:ldwaid] *adj* wereldomvattend

worm [wə:m] *n* worm *c*

worn [wɔ:n] *adj* (pp wear) versleten

worn-out [,wɔ:n'aut] *adj* versleten

worried ['wʌrid] *adj* ongerust

worry ['wʌri] *v* zich ongerust maken; *n* zorg *c*, bezorgdheid *c*

worse [wə:s] *adj* slechter; *adv* erger

worship ['wə:ʃip] *v* *aanbidden; *n* eredienst *c*

worst [wə:st] *adj* slechtst; *adv* ergst

worsted ['wustid] *n* kamgaren *nt*

worth [wə:θ] *n* waarde *c*; *be ~ waard *zijn; *be worth-while de moeite waard *zijn

worthless ['wə:θləs] *adj* waardeloos

worthy of ['wə:ði əv] waard

would [wud] *v* (p will) gewoon *zijn

wound[1] [wu:nd] *n* wond *c*; *v* kwetsen, verwonden

wound[2] [waund] *v* (p, pp wind)

wrap [ræp] *v* inpakken

wreck [rek] *n* wrak *nt*; *v* vernielen

wrench [rentʃ] *n* sleutel *c*; ruk *c*; *v* verdraaien

wrinkle ['riŋkəl] *n* rimpel *c*

wrist [rist] *n* pols *c*

wrist-watch ['ristwɔtʃ] *n* polshorloge *nt*

*write [rait] *v* *schrijven; **in writing** schriftelijk; ~ **down** *opschrijven

writer ['raitə] *n* schrijver *c*

writing-pad ['raitiŋpæd] *n* blocnote *c*, schrijfblok *nt*

writing-paper ['raitiŋ,peipə] *n* schrijfpapier *nt*

written ['ritən] *adj* (pp write) schriftelijk

wrong [rɔŋ] *adj* verkeerd, fout; *n* onrecht *nt*; *v* onrecht *aandoen; *be ~ ongelijk *hebben

wrote [rout] *v* (p write)

X

Xmas ['krisməs] Kerstmis
X-ray ['eksrei] n röntgenfoto c; v doorlichten

Y

yacht [jɔt] n jacht nt
yacht-club ['jɔtklʌb] n zeilclub c
yachting ['jɔtiŋ] n zeilsport c
yard [jɑːd] n erf nt
yarn [jɑːn] n garen nt
yawn [jɔːn] v gapen, geeuwen
year [jiə] n jaar nt
yearly ['jiəli] adj jaarlijks
yeast [jiːst] n gist c
yell [jel] v gillen; n gil c
yellow ['jelou] adj geel
yes [jes] ja
yesterday ['jestədi] adv gisteren
yet [jet] adv nog; conj toch, echter, maar
yield [jiːld] v *opbrengen; *toegeven
yoke [jouk] n juk nt

yolk [jouk] n dooier c
you [juː] pron je; jou; u; jullie
young [jʌŋ] adj jong
your [jɔː] adj uw; jouw; jullie
yourself [jɔːˈself] pron je; zelf
yourselves [jɔːˈselvz] pron je; zelf
youth [juːθ] n jeugd c; ~ **hostel** jeugdherberg c

Z

Zaire [zaːˈiə] Zaïre
zeal [ziːl] n ijver c
zealous ['zeləs] adj ijverig
zebra ['ziːbrə] n zebra c
zenith ['zeniθ] n zenit nt; toppunt nt
zero ['ziərou] n (pl ~s) nul c
zest [zest] n animo c
zinc [ziŋk] n zink nt
zip [zip] n ritssluiting c; ~ **code** Am postcode c
zipper ['zipə] n ritssluiting c
zodiac ['zoudiæk] n dierenriem c
zombie ['zɔmbi] n levend lijk nt
zone [zoun] n zone c; gebied nt
zoo [zuː] n (pl ~s) dierentuin c
zoology [zouˈɔlədʒi] n zoölogie c

Culinaire woordenlijst

Spijzen

almond amandel

anchovy ansjovis

angel food cake witte, ronde cake, gemaakt van suiker, eiwit en bloem

angels on horseback geroosterde, met spek omwikkelde oesters

appetizer borrelhapje

apple appel

~ **charlotte** lagen van appels en sneetjes boord met vanille en slagroom

~ **dumpling** appelbol

~ **sauce** appelmoes

apricot abrikoos

Arbroath smoky gerookte schelvis

artichoke artisjok

asparagus asperge

~ **tip** aspergepunt

aspic koude schotel in gelei

assorted gevarieerd, gemengd

bacon spek

~ **and eggs** spiegeleieren met spek

bagel klein kransvormig broodje

baked in de oven gebakken, gebraden

~ **Alaska** omelette sibérienne

~ **beans** witte bonen in tomatensaus

~ **potato** hele, ongeschilde aardappel, in de oven gebakken

Bakewell tart amandeltaart met jam

baloney worstsoort

banana banaan

~ **split** in de lengte gehalveerde banaan met ijs, noten en overgoten met vruchtensiroop of vloeibare chocolade

barbecue 1) gehakt rundvlees in tomatensaus in een broodje geserveerd 2) maaltijd van geroosterd vlees in de open lucht

~ **sauce** zeer scherpe tomatensaus

barbecued geroosterd op houtskool

basil basilicum

bass baars

bean boon

beef rundvlees

~ **olive** blinde vink

beefburger gehakte, geroosterde biefstuk geserveerd in een broodje

beet, beetroot rode biet

bilberry blauwe bosbes

bill rekening

~ **of fare** menu

biscuit 1) koekje (GB) 2) broodje (US)

black pudding bloedworst

blackberry braam

blackcurrant zwarte bes

bloater verse bokking

blood sausage bloedworst

blueberry blauwe bosbes

boiled gekookt

Bologna (sausage) worstsoort

bone bot

boned ontbeend

Boston baked beans witte bonen met stukjes spek en stroop

Boston cream pie taart met vla-vulling en chocoladeglazuur

brains hersenen

braised gestoofd

bramble pudding bramenpudding, vaak met schijfjes appel erin

braunschweiger gerookte lever-worst

bread brood

breaded gepaneerd

breakfast ontbijt

bream brasem

breast borst (stuk)

brisket borststuk

broad bean tuinboon

broth bouillon

brown Betty afwisselende lagen appel, perzik of kers en paneer-meel, met suiker en kruiderijen, in de oven gebakken

brunch ontbijt en lunch gecombi-neerd

brussels sprout spruitje

bubble and squeak soort panne-koek van gebakken aardappe-len en kool, soms met vlees

bun 1) krentenbroodje (GB) 2) klein, luchtig broodje (US)

butter boter

buttered beboterd

cabbage kool

Caesar salad sla met gerooster-de, naar knoflook smakende brooddobbelsteentjes, anjovis en geraspte kaas

cake gebak, koek, cake, taart

cakes koekjes, taartjes

calf kalfsvlees

Canadian bacon gerookt spek in dikke plakken gesneden

canapé belegd sneetje brood

cantaloupe wratmeloen, kante-loep

caper kappertje

capercaillie, capercailzie auer-hoen

carp karper

carrot wortel

cashew vrucht van de cajouboom

casserole gestoofd

catfish meerval (vis)

catsup ketchup

cauliflower bloemkool

celery selderie

cereal graansoorten voor bij het ontbijt, zoals maïsvlokken, ha-vermout, met melk en suiker

hot ~ havermoutpap

chateaubriand dubbele biefstuk van de haas

check rekening

Cheddar (cheese) stevige kaas met een milde, zurige smaak

cheese kaas

~ board kaasassortiment

~ cake kaaskoekje

cheeseburger gehakte, gerooster-de biefstuk met schijfje kaas, opgediend in een broodje

chef's salad salade van ham, kip, eieren, tomaten, sla en kaas

cherry kers

chestnut tamme kastanje

chicken kip

chicory 1) Brussels lof (GB) 2) andijvie (US)

chili con carne gehakt rundvlees gestoofd met bruine bonen, Spaanse pepers en komijn

chili pepper rode Spaanse pepers

chips 1) patates frites (GB) 2) aardappel chips (US)

chitt(er)lings varkenspens

chive bieslook

chocolate chocolade
~ **pudding** 1) chocoladepudding bereid met verkruimelde koekjes, suiker, eieren en bloem (GB) 2) chocolademousse (US)

choice keus

chop kotelet
~ **suey** gerecht, bereid uit fijngesneden varkensvlees en kip, groenten en rijst (tjap tjoy)

chopped fijngehakt

chowder dikke soep van vis, schaal- en schelpdieren of kip, met groenten

Christmas pudding speciaal Kerstgebak, soms geflambeerd

chutney sterke Indische kruiderij

cinnamon kaneel

clam steenmossel

club sandwich dubbele sandwich met kip, spek, sla, tomaat en mayonaise

cobbler vruchtenmoes met deeg, soms met ijs

cock-a-leekie soup preisoep met kip

coconut kokosnoot

cod kabeljauw

Colchester oyster beste soort Engelse oester

cold cuts/meat koud vlees

coleslaw koolsla

compote vruchten op sap

condiment kruiderij

consommé heldere soep

cooked gekookt

cookie koekje

corn 1) koren (GB) 2) maïs (US)
~ **on the cob** maïskolf

cornflakes maïsvlokken

cottage cheese witte, verse kaas

cottage pie gehakt vlees met uien, bedekt met aardappelpuree in de oven gebakken

course gerecht

cover charge couvert

crab krab

cracker droog beschuit van bladerdeeg

cranberry veenbes
~ **sauce** veenbessengelei

crawfish, crayfish 1) rivierkreeft 2) langoest (GB) 3) steurgarnaal (US)

cream 1) room 2) vlaai (dessert) 3) gebonden soep
~ **cheese** roomkaas
~ **puff** roomsoes

creamed potatoes aardappelen in witte roomsaus

creole op Creoolse wijze bereid; over het algemeen zeer pikant, met tomaten, paprika's en uien, geserveerd met rijst

cress waterkers

crisps chips

croquette kroket

crumpet rond, licht broodje, geroosterd en beboterd

cucumber komkommer

Cumberland ham zeer fijne, gerookte Engelse ham

Cumberland sauce rode bessengelei, op smaak gemaakt met wijn, sinaasappelsap en kruiderijen

cupcake klein rond gebakje

cured gezouten, gerookt, gepekeld (vis en vlees)

currant krent
curried met kerrie
curry kerrie
custard custardvla
cutlet vleeslapje, kotelet
dab schar
Danish pastry soort luchtig koffiebrood
date dadel
Derby cheese gele kaas met pikante smaak
devilled sterk gekruid
devil's food cake machtige chocoladetaart
devils on horseback gekookte pruimen, gevuld met amandelen en ansjovis, omwikkeld met spek, geroosterd en geserveerd op toost
Devonshire cream dikke, klonterige room
diced in dobbelsteentjes gesneden
diet food volgens voedselleer bereid
dill dille
dinner diner, avondeten
dish schotel, gerecht
donut, doughnut soort oliebol
double cream volle room
Dover sole tong uit Dover, in Engeland zeer gewaardeerd
dressing 1) slasaus 2) vulsel voor kalkoen (US)
Dublin Bay prawn steurgarnaal
duck eend
duckling jonge eend
dumpling knoedel
Dutch apple pie appeltaart bedekt met een mengsel van boter en bruine suiker
éclair langwerpig, met chocolade of caramel geglaceerd roomtaartje
eel paling

egg ei
  boiled ~ gekookt
  fried ~ spiegelei
  hard-boiled ~ hardgekookt
  poached ~ gepocheerd
  scrambled ~ roerei
  soft-boiled ~ zachtgekookt
eggplant aubergine, eierplant
endive 1) andijvie (GB) 2) Brussels lof (US)
entrecôte tussenrib
entrée 1) voorgerecht (GB) 2) hoofdgerecht (US)
escalope schnitzel
fennel venkel
fig vijg
filet mignon kalfs- of varkenshaasje
fillet filet van vlees of vis
finnan haddock gerookte schelvis
fish vis
  ~ **and chips** gebakken vis met frites
  ~ **cake** viskoekje
flan vla, ronde taart met vruchten
flapjack (appel)flap
flounder bot
forcemeat farce, gehakt
fowl gevogelte
frankfurter knakworst
French bean slaboon
French bread stokbrood
French dressing 1) slasaus in olie, azijn en tuinkruiden (GB) 2) romige slasaus met ketchup (US)
french fries patates frites
French toast wentelteefje
fresh vers
fricassée ragoût, vleeshachee
fried gebakken in een koekepan of in de olie
fritter beignet, poffertje
frogs' legs kikkerbilletjes

frosting suikerglazuur
fruit vrucht
fry bakken
game wild
gammon gerookte ham
garfish geep (snoekachtige zeevis)
garlic knoflook
garnish garnituur
gherkin augurkje
giblets afval van gevogelte
ginger gember
goose gans
  ∼**berry** kruisbes
grape druif
  ∼**fruit** pompelmoes
grated geraspt
gravy vleesjus
grayling vlagzalm
green bean slaboon
green pepper groene paprika
green salad sla
greens groenten
grilled geroosterd
grilse jonge zalm
grouse korhoen
gumbo 1) groente van Afrikaanse afkomst 2) Creools gerecht van vlees, kip of vis, met *okra*zaden, uien, tomaten en kruiden
haddock gerookte schelvis
haggis hart, longen en lever van een schaap fijn gehakt en in de maag gekookt met reuzel, havermeel en uien
hake stokvis
halibut heilbot
ham and eggs spiegeleieren met ham
hamburger gehakt, geroosterd rundvlees opgediend in een broodje
hare haas
haricot bean prinsessenboon, witte boon

hash 1) gehakt of fijngesneden vlees 2) hachee met aardappelen en groenten
hazelnut hazelnoot
heart hart
herb tuinkruid
herring haring
home-made eigengemaakt, van het huis
hominy grits brij van maïsgrutten
honey honing
  ∼**dew melon** zoete meloen met geelgroen vruchtvlees
hors-d'œuvre voorgerecht (Engeland)
horse-radish mierikswortel
hot 1) heet, warm 2) sterk gekruid
  ∼ **cross bun** fijn broodje gevuld met rozijnen en kruisvormig bedekt met glazuur, wordt in de vastentijd gegeten (brioche)
  ∼ **dog** hot dog, warme worst in een broodje
huckleberry blauwe bosbes
hush puppy beignet van maïsmeel en uien
ice-cream ijs
iced gekoeld
icing suikerglazuur
Idaho baked potato soort bintje, ongeschild in de oven gepoft
Irish stew hutspot van schapevlees, aardappelen en uien
Italian dressing slasaus van olie, azijn en tuinkruiden
jellied in gelei
Jell-O gelatinedessert
jelly jam; gelei
Jerusalem artichoke aardpeer
John Dory zonnevis (zeevis)
jugged hare hazepeper
juice sap
juniper berry jeneverbes
junket gestremde melk (wrongel),

gesuikerd
kale boerenkool
kedgeree stukjes vis met rijst, eieren, boter, wordt vaak als warm gerecht aan het ontbijt geserveerd
kidney nier
kipper bokking
lamb lamsvlees
Lancashire hot pot schotel in de oven van ragoût van lamsvlees en nieren met uien, kruiderijen en aardappelen
larded gelardeerd
lean mager
leek prei
leg bout
lemon citroen
~ **sole** scharretong
lentil linze
lettuce kropsla, veldsla
lima bean tuinboon
lime limoen, kleine groene citroen
liver lever
loaf brood
lobster kreeft
loin lendestuk
Long Island duck eend van Long Island, in de VS zeer goed bekend staande soort
low-calorie laag caloriegehalte
lox gerookte zalm
macaroon bitterkoekje
mackerel makreel
maize maïs
mandarin mandarijntje
maple syrup ahornstroop
marinated gemarineerd
marjoram marjolein
marmalade marmelade van sinaasappelen of andere citrusvruchten
marrow beenmerg
~ **bone** mergpijp

marshmallow Amerikaans snoepgoed; *marshmallows* worden vaak aan warme chocola en allerlei soorten desserts toegevoegd
marzipan marsepein
mashed potatoes aardappelpuree
meal maaltijd
meat vlees
~ **ball** gehaktbal
~ **loaf** gehaktbrood
~ **pâté** vleespastei
medium (done) net gaar
melon meloen
melted gesmolten
Melton Mowbray pie pastei bestaande uit gehakt vlees en kruiden
meringue schuimgebak, schuimpje
milk melk
mince fijnhakken
~ **pie** pasteitje met krenten, rozijnen, fijngehakte geconfijte vruchten en appelen (met of zonder vlees)
minced fijngehakt
~ **meat** fijngehakt vlees
mint munt (kruid)
minute steak kort gebakken biefstuk
mixed gemengd
~ **grill** aan een stokje geregen, geroosterde stukjes vlees
molasses melasse, stroop
morel morille, zeer gewaardeerde paddestoelsoort
mousse 1) dessert van geklopte eieren en slagroom 2) luchtig pasteitje
mulberry moerbei
mullet harder (vis gelijkend op een karper)
mulligatawny soup zeer sterk ge-

kruide soep van Indische afkomst met wortels, uien, *chutney* en kip met kerrie
mushroom paddestoel
muskmelon meloen
mussel mossel
mustard mosterd
mutton schapevlees
noodle noedel
nut noot
oatmeal (porridge) havermoutpap
oil olie
okra zaad van de *gumbo*, wordt
gebruikt om soepen en ragoût-
sausen aan te dikken
olive olijf
onion ui
orange sinaasappel
ox tongue ossetong
oxtail ossestaart
oyster oester
pancake pannekoek
Parmesan (cheese) Parmezaanse
kaas
parsley peterselie
parsnip pastinaak, witte peen
partridge patrijs
pastry banket, gebakje, taartje
pasty pastei
pea doperwt
peach perzik
peanut olienoot, pinda
~ **butter** pindakaas
pear peer
pearl barley parelgerst
pepper peper
~ **mint** pepermunt
perch baars
persimmon dadelpruim
pheasant fazant
pickerel jonge snoek
pickle 1) groente of geconfijte
vrucht in pekelzuur 2) in het
bijzonder augurkje (US)

pickled in pekel bewaard
pie pastei, vaak met een deksel
van bladerdeeg, gevuld met
vlees, groenten of vruchten
pig varken
pigeon duif
pike snoek
pineapple ananas
plaice schol
plain natuur, zonder iets erin
plate bord, schaal
plum pruim
~ **pudding** speciaal Kerstgebak, soms geflambeerd
poached gepocheerd
popcorn gepofte maïskorrels
popover klein, luchtig broodje
pork varkensvlees
porridge havermoutpap
porterhouse steak biefstuk van de
haas
pot roast met groenten gesmoord
rundvlees
potato aardappel
~ **chips** 1) patates frites (GB)
2) aardappel chips (US)
~ **in its jacket** aardappel in de
schil gekookt en opgediend
potted shrimps garnalen in gesmolten boter, koud opgediend
in een vorm
poultry gevogelte, pluimvee
prawn grote garnaal
prune gedroogde pruim
ptarmigan sneeuwhoen
pudding soepel of stevig beslag
van meel en eieren, gegarneerd
met vlees, vis, groenten of
vruchten, in de oven gebakken
of gaargestoomd; nagerecht
pumpernickel zwart roggebrood
pumpkin pompoen
quail kwartel
quince kweepeer

rabbit konijn
radish radijs
rainbow trout regenboogforel
raisin rozijn
rare ongaar
raspberry framboos
raw rauw
red mullet soort harder (zeevis)
red (sweet) pepper rode paprika
redcurrant rode bes
relish kruiderij gemaakt van fijngesneden groente in azijn
rhubarb rabarber
rib (of beef) ribstuk (van het rund)
ribe-eye steak entrecôte
rice rijst
rissole vlees- of viskroket
river trout rivierforel
roast braadstuk
roasted gebraden
Rock Cornish hen piepkuiken
roe viskuit
roll broodje
rollmop herring rolmops, gemari-
  neerde haringfilet
round steak runderschijf
Rubens sandwich cornedbeef op
  een toostje, met zuurkool, kaas
  en slasaus; warm opgediend
rump steak biefstuk
rusk beschuit
rye bread roggebrood
saddle lendestuk
saffron saffraan
sage salie
salad sla
  ~ **bar** verschillende soorten
  slaatjes, tomaten, prinsessen-
  bonen
  ~ **cream** slasaus, licht gezoet
  ~ **dressing** slasaus
salmon zalm
  ~ **trout** zalmforel
salt zout

salted gezouten
sardine sardien
sauce saus
sauerkraut zuurkool
sausage worst
sauté(ed) snel in boter, olie of vet
  gebakken
scallop 1) kamschelp 2) kalfslapje
scampi steurgarnaal
scone zacht broodje, warm geserveerd, met boter en jam
Scotch broth runder- of schape-
  bouillon met groenten
Scotch woodcock toost met roerei
  en ansjovis
sea bass zeebaars
sea kale zeekool
seafood zeebanket
(in) season (in het) seizoen
seasoning kruiderij
service bediening
  ~ **charge** bedieningstarief
  ~ **included** inclusief bediening
  ~ **not included** exclusief bediening
set menu menu van de dag
shad elft (zeevis)
shallot sjalot
shellfish schelp- en schaaldieren
sherbet sorbet
shoulder schouderstuk
shredded wheat gesponnen tarwe,
  wordt bij het ontbijt gegeten
shrimp garnaal
silverside (of beef) onderste deel
  van runderschenkel
sirloin steak lendestuk (van het
  rund)
skewer vleespen
slice sneet(je), plak
sliced in plakken gesneden
sloppy Joe gehakt vlees in scherpe
  tomatensaus, geserveerd in een
  broodje

smelt spiering
smoked gerookt
snack hapje, snack
sole tong (vis)
soup soep
sour zuur
soused herring gepekelde haring
spare rib krabbetje
spice kruiderij
spinach spinazie
spiny lobster langoest
(on a) spit (aan het) spit
sponge cake Moscovisch gebak
sprat sprot
squash mergpompoen
starter voorgerecht
steak and kidney pie pastei in bla-
    derdeeg van niertjes en rund-
    vlees
steamed gekookt
stew stoofschotel
Stilton (cheese) een van de beste
    Engelse kazen, wit of blauw ge-
    aderd
strawberry aardbei
string bean slaboon
stuffed gevuld
stuffing vulling
suck(l)ing pig speenvarken
sugar suiker
sugarless zonder suiker
sundae roomijs met vruchten,
    noten, slagroom en siroop
supper avondmaaltijd
swede knolraap
sweet 1) zoet 2) dessert
    ~ **corn** zoete maïs
    ~ **potato** bataat, knol van een
    oorspronkelijk tropisch gewas,
    rijk aan zetmeel en suiker
sweetbread zwezerik
Swiss cheese Emmentaler kaas
Swiss roll opgerold gebak met jam
    ertussen (koninginnebrood)

Swiss steak met groenten en krui-
    derijen gestoofde runderlappen
T-bone steak lendestuk van het
    rund met een T-vormig bot erin
table d'hôte open tafel in een hotel
tangerine mandarijntje
tarragon dragon
tart (vruchten)taart
tenderloin filet van vlees
Thousand Island dressing slasaus,
    bestaande uit mayonaise met
    piment, noten, olijven, selderie,
    uien, peterselie en eieren
thyme tijm
toad-in-the-hole rundvlees (of
    worstjes) in beslag gedoopt en
    in de oven gebakken
toast geroosterd brood
toasted getoost
    ~ **cheese** toost met gesmolten
    kaas
tomato tomaat
tongue tong (vlees)
tournedos ossehaas in dikke plak-
    ken
treacle melasse, stroop
trifle cake met amandelen en
    gelei, in sherry (of brandewijn)
    gedrenkt, opgediend met vla of
    slagroom
tripe pens
trout forel
truffle truffel (paddestoel)
tuna, tunny tonijn
turbot tarbot
turkey kalkoen
turnip raap, knol
turnover flap
turtle schildpad
underdone ongaar
vanilla vanille
veal kalfsvlees
    ~ **bird** blinde vink
    ~ **escalope** kalfsoester

vegetable groente
~ **marrow** mergpompoen, courgette
venison wildbraad
vichyssoise preisoep, koud geserveerd
vinegar azijn
Virginia baked ham ham in de oven geroosterd, in inkepingen in het vel worden stukjes ananas, kersen en kruidnagels gestoken waarna de ham met het vruchtesap geglaceerd wordt
wafer wafeltje
waffle warme wafel met boter, stroop of honing
walnut walnoot
water ice sorbet
watercress waterkers

watermelon watermeloen
well-done gaar
Welsh rabbit/rarebit gesmolten kaas op geroosterd brood
whelk kinkhoorn (wulk)
whipped cream slagroom
whitebait witvis
wine list wijnkaart
woodcock (hout)snip
Worcestershire sauce zoetzure saus bestaande uit soja en vele andere ingrediënten
York ham zeer goed bekend staande ham, opgediend in dunne plakken
Yorkshire pudding knappend gebakken deeg, geserveerd met rosbief
zucchini mergpompoen, courgette
zwieback beschuit

Dranken

ale donker, zoetachtig bier, onder hoge temperatuur gegist
bitter ~ bitter bier, nogal zwaar
brown ~ gebotteld, zoetachtig donker bier
light ~ gebotteld licht bier
mild ~ donker bier van het vat met een zeer uitgesproken smaak
pale ~ gebotteld licht bier
applejack Amerikaanse appelbrandewijn
Athol Brose haver vermengd met kokend water, honing en whisky

Bacardi cocktail cocktail van rum en gin met grenadinesiroop en limoensap
barley water frisdrank gemaakt van parelgerst met citroensmaak
barley wine donker bier met hoog alcoholgehalte
beer bier
bottled ~ gebotteld bier
draft, draught ~ getapt bier, bier van het vat
bitters kruidenaperitieven, de spijsvertering bevorderende alcoholische dranken

black velvet champagne met toevoeging van *stout* (vaak ter begeleiding van oesters)

bloody Mary cocktail van wodka, tomatesap en kruiderijen

bourbon Amerikaanse whisky, hoofdzakelijk van mais gestookt

brandy 1) verzamelnaam voor brandewijnsoorten gemaakt van druiven en andere vruchten 2) cognac

∼ **Alexander** cocktail van brandewijn, crème de cacao en room

British wines wijnen in Engeland gegist; gemaakt van geïmporteerde druiven (of van geïmporteerd druivesap)

cherry brandy kersenlikeur

chocolate chocolademelk

cider cider

∼ **cup** mengsel van cider, kruiderijen, suiker en ijs

claret rode Bordeauxwijn

cobbler *long drink* gemaakt van vruchten, waaraan men wijn of alcohol toevoegt

coffee koffie

∼ **with cream** met room

black ∼ zonder melk

caffeine-free ∼ cafeïnevrij

white ∼ half koffie, half melk; koffie verkeerd

cordial hartversterking

cream room

cup verfrissende drank gemaakt van gekoelde wijn, sodawater en een likeur of andere sterkedrank met een schijfje citroen of sinaasappel

daiquiri cocktail van rum, suiker, limoensap

double dubbele portie

Drambuie likeur gemaakt van

whisky en honing

dry martini 1) droge vermouth (GB) 2) cocktail van droge vermouth en gin (US)

egg-nog alcoholische drank op basis van rum of andere sterkedrank, vermengd met geklopt eigeel en suiker

gin and it gin met Italiaanse vermouth

gin-fizz gin met citroensap, sodawater en suiker

ginger ale frisdrank met gembersmaak

ginger beer gemberbier

grasshopper cocktail van crème de menthe, crème de cacao en room

Guinness (stout) donker zoetsmakend bier met een hoog mouten hopgehalte

half pint ongeveer 3 dl

highball alcoholische drank, zoals whisky, vermengd met water, sodawater of *ginger ale*

iced gekoeld, ijskoud

Irish coffee koffie met suiker en slagroom, waaraan men een scheut Ierse whisky toevoegt

Irish Mist Ierse likeur van whisky en honing

Irish whiskey Ierse whisky minder scherp dan Schotse whisky, bevat naast gerst ook rogge, haver en tarwe

juice sap

lager licht bier, koud geserveerd

lemon squash kwast

lemonade limonade

lime juice limoensap

liqueur likeur

liquor sterkedrank

long drink sterkedrank met tonic, sodawater of gewoon water en

ijsblokjes
madeira madera
Manhattan cocktail van Amerikaanse whisky en vermouth met angostura
milk melk
mineral water mineraalwater
mulled wine bisschopswijn; warme, gekruide wijn
neat onvermengd. puur, zonder water of ijs
old-fashioned cocktail van whisky, angostura, sinaasappel schijfje, suiker en maraskijnkersen
on the rocks met ijsblokjes
Ovaltine ovomaltine
Pimm's cup(s) sterkedrank met vruchtesap, eventueel aangelengd met sodawater
~ **No. 1** met gin
~ **No. 2** met whisky
~ **No. 3** met rum
~ **No. 4** met brandewijn
pink champagne roze champagne
pink lady cocktail van eiwit, calvados, citroensap, grenadine en gin
pint ongeveer 6 dl
porter donker, bitter bier
quart 1,14 l (US 0,95 l)
root beer gezoete frisdrank met aromat uit plantenwortels en kruiden
rye (whiskey) whisky uit rogge gestookt; zwaarder en scherper van smaak dan *bourbon*
scotch (whisky) Schotse whisky, een uit gerst en maïs (grain whisky) gestookte sterkedrank,

vaak vermengd met malt whisky, uitsluitend uit gemoute gerst gestookt
screwdriver wodka met sinaasappelsap
shandy *bitter ale* vermengd met limonade of met *ginger beer*
short drink sterkedrank, onverdund gedronken
shot scheut sterkedrank
sloe gin-fizz sleepruimlikeur (vrucht van de sleedoorn) met citroensap en sodawater
soda water sodawater, spuitwater
soft drink frisdrank
spirits spiritualiën, gedistilleerde dranken
stinger cognac en crème de menthe
stout donker bier met veel hop gebrouwen
straight sterkedrank onverdund gedronken, puur
tea thee
toddy grog
Tom Collins *long drink* van gin, citroensap, spuitwater en suiker
tonic (water) tonic, spuitwater met kininesmaak
vodka wodka
whisky sour whisky, citroensap, suiker en sodawater
wine wijn
dessert ~ zoete
dry ~ droge
red ~ rode
sparkling ~ mousserende
sweet ~ zoete (dessertwijn)
white ~ witte

Mini-grammatica

Het lidwoord

Het bepaald lidwoord heeft slechts één vorm: *the*.

the room, the rooms   de kamer, de kamers

Het onbepaald lidwoord heeft twee vormen: *a* voor woorden die met een medeklinker beginnen en *an* voor woorden die met een klinker of stomme h beginnen.

a coat	een jas
an umbrella	een paraplu
an hour	een uur

Het zelfstandig naamwoord

Het meervoud van de meeste zelfstandige naamwoorden wordt gevormd door aan het enkelvoud *-(e)s* toe te voegen.

cup — cups (kopje — kopjes)   **dress — dresses** (jurk — jurken)

N.B. Wanneer een zelfstandig naamwoord op *-y* eindigt en de voorlaatste letter een medeklinker is, wordt de meervoudsuitgang *-ies*; als de voorlaatste letter echter een klinker is dan wordt het meervoud op de normale wijze gevormd.

lady — ladies (dame — dames)   **key — keys** (sleutel — sleutels)

Enkele zelfstandige naamwoorden met een onregelmatig meervoud zijn:

man — men (man — mannen)   **child — children** (kind — kinderen)
woman — women (vrouw — vrouwen)
foot — feet (voet — voeten)

Genitief

1. Als de bezitter een mens is en het zelfstandig naamwoord niet met *-s* eindigt, dan wordt *'s* toegevoegd.

the boy's room	de kamer van de jongen
the children's clothes	de kleren van de kinderen

Eindigt het zelfstandig naamwoord met *-s,* dan wordt alleen een apostrophe (') toegevoegd.

the boys' room   de kamer van de jongens

2. Als de bezitter een ding is, gebruikt men het voorzetsel *of*.

the key of the door   de sleutel van de deur

Het bijvoeglijk naamwoord

De bijvoeglijke naamwoorden staan gewoonlijk voor het zelfstandig naamwoord.

a large brown suitcase   een grote bruine koffer

De vergrotende en overtreffende trap van een bijvoeglijk naamwoord kunnen op twee manieren gevormd worden.

1. Alle bijvoeglijke naamwoorden van één lettergreep en vele van twee lettergrepen krijgen -(e)r en -(e)st.

small (klein) — **smaller** — **smallest**
pretty (aardig) — **prettier** — **prettiest***

2. Bijvoeglijke naamwoorden van drie of meer lettergrepen en enkele van twee die eindigen op -ful en -less maken de vergrotende en overtreffende trap met *more* en *most*.

expensive (duur) — **more expensive** — **most expensive**
careful (voorzichtig) — **more careful** — **most careful**

De volgende bijvoeglijke naamwoorden zijn onregelmatig:

good (goed)	**better**	**best**
bad (slecht)	**worse**	**worst**
little (weinig)	**less**	**least**
much/many (veel)	**more**	**most**

Het bijwoord

De meeste bijwoorden worden gemaakt door aan het bijvoeglijk naamwoord -ly toe te voegen.

quick/quickly (vlug)   **slow/slowly** (langzaam)

Uitzonderingen:

good/well (goed)   **fast/fast** (snel)

Voornaamwoorden

	persoonlijk voornaamwoord		bezittelijk voornaamwoord	
	onderwerp	lijdend en meew. vw.	1	2
ik	**I**	**me**	**my**	**mine**
jij	**you**	**you**	**your**	**yours**
hij	**he**	**him**	**his**	**his**
zij	**she**	**her**	**her**	**hers**
het	**it**	**it**	**its**	**—**
wij	**we**	**us**	**our**	**ours**
u	**you**	**you**	**your**	**yours**
zij	**they**	**them**	**their**	**theirs**

De vormen onder 1 worden gebruikt vóór een zelfstandig naamwoord, die onder 2 staan op zichzelf.

Where's my key?   Waar is mijn sleutel?
That's not mine.   Dat is niet de mijne.

N.B. Het Engels kent geen onderscheid tussen „jij" en „u", in beide gevallen zegt men *you*.

He came with you.   Hij kwam met jou/u.

---

* *y* wordt *i* als er een medeklinker aan voorafgaat.

Onregelmatige werkwoorden

De onderstaande lijst geeft de Engelse onregelmatige werkwoorden aan. De samengestelde werkwoorden of werkwoorden met een voorvoegsel worden als de grondwerkwoorden vervoegd, bijvoorbeeld: *withdraw* wordt vervoegd als *draw* en *rebuild* als *build*.

Onbepaalde wijs	Onvoltooid verleden tijd	Verleden deelwoord	
arise	arose	arisen	*opstaan*
awake	awoke	awoken	*ontwaken*
be	was	been	*zijn*
bear	bore	borne	*dragen*
beat	beat	beaten	*slaan*
become	became	become	*worden*
begin	began	begun	*aanvangen*
bend	bent	bent	*buigen*
bet	bet	bet	*wedden*
bid	bade/bid	bidden/bid	*verzoeken*
bind	bound	bound	*binden*
bite	bit	bitten	*bijten*
bleed	bled	bled	*bloeden*
blow	blew	blown	*blazen*
break	broke	broken	*breken*
breed	bred	bred	*fokken*
bring	brought	brought	*brengen*
build	built	built	*bouwen*
burn	burnt/burned	burnt/burned	*branden*
burst	burst	burst	*barsten*
buy	bought	bought	*kopen*
can*	could	—	*kunnen*
cast	cast	cast	*werpen*
catch	caught	caught	*vangen*
choose	chose	chosen	*kiezen*
cling	clung	clung	*vastklemmen*
clothe	clothed/clad	clothed/clad	*kleden*
come	came	come	*komen*
cost	cost	cost	*kosten*
creep	crept	crept	*kruipen*
cut	cut	cut	*snijden*
deal	dealt	dealt	*uitdelen*
dig	dug	dug	*graven*
do (he does)	did	done	*doen*
draw	drew	drawn	*trekken*
dream	dreamt/dreamed	dreamt/dreamed	*dromen*
drink	drank	drunk	*drinken*
drive	drove	driven	*rijden*
dwell	dwelt	dwelt	*vertoeven*

* tegenwoordige tijd

eat	ate	eaten	*eten*
fall	fell	fallen	*vallen*
feed	fed	fed	*voeden*
feel	felt	felt	*voelen*
fight	fought	fought	*vechten*
find	found	found	*vinden*
flee	fled	fled	*vluchten*
fling	flung	flung	*werpen*
fly	flew	flown	*vliegen*
forsake	forsook	forsaken	*verzaken*
freeze	froze	frozen	*vriezen*
get	got	got	*krijgen*
give	gave	given	*geven*
go	went	gone	*gaan*
grind	ground	ground	*malen*
grow	grew	grown	*groeien*
hang	hung	hung	*(op)hangen*
have	had	had	*hebben*
hear	heard	heard	*horen*
hew	hewed	hewed/hewn	*hakken*
hide	hid	hidden	*verstoppen*
hit	hit	hit	*slaan*
hold	held	held	*houden*
hurt	hurt	hurt	*pijn doen*
keep	kept	kept	*houden*
kneel	knelt	knelt	*knielen*
knit	knitted/knit	knitted/knit	*breien*
know	knew	known	*weten*
lay	laid	laid	*leggen*
lead	led	led	*leiden*
lean	leant/leaned	leant/leaned	*leunen*
leap	leapt/leaped	leapt/leaped	*springen*
learn	learnt/learned	learnt/learned	*leren*
leave	left	left	*verlaten*
lend	lent	lent	*lenen(aan)*
let	let	let	*laten*
lie	lay	lain	*liggen*
light	lit/lighted	lit/lighted	*aansteken*
lose	lost	lost	*verliezen*
make	made	made	*maken*
may*	might	—	*mogen, kunnen*
mean	meant	meant	*bedoelen*
meet	met	met	*ontmoeten*
mow	mowed	mowed/mown	*maaien*
must*	—	—	*moeten*
ought (to)*	—	—	*moeten*
pay	paid	paid	*betalen*
put	put	put	*zetten*
read	read	read	*lezen*

* tegenwoordige tijd

rid	rid	rid	*zich ontdoen (van)*
ride	rode	ridden	*rijden*
ring	rang	rung	*bellen*
rise	rose	risen	*opstaan*
run	ran	run	*rennen*
saw	sawed	sawn	*zagen*
say	said	said	*zeggen*
see	saw	seen	*zien*
seek	sought	sought	*zoeken*
sell	sold	sold	*verkopen*
send	sent	sent	*verzenden*
set	set	set	*zetten*
sew	sewed	sewed/sewn	*naaien*
shake	shook	shaken	*schudden*
shall*	should	—	*zullen*
shed	shed	shed	*vergieten*
shine	shone	shone	*schijnen*
shoot	shot	shot	*schieten*
show	showed	shown	*tonen*
shrink	shrank	shrunk	*krimpen*
shut	shut	shut	*sluiten*
sing	sang	sung	*zingen*
sink	sank	sunk	*zinken*
sit	sat	sat	*zitten*
sleep	slept	slept	*slapen*
slide	slid	slid	*glijden*
sling	slung	slung	*slingeren*
slink	slunk	slunk	*sluipen*
slit	slit	slit	*opensnijden*
smell	smelled/smelt	smelled/smelt	*ruiken*
sow	sowed	sown/sowed	*zaaien*
speak	spoke	spoken	*spreken*
speed	sped/speeded	sped/speeded	*zich haasten*
spell	spelt/spelled	spelt/spelled	*spellen*
spend	spent	spent	*uitgeven*
spill	spilt/spilled	spilt/spilled	*morsen*
spin	spun	spun	*spinnen*
spit	spat	spat	*spuwen*
split	split	split	*splijten*
spoil	spoilt/spoiled	spoilt/spoiled	*bederven*
spread	spread	spread	*spreiden*
spring	sprang	sprung	*ontspringen*
stand	stood	stood	*staan*
steal	stole	stolen	*stelen*
stick	stuck	stuck	*kleven*
sting	stung	stung	*steken*
stink	stank/stunk	stunk	*stinken*
strew	strewed	strewed/strewn	*strooien*
stride	strode	stridden	*schrijden*

---

* tegenwoordige tijd

strike	struck	struck/stricken	*slaan*
string	strung	strung	*rijgen*
strive	strove	striven	*streven*
swear	swore	sworn	*zweren*
sweep	swept	swept	*vegen*
swell	swelled	swollen	*zwellen*
swim	swam	swum	*zwemmen*
swing	swung	swung	*slingeren*
take	took	taken	*nemen*
teach	taught	taught	*onderwijzen*
tear	tore	torn	*scheuren*
tell	told	told	*vertellen*
think	thought	thought	*denken*
throw	threw	thrown	*werpen*
thrust	thrust	thrust	*duwen*
tread	trod	trodden	*treden*
wake	woke/waked	woken/waked	*wekken*
wear	wore	worn	*dragen*
weave	wove	woven	*weven*
weep	wept	wept	*huilen*
will*	would	—	*zullen*
win	won	won	*winnen*
wind	wound	wound	*opwinden*
wring	wrung	wrung	*wringen*
write	wrote	written	*schrijven*

* tegenwoordige tijd

Engelse afkortingen

AA	*Automobile Association*	Britse Automobielclub
AAA	*American Automobile Association*	Amerikaanse Automobielclub
ABC	*American Broadcasting Company*	Amerikaanse radio- en televisiemaatschappij
A.D.	*anno Domini*	na Christus
Am.	*America; American*	Amerika; Amerikaans
a.m.	*ante meridiem (before noon)*	de tijd tussen 0 en 12 uur
Amtrak	*American railroad corporation*	Amerikaanse spoorwegmaatschappij
AT & T	*American Telephone and Telegraph Company*	Amerikaanse telefoon- en telegraafmaatschappij
Ave.	*avenue*	avenue
BBC	*British Broadcasting Corporation*	Britse radio- en televisie- maatschappij
B.C.	*before Christ*	voor Christus
bldg.	*building*	gebouw
Blvd.	*boulevard*	boulevard
B.R.	*British Rail*	Britse Spoorwegen
Brit.	*Britain; British*	Groot-Brittannië, Brits
Bros.	*brothers*	gebroeders
¢	*cent*	1/100 van een dollar
Can.	*Canada; Canadian*	Canada; Canadees
CBS	*Columbia Broadcasting System*	Amerikaanse radio- en televisiemaatschappij
CID	*Criminal Investigation Department*	afdeling criminele recherche van Scotland Yard
CNR	*Canadian National Railway*	Canadese Nationale Spoorwegen
c/o	*(in) care of*	per adres
Co.	*company*	maatschappij
Corp.	*corporation*	vennootschap
CPR	*Canadian Pacific Railways*	Canadese spoorweg- maatschappij
D.C.	*District of Columbia*	district in de V.S. waarin de hoofdstad Washington ligt
DDS	*Doctor of Dental Science*	doctor in de tandheelkunde
dept.	*department*	departement, afdeling
EEC	*European Economic Community*	EEG, Europese Economische Gemeenschap
e.g.	*for instance*	bijvoorbeeld

Eng.	*England; English*	Engeland; Engels
excl.	*excluding; exclusive*	exclusief
ft.	*foot/feet*	voet
GB	*Great Britain*	Groot-Brittannië
H.E.	*His/Her Excellency;*	Zijne/Hare Excellentie;
	His Eminence	Zijne Eminentie
H.H.	*His Holiness*	Zijne Heiligheid
H.M.	*His/Her Majesty*	Zijne/Hare Majesteit
H.M.S.	*Her Majesty's ship*	Harer Majesteits schip
		(Brits oorlogsschip)
hp	*horsepower*	paardekracht
Hwy	*highway*	autoweg
i.e.	*that is to say*	d.w.z., dat wil zeggen
in.	*inch*	duim (2,54 cm)
Inc.	*incorporated*	naamloze vennootschap
incl.	*including, inclusive*	inclusief
£	*pound sterling*	pond sterling
L.A.	*Los Angeles*	Los Angeles
Ltd.	*limited*	naamloze vennootschap
M.D.	*Doctor of Medicine*	arts
M.P.	*Member of Parliament*	lid van het Lagerhuis
		(Engeland)
mph	*miles per hour*	Engelse mijl per uur
Mr.	*Mister*	meneer
Mrs.	*Missis*	mevrouw
Ms.	*Missis/Miss*	mevrouw/mejuffrouw
nat.	*national*	nationaal
NBC	*National Broadcasting*	Amerikaanse radio- en
	Company	televisiemaatschappij
No.	*number*	nummer
N.Y.C.	*New York City*	New York City
O.B.E.	*Officer (of the Order)*	Officier in de Orde
	of the British Empire	van het Britse Imperium
p.	*page; penny/pence*	bladzijde; 1/100 van een pond
p.a.	*per annum*	per jaar
Ph.D.	*Doctor of Philosophy*	doctor in de wijsbegeerte
p.m.	*post meridiem*	de tijd tussen 12 en 24 uur
	(after noon)	
PO	*Post Office*	postkantoor
POO	*post office order*	postorder
pop.	*population*	bevolking
P.T.O.	*please turn over*	zie ommezijde, a.u.b.
RAC	*Royal Automobile Club*	Koninklijke Britse
		Automobielclub

RCMP	*Royal Canadian Mounted Police*	Koninklijke Canadese Bereden Politie
Rd.	*road*	weg
ref.	*reference*	verwijzing
Rev.	*reverend*	dominee
RFD	*rural free delivery*	landelijke postbus
RR	*railroad*	spoorweg
RSVP	*please reply*	verzoeke gaarne antwoord
$	*dollar*	dollar
Soc.	*society*	maatschappij, genootschap
St.	*saint ; street*	sint ; straat
STD	*Subscriber Trunk Dialling*	automatisch telefoonverkeer
UN	*United Nations*	V.N., Verenigde Naties
UPS	*United Parcel Service*	Amerikaanse pakketdienst
US	*United States*	Verenigde Staten
USS	*United States Ship*	Amerikaans oorlogsschip
VAT	*value added tax*	B.T.W.
VIP	*very important person*	zeer belangrijke persoon
Xmas	*Christmas*	Kerstmis
yd.	*yard*	yard (91,44 cm)
YMCA	*Young Men's Christian Association*	Christelijke Jongeren Vereniging
YWCA	*Young Women's Christian Association*	Christelijke Meisjes Vereniging
ZIP	*ZIP code*	postnummer

Telwoorden

Hoofdtelwoorden		**Rangtelwoorden**	
0	zero	1st	first
1	one	2nd	second
2	two	3rd	third
3	three	4th	fourth
4	four	5th	fifth
5	five	6th	sixth
6	six	7th	seventh
7	seven	8th	eighth
8	eight	9th	ninth
9	nine	10th	tenth
10	ten	11th	eleventh
11	eleven	12th	twelfth
12	twelve	13th	thirteenth
13	thirteen	14th	fourteenth
14	fourteen	15th	fifteenth
15	fifteen	16th	sixteenth
16	sixteen	17th	seventeenth
17	seventeen	18th	eighteenth
18	eighteen	19th	nineteenth
19	nineteen	20th	twentieth
20	twenty	21st	twenty-first
21	twenty-one	22nd	twenty-second
22	twenty-two	23rd	twenty-third
23	twenty-three	24th	twenty-fourth
24	twenty-four	25th	twenty-fifth
25	twenty-five	26th	twenty-sixth
30	thirty	27th	twenty-seventh
40	forty	28th	twenty-eighth
50	fifty	29th	twenty-ninth
60	sixty	30th	thirtieth
70	seventy	40th	fortieth
80	eighty	50th	fiftieth
90	ninety	60th	sixtieth
100	a/one hundred	70th	seventieth
230	two hundred and thirty	80th	eightieth
		90th	ninetieth
1,000	a/one thousand	100th	hundredth
10,000	ten thousand	230th	two hundred and thirtieth
100,000	a/one hundred thousand		
1,000,000	a/one million	1,000th	thousandth

Tijd

De Engelsen en Amerikanen gebruiken het twaalf-uren systeem. De uitdrukking *a.m. (ante meridiem)* duidt op de uren tussen middernacht en 12 uur 's middags; *p.m. (post meridiem)* op de uren tussen 12 uur 's middags en middernacht. Engeland gaat momenteel geleidelijk over op het continentale systeem.

I'll come at seven a.m.   Ik kom om 7 uur 's morgens.
I'll come at two p.m.   Ik kom om 2 uur 's middags.
I'll come at eight p.m.   Ik kom om 8 uur 's avonds.

Dagen van de week

Sunday	zondag	*Thursday*	donderdag
Monday	maandag	*Friday*	vrijdag
Tuesday	dinsdag	*Saturday*	zaterdag
Wednesday	woensdag		

Enkele nuttige zinnen	**Some Basic Phrases**
Alstublieft.	Please.
Hartelijk dank.	Thank you very much.
Niets te danken.	Don't mention it.
Goedemorgen.	Good morning.
Goedemiddag.	Good afternoon.
Goedenavond.	Good evening.
Goedenacht.	Good night.
Tot ziens.	Good-bye.
Tot straks.	See you later.
Waar is/Waar zijn...?	Where is/Where are...?
Hoe noemt u dit?	What do you call this?
Wat betekent dat?	What does that mean?
Spreekt u Engels?	Do you speak English?
Spreekt u Duits?	Do you speak German?
Spreekt u Frans?	Do you speak French?
Spreekt u Spaans?	Do you speak Spanish?
Spreekt u Italiaans?	Do you speak Italian?
Kunt u wat langzamer spreken, alstublieft?	Could you speak more slowly, please?
Ik begrijp het niet.	I don't understand.
Mag ik...hebben?	Can I have...?
Kunt u mij...tonen?	Can you show me...?
Kunt u mij zeggen...?	Can you tell me...?
Kunt u me helpen?	Can you help me, please?
Ik wil graag...	I'd like...
Wij willen graag...	We'd like...
Geeft u me..., alstublieft.	Please give me...
Brengt u me..., alstublieft.	Please bring me...
Ik heb honger.	I'm hungry.
Ik heb dorst.	I'm thirsty.
Ik ben verdwaald.	I'm lost.
Vlug!	Hurry up!
Er is/Er zijn...	There is/There are...
Er is geen/Er zijn geen...	There isn't/There aren't...

Aankomst

Uw paspoort, alstublieft.

Hebt u iets aan te geven?

Nee, helemaal niets.

Kunt u me met mijn bagage helpen, alstublieft?

Waar is de bus naar het centrum?

Hierlangs, alstublieft.

Waar kan ik een taxi krijgen?

Wat kost het naar…?

Breng me naar dit adres, alstublieft.

Ik heb haast.

Hotel

Mijn naam is…

Hebt u gereserveerd?

Ik wil graag een kamer met bad.

Hoeveel kost het per nacht?

Mag ik de kamer zien?

Wat is mijn kamernummer?

Er is geen warm water.

Mag ik de directeur spreken, alstublieft?

Heeft er iemand voor mij opgebeld?

Is er post voor mij?

Mag ik de rekening, alstublieft?

Uit eten

Hebt u een menu à prix fixe?

Mag ik de spijskaart zien?

Kunt u ons een asbak brengen, alstublieft?

Arrival

Your passport, please.

Have you anything to declare?

No, nothing at all.

Can you help me with my luggage, please?

Where's the bus to the centre of town, please?

This way, please.

Where can I get a taxi?

What's the fare to…?

Take me to this address, please.

I'm in a hurry.

Hotel

My name is…

Have you a reservation?

I'd like a room with a bath.

What's the price per night?

May I see the room?

What's my room number, please?

There's no hot water.

May I see the manager, please?

Did anyone telephone me?

Is there any mail for me?

May I have my bill (check), please?

Eating out

Do you have a fixed-price menu?

May I see the menu?

May we have an ashtray, please?

Waar is het toilet?	Where's the toilet, please?
Ik wil graag een voorgerecht.	I'd like an hors d'œuvre (starter).
Hebt u soep?	Have you any soup?
Ik wil graag vis.	I'd like some fish.
Wat voor vis hebt u?	What kind of fish do you have?
Ik wil graag een biefstuk.	I'd like a steak.
Wat voor groenten hebt u?	What vegetables have you got?
Niets meer, dank u.	Nothing more, thanks.
Wat wilt u drinken?	What would you like to drink?
Een pils, alstublieft.	I'll have a beer, please.
Ik wil graag een fles wijn.	I'd like a bottle of wine.
Mag ik de rekening, alstublieft?	May I have the bill (check), please?
Is de bediening inbegrepen?	Is service included?
Dank u, het was een uitstekende maaltijd.	Thank you, that was a very good meal.

Reizen

Travelling

Waar is het station?	Where's the railway station, please?
Waar is het loket?	Where's the ticket office, please?
Ik wil graag een kaartje naar…	I'd like a ticket to…
Eerste of tweede klas?	First or second class?
Eerste klas, alstublieft.	First class, please.
Enkele reis of retour?	Single or return (one way or roundtrip)?
Moet ik overstappen?	Do I have to change trains?
Van welk perron vertrekt de trein naar…?	What platform does the train for… leave from?
Waar is het dichtstbijzijnde metrostation?	Where's the nearest underground (subway) station?
Waar is het busstation?	Where's the bus station, please?
Hoe laat vertrekt de eerste bus naar…?	When's the first bus to…?
Wilt u me bij de volgende halte laten uitstappen?	Please let me off at the next stop.

Ontspanning

Wat wordt er in de bioscoop gegeven?

Hoe laat begint de film?

Zijn er nog plaatsen vrij voor vanavond?

Waar kunnen we gaan dansen?

Ontmoetingen

Dag mevrouw/juffrouw/mijnheer.

Hoe maakt u het?

Uitstekend, dank u. En u?

Mag ik u... voorstellen?

Mijn naam is...

Prettig kennis met u te maken.

Hoelang bent u al hier?

Het was mij een genoegen.

Hindert het u als ik rook?

Hebt u een vuurtje, alstublieft?

Mag ik u iets te drinken aanbieden?

Mag ik u vanavond ten eten uitnodigen?

Waar spreken we af?

Winkels en diensten

Waar is de dichtstbijzijnde bank?

Waar kan ik reischeques inwisselen?

Kunt u me wat kleingeld geven, alstublieft?

Waar is de dichtstbijzijnde apotheek?

Hoe kom ik daar?

Is het te lopen?

Relaxing

What's on at the cinema (movies)?

What time does the film begin?

Are there any tickets for tonight?

Where can we go dancing?

Meeting people

How do you do.

How are you?

Very well, thank you. And you?

May I introduce...?

My name is...

I'm very pleased to meet you.

How long have you been here?

It was nice meeting you.

Do you mind if I smoke?

Do you have a light, please?

May I get you a drink?

May I invite you for dinner tonight?

Where shall we meet?

Shops, stores and services

Where's the nearest bank, please?

Where can I cash some travellers' cheques?

Can you give me some small change, please?

Where's the nearest chemist's (pharmacy)?

How do I get there?

Is it within walking distance?

Kunt u mij helpen, alstublieft? — Can you help me, please?

Hoeveel kost dit? En dat? — How much is this? And that?

Het is niet precies wat ik zoek. — It's not quite what I want.

Het bevalt me. — I like it.

Kunt u mij iets tegen zonnebrand aanbevelen? — Can you recommend something for sunburn?

Knippen, alstublieft. — I'd like a haircut, please.

Ik wil een manicure, alstublieft. — I'd like a manicure, please.

De weg vragen — Street directions

Kunt u mij op de kaart aanwijzen waar ik ben? — Can you show me on the map where I am?

U bent op de verkeerde weg. — You are on the wrong road.

Rij/Ga rechtuit. — Go/Walk straight ahead.

Het is aan de linkerkant/aan de rechterkant. — It's on the left/on the right.

Spoedgevallen — Emergencies

Roep vlug een dokter. — Call a doctor quickly.

Roep een ambulance. — Call an ambulance.

Roep de politie, alstublieft. — Please call the police.

dutch-english

nederlands-engels

Introduction

The dictionary has been designed to take account of your practical needs. Unnecessary linguistic information has been avoided. The entries are listed in alphabetical order regardless of whether the entry word is printed in a single word, is hyphened or is in two or more separate words. The only exception to this rule, reflexive verbs, are listed as main entries alphabetically according to the verb, e.g. *zich afvragen* is found under **a.**

When an entry is followed by sub-entries such as expressions and locutions, these, too, have been listed in alphabetical order.

Each main-entry word is followed by a phonetic transcription (see Guide to pronunciation). Following the transcription is the part of speech of the entry word whenever applicable. When an entry word may be used as more then one part of speech, the translations are grouped together after the respective part of speech.

Considering the complexity of the rules for constructing the plural of Dutch nouns, we have supplied the plural form whenever in current use.

Each time an entry word is repeated in plurals or in sub-entries, a tilde (~) is used to represent the full entry word.

In plurals of long words, only the part that changes is written out fully, whereas the unchanged part is represented by a hyphen.

Entry: beker (pl ~s)   Plural: bekers
       kind (pl ~eren)   kinderen
       leslokaal (pl -kalen)   leslokalen

An asterisk (*) in front of a verb indicates that the verb is irregular. For details, refer to the lists of irregular verbs.

Abbreviations

adj	adjective	*p*	past tense
adv	adverb	*pl*	plural
Am	American	*plAm*	plural (American)
art	article	*pp*	past participle
c	common gender	*pr*	present tense
conj	conjunction	*pref*	prefix
n	noun	*prep*	preposition
nAm	noun (American)	*pron*	pronoun
nt	neuter	*v*	verb
num	numeral	*vAm*	verb (American)

Guide to Pronunciation

Each main entry in this part of the dictionary is followed by a phonetic transcription which shows you how to pronounce the words. This transcription should be read as if it were English. It is based on Standard British pronunciation, though we have tried to take account of General American pronunciation also. Below, only those letters and symbols are explained which we consider likely to be ambiguous or not immediately understood.

The syllables are separated by hyphens, and stressed syllables are printed in *italics*.

Of course, the sounds of any two languages are never exactly the same, but if you follow carefully our indications, you should be able to pronounce the foreign words in such a way that you'll be understood. To make your task easier, our transcriptions occasionally simplify slightly the sound system of the language while still reflecting the essential sound differences.

Consonants

g	a g-sound where the tongue doesn't quite close the air passage between itself and the roof of the mouth, so that the escaping air produces audible friction; often fairly hard, so that it resembles **kh**
kh	like **g**, but based on a **k**-sound; therefore hard and voiceless, like **ch** in Scottish lo**ch**
ñ	as in Spanish se**ñ**or, or like **ni** in o**ni**on
s	always hard, as in **s**o
zh	a soft, voiced **sh**, like **s** in plea**s**ure

1) In everyday speech, the **n** in the ending of verbs and plurals of nouns is usually dropped.

2) We use the transcription **v** for two different sounds (written **v** and **w** in Dutch) because the difference between them is often inaudible to foreigners.

Vowels and Diphthongs

aa	long **a**, as in c**a**r, without any **r**-sound
ah	a short version of **aa**; between **a** in c**a**t and **u** in c**u**t
ai	like **air**, without any **r**-sound

Dutch for English:

eh	like **e** in get
er	as in oth**er**, without any **r**-sound
ew	a "rounded **ee**-sound"; say the vowel sound **ee** (as in s**ee**), and while saying it, round your lips as for **oo** (as in s**oo**n), without moving your tongue; when your lips are in the **oo** position, but your tongue is in the **ee** position, you should be pronouncing the correct sound
i	like **i** in b**i**t
igh	as in s**igh**
o	always as in h**o**t (British pronunciation)
ou	as in l**ou**d
ur	as in f**ur**, but with rounded lips and no **r**-sound

1) A bar over a vowel symbol (e.g. $\overline{oo}$) shows that this sound is long.

2) Raised letters (e.g. **aa**^{ee}, **t**^{y}, ^{y}**eh**) should be pronounced only fleetingly.

3) Dutch vowels (i.e. not diphthongs) are pure. Therefore, you should try to read a transcription like $\overline{oa}$ without moving tongue or lips while pronouncing the sound.

4) Some Dutch words borrowed from French contain nasal vowels, which we transcribe with a vowel symbol plus **ng** (e.g. **ahng**). This **ng** should *not* be pronounced, and serves solely to indicate nasal quality of the preceding vowel. A nasal vowel is pronounced simultaneously through the mouth and the nose.

A

aal (aal) *c* (pl alen) eel

aambeien (*aam*-bay-ern) *pl* haemorrhoids *pl*, piles *pl*

aan (aan) *prep* to; on

aanbetaling (*aam*-ber-taa-lıng) *c* (pl ~en) down payment

*****aanbevelen** (*aam*-ber-vāy-lern) *v* recommend

aanbeveling (*aam*-ber-vāy-lıng) *c* (pl ~en) recommendation

aanbevelingsbrief (*aam*-ber-vāy-lıngs-breef) *c* (pl -brieven) letter of recommendation

*****aanbidden** (*aam*-bɪ-dern) *v* worship

*****aanbieden** (*aam*-bee-dern) *v* offer; present

aanbieding (*aam*-bee-dıng) *c* (pl ~en) offer

aanblik (*aam*-blık) *c* sight; appearance

aanbod (*aam*-bot) *nt* offer; supply

aanbranden (*aam*-brahn-dern) *v* *burn

aandacht (*aan*-dahkht) *c* attention; notice, consideration; ~ **besteden aan** attend to

aandeel (*aan*-dāyl) *nt* (pl -delen) share

aandenken (*aan*-dehng-kern) *nt* (pl ~s) remembrance

aandoening (*aan*-dōō-nıng) *c* (pl ~en) affection

aandoenlijk (aan-*dōōn*-lerk) *adj* touching

*****aandrijven** (*aan*-dray-vern) *v* propel

*****aandringen** (*aan*-drı-ngern) *v* insist

aanduiden (*aan*-dur^ew-dern) *v* indicate

*****aangaan** (*aang*-gaan) *v* concern

aangaande (aang-*gaan*-der) *prep* as regards

aangeboren (aang-ger-*bōa*-rern) *adj* natural

aangelegenheid (aang-ger-*lāy*-gern-hayt) *c* (pl -heden) matter, concern; affair, business

aangenaam (*aang*-ger-naam) *adj* agreeable, pleasing, pleasant

aangesloten (*aang*-ger-slōa-tern) *adj* affiliated

*****aangeven** (*aang*-gāy-vern) *v* indicate; declare; *give, hand, pass

aangezien (aang-ger-*zeen*) *conj* as, since; because

aangifte (*aang*-gıf-ter) *c* (pl ~n) declaration

aangrenzend (aang-*grehn*-zernt) *adj* neighbouring

aanhalen (*aan*-haa-lern) *v* tighten; quote

aanhalingstekens (*aan*-haa-lıngs-tāy-kerns) *pl* quotation marks

aanhangwagen (*aan*-hahng-vaa-gern) *c* (pl ~s) trailer

aanhankelijk (aan-*hahng*-ker-lerk) *adj*

affectionate

*aanhebben (*aan*-heh-bern) *v* *wear

aanhechten (*aan*-hehkh-tern) *v* attach

aanhoren (*aan*-hōa-rern) *v* listen

*aanhouden (*aan*-hou-dern) *v* insist; **aanhoudend** constant

aanhouding (*aan*-hou-dɪng) *c* (pl ~en) arrest

*aankijken (*aang*-kay-kern) *v* look at

aanklacht (*aang*-klahkht) *c* (pl ~en) charge

aanklagen (*aang*-klaa-gern) *v* accuse, charge

aankleden (*aang*-klāy-dern) *v* dress; *get dressed

*aankomen (*aang*-kōa-mern) *v* arrive

aankomst (*aang*-komst) *c* arrival

aankomsttijd (*aang*-koms-tayt) *c* (pl ~en) time of arrival

aankondigen (*aang*-kon-der-gern) *v* announce

aankondiging (*aang*-kon-der-gɪng) *c* (pl ~en) notice, announcement

aankoop (*aang*-kōap) *c* (pl -kopen) purchase

aankruisen (*aang*-krur^ew^-sern) *v* mark

aanleg (*aan*-lehkh) *c* talent

aanleggen (*aan*-leh-gern) *v* dock

aanleiding (*aan*-lay-dɪng) *c* (pl ~en) cause, occasion

aanlengen (*aan*-leh-ngern) *v* dilute

zich aanmelden (*aan*-mehl-dern) report

aanmerkelijk (aa-*mehr*-ker-lerk) *adj* considerable

aanmerken (*aa*-mehr-kern) *v* comment

aanmoedigen (*aa*-mōō-der-gern) *v* encourage

*aannemen (*aa*-nāy-mern) *v* accept; assume, suppose; adopt; **aangenomen dat** supposing that

aannemer (*aa*-nāy-merr) *c* (pl ~s) contractor

aanpak (*aam*-pahk) *c* method, approach

aanpassen (*aam*-pah-sern) *v* adapt; suit; adjust

aanplakbiljet (*aam*-plahk-bɪl-^y^eht) *nt* (pl ~ten) placard

*aanprijzen (*aam*-pray-zern) *v* recommend

*aanraden (*aan*-raa-dern) *v* advise, recommend

aanraken (*aan*-raa-kern) *v* touch

aanraking (*aan*-raa-kɪng) *c* (pl ~en) touch; contact

aanranden (*aan*-rahn-dern) *v* assault

aanrichten (*aan*-rɪkh-tern) *v* cause

aanrijding (*aan*-ray-dɪng) *c* (pl ~en) collision

aanschaffen (*aan*-skhah-fern) *v* *buy

*aansluiten (*aan*-slur^ew^-tern) *v* connect

aansluiting (*aan*-slur^ew^-tɪng) *c* (pl ~en) connection

aansporen (*aan*-spōa-rern) *v* incite; urge

aanspraak (*aan*-spraak) *c* (pl -spraken) claim

aansprakelijk (aan-*spraa*-ker-lerk) *adj* liable; responsible

aansprakelijkheid (aan-*spraa*-ker-lerk-hayt) *c* liability; responsibility

*aanspreken (*aan*-sprāy-kern) *v* address

aanstekelijk (aan-*stāy*-ker-lerk) *adj* contagious

*aansteken (*aan*-stāy-kern) *v* *light; infect

aansteker (*aan*-stāy-kerr) *c* (pl ~s) lighter, cigarette-lighter

aanstellen (*aan*-steh-lern) *v* appoint

aanstoot (*aan*-stōat) *c* offence

aanstootgevend (aan-stōat-*khāy*-vernt) *adj* offensive

aanstrepen (*aan*-strāy-pern) *v* tick off

aantal (*aan*-tahl) *nt* (pl ~len) number; quantity

aantekenen (*aan*-tāy-ker-nern) *v* record; register

aantekening (*aan*-tāy-ker-nıng) *c* (pl ~en) note

aantonen (*aan*-tōā-nern) *v* prove; demonstrate, *show

aantrekkelijk (aan-*treh*-ker-lerk) *adj* attractive

***aantrekken** (*aan*-treh-kern) *v* attract; tempt; *put on; tighten

aantrekking (*aan*-treh-kıng) *c* attraction

aanvaarden (aan-*vaar*-dern) *v* accept

aanval (*aan*-vahl) *c* (pl ~len) attack; fit

***aanvallen** (*aan*-vah-lern) *v* attack; assault

aanvang (*aan*-vahng) *c* beginning

***aanvangen** (*aan*-vah-ngern) *v* *begin

aanvankelijk (aan-*vahng*-ker-lerk) *adv* originally, at first

aanvaring (*aan*-vaa-rıng) *c* (pl ~en) collision

aanvoer (*aan*-vōōr) *c* supply

aanvoerder (*aan*-vōōr-derr) *c* (pl ~s) leader

aanvraag (*aan*-vraakh) *c* (pl -vragen) application

aanwezig (aan-*vāy*-zerkh) *adj* present

aanwezigheid (aan-*vāy*-zerkh-hayt) *c* presence

***aanwijzen** (*aan*-vay-zern) *v* point out; designate

aanwijzing (*aan*-vay-zıng) *c* (pl ~en) indication

aanzetten (*aan*-zeh-tern) *v* turn on

aanzien (*aan*-zeen) *nt* aspect; esteem; **ten ~ van** regarding

aanzienlijk (aan-*zeen*-lerk) *adj* considerable, substantial

aap (aap) *c* (pl apen) monkey

aard (aart) *c* nature

aardappel (*aar*-dah-perl) *c* (pl ~s, ~en) potato

aardbei (*aart*-bay) *c* (pl ~en) strawberry

aardbeving (*aart*-bāy-vıng) *c* (pl ~en) earthquake

aardbol (*aart*-bol) *c* globe

aarde (*aar*-der) *c* earth; soil

aardewerk (*aar*-der-vehrk) *nt* crockery, pottery, faience, earthenware, ceramics *pl*

aardig (*aar*-derkh) *adj* pleasant; nice, kind

aardrijkskunde (*aar*-drayks-kern-der) *c* geography

aartsbisschop (*aarts*-bı-skhop) *c* (pl ~pen) archbishop

aarzelen (*aar*-zer-lern) *v* hesitate

aas (aass) *nt* bait

abces (ahp-*sehss*) *nt* (pl ~sen) abscess

abdij (ahb-*day*) *c* (pl ~en) abbey

abnormaal (ahp-nor-*maal*) *adj* abnormal

abonnee (ah-bo-*nāy*) *c* (pl ~s) subscriber

abonnement (ah-bo-ner-*mehnt*) *nt* (pl ~en) subscription

abonnementskaart (ah-bo-ner-*mehnts*-kaart) *c* (pl ~en) season-ticket

abortus (ah-*bor*-terss) *c* (pl ~sen) abortion

abrikoos (ah-bree-*kōāss*) *c* (pl -kozen) apricot

absoluut (ahp-sōā-*lēwt*) *adj* sheer; *adv* absolutely

abstract (ahp-*strahkt*) *adj* abstract

absurd (ahp-*serrt*) *adj* absurd

abuis (aa-*bur*^{ew}ss) *nt* (pl abuizen) mistake

academie (aa-kaa-*dāy*-mee) *c* (pl ~s) academy

accent (ahk-*sehnt*) *nt* (pl ~en) accent

accepteren (ahk-sehp-*tāy*-rern) *v* accept

accessoires (ahk-seh-svaa-rerss) *pl* accessories *pl*

accijns (ahk-*sayns*) c (pl -cijnzen) Customs duty

accommodatie (ah-ko-mōa-*daa*-tsee) c accommodation

accu (*ah*-kēw) c (pl ~'s) battery

acht (ahkht) num eight

achteloos (*ahkh*-ter-lōass) adj careless

achten (*ahkh*-tern) v esteem; count

achter (*ahkh*-terr) prep behind; after

achteraan (ahkh-ter-*raan*) adv behind

achterbuurt (*ahkh*-terr-bēwrt) c (pl ~en) slum

achterdochtig (ahkh-ter-*dokh*-terkh) adj suspicious

achtergrond (*ahkh*-terr-gront) c (pl ~en) background

achterkant (*ahkh*-terr-kahnt) c (pl ~en) rear

*_**achterlaten** (*ahkh*-terr-laa-tern) v *leave behind

achterlicht (*ahkh*-terr-lıkht) nt (pl ~en) tail-light, rear-light

achternaam (*ahkh*-terr-naam) c (pl -namen) family name, surname

achterstallig (ahkh-terr-*stah*-lerkh) adj overdue

achteruit (ahkh-ter-*rur^(ew)t) adv backwards

*_**achteruitrijden** (ahkh-ter-*rur^(ew)t-ray-dern) v reverse

achterwerk (*ahkh*-terr-vehrk) nt (pl ~en) bottom

achting (*ahkh*-tıng) c respect, esteem

achtste (*ahkht*-ster) num eighth

achttien (*ahkh*-teen) num eighteen

achttiende (*ahkh*-teen-der) num eighteenth

acne (ahk-*nāy*) c acne

acquisitie (ah-kvee-*zee*-tsee) c (pl ~s) acquisition

acteur (ahk-*tūrr*) c (pl ~s) actor

actie (ahk-see) c (pl ~s) action

actief (ahk-*teef*) adj active

activiteit (ahk-tee-vee-*tayt*) c (pl ~en) activity

actrice (ahk-*tree*-ser) c (pl ~s) actress

actueel (ahk-tēw-*vāyl*) adj topical

acuut (ah-*kēwt*) adj acute

adel (*aa*-derl) c nobility

adellijk (*aa*-der-lerk) adj noble

adem (*aa*-derm) c breath

ademen (*aa*-der-mern) v breathe

ademhaling (*aa*-derm-haa-lıng) c breathing, respiration

adequaat (ah-dāy-*kvaat*) adj adequate

ader (*aa*-derr) c (pl ~s, ~en) vein

administratie (aht-mee-nee-*straa*-tsee) c (pl ~s) administration

administratief (aht-mee-nee-straa-*teef*) adj administrative

admiraal (aht-mee-*raal*) c (pl ~s) admiral

adopteren (ah-dop-*tāy*-rern) v adopt

adres (aa-*drehss*) nt (pl ~sen) address

adresseren (aa-dreh-*sāy*-rern) v address

advertentie (aht-ferr-*tehn*-see) c (pl ~s) advertisement

advies (aht-*feess*) nt (pl adviezen) advice

adviseren (aht-fee-*zāy*-rern) v advise

advocaat (aht-fōa-*kaat*) c (pl -caten) lawyer; barrister; solicitor; attorney

af (ahf) adv off; finished; ~ en toe occasionally

afbeelding (*ahf*-bāyl-dıng) c (pl ~en) picture

afbetalen (*ahf*-ber-taa-lern) v *pay on account

afbetaling (*ahf*-ber-taa-lıng) c (pl ~en) instalment

*_**afblijven** (*ahf*-blay-vern) v *keep off

afbraak (*ahf*-braak) c demolition

*_**afbreken** (*ahf*-brāy-kern) v chip

afdaling (*ahf*-daa-lıng) c (pl ~en) descent

afdanken (*ahf*-dahng-kern) v discard

afdeling (ahf-dāy-ling) c (pl ~en) division, department; section

*****afdingen** (ahf-dı-ngern) v bargain

afdrogen (ahf-drōa-gern) v dry

afdruk (ahf-drerk) c (pl ~ken) print

*****afdwingen** (ahf-dvı-ngern) v extort

affaire (ah-fai-rer) c (pl ~s) deal; affair

affiche (ah-fee-sher) nt (pl ~s) poster

afgeladen (ahf-kher-laa-dern) adj packed, replete

afgelegen (ahf-kher-lāy-gern) adj remote, far-off, out of the way

afgelopen (ahf-kher-lōa-pern) adj past

afgerond (ahf-kher-ront) adj rounded

afgevaardigde (ahf-kher-vaar-derg-der) c (pl ~n) deputy

afgezien van (ahf-kher-zeen vahn) apart from

afgod (ahf-khot) c (pl ~en) idol

afgrijzen (ahf-khray-zern) nt horror

afgrond (ahf-khront) c (pl ~en) precipice, abyss

afgunst (ahf-khernst) c envy

afgunstig (ahf-khern-sterkh) adj envious

afhalen (ahf-haa-lern) v collect, fetch

afhandelen (ahf-hahn-der-lern) v settle

*****afhangen van** (ahf-hah-ngern) depend on

afhankelijk (ahf-hahng-ker-lerk) adj dependant

afhellend (ahf-heh-lernt) adj sloping

afkeer (ahf-kāyr) c dislike; antipathy

afkerig (ahf-kāy-rerkh) adj averse

afkeuren (ahf-kūr-rern) v disapprove; reject

afknippen (ahf-knı-pern) v *cut off

afkondigen (ahf-kon-der-gern) v proclaim

afkorting (ahf-kor-ting) c (pl ~en) abbreviation

afleiden (ahf-lay-dern) v deduce, infer

afleiding (ahf-lay-dıng) c diversion

afleren (ahf-lāy-rern) v unlearn

afleveren (ahf-lāy-ver-rern) v deliver

afloop (ahf-lōap) c expiry

*****aflopen** (ahf-lōa-pern) v end; expire

aflossen (ahf-lo-sern) v relieve; *pay off

afluisteren (ahf-lur**ew**-ster-rern) v eavesdrop

afmaken (ahf-maa-kern) v finish

afmeting (ahf-māy-tıng) c (pl ~en) size

*****afnemen** (ahf-nāy-mern) v decrease; *take away

afpersing (ahf-pehr-sıng) c (pl ~en) extortion

*****afraden** (ahf-raa-dern) v dissuade from

afremmen (ahf-reh-mern) v slow down

Afrika (aa-free-kaa) Africa

Afrikaan (aa-free-kaan) c (pl -kanen) African

Afrikaans (aa-free-kaans) adj African

afschaffen (ahf-skhah-fern) v abolish

afscheid (ahf-skhayt) nt parting

afschrift (ahf-skhrıft) nt (pl ~en) copy

afschuw (ahf-skhew**oo**) c horror

afschuwelijk (ahf-skhew-ver-lerk) adj horrible, awful; hideous

*****afsluiten** (ahf-slur**ew**-tern) v *cut off

*****afsnijden** (ahf-snay-dern) v *cut off; chip

afspraak (ahf-spraak) c (pl -spraken) date, appointment; engagement

afstammeling (ahf-stah-mer-lıng) c (pl ~en) descendant

afstamming (ahf-stah-mıng) c origin

afstand (ahf-stahnt) c (pl ~en) distance; space, way

afstandsmeter (ahf-stahnts-māy-terr) c (pl ~s) range-finder

afstellen (ahf-steh-lern) v adjust

afstemmen (ahf-steh-mern) v tune in

afstotelijk (ahf-stōa-ter-lerk) adj repellent

aftekenen (*ahf*-tāy-ker-nern) *v* endorse

*aftrekken (*ahf*-treh-kern) *v* deduct; subtract

afvaardiging (*ah*-faēr-der-gıng) *c* (pl ~en) delegation

afval (*ah*-fahl) *nt* garbage, litter, rubbish, refuse

afvegen (*ahf*-fāy-gern) *v* wipe

afvoer (*ah*-fōōr) *c* drain

zich *afvragen (*ah*-fraa-gern) *v* wonder

afwachten (*ahf*-vahkh-tern) *v* await

afwassen (*ahf*-vah-sern) *v* wash up

afwateren (*ahf*-vaa-ter-rern) *v* drain

afwenden (*ahf*-vehn-dern) *v* avert

afwezig (ahf-*vāy*-zerkh) *adj* absent

afwezigheid (ahf-*vāy*-zerkh-hayt) *c* absence

*afwijken (*ahf*-vay-kern) *v* deviate

afwijking (*ahf*-vay-kıng) *c* (pl ~en) aberration

*afwijzen (*ahf*-vay-zern) *v* reject

afwisselen (*ahf*-vı-ser-lern) *v* vary; **afwisselend** alternate

afwisseling (*ahf*-vı-ser-lıng) *c* variation

*afzeggen (*ahf*-seh-gern) *v* cancel

afzetting (*ahf*-seh-tıng) *c* (pl ~en) deposit

afzonderlijk (*ahf*-son-derr-lerk) *adj* individual; separate; *adv* apart

agenda (aa-*gehn*-daa) *c* (pl ~'s) diary; agenda

agent (aa-*gehnt*) *c* (pl ~en) policeman; distributor, agent

agentschap (aa-*gehnt*-skhahp) *nt* (pl ~pen) agency

agrarisch (aa-*graa*-reess) *adj* agrarian

agressief (ah-greh-*seef*) *adj* aggressive

AIDS (eets) *nt* AIDS

akelig (*aa*-ker-lerkh) *adj* nasty

akker (*ah*-kerr) *c* (pl ~s) field

akkoord (ah-*kōārt*) *nt* (pl ~en) agreement

akte (*ahk*-ter) *c* (pl ~n, ~s) act, certificate

aktentas (*ahk*-tern-tahss) *c* (pl ~sen) briefcase, attaché case

al (ahl) *adj* all; *adv* already

alarm (aa-*lahrm*) *nt* alarm

alarmeren (aa-lahr-*māy*-rern) *v* alarm

album (*ahl*-berm) *nt* (pl ~s) album

alcohol (*ahl*-kōā-hol) *c* alcohol

alcoholisch (ahl-kōā-*hōā*-leess) *adj* alcoholic

aldoor (*ahl*-dōār) *adv* all the time

alfabet (*ahl*-faa-beht) *nt* alphabet

algebra (*ahl*-ger-braa) *c* algebra

algemeen (ahl-ger-*māyn*) *adj* general; universal, public; **in het ~** in general

Algerije (ahl-ger-*ray*-er) Algeria

Algerijn (ahl-ger-*rayn*) *c* (pl ~en) Algerian

Algerijns (ahl-ger-*rayns*) *adj* Algerian

alhoewel (ahl-hōō-*vehl*) *conj* though

alikruik (*aa*-lee-krur^(ew)k) *c* (pl ~en) winkle

alimentatie (ah-lee-mehn-*taa*-tsee) *c* alimony

alinea (aa-*lee*-nāy-aa) *c* (pl ~'s) paragraph

alledaags (ah-ler-*daakhs*) *adj* ordinary; everyday

alleen (ah-*lāyn*) *adv* only; alone

allemaal (ah-ler-*maal*) *num* ALL

allergie (ah-lehr-*gee*) *c* (pl ~ĕn) allergy

allerlei (*ah*-lerr-lay) *adj* various; all sorts of

alles (*ah*-lerss) *pron* everything

almachtig (ahl-*mahkh*-terkh) *adj* omnipotent

almanak (*ahl*-maa-nahk) *c* (pl ~ken) almanac

als (ahls) *conj* if; when; as, like

alsof (ahl-*zof*) *conj* as if; ***doen ~** pretend

alstublieft (ahl-stew-*bleeft*) here you

are; please

alt (ahlt) *c* (pl ~en) alto

altaar (*ahl*-taar) *nt* (pl altaren) altar

alternatief (ahl-terr-naa-*teef*) *nt* (pl -tieven) alternative

altijd (*ahl*-tayt) *adv* always, ever

amandel (aa-*mahn*-derl) *c* (pl ~en, ~s) almond

amandelontsteking (aa-*mahn*-derl-ont-stāy-kɪng) *c* (pl ~en) tonsilitis

ambacht (*ahm*-bahkht) *nt* (pl ~en) trade

ambassade (ahm-bah-*saa*-der) *c* (pl ~s) embassy

ambassadeur (ahm-bah-saa-*dūrr*) *c* (pl ~s) ambassador

ambitieus (ahm-bee-ts*Y*ūrss) *adj* ambitious

ambt (ahmt) *nt* (pl ~en) office

ambtenaar (*ahm*-ter-naar) *c* (pl -naren) civil servant

ambulance (ahm-bēw-*lahn*-ser) *c* (pl ~s) ambulance

Amerika (aa-*māy*-ree-kaa) America

Amerikaan (aa-māy-ree-*kaan*) *c* (pl -kanen) American

Amerikaans (aa-māy-ree-*kaans*) *adj* American

amethist (ah-mer-*tist*) *c* (pl ~en) amethyst

amicaal (aa-mee-*kaal*) *adj* friendly

ammonia (ah-*mōā*-nee-*Y*aa) *c* ammonia

amnestie (ahm-nehss-*tee*) *c* amnesty

amulet (aa-mēw-*leht*) *c* (pl ~ten) lucky charm, charm

amusant (aa-mēw-*zahnt*) *adj* amusing; entertaining

amusement (aa-mēw-zer-*mehnt*) *nt* amusement; entertainment

amuseren (aa-mēw-*zāy*-rern) *v* amuse

analfabeet (ahn-ahl-faa-*bāyt*) *c* (pl -beten) illiterate

analist (ah-naa-*list*) *c* (pl ~en) analyst

analyse (ah-naa-*lee*-zer) *c* (pl ~n, ~s) analysis

analyseren (ah-naa-lee-*zāy*-rern) *v* analyse

analyticus (ah-naa-*lee*-tee-kerss) *c* (pl -ci) analyst, psychoanalyst

ananas (*ah*-nah-nahss) *c* (pl ~sen) pineapple

anarchie (ah-nahr-*khee*) *c* anarchy

anatomie (ah-naa-tōā-*mee*) *c* anatomy

ander (*ahn*-derr) *adj* other; different; **een ~** another; **onder andere** among other things

anders (*ahn*-derrs) *adv* else; otherwise

andersom (ahn-derr-*som*) *adv* the other way round

angst (ahngst) *c* (pl ~en) fright, fear; terror

angstig (*ahng*-sterkh) *adj* afraid

angstwekkend (ahngst-*veh*-kernt) *adj* terrifying

animo (*aa*-nee-mōā) *c* zest

anker (*ahng*-kerr) *nt* (pl ~s) anchor

annexeren (ah-nehk-*sāy*-rern) *v* annex

annonce (ah-*nawng*-ser) *c* (pl ~s) advertisement

annuleren (ah-nēw-*lāy*-rern) *v* cancel

annulering (ah-nēw-*lāy*-rɪng) *c* (pl ~en) cancellation

anoniem (ah-nōā-*neem*) *adj* anonymous

ansichtkaart (*ahn*-zɪkht-kaart) *c* (pl ~en) postcard, picture postcard

ansjovis (ahn-*shōā*-vɪss) *c* (pl ~sen) anchovy

antenne (ahn-*teh*-ner) *c* (pl ~s) aerial

antibioticum (ahn-tee-bee-*Yōā*-tee-kerm) *nt* (pl -ca) antibiotic

antiek (ahn-*teek*) *adj* antique

antipathie (ahn-tee-paa-*tee*) *c* dislike

antiquair (ahn-tee-*kair*) *c* (pl ~s) antique dealer

antiquiteit (ahn-tee-kvee-*tayt*) *c* (pl ~en) antique

antivries (ahn-tee-*vreess*) *c* antifreeze

antwoord (*ahnt*-vōart) *nt* (pl ~en) reply, answer; **als** ~ in reply

antwoorden (*ahnt*-vōar-dern) *v* reply, answer

apart (aa-*pahrt*) *adv* apart, separately

aperitief (aa-*pay*-ree-*teef*) *nt/c* (pl -tieven) aperitif

apotheek (aa-pōa-*tāyk*) *c* (pl -theken) pharmacy, chemist's; drugstore *nAm*

apotheker (aa-pōa-*tāy*-kerr) *c* (pl ~s) chemist

apparaat (ah-paa-*raat*) *nt* (pl -raten) appliance; machine; apparatus

appartement (ah-pahr-ter-*mehnt*) *nt* (pl ~en) apartment *nAm*

appel (*ah*-perl) *c* (pl ~s) apple

applaudisseren (ah-plou-dee-*sāy*-rern) *v* clap

applaus (ah-*plouss*) *nt* applause

april (ah-*pril*) April

aquarel (aa-kvaa-*rehl*) *c* (pl ~len) water-colour

ar (ahr) *c* (pl ~ren) sleigh

Arabier (aa-raa-*beer*) *c* (pl ~en) Arab

Arabisch (aa-*raa*-beess) *adj* Arab

arbeid (*ahr*-bayt) *c* labour, work

arbeidbesparend (*ahr*-bayt-ber-spaa-rernt) *adj* labour-saving

arbeider (*ahr*-bay-derr) *c* (pl ~s) labourer, workman, worker

arbeidsbureau (*ahr*-bayts-bēw-rōa) *nt* (pl ~s) employment exchange

archeologie (ahr-khāy-ōa-lōa-*gee*) *c* archaeology

archeoloog (ahr-khāy-ōa-*lōakh*) *c* (pl -logen) archaeologist

archief (ahr-*kheef*) *nt* (pl -chieven) archives *pl*

architect (ahr-shee-*tehkt*) *c* (pl ~en) architect

architectuur (ahr-shee-tehk-*tēwr*) *c* architecture

arena (aa-*rāy*-naa) *c* (pl ~'s) bullring

arend (*aa*-rernt) *c* (pl ~en) eagle

Argentijn (ahr-gern-*tayn*) *c* (pl ~en) Argentinian

Argentijns (ahr-gern-*tayns*) *adj* Argentinian

Argentinië (ahr-gern-*tee*-nee-Yer) Argentina

argument (ahr-gēw-*mehnt*) *nt* (pl ~en) argument

argumenteren (ahr-gēw-mehn-*tāy*-rern) *v* argue

argwaan (*ahrkh*-vaan) *c* suspicion

argwanend (ahrkh-*vaa*-nernt) *adj* suspicious

arm[1] (ahrm) *adj* poor

arm[2] (ahrm) *c* (pl ~en) arm

armband (*ahrm*-bahnt) *c* (pl ~en) bracelet; bangle

armoede (*ahr*-mōō-der) *c* poverty

armoedig (ahr-*mōō*-derkh) *adj* poor

aroma (aa-*rōa*-maa) *nt* aroma

arrestatie (ah-rehss-*taa*-tsee) *c* (pl ~s) arrest

arresteren (ah-rehss-*tāy*-rern) *v* arrest

arrogant (ah-rōa-*gahnt*) *adj* presumptuous

artikel (ahr-*tee*-kerl) *nt* (pl ~en, ~s) article; item

artisjok (ahr-tee-*shok*) *c* (pl ~ken) artichoke

artistiek (ahr-tiss-*teek*) *adj* artistic

arts (ahrts) *c* (pl ~en) doctor

as[1] (ahss) *c* (pl ~sen) axle

as[2] (ahss) *c* ash

asbak (*ahss*-bahk) *c* (pl ~ken) ashtray

asbest (*ahss*-behst) *nt* asbestos

asfalt (*ahss*-fahlt) *nt* asphalt

asiel (aa-*zeel*) *nt* asylum

aspect (ahss-*pehkt*) *nt* (pl ~en) aspect

asperge (ahss-*pehr*-zher) *c* (pl ~s) asparagus

aspirine (ahss-pee-*ree*-ner) *c* aspirin

assistent (ah-see-*stehnt*) *c* (pl ~en)

assistant

associëren (ah-sōa-*shāy*-rern) *v* associate

assortiment (ah-sor-tee-*mehnt*) *nt* (pl ~en) assortment

assurantie (ah-sēw-*rahn*-see) *c* (pl -ties, -tiën) insurance

astma (*ahss*-maa) *nt* asthma

atheïst (aa-tāy-*ıst*) *c* (pl ~en) atheist

Atlantische Oceaan (aht-*lahn*-tee-ser ōa-say-*aan*) Atlantic

atleet (aht-*lāyt*) *c* (pl -leten) athlete

atletiek (aht-lāy-*teek*) *c* athletics *pl*

atmosfeer (aht-moss-*fāyr*) *c* atmosphere

atomisch (aa-*tōa*-meess) *adj* atomic

atoom (aa-*tōam*) *nt* (pl atomen) atom; **atoom-** atomic

attent (ah-*tehnt*) *adj* considerate

attest (ah-*tehst*) *nt* (pl ~en) certificate

attractie (ah-*trahk*-see) *c* (pl ~s) attraction

aubergine (ōa-behr-*zhee*-ner) *c* (pl ~s) eggplant

augustus (ou-*gerss*-terss) August

aula (*ou*-laa) *c* (pl ~'s) auditorium

Australië (ou-*straa*-lee-Yer) Australia

Australiër (ou-*straa*-lee-Yerr) *c* (pl ~s) Australian

Australisch (ou-*straa*-leess) *adj* Australian

auteur (ōa-*tūrr*) *c* (pl ~s) author

authentiek (ōa-tehn-*teek*) *adj* authentic

auto (*ōa*-tōa) *c* (pl ~'s) car; motorcar, automobile

automaat (ōa-tōa-*maat*) *c* (pl -maten) slot-machine

automatisch (ōa-tōa-*maa*-teess) *adj* automatic

automatisering (ōa-tōa-maa-tee-*zāy*-rıng) *c* automation

automobielclub (ōa-tōa-mōa-*beel*-

klerp) *c* (pl ~s) automobile club

automobilisme (ōa-tōa-mōa-bee-*lıss*-mer) *nt* motoring

automobilist (ōa-tōa-mōa-bee-*lıst*) *c* (pl ~en) motorist

autonoom (ōa-tōa-*nōam*) *adj* autonomous

autoped (*ōa*-tōa-peht) *c* (pl ~s) scooter

autopsie (ōa-*top*-see) *c* autopsy

*autorijden (*ōa*-tōa-ray-dern) *v* motor

autorit (*ōa*-tōa-rıt) *c* (pl ~ten) drive

autoritair (ōa-tōa-ree-*tair*) *adj* authoritarian

autoriteiten (ōa-tōa-ree-*tay*-tern) *pl* authorities *pl*

autoverhuur (*ōa*-tōa-verr-*hēwr*) *c* car hire; car rental *Am*

autoweg (*ōa*-tōa-vehkh) *c* (pl ~en) highway *nAm*

avond *c* (pl ~en) night, evening

avondeten (*aa*-vernt-āy-tern) *nt* dinner; supper

avondkleding (*aa*-vernt-klāy-dıng) *c* evening dress

avondschemering (*aa*-vernt-skhāy-mer-rıng) *c* dusk

avontuur (aa-von-*tēwr*) *nt* (pl -turen) adventure

Aziaat (aa-zee-*Yaat*) *c* (pl Aziaten) Asian

Aziatisch (aa-zee-*Yaa*-teess) *adj* Asian

Azië (*aa*-zee-Yer) Asia

azijn (aa-*zayn*) *c* vinegar

B

baai (baa^ee) *c* (pl ~en) bay

baan (baan) *c* (pl banen) job

baard (baart) *c* (pl ~en) beard

baarmoeder (*baar*-mōo-derr) *c* womb

baars (baars) *c* (pl baarzen) bass,

perch
baas (baass) *c* (pl bazen) boss; master
baat (baat) *c* benefit; profit
babbelen (bah-ber-lern) *v* chat
babbelkous (bah-berl-kouss) *c* (pl ~en) chatterbox
babbeltje (bah-berl-tᵞer) *nt* (pl ~s) chat
baby (bāy-bee) *c* (pl ~'s) baby
bacil (bah-sil) *c* (pl ~len) germ
bacterie (bahk-tāy-ree) *c* (pl -riën) bacterium
bad (baht) *nt* (pl ~en) bath; **een ~ * nemen** bathe
baden (baa-dern) *v* bathe
badhanddoek (baht-hahn-dōōk) *c* (pl ~en) bath towel
badjas (baht-ᵞahss) *c* (pl ~sen) bathrobe
badkamer (baht-kaa-merr) *c* (pl ~s) bathroom
badmuts (baht-merts) *c* (pl ~en) bathing-cap
badpak (baht-pahk) *nt* (pl ~ken) bathing-suit
badplaats (baht-plaats) *c* (pl ~en) seaside resort
badstof (baht-stof) *c* towelling
badzout (baht-sout) *nt* bath salts
bagage (bah-gaa-zher) *c* baggage; luggage
bagagedepot (bah-gaa-zher-dāy-pōa) *nt* (pl ~s) left luggage office; baggage deposit office *Am*
bagagenet (bah-gaa-zher-neht) *nt* (pl ~ten) luggage rack
bagageoverschot (bah-gaa-zher-ōa-verr-skhot) *nt* overweight
bagagerek (bah-gaa-zher-rehk) *nt* (pl ~ken) luggage rack
bagageruimte (bah-gaa-zher-rurᵉ\ᵂm-ter) *c* (pl ~n, ~s) boot
bagagewagen (bah-gaa-zher-vaa-gern) *c* (pl ~s) luggage van

bakboord (bahk-bōart) *nt* port
baken (baa-kern) *nt* (pl ~s) landmark
bakermat (baa-kerr-maht) *c* cradle
bakkebaarden (bah-ker-baar-dern) *pl* whiskers *pl*, sideburns *pl*
***bakken** (bah-kern) *v* bake; fry
bakker (bah-kerr) *c* (pl ~s) baker
bakkerij (bah-ker-ray) *c* (pl ~en) bakery
baksteen (bahk-stāyn) *c* (pl -stenen) brick
bal¹ (bahl) *c* (pl ~len) ball
bal² (bahl) *nt* (pl ~s) ball
balans (bah-lahns) *c* (pl ~en) balance
baldadig (bahl-daa-derkh) *adj* rowdy
balie (baa-lee) *c* (pl ~s) counter
balk (bahlk) *c* (pl ~en) beam
balkon (bahl-kon) *nt* (pl ~s) balcony; circle
ballet (bah-leht) *nt* (pl ~ten) ballet
balling (bah-ling) *c* (pl ~en) exile
ballingschap (bah-ling-skhahp) *c* exile
ballon (bah-lon) *c* (pl ~s) balloon
ballpoint (bol-poᵞnt) *c* (pl ~s) ballpoint-pen; Biro
bamboe (bahm-bōō) *nt* bamboo
banaan (baa-naan) *c* (pl bananen) banana
band (bahnt) *c* (pl ~en) tape; band; tyre, tire; **lekke ~** flat tyre, puncture
bandenspanning (bahn-der-spah-ning) *c* tyre pressure
bandepech (bahn-der-pehkh) *c* blow-out, puncture
bandiet (bahn-deet) *c* (pl ~en) bandit
bandrecorder (bahnt-rer-kor-derr) *c* (pl ~s) tape-recorder, recorder
bang (bahng) *adj* frightened, afraid
bank (bahngk) *c* (pl ~en) bank; bench
bankbiljet (bahngk-bil-ᵞeht) *nt* (pl ~ten) banknote
banket (bahng-keht) *nt* (pl ~ten) ban

quet

banketbakker (bahng-*keht*-bah-kerr) *c* (pl ~s) confectioner

banketbakkerij (bahng-keht-bah-ker-*ray*) *c* (pl ~en) pastry shop

banketzaal (bahng-*keht*-saal) *c* (pl -zalen) banqueting-hall

bankrekening (bahngk-*rāy*-ker-nǐng) *c* (pl ~en) bank account

bankroet (bahngk-*rōōt*) *adj* bankrupt

bar (bahr) *c* (pl ~s) bar; saloon

baret (baa-*reht*) *c* (pl ~ten) beret

bariton (*baa*-ree-ton) *c* (pl ~s) baritone

barjuffrouw (*bahr*-Yer-frou) *c* (pl ~en) barmaid

barman (*bahr*-mahn) *c* (pl ~nen) bartender, barman

barmhartig (bahr-*mahr*-terkh) *adj* merciful

barnsteen (*bahrn*-stāyn) *nt* amber

barok (baa-*rok*) *adj* baroque

barometer (bah-rōā-*māy*-terr) *c* (pl ~s) barometer

barrière (bah-ree-*Yai*-rer) *c* (pl ~s) barrier

barst (bahrst) *c* (pl ~en) crack

* **barsten** (*bahrs*-tern) *v* crack, *burst, *split; *get cracked

bas (bahss) *c* (pl ~sen) base

baseren (baa-*zāy*-rern) *v* base

basiliek (baa-zee-*leek*) *c* (pl ~en) basilica

basis (*baa*-zerss) *c* (pl bases) basis; base

basiscrème (*baa*-zerss-kraim) *c* (pl ~s) foundation cream

bast (bahst) *c* (pl ~en) bark

bastaard (*bahss*-taart) *c* (pl ~en, ~s) bastard

baten (*baa*-tern) *v* *be of use

batterij (bah-ter-*ray*) *c* (pl ~en) battery

beambte (ber-*ahm*-ter) *c* (pl ~n) clerk

beantwoorden (ber-*ahnt*-vōār-dern) *v* answer

bebost (ber-*bost*) *adj* wooded

bebouwen (ber-*bou*-ern) *v* cultivate

bed (beht) *nt* (pl ~den) bed

bedaard (ber-*daart*) *adj* quiet

bedachtzaam (ber-*dahkht*-saam) *adj* cautious

bedanken (ber-*dahng*-kern) *v* thank

bedaren (ber-*daa*-rern) *v* calm down

beddegoed (beh-der-*gōōt*) *nt* bedding

bedeesd (ber-*dāyst*) *adj* timid

bedekken (ber-*deh*-kern) *v* cover

bedelaar (*bāy*-der-laar) *c* (pl ~s) beggar

bedelen (*bāy*-der-lern) *v* beg

* **bedelven** (ber-*dehl*-vern) *v* bury

* **bedenken** (ber-*dehng*-kern) *v* *think of

* **bederven** (ber-*dehr*-vern) *v* *spoil; mess up

bedevaart (*bāy*-der-vaart) *c* (pl ~en) pilgrimage

bediende (ber-*deen*-der) *c* (pl ~n, ~s) domestic, servant; valet; boy

bedienen (ber-*dee*-nern) *v* serve; wait on; attend on

bediening (ber-*dee*-nǐng) *c* service

bedieningsgeld (ber-*dee*-nǐngs-khehlt) *nt* service charge

bedoelen (ber-*dōō*-lern) *v* *mean; intend

bedoeling (ber-*dōō*-lǐng) *c* (pl ~en) purpose, intention

bedrag (ber-*drahkh*) *nt* (pl ~en) amount

* **bedragen** (ber-*draa*-gern) *v* amount to

bedreigen (ber-*dray*-gern) *v* threaten

bedreiging (ber-*dray*-gǐng) *c* (pl ~en) threat

* **bedriegen** (ber-*dree*-gern) *v* deceive; cheat

bedrijf (ber-*drayf*) *nt* (pl bedrijven)

business, concern; plant; act

bedrijvig (ber-*dray*-verkh) *adj* active

bedroefd (ber-*drōōft*) *adj* sad, sorry

bedroefdheid (ber-*drōōft*-hayt) *c* sadness; grief

bedrog (ber-*drokh*) *nt* deceit; fraud

beëindigen (ber-*ayn*-der-gern) *v* end, finish

beek (bāyk) *c* (pl beken) brook, stream

beeld (bāylt) *nt* (pl ~en) picture, image

beeldhouwer (*bāylt*-hou-err) *c* (pl ~s) sculptor

beeldhouwwerk (*bāylt*-hou-vehrk) *nt* (pl ~en) sculpture

beeldscherm (*bāylt*-skhehrm) *nt* (pl ~en) screen

been¹ (bāyn) *nt* (pl benen) leg

been² (bāyn) *nt* (pl beenderen, benen) bone

beer (bāyr) *c* (pl beren) bear

beest (bāyst) *nt* (pl ~en) beast

beestachtig (*bāyst*-ahkh-terkh) *adj* brutal

beet (bāyt) *c* (pl beten) bite

beetje (*bāy*-tʸer) *nt* bit

*beetnemen (*bāyt*-nāy-mern) *v* kid

beetwortel (*bāyt*-vor-terl) *c* (pl ~s, ~en) beetroot

befaamd (ber-*faamt*) *adj* noted

begaafd (ber-*gaaft*) *adj* gifted, talented

*begaan (ber-*gaan*) *v* commit

begeerlijk (ber-*gāyr*-lerk) *adj* desirable

begeerte (ber-*gāyr*-ter) *c* (pl ~n) desire

begeleiden (ber-ger-*lay*-dern) *v* accompany; conduct

begeren (ber-*gāy*-rern) *v* desire

begin (ber-*gin*) *nt* start, beginning; **begin-** initial

beginneling (ber-*gi*-ner-ling) *c* (pl ~en) learner, beginner

*beginnen (ber-*gi*-nern) *v* start, commence, *begin

beginner (ber-*gi*-nerr) *c* (pl ~s) learner

beginsel (ber-*gin*-serl) *nt* (pl ~en, ~s) principle

begraafplaats (ber-*graaf*-plaats) *c* (pl ~en) cemetery

begrafenis (ber-*graa*-fer-niss) *c* (pl ~sen) burial; funeral

*begraven (ber-*graa*-vern) *v* bury

*begrijpen (ber-*gray*-pern) *v* *understand; *see, *take; **begrijpend** sympathetic

begrip (ber-*grip*) *nt* (pl ~pen) notion; idea, conception; understanding

begroeid (ber-*grōō*ᵉᵉt) *adj* overgrown

begroting (ber-*grōā*-ting) *c* (pl ~en) budget

begunstigde (ber-*gern*-sterkh-der) *c* (pl ~n) payee

begunstigen (ber-*gern*-ster-gern) *v* favour

beha (bāy-*haa*) *c* (pl ~'s) brassiere, bra

behalen (ber-*haa*-lern) *v* obtain

behalve (ber-*hahl*-ver) *prep* but, except; beyond, besides

behandelen (ber-*hahn*-der-lern) *v* treat, handle

behandeling (ber-*hahn*-der-ling) *c* (pl ~en) treatment

behang (ber-*hahng*) *nt* wallpaper

beheer (ber-*hāyr*) *nt* management; administration

beheersen (ber-*hāyr*-sern) *v* master

beheksen (ber-*hehk*-sern) *v* bewitch

zich *behelpen met (ber-*hehl*-pern) *make do with

behendig (ber-*hehn*-derkh) *adj* skilful

beheren (ber-*hāy*-rern) *v* manage

behoedzaam (ber-*hōōt*-saam) *adj* wary

behoefte (ber-*hōōf*-ter) *c* (pl ~n) need, want

behoeven (ber-*hoo*-vern) v need; **ten behoeve van** on behalf of

behoorlijk (ber-*hoar*-lerk) adj proper

behoren (ber-*hoa*-rern) v belong to; *ought

behoudend (ber-*hou*-dernt) adj conservative

beide (*bay*-der) adj both; either; **een van ~** either; **geen van ~** neither

beige (*bai*-zher) adj beige

beïnvloeden (ber-*in*-vloo-dern) v influence; affect

beitel (*bay*-terl) c (pl ~s) chisel

bejaard (ber-*Yaart*) adj aged; elderly

bek (behk) c (pl ~ken) mouth; beak

bekend (ber-*kehnt*) adj well-known

bekende (ber-*kehn*-der) c (pl ~n) acquaintance

bekendmaken (ber-*kehnt*-maa-kern) v announce

bekendmaking (ber-*kehnt*-maa-king) c (pl ~en) announcement

bekennen (ber-*kehn*-nern) v admit, confess

bekentenis (ber-*kehn*-ter-niss) c (pl ~sen) confession

beker (*bay*-kerr) c (pl ~s) mug; tumbler; cup

bekeren (ber-*kay*-rern) v convert

*   **bekijken** (ber-*kay*-kern) v regard, view

bekken (*beh*-kern) nt (pl ~s) basin; pelvis

beklagen (ber-*klaa*-gern) v pity

bekleden (ber-*klay*-dern) v upholster

beklemmen (ber-*kleh*-mern) v oppress

*   **beklimmen** (ber-*kli*-mern) v ascend

beklimming (ber-*kli*-ming) c (pl ~en) ascent

beknopt (ber-*knopt*) adj concise; brief

zich bekommeren om (ber-*ko*-mer-rern) care about

bekoring (ber-*koa*-ring) c (pl ~en) attraction, charm

bekritiseren (ber-kree-tee-*zay*-rern) v criticize

bekrompen (ber-*krom*-pern) adj narrow-minded

bekronen (ber-*kroa*-nern) v crown

bekwaam (ber-*kvaam*) adj able, capable; skilful

bekwaamheid (ber-*kvaam*-hayt) c (pl -heden) ability, faculty, capacity

bel (behl) c (pl ~len) bell; bubble

belachelijk (ber-*lah*-kher-lerk) adj ridiculous, ludicrous

belang (ber-*lahng*) nt (pl ~en) interest; importance; **van ~ *zijn** matter

belangrijk (ber-*lahng*-rayk) adj important; capital

belangstellend (ber-lahng-*steh*-lernt) adj interested

belangstelling (ber-*lahng*-steh-ling) c interest

belastbaar (ber-*lahst*-baar) adj dutiable

belasten (ber-*lahss*-tern) v charge; tax; **belast met** in charge of

belasting (ber-*lahss*-ting) c (pl ~en) charge; tax; taxation

belastingvrij (ber-lahss-ting-*vray*) adj duty-free; tax-free

beledigen (ber-*lay*-der-gern) v insult; offend; **beledigend** offensive

belediging (ber-*lay*-der-ging) c (pl ~en) insult; offence

beleefd (ber-*layft*) adj polite; civil

belegering (ber-*lay*-ger-ring) c (pl ~en) siege

beleggen (ber-*leh*-gern) v invest

belegging (ber-*leh*-ging) c (pl ~en) investment

beleid (ber-*layt*) nt policy

belemmeren (ber-*leh*-mer-rern) v impede

beletsel (ber-*leht*-serl) nt (pl ~s, ~en) impediment

beletten (ber-*leh*-tern) v prevent

beleven (ber-*lay*-vern) v experience

Belg (behlkh) c (pl ~en) Belgian

België (*behl*-gee-Yer) Belgium

Belgisch (*behl*-geess) adj Belgian

belichting (ber-*likh*-ting) c exposure

belichtingsmeter (ber-*likh*-tings-*may*-terr) c (pl ~s) exposure meter

*belijden (ber-*lay*-dern) v confess

bellen (*beh*-lern) v *ring

belofte (ber-*lof*-ter) c (pl ~n) promise

belonen (ber-*loa*-nern) v reward

beloning (ber-*loa*-ning) c (pl ~en) reward; prize

beloven (ber-*loa*-vern) v promise

bemachtigen (ber-*mahkh*-ter-gern) v secure

bemanning (ber-*mah*-ning) c (pl ~en) crew

bemerken (ber-*mehr*-kern) v notice; perceive

bemiddelaar (ber-*mi*-der-laar) c (pl ~s) mediator

bemiddeld (ber-*mi*-derlt) adj well-to-do

bemiddelen (ber-*mi*-der-lern) v mediate

bemind (ber-*mint*) adj beloved

zich bemoeien met (ber-*moo*ee-ern) interfere with

benadrukken (ber-*naa*-drer-kern) v emphasize, stress

benaming (ber-*naa*-ming) c (pl ~en) denomination

benauwd (ber-*nout*) adj stuffy

bende (*behn*-der) c (pl ~n, ~s) gang

beneden (ber-*nay*-dern) prep under, below; adv underneath, beneath; below; downstairs; **naar** ~ downwards, down; downstairs

benieuwd (ber-*nee*ⁿt) adj curious

benijden (ber-*nay*-dern) v envy

benoemen (ber-*noo*-mern) v nominate, appoint

benoeming (ber-*noo*-ming) c (pl ~en) nomination, appointment

benutten (ber-*ner*-tern) v utilize

benzine (behn-*zee*-ner) c petrol; fuel; gasoline nAm, gas nAm; **loodvrije** ~ unleaded petrol

benzinepomp (behn-*zee*-ner-pomp) c (pl ~en) petrol pump; fuel pump Am; gas pump Am

benzinestation (behn-*zee*-ner-staa-shon) nt (pl ~s) service station, petrol station; gas station Am

benzinetank (behn-*zee*-ner-tehngk) c (pl ~s) petrol tank

beoefenen (ber-*oo*-fer-nern) v practise

beogen (ber-*oa*-gern) v aim at

beoordelen (ber-*oar*-*day*-lern) v judge

beoordeling (ber-*oar*-*day*-ling) c (pl ~en) judgment

bepaald (ber-*paalt*) adj definite; certain

bepalen (ber-*paa*-lern) v define, determine; stipulate

bepaling (ber-*paa*-ling) c (pl ~en) stipulation; definition

beperken (ber-*pehr*-kern) v limit

beperking (ber-*pehr*-king) c (pl ~en) restriction

beproeven (ber-*proo*-vern) v attempt

beraad (ber-*raat*) nt deliberation

beraadslagen (ber-*raat*-slaa-gern) v deliberate

beramen (ber-*raa*-mern) v devise

bereid (ber-*rayt*) adj prepared, willing

bereiden (ber-*ray*-dern) v cook

bereidwillig (ber-*rayt*-*vi*-lerkh) adj cooperative

bereik (ber-*rayk*) nt reach; range

bereikbaar (ber-*rayk*-baar) adj attainable

bereiken (ber-*ray*-kern) v reach; achieve, accomplish, attain

berekenen (ber-*ray*-ker-nern) v calculate; charge

berekening (ber-*rāy*-ker-nıng) *c* (pl ~en) calculation

berg (behrkh) *c* (pl ~en) mountain; mount

bergachtig (*behrkh*-ahkh-terkh) *adj* mountainous

bergketen (*behrkh*-kāy-tern) *c* (pl ~s) mountain range

bergkloof (*behrkh*-klōāf) *c* (pl -kloven) glen

bergpas (*behrkh*-pahss) *c* (pl ~sen) mountain pass

bergplaats (*behrkh*-plaats) *c* (pl ~en) depository

bergrug (*behrkh*-rerg) *c* (pl ~gen) ridge

bergsport (*behrkh*-sport) *c* mountain-eering

bericht (ber-*rıkht*) *nt* (pl ~en) message; notice

berispen (ber-*rıss*-pern) *v* reprimand, scold

berk (behrk) *c* (pl ~en) birch

beroemd (ber-*rōōmt*) *adj* famous

beroep (ber-*rōōp*) *nt* (pl ~en) profession; appeal; **beroeps-** professional

beroerd (ber-*rōōrt*) *adj* miserable

beroerte (ber-*rōōr*-ter) *c* (pl ~n, ~s) stroke

berouw (ber-*rou*) *nt* repentance

beroven (ber-*rōā*-vern) *v* rob

beroving (ber-*rōā*-vıng) *c* (pl ~en) robbery

berucht (ber-*rerkht*) *adj* notorious

bes (behss) *c* (pl ~sen) berry; currant; **zwarte ~** black-currant

beschaafd (ber-*skhaaft*) *adj* civilized; cultured

beschaamd (ber-*skhaamt*) *adj* ashamed

beschadigen (ber-*skhaa*-der-gern) *v* damage

beschaving (ber-*skhaa*-vıng) *c* (pl ~en) civilization; culture

bescheiden (ber-*skhay*-dern) *adj* modest

bescheidenheid (ber-*skhay*-dern-hayt) *c* modesty

beschermen (ber-*skhehr*-mern) *v* protect

bescherming (ber-*skhehr*-mıng) *c* protection

beschikbaar (ber-*skhık*-baar) *adj* available

beschikken over (ber-*skhı*-kern) dispose of

beschikking (ber-*skhı*-king) *c* disposal

beschimmeld (ber-*skhı*-merlt) *adj* mouldy

beschouwen (ber-*skhou*-ern) *v* consider; regard; reckon

beschrijven (ber-*skhray*-vern) *v* describe

beschrijving (ber-*skhray*-vıng) *c* (pl ~en) description

beschuldigen (ber-*skherl*-der-gern) *v* accuse; blame

beschutten (ber-*skher*-tern) *v* shelter

beschutting (ber-*skher*-tıng) *c* cover, shelter

beseffen (ber-*seh*-fern) *v* realize

beslag (ber-*slahkh*) *nt* batter; **beslag leggen op** impound, confiscate

beslissen (ber-*slı*-sern) *v* decide

beslissing (ber-*slı*-sıng) *c* (pl ~en) decision

beslist (ber-*slıst*) *adv* without fail

besluit (ber-*slur*^ew^*t*) *nt* (pl ~en) decision

besluiten (ber-*slur*^ew^-tern) *v* decide

besmettelijk (ber-*smeh*-ter-lerk) *adj* contagious, infectious

besmetten (ber-*smeh*-tern) *v* infect

besneeuwd (ber-*snāy*^oo^*t*) *adj* snowy

bespelen (ber-*spāy*-lern) *v* play

bespottelijk (ber-*spo*-ter-lerk) *adj* ridiculous, ludicrous

bespotten (ber-*spo*-tern) v ridicule; mock

*bespreken (ber-*spray*-kern) v engage, reserve; discuss

bespreking (ber-*spray*-king) c (pl ~en) booking; review; discussion

best (behst) adj best

bestaan (ber-*staan*) nt existence

*bestaan (ber-*staan*) v exist; ~ **uit** consist of

bestanddeel (ber-*stahn*-dāyl) nt (pl -delen) ingredient; element

besteden (ber-*stay*-dern) v *spend

bestek (ber-*stehk*) nt (pl ~ken) cutlery

bestelauto (ber-*stehl*-ōa-tōa) c (pl ~'s) van; delivery van; pick-up van

bestelformulier (ber-*stehl*-for-mēw-leer) nt (pl ~en) order-form

bestellen (ber-*steh*-lern) v order

bestelling (ber-*steh*-ling) c (pl ~en) order

bestemmen (ber-*steh*-mern) v destine

bestemming (ber-*steh*-ming) c (pl ~en) destination

bestendig (ber-*stehn*-derkh) adj permanent

*bestijgen (ber-*stay*-gern) v mount

bestraten (ber-*straa*-tern) v pave

*bestrijden (ber-*stray*-dern) v combat

besturen (ber-*stēw*-rern) v *drive

bestuur (ber-*stēwr*) nt (pl besturen) direction; board; rule

bestuurlijk (ber-*stēwr*-lerk) adj administrative

bestuursrecht (ber-*stēwrs*-rehkht) nt administrative law

betalen (ber-*taa*-lern) v *pay

betaling (ber-*taa*-ling) c (pl ~en) payment

betasten (ber-*tahss*-tern) v *feel

betekenen (ber-*tāy*-ker-nern) v *mean

betekenis (ber-*tāy*-ker-niss) c (pl ~sen) meaning; sense

beter (*bāy*-terr) adj better; superior

beteugelen (ber-*tūr*-ger-lern) v curb

betogen (ber-*tōa*-gern) v demonstrate

betoging (ber-*tōa*-ging) c (pl ~en) demonstration

beton (ber-*ton*) nt concrete

betoveren (ber-*tōa*-ver-rern) v bewitch; **betoverend** enchanting, glamorous

betovering (ber-*tōa*-ver-ring) c (pl ~en) spell

betrappen (ber-*trah*-pern) v *catch

*betreden (ber-*tray*-dern) v enter

*betreffen (ber-*treh*-fern) v concern; affect, touch; **wat betreft** as regards

betreffende (ber-*treh*-fern-der) prep as regards, regarding, about, concerning

betrekkelijk (ber-*treh*-ker-lerk) adj relative

*betrekken (ber-*treh*-kern) v implicate, *get involved; obtain

betrekking (ber-*treh*-king) c (pl ~en) post, position, job; reference; **met ~ tot** regarding, with reference to

betreuren (ber-*trur*-rern) v regret

betrokken (ber-*tro*-kern) adj cloudy, overcast; concerned, involved

betrouwbaar (ber-*trou*-baar) adj trustworthy, reliable

betuigen (ber-*tur*ew-gern) v express

betwijfelen (ber-*tvay*-fer-lern) v doubt, query

betwisten (ber-*tviss*-tern) v dispute

beu (būr) adj tired of, fed up with

beuk (būrk) c (pl ~en) beech

beul (būrl) c (pl ~en) executioner

beurs (būrrs) c (pl beurzen) purse; stock exchange; fair; grant

beurt (būrrt) c (pl ~en) turn

bevaarbaar (ber-*vaar*-baar) adj navigable

*bevallen (ber-*vah*-lern) v please

bevallig (ber-*vah*-lerkh) *adj* graceful

bevalling (ber-*vah*-ling) *c* (pl ~en) delivery, childbirth

***bevaren** (ber-*vaa*-rern) *v* sail

bevatten (ber-*vah*-tern) *v* contain; include

bevel (ber-*vehl*) *nt* (pl ~en) command, order

***bevelen** (ber-*vāȳ*-lern) *v* command, order

bevelhebber (ber-*vehl*-heh-berr) *c* (pl ~s) commander

beven (*bāȳ*-vern) *v* tremble

bever (*bāȳ*-verr) *c* (pl ~s) beaver

bevestigen (ber-*vehss*-ter-gern) *v* acknowledge, confirm; fasten; **bevestigend** affirmative

bevestiging (ber-*vehss*-ter-ging) *c* (pl ~en) confirmation

zich *bevinden (ber-*vin*-dern) *be

bevlieging (ber-*vlee*-ging) *c* (pl ~en) whim

bevochtigen (ber-*vokh*-ter-gern) *v* damp, moisten

bevoegd (ber-*vōōkht*) *adj* qualified

bevoegdheid (ber-*vōōkht*-hayt) *c* (pl -heden) qualification

bevolking (ber-*vol*-king) *c* population

bevoorrechten (ber-*vōā*-raykh-tern) *v* favour

bevorderen (ber-*vor*-der-rern) *v* promote

bevredigen (ber-*vrāȳ*-der-gern) *v* satisfy

bevrediging (ber-*vrāȳ*-der-ging) *c* (pl ~en) satisfaction

***bevriezen** (ber-*vree*-zern) *v* *freeze

bevrijding (ber-*vray*-ding) *c* liberation

bevuild (ber-*vur*ew*lt) *adj* soiled

bewaken (ber-*vaa*-kern) *v* guard

bewaker (ber-*vaa*-kerr) *c* (pl ~s) guard; warden

bewapenen (ber-*vaa*-per-nern) *v* arm

bewaren (ber-*vaa*-rern) *v* *hold; preserve; *keep

bewaring (ber-*vaa*-ring) *c* preservation

beweeglijk (ber-*vāȳkh*-lerk) *adj* mobile

beweegreden (ber-*vāȳkh*-rāȳ-dern) *c* (pl ~en) cause

***bewegen** (ber-*vāȳ*-gern) *v* move; stir

beweging (ber-*vāȳ*-ging) *c* (pl ~en) movement; motion

beweren (ber-*vāȳ*-rern) *v* claim

bewijs (ber-*vayss*) *nt* (pl bewijzen) proof, evidence; token; voucher

***bewijzen** (ber-*vay*-zern) *v* prove

bewind (ber-*vint*) *nt* rule, government

bewolking (ber-*vol*-king) *c* clouds

bewolkt (ber-*volkt*) *adj* cloudy

bewonderen (ber-*von*-der-rern) *v* admire

bewondering (ber-*von*-der-ring) *c* admiration

bewonen (ber-*vōā*-nern) *v* inhabit

bewoner (ber-*vōā*-nerr) *c* (pl ~s) inhabitant; occupant

bewoonbaar (ber-*vōān*-baar) *adj* habitable, inhabitable

bewust (ber-*verst*) *adj* conscious, aware

bewusteloos (ber-*verss*-ter-lōass) *adj* unconscious

bewustzijn (ber-*verst*-sayn) *nt* consciousness

bezem (*bāȳ*-zerm) *c* (pl ~s) broom

bezeren (ber-*zāȳ*-rern) *v* *hurt

bezet (ber-*zeht*) *adj* engaged, occupied

bezetten (ber-*zeh*-tern) *v* occupy

bezetting (ber-*zeh*-ting) *c* (pl ~en) occupation

bezielen (ber-*zee*-lern) *v* inspire

bezienswaardigheid (ber-zeen-*svaar*-derkh-hayt) *c* (pl -heden) sight

bezig (*bāȳ*-zerkh) *adj* engaged, busy

zich *bezighouden met (*bāȳ*-zerkh-hou-dern) attend to

bezinksel (ber-*zingk*-serl) *nt* (pl ~s) deposit

bezit (ber-*zɪt*) nt property; possession

*** bezitten** (ber-*zɪ*-tern) v possess, own

bezitter (ber-*zɪ*-terr) c (pl ~s) owner

bezittingen (ber-*zɪ*-tɪng-ern) pl belongings pl

bezoek (ber-*zook*) nt (pl ~en) call, visit

*** bezoeken** (ber-*zoo*-kern) v visit; call on

bezoeker (ber-*zoo*-kerr) c (pl ~s) visitor

bezoekuren (ber-*zook*-ew-rern) pl visiting hours

bezonnen (ber-*zo*-nern) adj sober

bezorgd (ber-*zorkht*) adj anxious, concerned

bezorgdheid (ber-*zorkht*-hayt) c worry, anxiety

bezorgen (ber-*zor*-gern) v deliver; supply

bezorging (ber-*zor*-gɪng) c delivery

bezwaar (ber-*zvaar*) nt (pl bezwaren) objection; ~ *hebben tegen object to; mind

*** bezwijken** (ber-*zvay*-kern) v collapse; succumb

bibberen (bɪ-ber-rern) v shiver

bibliotheek (bee-blee-*Yoa-tayk*) c (pl -theken) library

*** bidden** (bɪ-dern) v pray

biecht (beekht) c (pl ~en) confession

biechten (*beekh*-tern) v confess

*** bieden** (*bee*-dern) v offer

biefstuk (*beef*-sterk) c (pl ~ken) steak

bier (beer) nt (pl ~en) beer; ale

bies (beess) c (pl biezen) rush

bieslook (*beess*-loak) nt chives pl

biet (beet) c (pl ~en) beet

big (bɪkh) c (pl ~gen) piglet

bij¹ (bay) prep near, at, with, by; to

bij² (bay) c (pl ~en) bee

bijbel (*bay*-berl) c (pl ~s) bible

bijbetekenis (*bay*-ber-*tay*-ker-nɪss) c (pl ~sen) connotation

bijdrage (*bay*-draa-ger) c (pl ~n) contribution

bijeen (bay-*ayn*) adv together

*** bijeenbrengen** (bay-*ayn*-breh-ngern) v assemble

*** bijeenkomen** (bay-*ayng*-koa-mern) v gather

bijeenkomst (bay-*ayng*-komst) c (pl ~en) meeting; rally; assembly, congress

bijenkorf (*bay*-er-korf) c (pl -korven) beehive

bijgebouw (*bay*-ger-bou) nt (pl ~en) annex

bijgeloof (*bay*-ger-loaf) nt superstition

bijgevolg (bay-ger-*volkh*) adv consequently

*** bijhouden** (*bay*-hou-dern) v *keep up with

bijknippen (*bay*-knɪ-pern) v trim

bijkomend (*bay*-koa-mernt) adj additional

bijkomstig (bay-*kom*-sterkh) adj additional; subordinate

bijl (bayl) c (pl ~en) axe

bijlage (*bay*-laa-ger) c (pl ~n) annex; enclosure

bijna (*bay*-naa) adv nearly, almost

bijnaam (*bay*-naam) c (pl -namen) nickname

bijouterie (bee-zhoo-ter-*ree*) c jewellery

*** bijsluiten** (*bay*-slur-ew-tern) v enclose

*** bijstaan** (*bay*-staan) v assist, aid

bijstand (*bay*-stahnt) c assistance

*** bijten** (*bay*-tern) v *bite

bijvoegen (*bay*-voo-gern) v attach

bijvoeglijk naamwoord (bay-*voo*-khlerk *naam*-voart) adjective

bijvoorbeeld (ber-*voar*-baylt) adv for instance, for example

bijwonen (*bay*-voa-nern) v assist at, attend

bijwoord (*bay*-voart) nt (pl ~en) adverb

bijziend (bay-*zeent*) *adj* short-sighted

bijzonder (bee-*zon*-derr) *adj* special, particular; peculiar; **in het ~** in particular, specially

bijzonderheid (bee-*zon*-derr-hayt) *c* (pl -heden) detail

bil (bıl) *c* (pl ~len) buttock

biljart (bıl-*Yahrt*) *nt* billiards *pl*

billijk (bı-lerk) *adj* right, fair, reasonable

*****binden** (*bın*-dern) *v* *bind; tie

binnen (*bı*-nern) *prep* within, inside; *adv* inside, indoors; in; indoor; **naar ~** inwards; **van ~** within, inside

binnenband (*bı*-ner-bahnt) *c* (pl ~en) inner tube

*****binnengaan** (*bı*-ner-gaan) *v* enter, *go in

binnenkant (*bı*-ner-kahnt) *c* interior, inside

*****binnenkomen** (*bı*-nern-kōa-mern) *v* enter

binnenkomst (*bı*-ner-komst) *c* entrance

binnenkort (bı-ner-*kort*) *adv* shortly

binnenlands (*bı*-ner-lahnts) *adj* domestic

binnenst (*bı*-nerst) *adj* inside; **binnenste buiten** *adv* inside out

*****binnenvallen** (*bı*-ner-vah-lern) *v* invade

biologie (bee-Yōa-lōa-*gee*) *c* biology

bioscoop (bee-Yoss-*kōap*) *c* (pl -scopen) cinema; pictures; movie theater *Am*, movies *Am*

biscuit (biss-*kvee*) *nt* (pl ~s) cookie *nAm*

bisschop (*bıss*-khop) *c* (pl ~pen) bishop

bitter (*bı*-terr) *adj* bitter

blaar (blaar) *c* (pl blaren) blister

blaas (blaass) *c* (pl blazen) bladder; blister

blaasontsteking (blaass-ont-stāy-kıng) *c* (pl ~en) cystitis

blad¹ (blaht) *nt* (pl ~eren, blaren) leaf

blad² (blaht) *nt* (pl ~en) sheet; magazine

bladgoud (*blaht*-khout) *nt* gold leaf

bladzijde (*blaht*-say-der) *c* (pl ~n) page

blaffen (*blah*-fern) *v* bark; bay

blanco (*blahng*-kōa) *adj* blank

blank (blahngk) *adj* white

blankvoren (*blahngk*-fōa-rern) *c* (pl ~s) roach

blauw (blou) *adj* blue

*****blazen** (*blaa*-zern) *v* *blow

blazer (*blāy*-zerr) *c* (pl ~s) blazer

bleek (blāyk) *adj* pale

bleken (*blāy*-kern) *v* bleach

blessure (bleh-*sēw*-rer) *c* (pl ~s) injury

blij (blay) *adj* glad; happy, joyful

blijkbaar (*blayk*-baar) *adv* apparently

*****blijken** (*blay*-kern) *v* prove; appear

blijspel (*blay*-spehl) *nt* (pl ~en) comedy

*****blijven** (*blay*-vern) *v* stay, remain; *keep; **blijvend** lasting; permanent

blik (blık) *nt* (pl ~ken) tin, can; *c* look; glimpse, glance; **een ~** *werpen glance

blikopener (*blık*-ōa-per-nerr) *c* (pl ~s) tin-opener, can opener

bliksem (*blık*-serm) *c* lightning

blind¹ (blınt) *nt* (pl ~en) shutter

blind² (blınt) *adj* blind

blindedarm (blın-der-*dahrm*) *c* (pl ~en) appendix

blindedarmontsteking (blın-der-*dahrm*-ont-stāy-kıng) *c* (pl ~en) appendicitis

*****blinken** (*blıng*-kern) *v* *shine; **blinkend** bright

blocnote (*blok*-nōat) *c* (pl ~s) writing-pad

bloed (blōōt) *nt* blood

bloedarmoede (blōōt-ahr-mōō-der) *c* anaemia

bloeddruk (blōō-drerk) *c* blood pressure

bloeden (blōō-dern) *v* *bleed

bloeding (blōō-dıng) *c* (pl ~en) haemorrhage

bloedsomloop (blōōt-som-lōap) *c* circulation

bloedvat (blōōt-faht) *nt* (pl ~en) blood-vessel

bloedvergiftiging (blōōt-ferr-gıf-ter-gıng) *c* blood-poisoning

bloem¹ (blōōm) *c* flour

bloem² (blōōm) *c* (pl ~en) flower

bloemblad (blōōm-blaht) *nt* (pl ~en) petal

bloembol (blōōm-bol) *c* (pl ~len) bulb

bloemenwinkel (blōō-mer-vıng-kerl) *c* (pl ~s) flower-shop

bloemist (blōō-mıst) *c* (pl ~en) florist

bloemkool (blōōm-kōal) *c* (pl -kolen) cauliflower

bloemlezing (blōōm-lāy-zıng) *c* (pl ~en) anthology

bloemperk (blōōm-pehrk) *nt* (pl ~en) flowerbed

blok (blok) *nt* (pl ~ken) block; **blokje** *nt* cube

blokkeren (blo-kāy-rern) *v* block

blond (blont) *adj* fair

blondine (blon-dee-ner) *c* (pl ~s) blonde

bloot (blōat) *adj* bare; naked

blootleggen (blōat-leh-gern) *v* uncover

blootstelling (blōat-steh-lıng) *c* (pl ~en) exposure

blouse (blōō-zer) *c* (pl ~s) blouse

blozen (blōā-zern) *v* blush

blussen (bler-sern) *v* extinguish

bocht (bokht) *c* (pl ~en) turning, bend; curve, turn

bode (bōā-der) *c* (pl ~n, ~s) messenger

bodem (bōā-derm) *c* (pl ~s) bottom; ground; soil

boef (bōōf) *c* (pl boeven) villain

boei (bōōee) *c* (pl ~en) buoy

boeien (bōōee-ern) *v* fascinate

boek (bōōk) *nt* (pl ~en) book

boeken (bōō-kern) *v* book

boekenstalletje (bōō-ker-stah-ler-t^yer) *nt* (pl ~s) bookstand

boeket (bōō-keht) *nt* (pl ~ten) bouquet

boekhandel (bōōk-hahn-derl) *c* (pl ~s) bookstore

boekhandelaar (bōōk-hahn-der-laar) *c* (pl -laren) bookseller

boekwinkel (bōōk-vıng-kerl) *c* (pl ~s) bookstore

boel (bōōl) *c* lot

boer (bōōr) *c* (pl ~en) farmer; peasant; knave

boerderij (bōōr-der-ray) *c* (pl ~en) farm; farmhouse

boerin (bōō-rın) *c* (pl ~nen) farmer's wife

boete (bōō-ter) *c* (pl ~n, ~s) penalty, fine

boetseren (bōōt-sāy-rern) *v* model

bof (bof) *c* mumps

bok (bok) *c* (pl ~ken) goat

boksen (bok-sern) *v* box

bokswedstrijd (boks-veht-strayt) *c* (pl ~en) boxing match

bol (bol) *c* (pl ~len) bulb; sphere

Boliviaan (bōā-lee-vee-^yaan) *c* (pl -vianen) Bolivian

Boliviaans (bōā-lee-vee-^yaans) *adj* Bolivian

Bolivië (bōā-lee-vee-^yer) Bolivia

bom (bom) *c* (pl ~men) bomb

bombarderen (bom-bahr-dāy-rern) *v* bomb

bon (bon) *c* (pl ~nen) coupon; ticket; voucher

bonbon (bom-*bon*) c (pl ~s) chocolate

bond (bont) c (pl ~en) league, federation

bondgenoot (*bont*-kher-nōāt) c (pl -noten) associate

bondgenootschap (*bont*-kher-nōāt-skhahp) nt (pl ~pen) alliance

bons (bonss) c (pl bonzen) bump

bont (bont) adj gay, colourful; nt furs

bontjas (*bon*-t^yahss) c (pl ~sen) fur coat

bontwerker (*bon*-tvehr-kerr) c (pl ~s) furrier

bonzen (*bon*-zern) v bump

boodschap (*bōāt*-skhahp) c (pl ~pen) errand; message

boodschappentas (*bōāt*-skhah-per-tahss) c (pl ~sen) shopping bag

boog (bōākh) c (pl bogen) arch; bow

boogvormig (*bōākh*-for-merkh) adj arched

boom (bōām) c (pl bomen) tree

boomgaard (*bōām*-gaart) c (pl ~en) orchard

boomkwekerij (bōām-kvāy-ker-*ray*) c (pl ~en) nursery

boon (bōān) c (pl bonen) bean

boor (bōār) c (pl boren) drill

boord (bōārt) nt/c (pl ~en) collar; **aan boord** aboard; **van boord *gaan** disembark

boordeknoopje (*bōār*-der-knōā-p^yer) nt (pl ~s) collar stud

boos (bōāss) adj cross

boosaardig (bōā-*zaar*-derkh) adj malicious, vicious

boosheid (*bōāss*-hayt) c anger, temper

boot (bōāt) c (pl boten) boat

bootje (*bōā*-t^yer) nt (pl ~s) dinghy

boottocht (*bōā*-tokht) c (pl ~en) cruise

bord (bort) nt (pl ~en) dish, plate; board

bordeel (bor-*dāyl*) nt (pl -delen) brothel

borduren (bor-*dew*-rern) v embroider

borduurwerk (bor-*dew*r-vehrk) nt (pl ~en) embroidery

boren (*bōā*-rern) v drill, bore

borg (borkh) c (pl ~en) guarantor

borgsom (*borkh*-som) c (pl ~men) bail

borrel (*boa*-rerl) c (pl ~s) drink

borrelhapje (bo-rerl-hahp-^yer) nt (pl ~s) appetizer

borst (borst) c (pl ~en) chest; breast, bosom

borstel (*bor*-sterl) c (pl ~s) brush

borstelen (*bor*-ster-lern) v brush

borstkas (*borst*-kahss) c (pl ~sen) chest

bos (boss) nt (pl ~sen) forest, wood; c bunch

bosje (bo-sher) nt (pl ~s) grove

boswachter (*boss*-vahkh-terr) c (pl ~s) forester

bot¹ (bot) adj dull, blunt

bot² (bot) nt (pl ~ten) bone

boter (*bōā*-terr) c butter

boterham (*bōā*-terr-hahm) c (pl ~men) sandwich

botsen (*bot*-sern) v bump; collide, crash

botsing (*bot*-sing) c (pl ~en) collision, crash

bougie (bōō-*zhee*) c (pl ~s) sparking-plug

bout (bout) c (pl ~en) bolt

boutique (bōō-*teek*) c (pl ~s) boutique

bouw (bou) c construction

bouwen (*bou*-ern) v *build; construct

bouwkunde (*bou*-kern-der) c architecture

bouwvallig (bou-*vah*-lerkh) adj dilapidated

boven (*bōā*-vern) prep above, over;

adv above; upstairs; **naar ~** upwards, up; upstairs

bovendek (*bōā*-vern-dehk) *nt* main deck

bovendien (bōā-vern-*deen*) *adv* furthermore, moreover, besides

bovenkant (*bōā*-verng-kahnt) *c* (pl ~en) top side, top

bovenop (bōā-vern-*op*) *prep* on top of

bovenst (*bōā*-verst) *adj* upper, top

braaf (braaf) *adj* good

braak (braak) *adj* waste

braam (braam) *c* (pl bramen) blackberry

***braden** (*braa*-dern) *v* fry; roast

braken (*braa*-kern) *v* vomit

brand (brahnt) *c* (pl ~en) fire

brandalarm (*brahnt*-aa-lahrm) *nt* fire-alarm

brandblusapparaat (*brahnt*-blerss-ah-paa-raat) *nt* (pl -raten) fire-extinguisher

branden (*brahn*-dern) *v* *burn

brandkast (*brahnt*-kahst) *c* (pl ~en) safe

brandmerk (*brahnt*-mehrk) *nt* (pl ~en) brand

brandpunt (*brahnt*-pernt) *nt* (pl ~en) focus

brandspiritus (*brahnt*-spee-ree-terss) *c* methylated spirits

brandstof (*brahnt*-stof) *c* (pl ~fen) fuel

brandtrap (*brahn*-trahp) *c* (pl ~pen) fire-escape

brandvrij (*brahnt*-fray) *adj* fireproof

brandweer (*brahn*-tvāȳr) *c* fire-brigade

brandwond (*brahn*-tvont) *c* (pl ~en) burn

brasem (*braa*-serm) *c* (pl ~s) bream

Braziliaan (braa-zee-lee-*ᵞaan*) *c* (pl -lianen) Brazilian

Braziliaans (braa-zee-lee-*ᵞaans*) *adj* Brazilian

Brazilië (braa-*zee*-lee-ᵞer) Brazil

breed (brāyt) *adj* broad, wide

breedte (*brāy*-ter) *c* (pl ~n, ~s) breadth, width

breedtegraad (*brāy*-ter-graat) *c* (pl -graden) latitude

breekbaar (*brāyk*-baar) *adj* fragile

breekijzer (*brāy*-kay-zerr) *nt* (pl ~s) crowbar

breien (*bray*-ern) *v* *knit

***breken** (*brāy*-kern) *v* *break; *burst; crack; fracture

***brengen** (*breh*-ngern) *v* *bring; *take

bres (brehss) *c* (pl ~sen) gap, breach

bretels (brer-*tehls*) *pl* braces *pl*; suspenders *plAm*

breuk (brurk) *c* (pl ~en) break; fracture; hernia

brief (breef) *c* (pl brieven) letter; **aangetekende ~** registered letter

briefkaart (*breef*-kaart) *c* (pl ~en) card, postcard

briefopener (*breef*-ōā-per-nerr) *c* (pl ~s) paper-knife

briefpapier (*breef*-paa-peer) *nt* notepaper

briefwisseling (*breef*-vɪ-ser-lɪng) *c* correspondence

bries (breess) *c* breeze

brievenbus (*bree*-ver-berss) *c* (pl ~sen) letter-box, pillar-box; mailbox *nAm*

bril (brɪl) *c* (pl ~len) spectacles, glasses

briljant (brɪl-*ᵞahnt*) *adj* brilliant

Brit (brɪt) *c* (pl ~ten) Briton

Brits (brɪts) *adj* British

broche (bro-sher) *c* (pl ~s) brooch

brochure (bro-*shēw̄*-rer) *c* (pl ~s) brochure

broeder (*brōō*-derr) *c* (pl ~s) brother

broederschap (*brōō*-derr-skhahp) *c*

fraternity

broeikas (*broo͞ee*-kahss) *c* (pl ~sen)
greenhouse

broek (brook) *c* (pl ~en) trousers *pl*,
slacks *pl*; pants *plAm*; **korte ~**
shorts *pl*

broekpak (*brook*-pahk) *nt* (pl ~ken)
pant-suit

broer (broor) *c* (pl ~s) brother

brok (brok) *nt* (pl ~ken) morsel;
lump

bromfiets (*brom*-feets) *c* (pl ~en) moped

brommer (*bro*-merr) *c* (pl ~s) motorbike *nAm*

bron (bron) *c* (pl ~nen) well; fountain, source, spring; **geneeskrachtige ~** spa

bronchitis (brong-*khee*-terss) *c* bronchitis

brons (brons) *nt* bronze

bronzen (*bron*-zern) *adj* bronze

brood (broat) *nt* (pl broden) bread;
loaf

broodje (*broa*-tᵛer) *nt* (pl ~s) roll, bun

broos (broass) *adj* fragile

brouwen (*brou*-ern) *v* brew

brouwerij (brou-er-*ray*) *c* (pl ~en)
brewery

brug (brerkh) *c* (pl ~gen) bridge

bruid (brurᵉwt) *c* (pl ~en) bride

bruidegom (*brurᵉw*-der-gom) *c* (pl ~s)
bridegroom

bruikbaar (*brurᵉwk*-baar) *adj* usable;
useful

bruiloft (*brurᵉw*-loft) *c* (pl ~en) wedding

bruin (brurᵉwn) *adj* brown

brullen (*brer*-lern) *v* roar

brunette (brᵉw-*neh*-ter) *c* (pl ~s) brunette

brutaal (brᵉw-*taal*) *adj* bold, impertinent, insolent

bruto (*broo*-toa) *adj* gross

budget (ber-*jeht*) *nt* (pl ~ten, ~s)
budget

buffet (bᵉw-*feht*) *nt* (pl ~ten) buffet

bui (burᵉw) *c* (pl ~en) shower; spirit

buidel (*burᵉw*-derl) *c* (pl ~s) pouch

buigbaar (*burᵉw*kh-baar) *adj* flexible

***buigen** (*burᵉw*-gern) *v* *bend; bow

buigzaam (*burᵉw*kh-saam) *adj* supple

buik (burᵉwk) *c* (pl ~en) belly

buikpijn (*burᵉw*k-payn) *c* stomach-
ache

buis (burᵉwss) *c* (pl buizen) tube

buiten (*burᵉw*-tern) *prep* outside, out
of; *adv* out; outside, outdoors;
naar ~ outwards

buitengewoon (*burᵉw*-ter-ger-vōan)
adj extraordinary, exceptional

buitenhuis (*burᵉw*-ter-hurᵉwss) *nt* (pl
-huizen) cottage

buitenkant (*burᵉw*-ter-kahnt) *c* (pl
~en) outside, exterior

in het buitenland (ın ert *burᵉw*-tern-
lahnt) abroad

buitenlander (*burᵉw*-ter-lahn-derr) *c*
(pl ~s) alien, foreigner

buitenlands (*burᵉw*-ter-lahnts) *adj*
alien, foreign

buitensporig (burᵉw-ter-*spōa*-rerkh)
adj excessive

buitenwijk (*burᵉw*-ter-vayk) *c* (pl ~en)
suburb; outskirts *pl*

zich bukken (ber-kern) *v* *bend down

Bulgaar (berl-*gaar*) *c* (pl -garen) Bulgarian

Bulgaars (berl-*gaars*) *adj* Bulgarian

Bulgarije (berl-gaa-*ray*-er) Bulgaria

bult (berlt) *c* (pl ~en) lump

bumper (*berm*-perr) *c* (pl ~s) bumper,
fender

bundel (*bern*-derl) *c* (pl ~s) bundle

bundelen (*bern*-der-lern) *v* bundle

burcht (berrkht) *c* (pl ~en) stronghold

bureau (bᵉw-*rōa*) *nt* (pl ~s) agency,
office; bureau, desk; **~ voor ge-**

vonden voorwerpen lost property office

bureaucratie (bew-rōā-kraa-*tsee*) *c* bureaucracy

burgemeester (berr-ger-*māy̅ss*-terr) *c* (pl ~s) mayor

burger (*berr*-gerr) *c* (pl ~s) citizen; civilian; **burger-** civilian, civic

burgerlijk (*berr*-gerr-lerk) *adj* bourgeois, middle-class; ~ **recht** civil law

bus (berss) *c* (pl ~sen) coach, bus; tin, canister

buste (bew-ster) *c* (pl ~s, ~n) bust

bustehouder (bew-ster-hou-derr) *c* (pl ~s) brassiere, bra

buur (bew̅r) *c* (pl buren) neighbour

buurman (bew̅r-mahn) *c* neighbour

buurt (bew̅rt) *c* (pl ~en) neighbourhood, vicinity

C

cabaret (kaa-baa-*reht*) *nt* (pl ~s) cabaret

cabine (kaa-*bee*-ner) *c* (pl ~s) cabin

cadeau (kaa-*dōā*) *nt* (pl ~s) gift, present

café (kah-*fāy̅*) *nt* (pl ~s) café; public house, pub

cafetaria (kaa-fer-*taa*-ree-Yaa) *c* (pl ~'s) cafeteria

caissière (kah-*shai*-rer) *c* (pl ~s) cashier

cake (kāy̅k) *c* (pl ~s) cake

calcium (*kahl*-see-Yerm) *nt* calcium

calorie (kah-lōā-*ree*) *c* (pl ~ën) calorie

calvinisme (kahl-vee-*niss*-mer) *nt* Calvinism

camee (kaa-*māy̅*) *c* (pl ~ën) cameo

campagne (kahm-*pah*-ñer) *c* (pl ~s) campaign

camping (*kehm*-ping) *c* (pl ~s) camping site, camping

Canada (*kaa*-naa-daa) Canada

Canadees (kaa-naa-*dāy̅ss*) *adj* Canadian

capabel (kaa-*paa*-berl) *adj* able

capaciteit (kaa-paa-see-*tayt*) *c* (pl ~en) capacity

cape (kāy̅p) *c* (pl ~s) cape

capitulatie (kah-pee-tew̅-*laa*-tsee) *c* (pl ~s) capitulation

capsule (kahp-*sew̅*-ler) *c* (pl ~s) capsule

caravan (*keh*-rer-vern) *c* (pl ~s) caravan

carbonpapier (kahr-*bon*-paa-peer) *nt* carbon paper

carburateur (kahr-bew̅-raa-*tū̅r*) *c* (pl ~s) carburettor

carillon (kaa-rɪl-*Yon*) *nt* (pl ~s) chimes *pl*

carnaval (*kahr*-naa-vahl) *nt* carnival

carrière (kah-ree-*Yai*-rer) *c* (pl ~s) career

carrosserie (kah-ro-ser-*ree*) *c* (pl ~ën) coachwork; motor body *Am*

carter (*kahr*-terr) *nt* crankcase

casino (kaa-*zee*-nōā) *nt* (pl ~'s) casino

catacombe (kah-tah-*kom*-ber) *c* (pl ~n) catacomb

catalogus (kaa-*taa*-lōā-gerss) *c* (pl -gussen, -gi) catalogue

catarre (kaa-*tahr*) *c* catarrh

catastrofe (kaa-taa-*straw*-fer) *c* (pl ~s) catastrophe, disaster

categorie (kaa-ter-gōā-*ree*) *c* (pl ~ën) category

cavia (*kaa*-vee-Yaa) *c* (pl ~'s) guinea-pig

cel (sehl) *c* (pl ~len) cell

celibaat (sāy̅-lee-*baat*) *nt* celibacy

cellofaan (seh-loa-*faan*) *nt* cellophane

celsius (*sehl*-see-Yerss) centigrade

cement (ser-*mehnt*) *nt* cement

censuur (sehn-*zēwr*) *c* censorship
centimeter (*sehn*-tee-*māy*-terr) *c* (pl ~s) centimetre; tape-measure
centraal (sehn-*traal*) *adj* central; ~ **station** central station; **centrale verwarming** central heating
centraliseren (sehn-traa-lee-*zāy*-rern) *v* centralize
centrifuge (sehn-tree-*fēw*-zher) *c* (pl ~s) dryer
centrum (*sehn*-trerm) *nt* (pl centra) centre
ceramiek (sāy-raa-*meek*) *c* ceramics *pl*
ceremonie (sāy-rer-*mōā*-nee) *c* (pl -niën, -nies) ceremony
certificaat (sehr-tee-fee-*kaat*) *nt* (pl -caten) certificate
chalet (shaa-*leht*) *nt* (pl ~s) chalet
champagne (shahm-*pah*-ñer) *c* (pl ~s) champagne
champignon (shahm-pee-*ñon*) *c* (pl ~s) mushroom
chantage (shahn-*taa*-zher) *c* blackmail
chanteren (shahn-*tāy*-rern) *v* blackmail
chaos (*khaa*-oss) *c* chaos
chaotisch (khaa-*ōā*-teess) *adj* chaotic
charlatan (*shahr*-laa-tahn) *c* (pl ~s) quack
charmant (shahr-*mahnt*) *adj* charming
charme (*shahr*-mer) *c* (pl ~s) charm; glamour
chartervlucht (*chahr*-terr-vlerkht) *c* (pl ~en) charter flight
chassis (shah-*see*) *nt* (pl ~) chassis
chauffeur (shōā-*fūr*) *c* (pl ~s) driver, chauffeur
chef (shehf) *c* (pl ~s) boss, manager, chief
chef-kok (shehf-*kok*) *c* (pl ~s) chef
chemie (khāy-*mee*) *c* chemistry
chemisch (*khāy*-meess) *adj* chemical
cheque (shehk) *c* (pl ~s) cheque; check *nAm*

chequeboekje (shehk-bōō-k^yer) *nt* (pl ~s) cheque-book; check-book *nAm*
chic (sheek) *adj* smart
Chileen (shee-*lāyn*) *c* (pl -lenen) Chilean
Chileens (shee-*lāyns*) *adj* Chilean
Chili (*shee*-lee) Chile
China (*shee*-naa) China
Chinees (shee-*nāyss*) *adj* Chinese
chirurg (shee-*rerrkh*) *c* (pl ~en) surgeon
chloor (khlōār) *nt* chlorine
chocola (shōā-kōā-*laa*) *c* chocolate
chocolademelk (shōā-kōā-*laa*-der-mehlk) *c* chocolate
christelijk (*kriss*-ter-lerk) *adj* Christian
christen (*kriss*-tern) *c* (pl ~en) Christian
Christus (*kriss*-terss) Christ
chronisch (khrōā-neess) *adj* chronic
chronologisch (khrōā-nōā-*lōā*-geess) *adj* chronological
chroom (khrōām) *nt* chromium
cijfer (*say*-ferr) *nt* (pl ~s) number, figure; digit; mark
cilinder (see-*lin*-derr) *c* (pl ~s) cylinder
cilinderkop (see-*lin*-derr-kop) *c* (pl ~pen) cylinder head
cipier (see-*peer*) *c* (pl ~s) jailer
circa (*sir*-kaa) *adv* approximately
circulatie (sir-kēw-*laa*-tsee) *c* circulation
circus (*sir*-kerss) *nt* (pl ~sen) circus
cirkel (*sir*-kerl) *c* (pl ~s) circle
citaat (see-*taat*) *nt* (pl citaten) quotation
citeren (see-*tāy*-rern) *v* quote
citroen (see-*trōōn*) *c* (pl ~en) lemon
civiel (see-*veel*) *adj* civil
clausule (klou-*sēw*-ler) *c* (pl ~s) clause
clavecimbel (klaa-ver-*sim*-berl) *c* (pl ~s) harpsichord

claxon (*klahk*-son) *c* (pl ~s) horn, hooter

claxonneren (klahk-so-*nay*-rern) *v* hoot; toot *vAm*, honk *vAm*

clementie (klay-*mehn*-tsee) *c* mercy

cliënt (klee-*Yehnt*) *c* (pl ~en) customer, client

closetpapier (kloa-*zeht*-pah-peer) *nt* toilet-paper

cocaïne (koa-kaa-*ee*-ner) *c* cocaine

code (*koa*-der) *c* (pl ~s) code

coffeïne (ko-fay-*ee*-ner) *c* caffeine

coffeïnevrij (ko-fay-*ee*-ner-vray) *adj* decaffeinated

cognac (ko-*ñahk*) *c* cognac

coiffure (kvah-*few*-rer) *c* (pl ~s) hairdo

colbert (kol-*bair*) *c* (pl ~s) jacket

collectant (ko-lehk-*tahnt*) *c* (pl ~en) collector

collecteren (ko-lehk-*tay*-rern) *v* collect

collectie (ko-*lehk*-see) *c* (pl ~s) collection

collectief (ko-lehk-*teef*) *adj* collective

collega (ko-*lay*-gaa) *c* (pl ~'s) colleague

college (ko-*lay*-zher) *nt* (pl ~s) lecture

Colombia (koa-*lom*-bee-Yaa) Colombia

Colombiaan (koa-lom-bee-Yaan) *c* (pl -bianen) Colombian

Colombiaans (koa-lom-bee-Yaans) *adj* Colombian

coma (*koa*-maa) *nt* coma

combinatie (kom-bee-*naa*-tsee) *c* (pl ~s) combination

combineren (kom-bee-*nay*-rern) *v* combine

comfortabel (kom-for-*taa*-berl) *adj* comfortable

comité (ko-mee-*tay*) *nt* (pl ~s) committee

commentaar (ko-mehn-*taar*) *nt* (pl -taren) comment

commercieel (ko-mehr-*shayl*) *adj* commercial

commissie (ko-*mi*-see) *c* (pl ~s) committee; commission

commode (ko-*moa*-der) *c* (pl ~s) bureau *nAm*

commune (ko-*mew*-ner) *c* (pl ~s) commune

communicatie (ko-mew-nee-*kaa*-tsee) *c* communication

communiqué (ko-mew-nee-*kay*) *nt* (pl ~s) communiqué

communisme (ko-mew-*niss*-mer) *nt* communism

compact (kom-*pahkt*) *adj* compact

compact disk (*kom*-pahkt disk) *c* compact disc; ~ **speler** CD-player

compagnon (kom-pah-*ñon*) *c* (pl ~s) partner

compensatie (kom-pehn-*zaa*-tsee) *c* (pl ~s) compensation

compenseren (kom-pehn-*zay*-rern) *v* compensate

compleet (kom-*playt*) *adj* complete

compliment (kom-plee-*mehnt*) *nt* (pl ~en) compliment

componist (kom-poa-*nist*) *c* (pl ~en) composer

compositie (kom-poa-*zee*-tsee) *c* (pl ~s) composition

compromis (kom-proa-*mee*) *nt* (pl ~sen) compromise

computer (kom-*pjoe*-terr) *nt* computer

concentratie (kon-sehn-*traa*-tsee) *c* (pl ~s) concentration

concentreren (kon-sehn-*tray*-rern) *v* concentrate

conceptie (kon-*sehp*-see) *c* conception

concert (kon-*sehrt*) *nt* (pl ~en) concert

concertzaal (kon-*sehrt*-saal) *c* (pl -zalen) concert hall

concessie (kon-*seh*-see) *c* (pl ~s) concession

concierge (kon-*shehr*-zheh) *c* (pl ~s)
janitor; caretaker, concierge

conclusie (kong-*klew*-zee) *c* (pl ~s)
conclusion

concreet (kong-*krayt*) *adj* concrete

concurrent (kong-kew-*rehnt*) *c* (pl
~en) competitor; rival

concurrentie (kong-kew-*rehn*-tsee) *c*
competition; rivalry

conditie (kon-*dee*-tsee) *c* (pl ~s) condition

conditioner (kon-*disj*-er-nerr) *nt* conditioner

condoom (kon-*doom*) *nt* condom

conducteur (kon-derk-*tūrr*) *c* (pl ~s)
conductor; ticket collector

conferencier (kon-fer-rahng-*shay*) *c* (pl
~s) entertainer

conferentie (kon-fer-*rehn*-see) *c* (pl
~s) conference

conflict (kon-*flikt*) *nt* (pl ~en) conflict

congregatie (kong-gray-*gaa*-tsee) *c* (pl
~s) congregation

congres (kong-*grehss*) *nt* (pl ~sen)
congress

consequentie (kon-ser-*kvehn*-see) *c*
(pl ~s) consequence

conservatief (kon-zerr-vaa-*teef*) *adj*
conservative

conserven (kon-*sehr*-vern) *pl* tinned
food

consideratie (kon-see-der-*raa*-tsee) *c*
consideration

constant (kon-*stahnt*) *adj* even

constateren (koan-staa-*tay*-rern) *v*
note, ascertain; diagnose

constipatie (kon-stee-*paa*-tsee) *c* constipation

constructie (kon-*strerk*-see) *c* (pl ~s)
construction

construeren (kon-strew°°-*ay*-rern) *v*
construct

consulaat (kon-zew-*laat*) *nt* (pl -laten)
consulate

consult (kon-*zerlt*) *nt* (pl ~en) consultation

consultatiebureau (kon-zerl-*taa*-tsee-
bew-rōa) *nt* (pl ~s) health centre

consument (kon-zew-*mehnt*) *c* (pl
~en) consumer

contact (kon-*tahkt*) *nt* (pl ~en) contact; touch

contactlenzen (kon-*tahkt*-lehn-zern) *pl*
contact lenses

contanten (kon-*tahn*-tern) *pl* cash

continent (kon-tee-*nehnt*) *nt* (pl ~en)
continent

continentaal (kon-tee-nehn-*taal*) *adj*
continental

contra (*kon*-traa) *prep* versus

contract (kon-*trahkt*) *nt* (pl ~en)
agreement, contract

contrast (kon-*trahst*) *nt* (pl ~en) contrast

controle (kon-*traw*-ler) *c* (pl ~s) control; supervision, inspection

controleren (kon-trōa-*lay*-rern) *v* control, check

controlestrook (kon-*traw*-ler-strōak) *c*
(-stroken) counterfoil, stub

controversieel (kon-trōa-vehr-*zhayl*)
adj controversial

conversatie (kon-verr-*zaa*-tsee) *c* (pl
~s) conversation

coöperatie (kōa-ōa-per-*raa*-tsee) *c* (pl
~s) co-operative

coöperatief (kōa-ōa-per-raa-*teef*) *adj*
co-operative

coördinatie (kōa-or-dee-*naa*-tsee) *c* co-
ordination

coördineren (kōa-or-dee-*nay*-rern) *v*
co-ordinate

corpulent (kor-pew-*lehnt*) *adj* corpulent, stout

correct (ko-*rehkt*) *adj* correct

correctie (ko-*rehk*-see) *c* (pl ~s) correction

correspondent (ko-rehss-pon-*dehnt*) *c*

(pl ~en) correspondent

correspondentie (ko-rehss-pon-*dehn*-see) c correspondence

corresponderen (ko-rehss-pon-*day*-rern) v correspond

corrigeren (ko-ree-*zhay*-rern) v correct

corrupt (ko-*rerpt*) adj corrupt

couchette (koo-*sheh*-ter) c (pl ~s) berth

coupé (koo-*pay*) c (pl ~s) compartment; ~ **voor rokers** smoking-compartment

couplet (koo-*pleht*) nt (pl ~ten) stanza

coupon (koo-*pon*) c (pl ~s) coupon

crèche (krehsh) c (pl ~s) nursery

crediteren (kray-dee-*tay*-rern) v credit

creëren (kray-*ay*-rern) v create

crematie (kray-*maa*-tsee) c (pl ~s) cremation

crème (kraim) c (pl ~s) cream; **vochtinbrengende** ~ moisturizing cream

cremeren (kray-*may*-rern) v cremate

criminaliteit (kree-mee-naa-lee-*tayt*) c criminality

crimineel (kree-mee-*nayl*) adj criminal

crisis (*kree*-serss) c (pl -ses) crisis

criticus (*kree*-tee-kerss) c (pl -ci) critic

croquant (kroa-*kahnt*) adj crisp

Cuba (*kew*-baa) Cuba

Cubaan (kew-*baan*) c (pl -banen) Cuban

Cubaans (kew-*baans*) adj Cuban

cultuur (kerl-*tewr*) c (pl -turen) culture

cursiefschrift (kerr-*zeef*-skhrift) nt italics pl

cursus (*kerr*-zerss) c (pl ~sen) course

cyclus (*see*-klerss) c (pl ~sen) cycle

D

daad (daat) c (pl daden) deed, act

daar (daar) adv there

daarheen (daar-*hayn*) adv there

daarom (daa-rom) conj therefore

dadel (*daa*-derl) c (pl ~s) date

dadelijk (*daa*-der-lerk) adv at once, immediately; presently

dag (dahkh) c (pl ~en) day; **dag!** hello!; good-bye!; **per** ~ per day

dagblad (*dahkh*-blaht) nt (pl ~en) daily

dagboek (*dahkh*-book) nt (pl ~en) diary

dagelijks (*daa*-ger-lerks) adj daily

dageraad (*daa*-ger-raat) c daybreak, dawn

daglicht (*dahkh*-likht) nt daylight

dagvaarding (*dahkh*-vaar-ding) c (pl ~en) summons

dak (dahk) nt (pl ~en) roof

dakpan (*dahk*-pahn) c (pl ~nen) tile

dal (dahl) nt (pl ~en) valley

dalen (*daa*-lern) v descend

dam (dahm) c (pl ~men) dam; dike

dambord (*dahm*-bort) nt (pl ~en) draught-board

dame (*daa*-mer) c (pl ~s) lady

damestoilet (*daa*-merss-tvah-leht) nt (pl ~ten) powder-room, ladies' room

damp (dahmp) c (pl ~en) vapour

damspel (*dahm*-spehl) nt draughts; checkers plAm

dan (dahn) adv then; conj than; **nu en** ~ occasionally

dankbaar (*dahngk*-baar) adj grateful, thankful

dankbaarheid (*dahngk*-baar-hayt) c gratitude

danken (*dahng*-kern) v thank; **dank u**

thank you; **te ~ *hebben aan** owe

dans (dahns) *c* (pl ~en) dance

dansen (*dahn*-sern) *v* dance

danszaal (*dahn*-saal) *c* (pl -zalen) ball-room

dapper (*dah*-perr) *adj* brave, courageous

dapperheid (*dah*-perr-hayt) *c* courage

darm (dahrm) *c* (pl ~en) gut, intestine; **darmen** bowels *pl*

das (dahss) *c* (pl ~sen) necktie, tie; scarf

dat (daht) *pron* which; *conj* that

datum (*daa*-term) *c* (pl data) date

dauw (dou) *c* dew

de (der) *art* the *art*

debat (der-*baht*) *nt* (pl ~ten) discussion, debate

debatteren (dāy-bah-*tāy*-rern) *v* argue

debet (*dāy*-beht) *nt* debit

december (dāy-*sehm*-berr) December

deeg (dāykh) *nt* dough

deel (dāyl) *nt* (pl delen) part; share; volume

*deelnemen (*dāyl*-nāy-mern) *v* participate

deelnemer (*dāyl*-nāy-merr) *c* (pl ~s) participant

deels (dāyls) *adv* partly

Deen (dāyn) *c* (pl Denen) Dane

Deens (dāyns) *adj* Danish

defect[1] (der *fehkt*) *adj* defective, faulty

defect[2] (der-*fehkt*) *nt* (pl ~en) fault

defensie (dāy-*fehn*-zee) *c* defence

definiëren (dāy-fi-ni-*āy*-rern) *v* define

definitie (dāy-fee-*nee*-tsee) *c* (pl ~s) definition

degelijk (*dāy*-ger-lerk) *adj* thorough; sound

dek (dehk) *nt* deck

deken (*dāy*-kern) *c* (pl ~s) blanket

dekhut (*dehk*-hert) *c* (pl ~ten) deck cabin

deksel (*dehk*-serl) *nt* (pl ~s) lid; cover, top

dekzeil (*dehk*-sayl) *nt* (pl ~en) tarpaulin

delegatie (dāy-ler-*gaa*-tsee) *c* (pl ~s) delegation

delen (*dāy*-lern) *v* divide; share

delfstof (*dehlf*-stof) *c* (pl ~fen) mineral

delicatessen (dāy-lee-kaa-*teh*-sern) *pl* delicatessen

delicatessenwinkel (dāy-lee-kaa-*teh*-ser-ving-kerl) *c* (pl ~s) delicatessen

delikaat (dāy-lee-*kaat*) *adj* delicate

deling (*dāy*-ling) *c* (pl ~en) division

delinquent (dāy-ling-*kvehnt*) *c* (pl ~en) criminal

*delven (*dehl*-vern) *v* *dig

democratie (dāy-mōa-kraa-*tsee*) *c* (pl ~ën) democracy

democratisch (dāy-mōa-*kraa*-teess) *adj* democratic

demonstratie (dāy-mon-*straa*-tsee) *c* (pl ~s) demonstration

demonstreren (dāy-mon-*strāy*-rern) *v* demonstrate

den (dehn) *c* (pl ~nen) fir-tree

Denemarken (*dāy*-ner-mahr-kern) Denmark

denkbeeld (*dehngk*-bāyld) *nt* (pl ~en) idea

denkbeeldig (dehngk-*bāyl*-derkh) *adj* imaginary

*denken (*dehng*-kern) *v* *think; guess, reckon; ~ **aan** *think of

denker (*dehng*-kerr) *c* (pl ~s) thinker

denneboom (*deh*-ner-bōam) *c* (pl -bomen) fir-tree

deodorant (dāy-Yōa-dōa-*rahnt*) *c* deodorant

departement (dāy-pahr-ter-*mehnt*) *nt* (pl ~en) department

deponeren (dāy-pōa-*nāy*-rern) *v* bank

depressie (dāy-*preh*-see) *c* (pl ~s) depression

deprimeren (dāy-pree-māy-rern) v depress

derde (dehr-der) num third

dergelijk (dehr-ger-lerk) adj such; similar

dermate (dehr-maa-ter) adv so

dertien (dehr-teen) num thirteen

dertiende (dehr-teen-der) num thirteenth

dertig (dehr-terkh) num thirty

dertigste (dehr-terkh-ster) num thirtieth

deserteren (dāy-zehr-tāy-rern) v desert

deskundig (dehss-kern-derkh) adj expert

deskundige (dehss-kern-der-ger) c (pl ~n) expert

dessert (deh-sair) nt (pl ~s) dessert

detail (dāy-tigh) nt (pl ~s) detail

detailhandel (dāy-tigh-hahn-derl) c retail trade

detaillist (dāy-tah-Yist) c (pl ~en) retailer

detectiveroman (dāy-tehk-tɪf-rōā-mahn) c (pl ~s) detective story

deugd (dūrkht) c (pl ~en) virtue

deugniet (dūrkh-neet) c (pl ~en) rascal

deuk (dūrk) c (pl ~en) dent

deur (dūrr) c (pl ~en) door

deurbel (dūrr-behl) c (pl ~len) doorbell

deurwaarder (dūrr-vaar-derr) c (pl ~s) bailiff

devaluatie (dāy-vaa-lēw-vaa-tsee) c (pl ~s) devaluation

devalueren (dāy-vaa-lēw-vāy-rern) v devalue

devies (der-veess) nt (pl deviezen) motto

deze (dāy-zer) pron this; these

dia (dee-Yaa) c (pl ~'s) slide

diabetes (dee-Yaa-bāy-terss) c diabetes

diabeticus (dee-Yaa-bāy-tee-kerss) c (pl -ci) diabetic

diagnose (dee-Yahkh-nōā-zer) c (pl ~n, ~s) diagnosis; **een ~ stellen** diagnose

diagonaal¹ (dee-Yaa-gōā-naal) adj diagonal

diagonaal² (dee-Yaa-gōā-naal) c (pl -nalen) diagonal

dialect (dee-Yaa-lehkt) nt (pl ~en) dialect

diamant (dee-Yaa-mahnt) c (pl ~en) diamond

diarree (dee-Yah-rāy) c diarrhoea

dicht (dɪkht) adj dense; thick; closed, shut

dichtbevolkt (dɪkht-ber-volkt) adj populous

dichtbij (dɪkht-bay) adj near

dichtdraaien (dɪkh-draaee-ern) v turn off

dichter (dɪkh-terr) c (pl ~s) poet

dichtkunst (dɪkht-kernst) c poetry

*****dichtslaan** (dɪkht-slaan) v slam

dictaat (dɪk-taat) nt (pl -taten) dictation

dictafoon (dɪk-taa-fōān) c (pl ~s) dictaphone

dictator (dɪk-taa-tor) c (pl ~s) dictator

dictee (dɪk-tāy) nt (pl ~s) dictation

dicteren (dɪk-tāy-rern) v dictate

die (dee) pron that; those; who

dieet (dee-Yāyt) nt diet

dief (deef) c (pl dieven) robber, thief

diefstal (deef-stahl) c (pl ~len) robbery, theft

dienblad (deen-blaht) nt (pl ~en) tray

dienen (dee-nern) v serve

dienst (deenst) c (pl ~en) service; **in ~ *nemen** engage

dienstplichtige (deenst-plɪkh-ter-ger) c (pl ~n) conscript

dienstregeling (deenst-rāy-ger-lɪng) c (pl ~en) schedule, timetable

diep (deep) *adj* deep; low

diepte (*deep*-ter) *c* (pl ~n, ~s) depth

diepvrieskast (*deep*-freess-kahst) *c* (pl ~en) deep-freeze

diepzinnig (deep-*si*-nerkh) *adj* profound

dier (deer) *nt* (pl ~en) animal

dierbaar (*deer*-baar) *adj* dear; precious

dierenarts (*dee*-rern-ahrts) *c* (pl ~en) veterinary surgeon

dierenriem (*dee*-rer-reem) *c* zodiac

dierentuin (*dee*-rer-tur^{ew}n) *c* (pl ~en) zoological gardens; zoo

diesel (*dee*-serl) *c* diesel

difterie (dif-ter-*ree*) *c* diphtheria

digitaal (die-gie-*taal*) *adj* digital

dij (day) *c* (pl ~en) thigh

dijk (dayk) *c* (pl ~en) dike; dam

dik (dik) *adj* corpulent; thick; fat, stout, big

dikte (*dik*-ter) *c* (pl ~n, ~s) thickness; fatness

dikwijls (*dik*-verls) *adv* frequently, often

ding (ding) *nt* (pl ~en) thing

dinsdag (*dins*-dahkh) *c* Tuesday

diploma (dee-*plōa*-maa) *nt* (pl ~'s) certificate, diploma; **een ~ behalen** graduate

diplomaat (dee-plōa-*maat*) *c* (pl -maten) diplomat

direct (dee-*rehkt*) *adj* direct; *adv* straight away

directeur (dee-rerk-*tūrr*) *c* (pl ~en, ~s) executive, manager, director; headmaster, principal

directie (dee-*rehk*-see) *c* (pl ~s) management

dirigent (dee-ree-*gehnt*) *c* (pl ~en) conductor

dirigeren (dee-ree-*gāy*-rern) *v* conduct

disconto (diss-*kon*-tōa) *nt* (pl ~'s) bank-rate

discreet (diss-*krāyt*) *adj* modest

discussie (diss-*ker*-see) *c* (pl ~s) discussion, argument

discussiëren (diss-ker-*shāy*-rern) *v* discuss; argue

distel (*diss*-terl) *c* (pl ~s) thistle

district (diss-*trikt*) *nt* (pl ~en) district

dit (dit) *pron* this

divan (*dee*-vahn) *c* (pl ~s) couch

docent (dōa-*sehnt*) *c* (pl ~en) teacher

doch (dokh) *conj* but

dochter (*dokh*-terr) *c* (pl ~s) daughter

doctor (*dok*-tor) *c* (pl ~en, ~s) doctor

document (dōa-kew-*mehnt*) *nt* (pl ~en) document

dodelijk (*dōa*-der-lerk) *adj* mortal, fatal

doden (*dōa*-dern) *v* kill

doek (dōōk) *c* (pl ~en) cloth; *nt* curtain

doel (dōōl) *nt* (pl ~en) objective, aim, purpose; object, goal, design, target

doelman (*dōōl*-mahn) *c* (pl ~nen) goalkeeper

doelmatig (dōōl-*maa*-terkh) *adj* efficient

doelpunt (*dōōl*-pernt) *nt* (pl ~en) goal

doeltreffend (dōōl-*treh*-fernt) *adj* effective

*doen (dōōn) *v* *do; cause to

dof (dof) *adj* mat, dim

dok (dok) *nt* (pl ~ken) dock

dokter (*dok*-terr) *c* (pl ~s) doctor, physician

dom[1] (dom) *adj* dumb, stupid

dom[2] (dom) *c* cathedral

dominee (*dōa*-mee-nāy) *c* (pl ~s) clergyman, parson, rector

dompelaar (*dom*-per-laar) *c* (pl ~s) immersion heater

donateur (dōa-naa-*tūrr*) *c* (pl ~s) donor

donder (*don*-derr) *c* thunder

donderdag (*don*-derr-dahkh) *c* Thurs-

day
donderen (*don*-der-rern) v thunder
donker (*dong*-kerr) adj dark, dim
dons (dons) nt down; **donzen dek-bed** eiderdown
dood (dōat) adj dead; c death
doodstraf (*dōat*-strahf) c death penalty
doof (dōaf) adj deaf
dooi (dōa^ee) c thaw
dooien (*dōa^ee*-ern) v thaw
dooier (*dōa^ee*-err) c (pl ~s) yolk
doolhof (*dōal*-hof) nt (pl -hoven) maze; labyrinth
doop (dōap) c baptism, christening
doopsel (*dōap*-serl) nt baptism
door (dōar) prep through; by
doorboren (dōar-*bōa*-rern) v pierce
***doorbrengen** (*dōar*-breh-ngern) v *spend
doordat (dōar-*daht*) conj because
***doordringen** (*dōar*-drı-ngern) v penetrate
***doorgaan** (*dōar*-gaan) v continue, *go on; carry on; *go ahead; ~ met *keep on
doorgang (*dōar*-gahng) c (pl ~en) passage
doorlichten (*dōar*-lıkh-tern) v X-ray
doorlopend (dōar-*lōa*-pernt) adj continuous
doormaken (*dōar*-maa-kern) v *go through
doorn (dōarn) c (pl ~en, ~s) thorn
doorreis (*dōa*-rayss) c passage
doorslag (*dōar*-slahkh) c (pl ~en) carbon copy
doorweken (dōar-*vāy*-kern) v soak
doorzichtig (dōar-*zıkh*-terkh) adj transparent, sheer
***doorzoeken** (dōar-*zōō*-kern) v search
doos (dōass) c (pl dozen) box
dop (dop) c (pl ~pen) shell
dopen (*dōa*-pern) v baptize, christen

dor (dor) adj arid
dorp (dorp) nt (pl ~en) village
dorst (dorst) c thirst
dorstig (*dors*-terkh) adj thirsty
dosis (*dōa*-zerss) c (pl doses) dose
dossier (do-*shāy*) nt (pl ~s) file
douane (dōo-*vaa*-ner) c Customs pl
douanebeambte (dōo-*vaa*-ner-ber-ahm-ter) c (pl ~n) Customs officer
douche (dōosh) c (pl ~s) shower
doven (*dōa*-vern) v extinguish
dozijn (dōa-*zayn*) nt (pl ~en) dozen
draad (draat) c (pl draden) thread; wire
draagbaar (*draakh*-baar) adj portable
draaglijk (*draakh*-lerk) adj tolerable
draai (draa^ee) c (pl ~en) turn; twist
draaideur (*draa^ee*-dūrr) c (pl ~en) revolving door
draaien (*draa^ee*-ern) v turn; twist; *spin
draaimolen (*draa^ee*-mōa-lern) c (pl ~s) merry-go-round
draaiorgel (*draa^ee*-or-gerl) nt (pl ~s) street-organ
draak (draak) c (pl draken) dragon
***dragen** (*draa*-gern) v carry, *bear; *wear
drager (*draa*-gerr) c (pl ~s) bearer
drama (*draa*-maa) nt (pl ~'s) drama
dramatisch (draa-*maa*-teess) adj dramatic
drang (drahng) c urge
drank (drahngk) c (pl ~en) drink, beverage; **sterke** ~ spirits, liquor
dreigement (dray-ger-*mernt*) nt (pl ~en) threat
dreigen (*dray*-gern) v threaten
drek (drehk) c muck
drempel (*drehm*-perl) c (pl ~s) threshold
dresseren (dreh-*sāy*-rern) v train
drie (dree) num three
driehoek (*dree*-hōōk) c (pl ~en) tri-

angle

driehoekig (*dree-hōō-kerkh*) *adj* triangular

driekwart (*dree-kvahrt*) *adj* three-quarter

driemaandelijks (*dree-maan-der-lerks*) *adj* quarterly

drift (drɪft) *c* passion

driftig (*drɪf-terkh*) *adj* quick-tempered; hot-tempered, irascible

drijfkracht (*drayf-krahkht*) *c* driving force

***drijven** (*dray-vern*) *v* float

***dringen** (*drɪ-ngern*) *v* push; **dringend** pressing, urgent

drinkbaar (*drɪngk-baar*) *adj* for drinking

***drinken** (*drɪng-kern*) *v* *drink

drinkwater (*drɪngk-vaa-terr*) *nt* drinking-water

droefheid (*drōōf-hayt*) *c* sorrow

droevig (*drōō-verkh*) *adj* sad

drogen (*drōā-gern*) *v* dry

drogisterij (*drōā-gɪss-ter-ray*) *c* (pl ~en) pharmacy, chemist's; drugstore *nAm*

dromen (*drōā-mern*) *v* *dream

dronken (*drong-kern*) *adj* drunk; intoxicated

droog (drōākh) *adj* dry

droogleggen (*drōākh-leh-gern*) *v* drain

droogte (*drōākh-ter*) *c* drought

droom (drōām) *c* (pl dromen) dream

droombeeld (*drōām-bāylt*) *nt* (pl ~en) illusion

drop (drop) *c* liquorice

druiven (*drurew-vern*) *pl* grapes *pl*

druk (drerk) *adj* busy; crowded; *c* pressure

drukken (*drer-kern*) *v* press; print

drukknop (*drer-knop*) *c* (pl ~pen) push-button

drukte (*drerk-ter*) *c* bustle; fuss, excitement

drukwerk (*drerk-vehrk*) *nt* printed matter

druppel (*drer-perl*) *c* (pl ~s) drop

dubbel (*der-berl*) *adj* double

dubbelzinnig (*der-berl-zɪ-nerkh*) *adj* ambiguous

duidelijk (*durew-der-lerk*) *adj* distinct, plain, clear; apparent, evident; obvious

duif (durewf) *c* (pl duiven) pigeon

duikbril (*durewk-brɪl*) *c* (pl ~len) goggles *pl*

***duiken** (*durew-kern*) *v* dive

duim (durewm) *c* (pl ~en) thumb

duin (durewn) *nt* (pl ~en) dune

duister (*durew-sterr*) *adj* obscure, dark; *nt* gloom

duisternis (*durew-sterr-nɪss*) *c* dark

Duits (durewts) *adj* German

Duitser (*durewt-serr*) *c* (pl ~s) German

Duitsland (*durewts-lahnt*) Germany

duivel (*durew-verl*) *c* (pl ~s) devil

duizelig (*durew-zer-lerkh*) *adj* giddy, dizzy

duizeligheid (*durew-zer-lerkh-hayt*) *c* giddiness, dizziness

duizeling (*durew-zer-lɪng*) *c* (pl ~en) vertigo

duizend (*durew-zernt*) *num* thousand

dulden (*derl-dern*) *v* *bear

dun (dern) *adj* thin; sheer

dupe (*dēw-per*) *c* (pl ~s) victim

duren (*dēw-rern*) *v* last

durf (derrf) *c* nerve

durven (*derr-vern*) *v* dare

dus (derss) *conj* so

dutje (*der-tYer*) *nt* (pl ~s) nap

duur (dewr) *adj* dear, expensive; *c* duration

duurzaam (*dēwr-zaam*) *adj* lasting, permanent

duw (dēw°°) *c* (pl ~en) push

duwen (*dēw°°-ern*) *v* push

dwaas¹ (dvaass) *adj* foolish, crazy, silly

dwaas² (dvaass) *c* (pl dwazen) fool

dwalen (*dvaa*-lern) *v* err

dwerg (dvehrkh) *c* (pl ~en) dwarf

*dwingen (*dvi*-ngern) *v* force; compel

dynamo (dee-*naa*-mōā) *c* (pl ~'s) dynamo

dysenterie (dee-sehn-ter-*ree*) *c* dysentery

E

eb (ehp) *c* low tide

ebbehout (*eh*-ber-hout) *nt* ebony

echo (*eh*-khōā) *c* (pl ~'s) echo

echt (ehkht) *adj* genuine, true, authentic, real; *adv* really; *c* matrimony

echtelijk (*ehkh*-ter-lerk) *adj* matrimonial

echter (*ehkh*-terr) *conj* however, yet

echtgenoot (*ehkht*-kher-nōāt) *c* (pl -noten) husband

echtgenote (*ehkht*-kher-nōā-ter) *c* (pl ~n) wife

echtpaar (*ehkht*-paar) *nt* (pl -paren) married couple

echtscheiding (*ehkht*-skhay-dɪng) *c* (pl ~en) divorce

economie (āy-kōā-nōā-*mee*) *c* economy

economisch (āy-kōā-*nōā*-meess) *adj* economic

econoom (āy-kōā-*nōām*) *c* (pl -nomen) economist

Ecuador (āy-kvaa-*dor*) Ecuador

Ecuadoriaan (āy-kvaa-dōā-ree-*ʸaan*) *c* (pl -rianen) Ecuadorian

eczeem (ehk-*sāym*) *nt* eczema

edel (*āy*-derl) *adj* noble

edelmoedigheid (āy-derl-*mōō*-derkh-hayt) *c* generosity

edelsteen (*āy*-derl-stāyn) *c* (pl -stenen) gem, stone

editie (āy-*dee*-tsee) *c* (pl ~s) edition

eed (āyt) *c* (pl eden) oath, vow

eekhoorn (*āyk*-hōārn) *c* (pl ~s) squirrel

eelt (āylt) *nt* callus

een¹ (ern) *art* a art

een² (āyn) *num* one

eenakter (*āyn*-ahk-terr) *c* (pl ~s) one-act play

eend (āynt) *c* (pl ~en) duck

eender (*āyn*-derr) *adj* alike

eenheid (*āyn*-hayt) *c* (pl -heden) unit; unity

eenmaal (*āyn*-maal) *adv* once

eenrichtingsverkeer (āyn-*rɪkh*-tɪngs-ferr-kāyr) *nt* one-way traffic

eens (āyns) *adv* once; some time, some day; **het ~ *zijn** agree

eentonig (āyn-*tōā*-nerkh) *adj* monotonous

eenvoudig (āyn-*vou*-derkh) *adj* plain, simple; *adv* simply

eenzaam (*āyn*-zaam) *adj* lonely

eenzijdig (āyn-*zay*-derkh) *adj* one-sided

eer (āyr) *c* honour; glory

eerbied (*āyr*-beet) *c* respect

eerbiedig (āyr-*bee*-derkh) *adj* respectful

eerbiedwaardig (āyr-beet-*vaar*-derkh) *adj* venerable

eerder (*āyr*-derr) *adv* before; rather

eergevoel (*āyr*-ger-vōōl) *nt* sense of honour

eergisteren (*āyr*-gɪss-ter-rern) *adv* the day before yesterday

eerlijk (*āyr*-lerk) *adj* honest; fair, straight

eerlijkheid (*āyr*-lerk-hayt) *c* honesty

eerst (āyrst) *adj* first; primary, initial; *adv* at first

eersteklas (*āyr*-ster-klahss) *adj* first-class

eersterangs (*ā̄y*r-ster-rahngs) *adj* first-rate

eerstvolgend (*ā̄y*rst-*fol*-gernt) *adj* following

eervol (*ā̄y*r-vol) *adj* honourable

eerzaam (*ā̄y*r-zaam) *adj* respectable; honourable

eerzuchtig (*ā̄y*r-*zerkh*-terkh) *adj* ambitious

eetbaar (*ā̄y*t-baar) *adj* edible

eetkamer (*ā̄y*t-kaa-merr) *c* (pl ~s) dining-room

eetlepel (*ā̄y*t-lā̄y-perl) *c* (pl ~s) tablespoon

eetlust (*ā̄y*t-lerst) *c* appetite

eetservies (*ā̄y*t-sehr-veess) *nt* (pl -viezen) dinner-service

eetzaal (*ā̄y*t-saal) *c* (pl -zalen) dining-room

eeuw (ā̄y°°) *c* (pl ~en) century

eeuwig (*ā̄y*°°-erkh) *adj* eternal

eeuwigheid (*ā̄y*°°-erkh-hayt) *c* eternity

effect (eh-*fehkt*) *nt* (pl ~en) effect; **effecten** stocks and shares

effectenbeurs (eh-*fehk*-term-būrrs) *c* (pl -beurzen) stock market, stock exchange

effectief (eh-fehk-*teef*) *adj* effective

effen (*eh*-fern) *adj* level; smooth, even

efficiënt (eh-fee-*shehnt*) *adj* efficient

egaal (*ā̄y*-gaal) *adj* level

egaliseren (*ā̄y*-gaa-lee-zā̄y-rern) *v* level

egel (*ā̄y*-gerl) *c* (pl ~s) hedgehog

egocentrisch (*ā̄y*-gōa-*sehn*-treess) *adj* self-centred

egoïsme (*ā̄y*-gōa-*viss*-mer) *nt* selfishness

egoïstisch (*ā̄y*-gōa-*viss*-teess) *adj* selfish

Egypte (*ā̄y*-*gip*-ter) Egypt

Egyptenaar (*ā̄y*-*gip*-ter-naar) *c* (pl -naren) Egyptian

Egyptisch (*ā̄y*-*gip*-teess) *adj* Egyptian

ei (ay) *nt* (pl ~eren) egg

eierdooier (*ay*-err-dōa°°-err) *c* (pl ~s) egg-yolk

eierdopje (*ay*-err-dop-Yer) *nt* (pl ~s) egg-cup

eigen (*ay*-gern) *adj* own

eigenaar (*ay*-ger-naar) *c* (pl ~s, -naren) owner, proprietor

eigenaardig (ay-ger-*naar*-derkh) *adj* singular, peculiar

eigenaardigheid (ay-ger-*naar*-derkh-hayt) *c* (pl -heden) peculiarity

eigendom (*ay*-gern-dom) *nt* (pl ~men) property; possessions

eigengemaakt (*ay*-gern-ger-maakt) *adj* home-made

eigenlijk (*ay*-gern-lerk) *adj* actual; *adv* as a matter of fact, really

eigenschap (*ay*-gern-skhahp) *c* (pl ~pen) property, quality

eigentijds (ay-gern-*tayts*) *adj* contemporary

eigenwijs (ay-gern-*vayss*) *adj* pig-headed

eik (ayk) *c* (pl ~en) oak

eikel (*ay*-kerl) *c* (pl ~s) acorn

eiland (*ay*-lahnt) *nt* (pl ~en) island

einde (*ayn*-der) *nt* end, finish; ending, issue

eindelijk (*ayn*-der-lerk) *adv* at last

eindigen (*ayn*-der-gern) *v* finish

eindpunt (*aynt*-pernt) *nt* (pl ~en) terminal

eindstreep (*aynt*-strā̄yp) *c* (pl -strepen) finish

eis (ayss) *c* (pl ~en) demand, claim

eisen (*ay*-sern) *v* demand

eiwit (*ay*-vit) *nt* (pl ~ten) protein

ekster (*ehk*-sterr) *c* (pl ~s) magpie

eksteroog (*ehk*-sterr-ōakh) *nt* (pl -ogen) corn

eland (*ā̄y*-lahnt) *c* (pl ~en) moose

elastiek (*ā̄y*-lahss-*teek*) *nt* (pl ~en) rubber band, elastic

elastisch (āy-*lahss*-teess) *adj* elastic

elders (*ehl*-derrs) *adv* elsewhere

elegant (āy-ler-*gahnt*) *adj* elegant

elegantie (āy-ler-*gahnt*-see) *c* elegance

elektricien (āy-lehk-tree-*shang*) *c* (pl ~s) electrician

elektriciteit (āy-lehk-tree-see-*tayt*) *c* electricity

elektriciteitscentrale (āy-lehk-tree-see-*tayt*-sehn-traa-ler) *c* power-station

elektrisch (āy-*lehk*-treess) *adj* electric

elektronisch (āy-lehk-*trōa*-neess) *adj* electronic; ~ spel electronic game

element (āy-ler-*mehnt*) *nt* (pl ~en) element

elementair (āy-ler-mehn-*tair*) *adj* primary

elf¹ (ehlf) *num* eleven

elf² (ehlf) *c* (pl ~en) elf

elfde (*ehlf*-der) *num* eleventh

elftal (*ehlf*-tahl) *nt* (pl ~len) soccer team

elimineren (āy-lee-mee-*nāy*-rern) *v* eliminate

elk (ehlk) *adj* each, every

elkaar (ehl-*kaar*) *pron* each other

elleboog (*eh*-ler-*bōākh*) *c* (pl -bogen) elbow

ellende (eh-*lehn*-der) *c* misery

ellendig (eh-*lehn*-derkh) *adj* miserable

email (āy-*migh*) *nt* enamel

emailleren (āy-migh-*āy*-rern) *v* glaze

emancipatie (āy-mahn-see-*paa*-tsee) *c* emancipation

embargo (ehm-*bahr*-gōā) *nt* embargo

embleem (ehm-*blāym*) *nt* (pl -blemen) emblem

emigrant (āy-mee-*grahnt*) *c* (pl ~en) emigrant

emigratie (āy-mee-*graa*-tsee) *c* emigration

emigreren (āy-mee-*grāy*-rern) *v* emigrate

eminent (āy-mee-*nehnt*) *adj* outstanding

emmer (*eh*-merr) *c* (pl ~s) bucket, pail

emotie (āy-*mōā*-tsee) *c* (pl ~s) emotion

employé (ahm-plvah-ᵞāy) *c* (pl ~s) employee

en (ehn) *conj* and

encyclopedie (ehn-see-klōā-pāy-*dee*) *c* (pl ~ën) encyclopaedia

endeldarm (*ehn*-derl-dahrm) *c* (pl ~en) rectum

endosseren (ahn-do-*sāy*-rern) *v* endorse

energie (āy-nehr-*zhee*) *c* energy; power

energiek (āy-nehr-*zheek*) *adj* energetic

eng (ehng) *adj* narrow; creepy

engel (*eh*-ngerl) *c* (pl ~en) angel

Engeland (*eh*-nger-lahnt) England; Britain

Engels (*eh*-ngerls) *adj* English; British

Engelsman (*eh*-ngerls-mahn) *c* (pl Engelsen) Englishman; Briton

enig (āy-nerkh) *adj* sole, only; *pron* any; **enige** *pron* some

enigszins (āy-nerkh-sins) *adv* somewhat

enkel¹ (*ehng*-kerl) *adj* single; **enkele** *pron* some

enkel² (*ehng*-kerl) *c* (pl ~s) ankle

enkeling (*ehng*-ker-ling) *c* (pl ~en) individual

enkelvoud (*ehng*-kerl-vout) *nt* singular

enorm (āy-*norm*) *adj* tremendous, enormous, huge

enquête (ahng-*kai*-ter) *c* (pl ~s) enquiry

enthousiasme (ahn-tōō-*zhahss*-mer) *nt* enthusiasm

enthousiast (ahn-tōō-*zhahst*) *adj* enthusiastic; keen

entree (ahn-*trāy*) *c* entry; entrance-fee

entresol (ahng-trer-*sol*) c (pl ~s)
mezzanine

envelop (ahng-ver-*lop*) c (pl ~pen)
envelope

enzovoort (*ehn*-zōa-vōart) and so on,
etcetera

epidemie (āy-pee-der-*mee*) c (pl ~ën)
epidemic

epilepsie (āy-pee-lehp-*see*) c epilepsy

epiloog (āy-pee-*lōākh*) c (pl -logen)
epilogue

episch (*āy*-peess) adj epic

episode (āy-pee-*zōa*-der) c (pl ~n, ~s)
episode

epos (*āy*-poss) nt (pl epen, ~sen) epic

equipe (āy-*keep*) c (pl ~s) team

equivalent (āy-kvee-vaa-*lehnt*) adj
equivalent

er (ehr) adv there; pron of them

erbarmelijk (ehr-*bahr*-mer-lerk) adj
lamentable

eredienst (*āy*-rer-deenst) c (pl ~en)
worship

eren (*āy*-rern) v honour

erf (ehrf) nt (pl erven) yard

erfelijk (*ehr*-fer-lerk) adj hereditary

erfenis (*ehr*-fer-niss) c (pl ~sen) inheritance; legacy

erg (ehrkh) adj bad; adv very; **erger**
worse; **ergst** worst

ergens (*ehr*-gerns) adv somewhere

ergeren (*ehr*-ger-rern) v annoy

ergernis (*ehr*-gerr-niss) c annoyance

erkennen (ehr-*keh*-nern) v recognize;
acknowledge

erkenning (ehr-*keh*-ning) c (pl ~en)
recognition

erkentelijk (ehr-*kehn*-ter-lerk) adj
grateful

ernst (ehrnst) c seriousness; gravity

ernstig (*ehrn*-sterkh) adj serious;
grave, bad, severe

erts (ehrts) nt (pl ~en) ore

***ervaren** (ehr-*vaa*-rern) v experience

ervaring (ehr-*vaa*-ring) c (pl ~en) experience

erven (*ehr*-vern) v inherit

erwt (ehrt) c (pl ~en) pea

escorte (ehss-*kor*-ter) nt (pl ~s) escort

escorteren (ehss-kor-*tāy*-rern) v escort

esdoorn (*ehss*-dōarn) c (pl ~s) maple

essay (eh-*sāy*) nt (pl ~s) essay

essentie (eh-*sehn*-see) c essence

essentieel (eh-sehn-*shāyl*) adj vital,
essential

etage (āy-*taa*-zher) c (pl ~s) floor,
storey; apartment nAm

etalage (āy-taa-*laa*-zher) c (pl ~s)
shop-window

etappe (āy-*tah*-per) c (pl ~n, ~s)
stage

eten (*āy*-tern) nt food

***eten** (*āy*-tern) v *eat

ether (*āy*-terr) c ether

Ethiopië (āy-tee-*Yōā*-pee-Yer) Ethiopia

Ethiopiër (āy-tee-*Yōā*-pee-Yerr) c (pl
~s) Ethiopian

Ethiopisch (āy-tee-*Yōā*-peess) adj
Ethiopian

etiket (āy-tee-*keht*) nt (pl ~ten) label,
tag

etiketteren (āy-tee-keh-*tāy*-rern) v
label

etmaal (*eht*-maal) nt (pl -malen)
twenty-four hours

ets (ehts) c (pl ~en) etching

ettelijk (*eh*-ter-lerk) adj several

etter (*eh*-terr) c pus

etui (āy-*tvee*) nt (pl ~s) case

Europa (ūr-*rōā*-paa) Europe

Europeaan (ūr-rōa-pāy-*aan*) c (pl
-anen) European

Europees (ūr-rōa-*pāyss*) adj European

Europese Unie (eur-oo-*peeser* y-nie)
European Union

evacueren (āy-vaa-kēw-*vāy*-rern) v
evacuate

evangelie (āy-vahng-*gāy*-lee) nt (pl- liën, ~s) gospel

even (*ay̅*-vern) *adj* even; *adv* equally, as

evenaar (*ay̅*-ver-naar) *c* equator

evenals (*ay̅*-ver-nahls) *conj* as well as

evenaren (*ay̅*-ver-*naa*-rern) *v* equal

eveneens (*ay̅*-ver-*nay̅*ns) *adv* as well, likewise, also

evenredig (*ay̅*-ver-*ray̅*-derkh) *adj* proportional

eventueel (*ay̅*-vern-tew̅-*vay̅*l) *adj* possible, eventual

evenveel (*ay̅*-ver-*vay̅*l) *adv* as much

evenwel (*ay̅*-ver-*vehl*) *adv* however

evenwicht (*ay̅*-ver-vıkht) *nt* balance

evenwijdig (*ay̅*-ver-*vay*-derkh) *adj* parallel

evenzeer (*ay̅*-ver-zay̅r) *adv* as much

evenzo (*ay̅*-ver-*zoa̅*) *adv* likewise

evolutie (*ay̅*-voa̅-*lew̅*-tsee) *c* (pl ~s) evolution

exact (ehk-*sahkt*) *adj* precise

examen (ehk-*saa*-mern) *nt* (pl ~s) examination

excentriek (ehk-sehn-*treek*) *adj* eccentric

exces (ehk-*sehss*) *nt* (pl ~sen) excess

exclusief (ehks-klew̅-*zeef*) *adj* exclusive

excursie (ehks-*kerr*-zee) *c* (pl ~s) day trip, excursion

excuseren (ehks-kew̅-*zay̅*-rern) *v* excuse

excuus (ehks-*kew̅ss*) *nt* (pl excuses) apology, excuse

exemplaar (ehk-serm-*plaar*) *nt* (pl -plaren) specimen; copy

exotisch (ehk-*soa̅*-teess) *adj* exotic

expeditie (ehks-per-*dee*-tsee) *c* (pl ~s) expedition

experiment (ehks-*pay̅*-ree-*mehnt*) *nt* (pl ~en) experiment

experimenteren (ehks-*pay̅*-ree-mehn-*tay̅*-rern) *v* experiment

expert (ehks-*pair*) *c* (pl ~s) expert

expliciet (ehks-plee-*seet*) *adj* explicit

exploiteren (ehks-plvah-*tay̅*-rern) *v* exploit

explosie (ehks-*ploa̅*-zee) *c* (pl ~s) blast, explosion

explosief (ehks-ploa̅-*zeef*) *adj* explosive

export (*ehk*-sport) *c* exports *pl*, export

exporteren (ehks-spor-*tay̅*-rern) *v* export

expositie (ehks-spoa̅-*zee*-tsee) *c* (pl ~s) exhibition; display

expresse- (ehk-*spreh*-ser) express; special delivery

extase (ehk-*staa*-zer) *c* ecstasy

extra (*ehk*-straa) *adj* additional, extra; spare

extravagant (ehk-straa-vaa-*gahnt*) *adj* extravagant

extreem (ehk-*stray̅m*) *adj* extreme

ezel (*ay̅*-zerl) *c* (pl ~s) ass; donkey

F

faam (faam) *c* fame

fabel (*faa*-berl) *c* (pl ~s, ~en) fable

fabriceren (faa-bree-*say̅*-rern) *v* manufacture

fabriek (faa-*breek*) *c* (pl ~en) factory; mill, works *pl*

fabrikant (faa-bree-*kahnt*) *c* (pl ~en) manufacturer

faciliteit (faa-see-lee-*tayt*) *c* (pl ~en) facility

factor (*fahk*-tor) *c* (pl ~en) factor

factureren (fahk-tew̅-*ray̅*-rern) *v* bill

factuur (fahk-*tew̅r*) *c* (pl -turen) invoice

facultatief (faa-kerl-taa-*teef*) *adj* optional

faculteit (faa-kerl-*tayt*) *c* (pl ~en) faculty

failliet (fah-*Yeet*) *adj* bankrupt

fakkel (*fah*-kerl) *c* (pl ~s) torch

falen (*faa*-lern) *v* fail

familiaar (fah-mee-lee-*Yaar*) *adj* familiar

familie (faa-*mee*-lee) *c* (pl ~s) family

familielid (faa-*mee*-lee-lɪt) *nt* (pl -leden) relative

fanatiek (faa-naa-*teek*) *adj* fanatical

fanfarekorps (fahm-*faa*-rer-korps) *nt* (pl ~en) brass band

fantasie (fahn-taa-*zee*) *c* (pl ~ën) fantasy, fancy

fantastisch (fahn-*tahss*-teess) *adj* fantastic

farce (fahrs) *c* (pl ~n) farce

farmacologie (fahr-maa-kōā-lōā-*gee*) *c* pharmacology

fascinerend (fah-see-*nāy*-rernt) *adj* glamorous

fascisme (fah-*sɪss*-mer) *nt* fascism

fascist (fah-*sɪst*) *c* (pl ~en) fascist

fascistisch (fah-*sɪss*-teess) *adj* fascist

fase (*faa*-zer) *c* (pl ~s, ~n) stage, phase

fataal (faa-*taal*) *adj* fatal

fatsoen (faht-*sōōn*) *nt* decency

fatsoenlijk (faht-*sōōn*-lerk) *adj* decent

fauteuil (fōā-*turew*) *c* (pl ~s) armchair

favoriet (faa-vōā-*reet*) *c* (pl ~en) favourite

fax (faks) *c* fax; **een ~ versturen** send a fax

februari (fāy-brew-*vaa*-ree) February

federaal (fāy-der-*raal*) *adj* federal

federatie (fāy-der-*raa*-tsee) *c* (pl ~s) federation

fee (fāy) *c* (pl ~ën) fairy

feest (fāyst) *nt* (pl ~en) feast

feestdag (*fāyss*-dahkh) *c* (pl ~en) holiday

feestelijk (*fāy*-ster-lerk) *adj* festive

feestje (*fāy*-sher) *nt* (pl ~s) party

feilloos (fay-*lōass*) *adj* faultless

feit (fayt) *nt* (pl ~en) fact; **in feite** in fact

feitelijk (fay-ter-lerk) *adj* factual; *adv* as a matter of fact, actually, in effect

fel (fehl) *adj* fierce

felicitatie (fāy-lee-see-*taa*-tsee) *c* (pl ~s) congratulation

feliciteren (fāy-lee-see-*tāy*-rern) *v* congratulate; compliment

feodaal (fāy-Yōā-*daal*) *adj* feudal

festival (*fehss*-tee-vahl) *nt* (pl ~s) festival

feuilleton (furew-er-*ton*) *nt* (pl ~s) serial

fiasco (fee-*Yahss*-kōā) *nt* (pl ~'s) failure

fiche (*fee*-sher) *c* (pl ~s) chip

fictie (*fɪk*-see) *c* (pl ~s) fiction

fiets (feets) *c* (pl ~en) cycle, bicycle

fietser (*fee*-tserr) *c* (pl ~s) cyclist

figuur (fee-*gewr*) *c* (pl -guren) figure; diagram

fijn (fayn) *adj* enjoyable; fine; delicate

fijnhakken (*fayn*-hah-kern) *v* mince

*fijnmalen (*fayn*-maa-lern) *v* *grind

fijnproever (*faym*-prōō-verr) *c* (pl ~s) gourmet

fijnstampen (*fayn*-stahm-pern) *v* mash

filiaal (fee-lee-*Yaal*) *nt* (-ialen) branch

Filippijn (fee-lɪ-*payn*) *c* (pl ~en) Filipino

Filippijnen (fee-lɪ-*pay*-nern) *pl* Philippines *pl*

Filippijns (fee-lɪ-*payns*) *adj* Philippine

film (fɪlm) *c* (pl ~s) film; movie

filmcamera (*fɪlm*-kaa-mer-raa) *c* (pl ~'s) camera

filmen (*fɪl*-mern) *v* film

filmjournaal (*fɪlm*-zhōōr-naal) *nt* newsreel

filosofie (fee-lōā-zōā-*fee*) *c* (pl ~ën) philosophy

filosoof (fee-lōā-*zōāf*) *c* (pl -sofen) philosopher

filter (*fil*-terr) *nt* (pl ~s) filter

Fin (fɪn) *c* (pl ~nen) Finn

financieel (fee-nahn-*shāyl*) *adj* financial

financiën (fee-*nahn*-see-Yern) *pl* finances *pl*

financieren (fee-nahn-*see*-rern) *v* finance

Finland (*fin*-lahnt) Finland

Fins (fɪns) *adj* Finnish

firma (*fir*-maa) *c* (pl ~'s) company, firm

fitting (*fi*-tɪng) *c* (pl ~en) socket

fjord (fYort) *c* (pl ~en) fjord

flacon (flaa-*kon*) *c* (pl ~s) flask

flamingo (flaa-*mɪng*-gōā) *c* (pl ~'s) flamingo

flanel (flaa-*nehl*) *nt* flannel

flat (fleht) *c* (pl ~s) flat; apartment *nAm*

flatgebouw (*fleht*-kher-bou) *nt* (pl ~en) block of flats; apartment house *Am*

flauw (flou) *adj* faint

***flauwvallen** (*flou*-vah-lern) *v* faint

fles (flehss) *c* (pl ~sen) bottle

flesopener (*fleh*-zōā-per-nerr) *c* (pl ~s) bottle opener

flessehals (*fleh*-ser-hahls) *c* bottleneck

flets (flehts) *adj* dull

flink (flɪngk) *adj* considerable; brave, plucky

flits (flɪts) *c* (pl ~en) flash

flitslampje (*flɪts*-lahm-pYer) *nt* (pl ~s) flash-bulb

fluisteren (*flur*ewss-ter-rern) *v* whisper

fluit (flurewt) *c* (pl ~en) flute

***fluiten** (*flur*ew-tern) *v* whistle

fluitje (*flur*ew-tYer) *nt* (pl ~s) whistle

fluweel (flēw-*vāyl*) *nt* velvet

foefje (*fōō*-fYer) *nt* (pl ~s) trick

foei! (fōōee) shame!

fok (fok) *c* (pl ~ken) foresail

fokken (*fo*-kern) *v* *breed; raise

folklore (fol-*klōā*-rer) *c* folklore

fonds (fons) *nt* (pl ~en) fund

fonetisch (fōā-*nāy*-teess) *adj* phonetic

fonkelend (*fong*-ker-lernt) *adj* sparkling

fontein (fon-*tayn*) *c* (pl ~en) fountain

fooi (fōāee) *c* (pl ~en) tip; gratuity

foppen (*fo*-pern) *v* fool

forceren (for-*sāy*-rern) *v* strain; force

forel (fōā-*rehl*) *c* (pl ~len) trout

forens (fōā-*rehns*) *c* (pl ~en, forenzen) commuter

formaat (for-*maat*) *nt* (pl -maten) size

formaliteit (for-maa-lee-*tayt*) *c* (pl ~en) formality

formeel (for-*māyl*) *adj* formal

formule (for-*mēw*-ler) *c* (pl ~s) formula

formulier (for-mēw-*leer*) *nt* (pl ~en) form

fornuis (for-*nur*ewss) *nt* (pl -nuizen) cooker, stove

fors (fors) *adj* robust

fort (fort) *nt* (pl ~en) fort

fortuin (for-*tur*ewn) *nt* (pl ~en) fortune

foto (*fōā*-tōā) *c* (pl ~'s) photograph, photo

fotocopie (fōā-tōā-kōā-*pee*) *c* (pl ~ën) photocopy

fotograaf (fōā-tōā-*graaf*) *c* (pl -grafen) photographer

fotograferen (fōā-tōā-graa-*fāy*-rern) *v* photograph

fotografie (fōā-tōā-graa-*fee*) *c* photography

fototoestel (*fōā*-tōā-tōō-stehl) *nt* (pl ~len) camera

fotowinkel (*fōā*-tōā-vɪng-kerl) *c* (pl ~s) camera shop

fouilleren (fōō-Yāy-rern) *v* search

***fout¹** (fout) *adj* mistaken, wrong

fout² (fout) *c* (pl ~en) error, mistake, fault

foutloos (fout-lōass) *adj* faultless

foyer (fvah-*ýáy*) *c* (pl ~s) foyer; lobby

fractie (frahk-see) *c* (pl ~s) fraction

fragment (frahkh-*mehnt*) *nt* (pl ~en) fragment; extract

framboos (frahm-*bōáss*) *c* (pl -bozen) raspberry

franje (*frah*-ñer) *c* (pl ~s) fringe

frankeren (frahng-*káý*-rern) *v* stamp

frankering (frahng-*káý*-ring) *c* (pl ~en) postage

franko (*frahng*-kōä) *adj* postage paid, post-paid

Frankrijk (*frahng*-krayk) France

Frans (frahns) *adj* French

Fransman (*frahns*-mahn) *c* (pl Fransen) Frenchman

frappant (frah-*pahnt*) *adj* striking

fraude (frou-der) *c* (pl ~s) fraud

frequent (frer-*kvehnt*) *adj* frequent

frequentie (frer-*kvehn*-tsee) *c* (pl ~s) frequency

fris (friss) *adj* fresh

frisdrank (*friss*-drahngk) *c* soft drink

frites (freet) *pl* chips

fruit (frurᵉʷt) *nt* fruit

fuif (furᵉʷf) *c* (pl fuiven) party

functie (*ferngk*-see) *c* (pl ~s) function

functioneren (ferngk-shōä-*náý*-rern) *v* work

fundamenteel (fern-daa-mehn-*táýl*) *adj* fundamental, basic

fusie (feẃ-zee) *c* (pl ~s) merger

fysica (*fee*-zee-kaa) *c* physics

fysiek (fee-*zeek*) *adj* physical

fysiologie (fee-zee-ᵞōä-lōä-*gee*) *c* physiology

G

***gaan** (gaan) *v* *go; **~ door** pass through

gaarne (*gaar*-ner) *adv* gladly

gaas (gaass) *nt* gauze

***gadeslaan** (*gaa*-der-slaan) *v* watch

gal (gahl) *c* gall, bile

galblaas (*gahl*-blaass) *c* (pl -blazen) gall bladder

galerij (gah-ler-*ray*) *c* (pl ~en) arcade; gallery

galg (gahlkh) *c* (pl ~en) gallows *pl*

galop (gaa-*lop*) *c* gallop

galsteen (*gahl*-stáýn) *c* (pl -stenen) gallstone

gammel (*gah*-merl) *adj* ramshackle, shaky

gang (gahng) *c* (pl ~en) corridor; gait, pace; course

gangbaar (*gahng*-baar) *adj* current

gangpad (*gahng*-paht) *nt* (pl ~en) aisle

gans (gahns) *c* (pl ganzen) goose

gapen (*gaa*-pern) *v* yawn

garage (gaa-*raa*-zher) *c* (pl ~s) garage

garanderen (gaa-rahn-*dáý*-rern) *v* guarantee

garantie (gaa-*rahn*-tsee) *c* (pl ~s) guarantee

garderobe (gahr-der-*raw*-ber) *c* (pl ~s) wardrobe, cloakroom; checkroom *nAm*

garen (*gaa*-rern) *nt* (pl ~s) thread, yarn; **garen- en bandwinkel** haberdashery

garnaal (gahr-*naal*) *c* (pl -nalen) prawn, shrimp

gas (gahss) *nt* (pl ~sen) gas

gasfabriek (*gahss*-faa-breek) *c* (pl ~en) gasworks

gasfornuis (*gahss*-for-nurᵉʷss) *nt* (pl

-nuizen) gas cooker

gaskachel (*gahss*-kah-kherl) *c* (pl ~s) gas stove

gaspedaal (*gahss*-per-daal) *nt* (pl -dalen) accelerator

gasstel (*gah*-stehl) *nt* (pl ~len) gas cooker

gast (gahst) *c* (pl ~en) guest

gastheer (*gahst*-hāyr) *c* (pl -heren) host

gastvrij (gahst-*fray*) *adj* hospitable

gastvrijheid (gahst-*fray*-hayt) *c* hospitality

gastvrouw (*gahst*-frou) *c* (pl ~en) hostess

gat (gaht) *nt* (pl ~en) hole

gauw (gou) *adv* soon

gave (*gaa*-ver) *c* (pl ~n) gift, faculty

gazon (gaa-*zon*) *nt* (pl ~s) lawn

geacht (ger-*ahkht*) *adj* esteemed; **geachte Heer** Dear Sir

geadresseerde (ger-ah-dreh-*sāyr*-der) *c* (pl ~n) addressee

geaffecteerd (ger-ah-fehk-*tāyrt*) *adj* affected

gearmd (ger-*ahrmt*) *adv* arm-in-arm

gebaar (ger-*baar*) *nt* (pl gebaren) sign

gebak (ger-*bahk*) *nt* cake, pastry

gebaren (ger-*baa*-rern) *v* gesticulate

gebed (ger-*beht*) *nt* (pl ~en) prayer

gebergte *nt* mountain range

gebeuren (ger-*būr*-rern) *v* occur; happen

gebeurtenis (ger-*būrr*-ter-nɪss) *c* (pl ~sen) event; happening, occurrence

gebied (ger-*beet*) *nt* (pl ~en) region; zone, area, field, territory

geblokt (ger-*blokt*) *adj* chequered

gebogen (ger-*bōā*-gern) *adj* curved

geboorte (ger-*bōār*-ter) *c* (pl ~n) birth

geboorteland (ger-*bōār*-ter-lahnt) *nt* native country

geboorteplaats (ger-*bōār*-ter-plaats) *c* place of birth

geboren (ger-*bōā*-rern) *adj* born

gebouw (ger-*bou*) *nt* (pl ~en) construction, building

gebrek (ger-*brehk*) *nt* (pl ~en) deficiency, fault; want, lack, shortage

gebrekkig (ger-*breh*-kerkh) *adj* defective, faulty

gebruik (ger-*brur*ᵉ*ʷk*) *nt* (pl ~en) use, usage; custom

gebruikelijk (ger-*brur*ᵉʷ-ker-lerk) *adj* customary; common, usual

gebruiken (ger-*brur*ᵉʷ-kern) *v* use; employ; apply

gebruiker (ger-*brur*ᵉʷ-kerr) *c* (pl ~s) user

gebruiksaanwijzing (ger-*brur*ᵉʷk-saan-vay-zɪng) *c* (pl ~en) directions for use

gebruiksvoorwerp (ger-*brur*ᵉʷks-fōār-vehrp) *nt* (pl ~en) utensil

gebruind (ger-*brur*ᵉʷnt) *adj* tanned

gebrul (ger-*brerl*) *nt* roar

gecompliceerd (ger-kom-plee-*sāyrt*) *adj* complicated

gedachte (ger-*dahkh*-ter) *c* (pl ~n) thought; idea

gedachtenstreepje (ger-*dahkh*-ter-strāyp-ʸer) *nt* (pl ~s) dash

gedeelte (ger-*dāyl*-ter) *nt* (pl ~n, ~s) part

gedeeltelijk (ger-*dāyl*-ter-lerk) *adj* partial; *adv* partly

gedelegeerde (ger-dāy-ler-*gāyr*-der) *c* (pl ~n) delegate

gedenkteken (ger-*dehngk*-tāy-kern) *nt* (pl ~s) memorial; monument

gedenkwaardig (ger-*dehngk*-vaar-derkh) *adj* memorable

gedetailleerd (ger-dāy-tah-ʸāyrt) *adj* detailed

gedetineerde (ger-dāy-tee-*nāyr*-der) *c* (pl ~n) prisoner

gedicht (ger-*dɪkht*) *nt* (pl ~en) poem

geding (ger-*dɪng*) *nt* (pl ~en) lawsuit

gediplomeerd (ger-dee-ploa-*máyrt*) *adj* qualified

gedrag (ger-*drahkh*) *nt* conduct, behaviour

zich *gedragen (ger-*draa*-gern) *v* act, behave

geduld (ger-*derlt*) *nt* patience

geduldig (ger-*derl*-derkh) *adj* patient

gedurende (ger-*dēw*-rern-der) *prep* during; for

gedurfd (ger-*derrft*) *adj* daring

geel (gāyl) *adj* yellow

geelkoper (*gāyl*-kōa-perr) *nt* brass

geelzucht (*gāyl*-zerkht) *c* jaundice

geëmailleerd (ger-āy-mah-*Yāyrt*) *adj* enamelled

geen (gāyn) *adj* no

geenszins (*gāyn*-sins) *adv* by no means

geest (gāyst) *c* (pl ~en) spirit, mind; soul; ghost

geestelijk (*gāy*-ster-lerk) *adj* spiritual, mental

geestelijke (*gāy*-ster-ler-ker) *c* (pl ~n) clergyman

geestig (*gāy*-sterkh) *adj* witty, humorous

geeuwen (*gāy*ᵒᵒ-ern) *v* yawn

gefluister (ger-*flur*ᵉʷ-sterr) *nt* whisper

gegadigde (ger-*gaa*-derkh-der) *c* (pl ~n) candidate

gegeneerd (ger-zher-*náyrt*) *adj* embarrassed

gegeven (ger-*gāy*-vern) *nt* (pl ~s) data *pl*

gegrond (ger-*gront*) *adj* well-founded

gehandicapt (ger-*hehn*-dee-kehpt) *adj* disabled

geheel (ger-*hāyl*) *adj* entire, whole, total; *adv* completely; *nt* whole

geheelonthouder (ger-*hāyl*-ont-hou-derr) *c* (pl ~s) teetotaller

geheim¹ (ger-*haym*) *adj* secret

geheim² (ger-*haym*) *nt* (pl ~en) secret

geheimzinnig (ger-haym-*zɪ*-nerkh) *adj* mysterious

geheugen (ger-*hūr*-gern) *nt* memory

gehoor (ger-*hōar*) *nt* hearing

gehoorzaam (ger-*hōar*-zaam) *adj* obedient

gehoorzaamheid (ger-*hōar*-zaam-hayt) *c* obedience

gehoorzamen (ger-*hōar*-zaa-mern) *v* obey

gehorig (ger-*hōa*-rerkh) *adj* noisy

geïnteresseerd (ger-ɪn-trer-*sáyrt*) *adj* interested

geïsoleerd (ger-ee-zōa-*láyrt*) *adj* isolated

geit (gayt) *c* (pl ~en) goat

geiteleer (gay-ter-*lāyr*) *nt* kid

gek¹ (gehk) *adj* crazy, mad

gek² (gehk) *c* (pl ~ken) fool

geklets (ger-*klehts*) *nt* chat; rubbish

gekleurd (ger-*klūrt*) *adj* coloured

gekraak (ger-*kraak*) *nt* crack

gekruid (ger-*krur*ᵉʷt) *adj* spiced

gelaatstrek (ger-*laats*-trehk) *c* (pl ~ken) feature

gelach (ger-*lahkh*) *nt* laughter

geld (gehlt) *nt* money; **buitenlands ~** foreign currency; **contant ~** cash

geldautomaat (*gehlt*-oo-too-maat) *c* cash dispenser, ATM

geldbelegging (*gehlt*-ber-leh-gɪng) *c* (pl ~en) investment

*gelden (*gehl*-dern) *v* apply

geldig (*gehl*-derkh) *adj* valid

geldstuk (*gehlt*-sterk) *nt* (pl ~ken) coin

geleden (ger-*lāy*-dern) ago; **kort ~** recently

geleerde (ger-*lāyr*-der) *c* (pl ~n) scholar, scientist

gelegen (ger-*lay*-gern) *adj* situated

gelegenheid (ger-*lāy*-gern-hayt) *c* (pl -heden) occasion, chance, opportunity

gelei (zher-*lay*) *c* (pl ~en) jelly

geleidehond (ger-*lay*-der-hont) *c* (pl ~en) guide-dog

geleidelijk (ger-*lay*-der-lerk) *adj* gradual

gelijk (ger-*layk*) *adj* equal, like, alike; level, even; ~ *hebben* be right; ~ *maken* equalize

gelijkenis (ger-*lay*-ker-niss) *c* (pl ~sen) resemblance, similarity

gelijkgezind (ger-layk-kher-*zint*) *adj* like-minded

gelijkheid (ger-*layk*-hayt) *c* equality

gelijkstroom (ger-*layk*-strōam) *c* direct current

gelijktijdig (ger-layk-*tay*-derkh) *adj* simultaneous

gelijkwaardig (ger-layk-*vaar*-derkh) *adj* equivalent

gelofte (ger-*lof*-ter) *c* (pl ~n) vow

geloof (ger-*lōaf*) *nt* belief; faith

geloofwaardig (ger-lōaf-*vaar*-derkh) *adj* credible

geloven (ger-*lōa*-vern) *v* believe

geluid (ger-*lur*ᵉʷt) *nt* (pl ~en) sound; noise

geluiddicht (ger-lurᵉʷ-*dikht*) *adj* soundproof

geluk (ger-*lerk*) *nt* happiness; luck, fortune

gelukkig (ger-*ler*-kerkh) *adj* happy; fortunate

gelukwens (ger-*lerk*-vehns) *c* (pl ~en) congratulation

gelukwensen (ger-*lerk*-vehn-sern) *v* congratulate, compliment

gemak (ger-*mahk*) *nt* leisure; ease; comfort

gemakkelijk (ger-*mah*-ker-lerk) *adj* easy; convenient

gematigd (ger-*maa*-terkht) *adj* moderate

gember (*gehm*-berr) *c* ginger

gemeen (ger-*mayn*) *adj* foul, mean

gemeenschap (ger-*mayn*-skhahp) *c* (pl ~pen) community

gemeenschappelijk (ger-mayn-*skhah*-per-lerk) *adj* common

gemeente (ger-*mayn*-ter) *c* (pl ~n, ~s) congregation

gemeentebestuur (ger-*mayn*-ter-ber-stewr) *nt* municipality

gemeentelijk (ger-*mayn*-ter-lerk) *adj* municipal

gemêleerd (ger-meh-*layrt*) *adj* mixed

gemengd (ger-*mehngt*) *adj* mixed; miscellaneous

gemiddeld (ger-*mi*-derlt) *adj* average, medium; *adv* on the average

gemiddelde (ger-*mi*-derl-der) *nt* (pl ~n) average, mean

gemis (ger-*miss*) *nt* want, lack

genade (ger-*naa*-der) *c* mercy; grace

geneeskunde (ger-*nāyss*-kern-der) *c* medicine

geneeskundig (ger-*nāyss*-*kern*-derkh) *adj* medical

geneesmiddel (ger-*nāyss*-mi-derl) *nt* (pl ~en) medicine; remedy, drug

genegen (ger-*nāy*-gern) *adj* inclined

genegenheid (ger-*nāy*-gern-hayt) *c* affection

geneigd (ger-*naykht*) *adj* inclined

generaal (gāy-ner-*raal*) *c* (pl ~s) general

generatie (gāy-ner-*raa*-tsee) *c* (pl ~s) generation

generator (gāy-ner-*raa*-tor) *c* (pl ~en, ~s) generator

*****genezen** (ger-*nāy*-zern) *v* heal; cure; recover

genezing (ger-*nāy*-zing) *c* (pl ~en) cure; recovery

genie (zher-*nee*) *nt* (pl ~ën) genius

*****genieten van** (ger-*nee*-tern) enjoy

genoeg (ger-*nōōkh*) *adv* enough; sufficient

genoegen (ger-*nōō*-gern) *nt* (pl ~s)

pleasure

genootschap (ger-*nōat*-skhahp) *nt* (pl ~pen) society; association

genot (ger-*not*) *nt* joy; delight; enjoyment

geologie (gāy-Yōa-lōa-*gee*) *c* geology

gepast (ger-*pahst*) *adj* suitable, proper

gepensioneerd (ger-pehn-shōa-*nāyrt*) *adj* retired

geraamte (ger-*raam*-ter) *nt* (pl ~n, ~s) skeleton

geraas (ger-*raass*) *nt* roar

gerecht (ger-*rehkht*) *nt* (pl ~en) dish; law court

gerechtigheid (ger-*rehkh*-terkh-hayt) *c* justice

gereed (ger-*rāyt*) *adj* ready

gereedschap (ger-*rāyt*-skhahp) *nt* (pl ~pen) tool; utensil, implement

gereedschapskist (ger-*rāyt*-skhahps-kıst) *c* (pl ~en) tool kit

geregeld (ger-*rāy*-gerlt) *adj* regular

gereserveerd (ger-rāy-zehr-*vāyrt*) *adj* reserved

gerief (ger-*reef*) *nt* comfort

gerieflijk (ger-*ree*-fer-lerk) *adj* comfortable, easy; convenient

gering (ger-*rıng*) *adj* minor; slight, small; **geringst** least

geroddel (ger-*ro*-derl) *nt* gossip

gerst (gehrst) *c* barley

gerucht (ger-*rerkht*) *nt* (pl ~en) rumour

geruit (ger-*rurew*t) *adj* chequered

gerust (ger-*rerst*) *adj* confident

geruststellen (ger-*rerst*-steh-lern) *v* reassure

gescheiden (ger-*skhay*-dern) *adj* separate

geschenk (ger-*skhehngk*) *nt* (pl ~en) gift, present

geschiedenis (ger-*skhee*-der-nıss) *c* history

geschiedkundig (ger-*skheet*-*kern*-derkh) *adj* historical

geschiedkundige (ger-skheet-*kern*-der-ger) *c* (pl ~n) historian

geschikt (ger-*skhıkt*) *adj* convenient, suitable, proper, appropriate, fit; ~ *zijn qualify

geschil (ger-*skhıl*) *nt* (pl ~len) dispute

geslacht (ger-*slahkht*) *nt* (pl ~en) sex; gender

geslachtsziekte (ger-*slahkht*-seek-ter) *c* (pl ~n, ~s) venereal disease

gesloten (ger-*slōa*-tern) *adj* closed, shut

gesp (gehsp) *c* (pl ~en) buckle

gespannen (ger-*spah*-nern) *adj* tense

gespierd (ger-*speert*) *adj* muscular

gespikkeld (ger-*spı*-kerlt) *adj* spotted

gesprek (ger-*sprehk*) *nt* (pl ~ken) discussion, conversation, talk; **interlokaal** ~ trunk-call; **lokaal** ~ local call

gestalte (ger-*stahl*-ter) *c* (pl ~n, ~s) figure

gesticht (ger-*stıkht*) *nt* (pl ~en) asylum

gestorven (ger-*stor*-vern) *adj* dead

gestreept (ger-*strāypt*) *adj* striped

getal (ger-*tahl*) *nt* (pl ~len) number

getij (ger-*tay*) *nt* (pl ~en) tide

getrouw (ger-*trou*) *adj* true

getuige (ger-*turew*-ger) *c* (pl ~n) witness

getuigen (ger-*turew*-gern) *v* testify

getuigschrift (ger-*turew*kh-skhrift) *nt* (pl ~en) certificate

getypt (ger-*teept*) *adj* typewritten

geur (gūrr) *c* (pl ~en) smell, odour; scent

gevaar (ger-*vaar*) *nt* (pl -varen) danger; risk, peril

gevaarlijk (ger-*vaar*-lerk) *adj* dangerous; perilous

geval (ger-*vahl*) *nt* (pl ~len) case; instance; event; **in elk** ~ at any rate, anyway; **in ~ van** in case of

gevangene (ger-*vah*-nger-ner) *c* (pl
~n) prisoner

gevangenis (ger-*vah*-nger-niss) *c* (pl
~sen) prison; gaol, jail

gevangenschap (ger-*vah*-ngern-
skhahp) *c* imprisonment

gevarieerd (ger-vaa-ree-*Yáyrt*) *adj* varied

gevecht (ger-*vehkht*) *nt* (pl ~en) combat, battle, fight

gevel (*gáy*-verl) *c* (pl ~s) façade

geveltop (*gáy*-verl-top) *c* (pl ~pen)
gable

*geven (*gáy*-vern) *v* *give; **~ om**
mind

gevoel (ger-*vōōl*) *nt* feeling; sensation

gevoelig (ger-*vōō*-lerkh) *adj* sensitive

gevoelloos (ger-*vōō*-lōàss) *adj* numb

gevogelte (ger-*vōà*-gerl-ter) *nt* fowl;
poultry

gevolg (ger-*volkh*) *nt* (pl ~en) result,
consequence; issue, effect; **ten gevolge van** owing to

gevolgtrekking (ger-*volkh*-treh-king) *c*
(pl ~en) conclusion

gevorderd (ger-*vor*-derrt) *adj* advanced

gevuld (ger-*verlt*) *adj* stuffed

gewaad (ger-*vaat*) *nt* (pl gewaden)
robe

gewaagd (ger-*vaakht*) *adj* risky

gewaarwording (ger-*vaar*-vor-ding) *c*
(pl ~en) perception; sensation

gewapend (ger-*vaa*-pernt) *adj* armed

geweer (ger-*váyr*) *nt* (pl geweren)
rifle, gun

gewei (ger-*vay*) *nt* (pl ~en) antlers *pl*

geweld (ger-*vehlt*) *nt* violence; force

gewelddaad (ger-*vehl*-daat) *c* (pl -da-
den) outrage

gewelddadig (ger-vehl-*daa*-derkh) *adj*
violent

geweldig (ger-*vehl*-derkh) *adj* terrific;

huge

gewelf (ger-*vehlf*) *nt* (pl gewelven)
arch, vault

gewend (ger-*vehnt*) *adj* accustomed

gewest (ger-*vehst*) *nt* (pl ~en) province

geweten (ger-*váy*-tern) *nt* conscience

gewicht (ger-*vikht*) *nt* (pl ~en) weight

gewichtig (ger-*vikh*-terkh) *adj* important; big

gewillig (ger-*vi*-lerkh) *adj* co-operative

gewond (ger-*vont*) *adj* injured

gewoon (ger-*vōàn*) *adj* normal, ordinary; common, regular, plain,
simple; customary, habitual; accustomed; **~ *zijn** *be used to; would

gewoonlijk (ger-*vōàn*-lerk) *adj* customary; *adv* as a rule, usually

gewoonte (ger-*vōàn*-ter) *c* (pl ~n, ~s)
habit; custom

gewoonweg (ger-*vōàn*-vehkh) *adv*
simply

gewricht (ger-*vrikht*) *nt* (pl ~en) joint

gezag (ger-*zahkh*) *nt* authority

gezagvoerder (ger-*zahkh*-fōor-derr) *c*
(pl ~s) captain

gezamenlijk (ger-*zaa*-mer-lerk) *adj*
joint

gezang (ger-*zahng*) *nt* (pl ~en) hymn

gezant (ger-*zahnt*) *c* (pl ~en) envoy

gezellig (ger-*zeh*-lerkh) *adj* cosy

gezelschap (ger-*zehl*-skhahp) *nt* (pl
~pen) company; society

gezet (ger-*zeht*) *adj* corpulent; stout

gezicht (ger-*zikht*) *nt* (pl ~en) face;
sight

gezichtscrème (ger-*zikhts*-kraim) *c* (pl
~s) face-cream

gezichtsmassage (ger-*zikhts*-mah-saa-
zher) *c* (pl ~s) face massage

gezichtspoeder (ger-*zikhts*-pōo-derr)
nt/c (pl ~s) face-powder

gezien (ger-*zeen*) *prep* considering

gezin (ger-*zin*) *nt* (pl ~nen) family

gezond (ger-*zont*) *adj* healthy; well; wholesome

gezondheid (ger-*zont*-hayt) *c* health

gezondheidsattest (ger-*zont*-hayts-ah-tehst) *nt* (pl ~en) health certificate

gezwel (ger-*zvehl*) *nt* (pl ~len) tumour, growth

gids (gits) *c* (pl ~en) guide; guide-book

giechelen (*gee*-kher-lern) *v* giggle

gier (geer) *c* (pl ~en) vulture

gierig (*gee*-rerkh) *adj* avaricious; stingy

*****gieten** (*gee*-tern) *v* pour

gietijzer (*gee*-tay-zerr) *nt* cast iron

gift (gift) *c* (pl ~en) donation

giftig (*gif*-terkh) *adj* poisonous

gijzelaar (*gay*-zer-laar) *c* (pl ~s) hostage

gil (gil) *c* (pl ~len) scream, yell, shriek

gillen (*gi*-lern) *v* scream, yell, shriek

ginds (gins) *adv* over there

gips (gips) *nt* plaster

gissen (*gi*-sern) *v* guess

gissing (*gi*-sing) *c* (pl ~en) guess

gist (gist) *c* yeast

gisten (*giss*-tern) *v* ferment

gisteren (*giss*-ter-rern) *adv* yesterday

gitaar (gee-*taar*) *c* (pl -taren) guitar

glad (glaht) *adj* slippery; smooth

glans (glahns) *c* gloss

glanzen (*glahn*-zern) *v* *shine; glanzend glossy

glas (glahs) *nt* (pl glazen) glass; **gebrandschilderd ~** stained glass

glazen (*glaa*-zern) *adj* glass

gletsjer (*gleht*-sherr) *c* (pl ~s) glacier

gleuf (glûrf) *c* (pl gleuven) slot

glibberig (*gli*-ber-rerkh) *adj* slippery

glijbaan (*glay*-baan) *c* (pl -banen) slide

*****glijden** (*glay*-dern) *v* glide, *slide

glimlach (*glim*-lahkh) *c* smile

glimlachen (*glim*-lah-khern) *v* smile

glimp (glimp) *c* glimpse

globaal (glōa-*baal*) *adj* broad

gloed (glōot) *c* glow

gloeien (*glōō*ᵉᵉ-ern) *v* glow

gloeilamp (*glōō*ᵉᵉ-lahmp) *c* (pl ~en) light bulb

glooien (*glōā*ᵉᵉ-ern) *v* slope

glooiing (*glōā*ᵉᵉ-ing) *c* (pl ~en) ramp

glorie (*glōā*-ree) *c* glory

gluren (*glēw*-rern) *v* peep

gobelin (gōa-ber-*lang*) *c* (pl ~s) tapestry

god (got) *c* (pl ~en) god

goddelijk (go-der-lerk) *adj* divine

godin (gōa-*din*) *c* (pl ~nen) goddess

godsdienst (gots-deenst) *c* (pl ~en) religion

godsdienstig (gots-*deen*-sterkh) *adj* religious

goed (gōōt) *adj* good; right, correct; kind; *adv* well; **goed!** all right!

goederen (*gōō*-der-rern) *pl* goods *pl*

goederentrein (*gōō*-der-rern-trayn) *c* (pl ~en) goods train; freight-train *nAm*

goedgelovig (gōōt-kher-*lōā*-verkh) *adj* credulous

goedgestemd (gōōt-kher-*stehmt*) *adj* good-tempered

goedhartig (gōōt-*hahr*-terkh) *adj* good-natured

goedkeuren (*gōōt*-kūr-rern) *v* approve

goedkeuring (*gōōt*-kur-ring) *c* (pl ~en) approval

goedkoop (gōōt-*kōap*) *adj* cheap; inexpensive

gok (gok) *c* chance

golf¹ (golf) *c* (pl golven) wave; gulf

golf² (golf) *nt* golf

golfbaan (*golf*-baan) *c* (pl -banen) golf-links, golf-course

golfclub (*golf*-klerp) *c* (pl ~s) golf-club

golflengte (*golf*-lehng-ter) *c* (pl ~n, ~s) wave-length

golvend (*gol*-vernt) *adj* wavy, undulating

gom (gom) *c/nt* (pl ~men) eraser

gondel (*gon*-derl) *c* (pl ~s) gondola

goochelaar (*gōa*-kher-laar) *c* (pl ~s) magician

gooi (gōa^ee) *c* (pl ~en) throw

gooien (*gōa*^ee-ern) *v* *throw; *cast; toss

goot (gōat) *c* (pl goten) gutter

gootsteen (*gōat*-stāyn) *c* (pl -stenen) sink

gordijn (gor-*dayn*) *nt* (pl ~en) curtain

gorgelen (*gor*-ger-lern) *v* gargle

goud (gout) *nt* gold

gouden (*gou*-dern) *adj* golden

goudmijn (*gout*-mayn) *c* (pl ~en) goldmine

goudsmid (*gout*-smit) *c* (pl -smeden) goldsmith

gouvernante (gōo-verr-*nahn*-ter) *c* (pl ~s) governess

gouverneur (gōo-verr-*nū̃r*) *c* (pl ~s) governor

graad (graat) *c* (pl graden) degree; grade

graaf (graaf) *c* (pl graven) count; earl

graafschap (*graaf*-skhahp) *nt* (pl ~pen) county

graag (graakh) *adv* gladly, willingly

graan (graan) *nt* (pl granen) corn, grain

graat (graat) *c* (pl graten) bone, fish-bone

gracht (grahkht) *c* (pl ~en) canal; moat

graf (grahf) *nt* (pl graven) grave; tomb

grafiek (graa-*feek*) *c* (pl ~en) graph, diagram; chart

grafisch (*graa*-feess) *adj* graphic

grafsteen (*grahf*-stāyn) *c* (pl -stenen) tombstone, gravestone

gram (grahm) *nt* (pl ~men) gram

grammatica (grah-*maa*-tee-kaa) *c* grammar

grammaticaal (grah-maa-tee-*kaal*) *adj* grammatical

grammofoonplaat (grah-mōa-*fōan*-plaat) *c* (pl -platen) disc, record

graniet (graa-*neet*) *nt* granite

grap (grahp) *c* (pl ~pen) joke

grappig (*grah*-perkh) *adj* funny, humorous

gras (grahss) *nt* grass

graspriet (*grahss*-spreet) *c* (pl ~en) blade of grass

grasveld (*grahss*-fehlt) *nt* (pl ~en) lawn

gratie (*graa*-tsee) *c* grace; pardon

gratis (*graa*-terss) *adv* free of charge, free, gratis

grauw (grou) *adj* grey

*graven (*graa*-vern) *v* *dig

graveren (graa-*vāy*-rern) *v* engrave

graveur (graa-*vū̃r*) *c* (pl ~s) engraver

gravin (graa-*vin*) *c* (pl ~nen) countess

gravure (graa-*vēw*-rer) *c* (pl ~s, ~n) engraving

grazen (*graa*-zern) *v* graze

greep (grāyp) *c* (pl grepen) grip; grasp, clutch

grendel (*grehn*-derl) *c* (pl ~s) bolt

grens (grehns) *c* (pl grenzen) frontier, border; boundary, bound

grenzeloos (*grehn*-zer-lōass) *adj* unlimited

grenzen (*grehn*-zern) *v* border (on), adjoin; verge

greppel (*greh*-perl) *c* (pl ~s) ditch

Griek (greek) *c* (pl ~en) Greek

Griekenland (*gree*-kern-lahnt) Greece

Grieks (greeks) *adj* Greek

griep (greep) *c* flu, influenza

griet (greet) *c* (pl ~en) brill

griezelig (*gree*-zer-lerkh) *adj* scary,

creepy

grijns (grayns) c grin

grijnzen (grayn-zern) v grin

* **grijpen** (gray-pern) v *catch, grip, grasp, seize

grijs (grayss) adj grey

gril (gril) c (pl ~len) whim, fancy, fad

grind (grint) nt gravel

grinniken (gri-ner-kern) v chuckle

groef (groof) c (pl groeven) groove

groei (groo ee) c growth

groeien (groo ee-ern) v *grow

groen (groon) adj green

groente c (pl ~n, ~s) greens pl, vegetable

groenteboer (groon-ter-boor) c (pl ~en) greengrocer; vegetable merchant

groep (groop) c (pl ~en) group; bunch, set, party

groet (groot) c (pl ~en) greeting

groeten (groo-tern) v greet; salute

groeve (groo-ver) c (pl ~n) pit

grof (grof) adj gross, coarse; rude

grommen (gro-mern) v growl

grond (gront) c ground; earth, soil; **begane ~** ground floor

grondig (gron-derkh) adj thorough

grondslag (gront-slahkh) c (pl ~en) basis, base

grondstof (gront-stof) c (pl ~fen) raw material

grondwet (gront-veht) c (pl ~ten) constitution

groot (groat) adj big; great, large, tall; major; **grootst** major, main; **groter** major; superior

* **grootbrengen** (groat-breh-ngern) v *bring up, raise; rear

Groot-Brittannië (groat-bri-tah-nee-Yer) Great Britain

groothandel (groat-hahn-derl) c wholesale

grootmoeder (groat-moo-derr) c (pl ~s) grandmother

grootouders (groat-ou-derrs) pl grandparents pl

groots (groats) adj grand, superb, magnificent

grootte (groa-ter) c (pl ~n, ~s) size

grootvader (groat-faa-derr) c (pl ~s) grandfather

gros (gross) nt (pl ~sen) gross

grossier (gro-seer) c (pl ~s) wholesale dealer

grot (grot) c (pl ~ten) cave; grotto

gruis (grur ew ss) nt grit

gruwelijk (grew-ver-lerk) adj horrible

gul (gerl) adj generous

gulp (gerlp) c (pl ~en) fly

gulzig (gerl-zerkh) adj greedy

gunnen (ger-nern) v grant

gunst (gernst) c (pl ~en) favour

gunstig (gern-sterkh) adj favourable

guur (gewr) adj bleak

gymnast (gim-nahst) c (pl ~en) gymnast

gymnastiek (gim-nahss-teek) c gymnastics pl

gymnastiekbroek (gim-nahss-teek-brook) c (pl ~en) trunks pl

gymnastiekzaal (gim-nahss-teek-saal) c (pl -zalen) gymnasium

gymschoenen (gim-skhoo-nern) pl gym shoes, plimsolls pl; sneakers plAm

gynaecoloog (gee-nay-koa-loakh) c (pl -logen) gynaecologist

H

haai (haa ee) c (pl ~en) shark

haak (haak) c (pl haken) hook; **tussen twee haakjes** by the way

haalbaar (haal-baar) adj attainable, realizable

haan (haan) *c* (pl hanen) cock

haar¹ (haar) *nt* (pl haren) hair

haar² (haar) *pron* her

haarborstel (*haar*-bor-sterl) *c* (pl ~s) hairbrush

haarcrème (*haar*-kraim) *c* (pl ~s) hair cream

haard (haart) *c* (pl ~en) hearth, fireplace

haardroger (*haar*-drōa-gerr) *c* (pl ~s) hair-dryer

haargel (*haar*-zhel) *c* hair gel

haarlak (*haar*-lahk) *c* (pl ~ken) hairspray

haarnetje (*haar*-neh-tᵞer) *nt* (pl ~s) hair-net

haarspeld (*haar*-spehlt) *c* (pl ~en) hairpin, hair-grip; bobby pin *Am*

haarstukje (*haar*-ster-kᵞer) *nt* (pl ~s) hair piece

haarversteviger (*haar*-verr-stāy-ver-gerr) *c* setting lotion

haas (haass) *c* (pl hazen) hare

haast¹ (haast) *adv* nearly, almost

haast² (haast) *c* haste, hurry

zich haasten (*haass*-tern) hasten, rush, hurry

haastig (*haass*-terkh) *adj* hasty; *adv* in a hurry

haat (haat) *c* hatred, hate

hachelijk (*hah*-kher-lerk) *adj* precarious, critical

hagel (*haa*-gerl) *c* hail

hak (hahk) *c* (pl ~ken) heel

haken (*haa*-kern) *v* crochet

hakken (*hah*-kern) *v* chop

hal (hahl) *c* (pl ~len) lobby, hall

halen (*haa*-lern) *v* *get, fetch; *make; *catch; *laten ~ *send for

half (hahlf) *adj* half; semi-; *adv* half

hallo! (hah-*lōa*) hello!

hals (hahls) *c* (pl halzen) throat; neck

halsband (*hahls*-bahnt) *c* (pl ~en) collar

halsketting (*hahls*-keh-tɪng) *c* (pl ~en) necklace

halt! (hahlt) stop!

halte (*hahl*-ter) *c* (pl ~n, ~s) stop

halveren (hahl-*vāy*-rern) *v* halve

halverwege (*hahl*-verr-vāy-ger) *adv* halfway

ham (hahm) *c* (pl ~men) ham

hamer (*haa*-merr) *c* (pl ~s) hammer; **houten** ~ mallet

hand (hahnt) *c* (pl ~en) hand; **hand-** manual; **met de** ~ **gemaakt** hand-made

handbagage (*hahnt*-bah-gaa-zher) *c* hand luggage; hand baggage *Am*

handboeien (*hahnt*-bōoᵉᵉ-ern) *pl* handcuffs *pl*

handboek (*hahnt*-bōōk) *nt* (pl ~en) handbook

handcrème (*hahnt*-kraim) *c* (pl ~s) hand cream

handdoek (*hahn*-dōōk) *c* (pl ~en) towel

handdruk (*hahn*-drerk) *c* handshake

handel (*hahn*-derl) *c* commerce, trade; business; ~ *drijven trade; **handels-** commercial

handelaar (*hahn*-der-laar) *c* (pl ~s, -laren) tradesman, merchant; dealer, trader

handelen (*hahn*-der-lern) *v* act

handeling (*hahn*-der-lɪng) *c* (pl ~en) action; deed, plot

handelsmerk (*hahn*-derls-mehrk) *nt* (pl ~en) trademark

handelsrecht (*hahn*-derls-rehkht) *nt* commercial law

handelswaar (*hahn*-derls-vaar) *c* merchandise

handenarbeid (*hahn*-der-nahr-bayt) *c* handicraft

handhaven (*hahnt*-haa-vern) *v* maintain

handig (*hahn*-derkh) *adj* handy

handkoffertje (*hahnt*-ko-ferr-t^yer) *nt*
(pl ~s) grip *nAm*

handpalm (*hahnt*-pahlm) *c* (pl ~en)
palm

handrem (*hahnt*-rehm) *c* (pl ~men)
hand-brake

handschoen (*hahnt*-skhoon) *c* (pl
~en) glove

handschrift (*hahnt*-skhrift) *nt* (pl ~en)
handwriting

handtas (*hahn*-tahss) *c* (pl ~sen)
handbag, bag

handtekening (*hahn*-tāy-ker-ning) *v*
(pl ~en) signature

handvat (*hahnt*-faht) *nt* (pl ~ten)
handle

handvol (*hahnt*-fol) *c* handful

handwerk (*hahnt*-vehrk) *nt* handwork,
handicraft; needlework

hangbrug (*hahng*-brerkh) *c* (pl ~gen)
suspension bridge

***hangen** (*hah*-ngern) *v* *hang

hangmat (*hahng*-maht) *c* (pl ~ten)
hammock

hangslot (*hahng*-slot) *nt* (pl ~en) padlock

hanteerbaar (hahn-*tāyr*-baar) *adj*
manageable

hanteren (hahn-*tāy*-rern) *v* handle

hap (hahp) *c* (pl ~pen) bite

hard (hahrt) *adj* hard; loud

harddraverij (hahr-draa-ver-*ray*) *c* (pl
~en) horserace

hardnekkig (hahrt-*neh*-kerkh) *adj* obstinate, dogged, stubborn

hardop (hahrt-*op*) *adv* aloud

harig (*haa*-rerkh) *adj* hairy

haring (*haa*-ring) *c* (pl ~en) herring

hark (hahrk) *c* (pl ~en) rake

harmonie (hahr-mōa-*nee*) *c* harmony

harnas (*hahr*-nahss) *nt* (pl ~sen) armour

harp (hahrp) *c* (pl ~en) harp

hars (hahrs) *nt/c* resin

hart (hahrt) *nt* (pl ~en) heart

hartaanval (*hahr*-taan-vahl) *c* (pl
~len) heart attack

hartelijk (*hahr*-ter-lerk) *adj* hearty,
cordial; sympathetic

harteloos (*hahr*-ter-lōass) *adj* heartless

hartklopping (*hahrt*-klo-ping) *c* (pl
~en) palpitation

hartstocht (*hahrts*-tokht) *c* passion

hartstochtelijk (hahrts-*tokh*-ter-lerk)
adj passionate

hatelijk (*haa*-ter-lerk) *adj* spiteful

haten (*haa*-tern) *v* hate

haven (*haa*-vern) *c* (pl ~s) port, harbour

havenarbeider (*haa*-vern-ahr-bay-derr)
c (pl ~s) docker

haver (*haa*-verr) *c* oats *pl*

havik (*haa*-vik) *c* (pl ~en) hawk

hazelnoot (*haa*-zerl-nōat) *c* (pl -noten)
hazelnut

hazewind (haa-zer-*vint*) *c* (pl ~en)
greyhound

***hebben** (*heh*-bern) *v* *have

Hebreeuws (hāy-brāy^{oo}ss) *nt* Hebrew

hebzucht (*hehp*-serkht) *c* greed

hebzuchtig (hehp-*serkh*-terkh) *adj*
greedy

hechten (*hehkh*-tern) *v* attach; sew up

hechtenis (*hehkh*-ter-niss) *c* custody

hechting (*hehkh*-ting) *c* (pl ~en)
stitch

hechtpleister (*hehkht*-play-sterr) *c* (pl
~s) adhesive tape

heden (*hāy*-dern) *nt* present

hedendaags (*hāy*-dern-daakhs) *adj*
contemporary

heel (hāyl) *adj* entire, whole; unbroken; *adv* quite

heelal (hāy-*lahl*) *nt* universe

heelhuids (*hāyl*-hur^{ew}ts) *adj* unhurt

***heengaan** (*hāyng*-gaan) *v* depart

heer (hāyr) *c* (pl heren) gentleman

heerlijk (*hāyr*-lerk) *adj* lovely, won-

derful; delightful, delicious
heerschappij (hāyr-skhah-*pay*) c (pl
~en) rule; dominion
heersen (*hāyr*-sern) v rule
heerser (*hāyr*-serr) c (pl ~s) ruler
hees (hāyss) adj hoarse
heet (hāyt) adj hot; warm
hefboom (hehf-bōam) c (pl -bomen)
lever
***heffen** (*heh*-fern) v raise
heftig (*hehf*-terkh) adj violent
heg (hehkh) c (pl ~gen) hedge
heide (*hay*-der) c (pl ~n) heath;
moor; heather
heiden (*hay*-dern) c (pl ~en) heathen,
pagan
heidens (*hay*-derns) adj heathen, pagan
heiig (*hay*-erkh) adj hazy
heilbot (*hayl*-bot) c (pl ~ten) halibut
heilig (*hay*-lerkh) adj holy, sacred
heiligdom (*hay*-lerkh-dom) nt (pl
~men) shrine
heilige (*hay*-ler-ger) c (pl ~n) saint
heiligschennis (*hay*-lerkh-skheh-nerss)
c sacrilege
heimwee (*haym*-vāy) nt homesickness
hek (hehk) nt (pl ~ken) fence; gate;
railing
hekel (*hāy*-kerl) c dislike; **een ~
*hebben aan** dislike
heks (hehks) c (pl ~en) witch
hel (hehl) c hell
helaas (hāy-*laass*) adv unfortunately
held (hehlt) c (pl ~en) hero
helder (*hehl*-derr) adj clear; serene;
bright
heleboel (*hāy*-ler-bōōl) c plenty
helemaal (*hāy*-ler-maal) adv entirely,
altogether, completely, wholly;
quite; at all
helft (hehlft) c (pl ~en) half
hellen (*heh*-lern) v slant; **hellend**
slanting

helling (*heh*-ling) c (pl ~en) slope;
hillside; gradient, incline
helm (hehlm) c (pl ~en) helmet
***helpen** (*hehl*-pern) v help; assist, aid
helper (*hehl*-perr) c (pl ~s) helper
hem (hehm) pron him
hemd (hehmt) nt (pl ~en) shirt; vest;
undershirt
hemel (*hāy*-merl) c (pl ~s, ~en) sky;
heaven
hen[1] (hehn) pron them
hen[2] (hehn) c (pl ~nen) hen
hendel (*hehn*-derl) c (pl ~s) lever
hengel (*heh*-ngerl) c (pl ~s) fishing
rod
hengelen (*heh*-nger-lern) v angle, fish
hennep (*heh*-nerp) c hemp
herberg (*hehr*-behrkh) c (pl ~en) hostel, tavern, inn
herbergen (*hehr*-behr-gern) v lodge
herbergier (hehr-behr-*geer*) c (pl ~s)
inn-keeper
herdenking (hehr-*dehng*-king) c (pl
~en) commemoration
herder (*hehr*-derr) c (pl ~s) shepherd
herenhuis (*hāy*-rern-hur^(ew)ss) nt (pl
-huizen) mansion, manor-house
herenigen (heh-*rāy*-ner-gern) v reunite
herentoilet (*hāy*-rern-tvah-leht) nt (pl
~ten) men's room
herfst (hehrfst) c autumn; fall nAm
herhalen (hehr-*haa*-lern) v repeat
herhaling (hehr-*haa*-ling) c (pl ~en)
repetition
herinneren (heh-*ri*-ner-rern) v remind;
zich ~ remember, recollect, recall
herinnering (heh-*ri*-ner-ring) c (pl
~en) memory; remembrance
herkennen (hehr-*keh*-nern) v recognize
herkomst (*hehr*-komst) c origin
hernia (*hehr*-nee-^(Y)aa) c slipped disc
herrie (*heh*-ree) c noise; fuss
***herroepen** (heh-*rōō*-pern) v recall

hersenen (*hehr*-ser-nern) *pl* brain

hersenschudding (*hehr*-sern-skher-dıng) *c* (pl ~en) concussion

herstel (hehr-*stehl*) *nt* repair; recovery; revival

herstellen (hehr-*steh*-lern) *v* repair, mend; **zich ~** recover

hert (hehrt) *nt* (pl ~en) deer

hertog (*hehr*-tokh) *c* (pl ~en) duke

hertogin (hehr-tōa-*gın*) *c* (pl ~nen) duchess

hervatten (hehr-*vah*-tern) *v* resume, recommence

*****herzien** (hehr-*zeen*) *v* revise

herziening (hehr-*zee*-nıng) *c* (pl ~en) revision

het (heht, ert) *art* the; *pron* it

*****heten** (*hāy*-tern) *v* *be called

heteroseksueel (hāy-ter-rōa-sehk-sew-*vāyl*) *adj* heterosexual

hetzij ... hetzij (heht-*say*) either ... or

heup (hūrp) *c* (pl ~en) hip

heuvel (*hūr*-verl) *c* (pl ~s) hill; mound

heuvelachtig (*hūr*-ver-lahkh-terkh) *adj* hilly

heuveltop (*hūr*-verl-top) *c* (pl ~pen) hilltop

hevig (*hāy*-verkh) *adj* severe, violent; intense

hiel (heel) *c* (pl ~en) heel

hier (heer) *adv* here

hiërarchie (hee-Yer-rahr-*khee*) *c* (pl ~ën) hierarchy

hij (hay) *pron* he

hijgen (*hay*-gern) *v* pant

*****hijsen** (*hay*-sern) *v* hoist

hijskraan (*hayss*-kraan) *c* (pl -kranen) crane

hik (hık) *c* hiccup

hinderen (*hın*-der-rern) *v* hinder; bother, embarrass

hinderlaag (*hın*-derr-laakh) *c* (pl -lagen) ambush

hinderlijk (*hın*-derr-lerk) *adj* annoying

hindernis (*hın*-derr-nıss) *c* (pl ~sen) obstacle

hinken (*hıng*-kern) *v* limp

historisch (hee-*stōa*-reess) *adj* historic

hitte (*hı*-ter) *c* heat

hobbelig (*ho*-ber-lerkh) *adj* bumpy

hobby (*ho*-bee) *c* (pl ~'s) hobby

hoe (hōō) *adv* how; **~ ... hoe** the ... the; **~ dan ook** anyhow, any way; at any rate

hoed (hōōt) *c* (pl ~en) hat

hoede (*hōō*-der) *c* custody

zich hoeden (*hōō*-dern) beware

hoef (hōōf) *c* (pl hoeven) hoof

hoefijzer (*hōōf*-ay-zerr) *nt* (pl ~s) horseshoe

hoek (hōōk) *c* (pl ~en) corner; angle

hoer (hōōr) *c* (pl ~en) whore

hoes (hōōss) *c* (pl hoezen) sleeve

hoest (hōōst) *c* cough

hoesten (*hōōss*-tern) *v* cough

hoeveel (hōō-*vāyl*) *pron* how much; how many

hoeveelheid (hōō-*vāyl*-hayt) *c* (pl -heden) quantity; amount

hoeven (*hōō*-vern) *v* need

hoewel (hōō-*vehl*) *conj* although, though

hof (hof) *nt* (pl hoven) court

hoffelijk (*ho*-fer-lerk) *adj* courteous

hokje (*ho*-kᵞer) *nt* (pl ~s) booth

hol¹ (hol) *nt* (pl ~en) den; cavern

hol² (hol) *adj* hollow

Holland (*ho*-lahnt) Holland

Hollander (*ho*-lahn-derr) *c* (pl ~s) Dutchman

Hollands (*ho*-lahnts) *adj* Dutch

holte (*hol*-ter) *c* (pl ~s, ~n) cavity

homoseksueel (hōa-*mōa*-sehk-sew-*vāyl*) *adj* homosexual

hond (hont) *c* (pl ~en) dog

hondehok (*hon*-der-hok) *nt* (pl ~ken) kennel

honderd (*hon*-derrt) *num* hundred

hondsdolheid (honts-*dol*-hayt) *c* rabies

Hongaar (hong-*gaar*) *c* (pl -garen) Hungarian

Hongaars (hong-*gaars*) *adj* Hungarian

Hongarije (hong-gaa-*ray*-er) Hungary

honger (*ho*-ngerr) *c* hunger

hongerig (*ho*-nger-rerkh) *adj* hungry

honing (*hōā*-nɪng) *c* honey

honkbal (*hongk*-bahl) *nt* baseball

honorarium (hōā-nōā-*raa*-ree-ᵞerm) *nt* (pl -ria) fee

hoofd (hōāft) *nt* (pl ~en) head; **het ~ *bieden aan** face; **hoofd-** primary, main, chief; cardinal, capital; **over het ~ *zien** overlook; **uit het ~** by heart; **uit het ~ leren** memorize

hoofdkussen (*hōāft*-ker-sern) *nt* (pl ~s) pillow

hoofdkwartier (*hōāft*-kvahr-teer) *nt* (pl ~en) headquarters *pl*

hoofdleiding (*hōāft*-lay-dɪng) *c* (pl ~en) mains *pl*

hoofdletter (*hōāft*-leh-terr) *c* (pl ~s) capital letter

hoofdlijn (*hōāft*-layn) *c* (pl ~en) main line

hoofdonderwijzer (*hōāft*-on-derr-vay-zerr) *c* (pl ~s) head teacher

hoofdpijn (*hōāft*-payn) *c* headache

hoofdstad (*hōāft*-staht) *c* (pl -steden) capital

hoofdstraat (*hōāft*-straat) *c* (pl -straten) main street, thoroughfare

hoofdweg (*hōāft*-vehkh) *c* (pl ~en) main road, thoroughfare; highway

hoofdzakelijk (hōāft-*saa*-ker-lerk) *adv* mainly

hoog (hōākh) *adj* high; tall; **hoger** upper; superior; **hoogst** foremost, extreme

hooghartig (hōākh-*hahr*-terkh) *adj* haughty

hoogleraar (*hōākh*-*lāȳ*-raar) *c* (pl -leraren, ~s) professor

hoogmoedig (hōākh-*mōō*-derkh) *adj* proud

hoogovens (*hōākh*-ōā-verns) *pl* ironworks

hoogseizoen (*hōākh*-say-zōōn) *nt* high season, peak season

hoogstens (*hōākh*-sterns) *adv* at most

hoogte (*hōākh*-ter) *c* (pl ~n, ~s) height; altitude

hoogtepunt (*hōākh*-ter-pernt) *nt* (pl ~en) height

hooguit (*hōākh*-urᵉʷt) *adv* at most

hoogvlakte (*hōākh*-flahk-ter) *c* (pl ~n, ~s) uplands *pl*; plateau

hooi (hōāᵉᵉ) *nt* hay

hooikoorts (*hōāᵉᵉ*-kōārts) *c* hay fever

hoon (hōān) *c* scorn

hoop¹ (hōāp) *c* (pl hopen) heap, lot

hoop² (hōāp) *c* hope

hoopvol (*hōāp*-fol) *adj* hopeful

hoorbaar (*hōār*-baar) *adj* audible

hoorn (*hōā*-rern) *c* (pl ~en, ~s) horn

hop (hop) *c* hop

hopeloos (*hōā*-per-lōāss) *adj* hopeless

hopen (*hōā*-pern) *v* hope

horen (*hōā*-rern) *v* *hear

horizon (*hōā*-ree-zon) *c* horizon

horizontaal (hōā-ree-zon-*taal*) *adj* horizontal

horloge (hor-*lōā*-zher) *nt* (pl ~s) watch

horlogebandje (hor-*lōā*-zher-bahn-tᵞer) *nt* (pl ~s) watch-strap

horlogemaker (hor-*lōā*-zher-maa-kerr) *c* (pl ~s) watch-maker

hors d'œuvre (awr-*dūr*-vrer) *c* (pl ~s) hors-d'œuvre

hospes (*hoss*-perss) *c* (pl ~sen) landlord

hospita (*hoss*-pee-taa) *c* (pl ~'s) landlady

hospitaal (*hoss*-pee-taal) *nt* (pl -talen) hospital

hotel (hoa-*tehl*) nt (pl ~s) hotel
***houden** (*hou*-dern) v *hold; *keep; ~ **van** love; like, care for, *be fond of; **niet** ~ **van** dislike
houding (*hou*-ding) c (pl ~en) position; attitude
hout (hout) nt wood
houtblok (*hout*-blok) nt (pl ~ken) log
houten (*hou*-tern) adj wooden
houtskool (*houts*-koal) c charcoal
***houtsnijden** (*hout*-snay-dern) v carve
houtsnijwerk (*hout*-snay-vehrk) nt wood-carving
houtzagerij (hout-saa-ger-*ray*) c (pl ~en) saw-mill
houvast (hou-*vahst*) nt grip
houweel (hou-*vayl*) nt (pl -welen) pick-axe
huichelaar (*hur*ew-kher-laar) c (pl ~s) hypocrite
huichelachtig (*hur*ew-kherl-ahkh-terkh) adj hypocritical
huichelarij (hur*ew*-kher-laa-*ray*) c hypocrisy
huichelen (*hur*ew-kher-lern) v simulate
huid (hur*ew*t) c (pl ~en) skin; hide
huidcrème (*hur*ew*t-kraim) c (pl ~s) skin cream
huidig (*hur*ew-derkh) adj current
huiduitslag (*hur*ew*t-ur*ew*t-slahkh) c rash
huilen (*hur*ew-lern) v cry, *weep
huis (hur*ew*ss) nt (pl huizen) house; home; **naar** ~ home
huisarts (*hur*ew*ss-ahrts) c (pl ~en) general practitioner
huisbaas (*hur*ew*ss-baass) c (pl -bazen) landlord
huisdier (*hur*ew*ss-deer) nt (pl ~en) pet
huiselijk (*hur*ew-ser-lerk) adj domestic
huishouden (*hur*ew*ss-hou-dern) nt (pl ~s) household; housework, housekeeping
huishoudster (*hur*ew*ss-hout-sterr) c (pl

~s) housekeeper
huiskamer (*hur*ew*ss-kaa-merr) c (pl ~s) living-room
huisonderwijzer (*hur*ew*ss-on-derr-vay-zerr) c (pl ~s) tutor
huissleutel (*hur*ew-slur-terl) c (pl ~s) latchkey
huisvrouw (*hur*ew*ss-frou) c (pl ~en) housewife
huizenblok (*hur*ew-zern-blok) nt (pl ~ken) house block Am
hulde (*herl*-der) c tribute, homage
huldigen (*herl*-der-gern) v honour
hulp (herlp) c help; assistance, aid; **eerste** ~ first-aid; **eerste hulppost** first-aid post
hulpvaardig (herlp-*faar*-derkh) adj helpful
humeur (hew-*mūrr*) nt (pl ~en) mood
humor (*hew*-mor) c humour
humoristisch (hew-moa-*riss*-teess) adj humorous
hun (hern) pron their
huppelen (*her*-per-lern) v hop, skip
huren (*hew*-rern) v hire, rent; lease
hut (hert) c (pl ~ten) hut; cabin
huur (hewr) c (pl huren) rent; **te** ~ for hire
huurcontract (*hewr*-kon-trahkt) nt (pl ~en) lease
huurder (*hewr*-derr) c (pl ~s) tenant
huurkoop (*hewr*-koap) c hire-purchase
huwelijk (*hew*-ver-lerk) nt (pl ~en) wedding, marriage
huwelijksreis (*hew*-ver-lerks-rayss) c (pl -reizen) honeymoon
huwen (*hew*oo-ern) v marry
hygiëne (hee-gee-*Y*ay-ner) c hygiene
hygiënisch (hee-gee-*Y*ay-neess) adj hygienic
hypocriet (hee-poa-*kreet*) adj hypocritical
hypotheek (hee-poa-*tayk*) c (pl -theken) mortgage

hysterisch (hee-*stay*-reess) *adj* hysterical

I

ideaal[1] (ee-day-*yaal*) *adj* ideal

ideaal[2] (ee-day-*yaal*) *nt* (pl idealen) ideal

idee (ee-*day*) *nt/c* (pl ~ën, ~s) idea

identiek (ee-dehn-*teek*) *adj* identical

identificatie (ee-dehn-tee-fi-*kaa*-tsee) *c* identification

identificeren (ee-dehn-tee-fee-*say*-rern) *v* identify

identiteit (ee-dehn-ti-*tayt*) *c* identity

identiteitskaart (ee-dehn-tee-*tayts*-kaart) *c* (pl ~en) identity card

idiomatisch (ee-dee-^yoa-*maa*-teess) *adj* idiomatic

idioom (ee-dee-^y*oam*) *nt* (pl idiomen) idiom

idioot[1] (ee-dee-^y*oat*) *adj* idiotic

idioot[2] (ee-dee-^y*oat*) *c* (pl idioten) idiot

idool (ee-*doal*) *nt* (pl idolen) idol

ieder (*ee*-derr) *pron* each, every; everyone

iedereen (ee-der-*rayn*) *pron* everyone, everybody; anyone

iemand (*ee*-mahnt) *pron* someone, somebody

iep (eep) *c* (pl ~en) elm

Ier (eer) *c* (pl ~en) Irishman

Ierland (*eer*-lahnt) Ireland

Iers (eers) *adj* Irish

iets (eets) *pron* something; some

ijdel (*ay*-derl) *adj* vain; idle

ijs (ayss) *nt* ice; ice-cream

ijsbaan (*ayss*-baan) *c* (pl -banen) skating-rink

ijsje (*ay*-sher) *nt* (pl ~s) ice-cream

ijskast (*ayss*-kahst) *c* (pl ~en) fridge, refrigerator

ijskoud (*ayss*-kout) *adj* freezing

IJsland (*ayss*-lahnt) Iceland

IJslander (*ayss*-lahn-derr) *c* (pl ~s) Icelander

IJslands (*ayss*-lahnts) *adj* Icelandic

ijswater (*ayss*-vaa-terr) *nt* iced water

ijver (*ay*-verr) *c* zeal; diligence

ijverig (*ay*-ver-rerkh) *adj* zealous; diligent

ijzer (*ay*-zerr) *nt* iron

ijzerdraad (*ay*-zerr-draat) *nt* wire

ijzeren (*ay*-zer-rern) *adj* iron

ijzerwaren (*ay*-zerr-vaa-rern) *pl* hardware

ik (ık) *pron* I

ikoon (ee-*koan*) *c* (pl ikonen) icon

illegaal (ee-ler-*gaal*) *adj* illegal

illusie (ı-*lew*-zee) *c* (pl ~s) illusion

illustratie (ı-lew-*straa*-tsee) *c* (pl ~s) illustration

illustreren (ı-lew-*stray*-rern) *v* illustrate

imitatie (ee-mee-*taa*-tsee) *c* (pl ~s) imitation

imiteren (ee-mee-*tay*-rern) *v* imitate

immigrant (ı-mee-*grahnt*) *c* (pl ~en) immigrant

immigratie (ı-mee-*graa*-tsee) *c* immigration

immigreren (ı-mee-*gray*-rern) *v* immigrate

immuniteit (ı-mew-nee-*tayt*) *c* immunity

impliceren (ım-plee-*say*-rern) *v* imply, involve

imponeren (ım-poa-*nay*-rern) *v* impress

impopulair (ım-poa-pew-*lair*) *adj* unpopular

import (*ım*-port) *c* import

importeren (ım-por-*tay*-rern) *v* import

importeur (ım-por-*türr*) *c* (pl ~s) importer

impotent (im-pōā-*tehnt*) *adj* impotent
impotentie (im-pōā-*tehn*-see) *c* impotence
improviseren (im-prōā-vee-*sāy*-rern) *v* improvise
impuls (im-*perls*) *c* (pl ~en) impulse
impulsief (im-perl-*zeef*) *adj* impulsive
in (in) *prep* in; into, inside; at
inademen (*in*-aa-der-mern) *v* inhale
inbegrepen (*in*-ber-grāy-pern) *adj* included; **alles** ~ all in
inboorling (im-bōār-ling) *c* (pl ~en) native
***inbreken** (im-brāy-kern) *v* burgle
inbreker (im-brāy-kerr) *c* (pl ~s) burglar
incasseren (ing-kah-*sāy*-rern) *v* cash
incident (in-see-*dehnt*) *nt* (pl ~en) incident
inclusief (ing-klew-*zeef*) *adv* inclusive
incompleet (ing-kom-*plāyt*) *adj* incomplete
indelen (*in*-dāy-lern) *v* classify
zich *indenken (*in*-dehng-kern) *v* imagine
inderdaad (in-derr-*daat*) *adv* indeed
index (*in*-dehks) *c* (pl ~en) index
India (*in*-dee-Yah) India
Indiaan (in-dee-*Yaan*) *c* (pl Indianen) Indian
Indiaans (in-dee-*Yaans*) *adj* Indian
indien (in-*deen*) *conj* in case, if
Indiër (*in*-dee-Yerr) *c* (pl ~s) Indian
indigestie (in-dee-*gehss*-tee) *c* indigestion
indirect (*in*-dee-rehkt) *adj* indirect
Indisch (*in*-deess) *adj* Indian
individu (in-dee-vee-*dēw*) *nt* (pl ~en, ~'s) individual
individueel (in-dee-vee-dēw-*vāyl*) *adj* individual
Indonesië (in-dōā-*nāy*-zee-Yer) Indonesia
Indonesiër (in-dōā-*nāy*-zee-Yerr) *c* (pl

~s) Indonesian
Indonesisch (in-dōā-*nāy*-zeess) *adj* Indonesian
indringer (*in*-dri-ngerr) *c* (pl ~s) trespasser
indruk (*in*-drerk) *c* (pl ~ken) impression; ~ **maken op** impress
indrukken (*in*-drer-kern) *v* press
indrukwekkend (in-drerk-*veh*-kernt) *adj* impressive, imposing
industrie (in-derss-*tree*) *c* (pl ~ën) industry
industrieel (in-derss-tree-*Yāyl*) *adj* industrial
industriegebied (in-derss-*tree*-ger-beet) *nt* (pl ~en) industrial area
ineens (i-*nāyns*) *adv* suddenly; at once
inenten (*in*-ehn-tern) *v* vaccinate, inoculate
inenting (*in*-ehn-ting) *c* (pl ~en) vaccination, inoculation
infanterie (*in*-fahn-ter-ree) *c* infantry
infectie (in-*fehk*-see) *c* (pl ~s) infection
inferieur (in-fāy-ree-*Yūrr*) *adj* inferior
inflatie (in-*flaa*-tsee) *c* inflation
informatie (in-for-*maa*-tsee) *c* (pl ~s) information; enquiry; ~ *inwinnen** *v* inquire
informatiebureau (in-for-*maa*-tsee-bēw-rōā) *nt* (pl ~s) inquiry office
informeel (in-for-*māyl*) *adj* informal
informeren (in-for-*māy*-rern) *v* enquire; inform
infrarood (*in*-fraa-rōāt) *adj* infra-red
***ingaan** (*ing*-gaan) *v* enter; *take effect
ingang (*ing*-gahng) *c* (pl ~en) entrance, way in; entry; **met** ~ **van** as from
ingenieur (in-zhern-*Yūrr*) *c* (pl ~s) engineer
ingenomen (*ing*-ger-nōā-mern) *adj*

pleased

ingevolge (ing-ger-*vol*-ger) *prep* in accordance with

ingewanden (*ing*-ger-vahn-dern) *pl* bowels *pl*, intestines, insides

ingewikkeld (ing-ger-*vi*-kerlt) *adj* complicated; complex

ingrediënt (ing-grāy-dee-*ᵞehnt*) *nt* (pl ~en) ingredient

*ingrijpen (*ing*-gray-pern) *v* intervene

inhalen (*in*-haa-lern) *v* *overtake; pass *vAm*; ~ **verboden** no overtaking; no passing *Am*

inham (*in*-hahm) *c* (pl ~men) creek, inlet

inheems (in-*hāyms*) *adj* native

inhoud (*in*-hout) *c* contents *pl*

*inhouden (*in*-hou-dern) *v* contain; imply; restrain

inhoudsopgave (*in*-houts-op-khaa-ver) *c* (pl ~n) table of contents

initiatief (ee-nee-shaa-*teef*) *nt* (pl -tieven) initiative

injectie (in-*ᵞehk*-see) *c* (pl ~s) shot, injection

inkomen (*ing*-kōā-mern) *nt* (pl ~s) revenue, income

inkomsten (*ing*-kom-stern) *pl* earnings *pl*

inkomstenbelasting (*ing*-kom-ster-ber-lahss-ting) *c* income-tax

inkt (ingkt) *c* ink

inleiden (*in*-lay-dern) *v* introduce; **inleidend** preliminary

inleiding (*in*-lay-ding) *c* (pl ~en) introduction

inlichten (*in*-likh-tern) *v* inform

inlichting (*in*-likh-ting) *c* (pl ~en) information

inlichtingenkantoor (*in*-likh-ti-nger-kahn-tōār) *nt* (pl -toren) information bureau

inmaken (*in*-maa-kern) *v* preserve

inmenging (*in*-mehng-ing) *c* (pl ~en)

interference

inmiddels (in-*mi*-derls) *adv* in the meantime

*innemen (*i*-nāy-mern) *v* *take up; occupy; capture

inneming (*i*-nāy-ming) *c* capture

innen (*i*-nern) *v* cash

inpakken (*im*-pah-kern) *v* wrap; pack up, pack

inrichten (*in*-rikh-tern) *v* furnish

inrichting (*in*-rikh-ting) *c* (pl ~en) institution

inschakelen (*in*-skhaa-ker-lern) *v* switch on; plug in

*inschenken (*in*-skhehng-kern) *v* pour

inschepen (*in*-skhāy-pern) *v* embark

inscheping (*in*-skhāy-ping) *c* embarkation

*inschrijven (*in*-skhray-vern) *v* enter, book; **zich ~** register, check in

inschrijvingsformulier (*in*-skhray-vings-for-mēw-leer) *nt* (pl ~en) registration form

inscriptie (in-*skrip*-see) *c* (pl ~s) inscription

insekt (in-*sehkt*) *nt* (pl ~en) insect; bug *nAm*

insekticide (in-sehk-tee-*see*-der) *c* (pl ~n) insecticide

inslikken (*in*-sli-kern) *v* swallow

*insluiten (*in*-slur^{ew}-tern) *v* *shut in; encircle; include; enclose

inspanning (*in*-spah-ning) *c* (pl ~en) strain, effort

inspecteren (in-spehk-*tāy*-rern) *v* inspect

inspecteur (in-spehk-*tūrr*) *c* (pl ~s) inspector

inspectie (in-*spehk*-see) *c* (pl ~s) inspection

*inspuiten (*in*-spur^{ew}-tern) *v* inject

installatie (in-stah-*laa*-tsee) *c* (pl ~s) installation

installeren (in-stah-*lāy*-rern) *v* install

instappen (*in*-stah-pern) *v* *get on;
embark

instellen (*in*-steh-lern) *v* institute

instelling (*in*-steh-lıng) *c* (pl ~en) institution, institute

instemmen (*in*-steh-mern) *v* consent;
~ **met** approve of

instemming (*in*-steh-mıng) *c* approval, consent

instinct (ın-*stıngkt*) *nt* (pl ~en) instinct

instituut (ın-stee-*tēwt*) *nt* (pl -tuten)
institute

instorten (*in*-stor-tern) *v* collapse

instructie (ın-*strerk*-see) *c* (pl ~s) direction

instrument (ın-strēw-*mehnt*) *nt* (pl
~en) instrument

intact (ın-*tahkt*) *adj* intact

integendeel (ın-*tāy*-gern-dāyl) on the
contrary

intellect (ın-ter-*lehkt*) *nt* intellect

intellectueel (ın-ter-lehk-tēw-*vāyl*) *adj*
intellectual

intelligent (ın-ter-lee-*gehnt*) *adj* clever, intelligent

intelligentie (ın-ter-lee-*gehn*-see) *c* intelligence

intens (ın-*tehns*) *adj* intense

interessant (ın-ter-rer-*sahnt*) *adj* interesting

interesse (ın-ter-*reh*-ser) *c* interest

interesseren (ın-ter-reh-*sāy*-rern) *v* interest

intermezzo (ın-terr-*mehd*-zōa) *nt* (pl
~'s) interlude

intern (ın-*tehrn*) *adj* internal; resident

internaat (ın-ter-*naat*) *nt* (pl -naten)
boarding-school

internationaal (ın-terr-naht-shōa-*naal*)
adj international

intiem (ın-*teem*) *adj* intimate

introduceren (ın-trōa-dēw-*sāy*-rern) *v*
introduce

intussen (ın-*ter*-sern) *adv* meanwhile

inval (*in*-vahl) *c* (pl ~len) brain-wave,
idea; raid, invasion

invalide[1] (ın-vaa-*lee*-der) *adj* disabled,
invalid

invalide[2] (ın-vaa-*lee*-der) *c* (pl ~n) invalid

invasie (ın-*vaa*-zee) *c* (pl ~s) invasion

inventaris (ın-vehn-*taa*-rerss) *c* (pl
~sen) inventory

investeerder (ın-vehss-*tāyr*-derr) *c* (pl
~s) investor

investeren (ın-vehss-*tāy*-rern) *v* invest

investering (ın-vehss-*tāy*-rıng) *c* (pl
~en) investment

inviteren (ın-vee-*tāy*-rern) *v* invite

invloed (*in*-vlōot) *c* (pl ~en) influence

invloedrijk (*in*-vlōot-rayk) *adj* influential

invoegen (*in*-vōo-gern) *v* insert

invoer (*in*-vōor) *c* import

invoeren (*in*-vōo-rern) *v* introduce;
import

invoerrecht (*in*-vōo-rehkht) *nt* (pl
~en) duty, import duty

invullen (*in*-ver-lern) *v* fill in; fill out
Am

inwendig (ın-*vehn*-derkh) *adj* inner;
internal

inwilligen (*in*-vı-ler-gern) *v* grant

inwoner (*in*-vōa-nerr) *c* (pl ~s) inhabitant; resident

inzet (*in*-zeht) *c* (pl ~ten) bet

inzetten (*in*-zeh-tern) *v* launch

inzicht (*in*-zıkht) *nt* (pl ~en) insight

*inzien (*in*-zeen) *v* *see

Iraaks (ee-*raaks*) *adj* Iraqi

Iraans (ee-*raans*) *adj* Iranian

Irak (ee-*raak*) Iraq

Irakees (ee-raa-*kāyss*) *c* (pl -kezen)
Iraqi

Iran (ee-*raan*) Iran

Iraniër (ee-*raa*-nee-ᵞerr) *c* (pl ~s) Iranian

ironie (ee-rōā-*nee*) *c* irony

ironisch (ee-*rōā*-neess) *adj* ironical

irriteren (ı-ree-*tāy*-rern) *v* annoy, irritate

isolatie (ee-zōā-*laa*-tsee) *c* insulation; isolation

isolator (ee-zōā-*laa*-tor) *c* (pl ~en, ~s) insulator

isolement (ee-zōā-ler-*mehnt*) *nt* isolation

isoleren (ee-zōā-*lāy*-rern) *v* insulate; isolate

Israël (*iss*-raa-ehl) Israel

Israëliër (iss-raa-*āy*-lee-Yerr) *c* (pl ~s) Israeli

Israëlisch (iss-raa-*āy*-leess) *adj* Israeli

Italiaan (ee-taa-lee-*Yaan*) *c* (pl -lianen) Italian

Italiaans (ee-taa-lee-*Yaans*) *adj* Italian

Italië (ee-*taa*-lee-Yer) Italy

ivoor (ee-*vōār*) *nt* ivory

J

ja (Yaa) yes

jaar (Yaar) *nt* (pl jaren) year

jaarboek (*Yaar*-bōōk) *nt* (pl ~en) annual

jaargetijde (*Yaar*-ger-tay-der) *nt* (pl ~n) season

jaarlijks (*Yaar*-lerks) *adj* annual, yearly; *adv* per annum

jacht¹ (Yahkht) *c* hunt; chase

jacht² (Yahkht) *nt* (pl ~en) yacht

jachthuis (*Yahkht*-hur^ewss) *nt* (pl -huizen) lodge

jade (*Yaa*-der) *nt/c* jade

jagen (*Yaa*-gern) *v* hunt

jager (*Yaa*-gerr) *c* (pl ~s) hunter

jaloers (Yaa-*lōōrs*) *adj* envious, jealous

jaloezie (Yaa-lōō-*zee*) *c* (pl ~ën) jealousy; blind

jam (zhehm) *c* jam

jammer! (*Yah*-merr) what a pity!

janboel (*Yahn*-bōōl) *c* mess, shambles

janken (*Yahn*-kern) *v* yelp; whine, whimper

januari (Yah-n*ēw*-*vaa*-ree) January

Japan (Yaa-*pahn*) Japan

Japanner (Yaa-*pah*-nerr) *c* (pl ~s) Japanese

Japans (Yaa-*pahns*) *adj* Japanese

japon (Yaa-*pon*) *c* (pl ~nen) dress; gown

jarretelgordel (zhah-rer-*tehl*-gor-derl) *c* (pl ~s) suspender belt; garter belt *Am*

jas (Yahss) *c* (pl ~sen) coat

jasje (*Yah*-sher) *nt* (pl ~s) jacket

jassenhanger (*Yass*-en-hahng-err) *c* coathanger

je (Yer) *pron* you; yourself; yourselves

jegens (*Yāy*-gerns) *prep* towards

jeugd (Yūrkht) *c* youth

jeugdherberg (*Yūrkht*-hehr-behrkh) *c* (pl ~en) youth hostel

jeugdig (*Yūrkh*-derkh) *adj* juvenile

jeuk (Yūrk) *c* itch

jeuken (*Yūr*-kern) *v* itch

jicht (Yıkht) *c* gout

jij (Yay) *pron* you

joch (Yokh) *nt* boy, lad

jodium (*Yōā*-dee-Yerm) *nt* iodine

jong (Yong) *adj* young; **jonger** junior

jongen (*Yo*-ngern) *c* (pl ~s) boy; lad

jood (Yōāt) *c* (pl joden) Jew

joods (Yōāts) *adj* Jewish

Jordaans (Yor-*daans*) *adj* Jordanian

Jordanië (Yor-*daa*-nee-Yer) Jordan

Jordaniër (Yor-*daa*-nee-Yerr) *c* (pl ~s) Jordanian

jou (You) *pron* you

journaal (zhōōr-*naal*) *nt* news

journalist (zhōōr-naa-*list*) *c* (pl ~en) journalist

journalistiek (zhoōr-naa-liss-*teek*) *c* journalism

jouw (ᵞou) *pron* your

jubileum (ᵞew-bee-*lay*-ᵞerm) *nt* (pl ~s, -lea) jubilee

juffrouw (ᵞer-frou) *c* (pl ~en) miss

juichen (ᵞur*ew*-khern) *v* cheer

juist (ᵞur*ew*st) *adj* right, correct, just; proper, appropriate

juistheid (ᵞur*ew*st-hayt) *c* correctness

juk (ᵞerk) *nt* (pl ~ken) yoke

jukbeen (ᵞerk-bayn) *nt* (pl ~deren, -benen) cheek-bone

juli (ᵞew-lee) July

jullie (ᵞer-lee) *pron* you; your

juni (ᵞew-nee) June

juridisch (ᵞew-*ree*-deess) *adj* legal

jurist (ᵞew-*rist*) *c* (pl ~en) lawyer

jurk (ᵞerrk) *c* (pl ~en) frock, robe, dress

jury (zhew-ree) *c* (pl ~'s) jury

jus (zhew) *c* gravy

juweel (ᵞew-*vayl*) *nt* (pl -welen) jewel; gem; **juwelen** jewellery

juwelier (ᵞew-ver-*leer*) *c* (pl ~s) jeweller

K

kaak (kaak) *c* (pl kaken) jaw

kaal (kaal) *adj* bald; naked, bare

kaap (kaap) *c* (pl kapen) cape

kaars (kaars) *c* (pl ~en) candle

kaart (kaart) *c* (pl ~en) map; card; **groene ~** green card

kaartenautomaat (*kaar*-tern-oā-tōā-maat) *c* (pl -maten) ticket machine

kaartje (*kaar*-tᵞer) *nt* (pl ~s) ticket

kaas (kaass) *c* (pl kazen) cheese

kabaal (kaa-*baal*) *nt* racket

kabel (*kaa*-berl) *c* (pl ~s) cable

kabeljauw (kah-berl-ᵞou) *c* (pl ~en) cod

kabinet (kaa-bee-*neht*) *nt* (pl ~ten) cabinet

kachel (*kah*-kherl) *c* (pl ~s) heater; stove

kade (*kaa*-der) *c* (pl ~n) quay; embankment; dock, wharf

kader (*kaa*-derr) *nt* (pl ~s) cadre

kajuit (kaa-ᵞur*ew*t) *c* (pl ~en) cabin

kaki (*kaa*-kee) *nt* khaki

kalender (kaa-*lehn*-derr) *c* (pl ~s) calendar

kalf (kahlf) *nt* (pl kalveren) calf

kalfsleer (*kahlfs*-layr) *nt* calf skin

kalfsvlees (*kahlfs*-flayss) *nt* veal

kalk (kahlk) *c* lime

kalkoen (kahl-*kōōn*) *c* (pl ~en) turkey

kalm (kahlm) *adj* calm; sedate, quiet, serene

kalmeren (kahl-*may*-rern) *v* calm down

kam (kahm) *c* (pl ~men) comb

kameel (kaa-*mayl*) *c* (pl kamelen) camel

kamer (*kaa*-merr) *c* (pl ~s) room; chamber

kameraad (kah-mer-*raat*) *c* (pl -raden) comrade

kamerbewoner (*kaa*-merr-ber-vōā-nerr) *c* (pl ~s) lodger

kamerjas (*kaa*-merr-ᵞahss) *c* (pl ~sen) dressing-gown

kamerlid (*kaa*-merr-lit) *nt* (pl -leden) Member of Parliament

kamermeisje (*kaa*-merr-may-sher) *nt* (pl ~s) chambermaid

kamertemperatuur (*kaa*-merr-tehm-per-raa-tewr) *c* room temperature

kamgaren (*kahm*-gaa-rern) *nt* worsted

kammen (*kah*-mern) *v* comb

kamp (kahmp) *nt* (pl ~en) camp

kampeerder (kahm-*payr*-derr) *c* (pl ~s) camper

kampeerterrein (kahm-*payr*-teh-rayn)

nt (pl ~en) camping site

kampeerwagen (kahm-*pāy*r-vaa-gern) *c* (pl ~s) trailer *nAm*

kamperen (kahm-*pāy*-rern) *v* camp

kampioen (kahm-pee-*Yōōn*) *c* (pl ~en) champion

kan (kahn) *c* (pl ~nen) jug

kanaal (kaa-*naal*) *nt* (pl kanalen) canal; channel; **het Kanaal** English Channel

kanarie (kaa-*naa*-ree) *c* (pl ~s) canary

kandelaber (kahn-der-*laa*-berr) *c* (pl ~s) candelabrum

kandidaat (kahn-dee-*daat*) *c* (pl -daten) candidate

kaneel (kaa-*nāyl*) *c* cinnamon

kangoeroe (kahng-ger-*rōō*) *c* (pl ~s) kangaroo

kanker (*kahng*-kerr) *c* cancer

kano (*kaa*-nōa) *c* (pl ~'s) canoe

kanon (kaa-*non*) *nt* (pl ~nen) gun

kans (kahns) *c* (pl ~en) chance; opportunity

kansel (*kahn*-serl) *c* (pl ~s) pulpit

kant¹ (kahnt) *c* (pl ~en) side; way; edge; **aan de andere ~ van** across

kant² (kahnt) *nt* lace

kantine (kahn-*tee*-ner) *c* (pl ~s) canteen

kantlijn (*kahnt*-layn) *c* (pl ~en) margin

kantoor (kahn-*tōar*) *nt* (pl -toren) office

kantoorbediende (kahn-*tōar*-ber-deen-der) *c* (pl ~n, ~s) clerk

kantoorboekhandel (kahn-*tōar*-bōōk-hahn-derl) *c* (pl ~s) stationer's

kantooruren (kahn-*tōar*-ēw-rern) *pl* business hours, office hours

kap (kahp) *c* (pl ~pen) hood

kapel (kaa-*pehl*) *c* (pl ~len) chapel

kapelaan (kah-per-*laan*) *c* (pl ~s) chaplain

kapen (*kaa*-pern) *v* hijack

kaper (*kaa*-perr) *c* (pl ~s) hijacker

kapitaal (kah-pee-*taal*) *nt* capital

kapitalisme (kah-pee-taa-*liss*-mer) *nt* capitalism

kapitein (kah-pee-*tayn*) *c* (pl ~s) captain

kapot (kaa-*pot*) *adj* broken

kapper (*kah*-perr) *c* (pl ~s) barber; hairdresser

kapsel (*kahp*-serl) *nt* (pl ~s) hair-do

kapstok (*kahp*-stok) *c* (pl ~ken) hat rack

kar (kahr) *c* (pl ~ren) cart

karaat (kaa-*raat*) *nt* carat

karaf (kaa-*rahf*) *c* (pl ~fen) carafe

karakter (kaa-*rahk*-terr) *nt* (pl ~s) character

karakteristiek (kaa-rahk-ter-riss-*teek*) *adj* characteristic

karaktertrek (kaa-*rahk*-terr-trehk) *c* (pl ~ken) characteristic

karamel (kaa-raa-*mehl*) *c* (pl ~s, ~len) caramel

karbonade (kahr-bōa-*naa*-der) *c* (pl ~s) cutlet, chop

kardinaal¹ (kahr-dee-*naal*) *c* (pl -nalen) cardinal

kardinaal² (kahr-dee-*naal*) *adj* cardinal

karper (*kahr*-perr) *c* (pl ~s) carp

karton (kahr-*ton*) *nt* cardboard

kartonnen (kahr-*to*-nern) *adj* cardboard; **~ doos** carton

karwei (kahr-*vay*) *nt* (pl ~en) job

kas (kahss) *c* (pl ~sen) greenhouse

kasjmier (*kahsh*-meer) *nt* cashmere

kassa (*kah*-saa) *c* (pl ~'s) pay-desk; box-office

kassier (kah-*seer*) *c* (pl ~s) cashier

kast (kahst) *c* (pl ~en) cupboard, closet

kastanje (kahss-*tah*-ñer) *c* (pl ~s) chestnut

kastanjebruin (kahss-*tah*-ñer-brur^(ew)n) *adj* auburn

kasteel (kahss-*tāyl*) nt (pl -telen) castle

kat (kaht) c (pl ~ten) cat

kathedraal (kaa-tāy-*draal*) c (pl -dralen) cathedral

katholiek (kaa-tōa-*leek*) adj catholic

katoen (kaa-*tōōn*) nt/c cotton

katoenen (kaa-*tōō*-nern) adj cotton

katoenfluweel (kaa-*tōōn*-flew-*vāyl*) nt velveteen

katrol (kaa-*trol*) c (pl ~len) pulley

kattekwaad (*kah*-ter-kvaat) nt mischief

kauwen (*kou*-ern) v chew

kauwgom (*kou*-gom) c/nt chewing-gum

kaviaar (kaa-vee-*ʸaar*) c caviar

kazerne (kaa-*zehr*-ner) c (pl ~s, ~n) barracks pl

keel (kāyl) c (pl kelen) throat

keelontsteking (*kāyl*-ont-stāy-kïng) c (pl ~en) laryngitis

keelpijn (*kāyl*-payn) c sore throat

keer (kāyr) c (pl keren) time

keerpunt (*kāyr*-pernt) nt (pl ~en) turning-point

keerzijde (*kāyr*-zay-der) c (pl ~n) reverse

kegelbaan (*kāy*-gerl-baan) c (pl -banen) bowling alley

kegelspel (*kāy*-gerl-spehl) nt bowling

keizer (*kay*-zerr) c (pl ~s) emperor

keizerin (kay-zer-*rïn*) c (pl ~nen) empress

keizerlijk (*kay*-zer-lerk) adj imperial

keizerrijk (*kay*-zer-rayk) nt (pl ~en) empire

kelder (*kehl*-derr) c (pl ~s) cellar

kelner (*kehl*-nerr) c (pl ~s) waiter

kenmerk (*kehn*-mehrk) nt (pl ~en) characteristic, feature

kenmerken (*kehn*-mehr-kern) v characterize, mark; **kenmerkend** characteristic, typical

kennel (*keh*-nerl) c (pl ~s) kennel

kennen (*keh*-nern) v *know

kenner (*keh*-nerr) c (pl ~s) connoisseur

kennis[1] (*keh*-nerss) c knowledge

kennis[2] (*keh*-nerss) c (pl ~sen) acquaintance

kenteken (*kehn*-tāy-kern) nt (pl ~s) registration number; licence number Am

Kenya (*kāy*-nee-ʸaa) Kenya

kerel (*kāy*-rerl) c (pl ~s) fellow

keren (*kāy*-rern) v turn

kerk (kehrk) c (pl ~en) church; chapel

kerkhof (*kehrk*-hof) nt (pl -hoven) cemetery, graveyard, churchyard

kerktoren (*kehrk*-tōa-rern) c (pl ~s) steeple

kermis (*kehr*-merss) c (pl ~sen) fair

kern (kehrn) c (pl ~en) nucleus; heart, core; essence; **kern-** nuclear

kernenergie (*kehrn*-āy-nehr-zhee) c nuclear energy

kerrie (*keh*-ree) c curry

kers (kehrs) c (pl ~en) cherry

Kerstmis (*kehrs*-merss) Xmas, Christmas

kerven (*kehr*-vern) v carve

ketel (*kāy*-terl) c (pl ~s) kettle

keten (*kāy*-tern) c (pl ~s, ~en) chain

ketting (*keh*-tïng) c (pl ~en) chain

keuken (*kūr*-kern) c (pl ~s) kitchen

keurig (*kūr*-rerkh) adj neat

keus (kūrss) c (keuzen) pick, choice

keuze (*kūr*-zer) c (pl ~n) selection, choice

kever (*kāy*-verr) c (pl ~s) beetle; bug

kiekje (*keek*-ʸer) nt (pl ~s) snapshot

kiel (keel) c (pl ~en) keel

kiem (keem) c (pl ~en) germ

kier (keer) c (pl ~en) chink

kies (keess) c (pl kiezen) molar

kiesdistrict (*keess*-diss-trïkt) nt (pl

~en) constituency

kieskeurig (keess-*kur*-rerkh) *adj* particular

kiesrecht (*keess*-rehkht) *nt* franchise, suffrage

kietelen (*kee*-ter-lern) *v* tickle

kieuw (kee∞) *c* (pl ~en) gill

kievit (*kee*-veet) *c* (pl ~en) pewit

kiezel (*kee*-zerl) *c* (pl ~s) pebble; gravel

*kiezen (*kee*-zern) *v* *choose; pick; elect

*kijken (*kay*-kern) *v* look; ~ **naar** look at; watch

kijker (*kay*-kerr) *c* (pl ~s) spectator

kijkje (*kayk*-Yer) *nt* (pl ~s) look

kikker (*kı*-kerr) *c* (pl ~s) frog

kil (kıl) *adj* chilly

kilo (*kee*-lōā) *nt* (pl ~'s) kilogram

kilometer (*kee*-lōā-māy-terr) *c* (pl ~s) kilometre

kilometertal (*kee*-lōā-māy-terr-tahl) *nt* distance in kilometres

kim (kım) *c* horizon

kin (kın) *c* (pl ~nen) chin

kind (kınt) *nt* (pl ~eren) child; kid

kinderjuffrouw (*kın*-derr-Yer-frou) *c* (pl ~en) nurse

kinderkamer (*kın*-derr-kaa-merr) *c* (pl ~s) nursery

kinderverlamming (*kın*-derr-verr-lah-mıng) *c* polio

kinderwagen (*kın*-derr-vaa-gern) *c* (pl ~s) pram; baby carriage *Am*

kinine (kee-*nee*-ner) *c* quinine

kiosk (kee-Yosk) *c* (pl ~en) kiosk

kip (kıp) *c* (pl ~pen) hen; chicken

kippevel (*kı*-per-vehl) *nt* goose-flesh

kist (kıst) *c* (pl ~en) chest

klaar (klaar) *adj* ready

klaarblijkelijk (klaar-*blay*-ker-lerk) *adv* apparently

klaarmaken (*klaar*-maa-kern) *v* prepare; cook

klacht (klahkht) *c* (pl ~en) complaint

klachtenboek (*klahkh*-tern-bōōk) *nt* (pl ~en) complaints book

klagen (*klaa*-gern) *v* complain

klank (klahngk) *c* (pl ~en) sound; tone

klant (klahnt) *c* (pl ~en) customer; client

klap (klahp) *c* (pl ~pen) blow; smack, slap

klappen (*klah*-pern) *v* clap

klaproos (*klahp*-rōāss) *c* (pl -rozen) poppy

klas (klahss) *c* (pl ~sen) class; form

klasgenoot (*klahss*-kher-nōāt) *c* (pl -noten) class-mate

klasse (*klah*-ser) *c* (pl ~n) class

klassiek (klah-*seek*) *adj* classical

klauw (klou) *c* (pl ~en) claw

klaver (*klaa*-verr) *c* (pl ~s) clover; shamrock

zich kleden (*klāy*-dern) dress

kleding (*klāy*-dıng) *c* clothes *pl*

kleedhokje (*klāyt*-hok-Yer) *nt* (pl ~s) cabin

kleedje (*klāy*-tYer) *nt* (pl ~s) rug

kleedkamer (*klāyt*-kaa-merr) *c* (pl ~s) dressing-room

kleerborstel (*klāyr*-bor-sterl) *c* (pl ~s) clothes-brush

kleerhanger (*klāyr*-hah-ngerr) *c* (pl ~s) hanger, coat-hanger

kleerkast (*klāyr*-kahst) *c* (pl ~en) closet *nAm*

kleermaker (*klāyr*-maa-kerr) *c* (pl ~s) tailor

klei (klay) *c* clay

klein (klayn) *adj* little, small; minor, petty, short; **kleiner** minor; **kleinst** least

kleindochter (*klayn*-dokh-terr) *c* (pl ~s) granddaughter

kleingeld (*klayn*-gehlt) *nt* change, petty cash

kleinhandel (*klayn*-hahn-derl) *c* retail trade

kleinhandelaar (*klayn*-hahn-der-laar) *c* (pl -laren, ~s) retailer

kleinood (*klay*-nōāt) *nt* (pl -noden) gem

kleinzoon (*klayn*-zōān) *c* (pl -zonen) grandson

klem (klehm) *c* (pl ~men) clamp

klemschroef (*klehm*-skhrōōf) *c* (pl -schroeven) clamp

kleren (*klāy*-rern) *pl* clothes *pl*

klerenhaak (*klāy*-rern-haak) *c* (pl -haken) peg

klerenkast (*klāy*-rer-kahst) *c* (pl ~en) wardrobe

klerk (klehrk) *c* (pl ~en) clerk

kletsen (*kleht*-sern) *v* chat; talk rubbish

kleur (klūrr) *c* (pl ~en) colour

kleurecht (*klūrr*-ehkht) *adj* fast-dyed

kleurenblind (*klūr*-rerm-blint) *adj* colour-blind

kleurenfilm (*klūr*-rer-film) *c* (pl ~s) colour film

kleurrijk (*klūr*-rayk) *adj* colourful

kleurstof (*klūr*-stof) *c* (pl ~fen) colourant

kleuter (*klūr*-terr) *c* (pl ~s) tot

kleuterschool (*klūr*-terr-skhōāl) *c* (pl -scholen) kindergarten

kleven (*klāy*-vern) *v* *stick

kleverig (*klāy*-ver-rerkh) *adj* sticky

klier (kleer) *c* (pl ~en) gland

klimaat (klee-*maat*) *nt* (pl -maten) climate

***klimmen** (*klı*-mern) *v* climb

klimop (klı-*mop*) *c* ivy

kliniek (klee-*neek*) *c* (pl ~en) clinic

***klinken** (*klıng*-kern) *v* sound

klinker (*klıng*-kerr) *c* (pl ~s) vowel

klip (klıp) *c* (pl ~pen) cliff

klok (klok) *c* (pl ~ken) clock; bell

klokhuis (*klok*-hur^ewss) *nt* (pl -huizen) core

klomp (klomp) *c* (pl ~en) wooden shoe

klont (klont) *c* (pl ~en) lump

klonterig (*klon*-ter-rerkh) *adj* lumpy

kloof (klōāf) *c* (pl kloven) cleft; chasm

klooster (*klōā*-sterr) *nt* (pl ~s) monastery; convent, cloister

klop (klop) *c* (pl ~pen) knock, tap

kloppen (*klo*-pern) *v* knock, tap; whip

klucht (klerkht) *c* (pl ~en) farce

kluis (klur^ewss) *c* (pl kluizen) safe, vault

knaap (knaap) *c* (pl knapen) boy

knalpot (*knahl*-pot) *c* (pl ~ten) silencer; muffler *nAm*

knap (knahp) *adj* smart, clever; pretty, handsome, good-looking

knappend (*knah*-pernt) *adj* crisp

knapzak (*knahp*-sahk) *c* (pl ~ken) knapsack

kneuzen (*knūr*-zern) *v* bruise

kneuzing (*knūr*-zıng) *c* (pl ~en) bruise

knie (knee) *c* (pl ~ën) knee

knielen (*knee*-lern) *v* *kneel

knieschijf (*knee*-skhayf) *c* (pl -schijven) kneecap

***knijpen** (*knay*-pern) *v* pinch

knik (knık) *c* nod

knikken (*knı*-kern) *v* nod

knikker (*knı*-kerr) *c* (pl ~s) marble

knippen (*knı*-pern) *v* *cut

knoflook (*knof*-lōāk) *nt/c* garlic

knokkel (*kno*-kerl) *c* (pl ~s) knuckle

knoop (knōāp) *c* (pl knopen) button; knot

knooppunt (*knōā*-pernt) *nt* (pl ~en) junction

knoopsgat (*knōāps*-khaht) *c* (pl ~en) buttonhole

knop (knop) *c* (pl ~pen) bud; knob

knopen (*knōā*-pern) *v* button; tie, knot

knots (knots) *c* (pl ~en) club

knuffelen (*kner*-fer-lern) *v* cuddle

knuppel (*kner*-perl) *c* (pl ~s) club; cudgel

knus (knerss) *adj* cosy

koe (kōō) *c* (pl koeien) cow

koeiehuid (*kōō*ᵉᵉ-er-hurᵉʷt) *c* (pl ~en) cow-hide

koek (kōōk) *c* (pl ~en) cake

koekepan (*kōō*-ker-pahn) *c* (pl ~nen) frying-pan

koekje (kōōk-ʸer) *nt* (pl ~s) biscuit; cracker *nAm*

koekoek (*kōō*-kōōk) *c* (pl ~en) cuckoo

koel (kōōl) *adj* cool

koelkast (*kōōl*-kahst) *c* (pl ~en) fridge, refrigerator

koelsysteem (*kōōl*-see-stāym) *nt* (pl -temen) cooling system

koeltas (*kōōl*-tahss) *c* (pl ~sen) ice-bag

koepel (*kōō*-perl) *c* (pl ~s) dome

koers (kōōrs) *c* (pl ~en) exchange rate; course

koets (kōōts) *c* (pl ~en) carriage, coach

koffer (ko-ferr) *c* (pl ~s) case, suit-case, bag; trunk

kofferruimte (ko-fer-rurᵉʷm-ter) *c* trunk *nAm*

koffie (ko-fee) *c* coffee

kogel (*kōā*-gerl) *c* (pl ~s) bullet

kok (kok) *c* (pl ~s) cook

koken (*kōā*-kern) *v* cook; boil

kokosnoot (*kōā*-koss-nōāt) *c* (pl -noten) coconut

kolen (*kōā*-lern) *pl* coal

kolom (*kōā*-lom) *c* (pl ~men) column

kolonel (kōā-lōā-nehl) *c* (pl ~s) colonel

kolonie (kōā-*lōā*-nee) *c* (pl ~s, -niën) colony

kolonne (kōā-*lo*-ner) *c* (pl ~s) column

kom (kom) *c* (pl ~men) basin

komedie (kōā-*māy*-dee) *c* (pl ~s) comedy

***komen** (*kōā*-mern) *v* *come

komfort (koam-*fōār*) *nt* comfort

komiek (kōā-*meek*) *c* (pl ~en) comedian

komisch (*kōā*-meess) *adj* comic

komkommer (kom-*ko*-merr) *c* (pl ~s) cucumber

komma (*ko*-maa) *c* (pl ~'s) comma

kompas (kom-*pahss*) *nt* (pl ~sen) compass

komplot (kom-*plot*) *nt* (pl ~ten) plot, intrigue

komst (komst) *c* coming; arrival

konijn (kōā-*nayn*) *nt* (pl ~en) rabbit

koning (*kōā*-nïng) *c* (pl ~en) king

koningin (kōā-nï-*ngïn*) *c* (pl ~nen) queen

koninklijk (*kōā*-nïng-klerk) *adj* royal

koninkrijk (*kōā*-nïng-krayk) *nt* (pl ~en) kingdom

kooi (kōā*ᵉᵉ*) *c* (pl ~en) cage; bunk, berth

kookboek (*kōāk*-bōōk) *nt* (pl ~en) cookery-book; cookbook *nAm*

kool (kōāl) *c* (pl kolen) cabbage

koop (kōāp) *c* purchase; **te ~** for sale

koophandel (*kōāp*-hahn-derl) *c* trade

koopje (*kōāp*-ʸer) *nt* (pl ~s) bargain

koopman (*kōāp*-mahn) *c* (pl kooplieden) dealer, merchant

koopprijs (*kōā*-prayss) *c* (pl -prijzen) purchase price

koopwaar (*kōāp*-vaar) *c* merchandise

koor (kōār) *nt* (pl koren) choir

koord (kōārt) *nt* (pl ~en) cord

koorts (kōārts) *c* fever

koortsig (*kōārt*-serkh) *adj* feverish

kop (kop) *c* (pl ~pen) head; headline

***kopen** (*kōā*-pern) *v* *buy; purchase

koper¹ (*kōā*-perr) *nt* brass; copper

koper² (*kōā*-perr) *c* (pl ~s) buyer, purchaser

koperwerk (kōā-perr-vehrk) nt brassware

kopie (kōā-pee) c (pl ~ën) copy

kopiëren (kōā-pee-Yāy-rern) v copy

kopje (kop-Yer) nt (pl ~s) cup

koplamp (kop-lahmp) c (pl ~en) headlight, headlamp

koppeling (ko-per-lıng) c clutch

koppelteken (ko-perl-tāy-kern) nt (pl ~s) hyphen

koppig (ko-perkh) adj obstinate, headstrong

koraal (kōā-raal) c (pl ~ralen) coral

koren (kōā-rern) nt corn, grain

korenveld (kōā-rer-vehlt) nt (pl ~en) cornfield

korhoen (kor-hōōn) nt (pl ~ders) grouse

korrel (ko-rerl) c (pl ~s) corn, grain

korset (kor-seht) nt (pl ~ten) corset

korst (korst) c (pl ~en) crust

kort (kort) adj brief, short

korting (kor-tıng) c (pl ~en) discount, reduction, rebate

kortsluiting (kort-slur^ew-tıng) c short circuit

kortstondig (kort-ston-derkh) adj momentary

kosmetica (koss-māy-tee-kaa) pl cosmetics pl

kost (kost) c food, fare; livelihood; ~ en inwoning room and board, board and lodging, bed and board

kostbaar (kost-baar) adj precious, valuable, expensive

kostbaarheden (kost-baar-hāy-dern) pl valuables pl

kosteloos (koss-ter-lōāss) adj free of charge

kosten (koss-tern) v *cost; pl cost, expenditure

koster (koss-terr) c (pl ~s) sexton

kostganger (kost-khah-ngerr) c (pl ~s) boarder

kostuum (koss-tewm) nt (pl ~s) suit

kotelet (kōā-ter-leht) c (pl ~ten) chop

kou (kou) c cold; ~ vatten catch a cold

koud (kout) adj cold

kous (kouss) c (pl ~en) stocking

kraag (kraakh) c (pl kragen) collar

kraai (kraa^ee) c (pl ~en) crow

kraakbeen (kraak-bāyn) nt cartilage

kraal (kraal) c (pl kralen) bead

kraam (kraam) c (pl kramen) stand, stall; booth

kraan (kraan) c (pl kranen) tap; faucet nAm

krab (krahp) c (pl ~ben) crab

krabben (krah-bern) v scratch

kracht (krahkht) c (pl ~en) force, strength; energy, power

krachtig (krahkh-terkh) adj strong

kraken (kraa-kern) v creak, crack

kralensnoer (kraa-ler-snōōr) nt (pl ~en) beads pl

kramp (krahmp) c (pl ~en) cramp; convulsion

krankzinnig (krahngk-sı-nerkh) adj insane; lunatic, crazy, mad

krankzinnige (krahngk-sı-ner-ger) c (pl ~n) lunatic

krankzinnigheid (krahngk-sı-nerkh-hayt) c lunacy

krant (krahnt) c (pl ~en) newspaper, paper

krantenkiosk (krahn-ter-kee-^Yosk) c (pl ~en) newsstand

krantenverkoper (krahn-ter-verr-kōā-perr) c (pl ~s) newsagent

krap (krahp) adj tight

kras (krahss) c (pl ~sen) scratch

krassen (krah-sern) v scratch

krat (kraht) nt (pl ~ten) crate

krater (kraa-terr) c (pl ~s) crater

krediet (krer-deet) nt (pl ~en) credit

kredietbrief (krer-deet-breef) c (pl -brieven) letter of credit

kreeft (krāyft) *c* (pl ~en) lobster

kreek (krāyk) *c* (pl kreken) creek

kreet (krāyt) *c* (pl kreten) cry

krekel (krāy-kerl) *c* (pl ~s) cricket

krenken (krehng-kern) *v* offend, injure

krent (krehnt) *c* (pl ~en) currant

kreuken (krūr-kern) *v* crease

kreunen (krūr-nern) *v* moan, groan

kreupel (krūr-perl) *adj* lame, crippled

kribbe (kri-ber) *c* (pl ~n) manger

kriebel (kree-berl) *c* (pl ~s) itch

***krijgen** (krāy-gern) *v* *get; receive

krijgsgevangene (kraykhs-kher-vah-nger-ner) *c* (pl ~n) prisoner of war

krijgsmacht (kraykhs-mahkht) *c* (pl ~en) military force

krijt (krayt) *nt* chalk

krik (krik) *c* (pl ~ken) jack

***krimpen** (krim-pern) *v* *shrink

krimpvrij (krimp-vray) *adj* shrinkproof

kring (kring) *c* (pl ~en) ring, circle

kringloop (kring-lōap) *c* (pl -lopen) cycle

kristal (kriss-tahl) *nt* (pl ~len) crystal

kristallen (kriss-tah-lern) *adj* crystal

kritiek (kree-teek) *adj* critical; *c* criticism

kritisch (kree-teess) *adj* critical

kroeg (krōokh) *c* (pl ~en) public house; pub

kroes (krōoss) *c* (pl kroezen) mug

krokodil (krōa-kōa-dil) *c* (pl ~len) crocodile

krom (krom) *adj* crooked; curved, bent

kromming (kro-ming) *c* (pl ~en) curve, bend

kronen (krōa-nern) *v* crown

kronkelen (krong-ker-lern) *v* *wind

kronkelig (krong-ker-lerkh) *adj* winding

kroon (krōan) *c* (pl kronen) crown

kruid (krurᵉwt) *nt* (pl ~en) herb; **kruiden** spices; *v* flavour

kruidenier (krurᵉw-der-neer) *c* (pl ~s) grocer

kruidenierswaren (krurᵉw-der-neers-vaa-rern) *pl* groceries *pl*

kruidenierswinkel (krurᵉw-der-neers-ving-kerl) *c* (pl ~s) grocer's

kruier (krurᵉw-err) *c* (pl ~s) porter

kruik (krurᵉwk) *c* (pl ~en) pitcher

kruimel (krurᵉw-merl) *c* (pl ~s) crumb

***kruipen** (krurᵉw-pern) *v* *creep, crawl

kruis (krurᵉwss) *nt* (pl ~en) cross

kruisbeeld (krurᵉwss-bāylt) *nt* (pl ~en) crucifix

kruisbes (krurᵉwss-behss) *c* (pl ~sen) gooseberry

kruisigen (krurᵉw-ser-gern) *v* crucify

kruisiging (krurᵉw-ser-ging) *c* (pl ~en) crucifixion

kruising (krurᵉw-sing) *c* (pl ~en) crossing, junction

kruispunt (krurᵉwss-pernt) *nt* (pl ~en) crossroads, intersection

kruissnelheid (krurᵉw-snehl-hayt) *c* cruising speed

kruistocht (krurᵉwss-tokht) *c* (pl ~en) crusade

kruit (krurᵉwt) *nt* gunpowder

kruiwagen (krurᵉw-vaa-gern) *c* (pl ~s) wheelbarrow

kruk (krerk) *c* (pl ~ken) crutch

krukas (krerk-ahss) *c* crankshaft

krul (krerl) *c* (pl ~len) curl

krullen (krer-lern) *v* curl; **krullend** curly

krulspeld (krerl-spehlt) *c* (pl ~en) curler

krultang (krerl-tahng) *c* (pl ~en) curling-tongs *pl*

kubus (kēw-berss) *c* (pl ~sen) cube

kudde (ker-der) *c* (pl ~n, ~s) herd, flock

kuiken (kurᵉw-kern) *nt* (pl ~s) chicken

kuil (kurᵉwl) *c* (pl ~en) hole; pit

kuis (kurᵉwss) *adj* chaste

kuit[1] (kur^{ew}t) *c* roe

kuit[2] (kur^{ew}t) *c* (pl ~en) calf

kundig (*kern*-derkh) *adj* capable

***kunnen** (*ker*-nern) *v* *can, *be able to; *might, *may

kunst (kernst) *c* (pl ~en) art; **schone kunsten** fine arts

kunstacademie (*kernst*-ah-kaa-*day*-mee) *c* (pl ~s) art school

kunstenaar (*kern*-ster-naar) *c* (pl ~s) artist

kunstenares (kern-ster-naa-*rehss*) *c* (pl ~sen) artist

kunstgalerij (*kernst*-khah-ler-ray) *c* (pl ~en) art gallery

kunstgebit (*kernst*-kher-bɪt) *nt* (pl ~ten) denture, false teeth

kunstgeschiedenis (*kernst*-kher-skhee-der-nɪss) *c* art history

kunstijsbaan (*kernst*-ayss-baan) *c* (pl -banen) skating-rink

kunstje (*kern*-sher) *nt* (pl ~s) trick

kunstmatig (*kernst*-*maa*-terkh) *adj* artificial

kunstnijverheid (kernst-*nay*-verr-hayt) *c* arts and crafts

kunsttentoonstelling (*kerns*-tern-tōan-steh-lɪng) *c* (pl ~en) art exhibition

kunstverzameling (*kernst*-ferr-zaa-mer-lɪng) *c* (pl ~en) art collection

kunstwerk (*kernst*-vehrk) *nt* (pl ~en) work of art

kunstzijde (*kernst*-say-der) *c* rayon

kunstzinnig (kernst-*sɪ*-nerkh) *adj* artistic

kurk (kerrk) *c* (pl ~en) cork

kurketrekker (*kerr*-ker-treh-kerr) *c* (pl ~s) corkscrew

kus (kerss) *c* (pl ~sen) kiss

kussen[1] (*ker*-sern) *v* kiss

kussen[2] (*ker*-sern) *nt* (pl ~s) cushion; pillow; **kussentje** *nt* pad

kussensloop (*ker*-ser-slōap) *c/nt* (pl -slopen) pillow-case

kust (kerst) *c* (pl ~en) coast, shore; seaside, seashore

kuur (kēwr) *c* (pl kuren) cure

kwaad[1] (kvaat) *adj* angry, cross; mad; ill

kwaad[2] (kvaat) *nt* (pl kwaden) evil; mischief, harm

kwaadaardig (kvaa-*daar*-derkh) *adj* malignant

kwaal (kvaal) *c* (pl kwalen) ailment

kwadraat (kvaa-*draat*) *nt* (pl -draten) square

kwakzalver (*kvahk*-sahl-verr) *c* (pl ~s) quack

kwal (kvahl) *c* (pl ~len) jelly-fish

kwalijk *nemen (*kvaa*-lerk *nay*-mern) resent; **neem me niet kwalijk!** sorry!

kwaliteit (kvaa-lee-*tayt*) *c* (pl ~en) quality

kwart (kvahrt) *nt* (pl ~en) quarter

kwartaal (kvahr-*taal*) *nt* (pl -talen) quarter

kwartel (*kvahr*-terl) *c* (pl ~s) quail

kwartier (kvahr-*teer*) *nt* quarter of an hour

kwast (kvahst) *c* (pl ~en) brush

kweken (*kvay*-kern) *v* cultivate, *grow

kwellen (*kveh*-lern) *v* torment

kwelling (*kveh*-lɪng) *c* (pl ~en) torment

kwestie (*kvehss*-tee) *c* (pl ~s) matter, question, issue

kwetsbaar (*kvehts*-baar) *adj* vulnerable

kwetsen (*kveht*-sern) *v* injure; *hurt, wound

kwijtraken (*kvayt*-raa-kern) *v* *lose; *mislay

kwik (kvɪk) *nt* mercury

kwistig (*kvɪss*-terkh) *adj* lavish

kwitantie (kvee-*tahn*-see) *c* (pl ~s) receipt

L

la (laa) c (pl ~den) drawer

laag[1] (laakh) adj low; **lager** adj inferior

laag[2] (laakh) c (pl lagen) layer

laagland (laakh-lahnt) nt lowlands pl

laan (laan) c (pl lanen) avenue

laars (laars) c (pl laarzen) boot

laat (laat) adj late; **laatst** adj last; ultimate, final; adv lately; **later** adv afterwards; **te ~** late; overdue

labiel (laa-beel) adj unstable

laboratorium (laa-bōa-raa-tōa-ree-^yerm) nt (pl -ria) laboratory

lach (lahkh) c laugh

*__lachen__ (lah-khern) v laugh

ladder (lah-derr) c (pl ~s) ladder

lade (laa-der) c (pl ~n) drawer

*__laden__ (laa-dern) v load; charge

ladenkast (laa-der-kahst) c (pl ~en) chest of drawers

lading (laa-dɪng) c (pl ~en) charge, load; freight, cargo

laf (lahf) adj cowardly

lafaard (lah-faart) c (pl ~s) coward

lagune (laa-gēw-ner) c (pl ~s) lagoon

lak (lahk) c (pl ~ken) lacquer, varnish

laken (laa-kern) nt (pl ~s) sheet

lakken (lah-kern) v varnish

lam[1] (lahm) adj lame

lam[2] (lahm) nt (pl ~meren) lamb

lambrizering (lahm-bree-zāȳ-rɪng) c panelling

lamp (lahmp) c (pl ~en) lamp

lampekap (lahm-per-kahp) c (pl ~pen) lampshade

lamsvlees (lahms-flāȳss) nt lamb

lanceren (lahn-sāȳ-rern) v launch

land (lahnt) nt (pl ~en) country, land; **aan ~** ashore; **aan ~ *gaan** land

landbouw (lahnt-bou) c agriculture; **landbouw-** agrarian

landen (lahn-dern) v land

landengte (lahn-ehng-ter) c (pl ~n, ~s) isthmus

landgenoot (lahnt-kher-nōat) c (pl -noten) countryman

landgoed (lahnt-khōot) nt (pl ~eren) estate

landhuis (lahnt-hur^{ew}ss) nt (pl -huizen) country house

landkaart (lahnt-kaart) c (pl ~en) map

landloper (lahnt-lōa-perr) c (pl ~s) tramp

landloperij (lahnt-lōa-per-ray) c vagrancy

landschap (lahnt-skhahp) nt (pl ~pen) scenery, landscape

landsgrens (lahnts-khrehns) c (pl -grenzen) boundary

landtong (lahn-tong) c (pl ~en) headland

lang (lahng) adj long; tall

langdurig (lahng-dēw-rerkh) adj long

langs (lahngs) prep along; past

langspeelplaat (lahng-spāȳl-plaat) c (pl -platen) long-playing record

langwerpig (lahng-vehr-perkh) adj oblong

langzaam (lahng-zaam) adj slow

langzamerhand (lahng-zaa-merr-hahnt) adv gradually

lantaarn (lahn-taa-rern) c (pl ~s) lantern

lantaarnpaal (lahn-taa-rern-paal) c (pl -palen) lamp-post

las (lahss) c (pl ~sen) joint

lassen (lah-sern) v weld

last (lahst) c (pl ~en) charge; load, burden; trouble, nuisance, bother

laster (lahss-terr) c slander

lastig (lahss-terkh) adj troublesome, inconvenient; difficult

*__laten__ (laa-tern) v *let; allow to;

*leave; *have

Latijns-Amerika (lah-tayn-zaa-*māy*-ree-kaa) Latin America

Latijns-Amerikaans (lah-tayn-zaa-*māy*-ree-*kaans*) adj Latin-American

lauw (lou) adj lukewarm, tepid

lawaai (laa-*vaa*ᵉᵉ) nt noise

lawaaierig (laa-*vaa*ᵉᵉ-er-rerkh) adj noisy

lawine (laa-*vee*-ner) c (pl ~s, ~n) avalanche

laxeermiddel (lahk-*sāyr*-mi-derl) nt (pl ~en) laxative

ledemaat (*lāy*-der-maat) c (pl maten) limb

lederen (*lāy*-der-rern) adj leather

ledigen (*lāy*-der-gern) v empty

leed (lāyt) nt affliction, sorrow

leeftijd (*lāyf*-tayt) c (pl ~en) age

leeg (lāykh) adj empty

leek (lāyk) c (pl leken) layman

leer¹ (lāyr) c teachings pl

leer² (lāyr) nt leather

leerboek (*lāyr*-bōōk) nt (pl ~en) textbook

leerling (*lāyr*-ling) c (pl ~en) pupil; scholar

leerzaam (*lāyr*-zaam) adj instructive

leesbaar (*lāyss*-baar) adj legible

leeslamp (*lāyss*-lahmp) c (pl ~en) reading-lamp

leeszaal (*lāy*-saal) c (pl -zalen) reading-room

leeuw (lāyᵒᵒ) c (pl ~en) lion

leeuwerik (*lāy*ᵒᵒ-er-rik) c (pl ~en) lark

lef (lehf) nt guts

legalisatie (lāy-gaa-lee-*zaa*-tsee) c legalization

legatie (ler-*gaa*-tsee) c (pl ~s) legation

leger (*lāy*-gerr) nt (pl ~s) army

leggen (*leh*-gern) v *lay, *put

legpuzzel (*lehkh*-per-zerl) c (pl ~s) jigsaw puzzle

lei (lay) nt slate

leiden (*lay*-dern) v head, direct; guide, *lead, conduct

leider (*lay*-derr) c (pl ~s) leader

leiderschap (*lay*-derr-skhahp) nt leadership

leiding¹ (*lay*-ding) c lead

leiding² (*lay*-ding) c (pl ~en) pipe

lek¹ (lehk) adj leaky; punctured

lek² (lehk) nt (pl ~ken) leak

lekken (*leh*-kern) v leak

lekker (*leh*-kerr) adj good; nice, enjoyable, delicious, tasty

lekkernij (leh-kerr-*nay*) c (pl ~en) delicacy

lelie (*lāy*-lee) c (pl ~s) lily

lelijk (*lāy*-lerk) adj ugly

lemmet (*leh*-mert) nt (pl ~en) blade

lenen (*lāy*-nern) v *lend; borrow

lengte (*lehng*-ter) c (pl ~n, ~s) length; **in de ~** lengthways

lengtegraad (*lehng*-ter-graat) c (pl -graden) longitude

lenig (*lāy*-nerkh) adj supple

lening (*lāy*-ning) c (pl ~en) loan

lens (lehns) c (pl lenzen) lens

lente (*lehn*-ter) c (pl ~s) spring

lepel (*lāy*-perl) c (pl ~s) spoon; spoonful

lepra (*lāy*-praa) c leprosy

leraar (*lāy*-raar) c (pl leraren, ~s) master, teacher; instructor

lerares (lāy-raa-*rehss*) c (pl ~sen) teacher

leren¹ (*lāy*-rern) v *teach; *learn

leren² (*lāy*-rern) adj leather

les (lehss) c (pl ~sen) lesson

leslokaal (*lehss*-lōa-kaal) nt (pl -kalen) classroom

lessenaar (*leh*-ser-naar) c (pl ~s) desk

letsel (*leht*-serl) nt (pl ~s) injury

letten op (*leh*-tern) attend to, *pay attention to; watch, mind

letter (*leh*-terr) c (pl ~s) letter

lettergreep (*leh*-terr-grāyp) *c* (pl -grepen) syllable

letterkundig (leh-terr-*kern*-derkh) *adj* literary

leugen (*lūr*-gern) *c* (pl ~s) lie

leuk (lūrk) *adj* enjoyable; funny, jolly

leunen (*lūr*-nern) *v* *lean

leuning (*lūr*-nıng) *c* (pl ~en) arm; rail

leunstoel (*lūrn*-stōōl) *c* (pl ~en) easy chair, armchair

leus (lūrss) *c* (pl leuzen) slogan

leven¹ (*lāy*-vern) *v* live; **levend** alive; live

leven² (*lāy*-vern) *nt* (pl ~s) life; lifetime; **in** ~ alive

levendig (*lāy*-vern-derkh) *adj* lively; brisk, vivid

levensmiddelen (*lāy*-verns-mı-der-lern) *pl* foodstuffs *pl*

levensstandaard (*lāy*-vern-stahn-daart) *c* standard of living

levensverzekering (*lāy*-verns-ferr-zāy-ker-rıng) *c* (pl ~en) life insurance

lever (*lāy*-verr) *c* (pl ~s) liver

leveren (*lāy*-ver-rern) *v* furnish, provide, supply

levering (*lāy*-ver-rıng) *c* (pl ~en) delivery, supply

lezen (*lāy*-zern) *v* *read

lezing (*lāy*-zıng) *c* (pl ~en) lecture

Libanees¹ (lee-baa-*nāyss*) *adj* Lebanese

Libanees² (lee-bah-*nāyss*) *c* (pl -nezen) Lebanese

Libanon (*lee*-baa-non) Lebanon

liberaal (lee-ber-*raal*) *adj* liberal

Liberia (lee-*bāy*-ree-ʸaa) Liberia

Liberiaan (lee-bāy-ree-ʸaan) *c* (pl -rianen) Liberian

Liberiaans (lee-bāy-ree-ʸaans) *adj* Liberian

licentie (lee-*sehn*-see) *c* (pl ~s) licence

lichaam (*lı*-khaam) *nt* (pl lichamen) body

licht¹ (lıkht) *adj* light; pale; gentle, slight

licht² (lıkht) *nt* (pl ~en) light

lichtbruin (*lıkht*-brurᵉʷn) *adj* fawn

lichtgevend (*lıkht*-kher-vernt) *adj* luminous

lichting (*lıkh*-tıng) *c* (pl ~en) collection

lichtpaars (*lıkht*-paars) *adj* mauve

lid (lıt) *nt* (pl leden) member; associate

lidmaatschap (*lıt*-maat-skhahp) *nt* membership

lidwoord (*lıt*-vōart) *nt* (pl ~en) article

lied (leet) *nt* (pl ~eren) song

lief (leef) *adj* dear; sweet; affectionate, adorable

liefdadigheid (leef-*daa*-derkh-hayt) *c* charity

liefde (*leef*-der) *c* (pl ~s) love

liefdesgeschiedenis (*leef*-derss-kher-skhee-der-nıss) *c* (pl ~sen) love-story

***liefhebben** (*leef*-heh-bern) *v* love

liefhebberij (leef-heh-ber-*ray*) *c* (pl ~en) hobby

liefje (*leef*-ʸer) *nt* (pl ~s) sweetheart

***liegen** (*lee*-gern) *v* lie

lies (leess) *c* (pl liezen) groin

lieveling (*lee*-ver-lıng) *c* (pl ~en) darling, sweetheart; favourite, pet; **lievelings-** favourite, pet

liever (*lee*-verr) *adv* sooner, rather; ~ ***hebben** prefer

lift (lıft) *c* (pl ~en) lift; elevator *nAm*

liften (*lıf*-tern) *v* hitchhike

lifter (*lıf*-terr) *c* (pl ~s) hitchhiker

***liggen** (*lı*-gern) *v* *lie; ***gaan** ~ *lie down

ligging (*lı*-gıng) *c* location; situation, site

ligstoel (*lıkh*-stōōl) *c* (pl ~en) deck chair

lijden (*lay*-dern) *nt* suffering

*lijden (*lay*-dern) *v* suffer

lijf (layf) *nt* (pl lijven) body

lijfwacht (*layf*-vahkht) *c* (pl ~en) bodyguard

lijk (layk) *nt* (pl ~en) corpse

*lijken (*lay*-kern) *v* seem, appear; look; ~ **op** resemble

lijm (laym) *c* glue, gum

lijn (layn) *c* (pl ~en) line; leash

lijnboot (*layn*-bōat) *c* (pl -boten) liner

lijst (layst) *c* (pl ~en) list; frame

lijster (*lay*-sterr) *c* (pl ~s) thrush

lijvig (*lay*-verkh) *adj* bulky

likdoorn (*lik*-dōa-rern) *c* (pl ~s) corn

likeur (lee-*kūrr*) *c* (pl ~en) liqueur

likken (*li*-kern) *v* lick

limiet (lee-*meet*) *c* (pl ~en) limit

limoen (lee-*mōōn*) *c* (pl ~en) lime

limonade (lee-mōa-*naa*-der) *c* (pl ~s) lemonade

linde (*lin*-der) *c* (pl ~n) limetree, lime

lingerie (lang-zher-*ree*) *c* lingerie

liniaal (lee-nee-ʸaal) *c* (pl -alen) ruler

links (lingks) *adj* left; left-hand

linkshandig (lingks-*hahn*-derkh) *adj* left-handed

linnen (*li*-nern) *nt* linen

linnengoed (*li*-ner-gōōt) *nt* linen

lint (lint) *nt* (pl ~en) ribbon; tape

lip (lip) *c* (pl ~pen) lip

lippenboter (*li*-per-bōa-terr) *c* lipsalve

lippenstift (*li*-per-stift) *c* lipstick

list (list) *c* (pl ~en) ruse, artifice

listig (*liss*-terkh) *adj* sly

liter (*lee*-terr) *c* (pl ~s) litre

literair (lee-ter-*rair*) *adj* literary

literatuur (lee-ter-raa-*tewr*) *c* literature

lits-jumeaux (lee-zhew-*mōa*) *nt* twin beds

litteken (*li*-tāy-kern) *nt* (pl ~s) scar

locomotief (lōa-kōa-mōa-*teef*) *c* (pl -tieven) engine, locomotive

loeien (*lōō*ᵉᵉ-ern) *v* roar

lof (lof) *c* glory, praise

logé (lōa-*zhāy*) *c* (pl ~'s) guest

logeerkamer (lōa-*zhāy*r-kaa-merr) *c* (pl ~s) spare room, guest-room

logeren (lōa-*zhāy*-rern) *v* stay

logica (*lōa*-gee-kaa) *c* logic

logies (lōa-*zheess*) *nt* lodgings *pl*, accommodation; ~ **en ontbijt** bed and breakfast

logisch (*lōa*-geess) *adj* logical

lokaal (lōa-*kaal*) *adj* local

lol (lol) *c* fun

lonen (*lōa*-nern) *v* *pay

long (long) *c* (pl ~en) lung

longontsteking (*long*-ont-stāy-king) *c* (pl ~en) pneumonia

lont (lont) *c* (pl ~en) fuse

lood (lōat) *nt* lead

loodgieter (*lōat*-khee-terr) *c* (pl ~s) plumber

loodrecht (*lōat*-rehkht) *adj* perpendicular

loods (lōats) *c* (pl ~en) pilot

loon (lōan) *nt* (pl lonen) wages *pl*; salary, pay

loonsverhoging (*lōans*-ferr-hōa-ging) *c* (pl ~en) raise *nAm*

loop (lōap) *c* course; gait, walk

loopbaan (*lōa*-baan) *c* (pl -banen) career

loopplank (*lōa*-plahngk) *c* (pl ~en) gangway

*lopen (*lōa*-pern) *v* walk; *go

los (loss) *adj* loose

losgeld (*loass*-khehlt) *nt* (pl ~en) ransom

losknopen (*loss*-knōa-pern) *v* unbutton; untie

losmaken (*loss*-maa-kern) *v* unfasten, *undo, detach; loosen

losschroeven (*lo*-skhrōō-vern) *v* unscrew

lossen (*lo*-sern) *v* unload, discharge

lot¹ (lot) *nt* lot, fortune, destiny, fate

lot² (lot) *nt* (pl ~en) lot

loterij (lōa-ter-*ray*) c (pl ~en) lottery
lotion (lōa-*shon*) c (pl ~s) lotion
loyaal (lōa-*ʸaal*) adj loyal
lucht (lerkht) c air; breath; sky
luchtdicht (lerkh-dıkht) adj airtight
luchtdruk (lerkh-drerk) c atmospheric pressure
luchten (lerkh-tern) v air, ventilate
luchtfilter (lerkht-fıl-terr) nt (pl ~s) air-filter
luchthaven (lerkht-haa-vern) c (pl ~s) airport
luchtig (lerkh-terkh) adj airy
luchtpost (lerkht-post) c airmail
luchtvaartmaatschappij (lerkht-faart-maat-skhah-pay) c (pl ~en) airline
luchtverversing (lerkht-ferr-vehr-sıng) c air-conditioning, ventilation
luchtziekte (lerkht-seek-ter) c air-sickness
lucifer (lēw-see-fehr) c (pl ~s) match
lucifersdoosje (lēw-see-fehrs-dōa-sher) nt (pl ~s) match-box
lui (lurᵉʷ) adj lazy; idle
luid (lurᵉʷt) adj loud
luidspreker (lurᵉʷt-sprāy-kerr) c (pl ~s) loud-speaker
luier (lurᵉʷ-err) c (pl ~s) nappy; diaper nAm
luik (lurᵉʷk) nt (pl ~en) hatch; shutter
luis (lurᵉʷss) c (pl luizen) louse
luisteraar (lurᵉʷss-ter-raar) c (pl ~s) listener
luisteren (lurᵉʷss-ter-rern) v listen
luisterrijk (lurᵉʷss-ter-rayk) adj magnificent
lukken (ler-kern) v succeed
lunch (lernsh) c (pl ~es) lunch
lus (lerss) c (pl ~sen) loop
lusten (lerss-tern) v like; fancy
luxe (lēwk-ser) c luxury
luxeus (lēwk-sēw-ūīrss) adj luxurious

M

maag (maakh) c (pl magen) stomach; **maag-** gastric
maagd (maakht) c (pl ~en) virgin
maagpijn (maakh-payn) c stomach-ache
maagzuur (maakh-sēwr) nt heartburn
maagzweer (maakh-svāyr) c (pl -zweren) gastric ulcer
maal¹ (maal) nt (pl malen) meal
maal² (maal) c (pl malen) time
maal³ (maal) prep times
maaltijd (maal-tayt) c (pl ~en) meal; **warme** ~ dinner
maan (maan) c (pl manen) moon
maand (maant) c (pl ~en) month
maandag (maan-dahkh) c Monday
maandblad (maant-blaht) nt (pl ~en) monthly magazine
maandelijks (maan-der-lerks) adj monthly
maandverband (maant-ferr-bahnt) nt sanitary towel
maanlicht (maan-lıkht) nt moonlight
maar (maar) conj but; yet; adv only
maart (maart) March
maas (maass) c (pl mazen) mesh
maat (maat) c (pl maten) size, measure; **extra grote** ~ outsize; **op** ~ **gemaakt** tailor-made; made to order
maatregel (maat-rāy-gerl) c (pl ~en, ~s) measure
maatschappelijk (maat-*skhah*-per-lerk) adj social
maatschappij (maat-skhah-*pay*) c (pl ~en) company; society
maatstaf (maat-stahf) c (pl -staven) standard
machine (mah-*shee*-ner) c (pl ~s) engine, machine

machinerie (mah-shee-ner-*ree*) *c* machinery

macht (mahkht) *c* (pl ~en) power; force, might; authority

machteloos (*mahkh*-ter-lōass) *adj* powerless

machtig (*mahkh*-terkh) *adj* powerful, mighty

machtiging (*mahkh*-ter-ging) *c* (pl ~en) authorization

magazijn (maa-gaa-*zayn*) *nt* (pl ~en) store-house, warehouse

mager (*maa*-gerr) *adj* lean, thin

magie (maa-*gee*) *c* magic

magistraat (maa-giss-*traat*) *c* (pl -straten) magistrate

magneet (mahkh-*nāyt*) *c* (pl -neten) magneto

magnetisch (mahkh-*nāy*-teess) *adj* magnetic

maillot (maa-*Yōā*) *c* (pl ~s) tights *pl*

maïs (mighss) *c* maize

maïskolf (*mighss*-kolf) *c* (pl -kolven) corn on the cob

maître d'hôtel (mai-trer-dōā-*tehl*) head-waiter

maîtresse (meh-*tray*-ser) *c* (pl ~s, ~n) mistress

majoor (maa-*Yōār*) *c* (pl ~s) major

mak (mahk) *adj* tame

makelaar (*maa*-ker-laar) *c* (pl ~s) broker, house agent

maken (*maa*-kern) *v* *make; **te ~ *hebben met** *deal with

makreel (maa-*krāyl*) *c* (pl -relen) mackerel

mal (mahl) *adj* foolish, silly

malaria (maa-*laa*-ree-Yaa) *c* malaria

Maleis (maa-*layss*) *nt* Malay

Maleisië (maa-*lay*-zee-Yer) Malaysia

Maleisisch (maa-*lay*-zeess) *adj* Malaysian

***malen** (*maa*-lern) *v* *grind

mals (mahls) *adj* tender

mammoet (*mah*-mōot) *c* (pl ~en, ~s) mammoth

man (mahn) *c* (pl ~nen) man; husband

manchet (mahn-*sheht*) *c* (pl ~ten) cuff

manchetknopen (mahn-*sheht*-knōā-pern) *pl* cuff-links *pl*

mand (mahnt) *c* (pl ~en) hamper, basket

mandaat (mahn-*daat*) *nt* (pl -daten) mandate

mandarijn (mahn-daa-*rayn*) *c* (pl ~en) mandarin, tangerine

manege (maa-*nāy*-zher) *c* (pl ~s) riding-school

manicure (maa-nee-*kēw*-rer) *c* (pl ~s) manicure

manicuren (maa-nee-*kēw*-rern) *v* manicure

manier (maa-*neer*) *c* (pl ~en) manner; way, fashion

mank (mahngk) *adj* lame

mannelijk (*mah*-ner-lerk) *adj* male; masculine

mannequin (mah-ner-*kang*) *c* (pl ~s) model, mannequin

mantel (*mahn*-terl) *c* (pl ~s) coat, cloak

manufacturier (mah-nēw-fahk-tēw-reer) *c* (pl ~s) draper

manuscript (maa-nerss-*kript*) *nt* (pl ~en) manuscript

marcheren (mahr-*shāy*-rern) *v* march

margarine (mahr-gaa-*ree*-ner) *c* margarine

marge (*mahr*-zher) *c* (pl ~s) margin

marine (maa-*ree*-ner) *c* navy; **marine**-naval

maritiem (mah-ree-*teem*) *adj* maritime

markt (mahrkt) *c* (pl ~en) market; **zwarte ~** black market

marktplein (*mahrkt*-playn) *nt* (pl ~en) market-place

marmelade (mahr-mer-*laa*-der) c (pl ~s, ~n) marmalade

marmer (*mahr*-merr) nt marble

Marokkaan (mah-ro-*kaan*) c (pl -kanen) Moroccan

Marokkaans (mah-ro-*kaans*) adj Moroccan

Marokko (maa-ro-kōa) Morocco

mars (mahrs) c (pl ~en) march

martelaar (*mahr*-ter-laar) c (pl ~s, -laren) martyr

martelen (*mahr*-ter-lern) v torture

marteling (*mahr*-ter-lıng) c (pl ~en) torture

mascara (mahss-*kaa*-raa) c mascara

masker (*mahss*-kerr) nt (pl ~s) mask

massa (*mah*-saa) c (pl ~'s) bulk, mass; crowd

massage (mah-*saa*-zher) c (pl ~s) massage

massaproduktie (mah-saa-prōa-*derk*-see) c mass production

masseren (mah-*sāy*-rern) v massage

masseur (mah-*sūrr*) c (pl ~s) masseur

massief (mah-*seef*) adj solid, massive

mast (mahst) c (pl ~en) mast

mat¹ (maht) adj dull, mat, dim

mat² (maht) c (pl ~ten) mat

materiaal (maa-tree-*Ɣaal*) nt (pl -rialen) material

materie (mah-*tāƔ*-ree) c (pl -riën, ~s) matter

materieel (maa-tree-*Ɣāyl*) adj material

matig (*maa*-terkh) adj moderate

matras (maa-*trahss*) c (pl ~sen) mattress

matroos (maa-*trōass*) c (pl matrozen) sailor

mausoleum (mou-sōa-*lāy*-Ɣerm) nt (pl ~s, -lea) mausoleum

mazelen (*maa*-zer-lern) pl measles

me (mer) pron me; myself

mechanisch (māy-*khaa*-neess) adj mechanical

mechanisme (māy-khaa-*nıss*-mer) nt (pl ~n) mechanism; machinery

medaille (māy-*dah*-Ɣer) c (pl ~s) medal

mededelen (*māy*-der-dāy-lern) v notify, communicate, inform

mededeling (*māy*-der-dāy-lıng) c (pl ~en) communication, information

medegevoel (*māy*-der-ger-vōol) nt sympathy

medelijden (*māy*-der-lay-dern) nt pity; ~ *hebben met pity

medeplichtige (māy-der-*plıkh*-ter-ger) c (pl ~n) accessary

medewerking (*māy*-der-vehr-kıng) c co-operation

medisch (*māy*-deess) adj medical

mediteren (māy-dee-*tāy*-rern) v meditate

*meebrengen (*māy*-breh-ngern) v *bring

meedelen (*māy*-dāy-lern) v communicate

meel (māyl) nt flour

meemaken (*māy*-maa-kern) v *go through

*meenemen (*māy*-nāy-mern) v *take away

meer¹ (māyr) adj more; ~ dan over; niet ~ no longer

meer² (māyr) nt (pl meren) lake

meerderheid (*māyr*-derr-hayt) c majority; bulk

meerderjarig (māyr-derr-*Ɣaa*-rerkh) adj of age

meervoud (*māyr*-vout) nt (pl ~en) plural

meest (māyst) adj most

meestal (*māy*-stahl) adv mostly

meester (*māy*-sterr) c (pl ~s) master; schoolmaster, teacher

meesteres (māy-ster-*rehss*) c (pl ~sen) mistress

meesterwerk (*māy*-sterr-vehrk) nt (pl

~en) masterpiece

meetellen (*māy*-teh-lern) v count

meetkunde (*māyt*-kern-der) c geometry

meeuw (māy°°) c (pl ~en) gull; seagull

mei (may) May

meid (mayt) c (pl ~en) housemaid, maid

meineed (*may*-nāyt) c (pl -eden) perjury

meisje (*may*-sher) nt (pl ~s) girl

meisjesnaam (*may*-sherss-naam) c (pl -namen) maiden name

mejuffrouw (mer-*Y*er-frou) miss

melden (*mehl*-dern) v report

melding (*mehl*-ding) c (pl ~en) mention

melk (mehlk) c milk

melkboer (*mehlk*-bōōr) c (pl ~en) milkman

melodie (māy-lōā-*dee*) c (pl ~ën) melody; tune

melodieus (māy-lōā-dee-*Yūrss*) adj tuneful

melodrama (māy-lōā-*draa*-maa) nt (pl ~'s) melodrama

meloen (mer-*lōōn*) c (pl ~en) melon

memorandum (māy-mōā-*rahn*-derm) nt (pl -randa) memo

men (mehn) pron one

meneer (mer-*nāyr*) mister; sir

menen (*māy*-nern) v consider; *mean

mengen (*meh*-ngern) v mix

mengsel (*mehng*-serl) nt (pl ~s) mixture

menigte (*māy*-nerkh-ter) c (pl ~n, ~s) crowd

mening (*māy*-ning) c (pl ~en) opinion; view; **van ~ verschillen** disagree

mens (mehns) c (pl ~en) man; **mensen** people pl

menselijk (*mehn*-ser-lerk) adj human;

~ **wezen** human being

mensheid (*mehns*-hayt) c humanity, mankind

menstruatie (mehn-strew-*vaa*-tsee) c menstruation

menukaart (mer-*new*-kaart) c (pl ~en) menu

merel (*māy*-rerl) c (pl ~s) blackbird

merg (mehrkh) nt marrow

merk (mehrk) nt (pl ~en) brand

merkbaar (*mehrk*-baar) adj noticeable, perceptible

merken (*mehr*-kern) v notice; mark

merkteken (*mehrk*-tāy-kern) nt (pl ~s) mark

merrie (*meh*-ree) c (pl ~s) mare

mes (mehss) nt (pl ~sen) knife

messing (*meh*-sing) nt brass

mest (mehst) c dung, manure

mesthoop (*mehst*-hōāp) c (pl -hopen) dunghill

met (meht) prep with; by

metaal (māy-*taal*) nt (pl metalen) metal

metalen (māy-*taa*-lern) adj metal

meteen (mer-*tāyn*) adv at once, straight away, immediately, instantly; presently

*meten (*māy*-tern) v measure

meter (*māy*-terr) c (pl ~s) metre; meter; gauge

metgezel (*meht*-kher-zehl) c (pl ~len) companion

methode (māy-*tōā*-der) c (pl ~n, ~s) method

methodisch (māy-*tōā*-deess) adj methodical

metrisch (*māy*-treess) adj metric

metro (*māy*-trōā) c (pl ~'s) underground

metselaar (*meht*-ser-laar) c (pl ~s) bricklayer

metselen (*meht*-ser-lern) v *lay bricks

meubilair (mūr-bee-*lair*) nt furniture

meubileren (mūr-bee-láy-rern) v furnish

mevrouw (mer-vrou) madam

Mexicaan (mehk-see-kaan) c (pl -canen) Mexican

Mexicaans (mehk-see-kaans) adj Mexican

Mexico (mehk-see-kōa) Mexico

microfoon (mee-krōa-fōan) c (pl ~s) microphone

middag (mı-dahkh) c (pl ~en) afternoon; midday; noon

middageten (mı-dahkh-ay-tern) nt luncheon, lunch; dinner

middel¹ (mı-derl) nt (pl ~en) means; remedy; **antiseptisch ~** antiseptic; **insektenwerend ~** insect repellent; **kalmerend ~** tranquillizer, sedative; **pijnstillend ~** anaesthetic; **stimulerend ~** stimulant; **verdovend ~** drug

middel² (mı-derl) nt (pl ~s) waist

middeleeuwen (mı-derl-āy°°-ern) pl Middle Ages

middeleeuws (mı-derl-āy°°ss) adj mediaeval

Middellandse Zee (mı-der-lahnt-ser-zāy) Mediterranean

middelmatig (mı-derl-maa-terkh) adj moderate; medium

middelpunt (mı-derl-pernt) nt (pl ~en) centre

middelst (mı-derlst) adj middle

midden (mı-dern) nt midst, middle; **midden-** medium-; **~ in** amid; **te ~ van** amid; among

middernacht (mı-derr-nahkht) c midnight

midzomer (mıt-sōa-merr) c midsummer

mier (meer) c (pl ~en) ant

mierikswortel (mee-rıks-vor-terl) c (pl ~s) horseradish

migraine (mee-grai-ner) c migraine

mijl (mayl) c (pl ~en) mile

mijlpaal (mayl-paal) c (pl -palen) milestone; landmark

mijn¹ (mayn) pron my

mijn² (mayn) c (pl ~en) mine

mijnbouw (mayn-bou) c mining

mijnheer (mer-náyr) mister

mijnwerker (mayn-vehr-kerr) c (pl ~s) miner

mikken op (mı-kern) aim at

mikpunt (mık-pernt) nt (pl ~en) target

mild (mılt) adj liberal

milieu (meel-Yūr) nt (pl ~s) milieu; environment

militair¹ (mee-lee-tair) adj military

militair² (mee-lee-tair) c (pl ~en) soldier

miljoen (mıl-Yōōn) nt million

miljonair (mıl-Yōa-nair) c (pl ~s) millionaire

min (mın) prep minus

minachting (mın-ahkh-tıng) c contempt

minder (mın-derr) adv less

minderheid (mın-derr-hayt) c (pl -heden) minority

minderjarig (mın-derr-Yaa-rerkh) adj under age

minderjarige (mın-derr-Yaa-rer-ger) c (pl ~n) minor

minderwaardig (mın-derr-vaar-derkh) adj inferior

mineraal (mee-ner-raal) nt (pl -ralen) mineral

mineraalwater (mee-ner-raal-vaa-terr) nt mineral water

miniatuur (mee-nee-Yaa-tēwr) c (pl -turen) miniature

minimum (mee-nee-merm) nt (pl -ma) minimum

minister (mee-nıss-terr) c (pl ~s) minister

ministerie (mee-nıss-táy-ree) nt (pl

~s) ministry

minnaar (mɪ-naar) c (pl ~s) lover

minst (mɪnst) adj least

minstens (mɪn-sterns) adv at least

minuscuul (mee-nerss-kewl) adj tiny, minute

minuut (mee-newt) c (pl minuten) minute

mis (mɪss) c (pl ~sen) Mass

misbruik (mɪss-brurewk) nt misuse, abuse

misdaad (mɪss-daat) c (pl -daden) crime

misdadig (mɪss-daa-derkh) adj criminal

misdadiger (mɪss-daa-der-gerr) c (pl ~s) criminal

zich *misdragen (mɪss-draa-gern) misbehave

misgunnen (mɪss-kher-nern) v grudge

mishagen (mɪss-haa-gern) v displease

miskraam (mɪss-kraam) c (pl -kramen) miscarriage

mislukking (mɪss-ler-kɪng) c (pl ~en) failure

mislukt (mɪss-lerkt) adj unsuccessful

mismaakt (mɪss-maakt) adj deformed

misplaatst (mɪss-plaatst) adj misplaced

misschien (mɪ-skheen) adv perhaps; maybe

misselijk (mɪ-ser-lerk) adj sick; disgusting

misselijkheid (mɪ-ser-lerk-hayt) c nausea, sickness

missen (mɪ-sern) v lack; miss; spare

misstap (mɪ-stahp) c (pl ~pen) slip

mist (mɪst) c fog, mist

mistig (mɪss-terkh) adj foggy, misty

mistlamp (mɪst-lahmp) c (pl ~en) foglamp

*misverstaan (mɪss-ferr-staan) v *misunderstand

misverstand (mɪss-ferr-stahnt) nt (pl

~en) misunderstanding

misvormd (mɪss-formt) adj deformed

mits (mɪts) conj provided that

mobiel (mōa-beel) adj mobile

modder (mo-derr) c mud

modderig (mo-der-rerkh) adj muddy

mode (mōa-der) c (pl ~s) fashion

model (mōa-dehl) nt (pl ~len) model

modelleren (mōa-deh-lāy-rern) v model

modern (mōa-dehrn) adj modern

modieus (mōa-dee-Yurss) adj fashionable

modiste (mōa-dɪss-ter) c (pl ~s) milliner

moe (mōo) adj tired; weary

moed (mōot) c courage

moeder (mōo-derr) c (pl ~s) mother

moedertaal (mōo-derr-taal) c native language, mother tongue

moedig (mōo-derkh) adj brave, courageous

moeilijk (mōoee-lerk) adj difficult; hard

moeilijkheid (mōoee-lerk-hayt) c (pl -heden) difficulty

moeite (mōoee-ter) c (pl ~n) trouble; pains, difficulty; **de ~ waard *zijn** *be worth-while; **~ *doen** bother

moer (mōor) c (pl ~en) nut

moeras (mōo-rahss) nt (pl ~sen) swamp; bog, marsh

moerassig (mōo-rah-serkh) adj marshy

moerbei (mōor-bay) c (pl ~en) mulberry

moestuin (mōoss-turewn) c (pl ~en) kitchen garden

*moeten (mōo-tern) v *must; *have to; need to, *ought to, *be obliged to, *should

mogelijk (mōa-ger-lerk) adj possible

mogelijkheid (mōa-ger-lerk-hayt) c (pl -heden) possibility

*mogen (mōa-gern) v *be allowed;

*may; like

mogendheid (*mōā*-gernt-hayt) *c* (pl -heden) power

mohair (mōā-*hair*) *nt* mohair

molen (*mōā*-lern) *c* (pl ~s) mill; windmill

molenaar (*mōā*-ler-naar) *c* (pl ~s) miller

mollig (*mo*-lerkh) *adj* plump

moment (mōā-*mehnt*) *nt* (pl ~en) moment

momentopname (mōā-*mehnt*-op-naa-mer) *c* (pl ~n) snapshot

monarchie (mōā-nahr-*khee*) *c* (pl ~ën) monarchy

mond (mont) *c* (pl ~en) mouth

mondeling (*mon*-der-lɪng) *adj* oral, verbal

monding (*mon*-dɪng) *c* (pl ~en) mouth

mondspoeling (*mont*-spōō-lɪng) *c* mouthwash

monetair (mōā-nāy-*tair*) *adj* monetary

monnik (*mo*-nerk) *c* (pl ~en) monk

monoloog (mōā-nōā-*lōākh*) *c* (pl -logen) monologue

monopolie (mōā-nōā-*pōā*-lee) *nt* (pl ~s) monopoly

monster (*mon*-sterr) *nt* (pl ~s) sample

monteren (mon-*tāy*-rern) *v* assemble

monteur (mon-*tūrr*) *c* (pl ~s) mechanic

montuur (mon-*tewr*) *nt* (pl -turen) frame

monument (mōā-new-*mehnt*) *nt* (pl ~en) monument

mooi (mōā**ee**) *adj* beautiful; pretty, fine; nice, lovely, fair

moord (mōārt) *c* (pl ~en) assassination, murder

moordenaar (*mōār*-der-naar) *c* (pl ~s) murderer

mop (mop) *c* (pl ~pen) joke

mopperen (*mo*-per-rern) *v* grumble

moraal (mōā-*raal*) *c* moral

moraliteit (mōā-raa-lee-*tayt*) *c* morality

moreel (mōā-*rāyl*) *adj* moral

morfine (mor-*fee*-ner) *c* morphine, morphia

morgen[1] (*mor*-gern) *adv* tomorrow

morgen[2] (*mor*-gern) *c* (pl ~s) morning

morsen (*mor*-sern) *v* *spill

mos (moss) *nt* (pl ~sen) moss

moskee (moss-*kāy*) *c* (pl ~ën) mosque

mossel (*mo*-serl) *c* (pl ~s, ~en) mussel

mosterd (*moss*-terrt) *c* mustard

mot (mot) *c* (pl ~ten) moth

motel (mōā-*tehl*) *nt* (pl ~s) motel

motie (*mōā*-tsee) *c* (pl ~s) motion

motief (mōā-*teef*) *nt* (pl motieven) motive; pattern

motor (*mōā*-terr) *c* (pl ~en, ~s) engine, motor

motorboot (*mōā*-terr-bōāt) *c* (pl -boten) motor-boat

motorfiets (*mōā*-terr-feets) *c* (pl ~en) motor-cycle

motorkap (*mōā*-terr-kahp) *c* (pl ~pen) bonnet; hood *nAm*

motorpech (*mōā*-terr-pehkh) *c* breakdown

motorschip (*mōā*-terr-skhɪp) *nt* (pl -schepen) launch

motregen (*mot*-rāy-gern) *c* drizzle

mousseline (mōō-ser-*lee*-ner) *c* muslin

mousserend (mōō-*sāy*-rernt) *adj* sparkling

mouw (mou) *c* (pl ~en) sleeve

mozaïek (mōā-zaa-*eek*) *nt* (pl ~en) mosaic

mug (merkh) *c* (pl ~gen) mosquito

muil (mur**ew**l) *c* (pl ~en) mouth

muildier (*mur**ew**l*-deer) *nt* (pl ~en) mule

muilezel (*mur^ewl*-āy-zerl) *c* (pl ~s) mule

muis (mur^ewss) *c* (pl muizen) mouse

muiterij (mur^ew-ter-*ray*) *c* (pl ~en) mutiny

mul (merl) *c* mullet

munt (mernt) *c* (pl ~en) coin; token; mint

munteenheid (*mernt*-āyn-hayt) *c* (pl -heden) monetary unit

muntstuk (*mernt*-sterk) *nt* (pl ~ken) coin

mus (merss) *c* (pl ~sen) sparrow

museum (mēw-*zāy*-^Yerm) *nt* (pl ~s, -sea) museum

musical (*m^yōō*-zı-kerl) *c* (pl ~s) musical comedy, musical

musicus (*mēw*-zee-kerss) *c* (pl -ci) musician

muskiet (merss-*keet*) *c* (pl ~en) mosquito

muskietennet (merss-*kee*-ter-neht) *nt* (pl ~ten) mosquito-net

muts (merts) *c* (pl ~en) cap

muur (mēwr) *c* (pl muren) wall

muziek (mēw-*zeek*) *c* music

muziekinstrument (mēw-*zeek*-ın-strēw-mehnt) *nt* (pl ~en) musical instrument

muzikaal (mēw-zee-*kaal*) *adj* musical

mysterie (mee-*stāy*-ree) *nt* (pl ~s) mystery

mysterieus (mee-stāy-ree-^Yūrss) *adj* mysterious

mythe (*mee*-ter) *c* (pl ~n) myth

N

na (naa) *prep* after

naad (naat) *c* (pl naden) seam

naadloos (*naat*-lōass) *adj* seamless

naaien (*naa^ee*-ern) *v* sew

naaimachine (*naa^ee*-mah-shee-ner) *c* (pl ~s) sewing-machine

naaister (*naa^ee*-sterr) *c* (pl ~s) dressmaker

naakt (naakt) *adj* nude, naked, bare

naaktstrand (*naakt*-strahnt) *nt* (pl ~en) nudist beach

naald (naalt) *c* (pl ~en) needle

naam (naam) *c* (pl namen) name; reputation; denomination; **in ~ van** on behalf of

naar[1] (naar) *prep* to, towards; at, for

naar[2] (naar) *adj* nasty, unpleasant

naast (naast) *prep* next to, beside

nabij (naa-*bay*) *adj* near, close

nabijheid (naa-*bay*-hayt) *c* vicinity

nabijzijnd (naa-*bay*-zaynt) *adj* nearby

nabootsen (*naa*-bōat-sern) *v* imitate

naburig (naa-*bōō*-rerkh) *adj* neighbouring

nacht (nahkht) *c* (pl ~en) night; **'s nachts** by night; overnight

nachtclub (*nahkht*-klerp) *c* (pl ~s) nightclub, cabaret

nachtcrème (*nahkht*-kraim) *c* (pl ~s) night-cream

nachtegaal (*nahkh*-ter-gaal) *c* (pl -galen) nightingale

nachtelijk (*nahkh*-ter-lerk) *adj* nightly

nachtjapon (*nahkht*-^Yap-pon) *c* (pl ~nen) nightdress

nachttarief (*nahkh*-taa-reef) *nt* (pl -rieven) night rate

nachttrein (*nahkh*-trayn) *c* (pl ~en) night train

nachtvlucht (*nahkht*-flerkht) *c* (pl ~en) night flight

nadat (naa-*daht*) *conj* after

nadeel (naa-*dāyl*) *nt* (pl -delen) disadvantage

nadelig (naa-*dāy*-lerkh) *adj* harmful

***nadenken** (*naa*-dehng-kern) *v* *think; **nadenkend** thoughtful

nader (*naa*-derr) *adj* further

naderen (*naa*-der-rern) *v* approach; **naderend** oncoming

naderhand (*naa*-derr-*hahnt*) *adv* afterwards

nadien (*naa*-*deen*) *adv* afterwards

nadruk (*naa*-drerk) *c* stress; accent

nagedachtenis (*naa*-ger-dahkh-ter-nıss) *c* memory

nagel (*naa*-gerl) *c* (pl ~s) nail

nagelborstel (*naa*-gerl-bors-terl) *c* (pl ~s) nailbrush

nagellak (*naə*-ger-lahk) *c* nail-polish

nagelschaar (*naa*-gerl-skhaar) *c* (pl -scharen) nail-scissors *pl*

nagelvijl (*naa*-gerl-vayl) *c* (pl ~en) nail-file

naïef (naa-*eef*) *adj* naïve

najaar (*naa*-Yaar) *nt* autumn

*_najagen_ (*naa*-Yaa-gern) *v* chase

*_nakijken_ (*naa*-kay-kern) *v* check

*_nalaten_ (*naa*-laa-tern) *v* fail

nalatig (*naa*-laa-terkh) *adj* neglectful

namaak (*naa*-maak) *c* imitation

namaken (*naa*-maa-kern) *v* copy

namelijk (*naa*-mer-lerk) *adv* namely

namens (*naa*-merns) *adv* on behalf of, in the name of

namiddag (naa-*mı*-dahkh) *c* (pl ~en) afternoon

narcis (nahr-*sıss*) *c* (pl ~sen) daffodil

narcose (nahr-*kōa*-zer) *c* narcosis

narcoticum (nahr-*kōa*-tee-kerm) *nt* (pl -ca) narcotic

narigheid (*naa*-rerkh-hayt) *c* (pl -heden) misery

naseizoen (*naa*-say-zōōn) *nt* low season

nastreven (*naa*-strāy-vern) *v* aim at, pursue

nat (naht) *adj* wet; damp, moist

natie (*naa*-tsee) *c* (pl ~s) nation

nationaal (naa-tshōā-*naal*) *adj* national; **nationale klederdracht** national dress

nationaliseren (naa-tshōā-naa-lee-*zāy*-rern) *v* nationalize

nationaliteit (naa-tshōā-naa-lee-*tayt*) *c* (pl ~en) nationality

natuur (naa-*tēwr*) *c* nature

natuurkunde (naa-*tēwr*-kern-der) *c* physics

natuurkundige (naa-*tēwr*-*kern*-der-ger) *c* (pl ~n) physicist

natuurlijk (naa-*tēwr*-lerk) *adj* natural; *adv* of course, naturally

natuurreservaat (naa-*tēw*-rāy-zerr-vaat) *nt* (pl -vaten) national park

nauw (nou) *adj* narrow; tight

nauwelijks (*nou*-er-lerks) *adv* hardly; scarcely, barely

nauwkeurig (nou-*kūr*-rerkh) *adj* accurate; precise, careful, exact

navel (*naa*-verl) *c* (pl ~s) navel

navigatie (naa-vee-*gaa*-tsee) *c* navigation

navraag (*naa*-vraakh) *c* inquiry; demand

*_navragen_ (*naa*-vraa-gern) *v* query, inquire

*_nazenden_ (*naa*-zehn-dern) *v* forward

nederig (*nāy*-der-rerkh) *adj* humble

nederlaag (*nāy*-derr-laakh) *c* (pl -lagen) defeat

Nederland (*nāy*-derr-lahnt) the Netherlands

Nederlander (*nāy*-derr-lahn-derr) *c* (pl ~s) Dutchman

Nederlands (*nāy*-derr-lahnts) *adj* Dutch

nee (nāy) no

neef (nāyf) *c* (pl neven) cousin; nephew

neen (nāyn) no

neer (nāyr) *adv* down; downwards

*_neerlaten_ (*nāyr*-laa-tern) *v* lower

*_neerslaan_ (*nāyr*-slaan) *v* knock down

neerslachtig (nāyr-*slahkh*-terkh) *adj*

down, low, blue, depressed
neerslachtigheid (nāȳr-*slahkh*-terkh-hayt) c depression
neerslag (nāȳr-slahkh) c precipitation
neerstorten (nāȳr-stor-tern) v crash
negatief (nāȳ-gaa-*teef*) adj negative
negen (nāȳ-gern) num nine
negende (nāȳ-gern-der) num ninth
negentien (nāȳ-gern-teen) num nineteen
negentiende (nāȳ-gern-teen-der) num nineteenth
negentig (nāȳ-gern-terkh) num ninety
neger (nāȳ-gerr) c (pl ~s) Negro
negeren (ner-gāȳ-rern) v ignore
negligé (nāȳ-glee-zhāȳ) nt (pl ~s) negligee
neigen (nay-gern) v *be inclined to; ~ tot v tend to
neiging (nay-gɪng) c (pl ~en) inclination, tendency; de ~ *hebben tend
nek (nehk) c (pl ~ken) nape of the neck
***nemen** (nāȳ-mern) v *take; op zich ~ *take charge of
neon (nāȳ-ᵞon) nt neon
nergens (nehr-gerns) adv nowhere
nerts (nehrts) nt (pl ~en) mink
nerveus (nehr-*vūrss*) adj nervous
nest (nehst) nt (pl ~en) nest; litter
net¹ (neht) adj tidy, neat
net² (neht) nt (pl ~ten) net
netnummer (neht-ner-merr) nt (pl ~s) area code
netto (neh-tōā) adj net
netvlies (neht-fleess) nt (pl -vliezen) retina
netwerk (neht-vehrk) nt (pl ~en) network
neuriën (nūr-ree-ᵞern) v hum
neurose (nūr-rōā-zer) c (pl ~n, ~s) neurosis
neus (nūrss) c (pl neuzen) nose
neusbloeding (nūrss-blōō-dɪng) c (pl ~en) nosebleed
neusgat (nūrss-khaht) nt (pl ~en) nostril
neushoorn (nūrss-hōārn) c (pl ~s) rhinoceros
neutraal (nūr-traal) adj neutral
nevel (nāȳ-verl) c (pl ~s, ~en) haze, mist
nicht (nɪkht) c (pl ~en) cousin; niece
nicotine (nee-kōā-tee-ner) c nicotine
niemand (nee-mahnt) pron nobody, no one
nier (neer) c (pl ~en) kidney
niet (neet) adv not
nietig (nee-terkh) adj petty, insignificant; void
nietje (nee-tᵞer) nt (pl ~s) staple
niets (neets) pron nothing; nil
nietsbetekenend (neets-ber-tāȳ-ker-nernt) adj insignificant
nietszeggend (neet-seh-gernt) adj meaningless
niettemin (nee-ter-mɪn) adv nevertheless
nieuw (nee∞) adj new
nieuwjaar (nee∞-ᵞaar) New Year
nieuws (nee∞ss) nt news; tidings pl
nieuwsberichten (nee∞ss-ber-rɪkh-tern) pl news
nieuwsgierig (nee∞-skhee-rerkh) adj curious, inquisitive
nieuwsgierigheid (nee∞-skhee-rerkh-hayt) c curiosity
Nieuw-Zeeland (nee∞-zāȳ-lahnt) New Zealand
niezen (nee-zern) v sneeze
Nigeria (nee-gāȳ-ree-ᵞaa) Nigeria
Nigeriaan (nee-gāȳ-ree-ᵞaan) c (pl -rianen) Nigerian
Nigeriaans (nee-gāȳ-ree-ᵞaans) adj Nigerian
nijptang (nayp-tahng) c (pl ~en) pincers pl
nikkel (nɪ-kerl) nt nickel

niks (nıks) *pron* nothing

nimmer (*ni*-merr) *adv* never

niveau (nee-*voa*) *nt* (pl ~s) level

nivelleren (nee-ver-*lay*-rern) *v* level

noch ... noch (nokh) neither ... nor

nodig (*noa*-derkh) *adj* necessary; ~ ***hebben** need

noemen (*noo*-mern) *v* call; name, mention

nog (nokh) *adv* still, yet; ~ **een** another; ~ **eens** once more; ~ **wat** some more

noga (*noa*-gaa) *c* nougat

nogal (*no*-gahl) *adv* pretty, fairly, rather, quite

nogmaals (*nokh*-maals) *adv* once more

nokkenas (*no*-ker-nahss) *c* (pl ~sen) camshaft

nominaal (*noa*-mee-*naal*) *adj* nominal

nominatie (noa-mee-*naa*-tsee) *c* (pl ~s) nomination

non (non) *c* (pl ~nen) nun

nonnenklooster (*no*-ner-kloass-terr) *nt* (pl ~s) nunnery

nood (noat) *c* (pl noden) distress; misery

noodgedwongen (noat-kher-*dvo*-ngern) *adv* by force

noodgeval (*noat*-kher-vahl) *nt* (pl ~len) emergency

noodlot (*noat*-lot) *nt* destiny, fate

noodlottig (noat-*lo*-terkh) *adj* fatal

noodsein (*noat*-sayn) *nt* (pl ~en) distress signal

noodtoestand (*noa*-too-stahnt) *c* emergency

nooduitgang (*noat*-ur^{ew}t-khahng) *c* (pl ~en) emergency exit

noodzaak (*noat*-saak) *c* need, necessity

noodzakelijk (noat-*saa*-ker-lerk) *adj* necessary

noodzaken (*noat*-saa-kern) *v* force

nooit (noa^{eet}) *adv* never

Noor (noar) *c* (pl Noren) Norwegian

noord (noart) *c* north

noordelijk (*noar*-der-lerk) *adj* northern, northerly, north

noorden (*noar*-dern) *nt* north

noordoosten (noart-*oass*-tern) *nt* north-east

noordpool (*noart*-poal) *c* North Pole

noordwesten (noart-*vehss*-tern) *nt* north-west

Noors (noars) *adj* Norwegian

Noorwegen (*noar*-vay-gern) Norway

noot (noat) *c* (pl noten) nut; note

nootmuskaat (noat-merss-*kaat*) *c* nutmeg

norm (norm) *c* (pl ~en) standard

normaal (nor-*maal*) *adj* normal, regular

nota (*noa*-taa) *c* (pl ~'s) bill

notaris (noa-*taa*-rerss) *c* (pl ~sen) notary

notedop (*noa*-ter-dop) *c* (pl ~pen) nutshell

notekraker (*noa*-ter-kraa-kerr) *c* (pl ~s) nutcrackers *pl*

noteren (noa-*tay*-rern) *v* note; list

notie (*noa*-tsee) *c* notion

notitie (noa-*tee*-tsee) *c* (pl ~s) note

notitieboek (noa-*tee*-tsee-book) *nt* (pl ~en) notebook

notulen (*noa*-tew-lern) *pl* minutes

nou (nou) *adv* now

november (noa-*vehm*-berr) November

nu (new) *adv* now; ~ **en dan** now and then; **tot** ~ **toe** so far

nuance (new-*ahng*-ser) *c* (pl ~s, ~n) nuance

nuchter (*nerkh*-terr) *adj* sober; down-to-earth, matter-of-fact

nucleair (new-klay-*Yair*) *adj* nuclear

nul (nerl) *c* (pl ~len) nought, zero

nummer (*ner*-merr) *nt* (pl ~s) number; act

nummerbord (*ner*-merr-bort) *nt* (pl ~en) registration plate; licence plate *Am*

nut (nert) *nt* utility, use

nutteloos (*ner*-ter-lōass) *adj* useless

nuttig (*ner*-terkh) *adj* useful

nylon (*nay*-lon) *nt* nylon

O

oase (ōa-*vaa*-zer) *c* (pl ~n, ~s) oasis

ober (ōa-berr) *c* (pl ~s) waiter

object (op-*ʸehkt*) *nt* (pl ~en) object

objectief (op-ʸehk-*teef*) *adj* objective

obligatie (ōa-blee-*gaa*-tsee) *c* (pl ~s) bond

obsceen (op-*sāyn*) *adj* obscene

obscuur (op-*skēwr*) *adj* obscure

observatie (op-sehr-*vaa*-tsee) *c* (pl ~s) observation

observatorium (op-sehr-vaa-*tōa*-ree-ʸerm) *nt* (pl -ria) observatory

observeren (op-sehr-*vāy*-rern) *v* observe

obsessie (op-*seh*-see) *c* (pl ~s) obsession

obstipatie (op-stee-*paa*-tsee) *c* constipation

oceaan (ōa-sāy-*ʸaan*) *c* (pl oceanen) ocean

ochtend (*okh*-ternt) *c* (pl ~en) morning

ochtendblad (*okh*-ternt-blaht) *nt* (pl ~en) morning paper

ochtendeditie (*okh*-ternt-āy-dee-tsee) *c* (pl ~s) morning edition

ochtendschemering (*okh*-ternt-skhāy-mer-rıng) *c* dawn

octopus (*ok*-tōa-perss) *c* (pl ~sen) octopus

octrooi (ok-*trōaᵉᵉ*) *nt* (pl ~en) patent

oefenen (*ōō*-fer-nern) *v* practise, exercise

oefening (*ōō*-fer-nıng) *c* (pl ~en) exercise

oeroud (*ōōr*-out) *adj* ancient

oerwoud (*ōōr*-vout) *nt* (pl ~en) jungle

oester (*ōōss*-terr) *c* (pl ~s) oyster

oever (*ōō*-verr) *c* (pl ~s) river bank; bank, shore

of (of) *conj* or; whether; ~ ... **of** either ... or; whether ... or

offensief¹ (o-fehn-*seef*) *adj* offensive

offensief² (o-fehn-*seef*) *nt* (pl -sieven) offensive

offer (*o*-ferr) *nt* (pl ~s) sacrifice

officieel (o-fee-*shāyl*) *adj* official

officier (o-fee-*seer*) *c* (pl ~en, ~s) officer

officieus (o-fee-*shūrss*) *adj* unofficial

ofschoon (of-*skhōan*) *conj* although, though

ogenblik (*ōa*-germ-blık) *nt* (pl ~ken) moment, instant

ogenblikkelijk (*ōa*-germ-*blı*-ker-lerk) *adv* instantly

ogenschaduw (*ōa*-ger-skhaa-dēw°°) *c* eye-shadow

oktober (ok-*tōa*-berr) October

olie (*ōa*-lee) *c* oil

olieachtig (*ōa*-lee-ahkh-terkh) *adj* oily

oliebron (*ōa*-lee-bron) *c* (pl ~nen) oil-well

oliedruk (*ōa*-lee-drerk) *c* oil pressure

oliefilter (*ōa*-lee-fıl-terr) *nt* (pl ~s) oil filter

oliën (*ōa*-lee-ʸern) *v* lubricate

olieraffinaderij (*ōa*-lee-rah-fee-naa-der-ray) *c* (pl ~en) oil-refinery

olieverfschilderij (*ōa*-lee-vehrf-skhıl-der-ray) *nt* (pl ~en) oil-painting

olifant (*ōa*-lee-fahnt) *c* (pl ~en) elephant

olijf (ōa-*layf*) *c* (pl olijven) olive

olijfolie (ōa-*layf*-ōa-lee) *c* olive oil

om (om) *prep* round, about, around;

~ **te** to, in order to

oma (ōā-maa) c (pl ~'s) grandmother

*ombrengen** (om-breh-ngern) v kill

omcirkelen (om-sɪr-ker-lern) v encircle

omdat (om-daht) conj because; as

omdraaien (om-draa^ee-ern) v turn; invert; **zich ~** turn round

omelet (ōā-mer-leht) nt (pl ~ten) omelette

*omgaan met** (om-gaan) associate with, mix with

omgang (om-gahng) c intercourse

omgekeerd (om-ger-kāyrt) adj reverse

*omgeven** (om-gāy-vern) v surround, circle

omgeving (om-gāy-vɪng) c environment, surroundings pl; setting

omheen (om-hāyn) adv about

omheining (om-hay-nɪng) c (pl ~en) fence

omhelzen (om-hehl-zern) v hug, embrace

omhelzing (om-hehl-zɪng) c (pl ~en) hug, embrace

omhoog (om-hōākh) adv up; ~ *gaan ascend

omkeer (om-kāyr) c reverse

omkeren (om-kāy-rern) v turn over, turn, turn round

*omkomen** (om-kōā-mern) v perish

*omkopen** (om-kōā-pern) v bribe, corrupt

omkoping (om-kōā-pɪng) c (pl ~en) bribery, corruption

omlaag (om-laakh) adv down

omleiding (om-lay-dɪng) c (pl ~en) detour

omliggend (om-lɪ-gernt) adj surrounding

omloop (om-lōāp) c circulation

omrekenen (om-rāy-ker-nern) v convert

omrekentabel (om-rāy-ker-taa-behl) c (pl ~len) conversion chart

omringen (om-rɪng-ern) v encircle, surround, circle

*omschrijven** (oam-skhray-vern) v define

omslag (om-slahkh) c/nt (pl ~en) cover, jacket

omslagdoek (om-slahkh-dōōk) c (pl ~en) shawl

omstandigheid (om-stahn-derkh-hayt) c (pl -heden) circumstance; condition

omstreden (om-strāy-dern) adj controversial

omstreeks (om-strāyks) adv about

omtrek (om-trehk) c (pl ~ken) contour, outline

omtrent (om-trehnt) prep about, concerning

omvang (om-vahng) c bulk, size; extent

omvangrijk (om-vahng-rayk) adj bulky, big; extensive

omvatten (om-vah-tern) v comprise

omver (om-vehr) adv down, over

omweg (om-vehkh) c (pl ~en) detour

omwenteling (om-vehn-ter-lɪng) c (pl ~en) revolution

omwisselen (om-vɪ-ser-lern) v switch

omzet (om-zeht) c (pl ~ten) turnover

omzetbelasting (om-zeht-ber-lahss-tɪng) c turnover tax; sales tax

onaangenaam (on-aan-ger-naam) adj unpleasant, disagreeable

onaanvaardbaar (on-aan-vaart-baar) adj unacceptable

onaardig (on-aar-derkh) adj unkind

onafgebroken (on-ahf-kher-brōā-kern) adj continuous

onafhankelijk (on-ahf-hahng-ker-lerk) adj independent

onafhankelijkheid (on-ahf-hahng-ker-lerk-hayt) c independence

onbeantwoord (om-ber-ahnt-vōārt) adj unanswered

onbebouwd (om-ber-*bout*) *adj* uncultivated

onbeduidend (om-ber-*dur^{ew}*-dernt) *adj* petty, insignificant

onbegaanbaar (om-ber-*gaam*-baar) *adj* impassable

onbegrijpelijk (om-ber-*gray*-per-lerk) *adj* puzzling

onbehaaglijk (om-ber-*haakh*-lerk) *adj* uneasy

onbekend (om-ber-*kehnt*) *adj* unfamiliar, unknown

onbekwaam (om-ber-*kvaam*) *adj* unable, incompetent, incapable

onbelangrijk (om-ber-*lahng*-rayk) *adj* unimportant; insignificant

onbeleefd (om-ber-*layft*) *adj* impolite

onbemind (om-ber-*mint*) *adj* unpopular

onbepaald (om-ber-*paalt*) *adj* indefinite; **onbepaalde wijs** infinitive

onbeperkt (om-ber-*pehrkt*) *adj* unlimited

onbeschaamd (om-ber-*skhaamt*) *adj* impudent, impertinent, insolent

onbeschaamdheid (om-ber-*skhaamt*-hayt) *c* impertinence, insolence

onbescheiden (om-ber-*skhay*-dern) *adj* immodest

onbeschermd (om-ber-*skhehrmt*) *adj* unprotected

onbeschoft (oam-ber-*skhoft*) *adj* impertinent

onbetrouwbaar (om-ber-*trou*-baar) *adj* untrustworthy, unreliable

onbevoegd (om-ber-*vookht*) *adj* unqualified; unauthorized

onbevredigend (om-ber-*vray*-der-gernt) *adj* unsatisfactory

onbewoonbaar (om-ber-*voam*-baar) *adj* uninhabitable

onbewoond (om-ber-*voant*) *adj* uninhabited

onbewust (om-ber-*verst*) *adj* unaware

onbezet (om-ber-*zeht*) *adj* unoccupied

onbezonnen (om-ber-*zo*-nern) *adj* rash

onbezorgd (om-ber-*zorkht*) *adj* carefree

onbillijk (om-bi-lerk) *adj* unfair

onbreekbaar (om-*brayk*-baar) *adj* unbreakable

ondankbaar (on-*dahngk*-baar) *adj* ungrateful

ondanks (*on*-dahngks) *prep* despite, in spite of

ondenkbaar (on-*dehngk*-baar) *adj* inconceivable

onder (*on*-derr) *prep* under; beneath, below; among, amid

onderaan (on-der-*raan*) *adv* below

* **onderbreken** (on-derr-*bray*-kern) *v* interrupt

onderbreking (on-derr-*bray*-king) *c* (pl ~en) interruption

* **onderbrengen** (*on*-derr-breh-ngern) *v* accommodate

onderbroek (*on*-derr-brook) *c* (pl ~en) briefs *pl*, pants *pl*, panties *pl*; shorts *plAm*; underpants *plAm*

onderdaan (on-derr-*daan*) *c* (pl -danen) subject

onderdak (on-derr-dahk) *nt* accommodation

onderdeel (*on*-derr-dayl) *nt* (pl -delen) spare part

onderdrukken (on-derr-*drer*-kern) *v* suppress

* **ondergaan** (on-derr-*gaan*) *v* suffer

ondergang (*on*-derr-gahng) *c* destruction; ruination, ruin

ondergeschikt (on-derr-ger-*skhikt*) *adj* subordinate; secondary, minor

ondergetekende (on-derr-ger-*tay*-kern-der) *c* (pl ~n) undersigned

ondergoed (*on*-derr-goot) *nt* underwear

ondergronds (on-derr-*gronts*) *adj* underground

ondergrondse (on-derr-*gron*-tser) *c* subway *nAm*

onderhandelen (on-derr-*hahn*-der-lern) *v* negotiate

onderhandeling (on-derr-*hahn*-der-ling) *c* (pl ~en) negotiation

onderhevig aan (on-derr-*hāy*-verkh aan) subject to; liable to; **aan bederf onderhevig** perishable

onderhoud (*on*-derr-hout) *nt* upkeep; maintenance

* **onderhouden** (on-derr-*hou*-dern) *v* entertain

onderling (*on*-derr-ling) *adj* mutual

* **ondernemen** (on-derr-*nāy*-mern) *v* *undertake

onderneming (on-derr-*nāy*-ming) *c* (pl ~en) enterprise, undertaking; concern, company

onderrichten (on-der-*rikh*-tern) *v* instruct

onderrok (*on*-derr-rok) *c* (pl ~ken) slip

onderschatten (on-derr-*skhah*-tern) *v* underestimate

onderscheid (*on*-derr-skhayt) *nt* distinction; difference; ~ **maken** distinguish

* **onderscheiden** (on-derr-*skhay*-dern) *v* distinguish

onderst (*on*-derrst) *adj* bottom

ondersteboven (on-derr-ster-*bōa*-vern) *adv* upside-down

ondersteunen (on-derr-*stur*-nern) *v* *hold up, support

onderstrepen (on-derr-*strāy*-pern) *v* underline

onderstroom (*on*-derr-strōam) *c* (pl -stromen) undercurrent

ondertekenen (on-derr-*tāy*-ker-nern) *v* sign

ondertitel (*on*-derr-tee-terl) *c* (pl ~s) subtitle

ondertussen (on-derr-*ter*-sern) *adv* in the meantime, meanwhile

* **ondervinden** (on-derr-*vin*-dern) *v* experience

ondervoeding (on-derr-*vōō*-ding) *c* malnutrition

* **ondervragen** (on-derr-*vraa*-gern) *v* interrogate

onderwerp (*on*-derr-vehrp) *nt* (pl ~en) subject; topic, theme

* **onderwerpen** (on-derr-*vehr*-pern) *v* subject; **zich ~** submit

onderwijs (*on*-derr-vayss) *nt* tuition; education, instruction

* **onderwijzen** (on-derr-*vay*-zern) *v* *teach

onderwijzer (on-derr-*vay*-zerr) *c* (pl ~s) schoolteacher, schoolmaster, master, teacher

onderzoek (*on*-derr-zōōk) *nt* (pl ~en) enquiry, investigation, inquiry; check-up, examination; research

* **onderzoeken** (on-derr-*zōō*-kern) *v* enquire, investigate, examine; explore

ondeugend (on-*dūr*-gernt) *adj* naughty, mischievous

ondiep (on-*deep*) *adj* shallow

ondoeltreffend (on-dōōl-*treh*-fehnt) *adj* inefficient

ondraaglijk (on-*draakh*-lerk) *adj* unbearable

onduidelijk (on-*dur^(ew)*-der-lerk) *adj* ambiguous

onecht (on-*ehkht*) *adj* false

het oneens *zijn (ert on-*āyns* zayn) disagree

oneerlijk (on-*āyr*-lerk) *adj* crooked, dishonest; unfair

oneetbaar (on-*āyt*-baar) *adj* inedible

oneffen (on-*eh*-fern) *adj* uneven

oneindig (on-*ayn*-derkh) *adj* infinite, endless; immense

onenigheid (on-*āy*-nerkh-hayt) *c* (pl -heden) dispute

onervaren (on-ehr-*vaa*-rern) *adj* inexperienced

oneven (on-*āy*-vern) *adj* odd

onevenwichtig (on-*āy*-ver-*vıkh*-terkh) *adj* unsteady

onfatsoenlijk (om-faht-*soōn*-lerk) *adj* indecent

ongeacht (ong-*ger*-ahkht) *prep* in spite of

ongebruikelijk (ong-ger-*brur*ᵉʷ-ker-lerk) *adj* unusual

ongeduldig (ong-ger-*derl*-derkh) *adj* impatient; eager

ongedurig (ong-ger-*dēw*-rerkh) *adj* restless

ongedwongen (ong-ger-*dvo*-ngern) *adj* casual

ongedwongenheid (ong-ger-*dvo*-nger-hayt) *c* ease

ongeldig (ong-*gehl*-derkh) *adj* invalid

ongelegen (ong-ger-*lāy*-gern) *adj* inconvenient

ongelijk (ong-ger-*layk*) *adj* unequal; uneven; ~ *hebben* *be wrong

ongelofelijk (ong-ger-*lōā*-fer-lerk) *adj* incredible

ongeluk (*ong*-ger-lerk) *nt* (pl ~ken) accident; misfortune

ongelukkig (ong-ger-*ler*-kerkh) *adj* unhappy; unlucky, unfortunate

ongelukkigerwijs (ong-ger-ler-ker-gerr-vayss) *adv* unfortunately

ongemak (*ong*-ger-mahk) *nt* (pl ~ken) inconvenience

ongemakkelijk (ong-ger-*mah*-ker-lerk) *adj* uncomfortable

ongemeubileerd (ong-ger-*mūr*-bee-*lāyrt) *adj* unfurnished

ongeneeslijk (ong-ger-*nāyss*-lerk) *adj* incurable

ongepast (ong-ger-*pahst*) *adj* unsuitable; improper

ongerief (*ong*-ger-reef) *nt* inconvenience

ongerijmd (ong-ger-*raymt*) *adj* absurd

ongerust (ong-ger-*rerst*) *adj* worried; zich ~ maken worry

ongeschikt (ong-ger-*skhikt*) *adj* unfit

ongeschoold (ong-ger-*skhōālt*) *adj* uneducated; unskilled

ongetrouwd (ong-ger-*trout*) *adj* single

ongetwijfeld (ong-ger-*tvay*-ferlt) *adv* undoubtedly

ongeval (*ong*-ger-vahl) *nt* (pl ~len) accident

ongeveer (ong-ger-*vāyr*) *adv* about, approximately

ongevoelig (ong-ger-*vōō*-lerkh) *adj* insensitive

ongewenst (ong-ger-*vehnst*) *adj* undesirable

ongewoon (ong-ger-*vōān*) *adj* uncommon, unusual

ongezond (ong-ger-*zont*) *adj* unhealthy, unsound

ongunstig (ong-*gerns*-terkh) *adj* unfavourable

onhandig (on-*hahn*-derkh) *adj* clumsy, awkward

onheil (*on*-hayl) *nt* calamity, disaster; mischief

onheilspellend (on-hayl-*speh*-lernt) *adj* sinister; ominous

onherroepelijk (on-heh-*rōō*-per-lerk) *adj* irrevocable

onherstelbaar (on-hehr-*stehl*-baar) *adj* irreparable

onjuist (oñ-*ur*ᵉʷst) *adj* incorrect

onkosten (*ong*-koss-tern) *pl* expenses *pl*

onkruid (*ong*-krurᵉʷt) *nt* weed

onlangs (*on*-lahngs) *adv* recently; lately

onleesbaar (on-*lāyss*-baar) *adj* illegible

onmetelijk (o-*māy*-ter-lerk) *adj* vast, immense

onmiddellijk (o-*mı*-der-lerk) *adj* immediate, prompt; *adv* immediately, instantly

onmogelijk (o-*mōā*-ger-lerk) *adj* impossible

onnauwkeurig (o-nou-*kūr*-rerkh) *adj* inaccurate; incorrect

onnodig (o-*nōā*-derkh) *adj* unnecessary

onontbeerlijk (on-ont-*bāyr*-lerk) *adj* essential

onopvallend (on-op-*fah*-lernt) *adj* inconspicuous

onopzettelijk (on-op-*seh*-ter-lerk) *adj* unintentional

onoverkomelijk (on-ōā-verr-*kōā*-mer-lerk) *adj* prohibitive

onovertroffen (on-ōā-verr-*tro*-fern) *adj* unsurpassed

onpartijdig (om-pahr-*tay*-derkh) *adj* impartial

onpersoonlijk (om-pehr-*sōān*-lerk) *adj* impersonal

onplezierig (om-pler-*zee*-rerkh) *adj* unpleasant

onrecht (*on*-rehkht) *nt* injustice; wrong; ~ **aandoen* wrong

onrechtvaardig (on-rehkht-*faar*-derkh) *adj* unjust

onredelijk (on-*rāy*-der-lerk) *adj* unreasonable

onregelmatig (on-rāy-gerl-*maa*-terkh) *adj* irregular

onrein (on-*rayn*) *adj* unclean

onrust (*on*-rerst) *c* unrest

onrustig (on-*rerss*-terkh) *adj* restless

ons (ons) *pron* our; us; ourselves

onschadelijk (on-*skhaa*-der-lerk) *adj* harmless

onschatbaar (on-*skhaht*-baar) *adj* priceless

onschuld (*on*-skherlt) *c* innocence

onschuldig (on-*skherl*-derkh) *adj* innocent

ontbijt (ont-*bayt*) *nt* breakfast

ontbinden (ont-*bin*-dern) *v* dissolve

ontbreken (ont-*brāy*-kern) *v* fail; **ontbrekend** missing

ontdekken (on-*deh*-kern) *v* detect, discover

ontdekking (on-*deh*-king) *c* (pl ~en) discovery

ontdooien (on-*dōā^{ee}*-ern) *v* thaw

ontevreden (on-ter-*vrāy*-dern) *adj* dissatisfied; discontented

ontgaan (ont-*khaan*) *v* escape

ontglippen (ont-*khli*-pern) *v* slip

onthaal (ont-*haal*) *nt* reception

ontheffen (ont-*heh*-fern) *v* exempt; ~ *van* discharge of

onthouden (ont-*hou*-dern) *v* remember; deny; **zich ~ van** abstain from

onthullen (ont-*her*-lern) *v* reveal

onthulling (ont-*her*-ling) *c* (pl ~en) revelation

onthutsen (ont-*hert*-sern) *v* overwhelm

ontkennen (ont-*keh*-nern) *v* deny; **ontkennend** negative

ontkoppelen (ont-*ko*-per-lern) *v* disconnect

ontkurken (ont-*kerr*-kern) *v* uncork

ontleden (ont-*lāy*-dern) *v* analyse; **break down*

ontlenen (ont-*lāy*-nern) *v* borrow

ontmoeten (ont-*mōō*-tern) *v* encounter; **meet*

ontmoeting (ont-*mōō*-ting) *c* (pl ~en) encounter, meeting

ontnemen (ont-*nāy*-mern) *v* deprive of

ontoegankelijk (on-tōō-*gahng*-ker-lerk) *adj* inaccessible

ontploffen (ont-*plo*-fern) *v* explode

ontplooien (ont-*plōā^{ee}*-ern) *v* expand

ontroeren (oant-*rōō*-rern) *v* move

ontroering (oant-*rōō*-ring) *c* emotion

ontrouw (*on*-trou) *adj* unfaithful

ontruimen (ont-*rur^{ew}*-mern) *v* vacate

ontschepen (ont-*skhāy*-pern) *v* disembark

*ontslaan (ont-*slaan*) v dismiss, fire

ontslag *nemen (ont-*slahkh* nay-mern) resign

ontslagneming (ont-*slahkh*-nay-ming) c resignation

ontsmetten (ont-*smeh*-tern) v disinfect

ontsmettingsmiddel (ont-*smeh*-tings-mi-derl) nt (pl ~en) disinfectant

ontsnappen (ont-*snah*-pern) v escape

ontsnapping (ont-*snah*-ping) c (pl ~en) escape

ontspannen (ont-*spah*-nern) adj easy-going

zich ontspannen (ont-*spah*-nern) relax

ontspanning (ont-*spah*-ning) c relaxation; recreation

*ontstaan (ont-*staan*) v *arise

*ontsteken (ont-*stay*-kern) v *become septic

ontsteking (ont-*stay*-king) c (pl ~en) ignition; ignition coil; inflammation

ontstemmen (ont-*steh*-mern) v displease

*ontvangen (ont-*fah*-ngern) v receive; entertain

ontvangst (ont-*fahngst*) c (pl ~en) receipt; reception

ontvlambaar (ont-*flahm*-baar) adj inflammable

ontvluchten (ont-*flerkh*-tern) v escape

ontvouwen (ont-*fou*-ern) v unfold

ontwaken (ont-*vaa*-kern) v wake up

ontwerp (ont-*vehrp*) nt (pl ~en) design

*ontwerpen (ont-*vehr*-pern) v design

*ontwijken (ont-*vay*-kern) v avoid

ontwikkelen (ont-*vi*-ker-lern) v develop

ontwikkeling (ont-*vi*-ker-ling) c (pl ~en) development

ontwricht (ont-*frikht*) adj dislocated

ontzag (ont-*sahkh*) nt respect

*ontzeggen (ont-*seh*-gern) v deny

ontzettend (ont-*seh*-ternt) adj dreadful, terrible

onuitstaanbaar (on-ur^ewt-*staam*-baar) adj intolerable

onvast (*on*-vahst) adj unsteady

onveilig (*on*-vay-lerkh) adj unsafe

onverdiend (*on*-verr-deent) adj unearned

onverklaarbaar (on-verr-*klaar*-baar) adj unaccountable

onvermijdelijk (on-verr-*may*-der-lerk) adj unavoidable, inevitable

onverschillig (on-verr-*skhi*-lerkh) adj indifferent

onverstandig (on-verr-*stahn*-derkh) adj unwise

onverwacht (*on*-verr-vahkht) adj unexpected

onvoldoende (on-vol-*doon*-der) adj insufficient; inadequate

onvolledig (on-vo-*lay*-derkh) adj incomplete

onvolmaakt (on-vol-*maakt*) adj imperfect

onvoorwaardelijk (on-voar-*vaar*-der-lerk) adj unconditional

onvoorzien (on-voar-*zeen*) adj unexpected

onvriendelijk (on-*vreen*-der-lerk) adj unkind, unfriendly

onwaar (*on*-vaar) adj untrue, false

onwaarschijnlijk (on-vaar-*skhayn*-lerk) adj unlikely, improbable

onweer (*on*-vayr) nt thunderstorm

onweerachtig (*on*-vayr-ahkh-terkh) adj thundery

onwel (on-*vehl*) adj unwell

onwerkelijk (on-*vehr*-ker-lerk) adj unreal

onwetend (on-*vay*-ternt) adj ignorant

onwettig (on-*veh*-terkh) adj unlawful, illegal

onwillig (on-*vi*-lerkh) *adj* unwilling

onyx (*ōā*-niks) *nt* onyx .

onzeker (on-*zāy*-kerr) *adj* doubtful, uncertain

onzelfzuchtig (on-zehlf-*serkh*-terkh) *adj* unselfish

onzichtbaar (on-*zikht*-baar) *adj* invisible

onzijdig (on-*zay*-derkh) *adj* neuter

onzin (on-*zin*) *c* nonsense, rubbish

oog (ōākh) *nt* (pl ogen) eye

oogarts (*ōākh*-ahrts) *c* (pl ~en) oculist

ooggetuige (*ōā*-kher-tur*ew*-ger) *c* (pl ~n) eye-witness

ooglid (*ōākh*-lit) *nt* (pl -leden) eyelid

oogst (ōākhst) *c* (pl ~en) harvest; crop

ooievaar (*ōā*ee-er-vaar) *c* (pl ~s) stork

ooit (*ōā*eet) *adv* ever

ook (ōāk) *adv* also, too; as well

oom (ōām) *c* (pl ~s) uncle

oor (ōār) *nt* (pl oren) ear

oorbel (*ōār*-behl) *c* (pl ~len) earring

oordeel (*ōār*-dāyl) *nt* (pl -delen) judgment

oordelen (*ōār*-dāy-lern) *v* judge

oorlog (*ōār*-lokh) *c* (pl ~en) war

oorlogsschip (*ōār*-lokh-skhip) *nt* (pl -schepen) man-of-war

oorpijn (*ōār*-payn) *c* earache

oorsprong (*ōār*-sprong) *c* (pl ~en) origin

oorspronkelijk (ōār-*sprong*-ker-lerk) *adj* original

oorzaak (*ōār*-zaak) *c* (pl -zaken) cause; reason

oost (ōāst) *c* east; oost- eastern

oostelijk (o-ster-lerk) *adj* eastern, easterly

oosten (*ōā*-stern) *nt* east

Oostenrijk (*ōā*-stern-rayk) Austria

Oostenrijker (*ōā*-stern-ray-kerr) *c* (pl ~s) Austrian

Oostenrijks (*ōā*-stern-rayks) *adj* Austrian

oosters (*ōā*-sterrs) *adj* oriental

op (op) *prep* on, upon; at, in; *adv* up; finished

opa (*ōā*-paa) *c* (pl ~'s) grandfather, granddad

opaal (ōā-*paal*) *c* (pl opalen) opal

opbellen (o-*beh*-lern) *v* call, ring up, phone; call up *Am*

*opbergen (o-*behr*-gern) *v* *put away

opblaasbaar (o-*blaass*-baar) *adj* inflatable

*opblazen (o-*blaa*-zern) *v* inflate

opbouw (o-bou) *c* construction

opbouwen (o-bou-ern) *v* erect; construct

opbrengst (o-brehngst) *c* (pl ~en) produce

opdat (ob-*daht*) *conj* so that

opdracht (op-drahkht) *c* (pl ~en) order; assignment

*opdragen aan (*oap*-draa-gern) assign to

opeens (op-*āyns*) *adv* suddenly

opeisen (*op*-ay-sern) *v* claim

open (*ōā*-pern) *adj* open

openbaar (*ōā*-perm-baar) *adj* public

openbaren (*ōā*-perm-*baa*-rern) *v* reveal

opendraaien (*ōā*-per-draa*ee*ern) *v* turn on

openen (*ōā*-per-nern) *v* unlock; open

openhartig (*ōā*-per-*hahr*-terkh) *adj* open

opening (*ōā*-per-ning) *c* (pl ~en) opening

openingstijden (*ōā*-per-nings-tay-dern) *pl* business hours

opera (*ōā*-per-raa) *c* (pl ~'s) opera; opera house

operatie (ōā-per-*raa*-tsee) *c* (pl ~s) operation, surgery

opereren (ōā-per-*rāy*-rern) *v* operate

operette (ōā-per-*reh*-ter) *c* (pl ~s) operetta

* **opgaan** (op-khaan) v *rise
opgeruimd (op-kher-rur^{ew}mt) adj good-humoured
opgetogen (oap-kher-tōa-gern) adj delighted
* **opgeven** (oap-khāy-vern) v declare; *give up
opgewekt (op-kher-vehkt) adj cheerful
opgraving (op-khraa-vɪng) c (pl ~en) excavation
ophaalbrug (op-haal-brerkh) c (pl ~gen) drawbridge
ophalen (op-haa-lern) v collect, pick up
* **ophangen** (op-hah-ngern) v *hang
ophanging (op-hah-ngɪng) c suspension
ophef (op-hehf) c fuss
* **opheffen** (op-heh-fern) v discontinue
ophelderen (op-hehl-der-rern) v clarify
* **ophouden** (op-hou-dern) v cease; ~ met stop; quit
opinie (ōa-pee-nee) c (pl ~s) opinion
opkomst (op-komst) c rise; attendance
oplage (op-laa-ger) c (pl ~n) issue
opleiden (op-lay-dern) v educate
opletten (op-leh-tern) v *pay attention; **oplettend** attentive
oplichten (op-lɪkh-tern) v cheat, swindle
oplichter (op-lɪkh-terr) c (pl ~s) swindler
* **oplopen** (op-lōa-pern) v increase; contract
oplosbaar (op-loss-baar) adj soluble
oplossen (op-lo-sern) v dissolve; solve
oplossing (op-lo-sɪng) c (pl ~en) solution
opmerkelijk (op-mehr-ker-lerk) adj remarkable; noticeable, striking
opmerken (op-mehr-kern) v notice, note; remark
opmerking (op-mehr-kɪng) c (pl ~en)

remark
opname (op-naa-mer) c (pl ~n) recording; shot
* **opnemen** (op-nāy-mern) v *draw
opnieuw (op-nee[∞]) adv again
opofferen (op-o-fer-rern) v sacrifice
oponthoud (op-ont-hout) nt delay
oppassen (o-pah-sern) v look out, beware
oppasser (o-pah-serr) c (pl ~s) attendant
opperhoofd (o-perr-hōaft) nt (pl ~en) chieftain
oppervlakkig (o-perr-vlah-kerkh) adj superficial
oppervlakte (o-perr-vlahk-ter) c (pl ~n, ~s) surface; area
oppositie (o-pōa-see-tsee) c (pl ~s) opposition
oprapen (op-raa-pern) v pick up
oprecht (op-rehkht) adj honest, sincere
oprichten (op-rɪkh-tern) v found; erect
* **oprijzen** (op-ray-zern) v *arise
oproer (op-rōōr) nt revolt, rebellion
opruimen (op-rur^{ew}-mern) v tidy up
opruiming (op-rur^{ew}-mɪng) c clearance sale
opscheppen (op-skheh-pern) v boast
* **opschieten** (op-skhee-tern) v hurry
opschorten (op-skhor-tern) v *put off
* **opschrijven** (op-skhray-vern) v *write down
* **opslaan** (op-slaan) v store
opslag[1] (op-slahkh) c storage
opslag[2] (op-slahkh) c rise; raise nAm
opslagplaats (op-slahkh-plaats) c (pl ~en) depot
* **opsluiten** (op-slur^{ew}-tern) v lock up
opsporen (op-spōa-rern) v trace
* **opstaan** (op-staan) v *get up, *rise
opstand (op-stahnt) c (pl ~en) rising, revolt, rebellion; **in ~ *komen** revolt

opstapelen (*op*-staa-per-lern) v pile

opstel (*op*-stehl) nt (pl ~len) essay

opstellen (*op*-steh-lern) v *draw up, *make up

opstijgen (*op*-stay-gern) v ascend

optellen (*op*-teh-lern) v add; count

optelling (*op*-teh-ling) c (pl ~en) addition

opticien (op-tee-*shang*) c (pl ~s) optician

optillen (*op*-ti-lern) v lift; raise

optimisme (op-tee-*miss*-mer) nt optimism

optimist (op-tee-*mist*) c (pl ~en) optimist

optimistisch (op-tee-*miss*-teess) adj optimistic

optocht (*op*-tokht) c (pl ~en) parade

optreden (*op*-trāy-dern) nt (pl ~s) appearance

optreden (*op*-trāy-dern) v act; appear

opvallen (*op*-fah-lern) v attract attention; **opvallend** striking

opvatten (*op*-fah-tern) v conceive

opvatting (*op*-fah-ting) c (pl ~en) view

opvoeden (*op*-fōō-dern) v *bring up, educate

opvoeding (*op*-fōō-ding) c education

opvolgen (*op*-fol-gern) v succeed

opvouwen (*op*-fou-ern) v fold

opvrolijken (*op*-frōā-ler-kern) v cheer up

opvullen (*op*-fer-lern) v fill up

opwinden (*op*-vin-dern) v *wind; excite

opwinding (*op*-vin-ding) c excitement

opzettelijk (op-*seh*-ter-lerk) adj deliberate, intentional; on purpose

opzicht (*op*-sikht) nt (pl ~en) respect

opzichter (*op*-sikh-terr) c (pl ~s) supervisor; warden

opzienbarend (op-seen-*baa*-rernt) adj sensational

opzij (op-*say*) adv aside; sideways

opzoeken (*op*-sōō-kern) v look up

oranje (ōā-*rah*-ñer) adj orange

orde¹ (*or*-der) c order; method; in ~ in order; in orde! okay!, all right!

orde² (*or*-der) c (pl ~n, ~s) congregation

ordenen (*or*-der-nern) v arrange

ordinair (or-dee-*nair*) adj common, vulgar

orgaan (or-*gaan*) nt (pl organen) organ

organisatie (or-gaa-nee-*zaa*-tsee) c (pl ~s) organization

organisch (or-*gaa*-neess) adj organic

organiseren (or-gaa-nee-*zāy*-rern) v organize

orgel (*or*-gerl) nt (pl ~s) organ

zich oriënteren (ōā-ree-*Yehn*-*tāy*-rern) orientate

origine (ōā-ree-*zhee*-ner) c origin

origineel (ōā-ree-*zhee*-*nāyl*) adj original

orkaan (or-*kaan*) c (pl orkanen) hurricane

orkest (or-*kehst*) nt (pl ~en) orchestra; band

orlon (*or*-lon) nt orlon

ornamenteel (or-naa-mehn-*tāyl*) adj ornamental

orthodox (or-tōā-*doks*) adj orthodox

os (oss) c (pl ~sen) ox

oud (out) adj old; ancient; aged; **ouder** elder; **oudst** eldest, elder

oudbakken (out-*bah*-kern) adj stale

ouderdom (*ou*-derr-dom) c age; old age

ouders (*ou*-derrs) pl parents pl

ouderwets (ou-derr-*vehts*) adj old-fashioned, ancient; out of date; quaint

oudheden (out-*hāy*-dern) pl antiquities pl

Oudheid (*out*-hayt) *c* antiquity

oudheidkunde (*out*-hayt-kern-der) *c* archaeology

ouverture (ōō-verr-*tēw*-rer) *c* (pl ~s, ~n) overture

ouvreuse (ōō-*vrūr*-zer) *c* (pl ~s) usherette

ovaal (ōa-*vaal*) *adj* oval

oven (ōa-vern) *c* (pl ~s) oven; furnace; **mikrogolf** ~ microwave oven

over (*ōa*-verr) *prep* about; over; across; in; *adv* over

overal (ōa-verr-*ahl*) *adv* everywhere; anywhere, throughout

overall (ōa-ver-*rahl*) *c* (pl ~s) overalls *pl*

overblijfsel (ōa-verr-*blayf*-serl) *nt* (pl ~s, ~en) remnant

* **overblijven** (ōa-verr-*blay*-vern) *v* remain

overbodig (ōa-verr-*bōa*-derkh) *adj* superfluous; redundant

* **overbrengen** (ōa-verr-*breh*-ngern) *v* transfer

overdag (ōa-verr-*dahkh*) *adv* by day

* **overdenken** (ōa-verr-*dehng*-kern) *v* *think over

* **overdrijven** (ōa-verr-*dray*-vern) *v* exaggerate; **overdreven** extravagant

* **overeenkomen** (ōa-verr-*rāyng*-kōa-mern) *v* agree; correspond

overeenkomst (ōa-ver-*rāyng*-komst) *c* (pl ~en) agreement, settlement

overeenkomstig (ōa-ver-*rāyng*-*kom*-sterkh) *adj* similar; *prep* according to

overeenstemming (ōa-ver-*rāyn*-steh-mıng) *c* agreement

overeind (ōa-ver-*raynt*) *adv* upright; erect

overgang (*ōa*-ver-*gahng*) *c* (pl ~en) transition

overgave (*ōa*-verr-*gaa*-ver) *c* surrender

* **overgeven** (*ōa*-verr-*gāy*-vern) *v* vom-

it; **zich** *overgeven** surrender

overhaast (ōa-verr-*haast*) *adj* rash

overhalen (ōa-verr-*haa*-lern) *v* persuade

overheersing (ōa-verr-*hāyr*-sıng) *c* domination

overheid (*ōa*-verr-hayt) *c* (pl -heden) authorities *pl*

overhemd (*ōa*-verr-hehmt) *nt* (pl ~en) shirt

overig (*ōa*-ver-rerkh) *adj* remaining

overigens (*ōa*-ver-rer-gerns) *adv* though

overjas (*ōa*-verr-ᵞahss) *c* (pl ~sen) topcoat, overcoat

aan de overkant (aan der *ōa*-verr-kahnt) across

overleg (ōa-verr-*lehkh*) *nt* deliberation

overleggen (ōa-verr-*leh*-gern) *v* deliberate

overleven (ōa-verr-*lāy*-vern) *v* survive

overleving (ōa-verr-*lāy*vıng) *c* survival

* **overlijden** (ōa-verr-*lay*-dern) *v* depart, die

overmaken (ōa-verr-*maa*-kern) *v* remit

overmoedig (ōa-verr-*mōō*-derkh) *adj* presumptuous

* **overnemen** (*ōa*-verr-*nāy*-mern) *v* *take over

overreden (ōa-ver-*rāy*-dern) *v* persuade

overschot (*ōa*-verr-skhot) *nt* (pl ~ten) surplus

* **overschrijden** (ōa-verr-*skhray*-dern) *v* exceed

overschrijving (*ōa*-verr-skhray-vıng) *c* (pl ~en) money order

* **overslaan** (*ōa*-verr-slaan) *v* skip

overspannen (ōa-verr-*spah*-nern) *adj* overstrung

overstappen (*ōa*-verr-stah-pern) *v* change

oversteekplaats (*ōa*-verr-stāyk-plaats) *c* (pl ~en) crossing *oversteken (*ōā*-verr-stāy-kern) v cross

overstroming (*ōā*-verr-*strōā*-ming) c (pl ~en) flood

overstuur (*ōā*-verr-*stewr*) adj upset

overtocht (*ōā*-verr-tokht) c (pl ~en) crossing, passage

*overtreden (*ōā*-verr-*trāy*-dern) v offend

overtreding (*ōā*-verr-*trāy*-ding) c (pl ~en) offence

*overtreffen (*ōā*-verr-*treh*-fern) v *outdo, exceed

overtuigen (*ōā*-verr-*tur*ew-gern) v convince; persuade

overtuiging (*ōā*-verr-*tur*ew-ging) c (pl ~en) conviction; persuasion

overval (*ōā*-verr-vahl) c (pl ~len) hold-up

oververmoeid (*ōā*-verr-verr-*mōō*eet) adj over-tired

overvloed (*ōā*-verr-vlōōt) c abundance; plenty

overvloedig (*ōā*-verr-*vlōō*-derkh) adj abundant, plentiful

overvol (*ōā*-verr-vol) adj crowded

overweg (*ōā*-verr-vehkh) c (pl ~en) level crossing, crossing

*overwegen (*ōā*-verr-*vāy*-gern) v consider

overweging (*ōā*-verr-*vāy*-ging) c (pl ~en) consideration

overweldigen (*ōā*-verr-*vehl*-der-gern) v overwhelm

zich overwerken (*ōā*-verr-*vehr*-kern) overwork

*overwinnen (*ōā*-verr-*vi*-nern) v conquer; *overcome

overwinning (*ōā*-verr-*vi*-ning) c (pl ~en) victory

overzees (*ōā*-verr-*zāyss*) adj overseas

overzicht (*ōā*-verr-zikht) nt (pl ~en) survey

P

paal (paal) c (pl palen) post, pole

paar (paar) nt (pl paren) pair; couple

paard (paart) nt (pl ~en) horse

paardebloem (*paar*-der-blōōm) c (pl ~en) dandelion

paardekracht (*paar*-der-krahkht) c horsepower

paardesport (*paar*-der-sport) c riding

*paardrijden (*paart*-ray-dern) v *ride

paarlemoer (paar-ler-*mōōr*) nt mother-of-pearl

paars (paars) adj purple

pacht (pahkht) c (pl ~en) lease

pacifisme (pah-see-*fiss*-mer) nt pacifism

pacifist (pah-see-*fist*) c (pl ~en) pacifist

pacifistisch (pah-see-*fiss*-teess) adj pacifist

pad¹ (paht) nt (pl ~en) path; lane, trail

pad² (paht) c (pl ~den) toad

paddestoel (*pah*-der-stōōl) c (pl ~en) toadstool; mushroom

padvinder (*paht*-fin-derr) c (pl ~s) scout, boy scout

padvindster (*paht*-fint-sterr) c (pl ~s) girl guide

pagina (*paa*-gee-naa) c (pl ~'s) page

pak (pahk) nt (pl ~ken) package

pakhuis (*pahk*-hur*ew*ss) nt (pl -huizen) warehouse

Pakistaan (paa-kee-*staan*) c (pl -stanen) Pakistani

Pakistaans (paa-kee-*staans*) adj Pakistani

Pakistan (*paa*-kiss-tahn) Pakistan

pakje (*pahk*-Yer) nt (pl ~s) parcel, packet

pakken (*pah*-kern) v *take

pakket (pah-*keht*) *nt* (pl ~ten) parcel

pakpapier (*pahk*-paa-peer) *nt* wrapping paper

paleis (paa-*layss*) *nt* (pl paleizen) palace

paling (*paa*-ling) *c* (pl ~en) eel

palm (pahlm) *c* (pl ~en) palm

pan (pahn) *c* (pl ~nen) pan

pand (pahnt) *nt* (pl ~en) security; house, premises *pl*

pandjesbaas (*pahn*-t^yerss-baass) *c* (pl -bazen) pawnbroker

paneel (paa-*nāȳl*) *nt* (pl panelen) panel

paniek (paa-*neek*) *c* panic

panne (*pah*-ner) *c* breakdown

pantoffel (pahn-*to*-ferl) *c* (pl ~s) slipper

panty (*pehn*-tee) *c* (pl panties) pantyhose

papa (*pah*-paa) *c* (pl ~'s) daddy

papaver (paa-*paa*-verr) *c* (pl ~s) poppy

papegaai (pah-per-*gaa*ee) *c* (pl ~en) parrot

papier (paa-*peer*) *nt* (pl ~en) paper

papieren (paa-*pee*-rern) *adj* paper; ~ **servet** paper napkin; ~ **zak** paper bag; ~ **zakdoek** tissue

parade (paa-*raa*-der) *c* (pl ~s) parade

paraferen (paa-raa-*fāy*-rern) *v* initial

paragraaf (paa-raa-*graaf*) *c* (pl -grafen) paragraph

parallel (paa-raa-*lehl*) *adj* parallel

paraplu (paa-raa-*plēw*) *c* (pl ~'s) umbrella

parasol (paa-raa-*sol*) *c* (pl ~s) sunshade

pardon! (pahr-*don*) sorry!

parel (*paa*-rerl) *c* (pl ~s, ~en) pearl

parfum (pahr-*ferm*) *nt* (pl ~s) perfume

park (pahrk) *nt* (pl ~en) park

parkeermeter (pahr-*kāȳr*-māy-terr) *c* (pl ~s) parking meter

parkeerplaats (pahr-*kāȳr*-plaats) *c* (pl ~en) car park; parking lot *Am*

parkeertarief (pahr-*kāȳr*-taa-reef) *nt* (pl -tarieven) parking fee

parkeerzone (pahr-*kāȳr*-zaw-ner) *c* (pl ~s) parking zone

parkeren (pahr-*kāȳ*-rern) *v* park

parkiet (pahr-*keet*) *c* (pl ~en) parakeet

parlement (pahr-ler-*mehnt*) *nt* (pl ~en) parliament

parlementair (pahr-ler-mehn-*tair*) *adj* parliamentary

parochie (pah-*ro*-khee) *c* (pl ~s) parish

particulier (pahr-tee-kēw-*leer*) *adj* private

partij (pahr-*tay*) *c* (pl ~en) party; side; batch

partijdig (pahr-*tay*-derkh) *adj* partial

partner (*pahrt*-nerr) *c* (pl ~s) partner; associate

pas¹ (pahss) *c* (pl ~sen) step

pas² (pahss) *adv* just

Pasen (*paa*-sern) Easter

pasfoto (*pahss*-fōā-tōā) *c* (pl ~'s) passport photograph

paskamer (*pahss*-kaa-merr) *c* (pl ~s) fitting room

paspoort (*pahss*-pōārt) *nt* (pl ~en) passport

paspoortcontrole (*pahss*-pōārt-kon-traw-ler) *c* passport control

passage (pah-*saa*-zher) *c* (pl ~s) excerpt; passage

passagier (pah-saa-*zheer*) *c* (pl ~s) passenger

passen (*pah*-sern) *v* try on; fit; ~ **bij** match; **passend** appropriate; convenient, adequate, proper; ~ **op** look after; attend to

passeren (pah-*sāy*-rern) *v* pass; bypass, pass by

passie (*pah*-see) *c* passion

passief (pah-*seef*) *adj* passive

pasta (*pahss*-taa) *c* (pl ~'s) paste

pastorie (pahss-tōa-*ree*) *c* (pl ~ën) parsonage, vicarage, rectory

patent (paa-*tehnt*) *nt* (pl ~en) patent

pater (*paa*-terr) *c* (pl ~s) father

patient (paa-*shehnt*) *c* (pl ~en) patient

patrijs (paa-*trayss*) *c* (pl patrijzen) partridge

patrijspoort (paa-*trayss*-pōart) *c* (pl ~en) porthole

patriot (paa-tree-*Yot*) *c* (pl ~ten) patriot

patroon (paa-*trōan*) *nt* (pl patronen) pattern; *c* cartridge

patrouille (paa-trōō-*Yer*) *c* (pl ~s) patrol

patrouilleren (paa-trōō-*Yay*-rern) *v* patrol

paus (pouss) *c* (pl ~en) pope

pauw (pou) *c* (pl ~en) peacock

pauze (*pou*-zer) *c* (pl ~s) pause; break; interval, intermission

pauzeren (pou-*zay*-rern) *v* pause

paviljoen (paa-vil-*Yōōn*) *nt* (pl ~en, ~s) pavilion

pech (pehkh) *c* bad luck

pedaal (per-*daal*) *nt/c* (pl pedalen) pedal

peddel (*peh*-derl) *c* (pl ~s) paddle

pedicure (pay-dee-*kew*-rer) *c* (pl ~s) pedicure, chiropodist

peen (pāyn) *c* (pl penen) carrot

peer (pāyr) *c* (pl peren) pear; light bulb

pees (pāyss) *c* (pl pezen) sinew, tendon

peetvader (*pāyt*-faa-derr) *c* (pl ~s) godfather

peil (payl) *nt* (pl ~en) level

pelgrim (*pehl*-grim) *c* (pl ~s) pilgrim

pelikaan (pay-lee-*kaan*) *c* (pl -kanen) pelican

pels (pehls) *c* (pl pelzen) fur

pen (pehn) *c* (pl ~nen) pen

penicilline (pay-nee-see-*lee*-ner) *c* penicillin

penningmeester (*peh*-ning-māyss-terr) *c* (pl ~s) treasurer

penseel (pehn-*sāyl*) *nt* (pl -selen) paint-brush

pensioen (pehn-*shōōn*) *nt* (pl ~en) pension

pension (pehn-*shon*) *nt* (pl ~s) board; boarding-house, guest-house, pension; **vol** ~ full board, board and lodging, bed and board

peper (*pāy*-perr) *c* pepper

pepermunt (*pāy*-perr-*mernt*) *c* peppermint

per (pehr) *prep* by

perceel (pehr-*sāyl*) *nt* (pl -celen) plot

percentage (pehr-sehn-*taa*-zher) *nt* (pl ~s) percentage

percolator (pehr-kōa-*laa*-tor) *c* (pl ~s) percolator

perfectie (pehr-*fehk*-see) *c* perfection

periode (pāy-ree-*Yōa*-der) *c* (pl ~s, ~n) period; term

periodiek (pāy-ree-*Yōa*-deek) *adj* periodical

permanent (pehr-maa-*nehnt*) *adj* permanent; *c* permanent wave

permissie (pehr-*mi*-see) *c* permission

perron (peh-*ron*) *nt* (pl ~s) platform

perronkaartje (peh-*ron*-kaar-t*Yer*) *nt* (pl ~s) platform ticket

Pers (pehrs) *c* (pl Perzen) Persian

pers (pehrs) *c* press

persconferentie (*pehrs*-kon-fer-rehn-tsee) *c* (pl ~s) press conference

persen (*pehr*-sern) *v* press

personeel (pehr-sōa-*nāyl*) *nt* personnel

personentrein (pehr-*sōa*-ner-trayn) *c* (pl ~en) passenger train

persoon (pehr-*sōan*) *c* (pl -sonen) person; **per ~** per person

persoonlijk (pehr-*sōān*-lerk) *adj* personal; private

persoonlijkheid (pehr-*sōān*-lerk-hayt) *c* (pl -heden) personality

perspectief (pehr-spehk-*teef*) *nt* (pl -tieven) perspective

Perzië (*pehr*-zee-Yer) Persia

perzik (*pehr*-zik) *c* (pl ~en) peach

Perzisch (*pehr*-zeess) *adj* Persian

pessimisme (peh-see-*miss*-mer) *nt* pessimism

pessimist (peh-see-*mist*) *c* (pl ~en) pessimist

pessimistisch (peh-see-*miss*-teess) *adj* pessimistic

pet (peht) *c* (pl ~ten) cap

peterselie (pāy-terr-*sāy*-lee) *c* parsley

petitie (per-*tee*-tsee) *c* (pl ~s) petition

petroleum (*pāy*-trōā-lāy-Yerm) *c* petroleum; kerosene, paraffin

peuter (*pūr*-terr) *c* (pl ~s) toddler

pianist (pee-Yaa-*nist*) *c* (pl ~en) pianist

piano (pee-*Yaa*-nōā) *c* (pl ~'s) piano

piccolo (*pee*-kōā-lōā) *c* (pl ~'s) pageboy, bellboy

picknick (*pik*-nik) *c* (pl ~s) picnic

picknicken (*pik*-ni-kern) *v* picnic

pick-up (pik-*erp*) *c* (pl ~s) record-player

pienter (peen-terr) *adj* bright, smart, clever

pier (peer) *c* (pl ~en) pier, jetty

pijl (payl) *c* (pl ~en) arrow

pijn (payn) *c* (pl ~en) ache, pain; **~ *doen** *hurt; ache

pijnlijk (*payn*-lerk) *adj* sore, painful; embarrassing, awkward

pijnloos (*payn*-lōāss) *adj* painless

pijp (payp) *c* (pl ~en) pipe; tube

pijpestoker (*pay*-per-stōā-kerr) *c* (pl ~s) pipe cleaner

pijptabak (*payp*-taa-bahk) *c* pipe tobacco

pikant (pee-*kahnt*) *adj* spicy; savoury

pil (pil) *c* (pl ~len) pill

pilaar (pee-*laar*) *c* (pl pilaren) column, pillar

piloot (pee-*lōāt*) *c* (pl piloten) pilot

pils (pilss) *nt* beer

pincet (pin-*seht*) *c* (pl ~ten) tweezers *pl*

pinda (*pin*-daa) *c* (pl ~'s) peanut

pinguin (*pin*-gvin) *c* (pl ~s) penguin

pink (pingk) *c* (pl ~en) little finger

Pinksteren (*pingk*-ster-rern) Whitsun

pion (pee-*Yon*) *c* (pl ~nen) pawn

pionier (pee-Yōā-*neer*) *c* (pl ~s) pioneer

piraat (pee-*raat*) *c* (pl piraten) pirate

piste (*peess*-ter) *c* (pl ~s) ring

pistool (peess-*tōāl*) *nt* (pl pistolen) pistol

pit (pit) *c* (pl ~ten) stone, pip

pittoresk (pee-tōā-*rehsk*) *adj* picturesque

plaag (plaakh) *c* (pl plagen) plague

plaat (plaat) *c* (pl platen) plate, sheet; picture

plaats (plaats) *c* (pl ~en) place; spot, locality, site; seat; room; **in ~ van** instead of

plaatselijk (*plaat*-ser-lerk) *adj* local; regional

plaatsen (*plaat*-sern) *v* *lay, *put, place; locate

*plaatshebben (*plaats*-heh-bern) *v* *take place

plaatskaartenbureau (*plaats*-kaar-ter-bēw-rōā) *nt* (pl ~s) box-office

plaatsvervanger (*plaats*-ferr-vah-ngerr) *c* (pl ~s) deputy, substitute

plafond (plaa-*font*) *nt* (pl ~s) ceiling

plagen (*plaa*-gern) *v* tease

plakband (*plahk*-bahnt) *nt* scotch tape, adhesive tape

plakboek (*plahk*-bōōk) *nt* (pl ~en)

scrap-book

plakken (*plah*-kern) *v* *stick; paste

plan (plahn) *nt* (pl ~nen) plan; project, scheme; **van ~ *zijn** intend

planeet (plaa-*nayt*) *c* (pl -neten) planet

planetarium (plaa-ner-*taa*-ree-Yerm) *nt* (pl ~s, -ria) planetarium

plank (plahngk) *c* (pl ~en) board, plank; shelf

plannen (*pleh*-nern) *v* plan

plant (plahnt) *c* (pl ~en) plant

plantage (plahn-*taa*-zher) *c* (pl ~s) plantation

planten (*plahn*-tern) *v* plant

plantengroei (*plahn*-ter-grōō ee) *c* vegetation

plantkunde (*plahnt*-kern-der) *c* botany

plantsoen (plahnt-*sōōn*) *nt* (pl ~en) public garden

plas (plahss) *c* (pl ~sen) puddle

plastic (*pleh*-stik) *adj* plastic

plat (plaht) *adj* flat; even, level

platenspeler (*plaa*-ter-spāy-lerr) *c* (pl ~s) record-player

platina (*plaa*-tee-naa) *nt* platinum

plattegrond (plah-ter-*gront*) *c* (pl ~en) map, plan

platteland (plah-ter-*lahnt*) *nt* countryside, country; **plattelands-** rural

platzak (*plaht*-sahk) broke

plaveien (plaa-*vay*-ern) *v* pave

plaveisel (plaa-*vay*-serl) *nt* pavement

plechtig (*plehkh*-terkh) *adj* solemn

pleegouders (*playkh*-ou-derrs) *pl* foster-parents *pl*

plegen (*play*-gern) *v* commit

pleidooi (play-*dōā* ee) *nt* (pl ~en) plea

plein (playn) *nt* (pl ~en) square

pleister[1] (*play*-sterr) *c* (pl ~s) plaster

pleister[2] (*play*-sterr) *nt* plaster

pleiten (*play*-tern) *v* plead

plek (plehk) *c* (pl ~ken) spot; **blauwe ~** bruise; **zere ~** sore

plezier (pler-*zeer*) *nt* pleasure; fun

plicht (plikht) *c* (pl ~en) duty

ploeg[1] (plōōkh) *c* (pl ~en) plough

ploeg[2] (plōōkh) *c* (pl ~en) team; shift; gang

ploegen (*plōō*-gern) *v* plough

plooi (plōā ee) *c* (pl ~en) crease

plooihoudend (plōā ee-*hou*-dernt) *adj* permanent press

plotseling (*plot*-ser-ling) *adj* sudden

plukken (*pler*-kern) *v* pick

plus (plerss) *prep* plus

pneumatisch (pnūr-*maa*-teess) *adj* pneumatic

pocketboek (*po*-kert-bōōk) *nt* (pl ~en) paperback

poeder (*pōō*-derr) *nt/c* (pl ~s) powder

poederdons (*pōō*-derr-dons) *c* (pl -donzen) powder-puff

poederdoos (*pōō*-derr-dōāss) *c* (pl -dozen) powder compact

poelier (pōō-*leer*) *c* (pl ~s) poulterer

poes (pōōss) *c* (pl poezen) pussy-cat

poetsen (*pōō*-tsern) *v* brush; polish

pogen (*pōā*-gern) *v* try

poging (*pōā*-ging) *c* (pl ~en) try, attempt; effort

pokken (*po*-kern) *pl* smallpox

Polen (*pōā*-lern) Poland

polio (*pōā*-lee-Yōā) *c* polio

polis (*pōā*-lerss) *c* (pl ~sen) policy

politicus (pōā-*lee*-tee-kerss) *c* (pl -ci) politician

politie (pōā-*lee*-tsee) *c* police *pl*

politieagent (pōā-*lee*-tsi-aa-gehnt) *c* (pl ~en) policeman

politiebureau (pōā-*lee*-tsee-bēw-rōā) *nt* (pl ~s) police-station

politiek (pōā-lee-*teek*) *adj* political; *c* policy; politics

pols (pols) *c* (pl ~en) wrist; pulse

polshorloge (*pols*-hor-lōā-zher) *nt* (pl ~s) wrist-watch

polsslag (*pol*-slahkh) *c* pulse

pomp (pomp) *c* (pl ~en) pump

pompelmoes (*pom*-perl-mōōss) *c* (pl -moezen) grapefruit

pompen (*pom*-pern) *v* pump

pond (pont) *nt* pound

Pool (pōal) *c* (pl Polen) Pole

Pools (pōals) *adj* Polish

poort (pōart) *c* (pl ~en) gate

poosje (*pōa*-sher) *nt* while

poot (pōat) *c* (pl poten) leg; paw

pop (pop) *c* (pl ~pen) doll

popeline (pōa-per-*lee*-ner) *nt/c* poplin

popmuziek (*pop*-mēw-zeek) *c* pop music

poppenkast (*po*-per-kahst) *c* puppet-show

populair (pōa-pēw-*lair*) *adj* popular

porselein (por-seh-*layn*) *nt* porcelain, china

portefeuille (por-ter-*fur*ᵉʷ-ʸer) *c* (pl ~s) pocket-book, wallet

portemonnee (por-ter-mo-*nāy*) *c* (pl ~s) purse

portie (*por*-see) *c* (pl ~s) portion; helping

portier (por-*teer*) *c* (pl ~s) doorman, door-keeper, porter

portret (por-*treht*) *nt* (pl ~ten) portrait

Portugal (*por*-tēw-gahl) Portugal

Portugees (por-tēw-*gāyss*) *adj* Portuguese

positie (pōa-*zee*-tsee) *c* (pl ~s) position

positief (pōa-zee-*teef*) *adj* positive

post[1] (post) *c* mail, post

post[2] (post) *c* (pl ~en) entry

postbode (*post*-bōa-der) *c* (pl ~s, ~n) postman

postcode (*post*-kōa-der) *c* (pl ~s) zip code *Am*

posten (*poss*-tern) *v* mail, post

poste restante (post-rehss-*tahnt*) poste restante

posterijen (poss-ter-*ray*-ern) *pl* postal service

postkantoor (*post*-kahn-tōar) *nt* (pl -toren) post-office

postwissel (*post*-vi-serl) *c* (pl ~s) postal order; mail order *Am*

postzegel (*post*-sāy-gerl) *c* (pl ~s) postage stamp, stamp

postzegelautomaat (*post*-sāy-gerl-ōa-tōa-maat) *c* (pl -maten) stamp machine

pot (pot) *c* (pl ~ten) pot; jar

potlood (*pot*-lōat) *nt* (pl -loden) pencil

praatje (*praa*-tʸer) *nt* (pl ~s) chat

pracht (prahkht) *c* splendour

prachtig (*prahkh*-terkh) *adj* lovely, wonderful, marvellous; splendid, gorgeous, fine

praktijk (prahk-*tayk*) *c* (pl ~en) practice

praktisch (*prahk*-teess) *adj* practical

praten (*praa*-tern) *v* talk

precies (prer-*seess*) *adj* precise, very, exact; *adv* exactly; just

predikant (prāy-dee-*kahnt*) *c* (pl ~en) clergyman, minister, vicar, rector

preek (prāyk) *c* (pl preken) sermon

preekstoel (*prāyk*-stōōl) *c* (pl ~en) pulpit

preken (*prāy*-kern) *v* preach

premie (*prāy*-mee) *c* (pl ~s) premium

premier (prer-*mʸāy*) *c* (pl ~s) premier, Prime Minister

prent (prehnt) *c* (pl ~en) picture; print, engraving

prentbriefkaart (*prehnt*-breef-kaart) *c* (pl ~en) picture postcard

president (prāy-zee-*dehnt*) *c* (pl ~en) president

prestatie (prehss-*taa*-tsee) *c* (pl ~s) achievement; feat

presteren (prehss-*tāy*-rern) *v* achieve

prestige (prehss-*tee*-zher) *nt* prestige

pret (preht) *c* fun; gaiety, pleasure

prettig (*preh*-terkh) *adj* enjoyable, pleasant; nice

preventief (*prāy*-vehn-*teef*) *adj* preventive

priester (*pree*-sterr) *c* (pl ~s) priest

prijs (prayss) *c* (pl prijzen) price-list; charge, cost, rate; prize, award; **op ~ stellen** appreciate

prijsdaling (*prayss*-daa-lıng) *c* (pl ~en) slump

prijslijst (*prayss*-layst) *c* (pl ~en) price list

prijzen (*pray*-zern) *v* price

*__prijzen** (*pray*-zern) *v* praise

prijzig (*pray*-zerkh) *adj* expensive

prik¹ (prık) *c* (pl ~ken) sting

prik² (prık) *c* fizz

prikkel (*prı*-kerl) *c* (pl ~s) impulse

prikkelbaar (*prı*-kerl-baar) *adj* irritable

prikkelen (*prı*-ker-lern) *v* irritate

prikken (*prı*-kern) *v* prick

prima (*pree*-maa) *adj* first-rate

primair (*pree*-mair) *adj* primary

principe (prın-*see*-per) *nt* (pl ~s) principle

prins (prıns) *c* (pl ~en) prince

prinses (prın-*sehss*) *c* (pl ~sen) princess

prioriteit (pree-Yōa-ree-*tayt*) *c* (pl ~en) priority

privé (pree-*vāy*) *adj* private

privéleven (pree-*vāy*-lāy-vern) *nt* privacy

proberen (prōa-*bāy*-rern) *v* try; attempt; test

probleem (prōa-*blāym*) *nt* (pl -blemen) problem

procédé (prōa-ser-*dāy*) *nt* (pl ~s) process

procedure (prōa-ser-*dēw*-rer) *c* (pl ~s) procedure

procent (prōa-*sehnt*) *nt* (pl ~en) percent

proces (prōa-*sehss*) *nt* (pl ~sen) process; lawsuit

processie (prōa-*seh*-see) *c* (pl ~s) procession

producent (prōa-dēw-*sehnt*) *c* (pl ~en) producer

produceren (prōa-dēw-*sāy*-rern) *v* produce

produkt (prōa-*derkt*) *nt* (pl ~en) product; produce

produktie (prōa-*derk*-see) *c* (pl ~s) production; output

proef (prōof) *c* (pl proeven) experiment; trial, test

proeven (*prōo*-vern) *v* taste

profeet (prōa-*fāyt*) *c* (pl -feten) prophet

professor (prōa-*feh*-sor) *c* (pl ~en, ~s) professor

profiteren (prōa-fee-*tāy*-rern) *v* profit, benefit

programma (prōa-*grah*-maa) *nt* (pl ~'s) programme

progressief (prōa-greh-*seef*) *adj* progressive

project (prōa-Yehkt) *nt* (pl ~en) project

promenade (pro-mer-*naa*-der) *c* (pl ~s) esplanade, promenade

promotie (prōa-*mōa*-tsee) *c* (pl ~s) promotion

prompt (prompt) *adj* prompt

propaganda (prōa-paa-*gahn*-daa) *c* propaganda

propeller (prōa-*peh*-lerr) *c* (pl ~s) propeller

proportie (prōa-*por*-see) *c* (pl ~s) proportion

prospectus (pro-*spehk*-terss) *c* (pl ~sen) prospectus

prostituée (pro-stee-tēw-*vāy*) *c* (pl ~s) prostitute

protest (prōa-*tehst*) *nt* (pl ~en) protest

protestants (prōa-terss-*tahnts*) *adj*

Protestant

protesteren (prōā-tehss-*tāy*-rern) *v*
protest

provinciaal (prōā-vın-*shaal*) *adj* provincial

provincie (prōā-*vın*-see) *c* (pl ~s)
province

provisiekast (prōā-*vee*-zee-kahst) *c* (pl
~en) larder

pruik (prur^{ew}k) *c* (pl ~en) wig

pruim (prur^{ew}m) *c* (pl ~en) plum;
prune

prullenmand (*prer*-ler-mahnt) *c* (pl
~en) wastepaper-basket

psychiater (psee-khee-*Yaa*-terr) *c* (pl
~s) psychiatrist

psychisch (*psee*-kheess) *adj* psychic

psychologie (psee-khōā-lōā-*gee*) *c* psychology

psychologisch (psee-khōā-*lōā*-geess)
adj psychological

psycholoog (psee-khōā-*lōā*kh) *c* (pl
-logen) psychologist

publiceren (pew-blee-*sāy*-rern) *v* publish

publiek (pew-*bleek*) *adj* public; *nt*
audience, public

publikatie (pew-blee-*kaa*-tsee) *c* (pl
~s) publication

puimsteen (pur^{ew}m-stāyn) *nt* pumice
stone

puistje (*pur^{ew}*-sher) *nt* (pl ~s) pimple

punaise (pew-*nai*-zer) *c* (pl ~s) drawing-pin; thumbtack *nAm*

punctueel (perngk-tew-*vāyl*) *adj* punctual

punt (pernt) *nt* (pl ~en) point; item,
issue; *c* full stop, period; tip

puntesijlper (*pern*-ter-slay-perr) *c* (pl
~s) pencil-sharpener

puntkomma (pernt-*ko*-maa) *c* semi-
colon

put (pert) *c* (pl ~ten) well

puur (pewr) *adj* neat; sheer

puzzel (*per*-zerl) *c* (pl ~s) puzzle

pyjama (pee-*Yaa*-maa) *c* (pl ~'s) pyjamas *pl*

Q

quarantaine (kaa-rahn-*tai*-ner) *c* quarantine

quota (*kvōā*-taa) *c* (pl ~'s) quota

R

raad[1] (raat) *c* advice, counsel

raad[2] (raat) *c* (pl raden) council

raadplegen (*raat*-plāy-gern) *v* consult

raadpleging (*raat*-plāy-gıng) *c* (pl
~en) consultation

raadsel (*raat*-serl) *nt* (pl ~s, ~en)
riddle, puzzle; mystery, enigma

raadslid (*raats*-lıt) *nt* (pl -leden) councillor

raadsman (*raats*-mahn) *c* (pl -lieden)
counsellor; solicitor

raaf (raaf) *c* (pl raven) raven

raam (raam) *nt* (pl ramen) window

raar (raar) *adj* curious, odd, strange,
queer, quaint

rabarber (raa-*bahr*-berr) *c* rhubarb

racket (*reh*-kert) *nt* (pl ~s) racquet

***raden** (*raa*-dern) *v* guess

radiator (raa-dee-*Yaa*-tor) *c* (pl ~s,
~en) radiator

radicaal (raa-dee-*kaal*) *adj* radical

radijs (raa-*dayss*) *c* (pl radijzen) radish

radio (*raa*-dee-*Yōā*) *c* (pl ~'s) wireless,
radio

rafelen (*raa*-fer-lern) *v* fray

raffinaderij (rah-fee-naa-der-*ray*) *c* (pl
~en) refinery

rage (*raa*-zher) *c* (pl ~s) craze

raken (*raa*-kern) *v* *hit

raket (raa-*keht*) *c* (pl ~ten) rocket

ramp (rahmp) *c* (pl ~en) calamity, disaster

rampzalig (rahm-*psaa*-lerkh) *adj* disastrous

rand (rahnt) *c* (pl ~en) edge, border; brim, rim, verge

rang (rahng) *c* (pl ~en) rank; class

rangschikken (*rahng*-skhı-kern) *v* arrange; sort, grade

rantsoen (rahnt-*soon*) *nt* (pl ~en) ration

ranzig (*rahn*-zerkh) *adj* rancid

rapport (rah-*port*) *nt* (pl ~en) report

rapporteren (rah-por-*tay*-rern) *v* report

rariteit (raa-ree-*tayt*) *c* (pl ~en) curio

ras (rahss) *nt* (pl ~sen) race; breed; **rassen-** racial

rasp (rahsp) *c* (pl ~en) grater

raspen (*rahss*-pern) *v* grate

rat (raht) *c* (pl ~ten) rat

rauw (rou) *adj* raw

ravijn (raa-*vayn*) *nt* (pl ~en) gorge

razen (*raa*-zern) *v* rage

razend (*raa*-zernt) *adj* furious

razernij (raa-zerr-*nay*) *c* rage

reactie (ray-*Yahk*-see) *c* (pl ~s) reaction

reageren (ray-*Yah-gay*-rern) *v* react

recent (rer-*sehnt*) *adj* recent

recept (rer-*sehpt*) *nt* (pl ~en) recipe; prescription

receptie (rer-*sehp*-see) *c* (pl ~s) reception office

receptioniste (rer-sehp-shōa-*nıss*-ter) *c* (pl ~s) receptionist

recht[1] (rehkht) *nt* (pl ~en) right; law, justice

recht[2] (rehkht) *adj* straight

rechtbank (*rehkht*-bahngk) *c* (pl ~en) court

rechtdoor (rehkh-*dōar*) *adv* straight on, straight ahead

rechter[1] (*rehkh*-terr) *adj* right-hand

rechter[2] (*rehkh*-terr) *c* (pl ~s) judge

rechthoek (*rehkht*-hōok) *c* (pl ~en) oblong, rectangle

rechtopstaand (rehkh-*top*-staant) *adj* erect, upright

rechts (rehkhts) *adj* right-hand, right

rechtschapen (rehkht-*skhaa*-pern) *adj* honourable

rechtstreeks (*rehkh*-strāyks) *adj* direct

rechtszaak (*rehkht*-saak) *c* (pl -zaken) trial

rechtuit (rehkh-*turewt*) *adv* straight ahead

rechtvaardig (raykht-*faar*-derkh) *adj* just, righteous, right

rechtvaardigheid (rehkht-*faar*-derkh-hayt) *c* justice

reclame (rer-*klaa*-mer) *c* advertising

reclamespot (rer-*klaa*-mer-spot) *c* (pl ~s) commercial

record (rer-*kawr*) *nt* (pl ~s) record

recreatie (rāy-krāy-*Yaa*-tsee) *c* recreation

recreatiecentrum (rāy-krāy-*Yaa*-tsee-sehn-trerm) *nt* (pl -tra) recreation centre

rector (*rehk*-tor) *c* (pl ~en, ~s) headmaster, principal

reçu (rer-*sēw*) *nt* (pl ~'s) receipt

recycleerbar (ree-sie-*kleer*-bar) *adj* recyclable

recycleren (ree-sie-*klee*-rern) *v* recycle

redakteur (rāy-dahk-*tūrr*) *c* (pl ~en, ~s) editor

redden (*reh*-dern) *v* save, rescue

redder (*reh*-derr) *c* (pl ~s) saviour

redding (*reh*-dıng) *c* (pl ~en) rescue

reddingsgordel (*reh*-dıngs-khor-derl) *c* (pl ~s) lifebelt

rede[1] (*rāy*-der) *c* sense; reason

rede[2] (*rāy*-der) *c* (pl ~s) speech

redelijk (*rāy*-der-lerk) *adj* reasonable

reden (*rāy*-dern) *c* (pl ~en) reason

redeneren (rāy-der-nāy-rern) v reason

reder (rāy-derr) c (pl ~s) shipowner

redetwisten (rāy-der-tviss-tern) v argue

reduceren (rāy-dew-sāy-rern) v reduce

reductie (rer-derk-see) c (pl ~s) discount, reduction, rebate

reeds (rāyts) adv already

reekalf (rāy-kahlf) nt (pl -kalveren) fawn

reeks (rāyks) c (pl ~en) series; sequence

referentie (rer-fer-rehn-tsee) c (pl ~s) reference

reflector (rer-flehk-tor) c (pl ~s, ~en) reflector

reformatie (rāy-for-maa-tsee) c reformation

regel (rāy-gerl) c (pl ~s) line; rule; **in de ~** as a rule

regelen (rāy-ger-lern) v arrange; settle; regulate

regeling (rāy-ger-ling) c (pl ~en) arrangement; settlement; regulation

regelmatig (rāy-gerl-maa-terkh) adj regular

regen (rāy-gern) c rain

regenachtig (rāy-gern-ahkh-terkh) adj rainy

regenboog (rāy-ger-bōakh) c (pl -bogen) rainbow

regenbui (rāy-ger-bur^ew) c (pl ~en) shower

regenen (rāy-ger-nern) v rain

regenjas (rāy-ger-^yahss) c (pl ~sen) mackintosh, raincoat

regeren (rer-gāy-rern) v rule, govern, reign

regering (rer-gāy-ring) c (pl ~en) government; reign

regie (rer-gee) c (pl ~s) direction

regime (rer-zheem) nt (pl ~s) régime

regisseren (rāy-gee-sāy-rern) v direct

regisseur (rāy-gee-sūrr) c (pl ~s) director

register (rer-giss-terr) nt (pl ~s) record; index

registratie (rāy-giss-traa-tsee) c registration

reglement (rāy-gler-mehnt) nt (pl ~en) regulation

rein (rayn) adj pure

reinigen (ray-ner-gern) v clean; **chemisch ~** dry-clean

reiniging (ray-ner-ging) c cleaning

reinigingsmiddel (ray-ner-gings-mi-derl) nt (pl ~en) cleaning fluid

reis (rayss) c (pl reizen) journey; trip, voyage

reisagent (rayss-aa-gehnt) c (pl ~en) travel agent

reisbureau (rayss-bew-rōa) nt (pl ~s) travel agency

reischeque (ray-shehk) c (pl ~s) traveller's cheque

reiskosten (rayss-koss-tern) pl fare

reisplan (rayss-plahn) nt (pl ~nen) itinerary

reisroute (rayss-rōo-ter) c (pl ~s, ~n) itinerary

reisverzekering (rayss-ferr-zāy-ker-ring) c travel insurance

reiswieg (rayss-veekh) c (pl ~en) carry-cot

reizen (ray-zern) v travel

reiziger (ray-zer-gerr) c (pl ~s) traveller

rek (rehk) c elasticity

rekbaar (rehk-baar) adj elastic

rekenen (rāy-ker-nern) v reckon

rekening (rāy-ker-ning) c (pl ~en) account; bill; check nAm

rekenkunde (rāy-kerng-kern-der) c arithmetic

rekenmachine (ree-kern-ma-sjiner) c calculator

rekken (reh-kern) v stretch

rekruut (rer-krēwt) c (pl rekruten) recruit

rel (rehl) *c* (pl ~len) riot

relatie (rer-*laa*-tsee) *c* (pl ~s) relation; connection

relatief (rer-laa-*teef*) *adj* relative; comparative

reliëf (rerl-*Yehf*) *nt* (pl ~s) relief

relikwie (rer-ler-*kvee*) *c* (pl ~ën) relic

reling (*rāy*-lɪng) *c* (pl ~en) rail

rem (rehm) *c* (pl ~men) brake

remlichten (*rehm*-lɪkh-tern) *pl* brake lights

remtrommel (*rehm*-tro-mehl) *c* (pl ~s) brake drum

renbaan (*rehn*-baan) *c* (pl -banen) race-course; track; race-track

rendabel (rehn-*daa*-berl) *adj* paying

rendier (*rehn*-deer) *nt* (pl ~en) rein-deer

rennen (*reh*-nern) *v* *run

renpaard (*rehn*-paart) *nt* (pl ~en) race-horse

rente (*rehn*-ter) *c* (pl ~n, ~s) interest

reparatie (rāy-paa-*raa*-tsee) *c* (pl ~s) reparation

repareren (rāy-paa-*rāy*-rern) *v* repair, fix; mend

repertoire (rer-pehr-*tvaar*) *nt* (pl ~s) repertory

repeteren (rer-per-*tāy*-rern) *v* rehearse

repetitie (rer-per-*tee*-tsee) *c* (pl ~s) rehearsal

representatief (rer-prāy-zehn-taa-*teef*) *adj* representative

reproduceren (rāy-prōa-dew-*sāy*-rern) *v* reproduce

reproduktie (rāy-prōa-*derk*-see) *c* (pl ~s) reproduction

reptiel (rehp-*teel*) *nt* (pl ~en) reptile

republiek (rāy-pew-*bleek*) *c* (pl ~en) republic

republikeins (rāy-pew-blee-*kayns*) *adj* republican

reputatie (rāy-pew-*taa*-tsee) *c* reputa-tion; fame

reserve (rer-*zehr*-ver) *c* (pl ~s) re-serve; **reserve-** spare

reserveband (rer-*zehr*-ver-bahnt) *c* (pl ~en) spare tyre

reserveren (rer-zehr-*vāy*-rern) *v* re-serve; book

reservering (rer-zehr-*vāy*-rɪng) *c* (pl ~en) reservation; booking

reservewiel (rer-*zehr*-ver-veel) *nt* (pl ~en) spare wheel

reservoir (rer-zerr-*vvaar*) *nt* (pl ~s) reservoir; container

resoluut (rāy-zōa-*lōōt*) *adj* resolute

respect (reh-*spehkt*) *nt* respect; es-teem, regard

respectabel (reh-spehk-*taa*-berl) *adj* respectable

respecteren (reh-spehk-*tāy*-rern) *v* re-spect

respectievelijk (reh-spehk-*tee*-ver-lerk) *adj* respective

rest (rehst) *c* (pl ~en) rest; remain-der; remnant

restant (rehss-*tahnt*) *nt* (pl ~en) re-mainder; remnant

restaurant (reh-stōa-*rahnt*) *nt* (pl ~s) restaurant

restauratiewagen (rehss-tōa-*raa*-tsee-vaa-gern) *c* (pl ~s) dining-car

restriktie (rer-*strɪk*-see) *c* (pl ~s) qualification

resultaat (rāy-zerl-*taat*) *nt* (pl -taten) result; outcome, issue

resulteren (rāy-zerl-*tāy*-rern) *v* result

resumé (rāy-zew-*māy*) *nt* (pl ~s) sum-mary

retour (rer-*tōōr*) round trip *Am*

retourvlucht (rer-*tōōr*-vlerkht) *c* (pl ~en) return flight

reumatiek (rūr-maa-*teek*) *c* rheuma-tism

reus (rūrss) *c* (pl reuzen) giant

reusachtig (rūr-*zahkh*-terkh) *adj* huge;

gigantic, enormous, immense

revalidatie (rāy-vaa-lee-*daa*-tsee) c rehabilitation

revers (rer-*vair*) c (pl ~) lapel

reviseren (rāy-vee-*zāy*-rern) v overhaul

revolutie (rāy-vōa-*lēw*-tsee) c (pl ~s) revolution

revolutionair (rāy-vōa-lēw-tshōa-*nair*) adj revolutionary

revolver (rer-*vol*-verr) c (pl ~s) gun, revolver

revue (rer-*vēw*) c (pl ~s) revue

rib (rip) c (pl ~ben) rib

ribfluweel (*rip*-flēw-vāyl) nt corduroy

richten (*rikh*-tern) v direct; ~ **op** aim at

richting (*rikh*-ting) c (pl ~en) direction; way

richtingaanwijzer (*rikh*-ting-aan-vay-zerr) c (pl ~s) trafficator, indicator; directional signal Am

richtlijn (*rikht*-layn) c (pl ~en) directive

ridder (*ri*-derr) c (pl ~s) knight

riem (reem) c (pl ~en) belt; strap; lead

riet (reet) nt reed; cane

rif (rif) nt (pl ~fen) reef

rij (ray) c (pl ~en) row, rank; line; file, queue; **in de ~ *staan** queue; stand in line Am

rijbaan (*ray*-baan) c (pl -banen) carriageway; roadway nAm

rijbewijs (*ray*-ber-vayss) nt driving licence

***rijden** (*ray*-dern) v *drive; *ride

***rijgen** (*ray*-gern) v thread

rijk[1] (rayk) adj rich; wealthy

rijk[2] (rayk) nt (pl ~en) kingdom, empire; **rijks-** imperial

rijkdom (*rayk*-dom) c (pl ~men) wealth, riches pl

rijm (raym) nt (pl ~en) rhyme

rijp (rayp) adj ripe, mature

rijpheid (*rayp*-hayt) c maturity

rijst (rayst) c rice

rijstrook (*ray*-strōak) c (pl -stroken) lane

rijtuig (*ray*-tur^{ew}g) nt (pl ~en) carriage; coach

rijweg (*ray*-vehkh) c drive

rijwiel (*ray*-veel) nt (pl ~en) cycle; bicycle

rillen (*ri*-lern) v shiver; tremble

rillerig (*ri*-ler-rerkh) adj shivery

rilling (*ri*-ling) c (pl ~en) chill; shiver, shudder

rimpel (*rim*-perl) c (pl ~s) wrinkle

ring (ring) c (pl ~en) ring

ringweg (*ring*-vehkh) c (pl ~en) by-pass

riool (ree-^y*ōal*) nt (pl riolen) sewer

risico (*ree*-zee-kōa) nt (pl ~'s) risk; chance, hazard

riskant (riss-*kahnt*) adj risky

rit (rit) c (pl ~ten) ride

ritme (*rit*-mer) nt (pl ~n) rhythm

ritssluiting (*rit*-slur^{ew}-ting) c (pl ~en) zipper, zip

rivaal (ree-*vaal*) c (pl rivalen) rival

rivaliseren (ree-vaa-lee-*zāy*-rern) v rival

rivaliteit (ree-vaa-lee-*tayt*) c rivalry

rivier (ree-*veer*) c (pl ~en) river

riviermonding (ree-*veer*-mon-ding) c (pl ~en) estuary

rivieroever (ree-*veer*-ōō-verr) c (pl ~s) riverside

rob (rop) c (pl ~ben) seal

robijn (rōa-*bayn*) c (pl ~en) ruby

roddelen (*ro*-der-lern) v gossip

roede (*rōō*-der) c (pl ~n) rod

roeiboot (*rōō^{ee}*-bōat) c (pl -boten) rowing-boat

roeien (*rōō^{ee}*-ern) v row

roeiriem (*rōō^{ee}*-reem) c (pl ~en) oar

roem (rōōm) c glory; celebrity, fame

Roemeen (rōō-*māyn*) c (pl -menen)

Rumanian

Roemeens (rōō-*māyns*) *adj* Rumanian

Roemenië (rōō-*māy*-nee-Yer) Rumania

roep (rōōp) *c* call, cry

*****roepen** (*rōō*-pern) *v* call; cry, shout

roer (rōōr) *nt* rudder, helm

roeren (*rōō*-rern) *v* stir

roerend (*rōō*-rernt) *adj* movable

roest (rōōst) *nt* rust

roestig (*rōōss*-terkh) *adj* rusty

rok (rok) *c* (pl ~ken) skirt

roken (*rōā*-kern) *v* smoke

roker (*rōā*-kerr) *c* (pl ~s) smoker

rol (rol) *c* (pl ~len) roll

rolgordijn (*rol*-gor-dayn) *nt* (pl ~en) blind

rollen (*ro*-lern) *v* roll

rolstoel (*rol*-stōōl) *c* (pl ~en) wheel-chair

roltrap (*rol*-trahp) *c* (pl ~pen) escalator

roman (rōā-*mahn*) *c* (pl ~s) novel

romance (rōā-*mahng*-ser) *c* (pl ~s, ~n) romance

romanschrijver (rōā-*mahn*-skhray-verr) *c* (pl ~s) novelist

romantisch (rōā-*mahn*-teess) *adj* romantic

romig (*rōā*-merkh) *adj* creamy

rommel (*ro*-merl) *c* mess; litter; trash, junk

rond (ront) *adj* round; *prep* around

ronde (*ron*-der) *c* (pl ~n, ~s) round

rondom (ront-*om*) *adv* around; *prep* round

rondreis (*ront*-rayss) *c* (pl -reizen) tour

rondreizend (*ront*-ray-zernt) *adj* itinerant

*****rondtrekken** (*ron*-treh-kern) *v* tramp

*****rondzwerven** (*ront*-svehr-vern) *v* wander

röntgenfoto (*rernt*-gern-fōā-tōā) *c* (pl ~'s) X-ray

rood (rōāt) *adj* red

roodborstje (*rōāt*-bor-sher) *nt* (pl ~s) robin

roodkoper (*rōāt*-kōā-perr) *nt* copper

roof (rōāf) *c* robbery

roofdier (*rōāf*-deer) *nt* (pl ~en) beast of prey

rook (rōāk) *c* smoke

rookcoupé (*rōā*-kōō-pāy) *c* (pl ~s) smoker

rookkamer (*rōā*-kaa-merr) *c* smoking-room

room (rōām) *c* cream

roomkleurig (rōām-*klūr*-rerkh) *adj* cream

rooms-katholiek (rōāms-kah-tōā-*leek*) *adj* Roman Catholic

roos[1] (rōāss) *c* (pl rozen) rose

roos[2] (rōāss) *c* dandruff

rooster (*rōā*-sterr) *nt* (pl ~s) grate; schedule

roosteren (*rōā*-ster-rern) *v* grill, roast

rot (rot) *adj* rotten

rotan (*rōā*-tahn) *nt* rattan

rotonde (rōā-*ton*-der) *c* (pl ~s) round-about

rots (rots) *c* (pl ~en) rock; cliff

rotsachtig (*rot*-sahkh-terkh) *adj* rocky

rotsblok (*rots*-blok) *nt* (pl ~ken) boulder

rouge (rōō-zher) *c/nt* rouge

roulette (rōō-*leh*-ter) *c* roulette

route (*rōō*-ter) *c* (pl ~s) route

routine (rōō-*tee*-ner) *c* routine

rouw (rou) *c* mourning

royaal (rōā-*Yaal*) *adj* generous; liberal

roze (*raw*-zer) *adj* rose, pink

rozenkrans (*rōā*-zer-krahns) *c* (pl ~en) rosary, beads *pl*

rozijn (rōā-*zayn*) *c* (pl ~en) raisin

rubber (*rer*-berr) *nt* rubber

rubriek (rēw-*breek*) *c* (pl ~en) column

rug (rerkh) *c* (pl ~gen) back

ruggegraat (*rer*-ger-graat) *c* spine, backbone

rugpijn (*rerkh*-payn) *c* backache

rugzak (*rerkh*-sahk) *c* (pl ~ken) rucksack

*ruiken (*rur*ew-kern) *v* *smell

ruil (rur*ew*l) *c* exchange

ruilen (*rur*ew-lern) *v* exchange; swap

ruim[1] (rur*ew*m) *adj* broad, large; roomy, spacious

ruim[2] (rur*ew*m) *nt* (pl ~en) hold

ruimte (*rur*ew-ter) *c* room, space

ruïne (*rēw-vee*-ner) *c* (pl ~s) ruins

ruïneren (rēw-vee-*nāy*-rern) *v* ruin

ruit (rur*ew*t) *c* (pl ~en) check; pane

ruitenwisser (*rur*ew-ter-vi-serr) *c* (pl ~s) windscreen wiper; windshield wiper *Am*

ruiter (*rur*ew-terr) *c* (pl ~s) horseman; rider

ruk (rerk) *c* (pl ~ken) tug, wrench

rumoer (rēw-*mōōr*) *nt* noise

rundvlees (*rernt*-flāyss) *nt* beef

Rus (rerss) *c* (pl ~sen) Russian

Rusland (*rerss*-lahnt) Russia

Russisch (*rer*-seess) *adj* Russian

rust (rerst) *c* rest; quiet; half-time

rusteloosheid (rerss-ter-*lōāss*-hayt) *c* unrest

rusten (*rerss*-tern) *v* rest

rusthuis (*rerst*-hur*ew*ss) *nt* (pl -huizen) rest-home

rustiek (rerss-*teek*) *adj* rustic

rustig (*rerss*-terkh) *adj* calm, quiet; restful, tranquil

ruw (rēw°°) *adj* rough, harsh

ruzie (*rēw*-zee) *c* (pl ~s) row, quarrel, dispute; ~ **maken** quarrel

S

saai (saa°°) *adj* dull, boring

sacharine (sah-khaa-*ree*-ner) *c* saccharin

saffier (sah-*feer*) *nt* sapphire

salaris (saa-*laa*-riss) *nt* (pl ~sen) salary; pay

saldo (*sahl*-dōa) *nt* (pl ~'s, saldi) balance

salon (saa-*lon*) *c* (pl ~s) drawing-room, lounge; salon

samen (*saa*-mern) *adv* together

*samenbinden (*saa*-mer-bɪn-dern) *v* bundle

*samenbrengen (*saa*-mer-breh-ngern) *v* combine

samenhang (*saa*-mer-hahng) *c* coherence

samenleving (*saa*-mer-lāy-vɪng) *c* (pl ~en) community

samenloop (*saa*-mer-lōāp) *c* concurrence

samenstellen (*saa*-mer-steh-lern) *v* compose, compile

samenstelling (*saa*-mer-steh-lɪng) *c* (pl ~en) composition

*samenvallen (*saa*-mer-vah-lern) *v* coincide

samenvatting (*saa*-mer-vah-tɪng) *c* (pl ~en) résumé, summary

samenvoegen (*saa*-mer-vōō-gern) *v* join

samenwerking (*saa*-mer-vehr-kɪng) *c* co-operation

*samenzweren (*saa*-mer-zvāy-rern) *v* conspire

samenzwering (*saa*-mer-zvāy-rɪng) *c* (pl ~en) plot

sanatorium (saa-naa-*tōā*-ree-Yerm) *nt* (pl ~s, -ria) sanatorium

sandaal (sahn-*daal*) *c* (pl -dalen) sandal

sanitair (saa-nee-*tair*) *adj* sanitary

Saoedi-Arabië (saa-ōō-dee-aa-*raa*-bee-Yer) Saudi Arabia

Saoedi-Arabisch (saa-ōō-dee-aa-*raa*-beess) *adj* Saudi Arabian

sap (sahp) *nt* (pl ~pen) juice

sappig (*sah*-perkh) *adj* juicy

sardine (sahr-*dee*-ner) *c* (pl ~s) sardine

satelliet (saa-ter-*leet*) *c* (pl ~en) satellite

satijn (saa-*tayn*) *nt* satin

sauna (*sou*-naa) *c* (pl ~'s) sauna

saus (souss) *c* (pl sauzen) sauce

Scandinavië (skahn-dee-*naa*-vee-ᵞer) Scandinavia

Scandinaviër (skahn-dee-*naa*-vee-ᵞerr) *c* (pl ~s) Scandinavian

Scandinavisch (skahn-dee-*naa*-veess) *adj* Scandinavian

scène (*sai*-ner) *c* (pl ~s) scene

schaafwond (*skhaaf*-vont) *c* (pl ~en) graze

schaak! (skhaak) check!

schaakbord (*skhaak*-bort) *nt* (pl ~en) checkerboard *nAm*

schaakspel (*skhaak*-spehl) *nt* chess

schaal (skhaal) *c* (pl schalen) dish; bowl; scale

schaaldier (*skhaal*-deer) *nt* (pl ~en) shellfish

schaamte (*skhaam*-ter) *c* shame

schaap (skhaap) *nt* (pl schapen) sheep

schaar (skhaar) *c* (pl scharen) scissors *pl*

schaars (skhaars) *adj* scarce

schaarste (*skhaars*-ter) *c* scarcity

schaats (skhaats) *c* (pl ~en) skate

schaatsen (*skhaat*-sern) *v* skate

schade (*skhaa*-der) *c* damage; harm, mischief

schadelijk (*skhaa*-der-lerk) *adj* harmful; hurtful

schadeloosstelling (*skhaa*-der-lōā-steh-ling) *c* (pl ~en) indemnity

schaden (*skhaa*-dern) *v* harm

schadevergoeding (*skhaa*-der-verr-gōō-ding) *c* (pl ~en) compensation, indemnity

schaduw (*skhaa*-dēw°°) *c* (pl ~en) shade; shadow

schaduwrijk (*skhaa*-dēw°°-rayk) *adj* shady

schakel (*skhaa*-kerl) *c* (pl ~s) link

schakelaar (*skhaa*-ker-laar) *c* (pl ~s) switch

schakelbord (*skhaa*-kerl-bort) *nt* switchboard

schakelen (*skhaa*-ker-lern) *v* change gear

zich schamen (*skhaa*-mern) *be ashamed

schandaal (skhahn-*daal*) *nt* (pl -dalen) scandal

schande (*skhahn*-deh) *c* disgrace, shame

schapevlees (*skhaa*-per-vlāyss) *nt* mutton

scharnier (skhahr-*neer*) *nt* (pl ~en) hinge

schat (skhaht) *c* (pl ~ten) treasure; darling

schatkist (*skhaht*-kist) *c* treasury

schatten (*skhah*-tern) *v* evaluate, estimate, value; appreciate

schatting (*skhah*-ting) *c* (pl ~en) estimate; appreciation

schedel (*skhāy*-derl) *c* (pl ~s) skull

scheef (skhāyf) *adj* slanting

scheel (skhāyl) *adj* cross-eyed

scheepswerf (*skhāyps*-vehrf) *c* (pl -werven) shipyard

scheepvaart (*skhāyp*-faart) *c* navigation

scheepvaartlijn (*skhāyp*-faart-layn) *c* (pl ~en) shipping line

scheerapparaat (*skhāyr*-ah-paa-raat) *nt* (pl -raten) safety-razor, electric razor, shaver

scheercrème (*skhāyr*-kraim) *c* (pl ~s) shaving-cream

scheerkwast (*skhāyr*-kvahst) *c* (pl ~en) shaving-brush

scheermesje (*skhāyr*-meh-sher) *nt* (pl

~s) razor-blade

scheerzeep (*skhāȳr-zāȳp*) c shaving-soap

* **scheiden** (*skhay-dern*) v separate; divide, part; divorce

scheiding (*skhay-dɪng*) c (pl ~en) division; parting

scheidsrechter (*skhayts-rehkh-terr*) c (pl ~s) umpire

scheikunde (*skhay-kern-der*) c chemistry

scheikundig (*skhay-kern-derkh*) adj chemical

* **schelden** (*skhehl-dern*) v scold

schelm (skhehlm) c (pl ~en) rascal

schelp (skhehlp) c (pl ~en) shell

schelvis (*skhehl-vɪss*) c haddock

schema (*skhāȳ-maa*) nt (pl ~'s, ~ta) diagram; scheme

schemering (*skhāȳ-mer-ring*) c twilight

schending (*skhehn-dɪng*) c (pl ~en) violation

* **schenken** (*skhehng-kern*) v pour; donate

schenking (*skhehng-kɪng*) c (pl ~en) donation

* **scheppen** (*skheh-pern*) v create

schepsel (*skhehp-serl*) nt (pl ~s) creature

zich * **scheren** (*skhāȳ-rern*) shave

scherm (skhehrm) nt (pl ~en) screen

schermen (*skhehr-mern*) v fence

scherp (skhehrp) adj sharp; keen

schets (skhehts) c (pl ~en) sketch

schetsboek (*skhehts-bōōk*) nt (pl ~en) sketch-book

schetsen (*skheht-sern*) v sketch

scheur (skhūrr) c (pl ~en) tear

scheuren (*skhūr-rern*) v rip, *tear

schiereiland (*skheer-ay-lahnt*) nt peninsula

* **schieten** (*skhee-tern*) v *shoot, fire

schietschijf (*skheet-skhayf*) c (pl

-schijven) mark

schijf (skhayf) c (pl schijven) disc

schijn (skhayn) c semblance

schijnbaar (*skhaym-baar*) adj apparent

* **schijnen** (*skhay-nern*) v appear, seem; *shine

schijnheilig (skhayn-*hay*-lerkh) adj hypocritical

schijnwerper (*skhayn*-vehr-perr) c (pl ~s) spotlight, searchlight

schikken (*skhɪ*-kern) v suit

schikking (*skhɪ*-kɪng) c (pl ~en) settlement

schil (skhɪl) c (pl ~len) skin; peel

schilder (*skhɪl*-derr) c (pl ~s) painter

schilderachtig (*skhɪl*-derr-ahkh-terkh) adj scenic, picturesque

schilderen (*skhɪl*-der-rern) v paint

schilderij (skhɪl-der-*ray*) nt (pl ~en) painting, picture

schildpad (*skhɪl*-paht) c (pl ~den) turtle

schilfer (*skhɪl*-ferr) c (pl ~s) chip

schillen (*skhɪ*-lern) c peel

schimmel (*skhɪ*-merl) c (pl ~s) mildew

schip (skhɪp) nt (pl schepen) ship; boat, vessel

schitterend (*skhɪ*-ter-rernt) adj brilliant, splendid

schittering (*skhɪ*-ter-ring) c (pl ~en) glare

schoeisel (*skhōō*ᵉᵉ-serl) nt footwear

schoen (skhōōn) c (pl ~en) shoe

schoenmaker (*skhōōn*-maa-kerr) c (pl ~s) shoemaker

schoensmeer (*skhōōn*-smāȳr) c shoe polish

schoenveter (*skhōōn*-fāȳ-terr) c (pl ~s) shoe-lace

schoenwinkel (*skhōōn*-vɪng-kerl) c (pl ~s) shoe-shop

schoft (skhoft) c (pl ~en) bastard

schok (skhok) c (pl ~ken) shock

schokbreker (*skhok*-brāy-kerr) *c* (pl ~s) shock absorber

schokken (*skho*-kern) *v* shock

schol (skhol) *c* (pl ~len) plaice

schommel (*skho*-merl) *c* (pl ~s) swing

schommelen (*skho*-mer-lern) *v* rock, *swing

school (skhōal) *c* (pl scholen) school; college; **middelbare ~** secondary school

schoolbank (*skhōal*-bahngk) *c* (pl ~en) desk

schoolbord (*skhōal*-bort) *nt* (pl ~en) blackboard

schoolhoofd (*skhōal*-hōaft) *nt* (pl ~en) headmaster, head teacher

schooljongen (*skhōal*-Yo-ngern) *c* (pl ~s) schoolboy

schoolmeester (*skhōal*-māyss-terr) *c* (pl ~s) teacher

schoolmeisje (*skhōal*-may-sher) *nt* (pl ~s) schoolgirl

schoolslag (*skhōal*-slahkh) *c* breaststroke

schooltas (*skhōal*-tahss) *c* (pl ~sen) satchel

schoon (skhōan) *adj* clean

schoonheid (*skhōan*-hayt) *c* (pl -heden) beauty

schoonheidsbehandeling (*skhōan*-hayts-ber-hahn-der-ling) *c* (pl ~en) beauty treatment

schoonheidsmasker (*skhōan*-hayts-mahss-kerr) *nt* (pl ~s) face-pack

schoonheidsmiddelen (*skhōan*-hayts-mi-der-lern) *pl* cosmetics *pl*

schoonheidssalon (*skhōan*-hayts-saa-lon) *c* (pl ~s) beauty salon, beauty parlour

schoonmaak (*skhō*-maak) *c* cleaning

schoonmaken (*skhō*-maa-kern) *v* clean

schoonmoeder (*skhō*-mōo-derr) *c* (pl ~s) mother-in-law

schoonouders (*skhōan*-ou-derrs) *pl* parents-in-law *pl*

schoonvader (*skhōan*-vaa-derr) *c* (pl ~s) father-in-law

schoonzoon (*skhōan*-zōan) *c* (pl -zonen) son-in-law

schoonzuster (*skhōan*-zerss-terr) *c* (pl ~s) sister-in-law

schoorsteen (*skhōar*-stāyn) *c* (pl -stenen) chimney

schop (skhop) *c* (pl ~pen) kick; spade, shovel

schoppen (*skho*-pern) *v* kick

schor (skhor) *adj* hoarse

schorsen (*skhor*-sern) *v* suspend

schort (skhort) *c* (pl ~en) apron

Schot (skhot) *c* (pl ~ten) Scot

schot (skhot) *nt* (pl ~en) shot

schotel (*skhōa*-terl) *c* (pl ~s) dish; **schoteltje** *nt* saucer

Schotland (*skhot*-lahnt) Scotland

Schots (skhots) *adj* Scottish, Scotch

schouder (*skhou*-derr) *c* (pl ~s) shoulder

schouwburg (*skhou*-berrkh) *c* (pl ~en) theatre

schouwspel (*skhou*-spehl) *nt* (pl ~en) spectacle

schram (skhrahm) *c* (pl ~men) scratch

schrappen (*skhrah*-pern) *v* scrape

schrede (*skhrāy*-der) *c* (pl ~n) pace

schreeuw (skhrāy⁰⁰) *c* (pl ~en) scream, cry, shout

schreeuwen (*skhrāy⁰⁰*-ern) *v* scream, cry, shout

schriftelijk (*skhrif*-ter-lerk) *adj* written; *adv* in writing

schrijfbehoeften (*skhrayf*-ber-hōof-tern) *pl* stationery

schrijfblok (*skhrayf*-blok) *nt* (pl ~ken) writing-pad

schrijfmachine (*skhrayf*-mah-shee-ner) *c* (pl ~s) typewriter

schrijfmachinepapier (*skhrayf-mah-shee-ner-paa-peer*) *nt* typing paper

schrijfpapier (*skhrayf-paa-peer*) *nt* notepaper; writing-paper

schrijftafel (*skhrayf-taa-ferl*) *c* (pl ~s) bureau

schrijn (skhrayn) *c* (pl ~en) shrine

***schrijven** (*skhray-vern*) *v* *write

schrijver (*skhray-vehr*) *c* (pl ~s) author, writer

schrik (skhrik) *c* fright, scare; ~ ***aanjagen** terrify

schrikkeljaar (*skhri-kerl-*Yaar) *nt* leap-year

***schrikken** (*skhri-kern*) *v* *be frightened; ***doen** ~ frighten, scare

schrobben (*skhro-bern*) *v* scrub

schroef (skhroof) *c* (pl schroeven) screw; propeller

schroefsleutel (*skhroof-slur-terl*) *c* (pl ~s) spanner

schroevedraaier (*skhroo-ver-draa-*Yerr) *c* (pl ~s) screw-driver

schroeven (*skhroo-vern*) *v* screw

schroot (skhroat) *nt* scrap-iron

schub (skherp) *c* (pl ~ben) scale

schudden (*skher-dern*) *v* *shake; shuffle

schuifdeur (*skhurew f-durr*) *c* (pl ~en) sliding door

schuilplaats (*skhurew l-plaats*) *c* (pl ~en) cover; shelter

schuim (skhurew m) *nt* froth, lather, foam

schuimen (*skhurew-mern*) *v* foam

schuimrubber (*skhurew m-rer-berr*) *nt* foam-rubber

schuin (skhurew n) *adj* slanting

***schuiven**[1] (*skhurew-vern*) *v* push

schuld[1] (skherlt) *c* guilt; fault, blame; **de** ~ ***geven aan** blame

schuld[2] (skherlt) *c* (pl ~en) debt

schuldeiser (*skherlt-ay-serr*) *c* (pl ~s) creditor

schuldig (*skherl-derkh*) *adj* guilty; ~ ***bevinden** convict; ~ ***zijn** owe

schuur (skhewr) *c* (pl schuren) barn; shed

schuurpapier (*skhewr-paa-peer*) *nt* sandpaper

schuw (skhewᵒᵒ) *adj* shy

scoren (*skoa-rern*) *v* score

seconde (ser-*kon-*der) *c* (pl ~n) second

secretaresse (si-krer-taa-*reh*-ser) *c* (pl ~n) secretary

secretaris (si-krer-*taa-*rerss) *c* (pl ~sen) secretary; clerk

sectie (*sehk-*see) *c* (pl ~s) section

secundair (*sāy-*kern-*dair*) *adj* secondary

secuur (ser-*kewr*) *adj* precise

sedert (*sāy-*derrt) *prep* since

sein (sayn) *nt* (pl ~en) signal

seinen (*say-*nern) *v* signal

seizoen (say-*zōōn*) *nt* (pl ~en) season; **buiten het** ~ off season

seksualiteit (sehk-sēw-vaa-lee-*tayt*) *c* sexuality

seksueel (sehk-sēw-*vāyl*) *adj* sexual

selderij (*sehl-*der-ray) *c* celery

select (ser-*lehkt*) *adj* select

selecteren (*sāy-*lehk-*tāy-*rern) *v* select

selectie (*sāy-lehk-*see) *c* selection

senaat (ser-*naat*) *c* senate

senator (ser-*naa-*tor) *c* (pl ~en) senator

seniel (ser-*neel*) *adj* senile

sensatie (sehn-*zaa-*tsee) *c* (pl ~s) sensation

sensationeel (sehn-zaa-tshōa-*nāyl*) *adj* sensational

sentimenteel (sehn-tee-mehn-*tāyl*) *adj* sentimental

september (sehp-*tehm-*berr) September

septisch (*sehp-*teess) *adj* septic

serie (*sāy-*ree) *c* (pl ~s) series

serieus (sāy-ree-ᵛū́rss) adj serious

serum (sāy-rerm) nt (pl ~s, sera) serum

serveerster (sehr-vāyr-sterr) c (pl ~s) waitress

servet (sehr-veht) nt (pl ~ten) napkin, serviette

sfeer (sfāyr) c atmosphere; sphere

shag (shehk) c cigarette tobacco

shampoo (shahm-pōa) c shampoo

Siam (see-ᵛahm) Siam

Siamees (see-ᵛaa-māyss) adj Siamese

sifon (see-fon) c (pl ~s) syphon, siphon

sigaar (see-gaar) c (pl sigaren) cigar

sigarenwinkel (see-gaa-rer-vɪng-kerl) c (pl ~s) cigar shop

sigarenwinkelier (see-gaa-rer-vɪng-ker-leer) c (pl ~s) tobacconist

sigaret (see-gaa-reht) c (pl ~ten) cigarette

sigarettenkoker (see-gaa-reh-ter-kōa-kehr) c (pl ~s) cigarette-case

sigarettepijpje (see-gaa-reh-ter-payp-ᵛer) nt (pl ~s) cigarette-holder

signaal (see-ñaal) nt (pl -nalen) signal

signalement (see-ñaa-ler-mehnt) nt (pl ~en) description

simpel (sɪm-perl) adj simple

sinaasappel (see-naa-sah-perl) c (pl ~en, ~s) orange

sinds (sɪns) conj since

sindsdien (sɪns-deen) adv since

singel (sɪ-ngerl) c (pl ~s) canal

sirene (see-rāy-ner) c (pl ~s) siren

siroop (see-rōap) c syrup

situatie (see-tēw-vaa-tsee) c (pl ~s) situation

sjaal (shaal) c (pl ~s) shawl; scarf

skelet (sker-leht) nt (pl ~ten) skeleton

ski (skee) c (pl ~'s) ski

skibroek (skee-brōōk) c (pl ~en) ski pants

skiën (skee-ᵛern) v ski

skiër (skee-ᵛerr) c (pl ~s) skier

skilift (skee-lɪft) c (pl ~en) ski-lift

skischoenen (skee-skhōō-nern) pl ski boots

skistokken (skee-sto-kern) pl ski sticks; ski poles Am

sla (slaa) c lettuce; salad

slaaf (slaaf) c (pl slaven) slave

*****slaan** (slaan) v *beat; *hit; *strike; smack, slap

slaap¹ (slaap) c sleep; **in** ~ asleep

slaap² (slaap) c (pl slapen) temple

slaapkamer (slaap-kaa-merr) c (pl ~s) bedroom

slaappil (slaa-pɪl) c (pl ~len) sleeping-pill

slaapwagen (slaap-vaa-gern) c (pl ~s) sleeping-car

slaapzaal (slaap-saal) c (pl -zalen) dormitory

slaapzak (slaap-sahk) c (pl ~ken) sleeping-bag

slachtoffer (slahkht-o-ferr) nt (pl ~s) victim; casualty

slag¹ (slahkh) c (pl ~en) blow; battle

slag² (slahkh) nt sort

slagader (slahkh-aa-derr) c (pl ~s) artery

slagboom (slahkh-bōam) c (pl -bomen) barrier

slagen (slaa-gern) v manage, succeed; pass

slager (slaa-gerr) c (pl ~s) butcher

slagzin (slahkh-sɪn) c (pl ~nen) slogan

slak (slahk) c (pl ~ken) snail

slang (slahng) c (pl ~en) snake

slank (slahngk) adj slim, slender

slaolie (slaa-ōa-lee) c salad-oil

slap (slahp) adj limp; weak

slapeloos (slaa-per-lōass) adj sleepless

slapeloosheid (slaa-per-lōass-hayt) c insomnia

*****slapen** (slaa-pern) v *sleep

slaperig (slaa-per-rerkh) adj sleepy

slecht (slehkht) *adj* bad; poor; ill; wicked, evil; **slechter** worse; **slechtst** worst

slechts (slehkhts) *adv* only, merely

slede (slāȳ-der) *c* (pl ~n) sledge

slee (slāȳ) *c* (pl ~ën) sleigh, sledge

sleepboot (slāȳ-bōāt) *c* (pl -boten) tug

slepen (slāȳ-pern) *v* drag, haul; tug, tow

sleutel (slūr-terl) *c* (pl ~s) key; wrench

sleutelbeen (slūr-terl-bāȳn) *nt* (pl -beenderen, -benen) collarbone

sleutelgat (slūr-terl-gaht) *nt* (pl ~en) keyhole

*__slijpen__ (slay-pern) *v* sharpen

slijterij (slay-ter-ray) *c* (pl ~en) off-licence

slikken (sli-kern) *v* swallow

slim (slim) *adj* clever

slip (slip) *c* (pl ~s) briefs *pl*; panties *pl*

slippen (sli-pern) *v* slip; skid

slof (slof) *c* (pl ~fen) slipper; carton

slokje (slok-Yer) *nt* (pl ~s) sip

sloot (slōāt) *c* (pl sloten) ditch

slopen (slōā-pern) *v* demolish

slordig (slor-derkh) *adj* untidy; slovenly, sloppy, careless

slot¹ (slot) *nt* (pl ~en) lock; castle; **op ~** *__doen__ lock

slot² (slot) *nt* end, issue

sluier (slur-err) *c* (pl ~s) veil

sluipschutter (slur^ew^p-skher-terr) *c* (pl ~s) sniper

sluis (slur^ew^ss) *c* (pl sluizen) lock, sluice

*__sluiten__ (slur^ew^-tern) *v* close, *shut; fasten

sluiting (slur^ew^-ting) *c* (pl ~en) fastener

sluw (slew^oo^) *adj* cunning

smaak (smaak) *c* (pl smaken) taste; flavour

smakelijk (smaa-ker-lerk) *adj* savoury, tasty; appetizing

smakeloos (smaa-ker-lōāss) *adj* tasteless

smaken (smaa-kern) *v* taste

smal (smahl) *adj* narrow

smaragd (smaa-rahkht) *nt* emerald

smart (smahrt) *c* (pl ~en) grief

smartlap (smahrt-lahp) *c* (pl ~pen) tear-jerker

smeerolie (smāȳr-ōā-lee) *c* lubrication oil

smeersysteem (smāȳr-see-stāȳm) *nt* lubrication system

smeken (smāȳ-kern) *v* beg

*__smelten__ (smehl-tern) *v* melt

smeren (smāȳ-rern) *v* lubricate, grease

smerig (smāȳ-rerkh) *adj* dirty; foul, filthy

smering (smāȳ-ring) *c* lubrication

smet (smeht) *c* (pl ~ten) blot

smid (smit) *c* (pl smeden) smith, blacksmith

smoking (smōā-king) *c* (pl ~s) dinner-jacket; tuxedo *nAm*

smokkelen (smo-ker-lern) *v* smuggle

snaar (snaar) *c* (pl snaren) string

snavel (snaa-verl) *c* (pl ~s) beak

snee (snāȳ) *c* (pl ~ën) cut; slice

sneeuw (snāȳ^oo^) *c* snow

sneeuwen (snāȳ^oo^-ern) *v* snow

sneeuwslik (snāȳ^oo^-slik) *nt* slush

sneeuwstorm (snāȳ^oo^-storm) *c* (pl ~en) snowstorm, blizzard

snel (snehl) *adj* fast, swift, rapid

snelheid (snehl-hayt) *c* (pl -heden) speed; **maximum ~** speed limit

snelheidsbeperking (snehl-hayts-ber-pehr-king) *c* speed limit

snelheidsmeter (snehl-hayts-māȳ-terr) *c* speedometer

snelheidsovertreding (snehl-hayts-ōā-verr-trāȳ-ding) *c* speeding

snelkookpan (snehl-kōāk-pahn) *c* (pl

~nen) pressure-cooker

snellen (*sneh*-lern) *v* dash

sneltrein (*snehl*-trayn) *c* (pl ~en) express train

snelweg (*snehl*-vehkh) *c* (pl ~en) motorway

***snijden** (*snay*-dern) *v* *cut; carve

snijwond (*snay*-vont) *c* (pl ~en) cut

snipper (*sni*-perr) *c* (pl ~s) scrap

snoek (snook) *c* (pl ~en) pike

snoep (snoop) *nt* sweets; candy *nAm*

snoepgoed (*snoop*-khoot) *nt* sweets; candy *nAm*

snoepje (*snoop*-Yer) *nt* (pl ~s) sweet; candy *nAm*

snoepwinkel (*snoop*-ving-kerl) *c* (pl ~s) sweetshop; candy store *Am*

snoer (snoor) *nt* (pl ~en) line, cord; flex; electric cord

snor (snor) *c* (pl ~ren) moustache

snorkel (*snor*-kerl) *c* (pl ~s) snorkel

snugger (*sner*-gerr) *adj* bright

snuit (snur^ew^t) *c* (pl ~en) snout

snurken (*snerr*-kern) *v* snore

sociaal (soa-*shaal*) *adj* social

socialisme (soa-shaa-*liss*-mer) *nt* socialism

socialist (soa-shaa-*list*) *c* (pl ~en) socialist

socialistisch (soa-shaa-*liss*-teess) *adj* socialist

sociëteit (soa-see-Yer-*tayt*) *c* (pl ~en) club

sodawater (*soa*-daa-vaa-terr) *nt* sodawater

soep (soop) *c* (pl ~en) soup

soepbord (*soo*-bort) *nt* (pl ~en) soupplate

soepel (*soo*-perl) *adj* supple, flexible

soeplepel (*soop*-lay-perl) *c* (pl ~s) soup-spoon

sofa (*soa*-faa) *c* (pl ~'s) sofa

sok (sok) *c* (pl ~ken) sock

soldaat (sol-*daat*) *c* (pl -daten) soldier

soldeerbout (sol-*dayr*-bout) *c* (pl ~en) soldering-iron

solderen (sol-*day*-rern) *v* solder

solide (soa-*lee*-der) *adj* (pl ~en) solid

solitair (soa-lee-*tehr*) *adj* solitary

sollicitatie (so-lee-see-*taa*-tsee) *c* (pl ~s) application

solliciteren (so-lee-see-*tay*-rern) *v* apply

som (som) *c* (pl ~men) sum; amount; **ronde** ~ lump sum

somber (*som*-berr) *adj* gloomy, sombre

sommige (*so*-mer-ger) *pron* some

soms (soms) *adv* sometimes

soort (soart) *c/nt* (pl ~en) sort, kind; breed, species

sorteren (sor-*tay*-rern) *v* assort, sort

sortering (sor-*tay*-ring) *c* (pl ~en) assortment

souterrain (soo-ter-*rang*) *nt* (pl ~s) basement

souvenir (soo-ver-*neer*) *nt* (pl ~s) souvenir; **souvenirwinkel** souvenir shop

spaak (spaak) *c* (pl spaken) spoke

Spaans (spaans) *adj* Spanish

spaarbank (*spaar*-bahngk) *c* (pl ~en) savings bank

spaargeld (*spaar*-gehlt) *nt* savings *pl*

spaarzaam (*spaar*-zaam) *adj* economical

spade (*spaa*-der) *c* (pl ~n) spade

spalk (spahlk) *c* (pl ~en) splint

Spanjaard (*spah*-ñaart) *c* (pl ~en) Spaniard

Spanje (*spah*-ñer) Spain

spannend (*spah*-nernt) *adj* exciting

spanning (*spah*-ning) *c* (pl ~en) tension; pressure, strain, stress

sparen (*spaa*-rern) *v* save; economize

spat (spaht) *c* (pl ~ten) stain, spot, speck

spatader (*spaht*-aa-derr) *c* (pl ~s,

~en) varicose vein

spatbord (*spaht*-bort) *nt* (pl ~en) mud-guard

spatiëren (spaa-*tshāy*-rern) *v* space

spatten (*spah*-tern) *v* splash

specerij (spāy-ser-*ray*) *c* (pl ~en) spice

speciaal (spāy-*shaal*) *adj* special; particular, peculiar

zich specialiseren (spāy-shaa-lee-*zāy*-rern) specialize

specialist (spāy-shaa-*list*) *c* (pl ~en) specialist

specialiteit (spāy-shaa-lee-*tayt*) *c* (pl ~en) speciality

specifiek (spāy-see-*feek*) *adj* specific

specimen (*spāy*-see-mehn) *nt* (pl ~s) specimen

speculeren (spāy-kēw-*lāy*-rern) *v* speculate

speeksel (*spāyk*-serl) *nt* spit

speelgoed (*spāyl*-gōōt) *nt* toy

speelgoedwinkel (*spāyl*-gōōt-ving-kerl) *c* (pl ~s) toyshop

speelkaart (*spāyl*-kaart) *c* (pl ~en) playing-card

speelplaats (*spāyl*-plaats) *c* (pl ~en) playground

speelterrein (*spāyl*-teh-rayn) *nt* (pl ~en) recreation ground

speer (spāyr) *c* (pl speren) spear

spek (spehk) *nt* bacon

spel¹ (spehl) *nt* (pl ~en) game

spel² (spehl) *nt* (pl ~len) play

speld (spehlt) *c* (pl ~en) pin

spelen (*spāy*-lern) *v* play

speler (*spāy*-lerr) *c* (pl ~s) player

spellen (*speh*-lern) *v* *spell

spelling (*speh*-ling) *c* spelling

spelonk (spāy-*longk*) *c* (pl ~en) cave

spiegel (*spee*-gerl) *c* (pl ~s) looking-glass, mirror

spiegelbeeld (*spee*-gerl-bāylt) *nt* (pl ~en) reflection

spier (speer) *c* (pl ~en) muscle

spijbelen (*spay*-ber-lern) *v* play truant

spijker (*spay*-kerr) *c* (pl ~s) nail

spijkerbroek (*spay*-kerr-brōōk) *c* (pl ~en) jeans *pl*

spijskaart (*spayss*-kaart) *c* (pl ~en) menu

spijsvertering (*spayss*-ferr-tāy-ring) *c* digestion

spijt (spayt) *c* regret

spin (spin) *c* (pl ~nen) spider

spinazie (spee-*naa*-zee) *c* spinach

*spinnen (*spi*-nern) *v* *spin

spinneweb (*spi*-ner-vehp) *nt* (pl ~ben) spider's web, cobweb

spion (spee-*ʸon*) *c* (pl ~nen) spy

spiritusbrander (*spee*-ree-terss-brahn-derr) *c* (pl ~s) spirit stove

spit¹ (spit) *nt* (pl ~ten) spit

spit² (spit) *nt* lumbago

spits¹ (spits) *adj* pointed

spits² (spits) *c* (pl ~en) peak; spire

spitsuur (*spits*-ēwr) *nt* (pl -uren) rush-hour, peak hour

*splijten (*splay*-tern) *v* *split

splinter (*splin*-terr) *c* (pl ~s) splinter

splinternieuw (*splin*-terr-nee∞) *adj* brand-new

zich splitsen (*split*-sern) fork

spoed (spōōt) *c* haste, speed

spoedcursus (*spōōt*-kerr-zerss) *c* (pl ~sen) intensive course

spoedgeval (*spōōt*-kher-vahl) *nt* (pl ~len) emergency

spoedig (*spōō*-derkh) *adv* soon, shortly

spoel (spōōl) *c* (pl ~en) spool

spoelen (*spōō*-lern) *v* rinse

spoeling (*spōō*-ling) *c* (pl ~en) rinse

spons (spons) *c* (pl sponzen) sponge

spook (spōāk) *nt* (pl spoken) ghost, phantom; spook

spoor (spōār) *nt* (pl sporen) trace; trail, track

spoorbaan (*spōār*-baan) *c* (pl -banen)

railway; railroad *nAm*

spoorweg (*spōar*-vehkh) *c* (pl ~en) railway; railroad *nAm*

sport (sport) *c* sport

sportjasje (*sport*-Yah-sher) *nt* (pl ~s) sports-jacket, blazer

sportkleding (*sport*-klāy-ding) *c* sportswear

sportman (*sport*-mahn) *c* (pl ~en) sportsman

sportwagen (*sport*-vaa-gern) *c* (pl ~s) sports-car

spot (spot) *c* mockery

spraak (spraak) *c* speech; **ter sprake *brengen** *bring up

spraakzaam (*spraak*-saam) *adj* talkative

sprakeloos (*spraa*-ker-lōass) *adj* speechless

spreekkamer (*sprāy*-kaa-merr) *c* (pl ~s) surgery

spreekuur (*sprāyk*-ēwr) *nt* (pl -uren) consultation hours

spreekwoord (*sprāyk*-vōart) *nt* (pl ~en) proverb

spreeuw (sprāy°°) *c* (pl ~en) starling

sprei (spray) *c* (pl ~en) counterpane, quilt

spreiden (*spray*-dern) *v* *spread

***spreken** (*sprāy*-kern) *v* *speak, talk

***springen** (*spri*-ngern) *v* jump; *leap

springstof (*spring*-stof) *c* (pl ~fen) explosive

sprinkhaan (*springk*-haan) *c* (pl -hanen) grasshopper

sproeier (*sproō°ee*-err) *c* (pl ~s) atomizer

sprong (sprong) *c* (pl ~en) jump; hop, leap

sprookje (*sprōak*-Yer) *nt* (pl ~s) fairy-tale

spruitjes (*sprur°ew*-tYerss) *pl* sprouts *pl*

spuit (spur°ewt) *c* (pl ~en) syringe

spuitbus (*spur°ew*t-berss) *c* (pl ~sen)
atomizer

spuitwater (*spur°ew*t-vaa-terr) *nt* soda-water

spuug (speªwkh) *nt* spit

spuwen (speªw°°-ern) *v* *spit

staal (staal) *nt* steel; **roestvrij ~** stainless steel

***staan** (staan) *v* *stand; **goed ~** *become; suit

staart (staart) *c* (pl ~en) tail

staat (staat) *c* (pl staten) state; **in ~ stellen** enable; **in ~ *zijn om** *be able to; **staats-** national

staatsburgerschap (*staats*-berr-gerr-skhahp) *nt* citizenship

staatshoofd (*staats*-hōaft) *nt* (pl ~en) head of state

staatsman (*staats*-mahn) *c* (pl -lieden) statesman

stabiel (staa-*beel*) *adj* stable

stad (staht) *c* (pl steden) town; city

stadhuis (staht-*hur°ew*ss) *nt* (pl -huizen) town hall

stadion (*staa*-dee-Yon) *nt* (pl ~s) stadium

stadium (*staa*-dee-Yerm) *nt* (pl stadia) stage

stadscentrum (*staht*-sehn-trerm) *nt* (pl -tra) town centre

stadslicht (*stahts*-likht) *nt* (pl ~en) parking light

stadsmensen (*stahts*-mehn-sern) *pl* townspeople *pl*

staf (stahf) *c* staff

staken (*staa*-kern) *v* *strike; stop, discontinue

staking (*staa*-king) *c* (pl ~en) strike

stal (stahl) *c* (pl ~len) stable

stallen (*stah*-lern) *v* garage

stalles (*stah*-lerss) *pl* stall; orchestra seat *Am*

stam (stahm) *c* (pl ~men) trunk; tribe

stamelen (*staa*-mer-lern) *v* falter

stampen (*stahm*-pern) *v* stamp, thump

stampvol (*stahmp*-fol) *adj* packed

stand (stahnt) *c* score; **tot ~ *bren- gen** realize

standbeeld (*stahnt*-bāylt) *nt* (pl ~en) statue

standpunt (*stahnt*-pernt) *nt* (pl ~en) point of view

standvastig (stahnt-*fahss*-terkh) *adj* steadfast

stang (stahng) *c* (pl ~en) rod, bar

stap (stahp) *c* (pl ~pen) step; pace; move

stapel (*staa*-perl) *c* (pl ~s) stack, heap, pile

stappen (*stah*-pern) *v* step

staren (*staa*-rern) *v* gaze, stare

start (stahrt) *c* take-off

startbaan (*stahrt*-baan) *c* runway

starten (*stahr*-tern) *v* *take off

startmotor (*stahrt*-mōa-terr) *c* starter motor

statiegeld (*staa*-tsee-gehlt) *nt* deposit

station (staa-*shon*) *nt* (pl ~s) station; depot *nAm*

stationschef (staa-*shon*-shehf) *c* (pl ~s) station-master

statistiek (staa-tiss-*teek*) *c* (pl ~en) statistics *pl*

stedelijk (*stāy*-der-lerk) *adj* urban

steeds (stāyts) *adv* continually

steeg (stāykh) *c* (pl stegen) alley, lane

steek (stāyk) *c* (pl steken) stitch; sting, bite

steel (stāyl) *c* (pl stelen) stem; handle

steelpan (*stāyl*-pahn) *c* (pl ~nen) saucepan

steen (stāyn) *c* (pl stenen) stone; brick

steengroeve (*stāyn*-grōo-ver) *c* (pl ~n) quarry

steenpuist (*stāyn*-purᵉʷst) *c* (pl ~en) boil

steigers (*stay*-gerrs) *pl* scaffolding

steil (stayl) *adj* steep

stekelvarken (*stāy*-kerl-vahr-kern) *nt* (pl ~s) porcupine

*steken (*stāy*-kern) *v* *sting

stekker (*steh*-kerr) *c* (pl ~s) plug

stel (stehl) *nt* (pl ~len) set

*stelen (*stāy*-lern) *v* *steal

stellen (*steh*-lern) *v* *put

stelling (*steh*-lıng) *c* (pl ~en) thesis

stelsel (*stehl*-serl) *nt* (pl ~s) system; **tientallig ~** decimal system

stem (stehm) *c* (pl ~men) voice; vote

stemmen (*steh*-mern) *v* vote

stemming¹ (*steh*-mıng) *c* mood; at- mosphere; spirits

stemming² (*steh*-mıng) *c* (pl ~en) vote

stempel (*stehm*-perl) *c* (pl ~s) stamp

stemrecht (*stehm*-rehkht) *nt* suffrage

stenen (*stāy*-nern) *adj* stone

stenograaf (stāy-nōa-*graaf*) *c* (pl -gra- fen) stenographer

stenografie (stāy-nōa-graa-*fee*) *c* shorthand

step-in (*stehp*-ın) *c* (pl ~s) girdle

ster (stehr) *c* (pl ~ren) star

sterfelijk (*stehr*-fer-lerk) *adj* mortal

steriel (ster-*reel*) *adj* sterile

steriliseren (stāy-ree-li-*zāy*-rern) *v* ster- ilize

sterk (stehrk) *adj* powerful, strong; **sterke drank** spirits

sterkte (*stehrk*-ter) *c* strength

sterrenkunde (*steh*-rer-kern-der) *c* as- tronomy

*sterven (*stehr*-vern) *v* die

steun (stūrn) *c* assistance, support; relief

steunen (*stūr*-nern) *v* support

steunkousen (*stūrn*-kou-sern) *pl* sup- port hose

steurgarnaal (*stūrr*-gahr-naal) *c* (pl -nalen) prawn

stevig (*stāy*-verkh) *adj* solid, firm

stichten (*stikh*-tern) v found

stichting (*stikh*-ting) c (pl ~en) foundation

stiefkind (*steef*-kint) nt (pl ~eren) stepchild

stiefmoeder (*steef*-mōō-derr) c (pl ~s) stepmother

stiefvader (*stee*-faa-derr) c (pl ~s) stepfather

stier (steer) c (pl ~en) bull

stierengevecht (*stee*-rer-ger-vehkht) nt (pl ~en) bullfight

stijf (stayf) adj stiff

stijfsel (*stayf*-serl) nt starch

stijgbeugel (*staykh*-būr-gerl) c (pl ~s) stirrup

*stijgen (*stay*-gern) v *rise; climb

stijging (*stay*-ging) c rise; climb, ascent

stijl (stayl) c (pl ~en) style

*stijven (*stay*-vern) v starch

stikken (*sti*-kern) v choke

stikstof (*stik*-stof) c nitrogen

stil (stil) adj silent; quiet; still

Stille Oceaan (*sti*-ler ōā-sāy-*aan*) Pacific Ocean

stilstaand (*stil*-staant) adj stationary

stilte (*stil*-ter) c (pl ~s) silence; stillness, quiet

stimuleren (stee-mēw-*lāy*-rern) v stimulate

*stinken (*sting*-kern) v *smell; *stink; **stinkend** smelly

stipt (stipt) adj punctual

stoel (stōōl) c (pl ~en) chair; seat

stoep (stōōp) c (pl ~en) sidewalk nAm

stoet (stōōt) c (pl ~en) procession

stof¹ (stof) nt dust

stof² (stof) c (pl ~fen) fabric, cloth, material; matter; **stoffen** drapery; **vaste ~** solid

stoffelijk (*sto*-fer-lerk) adj substantial, material

stoffig (*sto*-ferkh) adj dusty

stofzuigen (*stof*-sur^ew-gern) v hoover; vacuum vAm

stofzuiger (*stof*-sur^ew-gerr) c (pl ~s) vacuum cleaner

stok (stok) c (pl ~ken) stick; cane

stokpaardje (*stok*-paar-t^yer) nt (pl ~s) hobby-horse

stola (*stōā*-laa) c (pl ~'s) stole

stollen (*sto*-lern) v coagulate

stom (stom) adj mute, dumb

stomerij (stōā-mer-*ray*) c (pl ~en) drycleaner's

stomp (stomp) adj blunt

stompen (*stom*-pern) v punch

stookolie (*stōāk*-ōā-lee) c fuel oil

stoom (stōām) c steam

stoomboot (*stōām*-bōāt) c (pl boten) steamer

stoot (stōāt) c (pl stoten) bump

stop (stop) c (pl ~pen) stopper, cork

stopgaren (*stop*-khaa-rern) nt darning wool

stoplicht (*stop*-likht) nt (pl ~en) traffic light

stoppen (*sto*-pern) v stop, halt; *put; darn

stoptrein (*stop*-trayn) c (pl ~en) stopping train, local train

storen (*stōā*-rern) v disturb; trouble

storing (*stōā*-ring) c (pl ~en) disturbance

storm (storm) c (pl ~en) storm; gale, tempest

stormachtig (*storm*-ahkh-terkh) adj stormy

stormlamp (*storm*-lahmp) c (pl ~en) hurricane lamp

stortbui (*stort*-bur^ew) c (pl ~en) downpour

storten (*stor*-tern) v *shed; deposit

storting (*stor*-ting) c (pl ~en) remittance, deposit

*stoten (*stōā*-tern) v bump

stout (stout) *adj* naughty, bad

stoutmoedig (stout-*mōō*-derkh) *adj* bold

straal (straal) *c* (pl stralen) squirt, spout, jet; ray, beam; radius

straalvliegtuig (*straal*-vleekh-tur^{ew}kh) *nt* (pl ~en) turbojet, jet

straat (straat) *c* (pl straten) street; road

straatweg (*straat*-vehkh) *c* (pl ~en) causeway

straf (strahf) *c* (pl ~fen) punishment; penalty

straffen (*strah*-fern) *v* punish

strafrecht (*strahf*-rehkht) *nt* criminal law

strafschop (*strahf*-skhop) *c* (pl ~pen) penalty kick

strak (strahk) *adj* tight; **strakker maken** tighten

straks (strahks) *adv* in a moment

strand (strahnt) *nt* (pl ~en) beach

streek (strāyk) *c* (pl streken) region; district, country, area; trick

streep (strāyp) *c* (pl strepen) line; stripe

streng (strehng) *adj* strict, harsh; severe

stretcher (*streht*-sherr) *c* (pl ~s) camp-bed; cot *nAm*

streven (*strāy*-vern) *v* aspire

strijd (strayt) *c* fight, combat, battle; struggle, strife, contest

***strijden** (*stray*-dern) *v* *fight; struggle

strijdkrachten (*strayt*-krahkh-tern) *pl* armed forces

***strijken** (*stray*-kern) *v* iron; *strike, lower

strijkijzer (*strayk*-ay-zerr) *nt* (pl ~s) iron

strikje (*strik*-^Yer) *nt* (pl ~s) bow tie

strikt (strikt) *adj* strict

stripverhaal (*strip*-ferr-haal) *nt* (pl -ha-

len) comics *pl*

stro (strōa) *nt* straw

strodak (*strōa*-dahk) *nt* (pl ~en) thatched roof

stromen (*strōa*-mern) *v* stream, flow

stroming (*strōa*-ming) *c* (pl ~en) current

strook (strōak) *c* (pl stroken) strip

stroom (strōam) *c* (pl stromen) stream; current

stroomafwaarts (strōam-*ahf*-vaarts) *adv* downstream

stroomopwaarts (strōam-*op*-vaarts) *adv* upstream

stroomverdeler (*strōam*-verr-dāy-lerr) *c* distributor

stroomversnelling (*strōam*-verr-sneh-ling) *c* (pl ~en) rapids *pl*

stroop (strōap) *c* syrup

stropen (*strōa*-pern) *v* poach

structuur (strerk-*tewr*) *c* (pl -turen) structure; fabric, texture

struik (strur^{ew}k) *c* (pl ~en) scrub, bush, shrub

struikelen (*strur^{ew}*-ker-lern) *v* stumble

struisvogel (*strurss*-fōa-gerl) *c* (pl ~s) ostrich

studeerkamer (stew-*dāyr*-kaa-merr) *c* study

student (stew-*dehnt*) *c* (pl ~en) student

studente (stew-*dehn*-ter) *c* (pl ~s) student

studeren (stew-*dāy*-rern) *v* study

studie (*stew*-dee) *c* (pl ~s) study

studiebeurs (*stew*-dee-būrrs) *c* (pl -beurzen) scholarship

stuitend (*stur^{ew}*-ternt) *adj* revolting

stuk¹ (sterk) *adj* broken; ~ *gaan *break down

stuk² (sterk) *nt* (pl ~ken) part, piece; lump, chunk; fragment; stretch

sturen (*stew*-rern) *v* *send; navigate

stuurboord (*stew*-bōart) *nt* starboard

stuurkolom (*stewr*-kōa-lom) *c* steering-column

stuurman (*stewr*-mahn) *c* (pl -lieden, -lui) steersman, helmsman

stuurwiel (*stewr*-veel) *nt* steering-wheel

subsidie (serp-*see*-dee) *c* (pl ~s) subsidy

substantie (serp-*stahn*-see) *c* (pl ~s) substance

subtiel (serp-*teel*) *adj* subtle

succes (serk-*sehss*) *nt* (pl ~sen) success

succesvol (serk-*sehss*-fol) *adj* successful

suède (sew-*vai*-der) *nt/c* suede

suf (serf) *adj* dumb

suiker (*sur*ew-kerr) *c* sugar

suikerklontje (*sur*ew-kerr-klon-tYer) *nt* (pl ~s) lump of sugar

suikerzieke (*sur*ew-kerr-zee-ker) *c* (pl ~n) diabetic

suikerziekte (*sur*ew-kerr-zeek-ter) *c* diabetes

suite (*svee*-ter) *c* (pl ~s) suite

summier (ser-*meer*) *adj* concise

superieur (sew-per-ree-*Yurr*) *adj* superior

superlatief (sew-perr-laa-*teef*) *c* (pl -tieven) superlative

supermarkt (*sew*-perr-mahrkt) *c* (pl ~en) supermarket

supplement (ser-pler-*mehnt*) *nt* (pl ~en) supplement

suppoost (ser-*pōast*) *c* (pl ~en) custodian, usher

surfplank (*serrf*-plahngk) *c* (pl ~en) surf-board

surveilleren (serr-vay-Yai-rern) *v* patrol

Swahili (svaa-*hee*-lee) *nt* Swahili

symbool (sim-*bōal*) *nt* (pl -bolen) symbol

symfonie (sim-fōa-*nee*) *c* (pl ~ën) symphony

sympathie (sim-paa-*tee*) *c* (pl ~ën) sympathy

sympathiek (sim-paa-*teek*) *adj* nice

symptoom (sim-*tōam*) *nt* (pl -tomen) symptom

synagoge (see-naa-*gōa*-ger) *c* (pl ~n) synagogue

synoniem (see-nōa-*neem*) *nt* (pl ~en) synonym

synthetisch (sin-*tāy*-teess) *adj* synthetic

Syrië (*see*-ree-Yer) Syria

Syriër (*see*-ree-Yerr) *c* (pl ~s) Syrian

Syrisch (*see*-reess) *adj* Syrian

systeem (seess-*tāym*) *nt* (pl -temen) system

systematisch (seess-tāy-*maa*-teess) *adj* systematic

T

taai (taaee) *adj* tough

taak (taak) *c* (pl taken) task; duty

taal (taal) *c* (pl talen) language; speech

taalgids (*taal*-gits) *c* (pl ~en) phrase-book

taart (taart) *c* (pl ~en) cake

tabak (taa-*bahk*) *c* tobacco

tabakswinkel (taa-*bahks*-ving-kerl) *c* (pl ~s) tobacconist's

tabakszak (taa-*bahk*-sahk) *c* (pl ~ken) tobacco pouch

tabel (taa-*behl*) *c* (pl ~len) chart, table

tablet (taa-*bleht*) *nt* (pl ~ten) tablet

taboe (taa-*bōo*) *nt* (pl ~s) taboo

tachtig (*tahkh*-terkh) *num* eighty

tactiek (tahk-*teek*) *c* (pl ~en) tactics *pl*

tafel (*taa*-ferl) *c* (pl ~s) table

tafellaken (*taa*-fer-laa-kern) *nt* (pl ~s) table-cloth

tafeltennis (*taa*-ferl-teh-nerss) *nt* table tennis, ping-pong

taille (*tah*-Yer) *c* (pl ~s) waist

tak (tahk) *c* (pl ~ken) branch, bough

talenpracticum (*taa*-ler-prahk-tee-kerm) *nt* (pl -tica) language laboratory

talent (taa-*lehnt*) *nt* (pl ~en) faculty, talent

talkpoeder (*tahlk*-pōō-derr) *nt/c* talc powder

talrijk (*tahl*-rayk) *adj* numerous

tam (tahm) *adj* tame

tamelijk (*taa*-mer-lerk) *adv* pretty, fairly, quite, rather

tampon (tahm-*pon*) *c* (pl ~s) tampon

tand (tahnt) *c* (pl ~en) tooth

tandarts (*tahn*-dahrts) *c* (pl ~en) dentist

tandenborstel (*tahn*-der-bors-terl) *c* (pl ~s) toothbrush

tandestoker (*tahn*-der-stōa-kerr) *c* (pl ~s) toothpick

tandpasta (*tahnt*-pahss-taa) *c/nt* (pl ~'s) toothpaste

tandpijn (*tahnt*-payn) *c* toothache

tandpoeder (*tahnt*-pōō-derr) *nt/c* toothpowder

tandvlees (*tahnt*-flāyss) *nt* gum

tang (tahng) *c* (pl ~en) tongs *pl*, pliers *pl*

tank (tehngk) *c* (pl ~s) tank

tankschip (*tehnk*-skhip) *nt* (pl -schepen) tanker

tante (*tahn*-ter) *c* (pl ~s) aunt

tapijt (taa-*payt*) *nt* (pl ~en) carpet

tarief (taa-*reef*) *nt* (pl tarieven) rate, tariff; fare

tarwe (*tahr*-ver) *c* wheat

tas (tahss) *c* (pl ~sen) bag

tastbaar (*tahst*-baar) *adj* palpable; tangible

tastzin (*tahst*-sın) *c* touch

taxeren (tahk-*sāy*-rern) *v* estimate

taxi (*tahk*-see) *c* (pl ~'s) cab, taxi

taxichauffeur (*tahk*-see-shōa-fūrr) *c* (pl ~s) cab-driver, taxi-driver

taximeter (*tahk*-see-māy-terr) *c* taxi-meter

taxistandplaats (*tahk*-see-stahnt-plaats) *c* (pl ~en) taxi rank; taxi stand *Am*

te (ter) *adv* too

technicus (*tehkh*-nee-kerss) *c* (pl -ci) technician

techniek (tehkh-*neek*) *c* (pl ~en) technique

technisch (*tehkh*-neess) *adj* technical

technologie (tehkh-nōa-lōa-*gee*) *c* technology

teder (*tāy*-derr) *adj* delicate, tender

teef (tāyf) *c* (pl teven) bitch

teen (tāyn) *c* (pl tenen) toe

teer (tāyr) *adj* gentle, tender; *c/nt* tar

tegel (*tāy*-gerl) *c* (pl ~s) tile

tegelijk (ter-ger-*layk*) *adv* at the same time; at once

tegelijkertijd (ter-ger-lay-kerr-*tayt*) *adv* simultaneously

tegemoetkomend (ter-ger-*mōōt*-kōa-mernt) *adj* oncoming

tegemoetkoming (ter-ger-*mōōt*-kōa-mıng) *c* (pl ~en) concession

tegen (*tāy*-gern) *prep* against

tegendeel (*tāy*-ger-dāyl) *nt* contrary, reverse

tegengesteld (*tāy*-ger-ger-stehlt) *adj* contrary, opposite

*tegenkomen (*tāy*-ger-kōa-mern) *v* *come across, *meet; run into

tegenover (*tāy*-ger-*nōa*-verr) *prep* opposite, facing

tegenslag (*tāy*-ger-slahkh) *c* (pl ~en) misfortune; reverse

*tegenspreken (*tāy*-ger-sprāy-kern) *v* contradict

tegenstander (*tāy*-ger-stahn-derr) c (pl ~s) opponent

tegenstelling (*tāy*-ger-steh-lıng) c (pl ~en) contrast

tegenstrijdig (*tāy*-ger-*stray*-derkh) adj contradictory

*tegenvallen (*tāy*-ger-vah-lern) v *be disappointing

*tegenwerpen (*tāy*-ger-vehr-pern) v object

tegenwerping (*tāy*-ger-vehr-pıng) c (pl ~en) objection

tegenwoordig (tāy-ger-*vōar*-derkh) adj present; adv nowadays

tegenwoordigheid (tāy-ger-*vōar*-derkh-hayt) c presence

tegenzin (*tāy*-ger-zın) c aversion

tehuis (ter-*hur*ᵉʷss) nt (pl tehuizen) home; asylum

teint (taint) c complexion

teken (*tāy*-kern) nt (pl ~s, ~en) sign; indication, signal; token

tekenen (*tāy*-ker-nern) v *draw, sketch; sign

tekenfilm (*tāy*-ker-fılm) c (pl ~s) cartoon

tekening (*tāy*-ker-nıng) c (pl ~en) drawing, sketch

tekort (ter-*kort*) nt (pl ~en) shortage; deficit; ~ *schieten fail

tekortkoming (ter-*kort*-kōa-mıng) c (pl ~en) shortcoming

tekst (tehkst) c (pl ~en) text

tel (tehl) c (pl ~len) second

telefoneren (tāy-ler-fōa-*nāy*-rern) v phone

telefoniste (tāy-ler-fōa-*nıss*-ter) c (pl ~n, ~s) operator, telephonist

telefoon (tāy-ler-*fōan*) c (pl ~s) phone, telephone

telefoonboek (tāy-ler-*fōan*-bōōk) nt (pl ~en) telephone directory; telephone book Am

telefooncel (tāy-ler-*fōan*-sehl) c (pl ~len) telephone booth

telefooncentrale (tāy-ler-*fōan*-sehn-traa-ler) c (pl ~s) telephone exchange

telefoongesprek (tāy-ler-*fōan*-ger-sprehk) nt (pl ~ken) telephone call

telefoongids (tāy-ler-*fōan*-gıts) c (pl ~en) telephone directory; telephone book Am

telefoonhoorn (tāy-ler-*fōan*-hōa-rern) c (pl ~s) receiver

telefoontje (tāy-ler-*fōan*-tᵛer) nt (pl ~s) call

telegraferen (tāy-ler-graa-*fāy*-rern) v cable, telegraph

telegram (tāy-ler-*grahm*) nt (pl ~men) cable, telegram

telelens (*tāy*-ler-lehns) c (pl -lenzen) telephoto lens

telepathie (tāy-lāy-paa-*tee*) c telepathy

teleurstellen (ter-*lūrr*-steh-lern) v disappoint; *let down

teleurstelling (ter-*lūrr*-steh-lıng) c (pl ~en) disappointment

televisie (tāy-ler-*vee*-zee) c television; **cabel-~** cable tv; **satelliet-~** satellite tv

televisietoestel (tāy-ler-*vee*-zee-tōō-stehl) nt (pl ~len) television set

telex (*tāy*-lehks) c telex

telkens (*tehl*-kerns) adv again and again

tellen (*teh*-lern) v count

telwoord (*tehl*-vōart) nt (pl ~en) numeral

temmen (*teh*-mern) v tame

tempel (*tehm*-perl) c (pl ~s) temple

temperatuur (tehm-per-raa-*tēwr*) c (pl -turen) temperature

tempo (*tehm*-pōa) nt pace

tendens (tehn-*dehns*) c (pl -denzen) tendency

tenminste (ter-*mın*-ster) adv at least

tennis (teh-nerss) nt tennis

tennisbaan (teh-nerss-baan) c (pl -banen) tennis-court

tennisschoenen (teh-ner-skhoo-nern) pl tennis shoes

tenslotte (tehn-slo-ter) adv at last

tent (tehnt) c (pl ~en) tent

tentdoek (tehn-dook) nt canvas

tentoonstellen (tehn-toān-steh-lern) v exhibit; *show

tentoonstelling (tehn-toān-steh-ling) c (pl ~en) exposition, exhibition; display, show

tenzij (tehn-zay) conj unless

teraardebestelling (tehr-aar-der-ber-steh-ling) c (pl ~en) burial

terecht (ter-rehkht) adj just; adv rightly

terechtstelling (ter-rehkht-steh-ling) c (pl ~en) execution

terloops (tehr-loāps) adj casual

term (tehrm) c (pl ~en) term

termijn (tehr-mayn) c (pl ~en) term

terpentijn (tehr-pern-tayn) c turpentine

terras (teh-rahss) nt (pl ~sen) terrace

terrein (teh-rayn) nt (pl ~en) terrain; grounds

terreur (ter-rūrr) c terrorism

terrorisme (teh-ro-riss-mer) nt terrorism

terrorist (teh-roā-rist) c (pl ~en) terrorist

terug (ter-rerkh) adv back

terugbetalen (ter-rerkh-ber-taa-lern) v *repay; reimburse, refund

terugbetaling (terrerkh-ber-taa-ling) c (pl ~en) repayment, refund

* **terugbrengen** (ter-rerkh-brehng-ern) v *bring back

* **teruggaan** (ter-rer-khaan) v *go back, *get back

teruggang (ter-rer-khahng) c depression, recession

terugkeer (ter-rerkh-kāyr) c return

terugkeren (ter-rerkh-kāy-rern) v return; turn back

* **terugkomen** (ter-rerkh-koā-mern) v return

terugreis (ter-rerkh-rayss) c return journey

* **terugroepen** (ter-rerkh-roō-pern) v recall

terugsturen (ter-rerkh-stew-rern) v *send back

* **terugtrekken** (ter-rerkh-treh-kern) v *withdraw

* **terugvinden** (ter-rerkh-fin-dern) v recover

terugweg (ter-rerkh-vehkh) c way back

* **terugzenden** (ter-rerkh-sehn-dern) v *send back

terwijl (terr-vayl) conj whilst, while

terylene (teh-ree-lāyn) nt terylene

terzijde (tehr-zay-der) adv aside

test (tehst) c (pl ~s) test

testament (tehss-taa-mehnt) nt (pl ~en) will

testen (tehss-tern) v test

tevens (tāy-verns) adv also

tevergeefs (ter-verr-gāyfs) adv in vain

tevoren (ter-voā-rern) adv before; van ~ in advance

tevreden (ter-vrāy-dern) adj satisfied, content

tewaterlating (ter-vaa-terr-laa-ting) c launching

* **teweegbrengen** (ter-vāykh-breh-ngern) v effect

tewerkstellen (ter-vehrk-steh-lern) v employ

tewerkstelling (ter-vehrk-steh-ling) c (pl ~en) employment

textiel (tehks-teel) c/nt textile

Thailand (tigh-lahnt) Thailand

Thailander (tigh-lahn-derr) c (pl ~s) Thai

Thailands (tigh-lahnts) adj Thai

thans (tahns) *adv* now

theater (tāy-ᵞaa-terr) *nt* (pl ~s) theatre

thee (tāy) *c* tea

theedoek (tāy-dook) *c* (pl ~en) teacloth

theekopje (tāy-kop-ᵞay) *nt* (pl ~s) teacup

theelepel (tāy-lāy-perl) *c* (pl ~s) teaspoon

theepot (tāy-pot) *c* (pl ~ten) teapot

theeservies (tāy-sehr-veess) *nt* (pl -viezen) tea-set

thema (tāy-maa) *nt* (pl ~'s) theme; exercise

theologie (tāy-ᵞōa-lōa-gee) *c* theology

theoretisch (tāy-ᵞōa-rāy-teess) *adj* theoretical

theorie (tāy-ᵞōa-ree) *c* (pl ~ën) theory

therapie (tāy-raa-pee) *c* (pl ~ën) therapy

thermometer (tehr-mōa-māy-terr) *c* (pl ~s) thermometer

thermosfles (tehr-moss-flehss) *c* (pl ~sen) vacuum flask, thermos flask

thermostaat (tehr-moss-taat) *c* (pl -staten) thermostat

thuis (turᵉʷss) *adv* home, at home

tien (teen) *num* ten

tiende (teen-der) *num* tenth

tiener (tee-nerr) *c* (pl ~s) teenager

tijd (tayt) *c* (pl ~en) time; **de laatste ~** lately; **op ~** in time; **vrije ~** spare time, leisure

tijdbesparend (tayt-ber-spaa-rernt) *adj* time-saving

tijdelijk (tay-der-lerk) *adj* temporary

tijdens (tay-derns) *prep* during

tijdgenoot (tayt-kher-nōat) *c* (pl -noten) contemporary

tijdperk (tayt-pehrk) *nt* (pl ~en) period

tijdschrift (tayt-skhrift) *nt* (pl ~en) review, periodical, journal

tijger (tay-gerr) *c* (pl ~s) tiger

tijm (taym) *c* thyme

tikken (tɪ-kern) *v* type

timmerhout (tɪ-merr-hout) *nt* timber

timmerman (tɪ-merr-mahn) *c* (pl -lieden, -lui) carpenter

tin (tɪn) *nt* tin, pewter

tiran (tee-rahn) *c* (pl ~nen) tyrant

titel (tee-terl) *c* (pl ~s) title; heading; degree

toch (tokh) *adv* still; *conj* yet

tocht (tokht) *c* draught

toe (too) *adj* closed

toebehoren (too-ber-hōa-rern) *v* belong; *pl* accessories *pl*

toedienen (too-dee-nern) *v* administer

toegang (too-gahng) *c* admittance, admission, access; entry, entrance; approach

toegankelijk (too-gahng-ker-lerk) *adj* accessible

*****toegeven** (too-gāy-vern) *v* admit, acknowledge; *give in, indulge

toehoorder (too-hōar-derr) *c* (pl ~s) auditor

toekennen (too-keh-nern) *v* award

toekomst (too-komst) *c* future

toekomstig (too-kom-sterkh) *adj* future

toelage (too-laa-ger) *c* (pl ~n) allowance, grant

*****toelaten** (too-laa-tern) *v* admit

toelating (too-laa-tɪng) *c* (pl ~en) admission

toelichten (too-lɪkh-tern) *v* elucidate

toelichting (too-lɪkh-tɪng) *c* (pl ~en) explanation

toen (toon) *conj* when; *adv* then

toename (too-naa-mer) *c* increase

*****toenemen** (too-nāy-mern) *v* increase; **toenemend** progressive

toenmalig (tōōn-maa-lerkh) *adj* contemporary

toepassen (too-pah-sern) *v* apply

toepassing (tóō-pah-sıng) c (pl ~en)
application

toereikend (tóō-ray-kernt) adj adequate

toerisme (tóō-rıss-mer) nt tourism

toerist (tóō-rıst) c (pl ~en) tourist

toeristenklasse (tóō-rıss-ter-klah-ser) c
tourist class

toernooi (tóōr-nóā͞ee) nt (pl ~en) tournament

toeschouwer (tóō-skhou-err) c (pl ~s)
spectator

***toeschrijven aan** (tóō-skhray-vern)
assign to

***toeslaan** (tóō-slaan) v *strike

toeslag (tóō-slahkh) c (pl ~en) surcharge

toespraak (tóō-spraak) c (pl -spraken)
speech

***toestaan** (tóō-staan) v allow, permit

toestand (tóō-stahnt) c (pl ~en) state;
condition

toestel (tóō-stehl) nt (pl ~len) apparatus, appliance; aircraft; extension

toestemmen (tóō-steh-mern) v agree,
consent

toestemming (tóō-steh-mıng) c authorization, permission; consent

toetje (tóō-tʸer) nt (pl ~s) sweet

toeval (tóō-vahl) nt chance; luck

toevallig (tóō-vah-lerkh) adj accidental, casual, incidental; adv by
chance

toevertrouwen (tóō-verr-trou-ern) v
commit

toevoegen (tóō-vóō-gern) v add

toevoeging (tóō-vóō-gıng) c (pl ~en)
addition

toewijden (tóō-vay-dern) v dedicate

toewijzen (tóō-vay-zern) v allot

toezicht (tóō-zıkht) nt supervision; ~
***houden op** supervise

toffee (to-fáy) c (pl ~s) toffee

toilet (tvah-leht) nt (pl ~ten) toilet,
lavatory, bathroom; washroom
nAm

toiletbenodigdheden (tvah-leht-ber-
nóā-derkht-hay-dern) pl toiletry

toiletpapier (tvah-leht-paa-peer) nt
toilet-paper

toilettafel (tvah-leh-taa-ferl) c (pl ~s)
dressing-table

toilettas (tvah-leh-tahss) c (pl ~sen)
toilet case

tol (tol) c (pl ~len) toll

tolk (tolk) c (pl ~en) interpreter

tolken (tol-kern) v interpret

tolweg (tol-verkh) c (pl ~en) turnpike
nAm

tomaat (tóā-maat) c (pl tomaten) tomato

ton (ton) c (pl ~nen) cask, barrel; ton

toneel (tóā-náȳl) nt drama; stage

toneelkijker (tóā-náȳl-kay-kerr) c (pl
~s) binoculars pl

toneelschrijver (tóā-náȳl-skhray-verr) c
(pl ~s) dramatist, playwright

toneelspeelster (tóā-náȳl-spáȳl-sterr) c
(pl ~s) actress

toneelspelen (tóā-náȳl-spáȳ-lern) v act

toneelspeler (tóā-náȳl-spáȳ-lerr) c (pl
~s) actor; comedian

toneelstuk (tóā-náȳl-sterk) nt (pl
~ken) play

tonen (tóā-nern) v *show; display

tong (tong) c (pl ~en) tongue; sole

tonicum (tóā-nee-kerm) nt (pl -ca, ~s)
tonic

tonijn (tóā-nayn) c (pl ~en) tuna

toon (tóān) c (pl tonen) tone; note

toonbank (tóām-bahngk) c (pl ~en)
counter

toonladder (tóān-lah-derr) c (pl ~s)
scale

toonzaal (tóān-zaal) c (pl -zalen)
showroom

toorn (tóā-rern) c anger

top (top) c (pl ~pen) peak; top, summit

toppunt (*to*-pernt) *nt* (pl ~en) height; zenith

toren (*tōā*-rern) *c* (pl ~s) tower

tot (tot) *prep* until, to, till; *conj* till; ~ **aan** till; ~ **zover** so far

totaal[1] (tōā-*taal*) *adj* total, overall; utter

totaal[2] (tōā-*taal*) *nt* (pl totalen) total; **in** ~ altogether

totalisator (tōā-taa-lee-*zaa*-tor) *c* (pl ~s) totalizator

totalitair (tōā-taa-lee-*tair*) *adj* totalitarian

totdat (to-*daht*) *conj* till

touw (tou) *nt* (pl ~en) twine, rope, string

toverkunst (*tōā*-verr-kernst) *c* magic

traag (traakh) *adj* slow; slack

traan (traan) *c* (pl tranen) tear

trachten (*trahkh*-tern) *v* try, attempt

tractor (*trahk*-tor) *c* (pl ~en, ~s) tractor

traditie (traa-*dee*-tsee) *c* (pl ~s) tradition

traditioneel (traa-dee-shōā-*nāyl*) *adj* traditional

tragedie (traa-*gāy*-dee) *c* (pl ~s) tragedy

tragisch (*traa*-geess) *adj* tragic

trainen (*trāy*-nern) *v* drill, train

tralie (*traa*-lee) *c* (pl ~s) bar

tram (trehm) *c* (pl ~s) tram; streetcar *nAm*

transactie (trahn-*zahk*-see) *c* (pl ~s) deal, transaction

transatlantisch (trahn-zaht-*lahn*-teess) *adj* transatlantic

transformator (trahns-for-*maa*-tor) *c* (pl ~en, ~s) transformer

transpiratie (trahn-spee-*raa*-tsee) *c* perspiration

transpireren (trahn-spee-*rāy*-rern) *v* perspire

transport (trahn-*sport*) *nt* (pl ~en) transportation

transporteren (trahn-spor-*tāy*-rern) *v* transport

trap (trahp) *c* (pl ~pen) stairs *pl*, staircase; kick

trapleuning (*trahp*-lūr-ning) *c* (pl ~en) banisters *pl*

trappen (*trah*-pern) *v* kick

trechter (*trehkh*-terr) *c* (pl ~s) funnel

trede (*trāy*-der) *c* (pl ~n) step

***treffen** (*treh*-fern) *v* *hit; *strike

trefpunt (*trehf*-pernt) *nt* (pl ~en) meeting-place

trein (trayn) *c* (pl ~en) train; **doorgaande** ~ through train

trek[1] (trehk) *c* (pl ~ken) trait

trek[2] (trehk) *c* appetite

***trekken** (*treh*-kern) *v* pull; *draw; extract; hike

trekker (*treh*-kerr) *c* (pl ~s) trigger

trekking (*treh*-king) *c* (pl ~en) draw

treuren (*trūr*-rern) *v* grieve

treurig (*trūr*-rerkh) *adj* sad

treurspel (*trūrr*-spehl) *nt* (pl ~en) drama

tribune (tree-*bēw*-ner) *c* (pl ~s) stand

tricotgoederen (tree-*kōā*-gōō-der-rern) *pl* hosiery

triest (treest) *adj* depressing

trillen (*tri*-lern) *v* tremble; vibrate

triomf (tree-*Yomf*) *c* (pl ~en) triumph

triomfantelijk (tree-Yom-*fahn*-ter-lerk) *adj* triumphant

troepen (*trōō*-pern) *pl* troops *pl*

trommel (*tro*-merl) *c* (pl ~s) canister; drum

trommelvlies (*tro*-merl-vleess) *nt* (pl -vliezen) ear-drum

trompet (trom-*peht*) *c* (pl ~ten) trumpet

troon (trōan) *c* (pl tronen) throne

troost (trōast) *c* comfort

troosten (*trōāss*-tern) *v* comfort

troostprijs (*trōast*-prayss) *c* (pl -prijzen) consolation prize

tropen (*trōa*-pern) *pl* tropics *pl*

tropisch (*trōa*-peess) *adj* tropical

trots (trots) *adj* proud; *c* pride

trottoir (tro-*tvaar*) *nt* (pl ~s) pavement; sidewalk *nAm*

trottoirband (tro-*tvaar*-bahnt) *c* (pl ~en) curb

trouw (trou) *adj* true, faithful

trouwen (*trou*-ern) *v* marry

trouwens (*trou*-erns) *adv* besides

trouwring (*trou*-rIng) *c* (pl ~en) wedding-ring

trui (trur^{ew}) *c* (pl ~en) jersey

Tsjech (ts^yehkh) *c* (pl ~en) Czech

Tsjechisch (*ts^yeh*-kheess) *adj* Czech

tube (*tēw*-ber) *c* (pl ~s) tube

tuberculose (tēw-behr-kēw-*lōa*-zer) *c* tuberculosis

tuchtigen (tukh-*ti*-gern) *v* chastise, punish

tuin (tur^{ew}n) *c* (pl ~en) garden

tuinbouw (*tur^{ew}m*-bou) *c* horticulture

tuinman (*tur^{ew}n*-mahn) *c* (pl -lieden, -lui) gardener

tuit (tur^{ew}t) *c* (pl ~en) nozzle

tulp (terlp) *c* (pl ~en) tulip

tumor (*tēw*-mor) *c* (pl ~s) tumour

Tunesië (tēw-*nāy*-zee-^yer) Tunisia

Tunesiër (tēw-*nāy*-zee-^yerr) *c* (pl ~s) Tunisian

Tunesisch (tēw-*nāy*-zeess) *adj* Tunisian

uniek (tēw-*neek*) *c* (pl ~en) tunic

tunnel (*ter*-nerl) *c* (pl ~s) tunnel

turbine (terr-*bee*-ner) *c* (pl ~s) turbine

Turk (terrk) *c* (pl ~en) Turk

Turkije (terr-*kay*-er) Turkey

Turks (terrks) *adj* Turkish; ~ **bad** Turkish bath

tussen (*ter*-sern) *prep* between; among, amid

tussenbeide *komen (ter-serm-*bay*-der *kōa*-mern) interfere

tussenpersoon (ter-ser-pehr-*sōan*) *c* (pl -sonen) intermediary

tussenpoos (ter-ser-*pōass*) *c* (pl -pozen) interval

tussenruimte (ter-ser-rur^{ew}m-ter) *c* (pl ~n, ~s) space

tussenschot (*ter*-ser-skhot) *nt* (pl ~ten) partition; diaphragm

tussentijd (*ter*-ser-tayt) *c* interim

twaalf (tvaalf) *num* twelve

twaalfde (*tvaalf*-der) *num* twelfth

twee (tvāy) *num* two

tweede (*tvāy*-der) *num* second

tweedehands (tvāy-der-*hahnts*) *adj* second-hand

tweedelig (tvāy-*dāy*-lerkh) *adj* two-piece

tweeling (*tvāy*-lIng) *c* (pl ~en) twins *pl*

tweemaal (*tvāy*-maal) *adv* twice

tweesprong (*tvāy*-sprong) *c* (pl ~en) fork, road fork

tweetalig (tvāy-*taa*-lerkh) *adj* bilingual

twijfel (*tvay*-ferl) *c* (pl ~s) doubt

twijfelachtig (*tvay*-ferl-ahkh-terkh) *adj* doubtful

twijfelen (*tvay*-fer-lern) *v* doubt

twijg (tvaykh) *c* (pl ~en) twig

twintig (*tvIn*-terkh) *num* twenty

twintigste (*tvIn*-terkh-ster) *num* twentieth

twist (tvIst) *c* (pl ~en) quarrel

twisten (*tvIss*-tern) *v* quarrel, dispute

tyfus (*tee*-ferss) *c* typhoid

type (*tee*-per) *nt* (pl ~n, ~s) type

typen (*tee*-pern) *v* type

typisch (*tee*-peess) *adj* typical

typiste (tee-*pI*-ster) *c* (pl ~s, ~n) typist

U

u (ēw) *pron* you

ui (ur^{ew}) *c* (pl ~en) onion

uil (ur^{ew}l) *c* (pl ~en) owl

uit (ur^{ew}t) *prep* from, out of; for; *adv* out

uitademen (ur^{ew}t-aa-der-mern) *v* expire, exhale

uitbarsting (ur^{ew}t-bahr-stern) *c* (pl ~en) outbreak

uitbenen (ur^{ew}t-bāy-nern) *v* bone

***uitblinken** (ur^{ew}t-bling-kern) *v* excel

uitbreiden (ur^{ew}t-bray-dern) *v* extend, enlarge, expand

uitbreiding (ur^{ew}t-bray-ding) *c* (pl ~en) extension

uitbuiten (ur^{ew}t-bur^{ew}-tern) *v* exploit

uitbundig (ur^{ew}t-*bern*-derkh) *adj* exuberant

uitdagen (ur^{ew}-daa-gern) *v* dare, challenge

uitdaging (ur^{ew}-daa-ging) *c* (pl ~en) challenge

uitdelen (ur^{ew}-dāy-lern) *v* distribute; *deal

***uitdoen** (ur^{ew}-dōōn) *v* *put out

uitdrukkelijk (ur^{ew}-drer-ker-lerk) *adj* express, explicit

uitdrukken (-ur^{ew}-drer-kern) *v* express

uitdrukking (ur^{ew}-drer-king) *c* (pl ~en) expression; phrase

uiteindelijk (ur^{ew}t-*ayn*-der-lerk) *adj* eventual; *adv* at last

uiten (ur^{ew}-tern) *v* express; utter

uiteraard (ur^{ew}-ter-*raart*) *adv* of course, naturally

uiterlijk (ur^{ew}-terr-lerk) *adj* outward, external, exterior; *nt* outside; look

uiterst (ur^{ew}-terrst) *adj* extreme; utmost, very

uiterste (ur^{ew}-terr-ster) *nt* (pl ~n) extreme

***uitgaan** (ur^{ew}t-khaan) *v* *go out

uitgang (ur^{ew}t-khahng) *c* (pl ~en) way out, exit; issue

uitgangspunt (ur^{ew}t-khahngs-pernt) *nt* (pl ~en) starting-point

uitgave (ur^{ew}t-khaa-ver) *c* (pl ~n) expense, expenditure; edition, issue

uitgebreid (ur^{ew}t-kher-brayt) *adj* comprehensive, extensive

uitgelezen (ur^{ew}t-kher-lāy-zern) *adj* select

uitgestrekt (ur^{ew}t-kher-strehkt) *adj* vast

***uitgeven** (ur^{ew}t-khāy-vern) *v* *spend; publish, issue

uitgever (ur^{ew}t-khāy-verr) *c* (pl ~s) publisher

uitgezonderd (ur^{ew}t-kher-zon-derrt) *prep* except

uitgifte (ur^{ew}t-khif-ter) *c* (pl ~n) issue

***uitglijden** (ur^{ew}t-khlay-dern) *v* slip

uithoudingsvermogen (ur^{ew}t-hou-dings-ferr-mōa-gern) *nt* stamina

uiting (ur^{ew}-ting) *c* (pl ~en) expression

***uitkiezen** (ur^{ew}t-kee-zern) *v* select

***uitkijken** (ur^{ew}t-kay-kern) *v* watch out, look out; ~ **naar** watch for

zich uitkleden (ur^{ew}t-klāy-dern) undress

***uitkomen** (ur^{ew}t-kōa-mern) *v* *come out; *come true; *be convenient; ~ **op** open on

uitkomst (ur^{ew}t-komst) *c* (pl ~en) issue

uitlaat (ur^{ew}t-laat) *c* (pl -laten) exhaust

uitlaatgassen (ur^{ew}t-laat-khah-sern) *p* exhaust gases

uitlaatpijp (ur^{ew}t-laat-payp) *c* (pl ~en) exhaust

***uitladen** (ur^{ew}t-laa-dern) *v* unload, discharge

uitleg (*ur^{ew}t*-lehkh) *c* explanation

uitleggen (*ur^{ew}t*-leh-gern) *v* explain

uitlenen (*ur^{ew}t*-lāy-nern) *v* *lend

uitleveren (*ur^{ew}t*-lāy-ver-rern) *v* extradite

uitmaken (*ur^{ew}t*-maa-kern) *v* matter; determine; *put out

uitnodigen (*ur^{ew}t*-nōā-der-gern) *v* invite; ask

uitnodiging (*ur^{ew}t*-nōā-der-ging) *c* (pl ~en) invitation

uitoefenen (*ur^{ew}t*-ōō-fer-nern) *v* exercise

uitpakken (*ur^{ew}t*-pah-kern) *v* unpack; unwrap

uitputten (*ur^{ew}t*-per-tern) *v* exhaust

uitrekenen (*ur^{ew}t*-rāy-ker-nern) *v* calculate

uitrit (*ur^{ew}t*-rɪt) *c* (pl ~ten) exit

uitroep (*ur^{ew}t*-rōōp) *c* (pl ~en) exclamation

***uitroepen** (*ur^{ew}t*-rōō-pern) *v* exclaim

uitrusten (*ur^{ew}t*-rerss-tern) *v* rest; equip

uitrusting (*ur^{ew}t*-rerss-tɪng) *c* (pl ~en) equipment; gear, kit, outfit

uitschakelen (*ur^{ew}t*-skhaa-ker-lern) *v* switch off; disconnect

***uitscheiden** (*ur^{ew}t*-skhay-dern) *v* quit

***uitschelden** (*ur^{ew}t*-skhehl-dern) *v* call names

uitslag (*ur^{ew}t*-slahkh) *c* (pl ~en) result; rash

***uitsluiten** (*ur^{ew}t*-slur*ew*-tern) *v* exclude

uitsluitend (ur^{ew}t-*slur^{ew}*-ternt) *adv* solely, exclusively

uitspraak (*ur^{ew}t*-spraak) *c* (pl -spraken) pronunciation; verdict

uitspreiden (*ur^{ew}t*-spray-dern) *v* expand

***uitspreken** (*ur^{ew}t*-sprāy-kern) *v* pronounce

uitstapje (*ur^{ew}t*-stahp-^yer) *nt* (pl ~s) trip, excursion

uitstappen (*ur^{ew}t*-stah-pern) *v* *get off

uitstekend (ur^{ew}t-*stāy*-kernt) *adj* fine, excellent

uitstel (*ur^{ew}t*-stehl) *nt* delay; respite

uitstellen (*ur^{ew}t*-steh-lern) *v* delay, postpone; adjourn

***uittrekken** (*ur^{ew}t*-treh-kern) *v* extract

uitverkocht (*ur^{ew}t*-ferr-kokht) *adj* sold out

uitverkoop (*ur^{ew}t*-ferr-kōāp) *c* sales

***uitvinden** (*ur^{ew}t*-fɪn-dern) *v* invent

uitvinder (*ur^{ew}t*-fɪn-derr) *c* (pl ~s) inventor

uitvinding (*ur^{ew}t*-fɪn-dɪng) *c* (pl ~en) invention

uitvoer (*ur^{ew}t*-fōōr) *c* exportation

uitvoerbaar (ur^{ew}t-*fōōr*-baar) *adj* feasible

uitvoeren (*ur^{ew}t*-fōō-rern) *v* carry out; implement, perform, execute; export

uitvoerend (*ur^{ew}t*-fōō-rernt) *adj* executive; **uitvoerende macht** executive

uitvoerig (ur^{ew}t-*fōō*-rerkh) *adj* detailed

uitwerken (*ur^{ew}t*-vehr-kern) *v* elaborate

***uitwijzen** (*ur^{ew}t*-vay-zern) *v* expel

uitwisselen (*ur^{ew}t*-vi-ser-lern) *v* exchange

***uitzenden** (*ur^{ew}t*-sehn-dern) *v* *broadcast, transmit

uitzending (*ur^{ew}t*-sehn-dɪng) *c* (pl ~en) broadcast, transmission

uitzicht (*ur^{ew}t*-sɪkht) *nt* (pl ~en) view

uitzondering (*ur^{ew}t*-son-der-rɪng) *c* (pl ~en) exception

uitzonderlijk (ur^{ew}t-*son*-derr-lerk) *adj* exceptional

***uitzuigen** (*ur^{ew}t*-sur^{ew}-gern) *v* *bleed

ultraviolet (erl-traa-vee-^yōā-*leht*) *adj* ultraviolet

unaniem (ēw-naa-*neem*) *adj* unanimous

unie (ēw-nee) *c* (pl ~s) union

uniek (ēw-neek) *adj* unique

uniform[1] (ēw-nee-*form*) *adj* uniform

uniform[2] (ēw-nee-*form*) *nt/c* (pl ~en) uniform

universeel (ēw-nee-vehr-*zāyl*) *adj* universal

universiteit (ēw-nee-vehr-zee-*tayt*) *c* (pl ~en) university

urgent (err-*gehnt*) *adj* pressing

urgentie (err-*gehn*-see) *c* urgency

urine (ēw-*ree*-ner) *c* urine

Uruguay (ōō-rōō-gvigh) Uruguay

Uruguayaan (ōō-rōō-gvah-*Yaan*) *c* (pl -yanen) Uruguayan

Uruguayaans (ōō-rōō-gvah-*Yaans*) *adj* Uruguayan

uur (ēwr) *nt* (pl uren) hour; **om ... ~** at ... o'clock; **uur-** hourly

uw (ēw°°) *pron* your

V

vaag (vaakh) *adj* vague; faint; dim

vaak (vaak) *adv* often

vaandel (*vaan*-derl) *nt* (pl ~s) banner

vaardig (*vaar*-derkh) *adj* skilled, skilful

vaardigheid (*vaar*-derkh-hayt) *c* (pl -heden) skill; art

vaart (vaart) *c* speed

vaartuig (*vaar*-tur°wkh) *nt* (pl ~en) vessel

vaarwater (*vaar*-vaa-terr) *nt* waterway

vaas (vaass) *c* (pl vazen) vase

vaatje (*vaa*-t Yer) *nt* (pl ~s) keg

vaatwerk (*vaat*-vehrk) *nt* crockery

vacant (vaa-*kahnt*) *adj* vacant

vacature (vah-kah-*tēw*-rer) *c* (pl ~s) vacancy

vacuüm (*vaa*-kēw-erm) *nt* vacuum

vader (*vaa*-derr) *c* (pl ~s) father; dad

vaderland (*vaa*-derr-lahnt) *nt* native country, fatherland

vagebond (*vaa*-ger-bont) *c* (pl ~en) tramp

vak (vahk) *nt* (pl ~ken) profession, trade; section

vakantie (vaa-*kahn*-see) *c* (pl ~s) holiday, vacation; **met ~** on holiday

vakantiekamp (vaa-*kahn*-see-kahmp) *nt* (pl ~en) holiday camp

vakantieoord (vaa-*kahn*-see-ōart) *nt* (pl ~en) holiday resort

vakbond (*vahk*-bont) *c* (pl ~en) trade-union

vakkundig (vah-*kern*-derkh) *adj* skilled

vakman (*vahk*-mahn) *c* (pl -lieden) expert

val[1] (vahl) *c* fall

val[2] (vahl) *c* (pl ~len) trap

valk (vahlk) *c* (pl ~en) hawk

vallei (vah-*lay*) *c* (pl ~en) valley

***vallen** (*vah*-lern) *v* *fall; ***laten ~** drop

vals (vahls) *adj* false

valuta (vaa-*lēw*-taa) *c* (pl ~'s) currency

van (vahn) *prep* of; from; off; with

vanaf (vah-*nahf*) *prep* from, as from

vanavond (vah-*naa*-vernt) *adv* tonight

vandaag (vahn-*daakh*) *adv* today

***vangen** (*vah*-ngern) *v* *catch; capture

vangrail (*vahng*-rāyl) *c* (pl ~s) crash barrier

vangst (vahngst) *c* (pl ~en) capture

vanille (vaa-*nee*-Yer) *c* vanilla

vanmiddag (vah-*mı*-dahkh) *adv* this afternoon

vanmorgen (vah-*mor*-gern) *adv* this morning

vannacht (vah-*nahkht*) *adv* tonight

vanwege (vahn-*vāy*-ger) *prep* on account of, for, owing to, because of

vanzelfsprekend (vahn-zehlf-*sprāy*-kernt) *adj* self-evident

*varen (vaa-rern) v sail, navigate

variëren (vaa-ree-ᵞāy-rern) v vary

variététheater (vaa-ree-ᵞāy-tāy-tāy-ᵞaa-terr) nt (pl ~s) variety theatre; music-hall

variétévoorstelling (vaa-ree-ᵞāy-tāy-vōar-steh-lıng) c (pl ~en) variety show

varken (vahr-kern) nt (pl ~s) pig

varkensleer (vahr-kerss-lāyr) nt pig-skin

varkensvlees (vahr-kerss-flāyss) nt pork

vaseline (vaa-zer-lee-ner) c vaseline

vast (vahst) adj fixed, firm; steady, permanent; adv tight; ~ **menu** set menu

vastberaden (vahss-ber-raa-dern) adj resolute

vastbesloten (vahss-ber-slōā-tern) adj determined

vasteland (vahss-ter-lahnt) nt mainland; continent

*vasthouden (vahst-hou-dehn) v *hold; zich ~ *hold on

vastmaken (vahst-maa-kern) v fasten; attach

vastomlijnd (vahss-tom-laynt) adj definite

vastspelden (vahst-spehl-dern) v pin

vaststellen (vahst-steh-lern) v establish, determine

vat (vaht) nt (pl ~en) cask, barrel; vessel

*vechten (vehkh-tern) v *fight; combat, battle

vee (vāy) nt cattle pl

veearts (vāy-ahrts) c (pl ~en) veterinary surgeon

veel (vāyl) adj much, many; adv much, far

veelbetekenend (vāyl-ber-tāy-ker-nernt) adj significant

veelomvattend (vāyl-om-vah-ternt) adj extensive

veelvuldig (vāyl-verl-derkh) adj frequent

veelzijdig (vāyl-zay-derkh) adj all-round

veen (vāyn) nt moor

veer (vāyr) c (pl veren) feather; spring

veerboot (vāyr-bōat) c (pl -boten) ferry-boat

veertien (vāyr-teen) num fourteen; ~ **dagen** fortnight

veertiende (vāyr-teen-der) num fourteenth

veertig (vāyr-terkh) num forty

vegen (vāy-gern) v *sweep; wipe

vegetariër (vāy-ger-taa-ree-ᵞerr) c (pl ~s) vegetarian

veilig (vay-lerkh) adj safe; secure

veiligheid (vay-lerkh-hayt) c safety; security

veiligheidsgordel (vay-lerkh-hayts-khor-derl) c (pl ~s) safety-belt; seat-belt

veiligheidsspeld (vay-lerkh-hayt-spehlt) c (pl ~en) safety-pin

veiling (vay-lıng) c (pl ~en) auction

vel (vehl) nt (pl ~len) skin

veld (vehlt) nt (pl ~en) field

veldbed (vehlt-beht) nt (pl ~den) camp-bed

veldkijker (vehlt-kay-kerr) c (pl ~s) field glasses

velg (vehlkh) c (pl ~en) rim

Venezolaan (vāy-nāy-zōa-laan) c (pl -lanen) Venezuelan

Venezolaans (vāy-nāy-zōa-laans) adj Venezuelan

Venezuela (vāy-nāy-zēw-vāy-laa) Venezuela

vennoot (ver-nōat) c (pl -noten) associate

vensterbank (vehn-sterr-bahngk) c (pl ~en) window-sill

vent (vehnt) *c* chap, guy

ventiel (vehn-*teel*) *nt* (pl ~en) valve

ventilatie (vehn-tee-*laa*-tsee) *c* (pl ~s) ventilation

ventilator (vehn-ti-*laa*-tor) *c* (pl ~s, ~en) ventilator, fan

ventilatorriem (vehn-tee-*laa*-to-reem) *c* (pl ~en) fan belt

ventileren (vehn-tee-*lay*-rern) *v* ventilate

ver (vehr) *adj* far; remote, far-away, distant

verachten (verr-*ahkh*-tern) *v* scorn, despise

verachting (verr-*ahkh*-ting) *c* scorn, contempt

verademing (verr-*aa*-der-ming) *c* relief

veranda (ver-*rahn*-daa) *c* (pl ~'s) veranda

veranderen (verr-*ahn*-der-rern) *v* change; alter, transform; vary; ~ in turn into

verandering (verr-*ahn*-der-ring) *c* (pl ~en) change; alteration; variation

veranderlijk (verr-*ahn*-derr-lerk) *adj* variable

verantwoordelijk (verr-ahnt-*vōar*-der-lerk) *adj* responsible

verantwoordelijkheid (verr-ahnt-*vōar*-der-lerk-hayt) *c* (pl -heden) responsibility

verantwoorden (verr-ahnt-*vōar*-dern) *v* account for

verband (verr-*bahnt*) *nt* (pl ~en) connection, relation; bandage

verbandkist (verr-*bahnt*-kist) *c* (pl ~en) first-aid kit

verbazen (verr-*baa*-zern) *v* astonish, amaze, surprise; **zich** ~ marvel

verbazing (verr-*baa*-zing) *c* astonishment, amazement, surprise

zich verbeelden (verr-*bayl*-dern) fancy, imagine

verbeelding (verr-*bayl*-ding) *c* imagin-

ation

***verbergen** (verr-*behr*-gern) *v* *hide; conceal

verbeteren (verr-*bay*-ter-rern) *v* improve; correct

verbetering (verr-*bay*-ter-ring) *c* (pl ~en) improvement; correction

***verbieden** (verr-*bee*-dern) *v* prohibit, *forbid

***verbinden** (verr-*bin*-dern) *v* link, connect, join; dress; **zich** ~ engage

verbinding (verr-*bin*-ding) *c* (pl ~en) link; connection; **zich in** ~ **stellen met** contact

verbindingsstuk (verr-*bin*-ding-sturk) *nt* adaptor

verblijf (verr-*blayf*) *nt* (pl -blijven) stay

verblijfsvergunning (verr-*blayfs*-ferr-ger-ning) *c* (pl ~en) residence permit

***verblijven** (verr-*blay*-vern) *v* stay

verblinden (verr-*blin*-dern) *v* blind; **verblindend** glaring

verbod (verr-*bot*) *nt* (pl ~en) prohibition

verboden (verr-*bōa*-dern) *adj* prohibited; ~ **te parkeren** no parking; ~ **te roken** no smoking; ~ **toegang** no entry, no admittance; ~ **voor voetgangers** no pedestrians

verbond (verr-*bont*) *nt* (pl ~en) union

verbranden (verr-*brahn*-dern) *v* *burn

verbruiken (verr-*brur*ew-kern) *v* use up

verbruiker (verr-*brur*ew-kerr) *c* (pl ~s) consumer

verdacht (verr-*dahkht*) *adj* suspicious

verdachte (verr-*dahkh*-teh) *c* (pl ~n) suspect; accused

verdampen (verr-*dahm*-pern) *v* evaporate

verdedigen (verr-*day*-der-gern) *v* defend

verdediging (verr-*day*-der-ging) *c* defence

verdelen (verr-*dáy*-lern) v divide

*__verdenken__ (verr-*dehng*-kern) v suspect

verdenking (verr-*dehng*-king) c (pl ~en) suspicion

verder (*vehr*-derr) adj further; adv beyond; ~ **dan** beyond

verdienen (verr-*dee*-nern) v earn; *make; deserve, merit

verdienste (verr-*deens*-ter) c (pl ~n) merit; **verdiensten** pl earnings pl

verdieping (verr-*dee*-ping) c (pl ~en) storey, floor

verdikken (verr-*di*-kern) v thicken

verdoving (verr-*dóa*-ving) c (pl ~en) anaesthesia

verdraaien (verr-*draa*ᵉᵉ-ern) v wrench

verdrag (verr-*drahkh*) nt (pl ~en) treaty

*__verdragen__ (verr-*draa*-gern) v endure, *bear; sustain

verdriet (verr-*dreet*) nt grief, sorrow

verdrietig (verr-*dree*-terkh) adj sad

*__verdrijven__ (verr-*dray*-vern) v chase

*__verdrinken__ (verr-*dring*-kern) v drown; *be drowned

verdrukken (verr-*drer*-kern) v oppress

verduidelijken (verr-*der*ᵉʷ-der-ler-kern) v clarify

verduistering (verr-*der*ᵉʷss-ter-rehn) c (pl ~en) eclipse

verdunnen (verr-*der*-nern) v dilute

verdwaald (verr-*dvaalt*) adj lost

*__verdwijnen__ (verr-*dvay*-nern) v vanish, disappear

vereisen (verr-*ay*-sern) v demand, require; **vereist** requisite

vereiste (verr-*ayss*-ter) c (pl ~n) requirement

Verenigde Staten (verr-*áy*-nerkh-der-*staa*-tern) United States, the States

verenigen (verr-*áy*-ner-gern) v join; unite; **verenigd** joint

vereniging (verr-*áy*-ner-ging) c (pl ~en) association; union, society, club

verf (vehrf) c (pl **verven**) paint; dye

verfdoos (*vehrf*-dóass) c (pl -dozen) paint-box

verfrissen (verr-*fri*-sern) v refresh

verfrissing (verr-*fri*-sing) c (pl ~en) refreshment

vergadering (verr-*gaa*-der-ring) c (pl ~en) meeting; assembly

vergeefs (verr-*gáyfs*) adj vain; adv in vain

vergeetachtig (verr-*gáyt*-ahkh-terkh) adj forgetful

*__vergelijken__ (vehr-ger-*lay*-kern) v compare

vergelijking (vehr-ger-*lay*-king) c (pl ~en) comparison

*__vergeten__ (verr-*gáy*-tern) v *forget

*__vergeven__ (verr-*gáy*-vern) v *forgive

zich vergewissen van (verr-ger-*vi*-sern) ascertain

vergezellen (verr-ger-*zeh*-lern) v accompany

vergiet (verr-*geet*) nt (pl ~en) strainer

vergif (verr-*gif*) nt poison

vergiffenis (verr-*gi*-fer-niss) c pardon

vergiftig (verr-*gif*-terkh) adj toxic

vergiftigen (verr-*gif*-teh-gern) v poison

zich vergissen (verr-*gi*-sern) *be mistaken; err

vergissing (verr-*gi*-sing) c (pl ~en) oversight; error, mistake

vergoeden (verr-*góo*-dern) v *make good, reimburse; remunerate

vergoeding (verr-*góo*-ding) c (pl ~en) remuneration

vergrootglas (verr-*gróat*-khlahss) nt (pl -glazen) magnifying glass

vergroten (verr-*gróa*-tern) v enlarge

vergroting (verr-*gróa*-ting) c (pl ~en) enlargement

verguld (verr-*gerlt*) adj gilt

vergunning (verr-*ger*-ning) c (pl ~en)

licence, permit, permission; **een ~ verlenen** license

verhaal (verr-*haal*) *nt* (pl -halen) story; tale

verhandeling (verr-*hahn*-der-ling) *c* (pl ~en) essay

verheugd (verr-*hürkht*) *adj* glad

verhinderen (verr-*hin*-der-rern) *v* prevent

verhogen (verr-*hōa*-gern) *v* raise

verhoging (verr-*hōa*-ging) *c* (pl ~en) rise, increase

verhoor (verr-*hōar*) *nt* (pl -horen) examination, interrogation

verhouding (verr-*hou*-ding) *c* (pl ~en) affair

verhuizen (verr-*hur*ew-zern) *v* move

verhuizing (verr-*hur*ew-zing) *c* (pl ~en) move

verhuren (verr-*hew*-rern) *v* *let; lease

verifiëren (vāy-ree-fee-*Yāy*-rern) *v* verify

vering (*vāy*-ring) *c* suspension

verjaardag (verr-*Yaar*-dahkh) *c* (pl ~en) birthday; anniversary

*verjagen (verr-*Yaa*-gern) *v* chase

verkeer (verr-*kāyr*) *nt* traffic

verkeerd (verr-*kāyrt*) *adj* false, wrong

verkeersbureau (verr-*kāyrs*-bew-rōa) *nt* (pl ~s) tourist office

verkeersopstopping (verr-*kāyrz*-op-sto-ping) *c* (pl ~en) traffic jam

verkennen (verr-*keh*-nern) *v* explore

*verkiezen (verr-*kee*-zern) *v* elect

verkiezing (verr-*kee*-zing) *c* (pl ~en) election

verklaarbaar (verr-*klaar*-baar) *adj* accountable

verklaren (verr-*klaa*-rern) *v* state, declare; explain

verklaring (verr-*klaa*-ring) *c* (pl ~en) statement, declaration; explanation

zich verkleden (verr-*klāy*-dern) change

verkleuren (verr-*klūr*-rern) *v* fade; discolour

verknoeien (verr-*knōō*ee-ern) *v* muddle

verkoop (*vehr*-kōap) *c* sale

verkoopbaar (verr-*kōa*-baar) *adj* saleable

verkoopster (verr-*kōap*-sterr) *c* (pl ~s) salesgirl

*verkopen (verr-*kōa*-pern) *v* *sell; **in het klein ~** retail

verkoper (verr-*kōa*-perr) *c* (pl ~s) salesman; shop assistant

verkorten (verr-*kor*-tern) *v* shorten

verkoudheid (verr-*kout*-hayt) *c* cold

verkrachten (verr-*krahkh*-tern) *v* rape

verkrijgbaar (verr-*kraykh*-baar) *adj* obtainable, available

*verkrijgen (verr-*kray*-gern) *v* obtain

verlagen (verr-*laa*-gern) *v* lower, reduce; *cut

verlammen (verr-*lah*-mern) *v* paralise

verlangen¹ (verr-*lah*-ngern) *v* wish, desire; **~ naar** long for

verlangen² (verr-*lah*-ngern) *nt* (pl ~s) wish; longing

verlaten (verr-*laa*-tern) *adj* desert

*verlaten (verr-*laa*-tern) *v* *leave; desert

verleden (verr-*lāy*-dern) *adj* previous; *nt* past

verlegen (verr-*lāy*-gern) *adj* shy; embarrassed

verlegenheid (verr-*lāy*-gern-hayt) *c* shyness, timidity; **in ~ *brengen** embarrass

verleiden (verr-*lay*-dern) *v* seduce

verleiding (verr-*lay*-ding) *c* (pl ~en) temptation

verlenen (verr-*lāy*-nern) *v* grant; extend

verlengen (verr-*leh*-ngern) *v* lengthen; extend; renew

verlenging (verr-*leh*-nging) *c* (pl ~en) extension

verlengsnoer (verr-*lehng*-snoōr) *nt* (pl ~en) extension cord

verlichten (verr-*lıkh*-tern) *v* illuminate; relieve

verlichting (verr-*lıkh*-ting) *c* lighting, illumination; relief

verliefd (verr-*leeft*) *adj* in love

verlies (verr-*leess*) *nt* (pl -liezen) loss

*****verliezen** (verr-*lee*-zern) *v* *lose

verlof (verr-*lof*) *nt* (pl -loven) leave; permission

verloofd (verr-*lōaft*) *adj* engaged

verloofde (verr-*lōaf*-der) *c* (pl ~n) fiancé; fiancée

verlossen (verr-*lo*-sern) *v* deliver; redeem

verlossing (verr-*lo*-sing) *c* (pl ~en) delivery

verloving (verr-*lōā*-ving) *c* (pl ~en) engagement

verlovingsring (verr-*lōā*-vings-ring) *c* (pl ~en) engagement ring

vermaak (verr-*maak*) *nt* entertainment, amusement

vermageren (verr-*maa*-ger-rern) *v* slim

vermakelijk (verr-*maa*-ker-lerk) *adj* entertaining

vermaken (verr-*maa*-kern) *v* entertain, amuse

vermeerderen (verr-*māyr*-der-rern) *v* increase

vermelden (verr-*mehl*-dern) *v* mention

vermelding (verr-*mehl*-ding) *c* (pl ~en) mention

vermenigvuldigen (verr-*māy*-nerkh-ferl-der-gern) *v* multiply

vermenigvuldiging (verr-*māy*-nerkh-ferl-der-ging) *c* (pl ~en) multiplication

*****vermijden** (verr-*may*-dern) *v* avoid

verminderen (verr-*mın*-der-rern) *v* decrease, lessen, reduce

vermindering (verr-*mın*-der-ring) *c* (pl ~en) decrease

vermiste (verr-*miss*-ter) *c* (pl ~n) missing person

vermoedelijk (verr-*moō*-der-lerk) *adj* presumable, probable

vermoeden (verr-*moō*-dern) *v* suspect

vermoeien (verr-*moō*ᵉᵉ-ern) *v* tire; **vermoeid** weary, tired

vermogen (verr-*mōā*-gern) *nt* (pl ~s) ability, faculty; capacity

zich vermommen (verr-*mo*-mern) disguise

vermomming (verr-*mo*-ming) *c* (pl ~en) disguise

vermoorden (verr-*mōār*-dern) *v* murder

vernielen (verr-*nee*-lern) *v* wreck, destroy

vernietigen (verr-*nee*-ter-gern) *v* destroy

vernietiging (verr-*nee*-ter-ging) *c* destruction

vernieuwen (verr-*nee*ᵒᵒ-ern) *v* renew

vernis (verr-*niss*) *nt/c* varnish

veronderstellen (verr-on-derr-*steh*-lern) *v* assume, suppose

verontreiniging (verr-ont-*ray*-ner-ging) *c* (pl ~en) pollution

verontschuldigen (verr-ont-*skherl*-der-gern) *v* excuse; **zich ~** apologize

verontschuldiging (verr-ont-*skherl*-der-ging) *c* (pl ~en) apology

verontwaardiging (verr-ont-*vaar*-der-ging) *c* indignation

veroordeelde (verr-*ōār*-dāyl-der) *c* (pl ~n) convict

veroordelen (verr-*ōār*-dāy-lern) *v* sentence

veroordeling (verr-*ōār*-dāy-ling) *c* (pl ~en) conviction

veroorloven (verr-*ōār*-lōā-vern) *v* allow, permit; **zich ~** afford

veroorzaken (verr-*ōār*-zaa-kern) *v* cause

veroveraar (verr-*ōā*-ver-raar) *c* (pl ~s)

conqueror

veroveren (verr-*ōā*-ver-rern) v conquer

verovering (verr-*ōā*-ver-ring) c (pl ~en) conquest

verpachten (verr-*pahkh*-tern) v lease

verpakking (verr-*pah*-king) c (pl ~en) packing

verpanden (verr-*pahn*-dern) v pawn

verplaatsen (verr-*plaat*-sern) v move

verpleegster (verr-*plāykh*-sterr) c (pl ~s) nurse

verplegen (verr-*plāy*-gern) v nurse

verplicht (verr-*plikht*) adj obligatory, compulsory; ~ *zijn om *be obliged to

verplichten (verr-*plikh*-tern) v oblige

verplichting (verr-*plikh*-ting) c (pl ~en) engagement

verraad (ver-*raat*) nt treason

***verraden** (ver-*raa*-dern) v betray

verrader (ver-*raa*-derr) c (pl ~s) traitor

verrassen (ver-*rah*-sern) v surprise

verrassing (ver-*rah*-sing) c (pl ~en) surprise

verrekijker (*veh*-rer-kay-kerr) c (pl ~s) binoculars pl

verreweg (*veh*-rer-vehkh) adv by far

verrichten (ver-*rikh*-tern) v perform

verrukkelijk (ver-*rer*-ker-lerk) adj delightful, wonderful

verrukking (ver-*rer*-king) c (pl ~en) delight; in ~ *brengen delight

vers[1] (vehrs) adj fresh

vers[2] (vehrs) nt (pl verzen) verse

verschaffen (verr-*skhah*-fern) v furnish, provide

verscheidene (verr-*skhay*-der-ner) num various; several

verscheidenheid (verr-*skhay*-dern-hayt) c (pl -heden) variety

verschepen (verr-*skhāy*-pern) v ship

***verschieten** (verr-*skhee*-tern) v fade

***verschijnen** (verr-*skhay*-nern) v appear

verschijning (verr-*skhay*-ning) c (pl ~en) apparition

verschijnsel (verr-*skhayn*-serl) nt (pl ~en, ~s) phenomenon

verschil (verr-*skhil*) nt (pl ~len) difference; distinction, contrast

verschillen (verr-*skhi*-lern) v differ; vary

verschillend (verr-*skhi*-lernt) adj unlike, different; distinct

verschrikkelijk (verr-*skhri*-ker-lerk) adj terrible; horrible, frightful, awful

verschuldigd (verr-*skherl*-derkht) adj due; ~ *zijn owe

versie (*vehr*-zee) c (pl ~s) version

versiering (verr-*see*-ring) c (pl ~en) decoration

versiersel (verr-*seer*-serl) nt (pl ~s, ~en) ornament

***verslaan** (verr-*slaan*) v defeat, *beat

verslag (verr-*slahkh*) nt (pl ~en) report, account

verslaggever (verr-*slah*-khāy-verr) c (pl ~s) reporter

zich ***verslapen** (verr-*slaa*-pern) *oversleep

versleten (verr-*slāy*-tern) adj worn-out, worn, threadbare

***verslijten** (verr-*slay*-tern) v wear out

versnellen (verr-*sneh*-lern) v accelerate

versnelling (verr-*sneh*-ling) c (pl ~en) gear

versnellingsbak (verr-*sneh*-lings-bahk) c (pl ~ken) gear-box

versnellingspook (verr-*sneh*-lings-pōā) c gear lever

versperren (verr-*speh*-rern) v block

verspillen (verr-*spi*-lern) v waste

verspilling (verr-*spi*-ling) c waste

verspreiden (verr-*spray*-dern) v scatter, *shed

***verstaan** (verr-*staan*) v *understand

verstand (verr-*stahnt*) nt brain; wits

pl, reason; **gezond** ~ sense
verstandig (verr-*stahn*-derkh) *adj* sensible
verstellen (verr-*steh*-lern) *v* patch
verstijfd (verr-*stayft*) *adj* numb
verstoppen (verr-*sto*-pern) *v* *hide
verstoren (verr-*stōa*-rern) *v* disturb; upset
*****verstrijken** (verr-*stray*-kern) *v* expire
verstuiken (verr-*stur^ew*-kern) *v* sprain
verstuiking (verr-*stur^ew*-kıng) *c* (pl ~en) sprain
verstuiver (verr-*stur^ew*-verr) *c* (pl ~s) atomizer
versturen (verr-*stēw*-rern) *v* *send off, dispatch
vertalen (verr-*taa*-lern) *v* translate
vertaler (verr-*taa*-lerr) *c* (pl ~s) translator
vertaling (verr-*taa*-lıng) *c* (pl ~en) translation; version
verteerbaar (verr-*tāy̆r*-baar) *adj* digestible
vertegenwoordigen (verr-tāy-ger-*vōar*-der-gern) *v* represent
vertegenwoordiger (verr-tāy-ger-*vōar*-der-gerr) *c* (pl ~s) agent
vertegenwoordiging (verr-tāy-ger-*vōar*-der-gıng) *c* (pl ~en) representation; agency
vertellen (verr-*ter*-lern) *v* *tell; relate
vertelling (verr-*teh*-lıng) *c* (pl ~en) tale
verteren (verr-*tāy*-rern) *v* digest
verticaal (vehr-tee-*kaal*) *adj* vertical
vertolken (verr-*tol*-kern) *v* interpret
vertonen (verr-*tōa*-nern) *v* exhibit; display
vertragen (verr-*traa*-gern) *v* delay, slow down
vertraging (verr-*traa*-gıng) *c* (pl ~en) delay
vertrek[1] (verr-*trehk*) *nt* departure
vertrek[2] (verr-*trehk*) *nt* (pl ~ken)

room
*****vertrekken** (verr-*treh*-kern) *v* *leave; depart, *set out, pull out
vertrektijd (verr-*trehk*-tayt) *c* (pl ~en) time of departure
vertrouwd (verr-*trout*) *adj* familiar
vertrouwelijk (verr-*trou*-er-lerk) *adj* confidential
vertrouwen (verr-*trou*-ern) *nt* confidence, trust, faith; *v* trust; ~ **op** rely on
vervaardigen (verr-*vaar*-der-gern) *v* manufacture
vervaldag (verr-*vahl*-dahk) *c* expiry
vervallen (verr-*vah*-lern) *adj* expired; due
*****vervallen** (verr-*vah*-lern) *v* expire
vervalsen (verr-*vahl*-sern) *v* forge, counterfeit
vervalsing (verr-*vahl*-sıng) *c* (pl ~en) fake
*****vervangen** (verr-*vah*-ngern) *v* replace, substitute
vervanging (verr-*vah*-ngıng) *c* substitute
vervelen (verr-*vāy*-lern) *v* bore; bother
vervelend (verr-*vāy*-lernt) *adj* dull, boring, annoying; unpleasant
verven (*vehr*-vern) *v* paint; dye
vervloeken (verr-*vlōō*-kern) *v* curse
vervoer (verr-*vōōr*) *nt* transport
vervolg (verr-*volkh*) *nt* (pl ~en) sequel
vervolgen (verr-*vol*-gern) *v* continue; pursue
vervolgens (verr-*vol*-gerss) *adv* then
vervuiling (verr-*vur^ew*-lıng) *c* pollution
verwaand (verr-*vaant*) *adj* conceited, snooty
verwaarlozen (verr-*vaar*-lōa-zern) *v* neglect
verwaarlozing (verr-*vaar*-lōa-zıng) *c* neglect
verwachten (verr-*vahkh*-tern) *v* expect; anticipate

verwachting (verr-*vahkh*-tıng) *c* (pl ~en) expectation; outlook; **in ~** pregnant

verwant (verr-*vahnt*) *adj* related

verwante (verr-*vahn*-ter) *c* (pl ~n) relation

verward (verr-*vahrt*) *adj* confused

verwarmen (verr-*vahr*-mern) *v* heat, warm

verwarming (verr-*vahr*-mıng) *c* heating

verwarren (verr-*vah*-rern) *v* confuse; *mistake

verwarring (verr-*vah*-rıng) *c* confusion; disturbance; **in ~ brengen** embarrass

verwekken (verr-*veh*-kern) *v* generate

verwelkomen (verr-*vehl*-kōā-mern) *v* welcome

verwennen (verr-*veh*-nern) *v* *spoil

*verwerpen (verr-*vehr*-pern) *v* turn down, reject

*verwerven (verr-*vehr*-vern) *v* acquire

verwezenlijken (verr-*vāy*-zer-ler-kern) *v* realize

verwijden (verr-*vay*-dern) *v* widen

verwijderen (verr-*vay*-der-rern) *v* remove

verwijdering (verr-*vay*-der-rıng) *c* removal

verwijt (verr-*vayt*) *nt* (pl ~en) reproach; blame

*verwijten (verr-*vay*-tern) *v* reproach

*verwijzen naar (verr-*vay*-zern) refer to

verwijzing (verr-*vay*-zıng) *c* (pl ~en) reference

verwonden (verr-*von*-dern) *v* wound, injure

verwonderen (verr-*von*-der-rern) *v* amaze

verwondering (verr-*von*-der-rıng) *c* wonder

verwonding (verr-*von*-dıng) *c* (pl ~en) injury

verzachten (verr-*zahkh*-tern) *v* soften

verzamelaar (verr-*zaa*-mer-laar) *c* (pl ~s) collector

verzamelen (verr-*zaa*-mer-lern) *v* gather; collect

verzameling (verr-*zaa*-mer-lıng) *c* (pl ~en) collection

verzekeren (verr-*zāy*-ker-rern) *v* assure; insure

verzekering (verr-*zāy*-ker-rıng) *c* (pl ~en) insurance

verzekeringspolis (verr-*zāy*-ker-rıngs-pōā-lerss) *c* (pl ~sen) insurance policy

*verzenden (verr-*zehn*-dern) *v* despatch, dispatch

verzending (verr-*zehn*-dıng) *c* expedition

verzet (verr-*zeht*) *nt* resistance

zich verzetten (verr-*zeh*-tern) oppose

verzilveren (verr-*zıl*-ver-rern) *v* cash

*verzinnen (verr-*zı*-nern) *v* invent

verzinsel (verr-*zın*-serl) *nt* (pl ~s) fiction

verzoek (verr-*zōōk*) *nt* (pl ~en) request

*verzoeken (verr-*zōō*-kern) *v* request, ask

verzoening (verr-*zōō*-nıng) *c* (pl ~en) reconciliation

verzorgen (verr-*zor*-gern) *v* look after, *take care of; tend

verzorging (verr-*zor*-gıng) *c* care

verzwikken (verr-*zvı*-kern) *v* sprain

vest (vehst) *nt* (pl ~en) cardigan; waistcoat, jacket; vest *nAm*

vestigen (*vehss*-ter-gern) *v* establish; **zich ~** settle down

vesting (*vehss*-tıng) *c* (pl ~en) fortress

vet[1] (veht) *adj* fat; greasy

vet[2] (veht) *nt* (pl ~ten) fat; grease

veter (*vāy*-terr) *c* (pl ~s) lace

vettig (*veh*-terkh) *adj* greasy, fatty

vezel (*vāy*-zerl) *c* (pl ~s) fibre

vibratie (vee-*braa*-tsee) *c* (pl ~s) vibration

video camera (*vie*-dee-oo *kaa*-mee-raa) *c* video camera

video cassette (*vie*-dee-oo ka-*seter*) *c* video cassette

video recorder (*vie*-dee-oo rie-*kor*-derr) *c* video recorder

vier (veer) *num* four

vierde (*veer*-der) *num* fourth

vieren (*vee*-rern) *v* celebrate

viering (*vee*-rıng) *c* (pl ~en) celebration

vierkant (*veer*-kahnt) *adj* square; *nt* square

vies (veess) *adj* dirty

vijand (*vay*-ahnt) *c* (pl ~en) enemy

vijandig (vay-*ahn*-derkh) *adj* hostile

vijf (vayf) *num* five

vijfde (*vayf*-der) *num* fifth

vijftien (*vayf*-teen) *num* fifteen

vijftiende (*vayf*-teen-der) *num* fifteenth

vijftig (*vayf*-terkh) *num* fifty

vijg (vaykh) *c* (pl ~en) fig

vijl (vayl) *c* (pl ~en) file

vijver (*vay*-verr) *c* (pl ~s) pond

villa (*vee*-laa) *c* (pl ~'s) villa

vilt (vılt) *nt* felt

***vinden** (*vın*-dern) *v* *find; *come across; consider

vindingrijk (*vın*-dıng-rayk) *adj* inventive

vinger (*vı*-ngerr) *c* (pl ~s) finger

vingerafdruk (*vı*-ngerr-ahf-drerk) *c* (pl ~ken) fingerprint

vingerhoed (*vı*-ngerr-hŏot) *c* (pl ~en) thimble

violet (vee-^Yōa-*leht*) *adj* violet

viool (vee-^Yōal) *c* (pl violen) violin

viooltje (vee-^Yōal-t^Yer) *nt* (pl ~s) violet

vis (vıss) *c* (pl ~sen) fish

visakte (*vıss*-ahk-ter) *c* (pl ~n, ~s) fishing licence

visgraat (*vıss*-khraat) *c* (pl -graten) fishbone

vishaak (*vıss*-haak) *c* (pl -haken) fishing hook

visie (*vee*-zee) *c* vision

visite (vee-*zee*-ter) *c* (pl ~s) visit; call

visitekaartje (vi-*zee*-ter-kaar-t^Yer) *nt* (pl ~s) visiting-card

viskuit (*vıss*-kur^{ew}t) *c* roe

vislijn (*vıss*-layn) *c* (pl ~en) fishing line

visnet (*vıss*-neht) *nt* (pl ~ten) fishing net

vissen (*vı*-sern) *v* fish

visser (*vı*-serr) *c* (pl ~s) fisherman

visserij (vı-ser-*ray*) *c* fishing industry

vistuig (*vıss*-tur^{ew}kh) *nt* fishing tackle, fishing gear

visum (*vee*-zerm) *nt* (pl visa) visa

viswinkel (*vıss*-vıng-kerl) *c* (pl ~s) fish shop

vitamine (vee-taa-*mee*-ner) *c* (pl ~n, ~s) vitamin

vitrine (vee-*tree*-ner) *c* (pl ~s) showcase

vlag (vlahkh) *c* (pl ~gen) flag

vlak (vlahk) *adj* flat; smooth; level, plane

vlakgom (*vlahk*-khom) *c/nt* (pl ~men) rubber

vlakte (*vlahk*-ter) *c* (pl ~n, ~s) plain

vlam (vlahm) *c* (pl ~men) flame

vlees (vlāyss) *nt* meat; flesh

vlek (vlehk) *c* (pl ~ken) stain, spot, blot

vlekkeloos (*vleh*-ker-lōass) *adj* stainless, spotless

vlekken (*vleh*-kern) *v* stain

vlekkenwater (*vleh*-ker-vaa-terr) *nt* stain remover

vleugel (*vlūr*-gerl) *c* (pl ~s) wing;

grand piano

vlieg (vleekh) c (pl ~en) fly

***vliegen** (vlee-gern) v *fly

vliegramp (vleekh-rahmp) c (pl ~en) plane crash

vliegtuig (vleekh-tur^ew^kh) nt (pl ~en) aircraft, aeroplane, plane; airplane nAm

vliegveld (vleekh-fehlt) nt (pl ~en) airfield

vlijt (vlayt) c diligence

vlijtig (vlay-terkh) adj industrious; diligent

vlinder (vlin-derr) c (pl ~s) butterfly

vlinderdasje (vlin-derr-dah-sher) nt (pl ~s) bow tie

vlinderslag (vlin-derr-slahkh) c butterfly stroke

vloed (vloōt) c flood

vloeibaar (vloōee-baar) adj liquid, fluid

vloeien (vloōee-ern) v flow; **vloeiend** fluent

vloeipapier (vloōee-paa-peer) nt blotting paper

vloeistof (vloōee-stof) c (pl ~fen) fluid

vloek (vloōk) c (pl ~en) curse

vloeken (vloō-kern) v curse, *swear

vloer (vloōr) c (pl ~en) floor

vloerkleed (vloōr-klayt) nt (pl -kleden) carpet

vloot (vloāt) c (pl vloten) fleet

vlot (vlot) nt (pl ~ten) raft

vlotter (vlo-terr) c (pl ~s) float

vlucht (vlerkht) c (pl ~en) flight

vluchten (vlerkh-tern) v escape

vlug (vlerkh) adj fast, quick, rapid; adv soon

vocaal (voā-kaal) adj vocal

vocabulaire (voā-kaa-bew-lair) nt vocabulary

vocht (vokht) nt damp

vochtig (vokh-terkh) adj humid, moist; damp, wet

vochtigheid (vokh-terkh-hayt) c humidity, moisture

vod (vot) nt (pl ~den) rag

voeden (voō-dern) v *feed

voedsel (voōt-serl) nt food; fare

voedselvergiftiging (voōt-serl-verr-gif-ter-ging) c food poisoning

voedzaam (voōt-saam) adj nutritious, nourishing

zich voegen bij (voō-gern) join

voelen (voō-lern) v *feel; sense

voeren (voō-rern) v carry

voering (voō-ring) c (pl ~en) lining

voertuig (voōr-tur^ew^kh) nt (pl ~en) vehicle

voet (voōt) c (pl ~en) foot; **te ~** on foot, walking

voetbal (voōt-bahl) nt soccer

voetbalwedstrijd (voōt-bahl-veht-strayt) c (pl ~en) football match

voetganger (voōt-khah-ngerr) c (pl ~s) pedestrian

voetpad (voōt-paht) nt (pl ~en) footpath

voetpoeder (voōt-poō-derr) nt/c foot powder

voetrem (voōt-rehm) c foot-brake

vogel (voā-gerl) c (pl ~s) bird

vol (vol) adj full; full up

volbloed (vol-bloōt) adj thoroughbred

***volbrengen** (vol-breh-ngern) v accomplish

voldaan (vol-daan) adj satisfied

voldoende (vol-doōn-der) adj sufficient, enough; ~ ***zijn** *do, suffice

voldoening (vol-doō-ning) c satisfaction

volgen (vol-gern) v follow; **volgend** subsequent, next, following

volgens (vol-gerns) prep according to

volgorde (vol-gor-der) c order, sequence

***volhouden** (vol-hou-dern) v *keep up; insist

volk (volk) *nt* (pl ~en, ~eren) people; nation; folk; **volks-** national; popular; vulgar

volkomen (voal-*kōa*-mern) *adj* perfect; *adv* completely

volkorenbrood (vol-*kōa*-rerm-brōat) *nt* wholemeal bread

volksdans (*volks*-dahns) *c* (pl ~en) folk-dance

volkslied (*volks*-leet) *nt* (pl ~eren) folk song; national anthem

volledig (vo-*lāy*-derkh) *adj* complete

volmaakt (vol-*maakt*) *adj* perfect

volmaaktheid (vol-*maakt*-hayt) *c* perfection

volslagen (vol-*slaa*-gern) *adj* total, utter

volt (volt) *c* volt

voltage (vol-*taa*-zher) *c/nt* (pl ~s) voltage

voltooien (vol-*tōa*^ee-ern) *v* complete

volume (vōa-*lew*-mer) *nt* (pl ~n, ~s) volume

volwassen (vol-*vah*-sern) *adj* adult; grown-up

volwassene (vol-*vah*-ser-ner) *c* (pl ~n) adult; grown-up

vonk (vongk) *c* (pl ~en) spark

vonnis (*vo*-nerss) *nt* (pl ~sen) verdict, sentence

voogd (vōakht) *c* (pl ~en) tutor, guardian

voogdij (vōakh-*day*) *c* custody

voor (vōar) *prep* before; ahead of, in front of; for; to

vooraanstaand (vōar-*aan*-staant) *adj* leading, outstanding

*****voorafgaan** (vōar-*ahf*-khaan) *v* precede

voorai (vōa-*rahl*) *adv* essentially, especially, most of all

voorbarig (vōar-*baa*-rerkh) *adj* premature

voorbeeld (*vōar*-bāylt) *nt* (pl ~en) example, instance

voorbehoedmiddel (*vōar*-ber-hōot-mi-derl) *nt* (pl ~en) contraceptive

voorbehoud (*vōar*-ber-hout) *nt* qualification

voorbereiden (*vōar*-ber-ray-dern) *v* prepare

voorbereiding (*vōar*-ber-ray-dɪng) *c* (pl ~en) preparation

voorbij (vōar-*bay*) *adj* past, over; *prep* past, beyond

*****voorbijgaan** (vōar-*bay*-gaan) *v* pass

voorbijganger (vōar-*bay*-gah-ngerr) *c* (pl ~s) passer-by

voordat (*vōar*-daht) *conj* before

voordeel (*vōar*-dāyl) *nt* (pl -delen) advantage; profit, benefit

voordelig (vōar-*dāy*-lerkh) *adj* advantageous; cheap

zich *****voordoen** (vōar-*dōon*) *v* occur

voorgaand (*vōar*-khaant) *adj* previous, preceding

voorganger (*vōar*-gah-ngerr) *c* (pl ~s) predecessor

voorgerecht (*vōar*-ger-rehkht) *nt* (pl ~en) hors-d'œuvre

voorgrond (*vōar*-gront) *c* foreground

voorhanden (vōar-*hahn*-dern) *adj* available

voorheen (vōar-*hāyn*) *adv* formerly

voorhoofd (*vōar*-hōaft) *nt* (pl ~en) forehead

voorjaar (*vōar*-ʸaar) *nt* springtime, spring

voorkant (*vōar*-kahnt) *c* front

voorkeur (*vōar*-kūrr) *c* preference; **de ~ *geven aan** prefer

voorkomen[1] (*vōar*-kōa-mern) *nt* look, appearance

*****voorkomen**[2] (*vōar*-kōa-mern) *v* occur, happen

*****voorkomen**[3] (vōar-*kōa*-mern) *v* prevent; anticipate

voorkomend (vōar-*kōa*-mernt) *adj* obliging

voorletter (*vōār*-leh-terr) *c* (pl ~s) initial

voorlopig (vōār-*lōā*-perkh) *adj* provisional, temporary; preliminary

voormalig (vōār-*maa*-lerkh) *adj* former

voorman (*vōār*-mahn) *c* (pl ~nen) foreman

voornaam¹ (vōār-*naam*) *adj* distinguished; **voornaamst** *adj* principal, main, leading, chief

voornaam² (*vōār*-naam) *c* (pl -namen) first name, Christian name

voornaamwoord (*vōār*-naam-vōārt) *nt* (pl ~en) pronoun

voornamelijk (vōār-*naa*-mer-lerk) *adv* especially

vooroordeel (*vōār*-ōār-dāyl) *nt* (pl -delen) prejudice

vooroorlogs (vōār-*ōār*-lokhs) *adj* pre-war

voorraad (*vōā*-raat) *c* (pl -raden) stock, store, supply; provisions *pl*; in ~ *hebben stock

voorrang (*vōā*-rahng) *c* priority; right of way

voorrecht (*vōā*-rehkht) *nt* (pl ~en) privilege

voorruit (*vōā*-rur^(ew)t) *c* (pl ~en) windscreen; windshield *nAm*

*voorschieten (*vōār*-skhee-tern) *v* advance

voorschot (*vōār*-skhot) *nt* (pl ~ten) advance

voorschrift (*vōār*-skhrift) *nt* (pl ~en) regulation

*voorschrijven (*vōār*-skhray-vern) *v* prescribe

voorspellen (vōār-*speh*-lern) *v* predict, forecast

voorspelling (vōār-*speh*-ling) *c* (pl ~en) forecast

voorspoed (*vōār*-spōōt) *c* prosperity

voorsprong (*vōār*-sprong) *c* lead

voorstad (*vōār*-staht) *c* (pl -steden) suburb

voorstander (*vōār*-stahn-derr) *c* (pl ~s) advocate

voorstel (*vōār*-stehl) *nt* (pl ~len) proposition, proposal; suggestion

voorstellen (*vōār*-steh-lern) *v* propose, suggest; present, introduce; represent; **zich ~** conceive, fancy, imagine

voorstelling (*vōār*-steh-ling) *c* (pl ~en) show, performance

voortaan (*vōār*-taan) *adv* henceforth

voortduren (*vōār*-dēw-rern) *v* continue; **voortdurend** continuous, continual

*voortgaan (*vōārt*-khaan) *v* continue; proceed

voortreffelijk (vōārt-*treh*-fer-lerk) *adj* excellent; exquisite

voorts (vōārts) *adv* moreover

voortzetten (*vōārt*-seh-tern) *v* carry on, continue

vooruit (vōā-*rur^(ew)t*) *adv* ahead, forward; in advance

vooruitbetaald (vōā-*rur^(ew)t*-ber-taalt) *adj* prepaid

*vooruitgaan (vōā-*rur^(ew)t*-khaan) *v* advance

vooruitgang (vōā-*rur^(ew)t*-khahng) *c* progress, advance

vooruitstrevend (vōā-rur^(ew)t-*strāy*-vernt) *adj* progressive

vooruitzicht (vōā-*rur^(ew)t*-sikht) *nt* (pl ~en) prospect

voorvader (*vōār*-vaa-derr) *c* (pl ~s, ~en) ancestor

voorvechter (*vōār*-vehkh-terr) *c* (pl ~s) champion

voorvoegsel (*vōār*-vōōkh-serl) *nt* (pl ~s) prefix

voorwaarde (*vōār*-vaar-der) *c* (pl ~n) condition; term

voorwaardelijk (vōār-*vaar*-der-lerk) *adj*

conditional

voorwaarts (*vōar*-vaarts) adv onwards, forward

voorwenden (*vōar*-vehn-dern) v pretend

voorwendsel (*vōar*-vehnt-serl) nt (pl ~s, ~en) pretext, pretence

voorwerp (*vōar*-vehrp) nt (pl ~en) object; **gevonden voorwerpen** lost and found

voorzetsel (*vōar*-zeht-serl) nt (pl ~s) preposition

voorzichtig (vōar-*zıkh*-terkh) adj careful; gentle

voorzichtigheid (vōar-*zıkh*-terkh-hayt) c caution

*voorzien (vōar-*zeen*) v anticipate; ~ **van** furnish with

voorzitter (*vōar*-zı-terr) c (pl ~s) chairman, president

voorzorg (*vōar*-zorkh) c (pl ~en) precaution

voorzorgsmaatregel (*vōar*-zorkhs-maat-rāy-gerl) c (pl ~en) precaution

vorderen (*vor*-der-rern) v *get on; confiscate, claim

vorig (*vōa*-rerkh) adj last; past

vork (vork) c (pl ~en) fork

vorm (vorm) c (pl ~en) shape; form

vormen (*vor*-mern) v shape; form

vorming (*vor*-mıng) c background

vorst¹ (vorst) c (pl ~en) ruler, monarch, sovereign

vorst² (vorst) c frost

vos (voss) c (pl ~sen) fox

vouw (vou) c (pl ~en) fold; crease

*vouwen (*vou*-ern) v fold

vraag (vraakh) c (pl vragen) question; inquiry, query

vraaggesprek (*vraa*-kher-sprehk) nt (pl ~ken) interview

vraagstuk (*vraakh*-sterk) nt (pl ~ken) problem, question

vraagteken (*vraakh*-tāy-kern) nt (pl ~s) question mark

vracht (vrahkht) c (pl ~en) freight, cargo

vrachtwagen (*vrahkht*-vaa-gern) c (pl ~s) lorry; truck nAm

*vragen (*vraa*-gern) v ask; beg; **vragend** interrogative

vrede (*vrāy*-der) c peace

vreedzaam (*vrāyt*-saam) adj peaceful

vreemd (vrāymt) adj strange; odd, queer; foreign

vreemde (*vrāym*-der) c (pl ~n) stranger

vreemdeling (*vrāym*-der-lıng) c (pl ~en) foreigner; stranger, alien

vrees (vrāyss) c dread, fear

vreselijk (*vrāy*-ser-lerk) adj terrible; horrible, dreadful, frightful

vreugde (*vrürkh*-der) c (pl ~n) gladness, joy

vrezen (*vrāy*-zern) v dread, fear

vriend (vreent) c (pl ~en) friend

vriendelijk (*vreen*-der-lerk) adj friendly; kind

vriendschap (*vreent*-skhahp) c (pl ~pen) friendship

vriendschappelijk (vreent-*skhah*-per-lerk) adj friendly

vriespunt (*vreess*-pernt) nt freezing-point

*vriezen (*vree*-zern) v *freeze

vrij (vray) adj free; adv pretty, fairly, quite, rather

vrijdag (*vray*-dahkh) c Friday

vrijgevig (vray-*gāy*-verkh) adj liberal

vrijgezel (vray-ger-*zehl*) c (pl ~len) bachelor

vrijheid (*vray*-hayt) c (pl -heden) freedom, liberty

vrijkaart (*vray*-kaart) c (pl ~en) free ticket

vrijpostig (vray-*poss*-terkh) adj bold

vrijspraak (*vray*-spraak) c acquittal

vrijstellen (*vray*-steh-lern) v exempt;

vrijgesteld exempt

vrijstelling (*vray*-steh-lɪng) *c* (pl ~en) exemption

vrijwel (*vray*-vehl) *adv* practically

vrijwillig (vray-vɪ-lerkh) *adj* voluntary

vrijwilliger (vray-vɪ-ler-gerr) *c* (pl ~s) volunteer

vroedvrouw (*vrōōt*-frou) *c* (pl ~en) midwife

vroeg (vrōōkh) *adj* early

vroeger (*vrōō*-gerr) *adj* prior, previous, former; *adv* formerly

vrolijk (*vrōā*-lerk) *adj* gay, cheerful, merry, joyful

vrolijkheid (*vrōā*-lerk-hayt) *c* gaiety

vroom (vrōām) *adj* pious

vrouw (vrou) *c* (pl ~en) woman; wife

vrouwelijk (*vrou*-er-lerk) *adj* female; feminine

vrouwenarts (*vrou*-ern-ahrts) *c* (pl ~en) gynaecologist

vrucht (vrerkht) *c* (pl ~en) fruit

vruchtbaar (*vrerkht*-baar) *adj* fertile

vruchtensap (*vrerkh*-ter-sahp) *nt* (pl ~pen) squash

vuil (vur^ewl) *adj* filthy, dirty; *nt* dirt

vuilnis (*vur^ewl*-nɪss) *nt* garbage

vuilnisbak (*vur^ewl*-nɪss-bahk) *c* (pl ~ken) rubbish-bin, dustbin; trash can *Am*

vuist (vur^ewst) *c* (pl ~en) fist

vuistslag (*vur^ewst*-slahkh) *c* (pl ~en) punch

vulgair (verl-*gair*) *adj* vulgar

vulkaan (verl-*kaan*) *c* (pl -kanen) volcano

vullen (*ver*-lern) *v* fill

vulling (*ver*-lɪng) *c* (pl ~en) stuffing, filling; refill

vulpen (*verl*-pehn) *c* (pl ~nen) fountain-pen

vuur (vewr) *nt* (pl vuren) fire

vuurrood (*vew*-rōāt) *adj* scarlet, crimson

vuursteen (*vewr*-stāyn) *c* (pl -stenen) flint

vuurtoren (*vewr*-tōā-rern) *c* (pl ~s) lighthouse

vuurvast (*vewr*-vahst) *adj* fireproof

W

*****waaien** (vaa^ee-ern) *v* *blow

waaier (vaa^ee-err) *c* (pl ~s) fan

waakzaam (*vaak*-saam) *adj* vigilant

waanzin (*vaan*-zɪn) *c* madness

waanzinnig (vaan-zɪ-nerkh) *adj* mad

waar[1] (vaar) *adj* true; very

waar[2] (vaar) *adv* where; *conj* where; ~ **dan ook** anywhere; ~ **ook** wherever

waarborg (*vaar*-borkh) *c* (pl ~en) guarantee

waard (vaart) *adj* worthy of; ~ *be worth

waarde (*vaar*-der) *c* (pl ~n) worth, value

waardeloos (vaar-der-lōāss) *adj* worthless

waarderen (vaar-*dāy*-rern) *v* appreciate

waardering (vaar-*dāy*-rɪng) *c* appreciation

waardevol (*vaar*-der-vol) *adj* valuable

waardig (*vaar*-derkh) *adj* dignified

waarheid (*vaar*-hayt) *c* (pl -heden) truth

waarheidsgetrouw (*vaar*-hayts-kher-trou) *adj* truthful

*****waarnemen** (*vaar*-nāy-mern) *v* observe

waarneming (*vaar*-nāy-mɪng) *c* (pl ~en) observation

waarom (vaa-*rom*) *adv* why; what for

waarschijnlijk (vaar-*skhayn*-lerk) *adj* probable, likely; *adv* probably

waarschuwen (*vaar*-skhew⁰⁰-ern) *v* warn; caution; notify

waarschuwing (*vaar*-skhew⁰⁰-ıng) *c* (pl ~en) warning

waas (vaass) *nt* haze

wachten (*vahkh*-tern) *v* wait; ~ **op** await

wachtkamer (*vahkht*-kaa-merr) *c* (pl ~s) waiting-room

wachtlijst (*vahkht*-layst) *c* (pl ~en) waiting-list

wachtwoord (*vahkht*-vōart) *nt* (pl ~en) password

waden (*vaa*-dern) *v* wade

wafel (*vaa*-ferl) *c* (pl ~s) waffle, wafer

wagen¹ (*vaa*-gern) *c* (pl ~s) cart

wagen² (*vaa*-gern) *v* dare, venture, risk

wagon (vaa-*gon*) *c* (pl ~s) carriage, waggon; passenger car *Am*

wakker (*vah*-kerr) *adj* awake; ~ *worden wake up

walgelijk (*vahl*-ger-lerk) *adj* revolting, disgusting

walnoot (*vahl*-nōat) *c* (pl -noten) walnut

wals (vahls) *c* (pl ~en) waltz

walvis (*vahl*-vıss) *c* (pl ~sen) whale

wand (vahnt) *c* (pl ~en) wall

wandelaar (*vahn*-der-laar) *c* (pl ~s) walker

wandelen (*vahn*-der-lern) *v* stroll, walk

wandeling (*vahn*-der-lıng) *c* (pl ~en) stroll, walk

wandelstok (*vahn*-derl-stok) *c* (pl ~ken) walking-stick

wandkleed (*vahnt*-klāyt) *nt* (pl -kleden) tapestry

wandluis (*vahnt*-lur⁰ʷss) *c* (pl -luizen) bug

wang (vahng) *c* (pl ~en) cheek

wanhoop (*vahn*-hōap) *c* despair

wanhopen (*vahn*-hōa-pern) *v* despair

wanhopig (vahn-*hōa*-perkh) *adj* desperate

wankel (*vahn*-kerl) *adj* unsteady

wankelen (*vahn*-ker-lern) *v* falter

wanneer (vah-*nāyr*) *adv* when; *conj* when; ~ **ook** whenever

wanorde (*vahn*-or-der) *c* disorder

want (vahnt) *conj* for

wanten (*vahn*-tern) *pl* mittens *pl*

wantrouwen (*vahn*-trou-ern) *nt* suspicion; *v* mistrust

wapen (*vaa*-pern) *nt* (pl ~s, ~en) weapon, arm

warboel (*vahr*-bōol) *c* muddle, mess

waren (*vaa*-rern) *pl* goods *pl*, wares *pl*

warenhuis (*vaa*-rer-hur⁰ʷss) *nt* (pl -huizen) department store

warm (vahrm) *adj* warm; hot; ~ *eten dine

warmte (*vahrm*-ter) *c* warmth; heat

warmwaterkruik (vahrm-*vaa*-terr-krur⁰ʷk) *c* (pl ~en) hot-water bottle

was¹ (vahss) *c* laundry, washing

was² (vahss) *c* wax

wasbaar (*vahss*-baar) *adj* washable

wasbekken (*vahss*-beh-kern) *nt* (pl ~s) wash-basin

wasecht (vahss-*ehkht*) *adj* fast-dyed

wasgoed (*vahss*-khōot) *nt* washing

wasmachine (*vahss*-mah-shee-ner) *c* (pl ~s) washing-machine

wasmiddel (*vahss*-mı-derl) *nt* (pl ~en) detergent

waspoeder (*vahss*-pōo-derr) *nt* (pl ~s) washing-powder

*wassen** (*vah*-sern) *v* wash

wassenbeeldenmuseum (vah-ser-*bāyl*-der-mew-zāy-Yerm) *nt* (pl ~s, -musea) waxworks *pl*

wasserette (vah-ser-*reh*-ter) *c* (pl ~s) launderette

wasserij (vah-ser-*ray*) *c* (pl ~en) laundry

wastafel (*vahss*-taa-ferl) *c* (pl ~s)

wash-stand

wasverzachter (*vahss*-ferr-zahkh-terr) *c* (pl ~s) water-softener

wat (vaht) *pron* what; *adv* how; ~ **dan ook** whatever; anything

water (*vaa*-terr) *nt* water; **hoog** ~ high tide; **laag** ~ low tide; **stromend** ~ running water; **zoet** ~ fresh water

waterdicht (*vaa*-terr-dikht) *adj* rainproof, waterproof

waterkers (*vaa*-terr-kehrs) *c* watercress

watermeloen (*vaa*-terr-mer-lōōn) *c* (pl ~en) watermelon

waterpas (*vaa*-terr-pahss) *c* (pl ~sen) level

waterpokken (*vaa*-terr-po-kern) *pl* chickenpox

waterpomp (*vaa*-terr-pomp) *c* (pl ~en) water pump

waterski (*vaa*-terr-skee) *c* (pl ~'s) water ski

waterstof (*vaa*-terr-stof) *c* hydrogen

waterstofperoxyde (*vaa*-terr-stof-pehr-ok-see-der) *nt* peroxide

waterval (*vaa*-terr-vahl) *c* (pl ~len) waterfall

waterverf (*vaa*-terr-vehrf) *c* water-colour

watten (*vah*-tern) *pl* cotton-wool

wazig (*vaa*-zerkh) *adj* hazy

we (ver) *pron* we

wedden (*veh*-dern) *v* *bet

weddenschap (*veh*-der-skhahp) *c* (pl ~pen) bet

wederverkoper (*vāy*-derr-verr-kōā-perr) *c* (pl ~s) retailer

wederzijds (*vāy*-derr-*zayts*) *adj* mutual

wedijveren (*veht*-ay-ver-rern) *v* compete

wedloop (*veht*-lōap) *c* (pl -lopen) race

wedstrijd (*veht*-strayt) *c* (pl ~en) competition, contest; match

weduwe (*vāy*-dew∞-er) *c* (pl ~n) widow

weduwnaar (*vāy*-dew∞-naar) *c* (pl ~s) widower

weeën (*vāy*-ern) *pl* labour

weefsel (*vāyf*-serl) *nt* (pl ~s) tissue

weegschaal (*vāykh*-skhaal) *c* (pl -schalen) weighing-machine, scales *pl*

week (vāyk) *c* (pl weken) week

weekdag (*vāyk*-dahkh) *c* (pl ~en) weekday

weekend (*vee*-kehnt) *nt* (pl ~s) weekend

weemoed (*vāy*-mōōt) *c* melancholy

weer[1] (vāyr) *nt* weather

weer[2] (vāyr) *adv* again

weerbericht (*vāyr*-ber-rikht) *nt* (pl ~en) weather forecast

*weerhouden (*vāyr*-hou-dern) *v* restrain

weerkaatsen (*vāyr*-*kaat*-sern) *v* reflect

weerkaatsing (*vāyr*-*kaat*-sing) *c* reflection

weerklank (*vāyr*-klahngk) *c* echo

weerzinwekkend (*vāyr*-zin-*veh*-kernt) *adj* repulsive, repellent, revolting

wees (vāyss) *c* (pl wezen) orphan

weg[1] (vehkh) *adv* gone, away; lost; off

weg[2] (vehkh) *c* (pl ~en) way; road; **doodlopende** ~ cul-de-sac; **op** ~ **naar** bound for

*wegen (*vāy*-gern) *v* weigh

wegenkaart (*vāy*-ger-kaart) *c* (pl ~en) road map

wegennet (*vāy*-ger-neht) *nt* (pl ~ten) road system

wegens (*vāy*-gerns) *prep* because of, for

*weggaan (*veh*-khaan) *v* *go away

wegkant (*vehkh*-kahnt) *c* (pl ~en) roadside, wayside

*weglaten (*vehkh*-laa-tern) *v* omit, *leave out

*wegnemen (*vehkh*-nay-mern) *v* *take out, *take away

wegomlegging (*vaykh*-om-leh-ging) *c* (pl ~en) diversion

wegrestaurant (*vehkh*-rehss-tōa-rahnt) *nt* (pl ~s) roadhouse; roadside restaurant

wegwerp- (*vehkh*-vehrp) disposable

wegwijzer (*vehkh*-vay-zerr) *c* (pl ~s) milepost, signpost

*wegzenden (*vehkh*-sehn-dern) *v* dismiss

wei (vay) *c* (pl ~den) meadow

weigeren (*vay*-ger-rern) *v* refuse; deny

weigering (*vay*-ger-ring) *c* (pl ~en) refusal

weiland (*vay*-lahnt) *nt* (pl ~en) pasture

weinig (*vay*-nerkh) *adj* little; few

wekelijks (*vāy*-ker-lerks) *adj* weekly

weken (*vāy*-kern) *v* soak

wekken (*veh*-kern) *v* *awake, *wake

wekker (*veh*-kerr) *c* (pl ~s) alarm-clock

weldra (*vehl*-draa) *adv* soon, shortly

welk (vehlk) *pron* which; ~ ook whichever

welkom (*vehl*-kom) *adj* welcome; *nt* welcome

wellicht (veh-*likht*) *adv* perhaps

wellust (*vehl*-lerst) *c* (pl ~en) lust

welnu! (vehl-*nēw*) well!

welvaart (*vehl*-vaart) *c* prosperity

welvarend (*vehl*-vaa-rernt) *adj* prosperous

welwillendheid (vehl-*vi*-lernt-hayt) *c* goodwill

welzijn (*vehl*-zayn) *nt* welfare

wending (*vehn*-ding) *c* (pl ~en) turn

wenk (vehngk) *c* (pl ~en) sign

wenkbrauw (*vehngk*-brou) *c* (pl ~en) eyebrow

wenkbrauwstift (*vehngk*-brou-stift) *c* (pl ~en) eye-pencil

wennen (*veh*-nern) *v* accustom

wens (vehns) *c* (pl ~en) wish, desire

wenselijk (*vehn*-ser-lerk) *adj* desirable

wensen (*vehn*-sern) *v* wish, desire; want

wereld (*vāy*-rerlt) *c* (pl ~en) world

wereldberoemd (*vāy*-rerlt-ber-rōomt) *adj* world-famous

wereldbol (*vāy*-rerlt-bol) *c* globe

werelddeel (*vāy*-rerl-dāyl) *nt* (pl ~delen) continent

wereldomvattend (*vāy*-rerlt-om-vah-ternt) *adj* global, world-wide

wereldoorlog (*vāy*-rerlt-ōar-lokh) *c* (pl ~en) world war

werk (vehrk) *nt* work; labour; occupation, employment; business; te ~ *gaan proceed; ~ in uitvoering road up

werkdag (*vehrk*-dahkh) *c* (pl ~en) working day

werkelijk (*vehr*-ker-lerk) *adj* actual, true; substantial, very; *adv* really

werkelijkheid (*vehr*-ker-lerk-hayt) *c* reality

werkeloos (*vehr*-ker-lōass) *adj* unemployed; idle

werkeloosheid (vehr-ker-*lōass*-hayt) *c* unemployment

werken (*vehr*-kern) *v* work; operate

werkgever (*vehrk*-khāy-verr) *c* (pl ~s) employer

werking (*vehr*-king) *c* operation, working; buiten ~ out of order

werknemer (*vehrk*-nāy-merr) *c* (pl ~s) employee

werkplaats (*vehrk*-plaats) *c* (pl ~en) workshop

werktuig (*vehrk*-tur^ew kh) *nt* (pl ~en) tool; utensil, implement

werkvergunning (*vehrk*-ferr-ger-ning) *c* (pl ~en) work permit; labor permit *Am*

werkwoord (*vehrk*-vōārt) *nt* (pl ~en) verb

*****werpen** (*vehr*-pern) *v* *cast, *throw

wesp (vehsp) *c* (pl ~en) wasp

west (vehst) *c* west

westelijk (*vehss*-ter-lerk) *adj* westerly

westen (*vehss*-tern) *nt* west

westers (*vehss*-terrs) *adj* western

wet (veht) *c* (pl ~ten) law

*****weten** (*vāy*-tern) *v* *know

wetenschap (*vāy*-ter-skhahp) *c* (pl ~pen) science

wetenschappelijk (*vāy*-ter-*skhah*-per-lerk) *adj* scientific

wettelijk (*veh*-ter-lerk) *adj* legal

wettig (*veh*-terkh) *adj* legal, lawful; legitimate

*****weven** (*vāy*-vern) *v* *weave

wever (*vāy*-verr) *c* (pl ~s) weaver

wezen[1] (*vāy*-zern) *nt* (pl ~s) creature, being

wezen[2] (*vāy*-zern) *nt* essence

wezenlijk (*vāy*-zer-lerk) *adj* essential

wie (vee) *pron* who; whom; ~ **dan ook** anybody; ~ **ook** whoever

wieg (veekh) *c* (pl ~en) cradle

wiel (veel) *nt* (pl ~en) wheel

wielrijder (*veel*-ray-derr) *c* (pl ~s) cyclist

wierook (*vee*-rōāk) *c* incense

wig (vıkh) *c* (pl ~gen) wedge

wijd (vayt) *adj* broad, wide

wijden (*vay*-dern) *v* devote

wijk (vayk) *c* (pl ~en) quarter, district

wijn (vayn) *c* (pl ~en) wine

wijngaard (*vayn*-gaart) *c* (pl ~en) vineyard

wijnkaart (*vayng*-kaart) *c* (pl ~en) wine-list

wijnkelder (*vayng*-kehl-derr) *c* (pl ~s) wine-cellar

wijnkelner (*vayng*-kehl-nerr) *c* (pl ~s) wine-waiter

wijnkoper (*vayng*-kōā-perr) *c* (pl ~s) wine-merchant

wijnoogst (*vayn*-ōākhst) *c* (pl ~en) vintage

wijnstok (*vayn*-stok) *c* (pl ~ken) vine

wijs[1] (vayss) *adj* wise

wijs[2] (vayss) *c* (pl wijzen) tune

wijsbegeerte (*vayss*-ber-gāyr-ter) *c* philosophy

wijsgeer (*vayss*-khāyr) *c* (pl -geren) philosopher

wijsheid (*vayss*-hayt) *c* (pl -heden) wisdom

wijsvinger (*vayss*-fı-ngerr) *c* (pl ~s) index finger

wijting (*vay*-tıng) *c* (pl ~en) whiting

wijze (*vay*-zer) *c* (pl ~n) manner, way

*****wijzen** (*vay*-zern) *v* point; direct

wijzigen (*vay*-zer-gern) *v* change, alter, modify

wijziging (*vay*-zer-gıng) *c* (pl ~en) change, alteration

wil (vil) *c* will

wild (vılt) *adj* wild; savage, fierce; *nt* game

wildpark (*vılt*-pahrk) *nt* (pl ~en) game reserve

willekeurig (vı-ler-*kū̄r*-rerkh) *adj* arbitrary

*****willen** (*vı*-lern) *v* want; *will

wilskracht (*vıls*-krahkht) *c* will-power

wimper (*vim*-perr) *c* (pl ~s) eyelash

wind (vınt) *c* (pl ~en) wind

*****winden** (*vın*-dern) *v* *wind; twist

winderig (*vın*-der-rerkh) *adj* windy, gusty

windmolen (*vınt*-mōā-lern) *c* (pl ~s) windmill

windstoot (*vınt*-stōāt) *c* (pl -stoten) gust

windvlaag (*vınt*-flaakh) *c* (pl -vlagen) blow

winkel (*vıng*-kerl) *c* (pl ~s) store, shop

winkelcentrum (*vıng*-kerl-sehn-trerm) *nt* (pl -tra) shopping centre

winkelen (*ving*-ker-lern) v shop

winkelier (ving-ker-*leer*) c (pl ~s) shopkeeper

winnaar (*vi*-naar) c (pl ~s) winner

*****winnen** (*vi*-nern) v *win; gain

winst (vinst) c (pl ~en) profit; gain, winnings pl, benefit

winstgevend (vinst-*khay*-vernt) adj profitable

winter (*vin*-terr) c (pl ~s) winter

wintersport (*vin*-terr-sport) c winter sports

wip (vip) c (pl ~pen) seesaw

wirwar (*vir*-vahr) c muddle

wiskunde (*viss*-kern-der) c mathematics

wiskundig (viss-*kern*-derkh) adj mathematical

wissel (*vi*-serl) c (pl ~s) draft

wisselen (*vi*-ser-lern) v change; exchange

wisselgeld (*vi*-serl-gehlt) nt change

wisselkantoor (*vi*-serl-kahn-tōar) nt (pl -toren) money exchange, exchange office

wisselkoers (*vi*-serl-kōors) c (pl ~en) exchange rate

wisselstroom (*vi*-serl-strōam) c alternating current

wit (vit) adj white

wittebroodsweken (*vi*-ter-brōats-*vāy*-kern) pl honeymoon

witvis (*vit*-fiss) c (pl ~sen) whitebait

woede (*vōo*-der) c anger, rage

woeden (*vōo*-dern) v rage

woedend (*vōo*-dernt) adj furious

woensdag (*vōons*-dahkh) c Wednesday

woest (vōost) adj wild, fierce; desert

woestijn (vōoss-*tayn*) c (pl ~en) desert

wol (vol) c wool

wolf (volf) c (pl wolven) wolf

wolk (volk) c (pl ~en) cloud

wolkbreuk (*volk*-brŭrk) c (pl ~en) cloud-burst

wolkenkrabber (*vol*-ker-krah-berr) c (pl ~s) skyscraper

wollen (*vo*-lern) adj woollen

wond (vont) c (pl ~en) wound

wonder (*von*-derr) nt (pl ~en) wonder, miracle; marvel

wonderbaarlijk (von-derr-*baar*-lerk) adj miraculous

wonen (*vōā*-nern) v live; reside

woning (*vōā*-ning) c (pl ~en) house

woonachtig (vōan-*ahkh*-terkh) adj resident

woonboot (*vōan*-bōat) c (pl -boten) houseboat

woonkamer (*vōāng*-kaa-merr) c (pl ~s) living-room

woonplaats (*vōām*-plaats) c (pl ~en) domicile, residence

woonwagen (*vōan*-vaa-gern) c (pl ~s) caravan

woord (vōart) nt (pl ~en) word

woordenboek (*vōar*-der-bōok) nt (pl ~en) dictionary

woordenlijst (*vōar*-der-layst) c (pl ~en) vocabulary

woordenschat (*vōar*-der-skhaht) c vocabulary

woordenwisseling (*vōar*-der-vi-ser-ling) c (pl ~en) argument

*****worden** (*vor*-dern) v *become; *go, *get, *grow

worm (vorm) c (pl ~en) worm

worp (vorp) c (pl ~en) cast

worst (vorst) c (pl ~en) sausage

worstelen (*vor*-ster-lern) v struggle

worsteling (*voar*-ster-ling) c (pl ~en) struggle

wortel (*vor*-terl) c (pl ~s, ~en) root; carrot

woud (vout) nt (pl ~en) forest

wraak (vraak) c revenge

wrak (vrahk) nt (pl ~ken) wreck

wreed (vrāyt) *adj* harsh, cruel

*wrijven (*vray*-vern) *v* rub

wrijving (*vray*-ving) *c* (pl ~en) friction

wurgen (*verr*-gern) *v* strangle, choke

Z

zaad (zaat) *nt* (pl zaden) seed

zaag (zaakh) *c* (pl zagen) saw

zaagsel (*zaakh*-serl) *nt* sawdust

zaaien (*zaa^ee*-ern) *v* *sow

zaak (zaak) *c* (pl zaken) cause; case, matter; business

zaal (zaal) *c* (pl zalen) hall

zacht (zahkht) *adj* soft; gentle, smooth, mild, mellow

zadel (*zaa*-derl) *nt* (pl ~s) saddle

zak (zahk) *c* (pl ~ken) pocket; sack, bag

zakdoek (*zahk*-dōōk) *c* (pl ~en) handkerchief; **papieren ~** tissue

zakelijk (*zaa*-ker-lerk) *adj* business-like

zaken (*zaa*-kern) *pl* business; **voor ~** on business; **~ *doen met** *deal with

zakenman (*zaa*-ker-mahn) *c* (pl -lieden, -lui) businessman

zakenreis (*zaa*-ker-rayss) *c* (pl -reizen) business trip

zakhorloge (*zahk*-hor-lōa-zher) *nt* (pl ~s) pocket-watch

zakkam (*zah*-kahm) *c* (pl ~men) pocket-comb

zakken (*zah*-kern) *v* fail

zaklantaarn (*zahk*-lahn-taa-rern) *c* (pl ~s) torch, flash-light

zakmes (*zahk*-mehss) *nt* (pl ~sen) pocket-knife, penknife

zalf (zahlf) *c* (pl zalven) ointment, salve

zalm (zahlm) *c* (pl ~en) salmon

zand (zahnt) *nt* sand

zanderig (*zahn*-der-rerkh) *adj* sandy

zanger (*zah*-ngerr) *c* (pl ~s) vocalist, singer

zangeres (zah-nger-*rehss*) *c* (pl ~sen) singer

zaterdag (*zaa*-terr-dahkh) *c* Saturday

ze (zer) *pron* she; they

zebra (*zāy*-braa) *c* (pl ~'s) zebra

zebrapad (*zāy*-braa-paht) *nt* (pl ~en) pedestrian crossing; crosswalk *nAm*

zedelijk (*zāy*-der-lerk) *adj* moral

zeden (*zāy*-dern) *pl* morals

zee (zāy) *c* (pl ~ën) sea

zeeëgel (*zāy*-āy-gerl) *c* (pl ~s) sea-urchin

zeef (zāyf) *c* (pl zeven) sieve

zeegezicht (*zāy*-ger-zikht) *nt* (pl ~en) seascape

zeehaven (*zāy*-haa-vern) *c* (pl ~s) sea-port

zeehond (*zāy*-hont) *c* (pl ~en) seal

zeekaart (*zāy*-kaart) *c* (pl ~en) chart

zeekust (*zāy*-kerst) *c* (pl ~en) sea-coast

zeeman (*zāy*-mahn) *c* (pl -lieden, -lui) seaman

zeemeermin (*zāy*-māyr-mın) *c* (pl ~nen) mermaid

zeemeeuw (*zāy*-māy^∞) *c* (pl ~en) seagull

zeep (zāyp) *c* soap

zeeppoeder (*zāy*-pōō-derr) *nt* soap powder

zeer (zāyr) *adj* sore; *adv* very, quite

zeeschelp (*zāy*-skhehlp) *c* (pl ~en) sea-shell

zeevogel (*zāy*-vōa-gerl) *c* (pl ~s) sea-bird

zeewater (*zāy*-vaa-terr) *nt* sea-water

zeeziek (*zāy*-zeek) *adj* seasick

zeeziekte (*zāy*-zeek-ter) *c* seasickness

zegel (*zāy*-gerl) *nt* (pl ~s) seal

zegen (*zāy*-gern) *c* blessing

zegenen (*zāy*-ger-nern) *v* bless

zegevieren (*zāy*-ger-vee-rern) *v* triumph

***zeggen** (*zeh*-gern) *v* *say; *tell

zeil (zayl) *nt* (pl ~en) sail

zeilboot (*zayl*-bōat) *c* (pl -boten) sailing-boat

zeilclub (*zayl*-klerp) *c* (pl ~s) yacht-club

zeilsport (*zayl*-sport) *c* yachting

zeker (*zāy*-kerr) *adv* surely; *adj* certain, sure; ~ **niet** by no means

zekering (*zāy*-ker-rɪng) *c* (pl ~en) fuse

zelden (*zehl*-dern) *adv* seldom, rarely

zeldzaam (*zehlt*-saam) *adj* rare; uncommon, infrequent

zelf (zehlf) *pron* myself; yourself; himself; herself; oneself; ourselves; yourselves; themselves

zelfbediening (*zehlf*-ber-dee-nɪng) *c* self-service

zelfbedieningsrestaurant (*zehlf*-ber-dee-nɪngs-rehss-tōā-rahnt) *nt* (pl ~s) self-service restaurant

zelfbestuur (*zehlf*-ber-stewr) *nt* self-government

zelfde (*zehlf*-der) *adj* same

zelfmoord (*zehlf*-mōart) *c* (pl ~en) suicide

zelfs (zehlfs) *adv* even

zelfstandig (zehlf-*stahn*-derkh) *adj* independent; self-employed; ~ **naamwoord** noun

zelfstrijkend (zehlf-*stray*-kernt) *adj* drip-dry, wash and wear

zelfzuchtig (zehlf-*serkh*-terkh) *adj* egoistic

***zenden** (*zehn*-dern) *v* *send

zender (*zehn*-derr) *c* (pl ~s) transmitter

zending (*zehn*-dɪng) *c* (pl ~en) consignment

zenit (*zāy*-nɪt) *nt* zenith

zenuw (*zay*-new⁰⁰) *c* (pl ~en) nerve

zenuwachtig (*zāy*-new⁰⁰-ahkh-terkh) *adj* nervous

zenuwpijn (*zāy*-new⁰⁰-payn) *c* (pl ~en) neuralgia

zes (zehss) *num* six

zesde (*zehss*-der) *num* sixth

zestien (*zehss*-teen) *num* sixteen

zestiende (*zehss*-teen-der) *num* sixteenth

zestig (*zehss*-terkh) *num* sixty

zet (zeht) *c* (pl ~ten) move; push

zetel (*zāy*-terl) *c* (pl ~s) chair; seat

zetpil (*zeht*-pɪl) *c* (pl ~len) suppository

zetten (zeh-tern) *v* place; *lay, *set, *put; **in elkaar** ~ assemble

zeurpiet (*zūrr*-peet) *c* (pl ~en) bore

zeven¹ (*zāy*-vern) *num* seven

zeven² (*zāy*-vern) *v* strain, sift, sieve

zevende (*zāy*-vern-der) *num* seventh

zeventien (*zāy*-vern-teen) *num* seventeen

zeventiende (*zāy*-vern-teen-der) *num* seventeenth

zeventig (*zāy*-vern-terkh) *num* seventy

zich (zɪkh) *pron* himself; herself; themselves

zicht (zɪkht) *nt* sight; visibility; **op** ~ on approval

zichtbaar (*zɪkht*-baar) *adj* visible

ziek (zeek) *adj* ill, sick

ziekenauto (*zee*-kern-ōā-tōā) *c* (pl ~'s) ambulance

ziekenhuis (*zee*-ker-hur⁰ʷss) *nt* (pl -huizen) hospital

ziekenzaal (*zee*-ker-zaal) *c* (pl -zalen) infirmary

ziekte (*zeek*-ter) *c* (pl ~n, ~s) disease; ailment, illness, sickness

ziel (zeel) *c* (pl ~en) soul

***zien** (zeen) *v* *see; notice; **er uit** ~ look; ***laten** ~ *show

zienswijze (*zeens*-vay-zer) *c* (pl ~n) outlook

zigeuner (zee-*gūr*-nerr) *c* (pl ~s) gipsy

zijbeuk (*zay*-bŭrk) *c* (pl ~en) aisle

zijde[1] (*zay*-der) *c* silk

zijde[2] (*zay*-der) *c* (pl ~n) side

zijden (*zay*-dern) *adj* silken

zijlicht (*zay*-lıkht) *nt* sidelight

zijn (zayn) *pron* his

*****zijn** (zayn) *v* *be

zijrivier (*zay*-ree-veer) *c* (pl ~en) tributary

zijstraat (*zay*-straat) *c* (pl -straten) side-street

zilver (*zıl*-verr) *nt* silver

zilveren (*zıl*-ver-rern) *adj* silver

zilverpapier (*zıl*-verr-paa-peer) *nt* tinfoil

zilversmid (*zıl*-verr-smıt) *c* (pl -smeden) silversmith

zilverwerk (*zıl*-verr-vehrk) *nt* silverware

zin[1] (zın) *c* sense; desire; ~ *hebben in* *feel like, fancy

zin[2] (zın) *c* (pl ~nen) sentence

*****zingen** (*zı*-ngern) *v* *sing

zink (zıngk) *nt* zinc

*****zinken** (*zıng*-kern) *v* *sink

zinloos (*zın*-lōass) *adj* senseless

zintuig (*zın*-tur[ew]kh) *nt* (pl ~en) sense

zitkamer (*zıt*-kaa-merr) *c* (pl ~s) sitting-room

zitplaats (*zıt*-plaats) *c* (pl ~en) seat

*****zitten** (*zı*-tern) *v* *sit; *gaan ~* *sit down

zitting (*zı*-tıng) *c* (pl ~en) session

zitvlak (*zıt*-flahk) *nt* bottom

zo (zōā) *adv* so, thus; such; **zo'n** such a

zoals (zōā-*ahls*) *conj* like, as; such as

zodat (zōā-*daht*) *conj* so that

zodra (zōā-*draa*) *conj* as soon as

*****zoeken** (*zōō*-kern) *v* look for; *seek, search; hunt for

zoeker (*zōō*-kerr) *c* (pl ~s) view-finder

zoen (zōōn) *c* (pl ~en) kiss

zoet (zōōt) *adj* sweet; good; ~ **ma-**

ken sweeten

zoetzuur (*zōōt*-sewr) *nt* pickles *pl*

zogen (*zōā*-gern) *v* nurse

zogenaamd (*zōā*-ger-*naamt*) *adj* so-called

zolder (*zol*-derr) *c* (pl ~s) attic

zomer (*zōā*-merr) *c* (pl ~s) summer

zomertijd (*zōā*-merr-tayt) *c* summer time

zon (zon) *c* (pl ~nen) sun

zondag (*zon*-dahkh) *c* Sunday

zonde (*zon*-der) *c* (pl ~n) sin

zondebok (*zon*-der-bok) *c* (pl ~ken) scapegoat

zonder (*zon*-derr) *prep* without

zonderling (*zon*-derr-lıng) *adj* funny, queer

zone (*zaw*-ner) *c* (pl ~s) zone

zonlicht (*zon*-lıkht) *nt* sunlight

zonnebaden (*zo*-ner-baa-dern) *v* sunbathe

zonnebrand (*zo*-ner-brahnt) *c* sunburn

zonnebrandolie (*zo*-ner-brahnt-ōā-lee) *c* suntan oil

zonnebril (*zo*-ner-brıl) *c* (pl ~len) sunglasses *pl*

zonnescherm (*zo*-ner-skhehrm) *nt* (pl ~en) awning

zonneschijn (*zo*-ner-skhayn) *c* sunshine

zonnesteek (*zo*-ner-stāyk) *c* sunstroke

zonnig (*zo*-nerkh) *adj* sunny

zonsondergang (zons-*on*-derr-gahng) *c* (pl ~en) sunset

zonsopgang (zons-*op*-khahng) *c* (pl ~en) sunrise

zoogdier (*zōā*kh-deer) *nt* (pl ~en) mammal

zool (zōāl) *c* (pl zolen) sole

zoölogie (zōā-ōā-lōā-*gee*) *c* zoology

zoom (zōām) *c* (pl zomen) hem

zoon (zōān) *c* (pl zonen) son

zorg (zorkh) *c* (pl ~en) concern, worry, care; trouble

zorgen voor (*zor*-gern) look after, *take care of ; see to

zorgvuldig (zorkh-*ferl*-derkh) *adj* careful

zorgwekkend (zorkh-*veh*-kernt) *adj* critical

zorgzaam (*zorkh*-saam) *adj* thoughtful

zout (zout) *nt* salt; *adj* salty

zoutvaatje (*zout*-faa-t^{y}er) *nt* (pl ~s) salt-cellar

zoveel (zō*a*-vāyl) *adv* so much

zowel ... als (zō*a*-*veh*...ahls) both ... and

zuid (zur^{ew}t) *c* south

Zuid-Afrika (zur^{ew}t-*aa*-free-kaa) South Africa

zuidelijk (zur^{ew}-der-lerk) *adj* southern, southerly

zuiden (*zur^{ew}*-dern) *nt* south

zuidoosten (zur^{ew}t-*ōass*-tern) *nt* southeast

zuidpool (*zur^{ew}*t-pōal) *c* South Pole

zuidwesten (zur^{ew}t-*vehss*-tern) *nt* south-west

zuigeling (*zur^{ew}*-ger-ling) *c* (pl ~en) infant

*zuigen** (*zur^{ew}*-gern) *v* suck

zuiger (*zur^{ew}*-gerr) *c* (pl ~s) piston

zuigerring (*zur^{ew}*-ger-ring) *c* (pl ~en) piston ring

zuigerstang (*zur^{ew}*-gerr-stahng) *c* (pl ~en) piston-rod

zuil (zur^{ew}l) *c* (pl ~en) column, pillar

zuilengang (*zur^{ew}*-ler-gahng) *c* (pl ~en) arcade

zuinig (*zur^{ew}*-nerkh) *adj* economical, thrifty

zuivelwinkel (*zur^{ew}*-verl-ving-kerl) *c* (pl ~s) dairy

zuiver (*zur^{ew}*-verr) *adj* pure, clean

zulk (zerlk) *adj* such

*zullen** (*zer*-lern) *v* *will, *shall

zus (zerss) *c* (pl ~sen) sister

zuster (*zerss*-terr) *c* (pl ~s) sister; nurse

zuur[1] (zēwr) *adj* sour

zuur[2] (zēwr) *nt* (pl zuren) acid

zuurstof (*zēwr*-stof) *c* oxygen

zwaaien (*zvaa^{ee}*-ern) *v* *swing; wave

zwaan (zvaan) *c* (pl zwanen) swan

zwaar (zvaar) *adj* heavy

zwaard (zvaart) *nt* (pl ~en) sword

zwaartekracht (*zvaar*-ter-krahkht) *c* gravity

zwager (*zvaa*-gerr) *c* (pl ~s) brother-in-law

zwak (zvahk) *adj* feeble, weak; faint; dim

zwakheid (*zvahk*-hayt) *c* (pl -heden) weakness

zwaluw (*zvaa*-lēw^{oo}) *c* (pl ~en) swallow

zwanger (*zvah*-ngerr) *adj* pregnant

zwart (zvahrt) *adj* black

Zweden (*zvāy*-dern) Sweden

Zweed (zvāyt) *c* (pl Zweden) Swede

Zweeds (zvāyts) *adj* Swedish

zweefvliegtuig (*zvāy*-fleekh-tur^{ew}kh) *nt* (pl ~en) glider

zweep (zvāyp) *c* (pl zwepen) whip

zweer (zvāyr) *c* (pl zweren) ulcer, sore

zweet (zvāyt) *nt* sweat, perspiration

*zwellen** (*zveh*-lern) *v* *swell

zwelling (*zveh*-ling) *c* (pl ~en) swelling

zwembad (*zvehm*-baht) *nt* (pl ~en) swimming pool

zwembroek (*zvehm*-brōōk) *c* (pl ~en) swimming-trunks, bathing-trunks, bathing-suit

*zwemmen** (*zveh*-mern) *v* *swim

zwemmer (*zveh*-merr) *c* (pl ~s) swimmer

zwempak (*zvehm*-pahk) *nt* (pl ~ken) swim-suit

zwemsport (*zvehm*-sport) *c* swimming

zwendelarij (zvehn-der-laa-*ray*) *c* (pl ~en) swindle

*zweren (*zvāy*-rern) *v* *swear, vow

*zwerven (*zvehr*-vern) *v* roam, wander

zweten (*zvāy*-tern) *v* sweat, perspire

*zwijgen (*zvay*-gern) *v* *be silent, *keep quiet; **tot ~ *brengen** silence; **zwijgend** silent

zwijn (zvayn) *nt* (pl ~en) pig

Zwitser (*zvɪt*-serr) *c* (pl ~s) Swiss

Zwitserland (*zvɪt*-serr-lahnt) Switzerland

Zwitsers (*zvɪt*-serrs) *adj* Swiss

zwoegen (*zvōō*-gern) *v* labour

Food

aalbes redcurrant

aardappel potato
~ **puree** mashed potatoes

aardbei strawberry

abrikoos apricot

amandel almond
~ **broodje** a sweet roll with al-mond-paste filling

ananas pineapple

andijvie endive (US chicory)
~ **stamppot** mashed potato and endive casserole

anijs aniseed

ansjovis anchovy

appel apple
~ **beignet** fritter
~ **bol** dumpling
~ **flap** puff-pastry containing an apple slice
~ **gebak** cake
~ **moes** sauce

Ardense pastei rich pork mixture cooked in a pastry crust, served cold in slices

artisjok artichoke

asperge asparagus
~ **punt** tip

aubergine aubergine (US eggplant)

augurk gherkin (US pickle)

avondeten dinner, supper

azijn vinegar

baars perch

babi pangang slices of roast suck-(l)ing pig, served with a sweet-and-sour sauce

bami goreng a casserole of noodles, vegetables, diced pork and shrimps

banaan banana

banketletter pastry with an al-mond-paste filling

basilicum basil

bediening service

belegd broodje roll with a variety of garnishes

belegen kaas pungent-flavoured cheese

biefstuk fillet of beef
~ **van de haas** small round fillet of beef

bieslook chive

bitterbal small, round breaded meatball served as an appetizer

blinde vink veal bird; thin slice of veal rolled around stuffing

bloedworst black pudding (US blood sausage)
~ **met appelen** with cooked apples

bloemkool cauliflower

boerenkool met worst kale mixed with mashed potatoes and served with smoked sausage

boerenomelet omelet with diced vegetables and bacon

bokking bloater

boon bean

borrelhapje appetizer

borststuk breast, brisket

bosbes bilberry (US blueberry)

bot 1) flounder 2) bone

boter butter

boterham slice of buttered bread

bouillon broth

braadhaantje spring chicken

braadworst frying sausage

braam blackberry

brasem bream

brood bread

~**maaltijd** bread served with cold meat, eggs, cheese, jam or other garnishes

~**pudding** kind of bread pudding with eggs, cinnamon and rum flavouring

broodje roll

~**halfom** buttered roll with liver and salted beef

~**kaas** buttered roll with cheese

bruine bonen met spek red kidney beans served with bacon

Brussels lof chicory (US endive)

caramelpudding caramel mould

caramelvla caramel custard

champignon mushroom

chocola(de) chocolate

citroen lemon

cordon bleu veal scallop stuffed with ham and cheese

dadel date

dagschotel day's special

dame blanche vanilla ice-cream

with hot chocolate sauce

dille dill

doperwt green pea

dragon tarragon

drie-in-de-pan small, fluffy pancake filled with currants

druif grape

duif pigeon

Duitse biefstuk hamburger steak

Edam, Edammer kaas firm, mild-flavoured yellow cheese, coated with red wax

eend duck

ei egg

eierpannekoek egg pancake

erwt pea

erwtensoep met kluif pea soup with diced, smoked sausages, pork fat, pig's trotter (US feet), parsley, leeks and celery

exclusief not included

fazant pheasant

filet fillet

~**américain** steak tartare

flensje small, thin pancake

foe yong hai omelet with leeks, onions, and shrimps served in a sweet-and-sour sauce

forel trout

framboos raspberry

Friese nagelkaas cheese made from skimmed milk, flavoured with cloves

frikadel meatball

frites, frieten chips (US french fries)

gaar well-done

gans goose

garnaal shrimp, prawn

gebak pastry, cake

gebakken fried

gebonden soep cream soup

gebraden roasted

gedroogde pruim prune

gehakt 1) minced 2) minced meat
  ~**bal** meatball
gekookt boiled
gekruid seasoned
gemarineerd marinated
gember ginger
  ~**koek** gingerbread
gemengd assorted, mixed
gepaneerd breaded
gepocheerd ei poached egg
geraspt grated
gerecht course, dish
gerookt smoked
geroosterd brood toast
gerst barley
gestoofd braised
gevogelte fowl
gevuld stuffed
gezouten salted
Goudakaas, Goudse kaas a re-
  nowned Dutch cheese, similar
  to *Edam*, large, flat and round;
  it gains in flavour with maturity
griesmeel semolina
  ~**pudding** semolina pudding
griet brill
groente vegetable
Haagse bluf dessert of whipped
  egg-whites, served with redcurrant sauce
haantje cockerel
haas hare
hachee hash of minced meat,
  onions and spices
half, halve half
hardgekookt ei hard-boiled egg
haring herring
hart heart
havermoutpap (oatmeal) porridge
hazelnoot hazelnut
heilbot halibut
heldere soep consommé, clear
  soup
hersenen brains

hete bliksem potatoes, bacon and
  apples, seasoned with butter,
  salt and sugar
Hollandse biefstuk loin section of
  a porterhouse or T-bone steak
Hollandse nieuwe freshly caught,
  filleted herring
honing honey
houtsnip 1) woodcock 2) cheese
  sandwich on rye bread
hutspot met klapstuk hotch-potch
  of mashed potatoes, carrots and
  onions served with boiled beef
huzarensla salad of potatoes,
  hard-boiled eggs, cold meat,
  gherkins, beetroot and mayonnaise
ijs ice, ice-cream
inclusief included
Italiaanse salade mixed salad with
  tomatoes, olives and tunny fish
jachtschotel a casserole of meat,
  onions and potatoes, often
  served with apple sauce
jonge kaas fresh cheese
jus gravy
kaas cheese
  ~**balletje** baked cheese ball
kabeljauw cod
kalfslapje, kalfsoester veal cutlet
kalfsrollade roast veal
kalfsvlees veal
kalkoen turkey
kapucijners met spek peas served
  with fried bacon, boiled potatoes, onions and green salad
karbonade chop, cutlet
karper carp
kastanje chestnut
kaviaar caviar
kerrie curry
kers cherry
kievitsei plover's egg
kip chicken

kippeborst breast of chicken
kippebout leg of chicken
knakworst small frankfurter sausage
knoflook garlic
koek 1) cake 2) gingerbread
koekje biscuit (US cookie)
koffietafel light lunch consisting of bread and butter with a variety of garnishes, served with coffee
kokosnoot coconut
komijnekaas cheese flavoured with cumin seeds
komkommer cucumber
konijn rabbit
koninginnesoep cream of chicken
kool cabbage
~ **schotel met gehakt** casserole of meatballs and cabbage
kotelet chop, cutlet
koud cold
~ **vlees** cold meat (US cold cuts)
krab crab
krabbetje spare rib
krent currant
kroepoek large, deep-fried shrimp wafer
kroket croquette
kruiderij herb, seasoning
kruidnagel clove
kruisbes gooseberry
kwark fresh white cheese
kwartel quail
kweepeer quince
lamsbout leg of lamb
lamsvlees lamb
langoest spiny lobster
Leidse kaas cheese flavoured with cumin seeds
lekkerbekje fried, filleted haddock or plaice
lendestuk sirloin
lever liver

linze lentil
loempia spring roll (US egg roll)
maïskolf corn on the cob
makreel mackerel
mandarijntje tangerine
marsepein marzipan
meikaas a creamy cheese with high fat content
meloen melon
menu van de dag set menu
mossel mussel
mosterd mustard
nagerecht dessert
nasi goreng a casserole of rice, fried onions, meat, chicken, shrimps, vegetables and seasoning, usually topped with a fried egg
nier kidney
~ **broodje** roll filled with kidneys and chopped onions
noot nut
oester oyster
olie oil
~ **bol** fritter with raisins
olijf olive
omelet fines herbes herb omelet
omelet met kippelevertjes chicken liver omelet
omelet nature plain omelet
ongaar underdone (US rare)
ontbijt breakfast
~ **koek** honey cake
~ **spek** bacon, rasher
ossehaas fillet of beef
ossestaart oxtail
oude kaas any mature and strong cheese
paddestoel mushroom
paling eel
~ **in 't groen** braised in white sauce garnished with chopped parsley and other greens
pannekoek pancake

~ met stroop pancake served with treacle (US syrup)

pap porridge

paprika green or red (sweet) pepper

patates frites chips (US french fries)

pastei pie, pasty

patrijs partridge

peer pear

pekeltong salt(ed) tongue

pekelvlees slices of salted meat

peper pepper

   ~ koek gingerbread

perzik peach

peterselie parsley

piccalilly pickle

pinda peanut

   ~ kaas peanut butter

pisang goreng fried banana

poffertje fritter served with sugar and butter

pompelmoes grapefruit

portie portion

postelein purslane (edible plant)

prei leek

prinsessenboon French bean (US green bean)

pruim plum

rabarber rhubarb

radijs radish

rauw raw

reebout, reerug venison

reine-claude greengage

rekening bill

ribstuk rib of beef

rijst rice

   ~ tafel an Indonesian preparation composed of some 30 dishes including stewed vegetables, spit-roasted meat and fowl, served with rice, various sauces, fruit, nuts and spices

rivierkreeft crayfish

rode biet beetroot

rode kool red cabbage

roerei scrambled egg

roggebrood rye bread

rolmops Bismarck herring

rolpens fried slices of spiced and pickled minced beef and tripe, topped with an apple slice

rookspek smoked bacon

rookworst smoked sausage

roomboter butter

roomijs ice-cream

rosbief roast beef

rozemarijn rosemary

runderlap beefsteak

rundvlees beef

Russische eieren Russian eggs; hard-boiled egg-halves garnished with mayonnaise, herring, shrimps, capers, anchovies and sometimes caviar; served on lettuce

salade salad

sambal kind of spicy paste consisting mainly of ground pimentos, usually served with *rijsttafel*, *bami* or *nasi goreng*

sardien sardine

saté, sateh skewered pieces of meat covered with a spicy peanut sauce

saucijzebroodje sausage roll

saus sauce, gravy

schaaldier shellfish

schapevlees mutton

scharretong lemon sole

schelvis haddock

schildpadsoep turtle soup

schnitzel cutlet

schol plaice

schuimomelet fluffy dessert omelet

selderij celery

sinaasappel orange

sjaslik skewered chunks of meat, grilled, then braised in a spicy sauce of tomatoes, onions and bacon

sla salad, lettuce

slaboon French bean (US green bean)

slagroom whipped cream

slak snail

sneeuwbal kind of cream puff, sometimes filled with currants and raisins

snijboon sliced French bean

soep soup
  ~ **van de dag** soup of the day

sorbet water ice (US sherbet)

speculaas spiced almond biscuit

spek bacon

sperzieboon French bean (US green bean)

spiegelei fried egg

spijskaart menu, bill of fare

spinazie spinach

sprits a kind of shortbread

spruitje brussels sprout

stamppot a stew of vegetables and mashed potatoes

steur sturgeon

stokvis stockfish (dried cod)

stroop treacle (US syrup)

suiker sugar

taart cake

tarbot turbot

tartaar steak tartare
  ~ **speciaal** extra-large portion, of prime quality

tijm thyme

tjap tjoy chop suey; a dish of fried meat and vegetables served with rice

toeristenmenu tourist menu

tomaat tomato

tong 1) tongue 2) sole

tonijn tunny (US tuna)

toost toast

tosti grilled cheese-and-ham sandwich

tournedos thick round fillet cut of prime beef (US rib or rib-eye steak)

truffel truffle

tuinboon broad bean

ui onion

uitsmijter two slices of bread garnished with ham or roast beef and topped with two fried eggs

vanille vanilla

varkenshaas pork tenderloin

varkenslapje pork fillet

varkensvlees pork

venkel fennel

vermicellisoep consommé with thin noodles

vers fresh

vijg fig

vis fish

vla custard

vlaai fruit tart

Vlaamse karbonade small slices of beef and onions braised in broth, with beer sometimes added

vlees meat

voorgerecht starter or first course

vrucht fruit

vruchtensalade fruit salad

wafel wafer

walnoot walnut

warm hot

waterkers watercress

waterzooi chicken poached in white wine and shredded vegetables, cream and egg-yolk

wentelteefje French toast; slice of white bread dipped in egg batter and fried, then sprinkled with cinnamon and sugar

wijnkaart wine list

wijting whiting
wild game
 ~ zwijn wild boar
wilde eend wild duck
witlof chicory (US endive)
 ~ op zijn Brussels chicory
 rolled in a slice of ham and
 oven-browned with cheese
 sauce

worst sausage
wortel carrot
zachtgekookt ei soft-boiled egg
zalm salmon
zeekreeft lobster
zeevis saltwater fish
zout salt
zuurkool sauerkraut
zwezerik sweetbread

Drinks

advocaat egg liqueur
ananassap pineapple juice
aperitief aperitif
bessenjenever blackcurrant gin
bier beer
bisschopswijn mulled wine
bittertje bitter-tasting aperitif
boerenjongens Dutch brandy with
 raisins
boerenmeisjes Dutch brandy with
 apricots
borrel shot
brandewijn brandy
cassis blackcurrant liqueur
chocolademelk, chocomel(k) chocolate drink
citroenbrandewijn lemon brandy
citroenjenever lemon-flavoured
 gin
citroentje met suiker brandy flavoured with lemon peel, with
 sugar added
cognac brandy, cognac
donker bier porter; dark sweet-
 tasting beer
druivesap grape juice

frisdrank soft drink
gekoeld iced
genever see *jenever*
Geuzelambiek a strong Flemish
 bitter beer brewed from wheat
 and barley
jenever Dutch gin
jonge jenever/klare young Dutch
 gin
karnemelk buttermilk
kersenbrandewijn kirsch; spirit
 distilled from cherries
koffie coffee
 ~ met melk with milk
 ~ met room with cream
 ~ met slagroom with whipped
 cream
 ~ verkeerd white coffee; equal
 quantity of coffee and hot milk
 zwarte ~ black
Kriekenlambiek a strong Brussels
 bitter beer flavoured with mo-
 rello cherries
kwast hot or cold lemon squash
licht bier lager; light beer
likeur liqueur

limonade lemonade
melk milk
mineraalwater mineral water
oude jenever/klare Dutch gin aged in wood casks, yellowish in colour and more mature than *jonge jenever*
oranjebitter orange-flavoured bitter
pils general name for beer
sap juice
sinas orangeade
spuitwater soda water
sterkedrank liquor, spirit
tafelwater mineral water

thee tea
  ~ **met citroen** with lemon
  ~ **met suiker en melk** with sugar and milk
trappistenbier malt beer brewed (originally) by Trappist monks
vieux brandy bottled in Holland
vruchtesap fruit juice
warme chocola hot chocolate
wijn wine
  droge ~ dry
  rode ~ red
  witte ~ white
  zoete ~ sweet
wodka vodka

Mini-Grammar

Articles

Dutch nouns are either common gender (originally separate masculine and feminine) or neuter.

1. Definite article (the)

The definite article in Dutch is either **de** or **het**. **De** is used with roughly two thirds of all common-gender singular nouns as well as with all plural nouns, while **het** is mainly used with neuter singular nouns and all diminutives:

de straat   the street   **het huis**   the house   **het katje**   the kitten

2. Indefinite article (a; an)

The indefinite article is **een** for both genders, always unstressed and pronounced like *an* in the English word "another". As in English there is no plural. When it bears accent marks (**één**) it means "one" and is pronounced rather like a in "late", but a pure vowel, not a diphthong.

een man	a man	**een vrouw**	a woman	**een kind**	a child
mannen	men	**vrouwen**	women	**kinderen**	children

Plural

The most common sign of the plural in Dutch is an **-en** ending:

krant	newspaper	**woord**	word	**dag**	day
kranten	newspapers	**woorden**	words	**dagen**	days

a) In nouns with a double vowel, one vowel is dropped when **-en** is added:

uur	hour	**boot**	boat	**jaar**	year
uren	hours	**boten**	boats	**jaren**	years

b) most nouns ending in **-s** or **-f** change this letter into **-z** and **-v** respectively, when **-en** is added:

prijs	the price	**brief**	letter	
prijzen	prices	**brieven**	letters	

Another common plural ending in Dutch is **-s**. Nouns ending in an unstressed **-el**, **-em**, **-en**, **-aar** as well as **-je** (diminutives) take an **-s** in the plural:

tafel/tafels	table(s)	**winnaar/winnaars**	winner(s)
deken/dekens	blanket(s)	**kwartje/kwartjes**	25-cent piece(s)

Some exceptions:

stad/steden	town(s)	**auto/auto's**	car(s)
ship/schepen	ship(s)	**paraplu/paraplu's**	umbrella(s)
kind/kinderen	child(ren)	**foto/foto's**	photo(s)
ei/eieren	egg(s)	**musicus/musici**	musician(s)

Adjectives

When the adjective stands immediately before the noun, it usually takes the ending **-e**:

de jonge vrouw	the young woman
een prettige reis	a pleasant trip
aardige mensen	nice people

However, no ending is added to the adjective in the following cases:

1) When the adjective follows the noun:

| De stad is groot. | The city is big. |
| De zon is heet. | The sun is hot. |

2) When the noun is neuter singular and preceded by **een** (a/an), or when the words **elk/ieder** (each), **veel** (much), **zulk** (such) and **geen** (no) precede the adjective:

een wit huis	a white house
elk goed boek	each good book
veel vers fruit	much fresh fruit
zulk mooi weer	such good weather
geen warm water	no hot water

Demonstrative adjectives (this/that):

this	**deze**	(with nouns of common gender)
	dit	(with nouns of neuter gender)
that	**die (daar)**	(with nouns of common gender)
	dat	(with nouns of neuter gender)
these	**deze**	(with all plural nouns)
those	**die (daar)**	(with all plural nouns)

| **Deze stad is groot.** | This city is big. |
| **Dat huis is wit.** | That house is white. |

Personal pronouns

Subject		Object	
I	**ik**	me	**mij** or **me**
you	**jij** or **je** (fam.)	you	**jou** or **je** (fam.)
you	**u** (pol.)	you	**u** (pol.)
he	**hij**	him	**hem**
she	**zij** or **ze**	her	**haar**
it	**het**	it	**het**
we	**wij** or **we**	us	**ons**
you	**jullie** (fam.)	you	**jullie** (fam.)
they	**zij** or **ze**	them	**hen**

Possessive adjectives

my	**mijn**
your	**jouw** (fam.)
your	**uw** (pol.)
his	**zijn**
her	**haar**
its	**zijn**
our	**ons** (with singular neuter nouns)
	onze (with singular nouns of common gender and all plurals)
you	**jullie** (fam.)
their	**hun**

Verbs

First a few handy irregular verbs. If you learn only these, or even only the "I" and polite "you" forms of them, you'll have made a useful start.

1) The indispensible verbs **hebben** (to have) and **zijn** (to be) in the present:

I have	**ik heb**	I am	**ik ben**
you have	**jij hebt**	you are	**jij bent**
you have	**u hebt**	you are	**u bent**
he/she/it has	**hij/zij/het heeft**	he/she/it is	**hij/zij/het is**
we have	**wij hebben**	we are	**wij zijn**
you have	**jullie hebben**	you are	**jullie zijn**
they have	**zij hebben**	they are	**zij zijn**

2) Some more useful irregular verbs (in the present):

Infinitive		**willen** (to want)	**kunnen** (can)	**gaan** (to go)	**doen** (to do)	**weten** (to know)
I	**ik**	**wil**	**kan**	**ga**	**doe**	**weet**
you	**jij**	**wilt**	**kunt**	**gaat**	**doet**	**weet**
you	**u**	**wilt**	**kunt**	**gaat**	**doet**	**weet**
he	**hij**	**wil**	**kan**	**gaat**	**doet**	**weet**
she	**zij**	**wil**	**kan**	**gaat**	**doet**	**weet**
it	**het**	**wil**	**kan**	**gaat**	**doet**	**weet**
we	**wij**	**willen**	**kunnen**	**gaan**	**doen**	**weten**
you	**jullie**	**willen**	**kunnen**	**gaan**	**doen**	**weten**
they	**zij**	**willen**	**kunnen**	**gaan**	**doen**	**weten**

3) Infinitive and verb stem:

In Dutch verbs, the infinitive generally ends in **-en**: **noemen** (to name).

As the verb stem is usually the base for forming tenses, you need to know how to obtain it. The general rule is: the infinitive less **-en**:

infinitive: **noemen**   stem: **noem**

4) Present and past tenses:

First find the stem of the verb (see under 3 above).
Them add the appropriate endings, where applicable, according to the models given below for present and past tenses.

Note: in forming the past tense, the **-de/-den** endings shown in our example are added after most verb stems. However, if the stem ends in **p, t, k, f, s,** or **ch,** add **te/-ten** instead.

Present tense		Past tense	
ik noem	I name	**ik noemde**	I named
jij noemt	you name	**jij noemde**	you named
u noemt	you name	**u noemde**	you named
hij/zij/het noemt	he/she/it names	**hij/zij/het noemde**	he/she/it named
wij noemen	we name	**wij noemden**	we named
jullie noemen	you name	**jullie noemden**	you named
zij noemen	they name	**zij noemden**	they named

5) Past perfect (e.g.: "I have built"):

This tense is generally formed, as in English, by the verb "to have" **(hebben)** (see page 339) + the past participle.

To form the past participle, start with the verb stem, and add **ge-** to the front of it and **-d** or **-t** to the end:

infinitive:	**bouwen** (to build)
verb stem:	**bouw**
past participle:	**gebouwd**

The past participle must be placed *after* the object of the sentence:

Ik heb een huis gebouwd.   I have built a house.

Note: Verbs prefixed by **be-, er-, her-, ont-** and **ver-** do not take **ge-** in the past participle.

Instead of **hebben**, the verb **zijn** (to be) is used with verbs expressing motion (if the destination is specified or implied) or a change of state:

Wij zijn naar Parijs gevlogen.   We have flown to Paris.
Hij is rijk geworden.   He has become rich.

Negatives

To put a verb into the negative, place **niet** (not) after the verb, or after the direct object if there is one:

Ik rook.	I smoke.	**Ik heb de kaartjes.**	I have the tickets.
Ik rook niet.	I don't smoke.	**Ik heb de kaartjes niet.**	I don't have the tickets.

Questions

In Dutch, questions are formed by placing the subject after the verb:

Hij reist.	He travels.	**Ik betaal.**	I pay.
Reist hij?	Does he travel?	**Betaal ik?**	Do I pay?

Questions are also introduced by the following **interrogative pronouns:**

Wie (who)	Who says so?	**Wie zegt dat?**
	Whose house is that?	**Van wie is dat huis?**
Wat (what)	What does he do?	**Wat doet hij?**
Waar (where)	Where is the hotel!	**Waar is het hotel?**
Hoe (how)	How are you?	**Hoe gaat het met u?**

Irregular verbs

The following list contains the most common strong and irregular verbs. If a compound verb or a verb with a prefix (*be-, con-, dis-, im-, in-, mis-, om-, on-, ont-, ver-*, etc.) is not listed, its forms may be found by looking up the basic verb, e.g. *verbinden* is conjugated as *binden*.

Infinitive	*Past*	*Past participle*	
bakken	bakte	gebakken	*bake*
barsten	barstte	gebarsten	*burst, crack*
bederven	bedierf	bedorven	*spoil*
bedriegen	bedroog	bedrogen	*deceive*
beginnen	begon	begonnen	*begin*
bergen	borg	geborgen	*put*
bevelen	beval	bevolen	*order*
bewegen	bewoog	bewogen	*move*
bezwijken	bezweek	bezweken	*succumb*
bidden	bad	gebeden	*pray*
bieden	bood	geboden	*offer*
bijten	beet	gebeten	*bite*
binden	bond	gebonden	*tie*
blazen	blies	geblazen	*blow*
blijken	bleek	gebleken	*prove to be*
blijven	bleef	gebleven	*remain*
blinken	blonk	geblonken	*shine*
braden	braadde	gebraden	*fry*
breken	brak	gebroken	*break*
brengen	bracht	gebracht	*bring*
buigen	boog	gebogen	*bow*
delven	delfde/dolf	gedolven	*dig up*
denken	dacht	gedacht	*think*
dingen	dong	gedongen	*compete (for)*
doen	deed	gedaan	*do*
dragen	droeg	gedragen	*wear*
drijven	dreef	gedreven	*float*
dringen	drong	gedrongen	*push*
drinken	dronk	gedronken	*drink*
druipen	droop	gedropen	*drip*
duiken	dook	gedoken	*dive*
dwingen	dwong	gedwongen	*force*
eten	at	gegeten	*eat*
fluiten	floot	gefloten	*whistle*
gaan	ging	gegaan	*go*
gelden	gold	gegolden	*be valid*
genezen	genas	genezen	*heal*
genieten	genoot	genoten	*enjoy*
geven	gaf	gegeven	*give*
gieten	goot	gegoten	*pour*
glijden	gleed	gegleden	*slide*
glimmen	glom	geglommen	*shine*
graven	groef	gegraven	*dig*

grijpen	greep	gegrepen	*catch*
hangen	hing	gehangen	*hang*
hebben	had	gehad	*have*
heffen	hief	geheven	*raise*
helpen	hielp	geholpen	*help*
heten	heette	geheten	*be called*
hijsen	hees	gehesen	*hoist*
houden	hield	gehouden	*keep*
jagen	jaagde/joeg	gejaagd	*chase*
kiezen	koos	gekozen	*choose*
kijken	keek	gekeken	*look*
klimmen	klom	geklommen	*climb*
klinken	klonk	geklonken	*sound*
knijpen	kneep	geknepen	*pinch*
komen	kwam	gekomen	*come*
kopen	kocht	gekocht	*buy*
krijgen	kreeg	gekregen	*get*
krimpen	kromp	gekrompen	*shrink*
kruipen	kroop	gekropen	*creep*
kunnen	kon	gekund	*can*
lachen	lachte	gelachen	*laugh*
laden	laadde	geladen	*load*
laten	liet	gelaten	*let*
lezen	las	gelezen	*read*
liegen	loog	gelogen	*tell lies*
liggen	lag	gelegen	*lie*
lijden	leed	geleden	*suffer*
lijken	leek	geleken	*seem*
lopen	liep	gelopen	*walk*
malen	maalde	gemalen	*grind*
meten	mat	gemeten	*measure*
moeten	moest	gemoeten	*must*
mogen	mocht	gemogen/gemoogd	*may*
nemen	nam	genomen	*take*
prijzen	prees	geprezen	*praise*
raden	raadde/ried	geraden	*guess*
rijden	reed	gereden	*ride*
rijgen	reeg	geregen	*thread*
rijzen	rees	gerezen	*rise*
roepen	riep	geroepen	*call*
ruiken	rook	geroken	*smell*
scheiden	scheidde	gescheiden	*separate*
schelden	schold	gescholden	*call names*
schenken	schonk	geschonken	*pour*
scheppen	schiep	geschapen	*create*
scheren	schoor	geschoren	*shave*
schieten	schoot	geschoten	*shoot*
schijnen	scheen	geschenen	*shine, seem to be*
schrijden	schreed	geschreden	*stride*
schrijven	schreef	geschreven	*write*
schrikken	schrok	geschrokken	*be frightened*

schuiven	schoof	geschoven	*shove*
slaan	sloeg	geslagen	*hit*
slapen	sliep	geslapen	*sleep*
slijpen	sleep	geslepen	*sharpen*
slijten	sleet	gesleten	*wear down*
sluipen	sloop	geslopen	*sneak*
sluiten	sloot	gesloten	*close*
smelten	smolt	gesmolten	*melt*
snijden	sneed	gesneden	*cut*
spinnen	spon	gesponnen	*spin*
splijten	spleet	gespleten	*split*
spreken	sprak	gesproken	*speak*
springen	sprong	gesprongen	*jump*
spuiten	spoot	gespoten	*squirt*
staan	stond	gestaan	*stand*
steken	stak	gestoken	*sting*
stelen	stal	gestolen	*steal*
sterven	stierf	gestorven	*die*
stijgen	steeg	gestegen	*rise*
stijven	steef	gesteven	*starch*
stinken	stonk	gestonken	*stink*
stoten	stootte/stiet	gestoten	*push*
strijden	streed	gestreden	*fight*
strijken	streek	gestreken	*iron*
treden	trad	getreden	*tread*
treffen	trof	getroffen	*hit*
trekken	trok	getrokken	*pull*
vallen	viel	gevallen	*fall*
vangen	ving	gevangen	*catch*
varen	voer	gevaren	*sail*
vechten	vocht	gevochten	*fight*
verbergen	verborg	verborgen	*hide*
verdwijnen	verdween	verdwenen	*disappear*
vergeten	vergat	vergeten	*forget*
verliezen	verloor	verloren	*lose*
vermijden	vermeed	vermeden	*avoid*
verslinden	verslond	verslonden	*devour*
vinden	vond	gevonden	*find*
vliegen	vloog	gevlogen	*fly*
voortspruiten	sproot voort	voortgesproten	*result*
vouwen	vouwde	gevouwen	*fold*
vragen	vroeg	gevraagd	*ask*
vriezen	vroor	gevroren	*freeze*
waaien	waaide/woei	gewaaid	*blow*
wassen	waste	gewassen	*wash*
wegen	woog	gewogen	*weigh*
werpen	wierp	geworpen	*throw*
werven	wierf	geworven	*recruit*
weten	wist	geweten	*know*
weven	weefde	geweven	*weave*
wijken	week	geweken	*yield*

wijten	weet	geweten	*impute*
wijzen	wees	gewezen	*show*
willen	wilde/wou	gewild	*want*
winden	wond	gewonden	*wind*
winnen	won	gewonnen	*win*
worden	werd	geworden	*become*
wreken	wreekte	gewroken	*revenge*
wrijven	wreef	gewreven	*rub*
zeggen	zei	gezegd	*say*
zenden	zond	gezonden	*send*
zien	zag	gezien	*see*
zijn	was	geweest	*be*
zingen	zong	gezongen	*sing*
zinken	zonk	gezonken	*sink*
zinnen	zon	gezonnen	*brood*
zitten	zat	gezeten	*sit*
zoeken	zocht	gezocht	*seek*
zuigen	zoog	gezogen	*suck*
zullen	zou	—	*shall, will*
zwellen	zwol	gezwollen	*swell*
zwemmen	zwom	gezwommen	*swim*
1) **zweren**	zwoer	gezworen	*swear*
2) **zweren**	zweerde/zwoor	gezworen	*ulcerate*
zwerven	zwierf	gezworven	*wander*
zwijgen	zweeg	gezwegen	*be silent*

Dutch Abbreviations

Aº	*anno*	(built) in the year
afd.	*afdeling*	department
alg.	*algemeen*	general
A.N.W.B.	*Algemene Nederlandse Wielrijdersbond*	Dutch Touring Association
a.s.	*aanstaande*	next
a.u.b.	*alstublieft*	please
Bfr.	*Belgische frank*	Belgian franc
b.g.	*begane grond*	ground floor
b.g.g.	*bij geen gehoor*	if no answer
blz.	*bladzijde*	page
B.R.T.	*Belgische Radio en Televisie*	Belgian Broadcasting Company
B.T.W.	*Belasting Toegevoegde Waarde*	VAT, value added tax
b.v.	*bijvoorbeeld*	e.g.
B.V.	*besloten vennootschap*	limited liability company
C.S.	*Centraal Station*	main railway station
ct.	*cent*	1/100 of the guilder
dhr.	*de heer*	Mr.
drs.	*doctorandus*	Master of Arts
d.w.z.	*dat wil zeggen*	i.e.
EEG	*Europese Economische Gemeenschap*	EEC, European Economic Community (Common Market)
E.H.B.O.	*Eerste Hulp bij Ongelukken*	first aid
enz.	*enzovoort*	etc.
excl.	*exclusief*	exclusive, not included
fl/f	*gulden*	guilder
geb.	*geboren*	born
H.K.H.	*Hare Koninklijke Hoogheid*	Her Royal Highness
H.M.	*Hare Majesteit*	His/Her Majesty
hs	*huis*	ground floor
incl.	*inclusief*	inclusive, included
i.p(l).v.	*in plaats van*	in the place of
ir.	*ingenieur*	engineer
jl.	*jongstleden*	last
K.A.C.B.	*Koninklijke Automobielclub van België*	Royal Automobile Association of Belgium
km/u	*kilometer per uur*	kilometres per hour
K.N.A.C.	*Koninklijke Nederlandse Automobielclub*	Royal Dutch Automobile Association

K.N.M.I.	*Koninklijk Nederlands Meteorologisch Instituut*	Royal Dutch Meteorological Institute
m.a.w.	*met andere woorden*	in other words
Mej.	*mejuffrouw*	Miss
Mevr.	*mevrouw*	Mrs.
Mij.	*maatschappij*	company
Mr.	*meester in de rechten;*	barrister, lawyer;
	mijnheer	Mr.
N.A.V.O.	*Noordatlantische Verdragsorganisatie*	NATO
N.B.T.	*Nederlands Bureau voor Toerisme*	Dutch National Tourist Office
n.Chr.	*na Christus*	A.D.
nl.	*namelijk*	namely
n.m.	*namiddag*	afternoon
N.M.B.S.	*Nationale Maatschappij der Belgische Spoorwegen*	Belgian National Railways
N.P.	*niet parkeren*	no parking
N.S.	*Nederlandse Spoorwegen*	Dutch National Railways
N.V.	*naamloze vennootschap*	Ltd. or Inc.
p.a.	*per adres*	in care of
pk	*paardekracht*	horsepower
r.-k./R.-K.	*rooms-katholiek*	Roman Catholic
t.e.m.	*tot en met*	up to and including
t.o.v.	*ten opzichte van*	with regard to
v.a.	*volgens anderen, vanaf*	from
V.A.B.	*Vlaamse Automobilisten- bond*	Flemish Automobile Association
v.Chr.	*voor Christus*	B.C.
v.m.	*voormiddag*	morning
V.N.	*Verenigde Naties*	UN
V.S.	*Verenigde Staten*	USA
V.T.B.	*Vlaamse Toeristenbond*	Flemish Tourist Association
V.V.V.	*Vereniging voor Vreemdelingenverkeer*	tourist-information office
zgn.	*zogenaamd*	so-called
Z.K.H.	*Zijne Koninklijke Hoogheid*	His Royal Highness
z.o.z.	*zie ommezijde*	pto, please turn over

Numerals

Cardinal numbers		Ordinal numbers	
0	nul	1e	eerste
1	een	2e	tweede
2	twee	3e	derde
3	drie	4e	vierde
4	vier	5e	vijfde
5	vijf	6e	zesde
6	zes	7e	zevende
7	zeven	8e	achtste
8	acht	9e	negende
9	negen	10e	tiende
10	tien	11e	elfde
11	elf	12e	twaalfde
12	twaalf	13e	dertiende
13	dertien	14e	veertiende
14	veertien	15e	vijftiende
15	vijftien	16e	zestiende
16	zestien	17e	zeventiende
17	zeventien	18e	achttiende
18	achttien	19e	negentiende
19	negentien	20e	twintigste
20	twintig	21e	eenentwintigste
21	eenentwintig	22e	tweeëntwintigste
22	tweeëntwintig	23e	drieëntwintigste
23	drieëntwintig	24e	vierentwintigste
24	vierentwintig	25e	vijfentwintigste
30	dertig	26e	zesentwintigste
40	veertig	30e	dertigste
50	vijftig	40e	veertigste
60	zestig	50e	vijftigste
70	zeventig	60e	zestigste
80	tachtig	70e	zeventigste
90	negentig	80e	tachtigste
100	honderd	90e	negentigste
101	honderdeen	100e	honderdste
230	tweehonderddertig	101e	honderdeerste
1000	duizend	230e	tweehonderddertigste
1001	duizendeen	1000e	duizendste
1100	elfhonderd	1001e	duizendeerste
2000	tweeduizend	1100e	elfhonderdste
1 000 000	een miljoen	2000e	tweeduizendste

Time

Although official time in Holland and Belgium is based on the 24-hour clock, the 12-hour system is used in conversation.

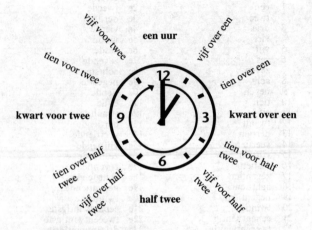

To avoid confusion, you can make use of the terms *'s morgens* (morning), and *'s middags* (afternoon) or *'s avonds* (evening).

Ik kom om vier uur 's morgens.	I'll come at 4 a.m.
Ik kom om vier uur 's middags.	I'll come at 4 p.m.
Ik kom om acht uur 's avonds.	I'll come at 8 p.m.

Days of the Week

zondag	Sunday	*donderdag*	Thursday
maandag	Monday	*vrijdag*	Friday
dinsdag	Tuesday	*zaterdag*	Saturday
woensdag	Wednesday		

Aantekeningen

Notes

Notes _____

Conversion tables/Omrekentabellen

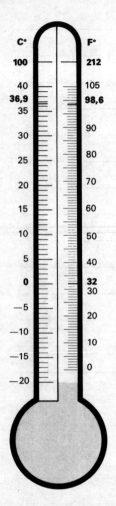

Meters en voeten
Het middelste cijfer geeft zowel meters als voeten aan, bijvoorbeeld 1 meter = 3,281 voet en 1 voet = 0,30 m.

Metres and feet
The figure in the middle stands for both metres and feet, e.g. 1 metre = 3.281 ft. and 1 foot = 0.30 m.

Meters/Metres		Voeten/Feet
0.30	**1**	3.281
0.61	**2**	6.563
0.91	**3**	9.843
1.22	**4**	13.124
1.52	**5**	16.403
1.83	**6**	19.686
2.13	**7**	22.967
2.44	**8**	26.248
2.74	**9**	29.529
3.05	**10**	32.810
3.66	**12**	39.372
4.27	**14**	45.934
6.10	**20**	65.620
7.62	**25**	82.023
15.24	**50**	164.046
22.86	**75**	246.069
30.48	**100**	328.092

Temperatuur
Voor het omrekenen van Celsius in Fahrenheit, moet u het aantal graden Celsius met 1,8 vermenigvuldigen en er dan 32 bij optellen.
Voor het omrekenen van Fahrenheit in Celsius, moet u 32 van het aantal graden Fahrenheit aftrekken en dan delen door 1,8.

Temperature
To convert Centigrade to Fahrenheit, multiply by 1.8 and add 32.
To convert Fahrenheit to Centigrade, subtract 32 from Fahrenheit and divide by 1.8.